DICIONÁRIO HISTÓRICO DO CRISTIANISMO

CÉSAR VIDAL MANZANARES

DICIONÁRIO HISTÓRICO DO CRISTIANISMO

Tradução de Pe. Ivo Montanhese, C.Ss.R.

EDITORA SANTUÁRIO
Aparecida-SP

COORDENAÇÃO EDITORIAL: Elizabeth dos Santos Reis
COPIDESQUE E REVISÃO: Ana Lúcia de Castro Leite
　　　　　　　　　　　Elizabeth dos Santos Reis
　　　　　　　　　　　Leila Cristina Dinis Fernandes
　　　　　TRADUÇÃO: Ivo Montanhese, C.Ss.R.
　　　DIAGRAMAÇÃO: Alex Luis Siqueira Santos
　　　　　　　　CAPA: Marco Antônio Santos Reis

Título original: *Diccionario Histórico del Cristianismo*
© Editorial Verbo Divino, Estella (Navarra) 1999
ISBN 84-8169-102-X

Dados Internacionais de Catalogação na Publicação (CIP)
(Câmara Brasileira do Livro, SP, Brasil)

Vidal Manzanares, César
　　Dicionário histórico do cristianismo / César Vidal Manzanares; tradução Ivo Montanhese. — Aparecida, SP: Editora Santuário, 2005.

　　Título original: Diccionario histórico del cristianismo
　　Bibliografia
　　ISBN 85-7200-904-3

　　1. Cristianismo – História – Dicionários 2. Igreja – História – Dicionários I. Título.

04-2673　　　　　　　　　　　　　　　　　　　　　　　　　　CDD-270.03

Índices para catálogo sistemático:

1. Cristianismo: História: Dicionários 270.03
2. Dicionários: Cristianismo: História 270.03

Todos os direitos em língua portuguesa
reservados à **EDITORA SANTUÁRIO** — 2005

Composição, impressão e acabamento:
EDITORA SANTUÁRIO - Rua Padre Claro Monteiro, 342
Fone: (0xx12) 3104-2000 — 12570-000 — Aparecida-SP.

Ano:　　2009　2008　2007　2006　2005
Edição:　12　11　10　9　8　7　6　5　4　3　2　1

*Aos companheiros,
modelos de profissionalismo,
da COPE.*

Introdução

Em 1994 foi publicado nos Estados Unidos um livro que, de modo sugestivo, fazia esta pergunta: "Que teria acontecido se Jesus não tivesse nascido?"[1] Tratava-se de uma obra de divulgação dirigida ao grande público que, ao longo de uma série de curtos capítulos, ia desfilando algumas das contribuições do cristianismo para a História da Humanidade. Na opinião de todos os autores, no decorrer de quase vinte séculos, a influência do cristianismo havia sido especialmente relevante em questões como a demonstração de um valor especial para a vida humana, a ajuda aos necessitados, a educação, a fundação dos Estados Unidos (uma compreensível nota nacionalista), a consolidação das liberdades civis, a ciência, a economia, a sexualidade e a família, a medicina, a moralidade, as artes e a música e a vida dos indivíduos. A lista, embora ampla, estava muito longe de ser exaustiva. O certo é que o cristianismo influiu também de maneira decisiva na política, na teologia, na filosofia, nas mudanças sociais, na luta pela justiça, no conhecimento de outras culturas, na geografia, na literatura, e inclusive na moda e na gastronomia, para citar apenas alguns itens de amostra. Mesmo que se pudesse suspeitar, a referida obra não tinha um caráter panfletário, mas reconhecia a existência de sombras (bem graves!) nesse acontecimento histórico. O anti-semitismo, as guerras religiosas, as cruzadas, ou a simples incapacidade dos cristãos para viver de acordo com os elevados ensinamentos de Jesus eram precisamente alguns dos aspectos tenebrosos na história do cristianismo.

Chamado por seu fundador para atingir até os confins da terra (At 1,8), o cristianismo, longe de ser um fenômeno meramente ocidental, iniciou sua caminhada histórica no Oriente Médio, de onde nunca se desligou, e ao longo dos séculos foi chegando à Europa e à África, ao Extremo Oriente e à América e, finalmente, à Oceania, com uma força que não tem paralelos por sua extensão e permanência em relação a qualquer outro fenômeno religioso ou inclusive ideológico ao longo de toda a História Universal. O Novo Testamento e as Cantatas de Bach, o romântico e o gótico, os cantos espirituais norte-americanos e o Dom Quixote, a luta contra a escravidão e a defesa dos índios são somente alguns dos aspectos que surgem quando examinamos seu caráter milenariamente caleidoscópico. Com luzes e com sombras, com glória e com misérias, com momentos sublimes e momentos catastróficos, o certo é que não poderíamos entender o mundo onde vivemos sem nos referir aos dois mil anos de existência do cristianismo. Agrade-nos ou não, a ele devemos boa parte de nosso ser, assim como nossa configuração física obedece à herança genética transmitida por nossos pais e, por isso, sem o conhecer minimamente, sem o compreender sequer em partes, não podemos nem nos conhecer nem nos compreender, nem a nós mesmos nem aos demais.

A presente obra pretende de maneira modesta facilitar essa tarefa de conhecimento.[2] Ela tem em primeiro lugar um caráter global como global é a história

---

[1] James Kennedy e Jerry Newcombe, *What if Jesus had never been born?*, Nashville 1994.
[2] N.E.: Como os termos (verbetes) trazem consigo outras indicações, o asterisco (*), em muitos deles, quer indicar que o termo (verbete) encontra explicação em outra parte do Dicionário.

do cristianismo. Nela não há lugar para as visões parciais sobre a história do cristianismo tampouco para as visões triunfalistas ou apologéticas no pior sentido do termo. Nela aparecem aqueles que deixaram e continuam deixando sua marca, por mais que nem sempre tenha sido positiva e seja qual for sua posição teológica. Prescindindo das simpatias pessoais de cada indivíduo, ninguém pode negar um papel relevante, nessa história milenária, a Pedro e a Paulo, tampouco a Inácio de Loyola e Lutero, a Francisco de Assis e Calvino, a Karl Barth e Bento de Núrsia. Em segundo lugar, este *Dicionário* tem um acentuado caráter histórico. Dele foram descartados, por exemplo, aqueles personagens que se destacaram fundamentalmente em áreas relacionadas com a manifestação artística. Velázquez e Michelangelo, Giotto e Mozart, Zurbarán e Murillo, e mais de dezenas de nomes seriam incompreensíveis sem nos referirmos ao cristianismo, mas o lugar reservado para eles nesta obra é mínimo. Pelo contrário, aqui aparecem santos e reformadores, hereges e papas, concílios e guerras, decisões políticas e sínodos, definições dogmáticas e filantropos, controvérsias teológicas e ordens religiosas. Finalmente devo fazer um último esclarecimento. Nesta obra são todos os que estão mas seguramente não estão todos os que são. Nem todos os personagens nem movimentos me pareceram suficientemente relevantes como para dedicar-lhes um lugar específico. Contudo, isso não significa que na maioria dos casos estejam ausentes da obra. Como aparece claramente no índice complementar, bom número de fenômenos, movimentos e figuras aparecem finalmente mencionados e descritos ao longo de outras vozes que teceram sua trajetória vital. Poucas vezes considerei permitida sua supressão total, e, nos casos que assim tenha feito, antecipo minhas desculpas àqueles que se sentirem afetados.

Não quero concluir esta introdução sem me referir a algumas pessoas que tiveram um papel importante na gestão desta obra. Em primeiro lugar devo mencionar meu editor Guilherme Santamaría, que pensou na idoneidade desta obra e a acolheu com sua habitual cordialidade. Carlos Grassa, María Pilar Cebrián e José Antonio Arbizu prestaram-me sua ajuda para evitar que me perdesse nos complicados labirintos da informática. A redação final foi feita roubando espaços longos de tempo da vida familiar. Sem a paciência das pessoas mais próximas de mim, não poderia ter concluído esta obra, e por isso a elas dirijo minha mais profunda gratidão. E é claro também que todas as pessoas mencionadas merecem minha gratidão mais profunda, uma vez que me prestaram sua ajuda desinteressadamente. De modo algum podem ser atribuídos a elas julgamentos ou erros que por acaso apareçam na presente obra, pois são unicamente da responsabilidade do autor. Se, porém, ele conseguir que algum dos leitores desta obra ganhe interesse pela história do cristianismo e, sobretudo, pela pessoa de Jesus, seu fundador, o autor se dará por mais que recompensado moralmente.

Saragoça, verão de 1999.

A.M.D.G.

Sigla de *Ad maiorem Dei gloriam* (para maior glória de Deus). Lema dos jesuítas; seu uso não se restringe somente a eles. **Jesuítas.*

A.P.U.C.

Sigla da *Association for the Promotion of the Unity of Christendom* (Associação para a promoção da unidade do cristianismo). Fundada em 1857, sua finalidade é a de conseguir a união entre as diversas confissões cristãs, mas especialmente entre a Igreja católica e a anglicana. Embora sua inspiração fosse fundamentalmente católica – foi fundada por um leigo católico chamado A. M. Phillips de Lisle –, em 1864 foi condenada pelo Santo Ofício, insistindo-se com os católicos para que a abandonassem.

ABBA

Palavra aramaica que significa "pai" ou "papaizinho". É o termo habitual com o qual Jesus se dirigia a Deus, o que confirma sua autoconsciência da filiação divina (Mc 14,36). Nenhum judeu contemporâneo de Jesus ousara aplicar semelhante tratamento a Deus. Quanto a usos posteriores da palavra, já não têm a profundidade daquela adotada por Jesus.

Bibl.: FLUSSER, D., *Jesús*, Madri 1975; JEREMIAS, J., "Abba", Salamanca 1983; IDEM, *Teología del N.T.*, Salamanca 1980; VERMES, G., *Jesús el judío*, Barcelona 1977; VIDAL MANZANARES, C., *Diccionario de Jesús y los Evangelios*, Estella 1995; IDEM, *El Primer Evangelio: El Documento Q*, Barcelona 1993; IDEM, *El judeo-cristianismo palestino en el s. I: de Pentecostés a Jamnia*, Madri 1994.

ABELARDO, PEDRO (1079-1142)

Filósofo e teólogo, nascido em Pallet, de pais bretões. Foi aluno de Roscelino, Guilherme de Champeaux e Anselmo de Laón, obtendo fama especial por sua oposição ao realismo de Guilherme de Champeaux. Sua carreira acadêmica em Paris foi brilhantíssima até 1118, durante a qual manteve um romance com Heloísa, pupila de Fulberto, canônico de Notre-Dame.

Esse romance terminou com sua castração nas mãos de alguns esbirros de Fulberto e seu retiro ao mosteiro de São Dionísio. Não terminaram aí suas penas, já que em 1121 foi condenada sua visão sobre a Trindade (sem ser ouvido previamente) e, além disso, por ser muito crítico a respeito da história de São Dionísio, viu-se obrigado a fugir do mosteiro. Foi morar perto de Troyes, o chamado oratório do Paráclito, sendo desde 1125 abade de São Gildas. Em 1136 continuou sua carreira acadêmica em Paris, sendo em 1140 condenado de novo no Concílio de Sens por solicitação de São Bernardo de Claraval. Terminou sua vida em Cluny, onde foi bem acolhido por Pedro, o Venerável.

Bibl.: LUSCOMBE, D. E., *The School of Peter Abelard*, Cambridge 1969; WEINGART, R. E., *The Logic of Love*, Oxford 1970.

ABELIANOS
*Abelitas.

ABELITAS
Reduzida seita africana surgida em Hipona e conhecida somente por Agostinho (*De Haer.*, 86), que acreditava na obrigatoriedade do matrimônio, mas sem relações sexuais. Na época de Agostinho, a seita havia deixado de existir e as famílias que sustentavam essas teses estavam reintegradas no seio da Igreja católica.

ABELONIANOS
*Abelitas.

ABÉRCIO, INSCRIÇÃO DE
Inscrição cristã do final do século II – em todo caso anterior ao ano 216 –, descoberta em 1883 pelo arqueólogo protestante W. Ramsay, perto de Hierópolis, na Frígia, sendo conservada agora no museu de Letrán. O texto completo contém 22 versos, um dístico e 20 hexâmetros, em que se nos refere de forma concisa a vida e os feitos de Abércio, bispo de Hierópolis. Embora se tenha discutido o caráter cristão do texto (segundo G. Ficker e A. Dieterich, Abércio teria sido um adorador de Cibeles, enquanto que Harnack o considerou um sincretista), o certo é que ele parece indiscutível. A inscrição é o monumento de pedra mais antigo com referência à Eucaristia ("vinho delicioso", "mistura de vinho e água com pão"), administrada sob as duas espécies.

ABGAR
Rei de Edessa que, conforme a notícia contida na *História Eclesiástica* (I,13) de Eusébio de Cesaréia, teria pedido a Jesus por carta que se dignasse a curar seu filho. Conforme o relato, que Eusébio pretendia basear nos Atos de Tadeu, depois de sua ressurreição Jesus teria enviado esse apóstolo para atender o pedido do rei, conseguindo com isso a conversão de toda a Edessa ao cristianismo. Embora Eusébio incluísse em sua obra a suposta correspondência, consta que ela não é autêntica. O Decreto Gelasiano qualificou as cartas como apócrifas e os Atos de Tadeu foram escritos durante o século III.

ABGARO
*Abgar.

ABRAÃO
1. Patriarca. Filho de Taré ou Tera, pai dos hebreus, pai dos crentes e amigo de Deus (Gn 15,1-18; 16,1-11; 18,1-19,28; 20,1-17; 22,1-14; 24). Segundo Jesus, no final dos tempos e junto do patriarca, desfrutarão do banquete do *Reino de Deus não somente os israelitas, mas também os *gentios que tiverem crido nele (Mt 8,11). Para Paulo, ele é o paradigma daquele incircunciso que acreditou e que por sua fé alcançou a *justificação (Rm 4). *2. Seio de Abraão.* Na literatura judaica, por ex.: Discurso aos gregos a respeito do Hades de Flávio Josefo, o lugar do Sheol ou *Hades, donde os justos esperavam conscientes a descida do *Messias que os arrebataria ao *céu. Esse mesmo sentido é expresso nos *Evangelhos, p. ex.: a parábola do homem *rico e *Lázaro (Lc 16,19-31).

ABUNA
Lit.: *Abu-na*, nosso pai. Título com que se denomina o patriarca da Igreja abissínia.

ACACIANOS
Seguidores das posições teológicas de Acácio de Cesaréia.

ACÁCIO DE BERÉIA

Nascido aproximadamente em 322, ingressou muito jovem na vida monástica, e se tornou famoso por seu ascetismo. Em 378 foi ordenado bispo de Beréia (Alepo). Assistiu ao Concílio de Constantinopla de 381. No Sínodo de Encina foi um dos quatro bispos que João Crisóstomo repeliu como seus juízes, o que o converteu num inimigo cruel. Não assistiu ao Concílio de Éfeso, embora talvez tenha tido certa influência na fórmula de união do Concílio de 433. Morreu pouco depois. Somente chegaram até nós seis cartas suas. Atribui-se a ele uma *Confissão de fé* que presumivelmente não é sua. *João Crisóstomo.

ACÁCIO DE CESARÉIA (d. 366)

Teólogo ariano que em 340 constituía o principal defensor dessa heresia. Em 343 foi destituído pelo Concílio de Sardes. Sob Joviano, aceitou em Antioquia o Credo de Nicéia (363), mas voltou às posições arianas sob o imperador Valente. Deposto definitivamente no Concílio de Lampsaco, seus seguidores – acacianos – continuaram tendo certa importância até o fim do século IV.

ACARIE, MADAME (1566-1618)

Sobrenome de Maria da Encarnação, fundadora das Carmelitas reformadas na França. Por obediência a seus pais, casou-se em 1584 com Pedro de Acarie, visconde de Villemore. Comovida com os escritos de Teresa de Jesus, converteu-se em defensora da reforma do Carmelo desde 1603, e depois da morte de seu esposo (1613) foi recebida no Carmelo de Amiens. Foram-lhe atribuídos êxtases e visões; no entanto, por não deixar nada escrito, torna-se difícil estabelecer um julgamento sobre essas visões. Foi beatificada em 1791.

AÇÃO CATÓLICA

Movimento católico leigo com doutrinas sociais, educativas e políticas. A visão nela encarnada recebeu um impulso extraordinário através da encíclica *Ubi Arcano* de Pio XI (23 de dezembro de 1922), na qual se fazia referência à fundação de movimentos leigos em diversos países europeus. Embora Pio XII acentuasse mais o aspecto vocacional de cada indivíduo que o organizacional da Ação Católica, o Concílio Vaticano II, com sua ênfase no laicato, significou um novo impulso teórico e prático para essa visão.

AÇÃO FRANCESA

Movimento político francês iniciado em 1898 por Henri Vaugeois e Maurice Pujo. Adquiriu uma especial relevância sob a direção de Charles Maurras, opondo-se a Le Sillon (condenado depois por Pio X) e ao catolicismo social. De caráter nacionalista, foi o prenúncio do desenvolvimento dos fascismos, sendo a cooperação dos católicos com o movimento condenada por Pio XI, em 1926. Apesar de tudo, a hierarquia católica francesa não foi muito rigorosa na aplicação da condenação, e o movimento adquiriu uma enorme importância nos anos 30, especialmente durante o período da ocupação (1940-1944). Maurras foi processado por colaboracionismo com os nazistas em 1945 e posto em liberdade em 1951. Faleceu em 1952.

Bibl.: TANNENBAUM, E. R., *The Action Française*, Nova York, Londres 1962; NOLTE, E., *Der Faschismus in seiner Epoche*, Munique 1963, p. 61-190.

ACEITANTES

Os que "aceitaram" a bula *Unigenitus* (1713) durante a controvérsia originada pelo *jansenismo.

ACEMETAS

Agrupamento monástico fundado por volta de 400, pelo abade Alexandre (350-430 aproximadamente) em Constantinopla. Os monges deviam viver em absoluta pobreza, não realizar nenhum trabalho corporal e manter um perpétuo louvor mediante uma sucessão ininterrupta de cantos corais. A atração que exercia o novo movimento provocou as invejas de outros mosteiros e os acemetas foram expulsos de Constantinopla. Defensores da ortodoxia diante dos monofisitas, caíram no nestorianismo, sendo condenados em 534. Provavelmente existiram até o século XII.

ADAM, KARL (1876-1966)

Teólogo católico. Ordenado sacerdote em 1900, ensinou nas universidades de Munique, Estrasburgo e Tubinga. Conciliador e de uma visão liberal com a ortodoxia católica, foi um autêntico precursor do movimento ecumênico. Entre suas obras destacam-se: *Cristo, nosso irmão* (1926), *Jesus Cristo* (1933) e *O Cristo da fé* (1954).

ADAMÂNCIO

Literalmente "homem de aço", sobrenome dado por Eusébio de Cesaréia (HE VI, 3, 9, 10) a Orígenes por causa de seu rigoroso ascetismo.

ADAMITAS

Seita cristã – mencionada por Epifânio (*Haer*. 52) e Agostinho (*Haer*. 31) –, que pretendia regressar à inocência inicial mediante a prática do nudismo. Esse mesmo enfoque voltou a se repetir durante a Idade Média e no século XVI.

ADDAI

Fundador semilegendário da Igreja de Edessa depois de converter o rei *Abgar. De acordo com a tradição síria, teria sido um dos setenta e dois discípulos aos quais se refere São Lucas (10,1). Eusébio (HE I, 12,3) identificou-o com Tadeu, e F. C. Burkitt com Taciano. É atribuído a ele – juntamente com Maria – a criação de uma liturgia síria utilizada pelos nestorianos.

Bibl.: BURKITT, F. C. em *JTS*, 25, 1923-1924, p. 130; MACOMBER, W. F., S.J., "The Oldest Known Text of the Anaphora of the Apostles Addai and Mari" em *OCP*, 32, 1966, p. 335-371.

ADELFIANOS
*Messalianos.

ADEMARO DE MONTEIL († 1098)

Bispo de Le Puy desde 1080. Representante do Papa Urbano II na *Primeira Cruzada, esteve muito unido a Raimundo de Tolosa. Sua morte, pouco depois da tomada de Antioquia, eliminou a possibilidade de manter unidos os cruzados e de que o papa os pudesse controlar.

Bibl.: BRUNDAGE, J. A. "Adhemar of Puy: the Bishof and his Critics" em *Speculum*, 34, 1959, p. 201-212.

ADER

Idumeu, cujos seguidores Orígenes acusava de não ter sabido combinar corretamente os ensinamentos do Egito com a mensagem cristã. A notícia continha uma carta dirigida por Orígenes a seu antigo discípulo Gregório, o Taumaturgo, entre o ano 238 e 243, chegou até nós através do capítulo 13 da *Filocalia* (*Filocalia, *Gregório, o Taumaturgo, *Orígenes).

ADIAFORISMO

Posição teológica no seio do luteranismo alemão que sustentava a indiferença de certos ritos e práticas. Assim, com relação ao Ínterim de Leipzig (1548) defendiam que se podia, no interesse pela paz, fazer concessões aos católicos em questões como a confirmação, a unção dos enfermos, a missa e a veneração dos santos. M. Flácio Ilírico opôs-se frontalmente a essa posição, mas a controvérsia permaneceu até a Fórmula da Concórdia de 1577, na qual se estabeleceu que as cerimônias que não estivessem ordenadas ou proibidas de maneira expressa pela Escritura podiam ser fixadas segundo a decisão de cada igreja local. A controvérsia adiaforista voltou a surgir durante o séc. XVII quando os pietistas P. J. Spener e A. H. Francke advogaram em favor da proibição de todos os prazeres mundanos como o baile e o teatro, e com eles se defrontaram, partindo de uma posição adiaforista, os luteranos oficiais.

Bibl.: GOTTSCHICK, J., "Adiaphora" em *PRE* (3ª ed.), 1, 1896, p. 168-179; HORN, E. T., "Adiaphorism" em *HERE*, 1, 1980, p. 91-93.

ADOCIONISMO
Heresia consistente em negar a cristologia trinitária considerando Cristo meramente homem (Paulo de Samósata) ou um ser divino inferior (Luciano de Antioquia). O adocionismo teve uma influência decisiva no nascimento do arianismo.

ÁDON, MARTIROLÓGIO DE
Obra compilada em 1858 por Santo Ádon (por volta de 800-875), monge beneditino que chegaria a ser arcebispo de Viena. Embora Ádon tenha pretendido basear-se num antigo martirológio romano, o certo é que ele estava impregnado de erros e pôde mesmo ser atribuído ao próprio Ádon.

O *Martirológio de Ádon* influiu diretamente no de Usuardo e no Romano, aos quais transmitiu seus aspectos tanto positivos como negativos.

ADORAÇÃO
Do latim "adoratio", palavra derivada de "ad oro" (para ti oro ou rogo). Define o culto reservado único e exclusivamente a *Deus. Em grego utilizam-se os termos "latreia", "proskynesis" e "dulia" para expressar essa atitude. O judaísmo a reservava, de maneira indiscutivelmente exclusiva, a Deus, sem admitir o culto a nenhum outro ser tampouco a nenhuma imagem, embora pretendesse representar a divindade (*Êx 20,4ss.; Dt 5,1ss.; Is 44,9-20; Dn 5,23; 2Rs 23,4ss.). Jesus manteve também esse ponto de vista afirmando que somente era possível a "proskynesis" diante de Deus (Mt 4,10; Lc 4,8).

Os Evangelhos indicam que, ao menos depois de sua *ressurreição, Jesus foi adorado por seus discípulos (Mt 28,17; Lc 24,52) que o proclamaram *Senhor e Deus (Jo 20,28), embora alguns textos pareçam indicar uma incipiente consciência dessa realidade antes da morte de Jesus (Mc 4,39-41; Lc 5,8-10). No mesmo sentido encontramos referências no Novo Testamento, pois se ora a Jesus (At 7,59; 1Cor 1,2); dobram-se os joelhos diante dele (At 7,60; Fl 2,9ss.); e se lhe dá a mesma adoração e glória que ao Pai (Ap 5,13). Igualmente, tanto Justino, mártir, como Orígenes e outros autores primitivos propugnaram a adoração das três pessoas da *Trindade.

Não temos notícia segura de culto rendido a outros seres no seio do cristianismo com anterioridade ao século IV, e até ao século V não se produziu nenhum intento de clara diferenciação entre o culto de latria e o de "proskynesis". Esta surgiu da crescente expansão do culto das *imagens – desconhecido dos primeiros séculos – que exigia uma diferenciação mais estrita. Em 787 o II Concílio de Nicéia diferenciou totalmente a latria – devida somente a Deus – da "proskynesis", reservada às criaturas. No Ocidente essa diferenciação não apareceu até o período da Escolástica, já na plena Idade Média, quando se diferenciou entre a latria (Deus), a dulia (criaturas) e a hiperdulia (Maria).

Bibl.: CULLMANN, O., *Christology of the New Testament*, Londres 1975; HENGEL, M., *El Hijo de Dios*, Salamanca 1978; SCHWEIZER, E.- DÍEZ MACHO, A., *La Iglesia primitiva – medio ambiente, organización y culto –*, Madri 1974; VIDAL MANZANARES, C., *El judeo-cristianismo...*

ADRIÃO, O AFRICANO († 709)

Monge de origem africana, abade de um mosteiro napolitano e grande amigo do Papa Vitaliano. Embora rejeitasse a sede de Cantuária, desde 670 representou um papel enormemente relevante na adaptação dos usos eclesiásticos ingleses aos de Roma.

ADRIANO I (772-795)

Papa. Romano, de origem aristocrática, manteve uma política de colaboração estreita com Carlos Magno, ao qual convenceu para que invadisse a Lombardia, livrando assim o papado de uma ameaça contínua, e para que perseguisse os adocionistas. Por ocasião da disputa iconoclasta, contudo, Carlos Magno negou-se a aprovar as teses papais.

ADRIANO II (867-872)

Papa (n. 792). Aristocrata romano da mesma família que Estêvão IV e Sérgio II. Casado antes de sua ordenação, recusou em 855 e 858 o oferecimento de ser papa. Em 867 aceitou, contudo como uma solução de transição após a morte de Nicolau I. Naquele mesmo ano sua esposa e sua filha foram assassinadas durante o saque de Roma pelo duque Lamberto de Espoleto. Fracassou em seu intento de assegurar a sucessão de Lotário (869), excomungou o patriarca Fócio (869) e enviou representantes ao II Concílio de Constantinopla (869-870), apesar de que não pudesse conseguir sua presidência. Embora não conseguisse submeter a Bulgária ao controle romano, graças ao apoio dado por Cirilo e Metódio, conseguiu-o no caso da Morávia.

ADRIANO III (884-885)

Papa. Nascido em Roma e filho de um beneditino, sucedeu a *Marino I em meio a circunstâncias confusas. Pouco se sabe sobre seu pontificado, a não ser que tenha estabelecido adotar uma posição conciliatória com Constantinopla. Quando se dirigia a Worms para receber o apoio do imperador Carlos, o Gordo (881-888), morreu possivelmente assassinado, porque seu cadáver não regressou a Roma, sendo sepultado perto de Módena.

ADRIANO IV (NASC. POR VOLTA DE 1100) (1154-1159)

O único papa inglês. Abade da comunidade monástica de São Rufo em Avinhão, as queixas dos monges forçaram sua destituição, mas o Papa Eugênio III em 1149 o nomeou cardeal bispo de Albano. De 1150 a 1153 foi delegado papal na Escandinávia e em 1154 foi eleito unanimemente como papa. Especialmente interessado em fortalecer o poder político papal, aliou-se com o imperador alemão Frederico Barba-Roxa, o qual utilizou contra Guilherme I da Sicília e contra Arnoldo de Bréscia. A paz firmada com Guilherme da Sicília em 1156 foi interpretada por Frederico I como uma traição. Contra ele quis levantar Adriano IV um exército e inclusive pensou em excomungá-lo, mas morreu sem levar a termo essas intenções.

ADRIANO V (1276)

Papa. Senador de Roma, foi eleito em circunstâncias derivadas da constituição sobre o conclave aprovada pelo II Concílio de Lyon (1274). De acordo com a mesma constituição, os eleitores foram confinados e sua alimentação reduzida. Semelhante situação, unida ao calor do verão romano, levou os eleitores a acelerar sua missão, sendo eleito Adriano V. O único ato desse papa foi prometer que suprimiria aquela normativa relativa ao conclave. Poucos dias depois, seriamente enfermo, saiu de Roma morrendo quase imediatamente em Viterbo, sem que tivesse tempo para ser ordenado sacerdote, bispo e ser coroado. O poeta Dante mostra-o no purgatório (19,88-145) sofrendo por causa de sua avareza.

ADRIANO VI (1522-1523)

Papa. Nascido em 1469 em Utrecht, filho de um carpinteiro, sua inteligência permitiu-lhe destacar-se desde jovem, e em 1507 o imperador Maximiliano I nomeou-o preceptor de seu neto, o futuro Carlos V. Em 1515 dirigiu-se à Espanha para assegurar a sucessão deste, junto com ele ficando como regente o cardeal Cisneros até 1517. Inquisidor em Aragão e Navarra (1516) e de Castela e Leon (1518), em 1517 foi nomeado cardeal de Utrecht. Eleito papa conservou seu nome de batismo. Teve a idéia de contrapor-se ao avanço da Reforma, unindo os príncipes cristãos numa guerra contra os turcos que estavam ameaçando a Hungria e Rodes, e reformando moralmente a Igreja católica. Se nesse último caso seus esforços foram eliminados pelos cardeais, no primeiro foi a política de Francisco I da França que esfacelou a possibilidade de uma colisão antiturca. Uma vez que não conseguiu que se castigasse Lutero como herege, todo o programa papal de Adriano VI terminou em um fracasso que possivelmente precipitou seu falecimento.

Bibl.: Hocks, E., *Der letzte deutsche Papst, Adrian VI*, Friburgo 1939; Posner, J., *Der deutsche Papst Adrian VI*, Reclinghausen, 1962.

ADRIANO DE UTRECHT
*Adriano VI.

ADVENTISMO

Tendência professada por diversas seitas que consiste numa espera monotemática do fim do mundo, com base em cálculos artificiais e carentes de fundamento destinados a fixar sua data. Assim se pretende que os mencionados dados se baseiam na cronologia bíblica. Essa visão existencial vem acompanhada de anúncios de datas relativos ao final dos tempos, assim como de uma conduta orientada, quase com exclusividade, em torno dessa questão. O termo deriva da palavra inglesa "advent" que serve para designar a Segunda Vinda de Cristo.

ADVENTISTAS
*Adventismo. *Adventistas do Sétimo Dia.

ADVENTISTAS DO SÉTIMO DIA

Uma das seitas milenaristas de origem adventista mais numerosa em todo o mundo (uns dois milhões e meio de adeptos). Seu ponto de partida é constituído pelas interpretações do norte-americano William *Miller da visão de Daniel 8,14; baseando-se nelas profetizou o fim do Mundo para o ano de 1843. Sobrevindo o fracasso, Miller anunciou o fim do mundo para o dia 21 de março de 1844, 18 de abril de 1844 e 22 de outubro de 1844 (Francis D. Nichol, *The Midnight Cry*, p. 457ss.). Paradoxalmente esse fracasso proporcionaria para a seita um dos sustentáculos de sua teologia. Em 23 de outubro de 1844, um dos adeptos, chamado Hiran Edson, comunicou que havia tido uma visão na qual viu como Cristo chegava a um altar no céu. Disso se deduziu que Miller não havia se equivocado quanto à data, mas que somente havia errado quanto ao lugar aonde se dirigiria Cristo. Posteriormente o fim do mundo tornaria a ser anunciado pela seita para 1854 e 1873. O personagem central na história da seita foi Ellen G. *White, cujos escritos são considerados pela hierarquia e pelos adeptos dos Adventistas do Sétimo Dia tão inspirados por Deus como a Bíblia. De Ellen procede, substancialmente, o conteúdo doutrinal do adventismo: negação da imortalidade da *alma e negação do *inferno; identificação de Cristo com o arcanjo Miguel; crença de que Cristo realizou uma expiação em várias fases, esta não se dando na cruz, mas também em 1884, ano do descumprimento de uma de suas profecias; qualificação da Igreja católica como a Grande Meretriz do Apocalipse, uma vez que as Igrejas protestantes são as filhas da Meretriz (E. Withe, *El conflicto de los siglos,* p. 433-434); imposição de um sistema de alimentação pseudolevítico; crença em teses anticientíficas como o vitalismo, o vegetarianismo (pela imposição dos dirigentes), consideração do domingo como a marca da Besta, devendo ser o dia de preceito o sábado etc. Nos últimos anos a seita tem enfrentado numerosas crises, investigações de diferentes administrações e divisões.

Bibl.: REA, W., *La mentira White*, Zaragoza 1988; VIDAL MANZANARES, C. *El infierno de las sectas*, Bilbao 1989; IDEM, *Diccionario de sectas y ocultismo*, Estella 1991; IDEM, *La outra cara del Paraíso*, Miami 1994; IDEM, *Historias curiosas del ocultismo,* Madri 1995; IDEM, *Nuevo diccionario de sectas y ocultismo,* Estella 1998.

AÉCIO

Bispo ariano de Antioquia, fundador dos anomeus. Seita que pretendia não somente conhecer a Deus como Ele se conhece a si mesmo, mas também pregava a desigualdade entre o Pai e o Filho, repelindo inclusive a semelhança de sua natureza. Foi combatida por João Crisóstomo.

AETERNI PATRIS

Encíclica do Papa Leão XIII (4 de agosto de 1879), na qual se recomendava aos fiéis o estudo da filosofia, especialmente a de Tomás de Aquino.

AFONSO MARIA DE LIGÓRIO (1696-1787)

Teólogo moral. Nasceu no dia 27 de setembro de 1696 em Marianella, subúrbio de Nápoles, Itália. Estudante ardoroso, já aos 16 anos conquistava com brilhantismo a dupla láurea de doutor em Direito Civil e Canônico. Era o advogado mais jovem de seu tempo, e quem sabe de todos os tempos. Levado pelo amor às almas e desiludido com a corrupção reinante nos tribunais e na justiça deles, abandonou a advocacia e se fez sacerdote. Depois começou a

trabalhar entre os pobres de Nápoles, os "lazaroni", nas célebres "capelas serotinas". Engajou-se nas missões, com os Padres Pios Operários. Extenuado e com a saúde abalada, foi aconselhado a fazer um repouso forçado nas montanhas de Santa Maria dos Montes, em Scala. Vendo o abandono espiritual daquele povo e seguindo as inspirações de Maria Celeste Crostarosa, resolveu fundar uma congregação para cuidar dos mais pobres e abandonados. Apoiado por Dom Tomás Falcóia, bispo de Castellamare, no dia 9 de novembro de 1732, em Scala, deu início a essa obra. Reunir sacerdotes e irmãos para pregação das missões populares.
Sua congregação foi aprovada no dia 25 de fevereiro de 1749 pelo Papa Bento XIV. Começou nesse dia a existir canonicamente a Congregação Redentorista. Formado no espírito dos Pios Operários e dos Padres das Missões, tiveram influência forte em sua espiritualidade Santa Teresa e São Francisco de Sales. Com seus padres e irmãos saíam pelos vilarejos e pequenas localidades pregando as missões populares. Teve uma influência muito grande no sul da Itália e com seus escritos pode-se dizer que influenciou toda a Europa. Apesar dos intensos trabalhos, das missões, sendo superior geral da congregação, escreveu mais de cem livros. Sua obra principal foi a *Teologia Moral* (1753-1755), obra com mais de 80.000 citações, que orientaram a moral católica e até hoje ainda têm sua validade. Grande devoto de Maria Santíssima, escreveu o livro *Glórias de Maria* (1750), que já teve mais de 800 edições traduzidas em 23 línguas. Sua espiritualidade firmava-se no tripé Encarnação, Paixão, Ressurreição. Por isso sua devoção ao presépio, à cruz e à eucaristia. O livrete das visitas ao Santíssimo e a Nossa Senhora tiveram mais de 2.015 edições e foi traduzido em mais de 40 línguas. Outros livros seus célebres são: *Paixão de Nosso Senhor*, *Práticas de amor a Jesus Cristo*, *Grande meio da oração*.
Poeta, músico, pintor; deixou-nos uma coleção de poesias sacras, comparadas às do poeta Metastácio. Verdadeira obra de arte musical é seu *Dueto* entre Jesus e a Alma, cujos originais encontram-se no museu de Londres. Foi eleito bispo da diocese de Santa Águeda dos Godos em 1762. Morreu com a idade de 91 anos. Declarado Doutor da Santa Igreja com o título de "Doutor Zelosíssimo". Mais tarde, Pio XII declarou-o Padroeiro dos moralistas e confessores. Suas máximas preferidas: "Um verdadeiro devoto de Nossa Senhora não se perde". "Quem reza se salva, quem não reza..." "Amemos a Jesus que tanto nos amou!" Sua congregação está espalhada pelo mundo inteiro. No Brasil, cuidam especialmente do Santuário Nacional de Nossa Senhora da Conceição Aparecida e pregam as missões populares.

AFRAATES
Santo a quem se atribui a redação das *Odes de Salomão*. *Odes de Salomão*.

ÁFRICA, CRISTIANISMO NA
A África contou com Igrejas cristãs desde o século I, atribuindo-se inclusive a fundação da Igreja egípcia ao evangelista Marcos. Durante o período patrístico, Alexandria foi uma das sedes mais importantes. A chegada do islamismo limitou o influxo do cristianismo na África e inclusive o extirpou em alguns lugares. Em fins do século XV chegaram às costas ocidentais da

África os primeiros europeus, portugueses interessados, porém, no tráfico de escravos. Em 1596 estabeleceu-se o primeiro bispado católico nos domínios portugueses de Angola. O êxito dessa obra missionária começou a declinar desde os primeiros anos do século XVIII. A luta contra a escravidão – e sua abolição – determinou o aparecimento de missionários protestantes de diversas confissões. Em 1864 foi sagrado o primeiro bispo anglicano, o dos territórios do Niger. Nesse tempo já haviam Igrejas metodistas, presbiterianas e batistas. Em 1891 apareceram inclusive as primeiras Igrejas protestantes independentes da região. As missões católicas – que experimentaram um grande crescimento em fins do século XIX – dependeram quase exclusivamente dos Padres brancos, os do Espírito Santo e da Sociedade das Missões africanas e tiveram um papel especialmente relevante no Congo Belga. Nesse país houve também importantes missões batistas e presbiterianas. Se na África francesa foram muitos os missionários católicos e reformados de origem gaulesa, na Libéria procediam especialmente dos Estados Unidos, sendo católicos, episcopais e evangélicos.

Durante o século XX, foi ficando reduzida a influência estrangeira nas missões protestantes que inclusive começaram a colaborar entre elas chegando, em certas ocasiões, a criar organismos de ação conjunta, surgindo desse modo novas entidades eclesiais geralmente de tipo pentecostal. No que se refere à Igreja católica, as reformas administrativas têm sido diversas, especialmente desde 1950.

Bibl.: Wiltgen, R. M., *Gold Coast Mission History*, Techny, Ill, 1956; Webster, J. B., *The African Churches among the Yoruba 1888-1922*, Oxford 1964; Latourette, K. S., *Christianity in a Revolutionary Age*, v. 5, 1963, p. 478-494.

AGAPEMONE, IGREJA DE

Também a Comunidade do Amor. Instituição de caráter religioso e beneficente fundada por Henry J. Prince em 1859. Propriamente nunca constituiu uma seita, embora tenha sido o setor do movimento que J. H. Smith-Pigott tenha chefiado. Continua a existir até os dias de hoje.

AGAPEMÔNITOS

Membros da Agapemone.

AGAPITO (535-536)

Papa. Visitou Constantinopla e, apesar da oposição de Justiniano, depôs o patriarca Antimo, partidário do monofisitismo. Morreu pouco depois, após ter reinado apenas dez meses.

AGAPITO DE CESARÉIA

Bispo, sob cujo episcopado desenvolveu suas atividades Pânfilo, mestre de Eusébio de Cesaréia (HE VII, 32,25).

AGATÃO (678-681)

Papa. Nasceu na Sicília por volta do ano 577. Em 680 convocou um concílio dirigido contra o *monotelismo, cuja fórmula foi adotada pelo IV Concílio Ecumênico de Constantinopla. Foi de enorme importância na extensão da liturgia romana na Inglaterra.

AGLAOFÃO

Médico de Patara que deu título a um dos diálogos de *Metódio intitulado "Aglaofão ou a respeito da ressurreição".

AGOSTINHO DE HIPONA

Nasceu no dia 13 de novembro de 354 em Tagaste, na Numídia, filho de um conselheiro municipal e modesto proprietário. Estudou em Tagaste, Madaura e Cartago. Ensinou gramática em Tagaste (374) e retórica em Cartago (375-383), Roma (384) e Milão (384-386). Depois de ler o *Hortêncio*, de Cícero (373), iniciou sua busca espiritual que o levaria primeiro a adotar posições racionalistas e, posteriormente, maniqueístas. Atraiu-o especialmente o racionalismo do maniqueísmo, do qual presumiam sua insistência num cristianismo espiritual que excluía o Antigo Testamento e sua pretensão de compreender o problema do mal. Decepcionado com o maniqueísmo, depois de seu encontro com o bispo maniqueu Fausto, caiu no ceticismo. Chegado a Milão, a pregação de Ambrósio o impressionou, levando-o à convicção de que a autoridade da fé é a Bíblia, na qual a Igreja se apóia e lê. A influência neoplatônica dissipou alguns dos obstáculos que encontrava para aceitar o cristianismo, mas o impulso definitivo lhe veio através da leitura da epístola do apóstolo Paulo aos romanos, na qual descobriu Cristo não somente como mestre, mas também como salvador. Era o mês de agosto de 386. Depois de sua conversão renunciou ao ensino e também à mulher com a qual havia vivido durante anos e tivera um filho. Depois de um breve retiro em Casiciaco, regressou a Milão, onde foi batizado por Ambrósio juntamente com seu filho Deodato e seu amigo Alípio. Após uma breve estada em Roma – sua mãe Mônica morreu no porto de Óstia –, retirou-se para Tagaste onde iniciou um projeto de vida monástica. No ano de 391 foi ordenado – não muito a seu gosto – sacerdote em Hipona e fundou um mosteiro. Em 395 foi ordenado bispo, sendo desde 397 titular da sede. Além da enorme tarefa pastoral – que ia desde a administração econômica à defrontação com as autoridades políticas passando pelas pregações duas vezes por semana, mas em muitos casos até duas vezes ao dia e vários dias seguidos – desenvolveu uma fecundíssima atividade teológica que o levou a se enfrentar com maniqueus, donatistas, pelagianos, arianos e pagãos. Foi o principal protagonista da solução do cisma donatista, embora fique discutível a legitimação do uso que fez da força para combater a heresia, assim como a controvérsia pelagiana. Morreu em 430 durante o cerco de Hipona pelos vândalos.

A obra de Agostinho é numerosíssima e inclui livros autobiográficos (*Confissões, Retratações*); filosóficos (os *Diálogos em Casiciaco,* um livro *A respeito da vida feliz,* dois livros *A respeito da Ordem,* dois livros de *Solilóquios,* um livro *Acerca da imortalidade da alma,* vários livros de disciplinas, um livro sobre a quantidade da alma, três livros *Sobre o livre-arbítrio,* seis livros *Sobre a música,* um livro *Sobre o mestre*); apologéticos (um livro *Sobre a religião verdadeira,* um livro *Sobre a utilidade de crer*; um livro *Sobre a fé nas coisas que não se vêem,* um livro Sobre *a adivinhação dos demônios,* seis *Questões expostas contra os pagãos, A Cidade de Deus*); dogmáticos (um livro *Sobre a fé e o símbolo,* um livro *Sobre oitenta e três diversas questões,* dois livros *Sobre diversas questões a Simpliciano,* um livro *Sobre a fé e as obras,* um livro *Sobre ver a Deus,* um livro *Sobre a presença de Deus,* um *Enquiridion a Laurêncio,* quinze livros *Sobre a Trindade etc*.); morais e pastorais (um livro *Sobre o bem conjugal,* um livro *Sobre a continência etc.*); monásticos (*A Regra* – a mais antiga das regras monásticas ocidentais – e um livro *Sobre a obra dos monges*); exegéticos (diversos comentários sobre os livros do Antigo e Novo Testamentos); polêmicos (dois livros *Sobre os costumes da Igreja católica e sobre os costumes dos maniqueus*, *Atas contra o maniqueu Fortunato*, 23 livros *Contra Fausto, o Maniqueu*, um livro *Contra Secundino, o Maniqueu*, *Epístola aos católicos sobre a seita dos donatistas* ou *Sobre a unidade da Igreja*, um livro *Sobre o tratamento dado aos donatistas* – no qual defende as leis imperiais contra eles –, um livro *Sobre a natureza e a graça*, um livro *Sobre os atos de Pelágio*, dois livros *Sobre a graça de Cristo e o pecado original*, seis livros *Contra Juliano*, *Sobre a predestinação dos santos*, *Sobre o dom da perseverança*, um livro *A Orósio contra os priscilianistas e origenistas*, *Tratado contra os judeus*, *Sobre os hereges* etc.).

Igualmente chegaram até nós um epistolário com 270 cartas e um conjunto de sermões cujo número oscila entre 360 e 500, número que varia conforme a duvidosa autenticidade de alguns deles. A todos esses deve-se acrescentar um livro de gramática, alguns *Princípios de dialética*, alguns *Princípios de retórica*, uma *Oração sobre a Trindade*, oito *Versos sobre São Nabor* e alguns *Sumários* de suas obras maiores, cuja autoria não é de todo segura. Em uma magnífica conjunção de fé e razão, o pensamento agostiniano gira em torno de Deus (o ser sumo, a primeira verdade, o eterno amor sem o qual é impossível achar o descanso da alma) e o homem. Esse último é considerado por Agostinho uma *magna quaestio* (uma grande questão) somente iluminada pelo fato de sua criação à imagem de Deus. Na natureza imortal da alma humana está impressa a capacidade de se elevar até a possessão de Deus, embora essa circunstância fique deformada pelo pecado e somente possa ser restaurada pela graça. Aos problemas filosóficos do ser, o conhecer e o amar, Agostinho oferece uma resposta que arranca da criação, a iluminação (autêntico quebra-cabeça dos estudiosos de Santo Agostinho) e a sabedoria ou a felicidade que somente pode ser o próprio Deus. Seu método teológico baseia-se na adesão à autoridade da fé que se manifesta na Escritura (de origem divina, permanente, lida literalmente em suas argumentações dogmáticas e com concessões alegóricas na pregação popular), lida à luz da Tradição e dotada de um cânon estabelecido pela Igreja. Essa união à Escritura deve ser vivida em amor (*De doct. Chr.* I, 35,39) e se expressar com exatidão terminológica (*De Civ. Dei*, X, 23). Sua teologia trinitária se insere no processo anterior à Tradição e vai influir poderosamente no desenvolvimento da teologia trinitária ocidental. Nela enuncia o princípio de igualdade e distinção das pessoas (*De Civ. Dei*, XI, 10,1) e procura explicar psicologicamente a Trindade como reflexo da tríade da memória, inteligência e vontade. Do mesmo modo Agostinho tenta reformular a doutrina da Encarnação, que se tornou decisiva no processo de sua conversão, e preludia em sua terminologia o Concílio de Calcedônia ("duas naturezas, mas uma só pessoa", "um e outro, mas um só Cristo" etc.).

Os dois temas aos quais Agostinho se dedicou com mais profundidade foram o da salvação e o da graça. O motivo da Encarnação foi a salvação dos homens (*De pecc. Mer. Remiss.* I, 26,39), da qual se conclui que ninguém pode se salvar sem Cristo (dessa teologia da redenção, Agostinho deduz a teologia do pecado original, em que se percebe uma visão pessimista do homem talvez influenciada, ao menos em parte, pela própria experiência pessoal do teólogo) que se oferece como sacrifício perfeito ao Pai (*Conf.* X, 43,69), com o que "purgou, aboliu e extinguiu todas as culpas da humanidade, resgatando-nos do poder do demônio" (*De Trin.* IV, 13,16-14,19). Esse aspecto fica ligado na teologia agostiniana ao da justificação. Esta – que se dá através da fé – produz uma remissão dos pecados "plena e total", "plena e perfeita" (*De pecc. Mer. Remiss.* II, 7,9), sem exceção de pecados (*De g. pel.* XII, 28). Em seguida, produz-se no crente uma renovação progressiva, cuja consumação se produzirá somente com a ressurreição, o que acrescenta à justificação um atributo escatológico. Papel indispensável desempenha em todo esse processo a graça. Sem ela é impossível converter-se a Deus, evitar o pecado e alcançar a salvação. Essa graça é um dom gratuito de Deus, como o é também a perseverança final. Inclusive os méritos humanos não são senão dons da graça (*Ep.* CLXXXVI, 10; *De gr. et l. arb.* V, 10-VIII, 20). Essa insistência em defender a gratuidade imerecida da graça o levou a desenvolver o tema da predestinação que, em sua opinião, é o baluarte que a defende (*De d. pers.* XXI, 54). Deus tem em seu poder uma graça que nenhum coração poderia recusar de se ver exposto a ela (*De praed. S.* VIII, 13). O por que não a usa com todos é um mistério diante do qual Agostinho se inclina humildemente (*De pecc. Mer. Remiss.* I, 21,23-30), aceitando que em qualquer caso Deus não é injusto nem cruel em seu exercício da graça (*De Civ. Dei* XII, 27). Não é demais dizer que essa ênfase agostiniana na gratuidade da graça e em seu caráter "predestinacionista" levou praticamente sua própria vida a posições extremas a esse respeito. Sem entrar a fundo no tema, podemos assinalar que em termos gerais, e embora admitindo essa posição do pensamento do teólogo, o certo é que tornou muito mais variado que de outros autores que o utilizaram para sustentar seus pontos de vista desde Godescalco (séc. VII) a Lutero (séc. XVI), Calvino (séc. XVII) ou Jansênio (séc. XVII). Eclesiologicamente Agostinho não é unívoco na utilização do termo "Igreja", referindo-se tanto à comunidade dos fiéis edificada sobre o fundamento apostólico como ao conjunto dos predestinados que vivem na feliz imortalidade. Considera herege não o que erra na fé (*Ep.* XLIII, 1), mas o que "resiste à doutrina católica que lhe é manifestada" (*De bapt.* XVI, 23), a qual se expressa no símbolo batismal, nos concílios (*Ep.* XLIV, 1) e na sede de Pedro que sempre desfrutou do primado (*Ep.* XLIII, 7). Agostinho acentua do mesmo modo na justificação o caráter escatológico da Igreja que se consumará na eternidade. Fato que acontecerá somente para os predestinados (*De cat. Rud.* XX, 31), os pecadores somente fazem parte dela "na aparência" (*De bapt.* VI, 14,23), e os justos que não perseveram não são filhos de Deus. Sacramentalmente Agostinho aceita a validade do batismo fora da Igreja, mas nega que seja proveitoso. O mesmo é necessário para a salvação, embora possa haver também o batismo de desejo (*De bapt.* IV, 22,29). A Eucaristia se insere num claro simbolismo de caráter eclesiológico, mas parece que Agostinho compartilha da crença em que o pão se transforma no corpo de Cristo e o vinho no sangue, assim como, ao menos em certa medida, o conteúdo sacrifical da Eucaristia (*Conf.* IX, 12,32-13,36). Por outro lado, parece favorecer a prática da penitência em público. Mariologicamente, Agostinho sustentou o nascimento de Deus da virgem Maria, mas não chega a utilizar a terminologia de "mãe de Deus" típica do Oriente. Afirmou igualmente a virgindade perpétua de Maria (*Sermão* LI, 18), embora a considerasse verdadeira esposa de São José (*De nupt. et conc.* I, 11,12), e do mesmo modo sustentou que Maria não foi manchada pelo pecado (*De nat. et gr.* XXXVI, 42), embora ainda esteja distante dos desenvolvimentos dogmáticos posteriores.

AGOSTINHO HIBÉRNICO

Autor ainda não identificado de três livros *Sobre os episódios mais admiráveis da Sagrada Escritura*. Essa obra foi atribuída durante algum tempo a Agostinho de Hipona.

ÁGRAFA

Frases de Jesus não mencionadas nos quatro evangelhos canônicos (Mateus, Marcos, Lucas e João). O Novo Testamento contém ao menos uma em At 20,35ss. (1Ts 4,15ss. é mais discutível). Outras aparecem em textos cristãos primitivos e inclusive no Talmude, embora o caráter herético de algumas das obras que as colecionam torna difícil estabelecer sua autenticidade, p. ex. no evangelho de Tomé. Em termos gerais, não parece que tragam nada substancial a nosso conhecimento do Jesus histórico.

Bibl.: Jeremias, J., *Palabras desconocidas de Jesus*, Salamanca 1984; Vidal Manzanares, C., *Los Evangelios gnósticos*, Barcelona 1991; Idem, *El Primer Evangelio...*; Dunkerley, R., *Beyond the Gospels*, Londres 1957.

AGRÉCIO DE SENS

Bispo que viveu em meados do século V, ao qual se atribuiu erroneamente um poema dirigido a Avito.

AGRESTIO

Bispo de Lugo, participante no Concílio de Orange, ao qual se atribui um poema, *Acerca da fé*, dirigido a um tal Avito. Especulou-se a possibilidade de que a redação do poema pretendesse dissipar as suspeitas de priscilianismo que pesavam sobre Agrestio.

AGRIPA
*Herodes Agripa.

ÁGUA
*Batismo, *Novo nascimento.

ALBÂNIA, CRISTIANISMO NA

Os primeiros missionários cristãos parecem ter chegado à Albânia em data tão primitiva como o séc. I. O desaparecimento do Império Romano implicou praticamente no aniquilamento da presença cristã. Até o ano de 840, os ilírios – atuais albaneses – viram-se submetidos à Igreja ortodoxa. Quando surgiu o cisma entre Constantinopla e Roma, parte dos cristãos albaneses optaram pela submissão dessa última. Em 1389, os turcos invadiram o país, mas desde 1443 a 1467 o dirigente albanês, Iskander Bey, conseguiu manter a independência do país que por sua vez estimulava, embora muito infrutuosamente, a união dos albaneses com a Igreja de Roma. A vitória final dos turcos implicou em numerosas apostasias do cristianismo ao islã, apostasias provocadas em não poucas ocasiões sob ameaça de morte. Em 1913 a Albânia tornou-se independente, e nove anos depois se constituiu de maneira autocéfala a

Igreja albanesa. O triunfo do comunismo significou uma nova etapa de opressão sobre o cristianismo albanês. Possivelmente seja a Albânia o país europeu onde o número de cristãos, inclusive sociologicamente falando, seja o menor.

ALBERTO MAGNO (1200-1280)

Teólogo, filósofo e cientista medieval. Nasceu em Lauingen, Alemanha; estudou em Pádua e em 1223 ingressou entre os *dominicanos. De regresso à Alemanha, esteve ensinando em diversas casas da Ordem até 1241, quando então foi enviado a Paris, onde de 1245 a 1248 teve uma cátedra de teologia. É possível que nessa época – em que teve como aluno *Tomás de Aquino – começasse a desenvolver seu apego pela filosofia de Aristóteles. Em 1248 dirigiu-se a Colônia junto com Tomás de Aquino para estabelecer um estudo geral. Provincial da Alemanha (1253-1256), defensor diante do Papa dos interesses do clero (1256), bispo de Ratisbona desde 1260, em 1263 pregou a *cruzada na Alemanha e na Boêmia. Desde 1269 até sua morte esteve em Colônia, com um breve parêntese em 1277 quando foi ajudar em Paris para tentar evitar a condenação do aristotelismo defendido por ele e por Tomás de Aquino. A figura de Alberto Magno viu-se ofuscada pela de seu discípulo, através do qual triunfou definitivamente a recepção do aristotelismo no catolicismo.

ALBIANO

Monge nascido em Ancira da Galácia que marchou em peregrinação à Terra Santa, morrendo no deserto de Nítria. *Nilo de Ancira escreveu um panegírico em sua honra.

ALBIGENSES

Termo medieval que se aplicava aos habitantes do sul da França e por extensão aos hereges *cátaros dessa região nos séculos XII e XIII. Sua teologia era de cunho *maniqueu. Negava a existência do *inferno, do *purgatório e da *ressurreição. Assim também proibiam o matrimônio, o leite, os ovos e a carne. Essa posição rigorosa levou a uma divisão da seita em dois grupos: o dos perfeitos (que seguiam estritamente as normas) e o dos crentes (que se comprometiam a fazê-lo em perigo de morte). Condenados pelos concílios de Lombers (1165), Verona (1184) e o IV de Latrão (1215), *Inocêncio III procurou sem sucesso sua conversão. Em 1208 o papa promulgou uma *cruzada contra os albigenses. Essa durou até 1218 e se caracterizou pela extraordinária crueldade dos cruzados. Desde 1219 a 1229 continuou o conflito, mas então se tratava fundamentalmente de incorporar Languedoc à França. Em 1233 *Gregório IX encarregou os *dominicanos de aniquilar os restos dos albigenses, o que se conseguiu em fins do séc. XIV.

ALEXANDRE, MÁRTIR

Médico, membro da Igreja de Lyon que, na perseguição desencadeada no ano de 177 ou 178, foi martirizado.

ALEXANDRE I (109-116 APROX.)

Bispo de Roma. O quinto nas listas mais antigas dos bispos, embora posteriormente lhe seja atribuído o sexto lugar. Não temos dados certos sobre ele, e a tradição que lhe atribui ter morrido martirizado se deve a uma confusão com um mártir de mesmo nome.

ALEXANDRE II (30 DE SETEMBRO DE 1061 A 21 DE ABRIL DE 1073)
Papa. Entronizado sem o consentimento do imperador Henrique IV (1056-1106), ele impôs a eleição de *Honório II. O cisma manteve-se até 1072. Apoiou a invasão da Inglaterra por Guilherme, o Conquistador (1066), concedendo à expedição normanda a categoria de cruzada. Defendeu também o celibato sacerdotal.

ALEXANDRE III (7 DE SETEMBRO DE 1159 A 30 DE AGOSTO DE 1181)
Papa. Eleito contra o desejo do imperador Frederico Barba-Roxa, ele conseguiu que fosse coroado papa *Adriano IV. O cisma – que durou até 1177 e obrigou Alexandre III a residir na França – terminou com a vitória deste. Alexandre III impôs a Henrique II da Inglaterra uma sanção eclesiástica pelo assassinato de Tomás *Becket. Também convocou e presidiu o terceiro Concílio de *Latrão no qual se decidiu que a eleição papal devia ser considerada válida unicamente por dois terços dos votos cardinalícios.

ALEXANDRE IV (12 DE DEZEMBRO DE 1254 A 25 DE MAIO DE 1261)
Papa. Seu reinado esteve marcado por uma ambiciosa política exterior centralizada no desejo de manter o controle papal na Sicília, intervir na sucessão imperial alemã e organizar uma *cruzada contra os mongóis. O fato de ter fracassado totalmente nesses empreendimentos trouxe-lhe uma notável diminuição de prestígio em relação à Santa Sé.

ALEXANDRE V (26 DE JUNHO DE 1409 A 3 DE MAIO DE 1410)
Papa. Em 1409, o Concílio de Pisa o elegeu por unanimidade – apesar da existência de outros dois – com a finalidade de acabar com o *Grande Cisma. Sua morte impediu que esse desejo se convertesse em realidade. O caráter de sua eleição dividiu os autores católicos que em alguns casos o consideram na linha dos papas e outros o qualificam como antipapa.

ALEXANDRE VI (11 DE AGOSTO DE 1492 A 18 DE AGOSTO DE 1503)
Papa. De origem espanhola, sua eleição foi conseguida em boa parte mediante o suborno. Seu pontificado esteve marcado por razões políticas de tipo familiar entre as quais se destacou o desejo de favorecer seu filho César Bórgia. A ele se deveu a decisão papal que dividiu a América entre as coroas da Espanha e Portugal (1493-1494) e a execução de *Savonarola (1498). De escandalosa imoralidade pessoal, revelou-se, contudo, um hábil político e um generoso mecenas artístico.

ALEXANDRE VII (7 DE ABRIL DE 1655 A 22 DE MAIO DE 1667)
Papa. Manifestou-se no primeiro ano de seu pontificado inimigo declarado do nepotismo, mas o temor de enfraquecer sua posição impeliu-o logo a se rodear de seus familiares. Em 1656 condenou o *jansenismo. Protetor dos *jesuítas, em 1664 viu-se obrigado a ceder diante das pretensões do rei da França que, depois de se apoderar de Avinhão e de outros territórios, ameaçava invadir os estados pontifícios.

ALEXANDRE VIII (6 DE OUTUBRO DE 1689 A 1º DE FEVEREIRO DE 1691)
Papa. Durante seu pontificado, teve lugar uma reconciliação com Luís XIV da França que em 1690 devolveu à Santa Sé os territórios que lhe havia arrebatado em vida do Papa *Alexandre VII. As relações com esse

país continuaram sendo satisfatórias apesar de que condenou o *galicanismo em 1682.

ALEXANDRE DE ALEXANDRIA

Bispo de Alexandria desde 312, sob cujo governo surgiu a controvérsia ariana. Inicialmente procurou ganhar a vontade de *Ario mediante a persuasão, mas diante da posição firme dele quase uma centena de bispos se reuniu em torno de Alexandre num sínodo (318), no qual Ario e seus seguidores foram excomungados. Essa medida praticamente não obteve resultados palpáveis, o que levou à convocação do Concílio de *Nicéia (325), no qual Melécio e Ario foram condenados de maneira definitiva. No ano de 328 Alexandre faleceu. Das setenta cartas das que nos informa Epifânio somente chegaram até nós duas encíclicas relativas ao problema ariano. Do mesmo modo somente se conservou um de seus sermões *Sobre a alma e o corpo em relação com a paixão do Senhor*, numa tradução síria e noutra copta. A descrição da origem do arianismo – desde Paulo de Samósata e Luciano de Antioquia –, deixada para nós por Alexandre, parece corresponder com a realidade histórica. Acentua que o Filho não foi criado, mas engendrado pelo Pai e que, igualmente como Ele, é imutável e invariável sem lhe faltar nada. É Filho de Deus não por adoção, mas por natureza. Essa é a razão pela qual se chame Maria "Mãe de Deus" (*Theotókos*).

ALEXANDRE DE JERUSALÉM

Bispo de Jerusalém a quem Clemente de Alexandria dedicou uma obra intitulada *Cânon eclesiástico* ou *Contra os judaizantes* (HE VI, 13,3). Somente chegou até nós um fragmento dela.

ALEXANDRIA, ESCOLA DE

O centro mais antigo de teologia na história do cristianismo. Projetada com um desejo de apresentar a fé de maneira sistemática e global e de, por sua vez, responder aos argumentos de seus contemporâneos cultos, a escola caracterizou-se por um interesse considerável na investigação e na formulação metafísica da fé, uma forte impregnação da filosofia de Platão e a adoção do método alegórico de interpretação das Escrituras. Esse método, que havia nascido dos filósofos gregos que desejavam dar explicações dos mitos e posteriormente havia sido aplicado pelo judeu Filon, surgia de um desejo compreensível de evitar os obstáculos que pudessem achar na aceitação da fé cristã, procedentes de algumas narrativas do Antigo Testamento. Todavia, na atualidade, torna-se mais que discutível a utilização dessa forma de aproximação à Bíblia. Entre os membros da escola estiveram *Amônio, *Atanásio, *Cirilo, *Clemente de Alexandria, *Dionísio, *Orígenes, *Panteno, *Piéro e *Pedro.

ALFEU

1. Pai de *Levi (Mc 2,14). *2.* Pai de *Tiago, um dos apóstolos (Mt 10,3; Mc 3,18; Lc 6,15).

ALIANÇA, NOVA

Novo Pacto.

ALMA

Parte espiritual do homem distinta de seu corpo. Embora o conceito bíblico esteja muito distante da rígida dicotomia entre corpo e alma que caracteriza, por exemplo, o hinduísmo ou o platonismo, o certo é que também é muito abundante a crença de uma categoria distinta do corpo que poderia identificar-se com o ser mais íntimo. Assim, aparece no Antigo Testamento como um "eu" espiritual que sobrevive consciente depois da *morte (Is 14,9ss.; Ez 32,21ss.). Embora se diga que o *pecado causa a morte da alma (Ez 18,4), isto não implica em caso algum a inconsciência ou o aniquilamento do sujeito. A morte física elimina seu corpo e destrói o que planejara (Sl 146,4), mas seu *espírito volta-se para Deus (Ecl 12,7), persistindo. A idéia da imortalidade da alma continua sendo evidente durante o período intertestamentário e é refletida, entre outros, pelo historiador judeu Flávio *Josefo em seu *Discurso aos gregos sobre o Hades*. Os rabinos contemporâneos de *Jesus insistiram também – assim como o Talmude judeu posterior – no conceito da imortalidade da alma e de sua sobrevivência consciente (para receber tormento consciente na *Geena ou felicidade no seio de *Abraão) depois da morte física. Hoje, considera-se que a crença na imortalidade da alma é uma das doutrinas básicas do judaísmo, especialmente em seu setor reformado. Jesus assinalou, num de seus ensinamentos mais conhecidos (Lc 16,19ss.), que no momento da morte a alma do indivíduo recebe um castigo ou uma recompensa consciente e descreveu isso em termos concretos como fogo (Mc 9,47-48; Lc 16,21b-24); pranto e ranger de dentes (Mt 8,12; 13,42; 24,51) etc. Apesar de tudo, no ensinamento de Jesus não se considera a consumação escatológica terminada até a *ressurreição (Jo 5,28-29; Mt 25,46). Ao repelir a idéia do sono inconsciente das almas, da mortalidade da alma e de seu aniquilamento, por sua vez assinalava a esperança da ressurreição, Jesus mantinha a visão já manifestada no Antigo Testamento e, muito especialmente, no judaísmo do Segundo Templo, com exceção dos *saduceus. O mesmo ponto de vista encontramos no resto do Novo Testamento (Fl 1,21-23) e manteve-se, de maneira geral, nas diferentes confissões cristãs.

Bibl.: COHEN, A., *O. c.*; GRAU, J., *Escatología...*; RUIZ DE LA PEÑA, J. L. *La otra dimensión*, Santander 1986; VIDAL MANZANARES, C., *El judeo-cristianismo...*; IDEM, *Diccionario de las Tres Religiones*, Madri 1993; GOURGES, M., *El más allá...*

ALOGOI

Hereges que negavam a doutrina do *Logos. Contra eles escreveu *Hipólito de Roma sua *Apologia pro apocalypsi et evangelio Ioannis apostoli et evangelistae*.

ALTERAÇÕES NOS APÓCRIFOS

Durante o período intertestamentário e em parte depois da aparição do cristianismo, gera-se no seio da religião judaica um fenômeno teológico-literário, um de cujos frutos é a literatura apócrifa. São estes escritos que pretendem proporcionar autoridade a diversas idéias, atribuindo-as a personagens históricos de relevância como Esdras, Moisés, Isaías etc. O fato de que essas obras usufruíram de muita importância levou-as a serem objeto de alterações cristãs. Experimentaram essas alterações o Quarto livro de Esdras, o Livro de Henoc, a Ascensão de Isaías etc. Contudo, não se torna fácil em muitos casos determinar se o texto em concreto é uma alteração ou se reflete o ponto de vista do judaísmo anterior ao Concílio de Jâmnia.

ALUMBRADOS

Também conhecidos como "iluminados". Ao contrário do que se assinalou em certas ocasiões, os alumbrados não constituíram um movimento articulado, mas pequenos grupos formados por clérigos e leigos que, surgidos em Castela Nova nos inícios do século XVI, procuravam a prática de um cristianismo de caráter interior. Embora seu aparecimento tenha sido, na maioria, espontâneo, não demorou muito tempo para que os diversos grupos se vissem influenciados pelos escritos de *Erasmo e pelas formas de oração mental propugnadas por alguns *franciscanos. Se em alguns grupos procurava-se uma passividade da alma que levasse ao amor de Deus, em outros procurava-se viver um cristianismo neotestamentário afastado das cerimônias externas. A *Inquisição espanhola começou em 1524 a perseguição dos alumbrados. Esta era fundamentada não por suspeitas de heterodoxia, mas pelo fato de que a hierarquia católica não podia controlar os diferentes grupos. Do mesmo modo temia-se – não sem razão – que esses conventículos se mostrassem receptivos às teses de *Lutero. Nos anos seguintes, o termo foi usado – com ou sem razão – contra os que criam na *justificação pela *fé ou na oração mental. Nesse sentido, alguns dos grupos denominados como alumbrados eram protestantes enquanto que outros seguiam obstinadamente seu catolicismo. Por volta de 1540 a perseguição dos alumbrados atingiu seu ponto máximo e a partir de então, embora continuassem sendo queimados na fogueira alguns deles, o movimento entrou num processo de decadência que terminou com sua dissolução. No entanto, em 1616, um sacerdote chamado Jerônimo da Mãe de Deus foi condenado como alumbrado simplesmente porque havia escrito uma obra de mística que curiosamente era muito mais moderada que as de *Teresa d'Ávila ou *João da Cruz.

AMBROSIASTER

Nome convencional dado ao autor anônimo de um comentário às cartas de São Paulo, composto presumivelmente em Roma na metade do século IV, muito possivelmente sob o pontificado do Papa Dâmaso (366-384). Na maior parte dos manuscritos a obra aparece atribuída a Ambrósio, em outros a Hilário e, finalmente, há um terceiro grupo no qual não consta nome algum. Atualmente não tem sido possível determinar se se trata de um personagem procedente do judaísmo ou do paganismo, e inclusive se seu influxo teológico derivou-se dos Padres latinos ou dos gregos.

AMBRÓSIO DE MILÃO

Nasceu em Tréveris em 337 ou 339, sendo seu pai prefeito das Gálias. É possível que pertencesse à *gens Aurelia* (a favor, Delehaye, contra Amati e v. Campenhausen). Depois da morte de seu pai, mudou-se para Roma, onde já o encontramos em 353. Estudou retórica e exerceu a advocacia em 368 na prefeitura de Sírmio. Em 370 foi nomeado cônsul da Ligúria e Emília com residência em Milão. Sendo catecúmeno nessa última cidade, teve de intervir na disputa entre arianos e católicos, ocasionada pela morte do bispo ariano Auxêncio, e durante sua intervenção foi aclamado como bispo por ambos os partidos. No momento de sua consagração entregou à Igreja e aos pobres todo o ouro e a prata que tinha e passou a propriedade de seus bens à Igreja (reservando para sua irmã o usufruto). Embora por prudência, não procedeu a destituição do clero ariano, mas sim manifestou sua oposição a essa heresia. Nos anos de 376 e 377 enfrentou-se com a oposição provocada pelo sacerdote ariano Juliano. Em

378 entrevistou-se com Graciano, que havia pedido ao bispo ser instruído na fé contra o arianismo. Em honra do imperador, Ambrósio compôs o tratado *Sobre Noé*, no qual compara o monarca com o patriarca; comparação excessiva, mas que influiu na posição de Graciano cada vez mais favorável aos católicos. De fato, são vários os autores que atribuem a Ambrósio a autoria do edito de Graciano de 22 de abril de 380 (*Codex Theod.* XVI 5,5.4), em virtude do qual se endurecia a política imperial contra os hereges. No ano seguinte Ambrósio interveio de novo, por ocasião do Concílio de Aquiléia, junto a Graciano para impulsioná-lo a continuar com sua estratégia anti-herética. Sem dúvida essa posição religiosa do imperador, que se tornou extensiva aos pagãos, contribuiu para o assassinato de Graciano em 383, seguido pela usurpação de seu território por Máximo. Contudo, Valentiniano II negou-se a reconhecer os privilégios dos pagãos abolidos por Graciano. Em 386, o bispo ariano Auxêncio pede para os seus a doação de uma basílica, fato negado por Ambrósio que ocupa, acompanhado por seus fiéis, a basílica Porciana. Segundo Agostinho foi então que nasceu o canto ambrosiano. O achado dos corpos dos mártires Gervásio e Protásio apazigou, não obstante, os acirrados ânimos. Nessa ocasião Máximo é excomungado por decretar a morte de Prisciliano, e Ambrósio assume sua condenação. Contudo, também não foram boas as relações entre Ambrósio e Valentiniano II nessa época. E não será até depois da derrota e da morte de Máximo em 388 quando as relações com Valentiniano II – que havia regressado com Teodósio – melhoraram. A lei de 14 de junho de 388 (*Cod. Theod.* XVI 5,15), na qual Teodósio deixava em péssima situação os hereges, granjeou-lhe a amizade de Ambrósio. Ele conseguiria impedir nesse mesmo ano a reconstrução de uma sinagoga e a anulação dos decretos de Graciano, mas Teodósio procurou compensar esses triunfos com a adoção de uma série de medidas menos favoráveis para a Igreja (*Cod. Theod.* XII 1,21; XVI 2,27). Essa situação de tensão entre o imperador e o bispo chegou a seu ponto máximo com o episódio da matança de Tessalônica, no verão de 390, que provocou finalmente a submissão do imperador à penitência pública, reconciliando-se no natal desse ano com Ambrósio. Ele não conseguiu que o cisma de Antioquia fosse concluído conforme seu desejo, mas conseguiu sim a condenação de Bonoso como herege assim como a de Joviniano, dessa vez no Concílio de Milão no ano de 393. Pela morte de Valentiniano, assassinado em maio de 392, manteria uma posição ambivalente diante de seu sucessor, o católico Eugênio, o qual reconhece, mas do qual se mantém afastado. Recuperada a confiança de Teodósio depois desse episódio, Ambrósio manterá bons relacionamentos com ele até a morte deste em 395. As relações com Estilicão, sucessor de Honório, foram de pouca importância e denotam a influência decrescente de Ambrósio. Ao regressar de uma viagem à Pavia, em 397, caiu enfermo, falecendo nesse mesmo ano.

Ambrósio foi de uma fecundidade considerável quanto a sua produção literária. Defensor da existência nas Escrituras de um tríplice sentido (literal, moral e alegórico-místico), escreveu segundo temos notícia umas vinte obras exegéticas, embora não nos tenham chegado todas (*Hexaemeron, Sobre o paraíso, Sobre Caim e Abel, Sobre Noé*; dois livros *Sobre*

Abraão, Sobre Isaac e a alma, Sobre Jacó e a vida feliz, Sobre José etc.). Da mesma maneira deixou-nos obras morais (*Sobre os ofícios dos ministros, Sobre as virgens, Sobre as viúvas* etc.) e dogmáticas (*Sobre a fé dedicada a Graciano, Sobre o Espírito Santo, Explicação do símbolo aos iniciados, Exposição da fé, Sobre os mistérios, Sobre os sacramentos* etc.). Também chegaram até nós discursos, cartas, algumas composições poéticas e hinos. Em relação com essa última parte de sua produção literária já temos visto o momento do nascimento da hinologia ambrosiana. Essa alternava a recitação de um salmo com o canto de um hino relacionado com a festividade do dia, a comemoração dos mártires etc. O trabalho de Ambrósio foi mais de tipo pastoral que teológico-especulativo e isso explica sua pouca contribuição nessa área. Deve-se recordar também que sua eleição como bispo privou-o de poder realizar alguns estudos teológicos sistematizados, e embora alguns testemunhos, como o de Agostinho de Hipona, indicam que tenha procurado superar essa barreira, não parece que tivesse conseguido. É por isso que Ambrósio é tributário dos Padres anteriores aos quais recorre praticamente na totalidade das ocasiões. Sua cristologia distingue em Cristo duas naturezas e duas vontades. Em relação com a redenção, embora se centre numa leitura sua que gira em torno aos conceitos de redenção e expiação, também recebe de Orígenes e Irineu a tese de que a morte de Cristo foi um pagamento entregue ao diabo pela salvação dos homens. Sacramentalmente, mostra-se partidário de que a penitência se conceda somente uma vez, para pecados muito graves e que seja praticada em público. Mariologicamente, parece que considerou Maria isenta de pecado durante sua vida, mas não defendeu a tese de que estivera livre do pecado original.

AMERICANISMO

Movimento surgido na última década do séc. XIX entre os católicos americanos que propugnavam a adaptação da vida externa da Igreja às idéias modernas. Dessa maneira, eram defendidas as virtudes consideradas positivas (reforma eugenésica, humanitarismo etc.) diante das passivas (humildade, submissão à autoridade), e se advogava pela redução ao máximo das diferenças com outras confissões cristãs. Depois de sua condenação por *Leão XIII em 1899, o movimento desapareceu.

AMMON

Bispo de Pentápolis durante parte do séc. III. Numa comunicação dirigida a ele, o Papa Dionísio (259 a 268) condenou o sabelianismo. *Dionísio. *Sabelianismo.

AMMONAS

Discípulo de Antão, o Ermitão. Passou a dirigir a colônia de Pispir, após a morte de Antão. Foram conservadas seis cartas suas em grego e quinze em siríaco. Suas cartas são a fonte mais rica – depois dos Apotegmas – para a investigação relativa ao monacato primitivo no deserto de Escete. Sua doutrina sobre a subida da alma ao céu ultrapassa o período terrenal, o que os outros autores haviam situado *post mortem*. Isso converte Ammonas num precursor do misticismo cristão.

AMÔNIO DE ALEXANDRIA

Contemporâneo de Orígenes e autor de um tratado sobre a *Harmonia entre Moisés e Jesus* que, presumivelmente, foi escrito para combater os gnósticos que negavam a unidade entre os dois Testamentos. Tanto Eusébio como Jerônimo o confundiram com o neoplatônico Amônio Saccas.

ANABATISTAS

Literalmente os que batizam de novo. Diversos grupos protestantes surgidos nos inícios do século XVI negavam a validade do *batismo de crianças e, em alguns casos, procediam batizando de novo os adultos conforme sua *fé. O primeiro grupo ao qual se pode aplicar esse nome são os denominados Irmãos Suíços. Unidos inicialmente à *Reforma de Zwinglio, já desde 1523 insistiram em desvincular a Igreja do Estado, em aprofundar a Reforma, por exemplo, eliminando o batismo de crianças por ele não aparecer no *Novo Testamento. No dia 21 de janeiro de 1525, teve lugar o primeiro batismo de adultos de Irmãos Suíços "sobre a base de sua fé e de seu conhecimento" e com ele a primeira Igreja anabatista. Esta insistia numa radical separação da Igreja e do Estado (um princípio rejeitado pela Igreja católica e boa parte das protestantes) e na obediência radical à ética do *Sermão da Montanha, o que implicava na negativa de pronunciar juramentos ou de servir no exército.

O movimento não tardou em se ver submetido à perseguição e no dia 29 de maio de 1525 foi queimado o primeiro mártir anabatista, Eberli Bolt, pelas autoridades católicas de Schyz, Suíça. No dia 5 de janeiro de 1527 foi pronunciada a primeira condenação à morte de um anabatista – Felix Manz – pelas autoridades protestantes. Tratava-se do início de uma série de perseguições que foi acabando, uma depois da outra, com as figuras mais destacadas do movimento (Miguel Sattler em 1527, Baltasar Hubmaier e sua esposa em 1528 etc.), mas que não conseguiu liquidar com um movimento que, de maneira independente, estava surgindo em toda a Europa central. Em 1533, um setor do movimento anabatista começou a mostrar sinais de apocaliticismo e, durante dois anos, impôs um governo teocrático de caráter comunista, na cidade de Münster, que finalmente foi esmagado. A revolta de Münster, não obstante seu caráter excepcional e ter sido fortemente criticada pelos dirigentes anabatistas de proa, foi utilizada nos anos seguintes para desprestigiar os anabatistas apesar do caráter pacifista desses. Em 1535 um grupo anabatista, dirigido por Jacó Hutter e acossado pela perseguição, tomou uma decisão de considerável transcendência ao adotar a comunidade de bens de acordo com o relato dos Atos dos Apóstolos 2,43-45 e 4,32-35, e uni-lo como uma nota definidora a sua obediência literal ao Sermão da Montanha. Os hutteristas foram considerados revolucionários por seus contemporâneos, e nos anos imediatamente seguintes algo assim em torno de mais de oitenta por cento de seus pastores e missionários encontraram a morte por causa da perseguição. Em 1536, teve lugar a conversão de Meno *Simonis, chamado a se converter no dirigente anabatista de maior importância naquela época e, junto com Peter Rideman e Baltasar Hubmaier, um de seus teólogos mais importantes. Nos anos seguintes, os denominados *menonitas estenderam-se pela Holanda e Alemanha, embora houvesse a dureza da proscrição.

Até 1552, depois de décadas de feroz perseguição, começou uma autêntica idade de ouro do anabatismo ao ser permitido o estabelecimento dos seguidores de Jacó Hutter na Morávia. Nesse tempo, os médicos hutteristas adquiriram uma grande fama atendendo um deles o imperador Rodolfo II. As pressões católicas – especialmente por parte dos *jesuítas – puseram fim àquele período. O séc. XVII foi um período de dificuldade, mas a perseguição aberta foi tornando-se mais esporádica a partir da derrota imperial na guerra dos Trinta Anos, e inclusive em alguns países como a Holanda os anabatistas desfrutaram de uma liberdade quase total. Em 1759-1762 desencadeou-se uma nova perseguição contra os hutteristas, dirigida pelos jesuítas, que combatia a conversão forçada e que os obrigou a escolher entre a morte, o exílio ou a apostasia. Ao mesmo tempo os menonitas – uma das três igrejas históricas da paz junto com os *quakers e a *Igreja dos irmãos – viram-se forçados a emigrar para regiões onde não fossem obrigados a realizar o serviço militar. Em fins do séc. XVIII, um número considerável de comunidades anabatistas – menonitas e hutteristas – estabeleceram-se na Rússia onde Catarina II lhes prometeu isenção do serviço militar em troca da colonização de terras baldias. Ao longo desse século e no seguinte, algumas dessas comunidades emigraram também para o continente americano. Na atualidade contam em todo o mundo com um milhão de membros aproximadamente. A influência dos anabatistas tem sido extraordinária, embora paradoxalmente ela tenha sido exercida geralmente com intervalos. Possivelmente onde o influxo anabatista se revelou menor foi por causa de sua insistência em obedecer textualmente o Sermão da Montanha incluída a objeção de consciência. Contudo, sua defesa da

Anastácio / 31

separação da Igreja e do Estado tem sido assumida progressivamente por quase todas as confissões cristãs; sua posição em favor da liberdade total de consciência faz parte essencial de todas as constituições democráticas; sua visão do batismo de adultos baseado na fé pessoal converteu-se em dogma nas denominações como os *batistas, os Irmãos de *Plymouth ou os *pentecostais; e sua concepção da Igreja como uma comunidade voluntária de crentes que experimentaram uma *conversão prévia faz parte da teologia da prática da totalidade das Igrejas *evangélicas.

ANACLETO (79-91 APROX.)
O terceiro bispo de Roma conforme algumas das listas mais primitivas. Não sabemos praticamente nada de sua vida e torna-se duvidoso se deve ou não se identificar com Cleto do qual falam *Irineu, *Eusébio, *Optato e *Agostinho.

ANÁS
Sumo *sacerdote a partir do ano 6 d.C. (Lc 3,2), sogro de *Caifás e, muito possivelmente, chefe do partido dos *saduceus. Embora Valério Grato o depusesse no ano 15 d.C., continuou mantendo um poder à sombra, como mostra o fato de Jesus ter sido conduzido diante dele (Jo 18,13.24).

ANASTÁCIO (399-401)
Papa. A pedido de Teófilo de Alexandria, convocou por volta do ano 400 um sínodo no qual se condenou parte da teologia de Orígenes. Como seu sucessor Sirício, manteve um relacionamento especial com o bispo de Tessalônica para evitar que a Ilíria oriental caísse sob a influência de Constantinopla. Quando os bispos

da África lhe suplicaram que se relaxassem as medidas tomadas contra os donatistas, recomendou-lhes (401) que mantivessem uma atitude de força frente ao donatismo, conselho que os bispos africanos ignoraram. São-lhe atribuídas algumas reformas litúrgicas.

ANDRÉ

Um dos doze *apóstolos de *Jesus (Jo 1,35-42; Mt 4,18-20; Mc 13,3ss.). Seguramente, nada sabemos sobre ele além do que aparece no Novo Testamento. Conforme uma tradição tardia, foi martirizado em Patrás na Acáia, por volta do ano 60. A tradição que ensina que morreu numa *cruz em forma de aspa (X) carece, com certeza, de base histórica e não surge antes do séc. XIV. Atribuíram-lhe um Evangelho e uns Atos apócrifos. Em relação à primeira obra, parece estabelecido seu conteúdo gnóstico e é possível que a ela se tenha referido Agostinho de Hipona em *Contra adversarios legis et prophetarum* I, 20. Os *Atos de André* são mencionados por Eusébio (HE III, 25,6) como obra herética. É possível que seu autor tenha sido Leukios Carinos e que a data da redação possa ser fixada em torno do ano 260. A obra não chegou até nós senão fragmentada.

ANFILÓQUIO DE ICÔNIO

Nasceu em Diocesaréia da Capadócia entre 340 e 345. Assistiu em Antioquia às aulas de Libânio e se graduou como advogado em Constantinopla, talvez em 364. Seis anos mais tarde concebeu o desejo de servir como ermitão, atividade da qual se viu arrancado em 374 por Basílio. Nessa data foi sagrado bispo de Icônio e primeiro metropolitano da nova província da Licaônia. Durante seu pastoreio opôs-se aos arianos, encratitas e messalianos. Tomou parte no Concílio de Constantinopla de 381, fato que provocou os louvores do próprio Teodósio (*Cod. Theod.* XVI, 1,3). No ano de 390 presidiu em Side um sínodo no qual foram condenados os adelfianos ou messalianos. Assistiu em 394 ao Sínodo de Constantinopla. Desconhecemos a data de seu falecimento. Em sua maior parte se perderam seus escritos, mas chegaram íntegras até nós uma carta sinodal de 376, em que se defende a consubstancialidade do Espírito Santo, a versão copta do tratado *Contra os apotactitas e gemelitas*, oito homilias e uma *Epístola jâmbica a Selêuco*.

ÂNGELA MERICI

Fundadora das *ursulinas em 1535. Canonizada em 1807.

ANGLICANISMO

*Igreja da Inglaterra.

ANGLO-ISRAELISMO

Tese idealizada por R. Brothers e popularizada por J. Wilson segundo a qual os ingleses são os descendentes de tribos perdidas de Israel, devendo aplicar-se a eles e a seus descendentes norte-americanos as profecias bíblicas sobre o povo judeu. Essa concepção não tem a mínima base histórica e racial, é sustentada por algumas seitas das quais a mais importante é a *Igreja do Deus Universal.

ANGLOCATOLICISMO

Nome com o qual se denomina o setor mais extremo da Igreja alta no seio da *Igreja da Inglaterra.

ANJO

Palavra derivada do grego "angelos" (mensageiro), que a Setenta traduz do hebreu "malaj". Com a missão de mensageiros divinos é como aparecem principalmente nos Evangelhos (Mt 11,10; Mc 1,2; Lc 7,24-27; 9,52). Somente de modo excepcional são chamados por um nome (Lc 1,19.26). São relacionados com a missão de Jesus (Mt 4,11; Mc 1,13; Lc 22,43; Jo 1,51) e com sua *Parusia (Mt 13,39.41.49; 16,27; 24,31; 25,31). Presentes na corte celestial (Lc 12,8ss.; 16,22). Alegram-se com a *conversão dos *pecadores (Lc 15,10) e cuidam das crianças (Mt 18,10). Seu estado ajuda a compreender qual será a condição futura dos que forem salvos (Mt 22,30; Mc 12,25; Lc 20,36). Do mesmo modo os Evangelhos ensinam a existência do diabo, um anjo caído ao qual seguem outros anjos, como um ser pessoal e real que governa os reinos deste mundo (Lc 4,5-7) e o mundo em geral. Jesus deu a seus *discípulos a autoridade para derrotá-lo (Lc 10,19-20) e, finalmente, ele e os outros serão vencidos (Mt 25,41) e confinados no fogo eterno.

Bibl.: COHEN, A., *O. c.*; MURPHY, F. J., *The Religious...*; ERE IV, p. 578, 584, 594-601. VIDAL MANZANARES, C., *Diccionario de las tres Religiones*, Madri 1993; IDEM, *El judeo-cristianismo...*

ANOMEUS
*Aécio, *Eunomianos.

ANSELMO (1033-1109 APROX.)
Arcebispo de Cantuária. Nascido em Aosta e filho de um fazendeiro lombardo, em 1059 entrou para a escola monástica em Bec, Normandia. No ano seguinte fez os votos monásticos e em 1063 passou a ser seu prior. Em 1093 tornou-se arcebispo de Cantuária. Embora seu governo não estivesse isento de tensões fundamentalmente políticas, foi fecundo no que se refere à produção teológica. Assim em 1098 concluiu seu *Cur Deus Homo*, no qual elaborava uma explicação da *expiação e das razões da Encarnação com base na majestade e infinitude de Deus e que se manifestaria consideravelmente influente. Dotado de uma perspicácia especulativa que se viu ofuscada pela de *Tomás de Aquino, em seu *Proslogion*, incluiu uma prova filosófica da existência de Deus – o argumento ontológico – que por si só lhe outorga um lugar na filosofia e na teologia medievais. Embora nunca fosse canonizado, seu culto estava muito generalizado em fins da Idade Média. Em 1720 foi declarado Doutor da Igreja por *Clemente XI.

ANTÃO DO EGITO
ou ANTÃO, o ERMITÃO
O autêntico fundador do monacato nasceu de pais cristãos por volta do ano 250 em Coma, no Egito. Quando tinha 20 anos perdeu os pais. Repartiu então todos os seus bens entre os pobres e se entregou a uma vida ascética. Depois de quinze anos desse tipo de vida, saiu de Pisper, onde durante duas décadas viveria num castelo abandonado. A seu redor começou a se ajuntar outras pessoas, começando assim o nascimento de diversas colônias de monges. Morreu no ano de 356 no monte Colcin perto do Mar Vermelho. Embora Atanásio tenha insistido que a importância de Antão provinha de seu "serviço a Deus" e não de seus escritos, o certo é que redigiu um bom número de cartas dirigidas a monges, imperadores e funcionários imperiais. De todas elas somente chegaram até nós sete, dirigidas a mosteiros do Egito. Não é autêntica a *Regra* que se lhe atribui assim como os vinte *Sermões a seus monges*, nem o *Sermão acerca da*

vaidade do mundo e da ressurreição dos mortos.

ANTIGO TESTAMENTO

Primeira parte da Bíblia cristã que contém os livros revelados no passado ao povo de *Israel. Nele há dois *cânones mais extensos, aos quais devem ser acrescentados outros específicos de algumas Igrejas orientais. O primeiro, fixado pelos judeus no Concílio de Jâmnia (90-100 d.C.), contém as seguintes divisões e livros: a Torá ou Lei (Gênesis, Êxodo, Levítico, Números e Deuteronômio), os Navin ou profetas (Josué, Juízes, 1º e 2º Samuel, 1º e 2º Reis, Isaías, Jeremias, Ezequiel, e os doze profetas menores: Oséias, Joel, Amós, Abdias, Jonas, Miquéias, Naum, Habacuc, Sofonias, Ageu, Zacarias e Malaquias) e os Ketubim ou escritos (Salmos, Provérbios, Jó, Cântico dos Cânticos, Rute, Lamentações, Eclesiastes, Ester, Daniel, Esdras, Neemias, 1 e 2 Crônicas). Esse cânon é o seguido pelos judeus atualmente, assim como pelas Igrejas protestantes, embora nesse último caso a ordem dos livros seja diferente. Pelo contrário, a Igreja católica inclui no cânon judeu do Antigo Testamento os seguintes livros que, por essa razão, são denominados deuterocanônicos (pertencentes a um segundo grau de canonicidade), e que os seguidores do primeiro cânon denominam apócrifos (excluídos do cânon): Judite, Tobit ou Tobias, 1 e 2 Macabeus, Eclesiástico, Sabedoria, Baruc, adições ao livro de Ester e Daniel. Esse cânon mais amplo é mais tardio.

Bibl.: Bruce, F. F., *The Canon of Scripture*, Downers Grove 1988; Harrison, R. K., *O. c.*; Vidal Manzanares, C., *Diccionario de las tres...*; Paul, A., *La inspiración y el canon de las Escrituras*, Estella; Beckwith, R., *The Old Testament Canon of the New Testament Church*, Grand Rapids 1986.

ANTINOMIANISMO

Qualificativo com o qual se denomina a postura que afirma que a *salvação pela graça exime do cumprimento da lei moral. *Paulo de Tarso foi acusado – injustamente – de sustentar esse ponto de vista (Rm 3,8), como séculos depois sucederia com *Lutero. Na realidade o antinomianismo somente aconteceu historicamente nos movimentos gnósticos, nos *nicolaítas e em algumas seitas inglesas do séc. XVII.

ANTÍOCO

Monge de São Sabas do final do séc. VI e início do séc. VII. Em seu *Pandectas da Sagrada Escritura* foram conservados alguns fragmentos das Duas Cartas às virgens atribuídas a Clemente de Roma, embora, na realidade, pertencessem à primeira metade do séc. III.

ANTÍOCO DE TOLEMAIDA

Bispo de Tolemaida que se converteu num dos principais instigadores da conspiração contra João Crisóstomo. Morreu depois do Sínodo de Encina, por volta de 407-408. Chegaram até nós dois sermões natalinos seus, um completo e outro através das citações contidas em diversos autores e atas conciliares.

ANTIPAPA

Pessoa que mantém a pretensão de ser papa ou bispo de Roma sem ter sido eleito canonicamente e em contraposição à outra que sustenta o mesmo ponto de vista. Ao longo da história houve trinta e cinco antipapas e durante o *Grande Cisma do Ocidente chegou a se dar o caso de haver três papas simultaneamente.

ANTIPAS
*Herodes Antipas.

ANTI-SEMITISMO
Atitude de hostilidade que pode concretizar-se em agressões específicas contra os judeus. Nem toda crítica com relação a eles deveria ser entendida como uma mostra de anti-semitismo. De fato, o Antigo Testamento contém ataques contra o povo de Israel (Êx 32,9; 33,3; Dt 31,27; Jr 2,27 etc.) que não podem ser entendidos em termos raciais, mas espirituais: acusa-se o povo como um todo de deixar de ouvir a voz de Deus e dos profetas. Nesse mesmo sentido devem interpretar-se as referências negativas dos Evangelhos relacionadas com Israel. É certo que Jesus lamentou a incredulidade de alguns judeus (Mc 6,1-5), assim como a dureza da conduta de alguns de seus dirigentes religiosos (Mt 23). Contudo, afirmou taxativamente que a salvação vinha dos judeus (Jo 4,22), manifestou sua compaixão pelo povo extraviado (Mt 10,6; 15,24; Mc 6,34) e expressou seu desejo de restauração desse povo (Lc 13,34). Longe de se vislumbrar nos ensinamentos de Jesus o menor sinal de anti-semitismo, percebe-se nele um amor profundo para com Israel do qual fazia parte espiritual e racialmente. O resto do Novo Testamento mantém essa mesma postura e, de fato, boa parte da *escatologia de Paulo gira em torno do futuro de Israel (Rm 9,11). A conversão do cristianismo em religião, primeiramente protegida e depois oficial durante o séc. IV, e a helenização do pensamento cristão, que implicou a recepção de bom número dos argumentos anti-semitas da Antigüidade Clássica, romperam com a visão neotestamentária e foram adentrando progressivamente no cristianismo pela via do anti-semitismo. Este chegou a ser contundente no caso de autores como *João Crisóstomo, somando aos argumentos anti-semitas antigos o de que os judeus eram um povo deicida que havia assassinado a Deus. Tratava-se de uma afirmação disparatada em termos teológicos e necessitada de profundas matizações em termos históricos.

O início das *cruzadas implicou em bom número de casos uma situação de terror e morte para os judeus (1196 a 1197). Durante o século seguinte às tribulações inerentes a viver num meio hostil somou-se a prática de queimar exemplares do *Talmude. Durante o século XIV foi estendendo-se além as práticas das conversões forçadas (*Vicente Ferrer) e as expulsões dos judeus (da França em 1306 e 1394, da Alemanha em 1424 e 1438, da Espanha em 1492). A *Reforma do séc. XVI tornou-se ambígua frente aos judeus, e ao anti-semitismo final de *Lutero se opôs a política de tolerância propugnada por *Calvino e os *anabatistas. Contudo, sua situação foi consideravelmente pior na Europa católica, onde a *Inquisição se mostrou especialmente dura com os cristãos procedentes do judaísmo cuja fé era duvidosa. O primeiro reconhecimento de direitos iguais aos dos fiéis de outras crenças surgiu entre os *quakers de *Penn e, posteriormente, nas declarações *batistas dos séc. XVII e XVIII. A *Ilustração do séc. XVIII, apesar da defesa de sua tolerância, repetiu bom número dos tópicos anti-semitas do catolicismo da época e inclusive *Voltaire chegou a acusar os judeus de antropófagos. As revoluções liberais do séc. XVIII significaram o começo de um período de liberdade para os judeus, embora na França surgissem esporádicos nascimentos de anti-semitismo durante a Revolução. Ao longo do séc. XIX, a Emancipação dos judeus foi tornando-se realidade nos países protestantes, mas o processo foi retardado nas nações católicas até o séc. seguinte.

O séc. XX começou colocando em marcha duras legislações anti-semitas na Rússia, embora a culminância do anti-semitismo tenha sido produzida pelo *Holocausto levado a cabo pelos nazistas, no decorrer do qual encontraram a morte perto de sete milhões de judeus. Pouco pode se duvidar de que o anti-semitismo dos séculos contribuiu decisivamente para a prática de matanças em massa realizadas pelos nazistas. Apesar de que em todos os países houve cristãos que ajudaram os judeus; de fato, nos sociologicamente ortodoxos houve uma maior colaboração com os nazistas na hora de executar as tarefas de extermínio, e nos católicos ela se deu mais que nos protestantes. Contudo, o país que pôs a salvo mais judeus do Holocausto foi paradoxalmente o Estado do Vaticano, conforme estimativas do judeu Pinchas Lapida a ação humanitária de Pio XII salvou a vida de uns oitocentos e cinqüenta mil judeus. O pós-guerra assistiu felizmente a uma repulsa do anti-semitismo por parte da prática generalizada das confissões cristãs. Por impulso do Papa João XXIII, a Igreja católica mudou sua atitude para com os judeus e realizou um esforço para alterar um trágico caminho de intolerância transitado durante anos.

Bibl.: Vidal Manzanares, C., *Textos para la historia del pueblo judío*, Madri 1995; Idem, *El Holocausto*, Madri 1995; Idem, *La revisión del Holocausto*, Madri 1994; Idem, *El primer Evangelio...*; Idem, *El judeo-cristianismo...*; Poliakov, L., *Historia del antisemitismo*, v. I., Buenos Aires 1968; Ben-Sasson H., *A History of the Jewish People*, Harvard 1976. (Há edição espanhola, em Alianza Editorial, Madri); Mary, E., *La aportación de un judío a la Iglesia*, Barcelona 1986.

ANTÔNIO DE PÁDUA ou DE LISBOA (1195-1231)

Nasceu em Lisboa, de família nobre, e em 1220 ou 1221 entrou para a Ordem dos *franciscanos. Desejoso de sofrer o martírio mudou seu nome de Fernando pelo de Antônio e se dirigiu ao Marrocos. A enfermidade obrigou a regressar, e em 1221 encontrava-se na Itália. Sua eloqüência levou *Francisco de Assis a nomeá-lo professor de teologia da Ordem. Nos anos seguintes ensinou em Bolonha, Montpellier e Toulouse. Provincial em 1227, em 1230 abandonou essa responsabilidade para dedicar-se à pregação. O resto de sua vida passou-o em Pádua. Canonizado em 1232, seu culto alcançou o auge a partir do final do séc. XIX. Foi declarado Doutor da Igreja em 1946.

ANUNCIAÇÃO

Visita do Anjo Gabriel a Maria para anunciar-lhe que dela nasceria virginalmente o Messias (Lc 1,26-38). Ele aparece descrito com características humanas (Lc 1,32) e divinas (Lc 1,34ss.).

Bibl.: Brown, R. E., *El nacimiento del Mesías*, Madri 1982; Zumstein, J., *Mateo, el teólogo*, Estella; Michaud, J. P., *María de los Evangelios*, Estella; Poitevin, R. e Charpentier, E., *El Evangelio según san Mateo*, Estella; George, A., *El Evangelio según san Lucas*, Estella; Perrot, C., *Los relatos de la infancia de Jesús*, Estella.

APELES

O discípulo mais importante de *Marcião. Inicialmente viveu com seu mestre em Roma até que uma disputa com ele o levou para Alexandria, no Egito. Posteriormente regressaria a Roma onde seu adversário Rodon o conheceria. Compôs contra o Antigo Testamento uma obra intitulada *Silogismos*, da qual nos chegaram alguns fragmentos através do tratado *De Paradiso* de Ambrósio. Também sabemos que escreveu *Manifestações*, em que reuniu as visões de Filomena, mas a obra não chegou até nós. Apeles não concordava com seu mestre em questões como o dualismo – que ele rejeitava –, o docetismo – que negava atribuindo a Jesus um corpo real que, não obstante, não procedia da Virgem Maria, mas dos quatro elementos das estrelas –, e no papel da profecia – a qual considerava depois de suas experiências com a possessa Filomena como inspirada por espíritos malignos. Mais radical em sua visão do Antigo Testamento que Marcião, considerava-o um livro absolutamente mentiroso sem nenhum valor positivo.

APIÃO

Autor agnóstico que escreveu um tratado sobre o Gênesis, mencionado por Eusébio (HE V, 27).

APOCALIPSES APÓCRIFOS

Escritos do gênero apocalíptico que, imitando o apocalipse canônico de São João, se atribuíram a diversos apóstolos. Seu número foi reduzido, constando a existência dos seguintes: *1. Apocalipse de Pedro*. Redigido entre os anos 125 e 150 é considerado por alguns autores, como Clemente de Alexandria, como canônico – embora especificava que "alguns dentre nós não querem que se leia na Igreja" –, foi incluído no *Fragmento muratoriano* e era utilizado todavia no séc. V na liturgia de *Viernes Santo* em algumas igrejas da Palestina. Seu texto completo foi descoberto em 1910 em uma tradução etiópica. *2. Apocalipse de Paulo*. Escrito em grego entre os anos 240 e 250, quase com toda certeza no Egito – o que explicaria que o conhecera Orígenes. Não nos chegou ainda o texto original, mas sim uma revisão do texto grego realizada nos finais do séc. IV. Supostamente tem a intenção de narrar as visões de Paulo, as quais nos faz referência em 2Cor 12,2. Na descrição dos condenados ao inferno se incluem os diversos membros do clero e também se fala da migração de penas destes no domingo. Ambos os aspectos foram recolhidos por distintos autores medievais como Dante. *3. Apocalipse de Estêvão*. Não temos notícia dele, exceto sua condenação no *Decreto Gelasiano*. Quasten o havia identificado com o relato do achado das relíquias de Santo Estêvão, composto pelo presbítero grego Lúcio em 415, mas essa associação está longe de ser segura. *4. Apocalipse de Tomás*. Composto nos finais do séc. IV, em grego ou latim, foi descoberto em 1907 em um manuscrito de Munique. Seu conteúdo é gnóstico maniqueu e foi utilizado pelos priscilianistas. Na Inglaterra foi conhecido anteriormente ao séc. IX. *5. Apocalipse de João*. Há dois apocalipses apócrifos atribuídos ao autor do canônico. O primeiro segue muito de perto o texto do bíblico e centra-se no fim do mundo e na descrição do Anticristo. O segundo, editado por F. Nau a partir de um manuscrito parisiense, contém um diálogo entre João e Cristo relativo à celebração do domingo, ao jejum, à liturgia e à doutrina da Igreja.

6. Apocalipse da Virgem. São posteriores e se ligam plenamente com a Idade Média. Neles nos é narrado como a Virgem recebe revelações sobre o sofrimento dos condenados no inferno e intercede por eles. Sua fonte principal parece encontrar-se nas leituras relativas à Assunção.

APOCALÍPTICA

Denominação aplicada a um gênero literário no qual se pretendem descrever acontecimentos relativos ao fim dos tempos e, mais concretamente, à crise final antes da chegada do *Reino messiânico. Embora se costume equiparar o apocalipticismo com posições escapistas, essa interpretação não bate geralmente com as fontes escritas de que dispomos. A apocalíptica manifesta uma perspectiva certamente espiritual, mas não especulativa e, habitualmente dotada de uma visão prática da existência. Achamos amostras desse gênero na segunda parte do livro de *Daniel (é discutível que a totalidade do livro possa ser qualificada como apocalíptica), a segunda parte de *Zacarias e no denominado Apocalipse de *Isaías (Is 24,27). No período intertestamentário, o *judaísmo produziu obras apocalípticas – em alguns casos alteradas posteriormente por autores cristãos – como o livro de Henoc, o quarto livro de Esdras, a Assunção de Moisés, o livro dos Jubileus e o Testamento dos Doze Patriarcas. No Novo Testamento somente o último *Apocalipse pertence a esse gênero. Contudo, há características apocalipticistas no discurso de Jesus no Monte das Oliveiras (Mt 24 e 25; Mc 13; Lc 21), no qual se entremeiam as predições sobre a futura destruição de *Jerusalém com referência à *Parusia.

Bibl.: HANSON, P. D., *The Dawn...*, IDEM, *Old Testament Apocalyptic...*, MURPHY, F., *O. c.*; ROWLAND, C., *The Open Heaven*, Londres 1985; RUSSEL, D. S., *The Method and Message of Jewish Apocalyptic*, Filadélfia 1964; VIDAL MANZANARES, C., *El judeo-cristianismo...*; IDEM, *Diccionario de las Tres Religiones*, Madri 1993; Equipe "Cahiers Evangile", *El Apocalipsis*, Estella; DELCOR, M., *Mito y tradición en la literatura apocalíptica*, Madri 1977.

APOCATÁSTASIS

Postura – semelhante ao *universalismo – que sustenta que no final todos os seres participarão da *salvação. Defendida por *Clemente de Alexandria, *Orígenes e *Gregório de Nisa, foi energicamente combatida por *Agostinho.

APÓCRIFO

Originalmente o termo não indicava o falso ou excluído do cânon, mas contrariamente aquilo que tinha um caráter tão sagrado que não devia ser lido em público. Algumas dessas obras passaram por canônicas conforme narram Jerônimo (*Epist.*, CVII, 12; e *Prol. Gal. In Samuel et Mal.*) e Agostinho de Hipona (CD XV, 23,4). Somente mais tarde, o fato de que muitos desses escritos, embora colocados sob o nome de um apóstolo, tiveram conteúdo herético levou a identificar o termo "apócrifo" com o de falso, espúrio ou recusável. Embora seu valor histórico seja mínimo em si mesmo, não é menos certo que constituem um instrumento importante para se entrar no estudo do cristianismo heterodoxo e também para compreender aspectos relacionados com a arte cristã. Poderíamos classificar os apócrifos cristãos em: *1.* Alterações nos apócrifos do Antigo Testamento. *2.* *Evangelhos apócrifos. *3.* *Atos apócrifos dos Apóstolos.

4. *Apocalipses apócrifos. *5.* *Epístolas apócrifas dos Apóstolos.

APOLINÁRIO DE HIERÁPOLIS
Bispo de Hierápolis na época de Marco Aurélio (161-180). Eusébio atribui-lhe um discurso ao imperador Marco Aurélio, cinco livros *Contra os gregos*, dois livros *Sobre a verdade*, dois livros *Contra os judeus* e alguns tratados contra os montanistas (HE IV, 27), porém não nos chegou nenhuma de suas obras. Mas julgar pelos dados contidos na *Cronicon Pascal*, escreveu uma obra, também perdida, sobre a Páscoa.

APOLINÁRIO DE LAODICÉIA
Nasceu em Laodicéia pelo ano de 310, filho de um presbítero de mesmo nome. Sua amizade com Atanásio ocasionou que fosse excomungado, em 342, pelo bispo ariano Jorge. Em 346 aconteceu o regresso de Atanásio e em 361 Apolinário foi eleito bispo de Laodicéia. Combateu os arianos, mas finalmente ele foi condenado como herege nos sínodos romanos de 377 e 382, que foram celebrados sob o pontificado do Papa Dâmaso. O Concílio de Constantinopla de 381 condenou também sua cristologia sobre a qual vamos nos referir mais adiante. Morreu pelo ano de 390. Sabemos que comentou diversos livros do Antigo e do Novo Testamento embora somente nos tenham chegado restos em diversas "catenae". Igualmente redigiu um par de obras apologéticas dirigidas contra o neoplatônico Porfírio e contra Juliano, o apóstata, respectivamente, mas também não chegaram até nós. A mesma sorte ocorreu com seus escritos anti-heréticos. Também se perdeu sua contribuição à poesia cristã que parece ter sido notável. Paradoxalmente a maior parte de sua obra conservada – de forma fragmentária – são aqueles escritos impregnados de heterodoxia cristológica. Discute-se a autenticidade das duas cartas dirigidas a Basílio Magno. Preocupado com a heresia ariana e a mutilação que essa implicava à crença na plena divindade de Cristo, Apolinário caiu numa visão que feria gravemente a humanidade do Salvador. Apoiado em Platão afirmava a coexistência no homem de espírito, alma e corpo. Conforme Apolinário, em Cristo existiam os dois segundos e o primeiro era assumido pelo Logos. Dessa maneira, enquanto sua divindade era completa não acontecia o mesmo com sua humanidade. Cristo não podia ter tido uma humanidade completa porque Deus e homem não podiam unir-se completamente, e além disso porque o espírito pode decidir entre o bem e o mal, o que teria permitido que Cristo pecasse, coisa inconcebível. Apolinário advogava, pois, pela existência de uma só natureza em Cristo. Aparentemente aquela tese solucionava os problemas cristológicos e talvez isso explica sua influência posterior, mas o certo é que feria gravemente a crença cristã na humanidade completa e perfeita de Cristo, privando de sentido a encarnação e a redenção.

APOLINARISTAS
Seguidores de *Apolinário de Laodicéia.

APOLOGISTAS GREGOS
Conjunto de escritores cristãos pertencentes ao séc. II, cujas obras pretendiam refutar as acusações de subversão dirigidas contra a Igreja, denunciar o paganismo e tentar expor a fé cristã em termos filosóficos aceitáveis para seus contemporâneos. A maior

parte dos manuscritos dos apologistas gregos depende do código de Aretas da Biblioteca Nacional de Paris (séc. IX). Desse código faltam, no entanto, os escritos de Justino, os três livros de Teófilo para Autolyco, a *Irrisio* de Hermias e a *Epístola a Diogneto*. *Apolinário de Hierápolis, *Aristides de Atenas, *Aristão de Pela, *Atenágoras de Atenas, *Quadrado, *Epístola a Diogneto, *Hermias, *Justino, *Melitão de Sardes, *Milcíades, *Taciano, o Sírio, *Teófilo de Antioquia.

APOLÔNIO

1. Filósofo e mártir decapitado em Roma durante o reinado de Cômodo (180-185). *2.* Bispo da Ásia, autor de uma obra contra Montano, Prisca e Maximila. Jerônimo menciona-o em seu *De vir. ill.* XL.

APOLO

Judeu do séc. I convertido ao cristianismo (At 18,24ss.) como conseqüência da ação evangelizadora de Priscila e Áquila, dois colaboradores e amigos do *apóstolo *Paulo. Pregou em Corinto, e alguns de seus seguidores pretenderam sem motivo opô-lo a Paulo e a *Pedro (1Cor 3,4ss.). Alguns autores – como *Lutero – atribuíram-lhe a redação da Carta aos hebreus.

APÔNIO

Sob esse nome chegou até nós uma *Exposição ao Cântico dos Cânticos*, que possivelmente pode ter sido redigida em Roma entre o ano 410 e 415.

APÓSTOLO DOS GENTIOS

Sobrenome com que se denomina *Paulo de Tarso.

APÓSTOLOS

Os discípulos mais próximos de Jesus escolhidos com a finalidade de expulsar *demônios, curar doenças, pregar o Evangelho (Mt 10,2; Mc 3,16-19; Lc 6,14-16, At 1,13) e julgar as doze tribos de *Israel (Mt 19,28). Conhecemos seus nomes pelas listas que aparecem nos Sinópticos e nos Atos (Mt 10,2-4; Mc 3,16-19; Lc 6,14-16; At 1,13), omitindo-se nesse último caso o nome de Judas Iscariotes. João não dá nenhuma lista, mas menciona os "Doze" como grupo (Jo 6,67; 20,24), e no mesmo sentido escreve *Paulo (1Cor 15,5). A lista costuma ser dividida de maneira convencional em três grupos de quatro. No primeiro, o apóstolo mencionado em primeiro lugar é sempre Simão, cujo nome foi substituído pelo sobrenome *Pedro (*Petrós* = pedra, seguramente uma tradução do arameu *Kefas*). Associado a Pedro aparecem seu irmão *André (Jo 1,40-41; Mc 1,16), e em seguida aparecem Tiago e João, que eram pescadores na Galiléia, como os dois irmãos anteriormente citados (Mc 1,19). Se sua mãe (Mt 27,56) foi *Salomé, irmã de *Maria, a mãe de Jesus (Mc 15,40; Jo 19,25), aqueles foram primos deste. Não obstante, a hipótese não é absolutamente certa. No segundo grupo de quatro encontram-se *Filipe de *Betsaida (Jo 1,44; 6,5-8; 12,22); *Bartolomeu, ao qual, talvez possa ser identificado com *Natanael (Jo 1,45-46; 21,2); *Tomé, apelidado "Dídimo", o gêmeo (Jo 11,16 e 20,24); e *Mateus que deve ser identificado com Levi em outras listas. Finalmente, no terceiro grupo de quatro acham-se *Judas Iscariotes (supostamente morto pouco depois da prisão de Jesus); *Simão, o zelote; *Tiago de Alfeu e – situado em décimo lugar em Mateus e Marcos e o décimo primeiro em Lucas e Atos – *Lebeu, *Tadeu e *Judas. Essa última discrepância tem sido explicada de diversas maneiras. Em algum caso, atribui-se à falta de memória sobre esse personagem (R. E. Brown, "The Twelve and the Apostolate" em *NJBC*, Englewood Cliffs 1990, p. 1379), em outros Tadeu foi identificado com Judas, o irmão de Tiago, e Lebeu seria somente uma variante textual deste (A. T. Robertson, *Uma harmonia dos quatro Evangelhos,* El Paso 1975, p. 224-226. No mesmo sentido, M. J. Wilkins, "Disciples" em *DJG*, p. 181, alegando principalmente a existência de uma coincidência total no resto dos nomes), uma tese harmonizadora que muito possivelmente corresponda à realidade histórica.

Schleiermacher, F., e Baur, F. C. negaram que o grupo dos Doze fosse estabelecido por Jesus. Porém, como era muito primitivo torna-se impossível negar, uma vez que já São Paulo menciona isso na 1Cor 15,5. Além disso, pelo teor da análise das fontes, o mais certo é fixar sua composição em vida de Jesus (Sanders, E. P.; Hengel, M.; Bruce, F. F., Vidal Manzanares, C. etc.). Isso explicaria também circunstâncias como a pressa em completar seu número depois da morte de Judas (At 1,15-26). Discutiu-se muito desde fins do século passado o significado exato do apostolado. O ponto inicial foi, sem dúvida, a obra de Lightfoot sobre a Epístola aos Gálatas (Lightfoot, J. B., *Saint Paul's Epistle to the Galatians*, Londres 1865). Parece óbvio que o termo deriva do infinitivo grego "apostellein" (enviar), cujo uso não era muito comum em grego. Nos Setenta, somente aparece uma vez (1Rs 14,6) como tradução do particípio passado "shaluaj" de "shlj" (enviar). Precisamente tomando como ponto de partida essa circunstância, Vogelstein, H. e Rengstorf, K. conectaram a instituição dos apóstolos com os "sheluhin" ou comissionados rabínicos enviados pelas autoridades palestinas para representá-las com plenos poderes. Os "sheluhim" recebiam uma ordenação simbolizada pela imposição das mãos, e suas tarefas – que muitas vezes eram meramente civis – incluíam ocasionalmente a autoridade religiosa e a proclamação de verdades religiosas. Dado que não possuímos referências aos "sheluhim" paralelas cronologicamente aos primeiros tempos do cristianismo, a citada interpretação recebeu já fortes ataques desde a metade desse século. Hoje, há uma tendência em conectar novamente a figura do apóstolo com a raiz verbal "shlj", que é traduzida em Setenta umas setecentas vezes por "apostollein" ou "exapostollein". O termo era muito amplo – como já assinalou em seu tempo Lighfoot – sendo aplicado posteriormente mais além do que ao grupo dos Doze. De bastante importância devem ser consideradas as contribuições de Riesenfeld, H. (*The Gospel Traditions and Its Beginnings*, Londres 1957) e de Gerhardsson, B. (*Memory and Manuscript: Oral Tradition and Written Transmission in the Rabbinic Judaism and Early Christianity*, Uppsala 1961), que estudaram a possibilidade de que os Doze foram o receptáculo do ensinamento de Jesus de acordo com uma metodologia de ensino similar a dos rabinos, e que a partir deles foi-se formando um depósito de traduções relacionadas à pregação de Jesus. Essa tese, embora não seja indiscutível, possui certo grau de probabilidade. A partir do séc. IV, encontramo-nos com testemunhos que defendem a existência de uma sucessão *apostólica. Esta é admitida pela Igreja católica, pelas *Igrejas ortodoxas, pela *Igreja da Inglaterra e por algum setor do luteranismo. Foi rejeitada, contudo, de maneira majoritária por toda a *Reforma do séc. XVI.

Bibl.: BARRET, C. K., *The Signs of an Apostle*, Filadélfia 1972; HAHN, F., "Der Apostolat in Urchristentum" em *KD*, 20, 1974, p. 56-77; CULVER, R. D., "Apostles and Apostolate in the New Testament" em *BSac*, 134, 1977, p. 131-143; HERRON, R. W., "The origin of the New Testament Apostolate" em *WJT*, 45, 1983, p. 101-131; GILES, K., "Apostles before and after Paul" em *Churchman*, 99, 1985, p. 241-256; AGNEW, F. H., "On the Origin of the term Apostolos" em *CBQ*, 38, 1976, p. 49-53; IDEM, "The origin of the New Testament Apostle-Concept" em *JBL*, 105, 1986, p. 75-96; VILLEGAS, B., "Peter, Philip and James of Alphaeus" em *NTS*, 33, 1987, p. 292-294; VIDAL MANZANARES, C., *Diccionario de las Tres Religiones*, Madri 1993; IDEM, *El judeo-cristianismo...*

APOTEGMAS DOS PADRES

Compilações do final do séc. V, nas quais estão contidas frases (*logoi*) e anedotas (*erga*) dos eremitas e monges do deserto egípcio. Até o séc. VI a ontologia foi ordenada por personagens seguindo um sistema alfabético. Embora seu valor histórico seja desigual, constituem fonte obrigatória para o estudo do monacato egípcio.

AQUARIANOS

Seita gnóstica, também conhecida como encratitas, que fundada por Taciano, o Sírio, repudiava o matrimônio como adultério, condenava o consumo de carne e substituía o vinho da Eucaristia por água. **Encratitas*, **gnosticismo*, **Taciano, o Sírio*.

ÁQUILA

Autor de uma tradução grega da Bíblia. Orígenes utilizou-a em seus *Exaplas*.

AQUILES DE ESPOLETO

Bispo de Espoleto no início do séc. V. No ano de 419, por causa das conseqüências das dissensões existentes na Igreja de Roma, que estava dividida entre o Papa *Bonifácio I, eleito em 418, e o aspirante Eulálio, a corte de Ravena encarregou Aquiles da celebração da Páscoa em Roma. Aquiles construiu uma igreja de São Pedro ao lado da Via Flamínia, a este de Espoleto. Para essa igreja Aquiles compôs alguns poemas cuja importância teológica relaciona-se com o primado de Pedro, o qual considera universal, definindo o apóstolo como o *arbitro* na terra e *janitor* no céu.

AQUINO, TOMÁS DE

*Tomás de Aquino.

ARAMEU

Idioma semítico, já em fins do período veterotestamentário, que havia se espalhado entre a população judaica de tal maneira que necessitava de interpretações aramaicas para entender as Escrituras em hebraico (Ne 8,1ss.). Jesus expressou-se em aramaico, embora pareça certo que conhecesse o hebraico (Lc 4,16ss.) e muito possivelmente também o grego, uma vez que era galileu.

Bibl.: BLACK, M., *An Aramaic Approach to the Gospels and Acts*, Oxford 1967; LAMSA, G., *Holy Bible from the Ancient Eastern Text (Peshitta)*, Nova York 1989.

ARGENTINA, CRISTIANISMO NA

Colônia espanhola até o início do séc. XIX. A Argentina tem sido um país sociologicamente católico. Durante a maior parte de sua história a religião estatal tem sido o catolicismo, e o presidente da República tem sido obrigatoriamente pertencente a essa fé. A partir dos anos setenta, produziu-se na Argentina um crescimento espetacular das Igrejas evangélicas que atualmente constituem uma minoria muito qualificada da população, não inferior a 15% desta.

ARIO (256-336)

Nascido na Líbia, educou-se teologicamente na escola de Luciano em Antioquia. Daí passou para Alexandria, onde foi ordenado diácono e posteriormente sacerdote. Pelo ano de 318 começou a pregar sua doutrina teológica própria conforme iremos indicar mais à frente. Nesse mesmo ano celebrou-se um Sínodo em Alexandria, onde Ario e seus seguidores foram condenados e depostos. Ele procurou buscar apoio com seus antigos companheiros de estudos – alguns já bispos – que o acolheram com simpatia. O perigo de cisma que agitava a Igreja grega levou Constantino a convocar um Concílio em Nicéia, onde com a participação de mais de trezentos bispos procedeu-se novamente a condenação de Ario. Ele foi desterrado pelo imperador para a Ilíria, de onde regressou por ordem do imperador em 328. Em 335 os bispos, reunidos no sínodo de Tiro e de Jerusalém, decidiram readmiti-lo em seu meio clerical. Estava na iminência de ser reconciliado solenemente pelo bispo de Constantinopla – que fora pressionado pelo imperador Constantino – quando morreu em 336 justamente no dia anterior à cerimônia. Escreveu uma carta a Eusébio de Nicomédia – amigo e seu antigo companheiro –, na qual dá sua versão do incidente com Alexandre de Alexandria; outra dirigida a esse último expondo-lhe, de maneira cortês, sua teologia e uma obra intitulada *O Banquete*, da qual somente nos chegaram fragmentos. Conhecemos também uma carta que dirigiu a Constantino na qual tentava provar sua ortodoxia. Todas as obras foram conservadas e transmitidas no corpo de obras de outros autores.

Apresentadas muitas vezes – e de maneira errônea – como uma teologia que pretendia fundamentalmente revalorizar a divindade de Cristo, as teses arianas constituiriam, na realidade, um produto híbrido de paganismo e cristianismo. Partindo da base – errônea – de que Deus não somente não pode ser criado, mas que além disso deve ser ingênito, negava a plena divindade do Filho. Pois bem, uma vez que tanto a Escritura como a teologia cristã tinham advogado sempre de maneira unânime defendendo que o Filho era Deus, Ario optou por considerá-lo "deus", isto é, um ser dotado de divindade, mas criado, que teve princípio e que não era da mesma substância do Pai. O Logos era assim um ser criado intermediário entre Deus e o cosmos. O *Espírito Santo era uma criatura do *Logos – e menos divina que Ele – que se fez carne no sentido de cumprir em Cristo a função de alma. A tese que se apoiava muito no neoplatonismo, que pretendia a existência de uma série de seres intermediários entre Deus e a criação, foi aceita por muitos enquanto pretendia ser uma ponte clara de conexão com o paganismo (isso foi o caso finalmente de *Constantino).

ARISTÃO DE PELA

Primeiro apologista cristão que redigiu uma apologia completa do cristianismo frente ao judaísmo, a *Discussão entre Jasão e Papisco a respeito de Cristo*. A obra, na qual conversa o judeu-cristão Jasão com o judeu alexandrino Papisco, infelizmente se perdeu. Deve ter sido redigida por volta do ano 140, e o uso da exegese alegórica que, ao que parece, existia nela aponta para uma origem alexandrina.

ARISTIÃO
Discípulo do Senhor mencionado por Eusébio (HE III, 39,3-4).

ARISTIDES DE ATENAS
Apologista grego. Sua apologia é a mais antiga que chegou até nós e influiu consideravelmente na literatura medieval através da lenda de Balaão e Josafat.

ARISTÓBULO
Primeiro representante judeu (séc. II a.c.) do método alegórico que tanta importância teria para a escola de Alexandria.

ARLES, SÍNODO DE
Entre 314 e 1275 celebraram-se em Arles não menos de quinze sínodos. Os mais importantes são o primeiro (314), quando foram condenados os *donatistas e pela primeira vez autorizou-se a participação dos cristãos na *guerra; o quarto (1234), quando foram condenados os *albigenses; e o quinto (1263), quando foi condenado *Joaquim de Fiore.

ARMINIANISMO
Sistema teológico atribuído a *Armínio. Na realidade as disputas em torno de Armínio não se produziram com especial virulência até depois da morte deste. Ele negava a dupla *predestinação defendida por Calvino, sustentava que Cristo havia morrido por todos e não somente pelos eleitos, e defendia que a Soberania de Deus podia compatibilizar-se com o livre-arbítrio do homem. Condenado no Sínodo de Dort (1618-1619), o arminianismo exerceu uma enorme influência posterior e, gradualmente, foi identificando-se erroneamente com a postura protestante que sustenta que os salvos podem cair da graça.

ARMÍNIO (1560-1609)
Teólogo reformado. Seu verdadeiro nome era Jakob Hermans ou Harmens, sendo Armínio sua tradução para o latim. Boa parte de sua família foi assassinada pelas tropas espanholas. Estudou teologia em Leyden, Genebra, Basiléia, Pádua e Roma. Em 1588 foi ordenado pastor reformado. Sua leitura da Carta aos Romanos levou-o a questionar a doutrina calvinista da dupla *predestinação. Por causa disso foi acusado de *pelagianismo e de deslealdade à Igreja reformada. Nomeado catedrático em Leyden, em 1603, conseguiu se defender com êxito das acusações de *pelagianismo e de *socinianismo lançadas contra ele.

ARMÔNIO
Filho de Bardesano e continuador de sua heresia (primeira metade do séc. III). Parece que compôs versos em língua vernácula os quais musicou. Sua música era conhecida ainda no séc. V, conforme nos narra Sozomeno (*Hist. Eccl.* III, 16).

ARMSTRONG, HERBERT (1892-1986)
Fundador da seita conhecida como *Igreja do Deus Universal. Muito influenciado por doutrinas *adventistas, anunciou o fim do mundo para 1936, 1943, 1972 e 1975 e sustentou a vigência da lei mosaica para os cristãos, a negação da imortalidade da *alma e a negação do *inferno, e o *anglo-israelismo.

ARNÓBIO DE SICCA

Autor africano do séc. III, foi professor de retórica em Sicca, e Lactâncio esteve entre seus discípulos. Pagão, contrário ao cristianismo, converteu-se a ele por causa de um sonho do qual não temos detalhes concretos. Foi autor de uma apologia com o título de *Contra as nações*, na qual refutava as acusações pagãs que atribuíam aos cristãos as desgraças do império. Não consta que a obra tivesse tido muita difusão, uma vez que dos Padres do séc. IV somente São Jerônimo a conhece. O Decreto acerca dos livros que devem ou não ser recebidos do séc. VI a situa entre os livros apócrifos. A visão de Deus em Arnóbio é a de um ser supremo e impassível, mais próximo em muitos aspectos ao Deus dos filósofos que ao do cristianismo. Não parece que negasse a existência dos deuses pagãos, os quais, não obstante, não identifica com os demônios. Rejeitava a doutrina bíblica da Criação adotando o *Timeu* de Platão como uma explicação melhor.

ARNÓBIO, O JOVEM

Não temos praticamente dado algum sobre a biografia de Arnóbio, o Jovem, embora o *Conflito com Serapião* pareça insinuar que tenha sido monge, que sua origem era africana e que residiu em Roma durante certo tempo. Foi autor do *Conflito com Serapião* – no qual apresenta o acordo entre as tradições romana e alexandrina – e Morin atribuiu-lhe além disso o *Livro à Gregória*, e as *Exposiçõezinhas ao Evangelho*, alguns *Comentários aos salmos* – que nos proporcionam muitos dados sobre a liturgia da época – e o *Predestinado*, em que depois de denunciar um conjunto de 90 heresias pronuncia-se a favor da dupla predestinação, que o autor atribui ao próprio Agostinho, embora insista que somente a divulgou num círculo reduzido de pessoas. Essa doutrina constituiria mais tarde um dos pilares da soterologia de Calvino.

ARNOLDO DE BRÉSCIA († 1155)

Também Arnaldo. Nascido em Bréscia, estudou em Paris e ao regressar à Itália tornou-se canônico. Partidário de uma reforma que tiraria a Igreja de seu laxismo moral, progressivamente foi defrontando-se com o sistema doutrinal católico ao negar que a confissão tivesse de ser realizada a um sacerdote e ao afirmar que a imoralidade de um sacerdote eliminava a eficácia dos sacramentos e que os cristãos não deviam possuir bens nem exercer poder político. Em 1140, por influência de Bernardo de Claraval, suas doutrinas foram condenadas pelo Concílio de Sens. Sua rejeição ao poder temporal do papa provocou sua excomunhão por Eugênio III (1148). Morreu na fogueira.

ARNOLDO JANSSEN (1837-1909)

Nasceu em Goch, Alemanha; em 1861 foi ordenado sacerdote. Atraído pela idéia da reconciliação entre os cristãos e da evangelização entre os povos não cristãos, em 1865 ingressou no Apostolado da Oração. Nesse mesmo tempo começou a escrever suas primeiras obras, cuja renda dedicou, entre outras coisas, à ajuda para as Igrejas católicas no estrangeiro. Com o surgimento do *Kulturkampf, na Alemanha, percebeu que esse país podia oferecer oportunidades, e em 1875 fundou a primeira casa missionária, de onde começou a irradiar internacionalmente o trabalho dos Missionários do Verbo Divino. Eles tinham como missão expandir a Palavra de Deus entre os povos não cristãos dando especial atenção aos do Extremo Oriente, assim como de formar missionários. Em 1878 teve uma entrevista com o Papa *Leão XIII e lhe comunicou seu desejo de enviar um missionário à *China, o que aconteceu no ano seguinte. Os anos marcados por um governo dos Missionários, praticado somente por Janssen, acabaram em 1885, quando lhe foram marcados conselheiros. No decorrer da década seguinte, a obra experimentou um crescimento rápido, abrindo casas na Ásia, na América e na África. Foram fundados também dois ramos femininos da obra: a Sociedade das Servas do Espírito Santo e as Irmãs da Adoração Perpétua. Atualmente os missionários do Verbo Divino – mais de cinco mil – estão presentes em mais de cinqüenta países entregues fundamentalmente aos trabalhos de evangelização e de formação teológica. Arnoldo Janssen foi beatificado em 1975 por *Paulo VI.

ARQUELAU

Filho de Herodes, o Grande (23 a.C. a 15 d.C. aprox.), irmão de *Herodes Antipas, *etnarca da *Judéia, *Samaria e Iduméia no ano 4 a.C. Acusado de tirania, viu-se obrigado a se exilar em Viena, nas Gálias, no ano 6 d.C., convertendo seu território em província romana. O temor de suas ações levou São *José, o pai legal de Jesus, a fixar sua residência na *Galiléia (Mt 2,22).

ARREPENDIMENTO

Em hebraico o termo utilizado é "teshuváh", procedente de uma raiz verbal que significa voltar ou retornar. No Antigo Testamento, constitui um chamado constante dos profetas para o povo se afastar dos maus caminhos e viver de acordo com o que está prescrito no Pacto. Não indica em caso algum a obtenção do perdão mediante o esforço humano, mas um simples receber o perdão misericordioso de Deus seguido por uma vida nova de obediência a seus mandamentos. Nos Evangelhos o conceito de arrependimento (*metanóia* ou mudança de mentalidade) combina com o profetismo, é um conceito essencial equivalente ao de conversão do Antigo Testamento, mostrando-se distanciado do desenvolvimento do judaísmo posterior. Jesus insiste na necessidade do arrependimento já que está chegando o Reino de Deus (Mc 1,14-15) e afirma que, se ao menos não houver arrependimento, se perecerá (Lc 13,1-5). O arrependimento não é jamais uma obra meritória, mas uma resposta ao chamado amoroso e imerecido de Deus (Lc 15,1-32). O arrependimento é, portanto, voltar-se para a graça de Deus, recebê-la humilde e agradecidamente, e, a partir de então, levar uma vida de acordo com os princípios do Reino (At 2,38; 3,19; 2Tm 2,25; Ap 2,5 etc.). Mas inclusive no caso daquele que já não tem possibilidade de mudar de vida, p. ex.: porque está às portas da morte, Deus mostra seu amor, acolhendo-o no Paraíso (Lc 23,39-43).

ARSINOO

Autor de escritos heréticos rejeitados como tais no *Fragmento Muratoriano*, no qual é identificado com Valentim.

ARTEMAS

Herege que negava a plena divindade de Cristo. Teodoreto (*Hist. eccl.* I, 4) o associa com Ebião, Paulo de Samósata e Ario.

ARTEMÃO

Herege contra quem foi dirigida

a obra *Contra a heresia de Artemão*, atribuída a Hipólito de Roma. O livro não chegou até nós, exceto três fragmentos citados por Eusébio (HE V, 28). Seu autor parece estabelecido que não foi Hipólito.

ASCENSÃO
Episódio relatado por Lucas (24,51) e talvez por Marcos (16,19). E acha-se implícito também no final de Mateus (28,16ss.) e em alguma passagem de João (7,39). Nessas passagens expressa-se a separação visível de Jesus e de seus discípulos (Lc 24,51; At 1,9) – assim como irá acontecer com a *Parusia ou a segunda vinda de Cristo (At 1,10-11) – e a subida dele à direita do Pai na linha dos textos messiânicos do Salmo 2 ou o 110. Esse fato constitui além disso a passagem prévia para o envio do Espírito Santo (Jo 7,39; At 1,6-8). O fato de não vir ligado a descrições pormenorizadas sobre o além e sobre o tempo do fim tornam os relatos sobre ela substancialmente diferentes dos da apocalíptica judaica já mencionada.

ASCENSÃO DE ISAÍAS
*Alterações nos livros apócrifos.

ASCENSÃO DE PAULO
Escrito gnóstico citado por Epifânio (*Haer*. XXXVIII, 2) que não chegou até nós.

ASCLEPÍADES
Destinatário de um tratado de Lactâncio, perdido hoje.

ASCETICON
A obra mais representativa dos messalianos.

ASSEMBLÉIA DE DEUS
Uma das denominações *pentecostais mais numerosas – e moderadas – da atualidade. Fundada em 1924 na *Inglaterra e *Irlanda, atualmente seu centro decisório encontra-se mais radicado nos *Estados Unidos. A maior parte de seus membros reside no Terceiro Mundo.

ASTÉRIO DE AMASÉIA
Bispo de Amaséia, contemporâneo dos Padres capadócios. Foi advogado antes de sua sagração episcopal, que aconteceu entre 380 e 390. Foram conservadas dezesseis homilias e panegíricos seus sobre os mártires. O segundo Concílio de Nicéia de 797 o cita como prova em favor da veneração das *imagens.

ASTÉRIO, O SOFISTA
Retórico ou filósofo, antes de sua conversão – daí seu sobrenome – foi discípulo de Luciano de Antioquia. Durante a perseguição de Maximino apostatou. Foi o primeiro teólogo sistemático do arianismo e o próprio *Ario o utilizou para refutar a doutrina de Nicéia. *Atanásio refere-se a ele em termos muito negativos em várias ocasiões. Morreu por volta do ano 341. Escreveu um tratado denominado *Syntagmation*, perdido, exceto alguns fragmentos, nos quais defendia a condição de criatura do Filho, uma *Refutação de Marcelo*, contra Marcelo de Ancira, que se perdeu, e diversos comentários e homilias sobre os salmos, dos quais alguns chegaram até nós.

ASTROLOGIA
Uma das artes ocultas que pretende poder predizer o futuro mediante o exame dos astros. A *Bíblia é taxativa quanto à proibição de sua prática (p. ex. Lv 19,31; Dt 18,10-14; Is 43,10). Não deixa de ser significativo também que a Patrística a tenha identificado de

maneira unânime ao longo dos séculos como uma forma de submeter-se ao controle dos espíritos diabólicos.

ASSUNÇÃO DA VIRGEM

Título de uma obra (*De transitu Beatae Virginis Mariae*) atribuída falsamente a Melitão. A obra possivelmente não é anterior ao séc. IV. Tem sido muito estudada à base da definição solene do dogma da Assunção de *Maria por *Pio XII, no dia 1º de novembro de 1950. Igualmente à tese de Ario, seu pensamento teológico fazia especial finca-pé na qualidade de criatura do Logos.

ASSUNCIONISTAS

Congregação Religiosa fundada em Nîmes em 1843 para a vida religiosa ativa. Foi aprovada por *Pio IX em 1864.

ATA DA SUPREMACIA

Ata promulgada em novembro de 1534, em virtude da qual Henrique VIII da Inglaterra e seus sucessores convertiam-se na "única cabeça suprema na terra da Igreja da Inglaterra, denominada Anglicana Ecclesia". Embora repudiada pela rainha católica Maria Tudor, Isabel I tornou a restaurar de forma mais suavizada, devendo entender-se como uma obrigação régia de fazer bem à Igreja ligada à lealdade para com a coroa, os cargos eclesiásticos.

ATA DE TOLERÂNCIA

Ata de 1689 em virtude da qual se concedia o direito à liberdade de consciência aos dissidentes religiosos ingleses sob certas condições. Dessa forma os *batistas deviam aceitar os Trinta e Nove Artigos, exceto no que se referia ao batismo infantil; aos quakers era permitido não jurar etc. Nem os católicos nem aqueles que negavam a doutrina da Trindade se beneficiaram dessa norma.

ATAS DOS MÁRTIRES

Denominam-se assim uma série de documentos históricos, nos quais se apresentam os sofrimentos experimentados pelos mártires cristãos como conseqüência das perseguições. Quasten dividiu essas fontes em três grupos. O primeiro seria formado pelos processos verbais diante do tribunal, p. ex. as *Atas de São Justino e companheiros*, as *Atas dos mártires escilitanos na África* ou as *Atas proconsulares de São Cipriano*, e constituiriam as "atas dos mártires" no verdadeiro sentido do termo. O segundo estaria constituído pelas *passiones* ou *martyria*, relatos de testemunhos oculares ou contemporâneos, p. ex. o martírio de São Policarpo, a carta das Igrejas de Viena e de Lião para as igrejas da Ásia e da Frígia, o suplício de Felicidade e Perpétua, as atas dos santos Carpo, Papilo e Agatônica, as *Atas de Apolônio*. O terceiro conteria as lendas de mártires redigidas bem mais tarde depois do martírio com fins de edificação, p. ex. as atas dos martírios de Santa Inês, Santa Cecília, São Cosme e São Damião etc., cujo valor histórico é praticamente nulo.

ATAS DA UNIFORMIDADE

Disposições régias com as quais se pretendeu durante os séculos XVI e XVII uniformizar o culto anglicano. Foram quatro: *1*. Ata de 21 de janeiro de 1549. Promulgada por Eduardo VI da Inglaterra, obrigava o uso do Livro Comum de Oração e que o culto fosse em inglês, exceto nas Universidades onde podiam ser em latim, grego ou hebraico. *2*. Ata de 9 de março - 4 de abril de 1522. Castigava a ausência da igreja em domingos e festas religiosas mediante censuras e prisão. *3.* Ata de 24 de junho de 1559. Foi reintroduzida a liturgia existente durante o reinado de Henrique VIII, com algumas modificações de cunho católico sob pena de multa e censura eclesiástica. *4.* Ata de 1662. Em virtude desta, todos os ministros tinham de aceitar o Livro Comum de Orações, receber a ordenação dos bispos e declarar a ilegalidade de pegar em armas contra o rei. Essa última ata foi objeto de várias reformas, tendo lugar a última em 1974.

ATANÁSIO

Nasceu por volta de 295 em Alexandria e em sua juventude parece ter-se relacionado com os monges da Tebaida. No ano de 319 foi ordenado diácono pelo bispo Alexandre, tornando-se seu secretário e acompanhando-o à Nicéia (325), onde desempenhou um destacado papel. Três anos depois sucedeu a Alexandre na sede episcopal, iniciando-se assim um período de conflitos que chegaram a seu ponto máximo quando se negou a obedecer à ordem de Constantino que insistia que admitisse novamente Ario na comunhão. Reunidos num sínodo em Tiro (335), seus inimigos procederam então depondo-o, sendo desterrado pouco depois para Tréveris pelo imperador. Depois da morte de Constantino (337), Atanásio regressou a sua diocese para ver-se deposto em 339 pelo Sínodo de Antioquia, que elegeu a Pisto como bispo. Pisto era um sacerdote excomungado. Diante da incapacidade deste, obrigou-se a Gregório da Capadócia a exercer o cargo do governo episcopal. Atanásio, nesse meio de tempo, havia se refugiado em Roma, onde um sínodo, celebrado em 341 por convocação do Papa Júlio I, declarou-o livre de culpas, sendo reconhecido como único bispo legítimo de Alexandria em 343 pelo Sínodo de Sárdica. Depois da morte de Gregório da Capadócia (345) regressou ao Egito (346), mas os problemas não tardaram a se apresentar. O imperador Constâncio convocou um sínodo em Arles (353) e outro em Milão (355) para condenar Atanásio, e colocou na sede de Alexandria Jorge da Capadócia. Pela terceira vez Atanásio fugiu permanecendo seis anos com os monges do Egito. Ao subir ao trono Juliano chamou do exílio vários bispos e em 362 Atanásio voltou a entrar em Alexandria. A convocação de um sínodo em Alexandria ocasionou-lhe um novo desterro imperial que terminou em 363 ao morrer Juliano. Em 365 aconteceu seu quinto desterro quando Valente tornou-se imperador do Oriente. A pressão popular obrigou o imperador a anular a medida e em 366 Atanásio voltou de novo à Alexandria, onde veio a falecer no ano de 373.

É de se admirar a fecundidade de Atanásio mesmo em meio às inegáveis turbulências que atravessou durante sua vida. Escreveu obras dogmáticas como *Oração contra os gentios, Oração a respeito da encarnação do Verbo,* as três *Orações contra os arianos* e um tratado sobre a *Encarnação* e contra os arianos; escritos históricos como a *Apologia contra os arianos,* a *Apologia ao imperador Constâncio,* a *Apologia da sua fuga* e a *História dos arianos;* escritos exegéticos como a *Epístola a Marcelino* sobre a interpretação dos salmos, *Comentário sobre os salmos* e *comentários ao Eclesiastes, sobre o Cântico dos cânticos* e o *Gênesis;* obras de ascética como a *Vida de Antão* (que inaugura praticamente um novo gênero literário), um tratado sobre a *Virgindade;* sermões e diversos tipos de cartas (chegaram até nós treze festivas, três sinodais, duas encíclicas, duas dirigidas a Serapião, quatro sobre o Espírito Santo, uma a Epicteto, bispo de Corinto, uma a Adélfio bispo, uma ao filósofo Máximo, outra relacionada aos decretos com o Concílio de Nicéia, outra relacionada ao Sínodo de Rimini e de Selêucia, outra dirigida a Rufino, outra aos monges e aos ascetas). Foram-lhe atribuídas obras que não são suas como os dois livros *Sobre a Encarnação contra Apolinário*, o *Sermão maior* sobre a fé, a *Exposição da fé*, a *Interpretação do Símbolo*, dois diálogos contra os macedonianos, cinco diálogos sobre a *Santíssima Trindade*, o *Símbolo Atanasiano* e doze livros sobre a Trindade.

Atanásio não foi um teólogo especulativo, mas sim um pastor preocupado pela ameaça de paganização helenista que a heresia de Ario implicava. Seu desejo é salvaguardar a pureza da "tradição, doutrina e fé da Igreja católica que o Senhor deu, os apóstolos pregaram e os Padres conservaram" (*Ep. ad Serap.* I, 28). Defendia a existência da Trindade "em verdade e realidade" (*Ep. ad. Serap.* I, 28) e afirmava que o Verbo não havia sido criado, mas engendrado da mesma essência que o Pai. O Filho tinha a plenitude da divindade – um reflexo da tese paulina contida em Colossenses 2,9 – e é completamente Deus. Pai e Filho têm a mesma natureza e são eternos. Essa tese tem uma importância suprema para a redenção, já que não poderíamos ser salvos a não ser pelo fato de que Deus se fez homem. A partir desse ponto pode-se considerar Maria como Mãe de Deus (*Theotókos*) (*Or. Arian.* III, 29). O Espírito Santo não pode ser criatura fazendo parte da Trindade, mas que é também Deus. É bem possível que a oposição ao arianismo que infernou toda a sua vida fosse o que levou Atanásio a negar a validade do batismo ariano. A base de sua atitude não procedia do fato de que os arianos não usassem a fórmula trinitária no batismo, mas da crença em que eles conferiam uma fé distorcida (*Discurso contra os arianos* XLII-XLIII) e pode-se ver sua influência no cânon 19 do Concílio de Nicéia, no qual se ordena que os paulianistas que desejem voltar à Igreja católica devam ser batizados de novo.

A postura de Atanásio a respeito da Eucaristia não é de todo clara. Na *Epist. ad Serap.* IV, 19 parece interpretar a Eucaristia como um símbolo do corpo e do sangue de Cristo. Contudo, no fragmento de seu sermão aos recém-batizados – que nos foi conservado por Eutíquio de Constantinopla (PG 26, 1325) – afirma que após o pronunciar das orações "o pão se converte no corpo de nosso Senhor Jesus Cristo e o vinho se converte em seu sangue". Tentou-se explicar essa aparente contradição entre as duas posições afirmando que na primeira Atanásio queria contrapor a comida do corpo e sangue de Cristo como alimento espiritual à tese daqueles que criam tomar a carne de Cristo em seu estado natural. Contudo, o tema continua sujeito à controvérsia.

ATAR E DESATAR

No contexto da *sinagoga, decisões relacionadas a sua disciplina interna e a seus aspectos jurídicos. No caso das passagens nas quais aparecem expressões desse tipo nos Evangelhos, parecem referir-se a questões de tipo disciplinar (Mt 18,18), mas especialmente (Mt 16,19; Jo 20,23) à capacidade de decidir o destino final dos homens como conseqüência da mensagem pregada pelos *apóstolos; aceitá-la ou rejeitá-la implicará finalmente a *salvação ou a condenação da pessoa (Mc 16,14-16). Nesse sentido, o poder dos discípulos difere do poder dos rabinos, já que esse não podia separar-se da mensagem pregada. Em harmonia com isso, posteriormente na Igreja, a autoridade apostólica aparece relacionada especificamente ao ensinamento (At 2,42; 2Tm 2,24-26). Historicamente tanto a Igreja católica como as ortodoxas relacionaram essa passagem com o sacramento da penitência.

ATENÁGORAS DE ATENAS

Um dos apologistas gregos. Embora contemporâneo de Taciano, não sabemos nada de sua vida e as identificações que se fizeram com outros personagens de mesmo nome apóiam-se em conjeturas. Entre suas obras destacam-se a *Súplica em favor dos cristãos* (escrita em 177, está dirigida a Marco Aurélio e a Cômodo e nela nega as acusações de canibalismo, ateísmo e incesto dirigidas aos cristãos); *Sobre a ressurreição dos mártires* (destinada a provar com argumentos da razão a doutrina da ressurreição). Atenágoras foi o primeiro a tentar uma demonstração filosófica do monoteísmo. Assim também evitou o subordinacionismo de alguns dos apologistas gregos defendendo a divindade do Logos e sua unidade essencial com o Pai. Na Trindade as três pessoas manifestam "seu poder na unidade e sua distinção na ordem". Testemunha de importância quanto à doutrina da inspiração da Bíblia pelo Espírito Santo, manteve a tese de que o aborto era "um homicídio" e defendeu a indissolubilidade do matrimônio até a ponto de considerar as segundas núpcias como "um adultério decente".

ÁTILA
*Leão Magno.

ATOS APÓCRIFOS

Assim como aconteceu com os Evangelhos apócrifos, os Atos desse tipo pretendiam de alguma maneira preencher as lacunas existentes no Novo Testamento, mas finalmente serviram para difundir as teses dos grupos heréticos sob o manto da autoridade dos apóstolos. Entre eles destacam-se: *1.* Os *Atos de Paulo*, que foram escritos em fins do séc. II e chegaram a ser divididos em três obras conhecidas como *Os Atos de Paulo e Tecla*, a *Correspondência de São Paulo com os Coríntios* e o *Martírio de São Paulo*. A primeira parte teve uma enorme influência na literatura e na arte cristã; *2.* Os *Atos de Pedro*, compostos em fins do séc. II chegaram até nós em fragmentos (*Atos Vercelhenses* ou de *Pedro com Simão* – de influência docetista-, *Martírio de São Pedro* – de influência gnóstica – e *Martírio do santo apóstolo Pedro* escrito por Lino – cuja redação final é do séc. IV; *3.* Os *Atos de Pedro e Paulo*, escritos no séc. III; *4.* Os *Atos de João*, redigidos em 150, manifestam influxos docetistas; *5.* Os *Atos de André*, escritos na segunda metade do séc. III e atribuídos a Leukios Carinos que apresentam recheios heréticos; *6.* Os *Atos de Tomé*, os únicos dos que temos o texto completo e que foram redigidos na primeira metade do séc. III. São claras as influências gnósticas deles; *7.* Os *Atos de Tadeu,* baseados na suposta correspondência entre Jesus e Abgar ou Abgaro, rei de Edessa, foram escritos durante o séc. III. Além dos mencionados aparece durante os séculos IV e V uma profusão de Atos apócrifos referidos aos apóstolos (Mateus, Filipe, Bartolomeu etc.) e a seus discípulos diretos (Barnabé, Timóteo, Marcos etc.).

ATOS DE PAULO E TECLA
*Atos apócrifos.

ATOS DE SÃO PEDRO
*Atos apócrifos.

AUFKLÄRUNG
Termo alemão para designar a *Ilustração.

AUGSBURGO, CONFISSÃO DE (1530)
Confissão de fé luterana. Redigida principalmente por *Melanchthon, foi apresentada a *Carlos V no dia 25 de junho de 1530. Consideravelmente moderada, foi, contudo, rejeitada por um conjunto de teólogos católicos entre os quais se encontravam *Eck e *Faber. Convertida num documento confessional do luteranismo, sua versão modificada de 1540 (também devido a Melanchthon) é aceita pelas Igrejas calvinistas de algumas regiões alemãs.

AUGSBURGO, ÍNTERIM DE
Formulação doutrinal aceita como base de um acordo provisional entre católicos e protestantes em 1548. Nela se dá a estes últimos a comunhão sob as duas espécies e o matrimônio do clero. Foi adotada na Confissão de Augsburgo de 1548. Sua duração estava fixada até o período em que o Concílio de *Trento chegasse a conclusões definitivas.

AUGSBURGO, PAZ DE (1555)
Acordo em torno da questão religiosa na Alemanha alcançado pelo imperador Fernando I e pelos eleitores no dia 25 de setembro de 1555 em Augsburgo. De acordo com ele, o catolicismo e o *luteranismo (mas não o *calvinismo nem os *anabatistas) estavam autorizados como religiões na Alemanha. Os súditos de cada território deveriam seguir a fé de seu governo (*cuius regio, eius religio* = qual região, tal religião), embora se lhes permitisse emigrar, depois de vender suas propriedades, se assim o desejassem. Nas cidades imperiais podiam coexistir ambas as religiões. Essa paz constituiria a base para futuras regulamentações da questão religiosa na Alemanha, como a paz de Westfalia (1648) com a qual concluiu a Guerra dos Trinta Anos.

AUSÔNIO
Magno Décimo Ausônio, nasceu em Burdigala pelo ano de 310. Estudou em Burdigala e em Tolosa, ensinando posteriormente em sua cidade natal como gramático e como retórico. Chamado por Valentiniano em 364 para ser preceptor de seu filho, chegou a ser prefeito do pretório e cônsul em 379. Após a morte do imperador Graciano retirou-se para Burdigala. A obra de Ausônio é de nítida inspiração pagã, embora três delas se revistam de um caráter cristão: a *Oração matutina*, os *Versos Pascais* e os *Versus rhopalici*. Autêntico problema constitui a tentativa de edificar o pensamento real de Ausônio. É difícil saber se era um pagão com certo apreço pelo cristianismo, se se tratava de um sincretista ou de um cristão impregnado de estilo pagão. Labriolle sustentou que era um cristão de fé – embora talvez não muito convencido – e um pagão em sua atitude diante da vida. Di Bernardino sustenta o mesmo ponto de vista que é quase unanimamente aceito. Em nossa opinião, contudo, o contrário estaria mais perto da realidade. Não deveríamos esquecer-nos que Ausônio compôs

orações aos deuses pagãos, o que choca com seu possível cristianismo por muito tíbio que fosse. Ausônio seria assim um pagão que, não obstante, não teria dificuldade em reconhecer – como um a mais – o Deus dos cristãos e em honrá-lo não exclusivamente, mas junto com outros deuses. Essa apreciação pode inclusive derivar-se da amizade que sabemos que teve com Paulino de Nola.

AVINHÃO
*Cativeiro babilônico da Igreja.

AVITO
Sacerdote de Braga que residiu em Jerusalém desde 409. Até 415 ou 416 descobriu as supostas relíquias de Santo Estêvão em Kafar-Gamala, ao norte de Jerusalém, em virtude de uma visão. Depois, enviou-as com uma carta ao bispo de Braga, Orósio. Porém, elas nunca chegaram a seu destino, mas foram repartidas entre Menorca e Uzala (África). Em 415 participou com Orósio nos debates com o bispo João sobre o pelagianismo em Jerusalém. Morreu depois de 418.

BACH, JOHANN SEBASTIAN (1685-1750)
Compositor alemão. Organista da corte de Weimar (1708-1717), "kapell-meister" de Cöthen (1717-1723) e cantor de Leipzig (1723-1750). A esse último período pertencem suas obras de mais profunda inspiração cristã, como as Paixões de São Mateus e São João e a Missa em ré menor. Curiosamente depois de sua morte a obra de Bach caiu no esquecimento, sendo recuperada durante o séc. XIX por Felix Mendelssohn.

BAIO, MIGUEL (1513-1589)
Teólogo flamengo educado em Lovaina. Pouco depois de 1550 começou a sustentar posições sobre o pecado e a graça, que foram condenadas em 1560 pela Sorbonne. Apesar de tudo representou essa universidade no Concílio de Trento em 1563, recebendo além disso o beneplácito do rei da Espanha. Suas posições – embora não ele – foram excomungadas mediante a bula *Ex omnibus afflictionibus* de 1º de outubro de 1567. O "baianismo" constituiu um precedente do jansenismo.

BAKER, GEORGE
Mais conhecido como o Pai Divino. Negro dos Estados Unidos, possível descendente de antigos escravos estabelecidos na Geórgia, fundou o movimento da Missão pela Paz, cuja sede se achava perto de Hudson. Parece que em seus inícios o movimento era de caráter evangélico, mas pouco a pouco experimentou uma transformação sectária ao identificar-se ao Pai Divino (*Divine Father*) com a encarnação de Deus. Seu período de auge iniciou-se nos anos anteriores à Segunda Guerra Mundial e chegou até quase aos anos 60.

BÁÑEZ, DOMINGO (1528-1604)
Teólogo espanhol de orientação tomista e membro da ordem dos domini-

canos. Catedrático em Salamanca desde 1580, teve um papel muito relevante na controvérsia sobre a graça suscitada entre jesuítas e dominicanos. Foi conselheiro espiritual de Teresa de Jesus.

BAQUIÁRIO

Monge que viveu na Galícia no final do séc. IV e nos inícios do séc. V. É provável que tenha sido condenado pelo bispo da Bética acusado de priscilianista e, uma vez que havia pouco fundamento na suspeita, Inocêncio I o convidara para ir a Roma dar explicação exata de sua doutrina. Motivado por essa contingência escreveu seu *Libelo sobre a fé*. Absolvido, voltou para a Espanha. Fugiu posteriormente dos vândalos e faleceu alguns anos mais tarde sem que haja acordo sobre a data do falecimento. São obras indiscutivelmente suas a *Epístola a Januário sobre a reparação do lapso ou a respeito do lapso* (obra dedicada a um monge diácono que havia fornicado com uma virgem consagrada. Essa obra nos proporciona importantes dados para a história do monacato na Espanha) e o *Libelo sobre a fé* (obra desconcertante quanto à paixão pela ofiolatria – culto da serpente – e pela astrologia desse monge assim como pela ausência de condenação a Prisciliano que nela acontece). G. Morin atribui-lhe também duas cartas do manuscrito de Sant Gall 190, nas quais se percebem claras influências priscilianistas. *Prisciliano.

BARBA-ROXA
*Frederico I.

BARCLAY, ROBERT (1648-1690)

Um dos teólogos mais relevantes dos *quakers. Convertido em 1667, foi objeto de perseguição e prisões por causa de sua fé. Em 1673 publicou seu *Catecismo e confissão de fé* e em 1676 sua obra mais importante, a *Apologia*, que apareceu em latim em Amsterdã. Extraordinariamente bem articulada e apoiada fundamentalmente na exposição da Bíblia, essa obra talvez seja a melhor defesa da fé original dos quakers nos aspectos como a Luz interior, a não-violência, a negativa de pronunciar juramentos etc. Os dotes pessoais de Barclay permitiram-lhe obter a simpatia da princesa palatina Isabel e do duque de York (o futuro Jorge II). Colaborador do quaker Willian *Penn na fundação de Pensilvânia, em 1683 foi nomeado governador de Nova Jersey oriental, que desfrutou de uma constituição de acordo com os princípios da tolerância quaker.

BARDESANO

Discípulo oriental de Valentim, nascido no dia 11 de julho de 154 em Edessa, foi educado por um sacerdote pagão em Hierópolis. Aos vinte e cinco anos converteu-se ao cristianismo, fugindo por ocasião da conquista de Edessa por Caracalla (216-217) para a Armênia. Morreu no ano 222 ou 223 depois de ter regressado para a Síria. Somente chegou até nós sua obra *Sobre o destino*, diálogo dirigido ao imperador Antonino mencionado por Eusébio e do qual contamos com o original siríaco. Efrém atribui-lhe o ter sido iniciador da hinografia da síria, pois compôs 150 hinos. Ibn Abi Jakub (fins do séc. X) atribui-lhe três tratados, *A luz e as trevas, A natureza espiritual da verdade* e *O mutável e o imutável*. Numa primeira etapa Bardesano parece ter sustentado uma teologia semelhante a de Valentino, embora posteriormente optou, conforme o testemunho de Eusébio, por uma linha mais ortodoxa, que o levou a redigir obras contra os marcionistas. Contudo, "não se isentou de tudo da impureza de sua primitiva heresia" (HE IV, 30). *Gnosticismo.

BARJONAS
Lit.: filho de Jonas. Sobrenome aplicado a Pedro (Jo 21,17).

BARNABÉ
Literalmente: "filho da consolação", segundo Atos 4,36. Seu nome de batismo era José e pertencia à tribo de Levi. Nascido em Chipre, foi companheiro de Paulo que o apresentou aos doze (Atos 9,27) e a quem acompanhou a Antioquia e em uma das viagens missionárias. Sua colaboração viu-se interrompida por causa de uma disputa relacionada com a planificação de sua atividade missionária (Atos 15,39). *Epístolas apócrifas, *Epístola de Barnabé, *Atos apócrifos.

BARMEN, DECLARAÇÃO DE
Documento emanado do primeiro sínodo da Igreja confessante alemã (29-30 de maio de 1934), no qual se definia a posição desse coletivo diante do nazismo, insistindo que a Igreja devia ficar firme na Revelação de Deus em Cristo e que sua primeira missão era a pregação do Evangelho da graça gratuita.

BARÔNIO, CÉSAR (1538-1607)
Historiador eclesiástico e membro do Oratório de São Filipe Néri. Em 1596 foi nomeado cardeal e no ano seguinte tornou-se bibliotecário do Vaticano. Sua obra mais importante são os *Annales Ecclesiastici* (12 volumes, publicados entre 1588 e 1607), uma resposta católica às Centúrias de Magdeburgo na qual historiava o cristianismo até o ano 1198. Sua posição antiespanhola privou-o possivelmente de ser papa.

BARRABÁS
Lit.: filho de Abbas ou filho do pai. Criminoso judeu cuja liberdade alguns judeus preferiram em lugar de Jesus (Mt 26,16; Mc 15,6ss.; Lc 23,18ss.; Jo 18,40; At 3,14). A circunstância da libertação de um preso por ocasião da *Páscoa tem base histórica e aparece refletida no *Talmude. Muito difícil de sustentar é a interpretação moderna que vê em Barrabás um revolucionário nacionalista em lugar de um delinqüente comum. Tampouco cabe a possibilidade de que fora um *zelote, visto que esse grupo não existia na época de Jesus.

Bibl.: GUEVARA, H., *Ambiente político del pueblo judío en tiempos de Jesus*, Madri 1985; SCHRER, E., *O.c.*; BLINZLER, J., *O.c.*; CATCHPOLE, D. R., *The Trial of Jesus*, Leiden 1971; VIDAL MANZANARES, C., *El Primer Evangelio...*

BARRUEL, PADRE
Jesuíta, autor das *Memórias para servir à causa do jacobinismo*, nas quais sustenta a transformação dos Templários numa sociedade secreta por causa da morte de Jacques de Molay. Essa sociedade seria o cérebro na sombra de diversos grupos regicidas entre os quais se podia apontar os jacobinos. Essa conjuração maçônica, conforme Barruel, estaria controlada também pelos judeus. A tese de Barruel exposta na citada obra, de maneira absolutamente novelesca, seria aproveitada por grupos esotéricos para justificar uma suposta trajetória que ligaria os Templários à maçonaria e outros movimentos secretos ou semi-secretos.

BARSUMAS

1. († 458). Arquimandrita monofisita. Foi um dos dirigentes eutiquianos durante o Sínodo de Constantinopla de 448, o Latrocínio de Éfeso (449) e o Concílio de Calcedônia (451). Depois desse último, viu-se obrigado a se exilar morrendo nessa condição.

2. (420-490 aprox.). Bispo nestoriano de Nisibis. Contribuiu decisivamente para a extensão do nestorianismo na Pérsia e fundou em Nisibis uma escola de teologia, na qual foram acolhidos os exilados da escola nestoriana de Edessa.

BARTH, KARL (1886-1968)

Teólogo protestante. Sem dúvida um dos mais importantes do século XX. Nasceu em Basiléia no dia 10 de maio de 1886; de 1904 a 1909 estudou teologia nas universidades de Berna, Berlim, Tubinga e Marburgo. Professor de teologia nas universidades de Gotinga e Münster (1923-1930), e nesse último ano passou a ensinar na universidade de Bonn. Contrário ao nazismo, foi um dos redatores da Declaração de Barmen, na qual se opunha a Hitler partindo de uma perspectiva bíblica. Em 1935 foi deportado para sua Suíça natal, onde ensinou na universidade de Basiléia. A teologia de Barth – denominada neo-ortodoxia e teologia da crise – implicou num confronto radical com o liberalismo teológico e um empenho em regressar aos princípios fundamentais da Reforma Protestante. Contudo, insistiu em que a Bíblia não era a palavra de Deus, mas que a continha e que a única revelação divina de Deus estava em Cristo. Extremamente universalista, defendeu durante um tempo a idéia de que todos os seres humanos se salvariam no final e que, portanto, a mensagem da Igreja não está tanto em anunciar a possibilidade da salvação como a de ser um lugar de encontro entre os homens e Deus. Autor de mais de seiscentas obras de teologia, a mais importante – e sem concluir – foi sua *Teologia dogmática eclesial*. Sua teologia influiu extraordinariamente em teólogos católicos como Hans *Küng.

Bibl.: BARTH, K., *Carta aos romanos*, Ed. Novo Século, São Paulo 2003.

BARTOLOMEU

Lit.: filho de Tolmay. Patronímico de um dos *Doze (Mt 10,3). Possivelmente pode ser identificado com o Natanael, procedente de Caná da Galiléia, ao qual se refere João (1,45ss.; 21,2).

Bibl.: VIDAL MANZANARES, C., *El judeocristianismo...*

BARTOLOMEU DE PISA (1260-1347 APROX.)

Teólogo dominicano que às vezes também é denominado de "São Concórdio", por causa de sua terra natal. É especialmente conhecido por sua *Summa de Casibus Conscientiae* (1338) também chamada *Summa Pisana ou Bartholomea*.

BARTOLOMEU DOS MÁRTIRES (1514-1590)

Teólogo português pertencente à ordem dos dominicanos. Bispo de Braga (1548), desde 1561 desempenhou um notável papel nas últimas nove sessões do Concílio de Trento em relação especialmente à normativa sobre a reforma do clero. Em 1582 retirou-se para o convento dominicano de Viana.

BARTOLOMEU, MATANÇA DO DIA DE SÃO

Matança que começou durante a noite de 23 para 24 de agosto de 1572 e se prolongou durante dois dias mais e na qual foram assassinados, por instigação de Catarina de Médicis, entre cinco e dez mil protestantes huguenotes franceses, incluído Gaspar de Coligny.

BARTOLOMITAS

1. Comunidade de monges que abandonaram a Armênia quando ela foi invadida em 1296 pelo sultão do Egito, e que se estabeleceram em Gênova em 1307. Em 1356 adotaram a liturgia romana e a regra de Santo Agostinho. Foram supressos por Inocêncio X em 1650.

2. Congregação de sacerdotes secularizados fundada em 1640 na Alemanha por Bartolomeu Holzhauser com a missão de elevar a moral cristã depois da Guerra dos Trinta Anos (1618-1648). Em 1680 foram aprovados por Inocêncio XI e se estabeleceram na Inglaterra, na Polônia, na Itália e em outros países europeus. Em 1803 foram dissolvidos por causa da secularização dos estados eclesiásticos alemães executada por Napoleão Bonaparte.

BARTON, ELIZABETH A "CRIADA DE KENT" (1506-1534 APROX.)

Depois de uma enfermidade sofrida em 1525 começou a ter transes e pronunciar profecias. Em 1526 professou como monja, proferindo desde então uma série de mensagens contraditórias para Henrique VIII. Em 1533 foi processada, demonstrando-se que seus transes eram fingidos, sendo executada no ano seguinte.

BASILÉIA, CONFISSÕES E CONCÍLIO DE (1431-1449)

Convocado pelo Papa Martinho V, a missão desse concílio era solucionar as questões pendentes do Concílio de Constança. No mesmo ano de sua abertura foi dissolvido pela bula do Papa Eugênio IV, mas o concílio resolveu manter-se reunido e reafirmou os decretos de Constança sobre a superioridade do concílio sobre o papa. No dia 15 de dezembro de 1433 o papa, pressionado pelo imperador alemão e pelos príncipes, revogou a bula anterior e mediante a denominada *Dudum sacrum* reconheceu a legitimidade conciliar. Essa cessão não diminuiu, mas embargou a atitude antipapal dos Padres conciliares. Estes ratificaram os concílios de Constança, impuseram restrições aos legados papais e, inclusive, redigiram uma fórmula de juramento para que fosse pronunciada pelo papa depois de sua coroação. Em 1437, contra a opinião papal, solucionaram igualmente a controvérsia hussita concedendo aos boêmios possibilidade de comungar sob as duas espécies. Eugênio IV optou finalmente por transladar o concílio para Ferrara, e os Padres conciliares responderam depondo o papa como herege e elegendo em seu lugar a Amadeu VIII, de Sabóia como antipapa (Felix V) em 1439. Até 1448 o papa não conseguiu que o concílio abandonasse Basiléia e se mudasse para Lausana, onde Felix V abdicou. Finalmente, em 1449 o concílio submeteu-se ao papa.

Como se pode imaginar, a legitimidade desse concílio tem sido questionada. Enquanto os galicanos advogam a favor dela, pelo menos até sua mudança para Ferrara, os autores católicos estão propensos a negá-la totalmente ou aceitar quando muito as primeiras 16 sessões.

BASÍLICO

Discípulo de Marcião sobre o qual nos fala brevemente Eusébio (HE V, 13,2-4). *Marcião.

BASÍLIDES

1. Bispo de Pentápolis destinatário de uma carta de Dionísio de Alexandria relativa à duração da Quaresma e às condições corporais para receber a Eucaristia. *Dionísio.*

2. Basílides: Segundo o testemunho de Irineu (*Adv. haer.* I, 24,1), foi um mestre gnóstico da Alexandria egípcia que viveu durante o período de Adriano e Antonino Pio (imperadores, 120-145). Escreveu um evangelho do qual somente nos chegou um fragmento, assim como um comentário intitulado *Exegética*, que também conhecemos somente em parte. Redigiu igualmente salmos e odes que não chegaram até nós. Irineu (*Adv. Haer.* I, 24,3-4) atribui-lhe a crença de que Jesus não morreu na cruz, mas que em seu lugar o fizera Simão de Cirene – tese que influenciaria posteriormente na teologia islâmica –, assim como as teorias de que somente a gnosis ou o conhecimento permite livrar-se dos principados que criaram este mundo. Uma vez que a redenção somente afeta a alma e não o corpo corruptível, o martírio não tem valor e todas as ações são meramente indiferentes.

BASÍLIO DE ANCIRA

Um dos dirigentes dos semiarianos ou homoiusianos. Sucessor de Marcelo por obra do Sínodo de Constantinopla de 336, dirigiu-se em 358 à corte imperial de Sírmio defendendo a fórmula terceira de Sírmio ou o símbolo dos homoiusianos, empreitada que lhe granjeou notável êxito. O imperador confiou a Basílio a tarefa de preparar um concílio geral no qual os diferentes partidos arianos acabariam com suas dissensões, mas enquanto se achava ocupado nesse encargo, os arianos extremistas conseguiram o apoio imperial para convocar um sínodo ocidental em Rimini e outro oriental em Selêucia.

Numa segunda conferência em Sírmio – sob a presidência de Constâncio – foi redigido um credo aceito por ambos os sínodos. Nessa quarta fórmula de Sírmio substituiu-se o termo "ousia" pelo de "semelhante em tudo". Não obstante, Basílio redigiu uma declaração esclarecendo sua interpretação dessa fórmula que correspondia às teses atanasianas. O Sínodo de Rimini, no entanto, não aceitou a fórmula proposta, mas retirou "em tudo" e conservou somente o "omoios" (semelhante). Enquanto o celebrado em Selêucia se dividiu. Finalmente Basílio junto com Eustácio de Sebaste e Eleusio de Cícico firmaram em Constantinopla, a pedido do imperador, a definição de Rimini no último dia de 359. Isso implicava na vitória dos homoianos e de seu chefe Acácio de Cesaréia assim como a derrota de Basílio. Ele foi desterrado por um sínodo constantinopolitano em 360, presidido por Acácio e foi ordenado que se retirasse para a Ilíria, onde veio a falecer no ano de 364, embora tivesse se retratado de seu apoio à definição de Rimini.

Escreveu um tratado sobre a Trindade – que chegou até nós através de Epifânio – assim como um livro sobre a virgindade e uma obra contra Marcelo, na qual atacava seu predecessor. Cristologicamente, a postura de Basílio de Ancira encontrava-se mais distante daquela de Ario que da Nicena. Dessa última somente sentia dúvidas em relação ao termo "consubstancial", mas reconhecia que o Filho era da mesma essência que o Pai, que por sua vez negava que aquele fosse uma criatura. Como assinalou o próprio Atanásio em *De Synodis* XLI, seu ponto de vista fora suscetível de evolucionar até à visão nicena bem próxima desta.

BASÍLIO DE SELÊUCIA
(† 459 APROX.)

Desde o ano 440 foi bispo de Selêucia, na Isauria. Em 448 votou contra o monofisismo no Concílio de Constantinopla. No ano de 449, durante o "Latrocínio de Éfeso" mostrou-se favorável a Eutiques e em Calcedônia pronunciou-se pela condenação de Eutiques e Dióscoro, assinando o tratado do Papa Leão Magno. Em 458 assinou junto com outros bispos da Isauria uma carta dirigida a Leão I solicitando a deposição do Patriarca monofisita de Alexandria, Timóteo Aeluro. Chegaram até nós 39 sermões seus – e outros dois erroneamente atribuídos a ele – assim como dois livros *Sobre a vida e milagres de Santa Tecla*.

BASÍLIO MAGNO
(330-379 APROX.)

Nasceu em Cesaréia da Capadócia em 330 numa família cuja avó paterna, Macrina, foi santa e cujo avô materno foi mártir. Entre seus dez irmãos, Basílio contou com Gregório de Nisa e Pedro de Sebaste. Cursou estudos de retórica em Cesaréia, Constantinopla e Atenas. Em 356 regressou a sua terra natal e depois de certo período, no qual se dedicou à retórica, fez batizar-se, partindo em seguida numa viagem pelo Egito, Palestina, Síria e Mesopotâmia a fim de conhecer os ascetas mais famosos. Quando voltou, repartiu suas riquezas entre os pobres e partiu para Neocesaréia. No ano de 358 visitou-o aí Gregório de Nazianzo e ambos compuseram a *Filocalia* e as duas *Regras* que consagrariam Basílio como fundador do monacato grego. Eusébio de Cesaréia persuadiu-o em 364 para que fosse ordenado sacerdote, e pela morte daquele, em 370, sucedeu-lhe como bispo na diocese. Desenvolveu então uma atividade impressionante na fundação de instituições dedicadas ao socorro dos marginalizados e se opôs com valentia às pressões imperiais que o forçavam a aderir ao arianismo. Preocupado imensamente pelas divisões internas, procurou a mediação de Roma para que terminasse a discórdia entre Melécio e Paulino, mas a hierarquia romana não quis intervir no conflito, embora insistisse na existência de uma comunhão na fé. Morreu no primeiro dia do ano de 379.

Fruto de sua luta em refutar o arianismo são os escritos *Contra Eunômio e Sobre o Espírito Santo*. Na área da literatura ascética deixou sua *Ética*, assim como as duas *Regras* monásticas. Escreveu também uma *Admoestação a um filho espiritual*, uma *Exortação aos adolescentes*, diversas homilias e sermões e uma coleção de 365 cartas, embora algumas lhe foram dirigidas no lugar de ser ele quem as escreveu. De não menor importância que as obras apontadas é sua reforma da liturgia de Cesaréia que ainda se usa em alguns dias marcados nas igrejas de rito bizantino.

O pensamento teológico de Basílio Magno gira fundamentalmente em torno da defesa das posições de Nicéia. Embora amigo fiel de Atanásio, conseguiu o que ele não conseguira, isto é, o retorno à Igreja dos semi-arianos e a fixação do significado das palavras "usia" e hipóstase. Atanásio havia usado ambos os termos com o mesmo sentido, mas a partir de Basílio começa-se a falar de uma "usia" (substancial) e três hipóstases. De particular importância é também a introdução do uso da confissão monástica que, com o passar do tempo, desembocaria na confissão auricular (K. Holl de fato identifica ambas e atribui sua origem a Basílio). Em sua *Epístola canônica* deixou-nos assinalada a existência de quatro classes de penitentes: os que choram (situados fora da igreja), os que ouvem (que podiam estar presentes na leitura da Escritura e na pregação), os que se prostram (os que assistiam de joelhos à oração), e os que estavam de pé (que assistiam à celebração, mas sem poder receber a Eucaristia).

BATIFFOL, PIERRE (1861-1929)

Historiador eclesiástico. Suas diversas obras (*A Igreja nascente e o catolicismo*, 1909; *A paz constantiniana e o catolicismo*, 1914; *A Sede apostólica*, 359-451, 1924 etc.) impulsionaram consideravelmente a reforma da liturgia assim como a introdução na França das obras patrísticas realizadas por autores alemães.

BATISMO

Rito de imersão na água que simboliza a consagração espiritual. Essa prática, igual à da abluçao que ocasionalmente é definida com esse mesmo termo, era comum entre os judeus (Êx 29,4; 30,20; 40,12; Lv 16,26.28; 17,15; 22,4.6). Na época de Jesus, batizava-se na água corrente o prosélito procedente do paganismo, significando assim sua purificação da impureza idolátrica. Da mesma maneira, os sectários do Mar Morto praticavam ritos relacionados à imersão, ligados também a um simbolismo de purificação. Como no caso dos prosélitos, os *essênios de Qumrán partiam da base de que o indivíduo abandonava uma situação de perdição para entrar numa de salvação, embora a pertença a uma ou a outra não estivesse definida em termos raciais ou nacionais, mas exclusivamente espirituais. Algo similar encontramos no caso de *João Batista. Ele pregou um batismo como sinal de arrependimento para o perdão dos pecados (Mc 1,4), isto é, o batismo não perdoava os pecados, mas era o sinal de que se havia produzido a conversão que propiciava o perdão. Nesse sentido, João repeliu aqueles que, sem conversão prévia, pretendiam receber o batismo (Mt 3,7ss.). De novo, a condição para a salvação não era a pertença a um grupo – os "filhos de Abraão" – mas a mudança no relacionamento com Deus.

Jesus recebeu o batismo de João, passando em seu processo por uma experiência pneumática reafirmadora de sua autoconsciência de filiação divina e de sua messianidade (Mc 1,10 e paralelos). Segundo o quarto Evangelho, esse episódio foi partilhado pelo próprio Batista (Jo 1,29-34). Quanto ao sentido pelo qual Jesus assumia o batismo de João, parece encontrar-se numa identificação simbólica do *messias sofredor com os pecadores aos quais se chamava à conversão.

Inicialmente parece que os discípulos de João que começaram a seguir Jesus também batizaram (Jo 4,1-2), embora ele não praticasse o batismo. Os relatos sobre a ressurreição de Jesus o mostram recomendando a seus discípulos a pregação do Evangelho, cuja aceitação deve ser simbolizada pelo batismo administrado, acompanhado de uma fórmula trinitária, que atribui um só nome comum ao *Pai, ao *Filho e ao *Espírito Santo (Mt 28,19) e com seqüência à pregação do Evangelho da salvação (Mc 16,15-16). Por isso não se discute que as primeiras *Igrejas judeu-cristãs conheceram o batismo como um rito de entrada nelas, que simbolizava a conversão e a adesão a Jesus como messias e *Senhor e que estava limitado aos adultos (At 2,38; 8,12.38; 9,18; 10,48; 1Cor 1,14.16 etc.).

Durante os séculos II a IV o batismo foi administrado somente na Páscoa e em Pentecostes, e em fins do séc IV na Epifania, e no caso da Espanha, em festas como Natal. Também nesse período generalizou-se muito a prática de atrasar o batismo até às portas da morte. Esse batismo – denominado "clínico" – tornava o indivíduo inapto para ser ordenado posteriormente.

Durante o século III foi objeto de controvérsia a validade do batismo administrado por hereges. Enquanto a maioria das Igrejas aceitava a validade, as africanas praticaram o rebatismo, o que foi apoiado por São *Cipriano e pelos concílios de *Cartago (255 e 256) e combatido pelo Papa *Estêvão I. A morte de Estêvão I e de Cipriano terminaram com essa controvérsia que voltou a surgir no século IV com os donatistas. O Concílio de Arles (314) resolveu a questão ao declarar válido o batismo dos hereges se fosse administrado em nome da *Trindade e sem que nisso influísse o caráter de quem o administrava (*non cogitandum quis det, sed quid det*). Nesse século, a controvérsia contra *Pelágio chegou a ver o batismo como dotado de poder para tirar a mancha do pecado original e de um caráter sacramental específico. Essas inovações teológicas seriam objeto de um desenvolvimento específico por parte da Escolástica medieval.

A Reforma do século XVI implicou obviamente numa revisão da teologia batismal da Idade Média. *Lutero afirmou a necessidade do batismo das crianças para a salvação; *Zwinglio e *Calvino também conservaram seu caráter infantil, mas enquanto o primeiro insistiu em que não era necessário para a salvação dado seu valor simbólico (uma visão levada a seus limites pelos *quakers), o segundo sustentou que sua eficácia somente era real para os eleitos. Quanto aos *anabatistas, pretenderam regressar às práticas do Novo Testamento limitando o batismo somente àqueles que previamente haviam experimentado uma conversão.

A Contra-reforma católica, especialmente *Trento, aprofundou as afirmações da teologia medieval sobre o batismo e insistiu em que ele não é simplesmente um sinal da graça, mas que também a contém e a confere àqueles que não apresentam obstáculos a ela mesma. Portanto, constitui um instrumento utilizado por Deus para a justificação.

Bibl.: BARTH, G., *El bautismo en el tiempo del cristianismo primitivo*, Salamanca 1986; BADIA, L. F., *The Qumran Baptism and John the Baptist's Baptism*, Lanham 1980; BEASLEY-MURRAY, G. R., *Baptism in the New Testament*, Grand Rapids 1962; DALE, J. W., *Baptizo*, Bauconda 1991; JEREMIAS, J., *Infant Baptism in the First Four Centuries*, Filadélfia 1962; VIDAL MANZANARES, C., *El judeo-cristianismo...*; IDEM, *Diccionario de las tres religiones monoteístas...*

BATISTAS

Uma das confissões protestantes mais numerosas (não menos de 40 milhões em todo o mundo). Sua origem histórica vai até John Smyth, um inglês exilado em Amsterdã que em 1609 começou a utilizar o batismo dos conversos como base para sua pertença a uma Igreja local. Hoje parece estabelecido que Smyth se encontrava sob a influência dos *menonitas, e com isso os batistas se veriam relacionados à *Reforma radical do séc. XVI. Em 1612 abriu-se em Londres a primeira Igreja batista inglesa que tinha um enfoque *arminiano e da qual procediam todas as demais. Denominados "batistas gerais", logo se viram enfrentados com os "batistas particulares", que sustentavam uma soteriologia calvinista. Ao longo do séc. XVII, os batistas converteram-se em autênticos campeões da liberdade de consciência e junto com os *presbiterianos e os *independentes chegaram a ser uma das Três Denominações de Dissidentes protestantes na Inglaterra. Nesse mesmo século também começaram a se formar congregações batistas na América. Em 1792 a Sociedade missionária batista iniciou o movimento missionário contemporâneo no seio do protestantismo (que, não obstante, contava com multidão de antecedentes), que foi traduzindo-se na presença dos batistas em todos os continentes. Sua teologia é de nítida orientação *evangélica, mas com alguma ênfase específica como o batismo de adultos. Embora zelosos do que consideram ortodoxia teológica, pertencem contudo a diversos organismos interconfessionais como o Conselho mundial de Igrejas. *Anabatistas; *Batismo; *Graham, B.; *King, M. L.; *Menonitas; *Spurgeon, C. H.

BATISTAS ALEMÃES
*Tunkers.

BATISTAS PARTICULARES

Aqueles *batistas cuja teologia é calvinista em contraste com o *arminianismo dos batistas gerais. Sua primeira congregação foi estabelecida em 1633, na Inglaterra. Desde 1891 encontram-se integrados no seio das diversas Igrejas batistas.

BAUER, BRUNO (1809-1882)

Teólogo e historiador alemão. Embora inicialmente fosse hegeliano conservador, a partir de 1839 adotou uma postura extrema em relação ao Novo Testamento, atribuindo os Evangelhos à invenção de um só autor durante o reinado de Adriano (117-138) e as Cartas de São Paulo ao reinado de Marco Aurélio (161-180). Embora suas teses se tornassem insustentáveis e ninguém ousasse defendê-las, atualmente, boa parte delas se infiltraram na crítica bíblica posterior.

BAUR, FERDINAND CHRISTIAN (1792-1860)

Teólogo alemão fundador da escola de Tubinga, onde ensinou Teologia desde 1826 até sua morte. Discípulo de F. D. E. Schleiermacher, viu-se muito influenciado por Hegel, cuja dialética extrapolou o estudo do cristianismo. Assim o descreveu como uma síntese da tese judaica original (Tiago) e a antítese helenista (Paulo). Embora suas teses necessitassem realmente de apoio histórico e derivassem fundamentalmente de apriorismos filosóficos de cunho hegeliano, continuaram influenciando em certa medida na exegese neotestamentária.

Bibl.: HODGSON, P. C., *The Formation of Historical Theology. A Study of Ferdinand Christian Baur*, Nova York 1966; Schneider, E., *Ferdinand Christian Baur in seine Bedeutung für die Theologie*, Munique 1909; VIDAL MANZANARES, C., *El judeo-cristiannismo...*

BECKET, TOMÁS (1118-1170 APROX.)

Filho de normandos, estudou em Paris, Bolonha e Auxerre e em 1154 foi nomeado arcediago de Cantuária. Em 1155 Henrique II da Inglaterra nomeou-o chanceler. Sua amizade com o rei favorecendo-o nas disputas com Igreja levou o monarca a exigir sua nomeação como arcebispo de Cantuária em 1162. Desde então, Tomás adotou uma postura favorável aos interesses eclesiásticos que o levou a rejeitar, por exemplo, a aplicação das Constituições de Clarendon (1164) em virtude das quais os clérigos criminosos podiam ser julgados por tribunais régios. A resposta régia foi iniciar uma investigação sobre a administração de Tomás como chanceler, que o obrigou a fugir para a França e a se pôr sob a proteção papal. Em 1169 Tomás excomungou alguns dos bispos ingleses e ameaçou com o interdito sobre a Inglaterra, o que fez com que em 1170 Tomás e Henrique II se reconciliassem. Após seu regresso à Inglaterra, Tomás negou-se a levantar a excomunhão de alguns bispos ingleses a menos que jurassem obediência ao papa. O rei, encolerizado pela prepotência de Tomás, pronunciou algumas palavras que quatro cavaleiros (Hugo de Morville, Guilherme de Tracy, Reinaldo Fitz-Urse e Ricardo, o Bretão) interpretaram como uma ordem para assassinar o arcebispo. E isso foi o que fizeram no dia 29 de dezembro de 1170. A reação da cólera popular e as pressões eclesiais – Tomás foi canonizado no dia 21 de fevereiro de 1173 – levaram Henrique a fazer penitência pública no dia 12 de julho de 1174 por causa de sua responsabilidade pelo assassinato. A sepultura de Becket foi um famoso lugar de peregrinação até ser destruída em 1538.

BEDA (673-735 APROX.)

Apelidado "o Venerável" e o "Pai da história inglesa". Aos sete anos de idade foi enviado ao mosteiro de Wearmouth, na Inglaterra, sendo ordenado quando tinha uns trinta anos. Dedicado ao estudo da Bíblia, ao ensino e à escritura, escreveu obras de caráter científico (*De Natura Rerum*, baseada em *Isidoro), gramatical (*De Arte Metrica ad Cuthbertum Levitam*) e especialmente histórico (*Historia Ecclesiastica Gentis Anglorum*). Menos de um século depois de sua morte foi honrado com o título de Venerável, e durante o século XI seus ossos foram transladados para Durham. Em 1899, Leão XIII o declarou Doutor da Igreja.

Bibl.: COLGRAVE, B., *The Venerable Bede and his Times*, Jarrow 1958; DUCKETT, E. S., *Anglo-Saxon Saints and Sholars*, Nova York 1948.

BEGARDOS
*Beguinas.

BEGUINAS

Irmandades femininas fundadas nos Países Baixos durante o século XII como conseqüência da pregação de Lamberto de Bégue (o tartamudo) em Liége e cuja finalidade era o trabalho caritativo. Embora sua vida fosse comunitária, seus membros não estavam sujeitos a votos e também podiam possuir propriedades, assim como deixar a comunidade e contrair matrimônio. Além disso, não tinham madre superiora, casa comum e regra monástica. O ramo masculino eram os begardos que, contudo, não possuíam propriedade privada. Em 1311 o Concílio de Viena condenou seu ensinamento, mas em 1321, depois de adotar uma reforma, foi permitida a sobrevivência dos begardos. Se essa perpetuou-se até a Revolução Francesa, a das beguinas existe até os dias de hoje em algumas regiões dos Países Baixos.

Bibl.: MANSELLI, R., *Spirituali e Begini in Provenza,* 1959; MCDONNELL, E. W., *The Beguines and Beghards in Medieval Cul-*

ture, New Brunswik 1954; NEUMANN, E. G., *Rheinische Beginen-und Begarden-wesen*, Meisenheim am Glan 1960.

BELARMINO, ROBERTO (1542-1621)

Roberto Francisco Rômulo Belarmino nasceu em Monte Pulciano, na Toscana. Em 1560 entrou para a Companhia de Jesus, sendo ordenado sacerdote dez anos depois. Professor de teologia em Lovaina, em 1576 mudou-se para Roma onde ensinou no Colégio Romano. Feito cardeal em 1599, foi de 1602 a 1605 arcebispo de Cápua. Apologista católico contra o protestantismo, sua obra mais importante foi as *Disputationes de Controversiis Christianae Fidei adversus huius temporis Haereticos* (1586-1593). Interveio também na revisão da Vulgata de 1592. Defensor de Galileu, sustentou que o papa somente tinha poder indireto em assuntos temporais. Isso fez com que caísse em desgraça perante *Sixto V. Foi canonizado em 1930 e no ano seguinte declarado Doutor da Igreja.

Bibl.: RYAN, E. A., S.J., *The Historical Scholarship of Saint Bellarmine*, Lovaina 1936; BERNIER, A., S.J., *Un cardinal humaniste*, Montreal e Paris 1939.

BELENITAS

Nome de várias ordens religiosas – duas militares e uma dedicada à caridade – das quais nenhuma existe na atualidade.

BEM-AVENTURANÇAS

Os ditos de Jesus com os quais começa o Sermão da Montanha (Mt 5,3-12) e o Sermão da planície (Lc 6,20-23). Mateus apresenta 7 Bem-aventuranças (ou oito, conforme a forma de contá-las), enquanto Lucas somente indica quatro, unidas a quatro maldições.

Bibl.: DRIVER, J., *O. c.*; BONNARD, P., *O. c.*; VIDAL MANZANARES, C., *El Primer Evangelio...*; IDEM, *Diccionario de las tres religiones...*; POITTEVIN, L. e CHARPENTIER, E., *O. c.*; GEORGE, A. *O. c.*; DUPONT, J., *El mensaje de las Bienaventuranzas*, Estella; BEAUCHAMP, P., e VASSE, D., *La violencia en la Biblia*, Estella.

BÊNÇÃO

Na Bíblia, são os favores desejados pelo homem e concedidos por Deus, não somente de caráter espiritual, mas também material, como saúde, abundância econômica etc. (Gn 39,5; Dt 28,8; Pr 10,22 etc.). Do mesmo modo o termo é utilizado para referir-se a fórmulas nas quais se suplicam essas circunstâncias e, posteriormente, a orações que se recitam em ocasiões determinadas. O ideal rabínico chegou a ser o de pronunciar uma centena de vezes ao dia (Men 43b). A *Eucaristia cristã deriva tanto etimológica como ideologicamente do conceito de bênção judaica. A bênção para o povo depois da missa não se generalizou até a Idade Média. O Ritual Romano inclui numerosas bênçãos não somente destinadas às pessoas, mas a muitos diferentes objetos.

Bibl.: NEWMAN, Y., *O. c.*; OESTERLEY, W. O. E., *O. c.*; DEISS, L. *La Cena del Señor*, Bilbao 1989; VIDAL MANZANARES, C., *El judeo-cristianismo...*; IDEM, *Diccionario de las tres religiones...*

BENEDICTUS

Lit.: Bendito. Designação do canto de Zacarias apresentado por Lucas (1,68-79), a partir da primeira palavra do mesmo na Vulgata.

BENEDITINOS

Ordem religiosa sujeita atualmente à Regra de São *Bento de

Núrsia. Esse não fundou nenhuma ordem e sua regra não foi seguida em Roma antes do século X. Também não tem base histórica a afirmação de que Gregório Magno a seguiu ou que Agostinho a levou para a Inglaterra. De fato, os abades das comunidades fundadas seguindo o exemplo de São Bento durante séculos optaram entre sua regra e outras. Do mesmo modo insistia numa relação orgânica entre as diversas comunidades até a obra de Bento de *Aniano, que impôs em 817 novas normas destinadas a uma maior austeridade.

Concebida sobre a base de uma combinação de trabalho corporal e oração (*ora et labora*), a ordem de São Bento prestou valiosos serviços para a cultura ocidental ao preservar o saber nos mosteiros e ao cultivar certas manifestações artísticas, como o canto gregoriano ou as artes mais nobres. Deve-se mencionar também que a ordem tem sido objeto contínuo de repetidas reformas destinadas a tirá-la do relaxamento espiritual. Uma conseqüência direta disso foi o aparecimento de outras diversas ordens – *camaldulenses, *cartuxos, *cistercienses – saídas do tronco beneditino. No decorrer da Idade Média, os diversos esforços papais de reduzir a ordem sob uma autoridade central acabaram em fracasso. Tanto a Reforma Protestante como a Revolução Francesa constituíram sérios golpes contra os beneditinos, mas desde 1830 essa decadência começou a se reverter.

Bento de Núrsia e sua irmã Escolástica estabeleceram uma comunidade feminina que persiste atualmente. Revestida com o hábito negro – como os beneditinos varões –, atualmente se dedica a tarefas educativas e caritativas.

Bibl.: ALBAREDA, A. M., *Bibliografía de la Regla benedictina*, Montserrat 1933; COLOMBÁS, G., SANSEGUNDO, L. e CUNILL, O., *San Benito: su vida y su regla*, Madri, 2ª ed., 1968; DE LOJENDIO, M. D., *San Benito, ayer y hoy*, Zamora 1985; DE VOGUÉ, A., *La Regla de san Benito*, Zamora 1985; WATHEN, A., *Introduzione allo studio della Regula S. Benedicti*, 3 vols., Roma 1977-1978.

BENGEL, JOHANNES ALBRECHT (1687-1752 APROX.)

Especialista luterano no Novo Testamento. Seu texto e tratado crítico (1734) constituem o início do moderno trabalho científico nessa disciplina. Enormemente admirado por John Wesley, suas obras continuam sendo clássicos de enorme utilidade.

BENTO I (2 DE JUNHO DE 575 A 30 DE JULHO DE 579)

Papa. De origem romana, teve de esperar quase onze meses antes de subir ao trono papal por causa do atraso sofrido pela confirmação imperial vinda de Constantinopla. Por causa da invasão lombarda e o cerco de Roma, solicitou do imperador Justino II (565-578) o envio de ajuda militar. As tropas enviadas foram insuficientes e finalmente Bento morreu durante o cerco. Ao longo de seu pontificado estendeu a influência papal até Ravena, residência dos governadores imperiais da Itália, e desenclaustrou do mosteiro aquele que logo viria ser *Gregório I.

BENTO II (26 DE JUNHO DE 684 A 8 DE MAIO DE 685)

Papa. Eleito em inícios de julho de 683, teve de aguardar quase um ano antes de ocupar o trono papal na espera da confirmação imperial. Conseguiu do imperador bizantino a permissão para que as futuras eleições papais fossem confirmadas pelo exarca da Itália e não por Constantinopla. Procurou conseguir a adesão das Igrejas ocidentais para o III Concílio de *Constantinopla (Sexto ecumênico) de 680-681 e condenou energicamente o *monotelismo.

BENTO III (29 de setembro de 855 a 17 de abril de 858)

Papa. De origem romana, foi nomeado cardeal por Leão IV. Quando este morreu (17 de julho de 855), foi eleito como papa Adriano, mas como se negou a sê-lo, foi eleito Bento. Outro grupo rival do clero elegeu, por sua parte, a Anastácio, que havia sido deposto por Leão IV. Aproveitando o fato de que a eleição de Bento III tinha de ser confirmada pelo imperador, os partidários de Anastácio o proclamaram papa em Roma e encarceraram Bento III. O apoio popular de que ele desfrutava obrigou o imperador Luís II a reconhecê-lo como papa, mas impôs como condição para isso que Anastácio fosse tratado com clemência e que os atos de Bento seriam supervisados pelo bispo Arsênio, parente de Anastácio. Incapaz de se impor às interferências do poder político, Bento reclamou perante Constantinopla uma jurisdição romana própria de um primado.

BENTO IV (maio/junho de 900 a agosto de 903)

Papa. Aristocrata romano. Sucedeu a *João IX na época em que Roma ainda estava lacerada pelas lutas entre partidários e inimigos de Formoso. Com a morte de Lamberto de Espoleto (898), devia ser sucedido por Berengário de Friuli, mas ao ser este derrotado pelos magiares (húngaros) surgiu um novo aspirante na pessoa de Luís, "o cego", de Provença. Bento IV coroou-o como imperador em 901. No ano seguinte, contudo, Berengário derrotou Luís, e Roma sem proteção imperial foi vítima da anarquia. A morte de Bento IV aconteceu em meio a estranhas circunstâncias atribuídas a agentes de Berengário.

BENTO V (22 de maio - deposto no dia 23 de junho de 964)

Papa. Romano, era partidário da reforma da Igreja. Contra toda expectativa, o imperador Otão I negou-se a confirmar sua eleição e, depois de submeter Roma ao estado de sítio, o depôs. Um sínodo posterior tachou-o de usurpador. Desterrado por Otão I para Hamburgo, foi-lhe permitido conservar o exercício do diaconado até sua morte em 966.

BENTO VI (19 de janeiro de 973 a julho de 974)

Papa. Romano, sua consagração atrasou-se pela necessidade de que o imperador Otão I a confirmasse. Realizou reformas relativas nos mosteiros e proibiu que os bispos recebessem dinheiro ao realizar ordenações e consagrações. Ao morrer Otão I em 973, Bento VI viu-se privado de proteção imperial, já que Otão II teve de se defrontar com problemas internos do Império. A ocasião foi aproveitada por um partido rival, talvez aprovado por Bizâncio, para depor Bento VI. Seu sucessor, o Papa *Bonifácio VII, ordenou sua morte por estrangulamento, que foi realizado por um sacerdote chamado Estêvão.

BENTO VII (outubro de 974 a 10 de julho de 983)

Papa. Aristocrata romano. Apoiado pelo imperador Otão II, sucedeu a *Bento VI estrangulado por ordem do Papa *Bonifácio VII. Este papa negou-se, contudo, a aceitar sua deposição e apoiado por Bizâncio enfrentou-se no campo de batalha com Bento VII. Obrigado a fugir de Roma em 980, ao garantir Otão II seu controle sobre a Itália, Bento VII pôde regressar à Cidade Eterna em 981. Agradecido ao imperador Otão II, Bento VII dedicou boa parte de seus esforços para deixar estabelecido o número de sedes alemãs e realizar na Itália uma política antibizantina. Durante esse pontificado aumentou consideravelmente a prática de levar causas eclesiais ao bispo de Roma.

BENTO VIII (7 DE MAIO 1012 A 9 DE ABRIL DE 1024)
Papa. A morte quase simultânea de *Sérgio IV e do patrício João II Crescêncio, pertencente à família dos Crescêncios, que dominava desde 1002, provocou a eleição simultânea de dois papas: Gregório, por parte dos Crescêncios, e Bento VIII, por parte dos Tusculanos. Este, depois de derrotar militarmente a Gregório e obter o reconhecimento do imperador Henrique II, surgiu como único papa. Interessado em estreitar os laços com a casa imperial alemã, em 1014 ungiu como imperador a Henrique na igreja de São Pedro em Roma. Os seis anos seguintes foram empregados por Bento VIII em conseguir, mediante as armas, que diversas regiões italianas se submetessem a Roma e em atiçar diversas revoltas contra Bizâncio. Em 1016 chefiou também uma coligação que venceu no mar uma invasão islâmica. Quatro anos depois obteve a promessa de ajuda militar do imperador Henrique, uma promessa que se tornou realidade em 1022. No Sínodo de Pavia desse mesmo ano, proibiu o matrimônio e o concubinato dos clérigos e ordenou que os filhos desses relacionamentos fossem reduzidos à servidão.

BENTO IX (21 DE OUTUBRO DE 1032 A SETEMBRO DE 1044; 10 DE MARÇO A 1º DE MAIO DE 1045; 8 DE NOVEMBRO DE 1047 A 16 DE JULHO DE 1048)
Papa. Pela morte de *João XIX seu irmão Alberico III, dos Tusculanos, subornou o eleitorado e conseguiu que fosse eleito papa seu filho Teofilacto com o nome de Bento IX. Embora de uma vida escandalosamente dissoluta, demonstrou uma competência notável como pontífice, um ofício que desempenhou entre períodos diversos de tempo. Em 1037 procurou reformar a Cúria romana para livrá-la da influência imperial e centralizar o controle romano sobre ela. Em 1044 estourou em Roma uma revolta contra os Tusculanos que o obrigou a fugir da cidade. No dia 20 de janeiro de 1045, a família rival dos Crescêncios conseguiu que fosse eleito como Papa Silvestre III, Bento IX que não havia sido deposto formalmente, respondeu excomungando Silvestre e no dia 10 de março de 1045 voltou a entrar em Roma. Dois meses depois, Bento IX foi obrigado a abdicar em favor de seu patrono João Graciano que foi eleito papa com o nome de Gregório VI. A insegurança política e o desejo de se casar parecem ter sido as causas imediatas da abdicação de Bento IX, que optou por se retirar para umas propriedades familiares perto de Frascati. Em 1046 o imperador Henrique III convocou um Sínodo em Sutri, perto de Viterbo, para o qual foram convocados Bento IX, Silvestre III e Gregório VI. No mesmo sínodo foram depostos Silvestre e Gregório, mas não Bento, que não participou, realizando-se sua deposição num sínodo romano. Henrique III nomeou então papa a Suidgério de Bamberg com o nome de *Clemente II. O fato de o novo papa ter vivido somente oito

meses, permitiu a Bento IX, valendo-se do suborno, regressar ao trono papal, no qual permaneceu até 16 de julho de 1048, quando foi deposto pelo conde Bonifácio da Toscana seguindo as ordens do Imperador. No ano seguinte, um sínodo laterano excomungou Bento IX. Morreu em 1056.

BENTO X (5 DE ABRIL DE 1058 A JANEIRO DE 1059)
Antipapa. Ao se dar o falecimento de *Estêvão IX, um grupo de nobres dirigidos por Gregório de Túsculo conseguiu mediante suborno que fosse eleito como papa o cardeal João Mincio sob o nome de *Bento X. Em dezembro de 1058, os cardeais elegeram em Sena a *Nicolau II que em janeiro de 1059 excomungou Bento X. Em 1060 foi submetido a julgamento por Hildebrando e condenado à prisão perpétua. Morreu pouco depois de 1073.

BENTO XI (22 DE OUTUBRO DE 1303 A 7 DE JULHO DE 1304)
Papa. Dominicano, foi nomeado cardeal por *Bonifácio VIII em 1298. Em 1301 foi enviado como cardeal legado à Hungria para respaldar as pretensões de Carlos I Roberto. Na morte do então papa, este monarca ocupou Roma e o ajudou a ser eleito papa. Tomou o nome de Bento XI, uma vez que esse havia sido o nome de Bonifácio VIII antes de se tornar papa. Resistiu às pressões de Filipe IV da França que pretendia a convocação de um concílio no qual se julgaria postumamente o Papa Bonifácio. Em troca de amplas concessões ao monarca francês, condenou Guilherme de Nogaret e seus cúmplices nos acontecimentos de Agnani, embora a morte o impedisse de julgá-los pessoalmente. Em seu tempo pretendeu-se que Bento fora envenenado, mas parece que somente fora vítima de uma disenteria.

BENTO XII (20 DE DEZEMBRO DE 1334 A 25 DE ABRIL DE 1342)
Papa. Nascido de família humilde em Saverdun, França, ingressou entre os *cistercienses, estudou teologia em Paris e sucedeu a um tio seu como abade na abadia de Fontfroide. Enquanto foi bispo de Pamiers e Mirepoix demonstrou um extraordinário zelo como inquisidor de hereges que lhe valeu ser feito cardeal, em 1327, e possivelmente sua eleição como papa. Decidido a manter a Santa Sé em Avinhão, reorganizou a Cúria, regulou a concessão de indulgências e dispensas, preocupou-se de que se aprovassem normas mais rigorosas para os *cistercienses, *franciscanos e *beneditinos e procurou limitar a ganância dos prelados. Contudo, algumas ações tiveram pouca efetividade devido à breve duração de seu pontificado. Também fracassou em evitar a erupção da Guerra dos Cem Anos (1337-1453), possivelmente pelo caráter francófilo de sua política. Teologicamente, mediante a bula *Benedictus Deus* (29 de janeiro de 1336), estabeleceu que as almas dos salvos tinham "uma visão intuitiva, face a face, da essência divina". Embora sua conduta fosse muito modesta e isenta de nepotismo, sua aproximação com a França motivou severas críticas contra si, sendo algumas das mais duras, possivelmente, as que procederam de Petrarca.

Bibl.: VIDAL, J. M. (ed.), *Benoît XII: Lettres communes*, Paris 1902-1911; IDEM, *Benoît XII: Lettres closes et patentes interessant les pays autres que la France*, Paris 1913-1950; TÀUTU, L., *Acta Benedicti PP XII*, Roma 1958; MOLLAT, G., *The Popes at Avignon*, Londres 1963.

BENTO XIII

1. Papa (28 de setembro de 1394 a 26 de julho de 1423). A morte do Papa *Clemente VII provocou a esperança de que se concluiria o Grande Cisma do Ocidente (1378-1417) se os cardeais de Avinhão não elegessem um sucessor. Depois de um acordo de que o eleito abdicaria quando assim o pedisse a maioria, procederam elegendo o aragonês Pedro de Luna, nascido em Illueca por volta de 1328 e nomeado cardeal em 1375 por *Gregório XI. Em 1395 Carlos VI da França insistiu inutilmente para que abdicasse. Não melhor resultado obtiveram uma legação anglo-francesa em 1397 e outra alemã em 1398. Quando nesse mesmo ano a França separou-se da obediência a Bento XIII, Navarra e Castela fizeram o mesmo, colocando-o numa situação muito delicada. Pouco depois disso se somou que o confinassem em seu palácio, do qual pôde escapar disfarçado em 1403. Esta mostra de audácia devolveu-lhe a obediência de seus cardeais assim como a da França e a de Castela. Em 1404 propôs-se chegar a um acordo com o pontífice romano, mas ele fracassou pela intransigência de Bonifácio *IX. Finalmente pelo tratado de Marselha de 21 de abril de 1407, Gregório XII de Roma e Bento XIII de Avinhão concordaram entrevistar-se em Savona para acabar com o cisma. O encontro nunca aconteceu, e em 1408 a coroa francesa tornou a se afastar da obediência a Bento XIII e inclusive ordenou sua detenção. Tendo fugido para Perpiñan, ali teve notícia de como o Concílio de Pisa de 1409 o havia deposto, tanto a ele como ao Papa Gregório. Poucos dias depois foi eleito *Alexandre V. Contando com a obediência dos reinos espanhóis e da Escócia, Bento XIII excomungou seus opositores. Durante o Concílio de Constança (1414-1417), o rei alemão Sigismundo dirigiu-se a Perpiñan para instar com Bento XIII para que renunciasse, mas não conseguiu. Em 1415 refugiou-se na cidade de Peñíscola, onde faleceu em 1423.

Bibl.: LUNA, PEDRO DE, *Libro de las consolaciones de la vida humana*, Madri 1860; PUIG e PUIG, S., *Pedro de Luna*, Barcelona 1920; GLASFURD, A., *The Antipope (Peter de Luna 1342-1423)*, Londres 1965.

2. Papa (29 de maio de 1724 a 21 de fevereiro de 1730). Nascido em 1649, era da família dos Orsini. Dominicano, foi nomeado cardeal em 1672. Foi eleito papa pela ação conjunta dos partidos francês, espanhol e alemão. A eleição não mudou seu estilo de vida monástico, que se traduziu nos esforços de cortar o luxo dos cardeais ou na proibição da loteria nos estados pontifícios. Lamentavelmente confiou boa parte dos assuntos papais em mãos de sujeitos corruptos e sem escrúpulos como Nicolau Coscia e Nicolau Maria Lercari. A ação corrupta destes foi em boa medida a causa responsável pela bancarrota econômica dos Estados Pontifícios e pela facilidade com que Victor Amadeu II de Sabóia obteve o reconhecimento de seu título régio e o direito de apresentação de todos os bispos da Sardenha. Da mesma maneira, Carlos VI conseguiu controlar efetivamente os assuntos eclesiásticos na Sicília. Canonizou São *João da Cruz e *Luís Gonzaga.

Bibl.: *BullRom* XXII; PITTONI, G. B., *Vita*, Veneza 1730; VIGNATO, G., *Storia di Benedetto XIII*, Milão 1953.

BENTO XIV

Antipapa (12 de novembro de 1425

a ?). Sacristão de Rodes que, na morte de Bento XIII, foi nomeado papa pelo cardeal João Carrier. Praticamente nada se sabe de sua vida posterior, mas em 1467, na região de Armanhac, ainda alguns partidários continuavam fiéis a ele.

BENTO XV (3 DE SETEMBRO DE 1914 A 22 DE JANEIRO DE 1922)
Papa. Nascido em Gênova em 1854 de uma família patrícia, ordenou-se em 1878. De 1883 a 1887 foi secretário do Núncio Papal na Espanha, Mariano Rampolla. Em 1907 foi nomeado arcebispo de Bolonha e, em 1914, cardeal. Sua eleição como papa derivou-se da necessidade de contar com uma oposição diplomática no meio da situação criada pela Primeira Guerra Mundial. O fato de que a questão romana continuasse sem resolução diminuiu consideravelmente o papel da Santa Sé no conflito. Atraído pela proposta alemã de recuperar a cidade de Roma, acarretou a derrota da Itália, essa circunstância somente serviu para ser acusado de favorecer o partido contrário. No dia 1º de agosto de 1917 propôs um plano de paz em sete pontos. Este foi rejeitado de início pela Grã-Bretanha e França e posteriormente pela Alemanha ao se dar o colapso russo que aparentemente lhe abrira as portas da vitória. Excluído da conferência de paz, apoiou desde 1920 a Sociedade das Nações, semeou as sementes de uma política de concordatas e abriu caminho para uma solução da questão romana. Promulgou o novo Código do Direito Canônico (1917) e concebeu a esperança, durante a Revolução Russa, de que as Igrejas orientais se submeteriam a Roma. Morreu de maneira inesperada como conseqüência de uma gripe que virou pneumonia.

BENTO XVI (19 DE ABRIL DE 2005 A)
Eleito a 19 de abril de 2005, sucessor de João Paulo II, o cardeal Joseph Ratzinger, escolheu para si o nome de Bento XVI. Ele nasceu em 16 de abril de 1927, na Baviera, sul da Alemanha, na cidade de Marktl am Inn, na diocese de Passau. Filho de uma família de agricultores, ainda que seu pai fosse policial. No final da guerra de 1939-1945, foi convocado para o serviço militar. Estudou filosofia e teologia na Universidade de Munique e no Instituto Superior de Filosofia e Teologia de Freising. Ordenado padre no dia 29 de junho de 1951. Lecionou filosofia e teologia na Universidade de Munique e no Instituto Superior de filosofia e Teologia de Freising. Doutorou-se em Teologia. Lecionou posteriormente em Bonn (1959-1969), Münster (1963-1966) e Tubinga (1966-1969). Passou para a universidade de Ratisbona, da qual foi também vice-reitor. Participou do Concílio Vaticano II como assessor teológico, e publicou diversas obras teológicas. Em 1977 o papa Paulo VI nomeou-o arcebispo de Munique e Freising. Em 1981, João Paulo II nomeou-o Prefeito da Congregação da Fé, Presidente da Pontifícia Comissão Bíblica e Presidente da Pontifícia Comissão Teológica Internacional. Em junho de 1977 foi nomeado cardeal por Paulo VI.

BENTO DE NÚRSIA, SÃO (480-550 APROX.)
Nascido em Roma. Bento educou-se em Roma cuja corrupção levou-o a se retirar para uma caverna em Subiaco, onde viveu algum tempo como ermitão. Sua fama, porém, foi esparramando-se e o levou a fundar uma dezena de mosteiros. Os conflitos com seus monges, que tentaram envenená-lo, levaram-no a se retirar com alguns seguidores para o Monte Cassino. Embora não fosse ordenado nem tivesse a intenção de fundar uma ordem, sua reforma do monacato e a composição de uma regra monástica o

converteram autenticamente em pai do monacato ocidental.

BERDYAEV, NICOLÁS
(1874-1948)

Filósofo russo. Originalmente céptico de tendência marxista, a revolução russa de 1905 o orientou para o cristianismo. A partir de 1922, viveu exilado em Paris. Autor de obras como *O Cristianismo e o problema do comunismo*, *O cristianismo e a luta de classes* ou *Uma Nova Idade Média*, procurou dar uma resposta cristã a problemas contemporâneos, insistindo no nervo ético do cristianismo e considerando absolutamente prescindíveis aspectos como a definição dogmática ou a liturgia estabelecida.

BERNA, TESE DE

Conjunto de dez proposições teológicas compostas por vários pastores de Berna e revisadas por *Zwinglio, como resposta a sete teses propostas por João Eck em 1526. As teses de Berna defendem a supremacia da Bíblia como fonte da revelação e atacam como opostos a ela a tradição, a satisfação, a presença real na Eucaristia, a missa como sacrifício, a mediação dos santos, o purgatório, o culto das imagens e o celibato obrigatório do clero.

BERNADETE (1844-1879)

De família pobre, aos 14 anos afirmou ter sido objeto de 18 aparições da Imaculada Conceição na gruta de Massabielle, perto de Lourdes, desde o dia 11 de fevereiro de 1858 até 16 de julho do mesmo ano. Suas afirmações foram causa de enormes controvérsias. Bernadete entrou para o convento das Irmãs de Nossa Senhora de Nevers, onde permaneceu até a morte. Beatificada em 1925, foi canonizada em 1933. Sua festa é celebrada no dia 18 de fevereiro.

BERNARDINO DE SENA
(1380-1444)

Reformador franciscano, nascido em Massa de Carrera, onde seu pai era governador. Em 1438 foi eleito vigário geral dos frades da Estrita Observância. De enorme influência popular – o que o levou a ser acusado de herege – foi um grande incentivador do culto do Nome de Jesus. Canonizado, celebra-se sua festa no dia 20 de maio.

BERNARDINOS

Nome dado popularmente à Congregação reformada por São Bernardo.

BERNARDO DE CLARAVAL
(1090-1153)

Nascido de pais nobres em Fontaines, em 1112 entrou para o mosteiro de Citeaux. Em 1115 tornou-se abade de Claraval ou Clairvaux. Em 1128 obteve do Sínodo de Troyes o reconhecimento da regra dos cavaleiros *templários. Apoiou *Inocêncio II contra o antipapa Anacleto. Essa circunstância e o fato de em 1145 ter sido eleito o cisterciense *Eugênio III elevaram a ordem a seu auge. Atacou Henrique de Lausana e pregou a Segunda Cruzada. Canonizado em 1174 – sua festa é celebrada no dia 20 de agosto –, em 1830 foi declarado Doutor da Igreja católica.

BIBL.: LEKAI, L., *Los cistercienses*, Barcelona 1987; Murray, A. V., *Abelard and St. Bernard*, Manchester 1967.

BÉRULLE, PEDRO DE
(1575-1629)

Nascido em Champagne, na França, foi ordenado sacerdote em 1599 dedicando-se especialmente à conversão dos *protestantes ao catolicismo. Estabeleceu os *carmelitas reformados na França, e em 1611 fundou o Oratório, inspirado no de São *Filipe Néri. Nomeado cardeal em 1627, enfatizou a importância da Encarnação até o ponto de ser conhecido como "Apóstolo do Verbo Encarnado" (*Apostulus Verbi Incarnati*).

BEZA, TEODORO (1519-1605)

Teólogo calvinista. Oriundo de uma família católica de Vézelay. Estudante em Orleans e Paris, em 1548 renunciou publicamente à religião católica e foi para Genebra. Em 1549 foi professor de Grego em Lausana. Em 1554 defendeu a morte na fogueira de Miguel *Servet. Dois anos depois foi publicada sua tradução latina do Novo Testamento do grego que seria reimpressa em muitas ocasiões. Em 1558 *Calvino ofereceu-lhe uma cátedra na academia de Genebra, onde publicou sua *Confissão de fé cristã* (1560), um tratado popular de teologia calvinista. Ao estourar a guerra de religião na França, colaborou com os protestantes procurando conseguir a ajuda dos príncipes alemães. Ao morrer Calvino tornou-se seu sucessor em Genebra e em 1564 publicou sua *Vida de Calvino*. Em 1565 publicou seu Novo Testamento grego que constitui seu primeiro texto crítico. Em 1582 apareceu a segunda edição dessa obra, à qual se acrescentou o denominado *Código de Beza*, a *Peshitta* e uma tradução latina da versão árabe. Em 1597 foi visitado repetidamente por São *Francisco de Sales que tentou sem sucesso conseguir que ele regressasse ao seio do catolicismo.

BÍBLIA
*Escritura.

BIBLIANDER, THEODOR (1504-1564 APROX.)

Seu apelido real era Buchmann. Teólogo de tendência humanista sucedeu a *Zwinglio em sua cátedra da universidade de Zurique em 1531. Atacou a doutrina calvinista da predestinação e defendeu que os pagãos possuem um conhecimento de Deus de maneira natural. A ele se devem uma gramática hebraica e várias edições do Alcorão e do Proto-evangelho de Tiago.

BIEL, GABRIEL (1420-1495 APROX.)

Filósofo escolástico alemão. Fez parte dos Irmãos da vida comum de Marienthal. Fundador da universidade de Tubinga onde ensinou teologia; foi um seguidor da filosofia nominalista de Guilherme de Ockham.

BLANCO WHITE, JOSÉ MARÍA (1775-1841)

Escritor espanhol, cujo nome verdadeiro era José María Blanco y Crespo. Nascido em Sevilha, colaborou no *El semanario patriótico*. Em 1810 emigrou para a Grã-Bretanha, onde fundou e dirigiu a revista *El Español*. Depois de passar pelo anglicanismo, Blanco White converteu-se à doutrina dos *quakers, sendo sua evolução posterior um tanto obscura. Sua obra em inglês *Cartas desde España* (1822), que não foi traduzida até 1972, é um documento de primeira linha sobre a vida espanhola nos princípios do século XIX. Sua *Autobiografia* constitui, por outra parte, uma obra muito interessante do ponto de vista religioso.

BLANDINA

Escrava que morreu mártir durante a perseguição desencadeada contra a Igreja de Lião em 177-178. *Atas dos mártires.

BLASTO

Destinatário de uma carta de Irineu *Acerca do cisma*. Até nós somente chegou o título dessa carta através de Eusébio (HE V, 20,1).

BOANERGES

Lit.: filhos do trovão. Sobrenome dado a *Tiago e a *João, os filhos de Zebedeu (Mc 3,17), por causa de seu caráter impetuoso.

BOEHME, JAKOB (1575-1624)

Filósofo luterano alemão conhecido como *philosophus Teutonicus*. Afirmou ter tido experiências místicas e que em seus escritos somente descrevia o que havia aprendido pessoalmente da iluminação divina. Essa perspectiva provocou a oposição de algum pastor luterano, e que não somente se proibira Boehme de escrever, mas também que ele teve de abandonar a cidade de Görlitz onde vivia. Suas obras, que na maior parte foram publicadas posteriormente, influenciaram Hegel, Schelling e inclusive Isaac Newton.

BOGOMILES

Seita maniquéia medieval, antecessora dos cátaros, fundada no séc. VIII por Bogomil, o que em búlgaro equivale a Teófilo, o amado de Deus. Algumas das teses dos bogomiles (criação do mundo pelo Diabo, Satanás como gêmeo de Cristo, negação da Encarnação de Cristo e de sua morte na cruz etc.) foram já defendidas por alguns setores gnósticos dos primeiros séculos. Apesar de tudo não foram denunciadas como heréticas até 972. Durante o séc. XI estenderam-se pelos Balcãs, França e Itália. Em 1110 foi queimado na fogueira seu dirigente máximo. Ao se dar a invasão dos tártaros, o bogomilismo converteu-se na religião nacional da Hungria. Durante o séc. XV, o bogomilismo manteve sua influência nos Balcãs, mas ao serem dominados pelos turcos, os bogomiles foram convertendo-se ao islamismo.

BOHEMUNDO I (1052-1111 APROX.)

Filho mais velho de Roberto Guiscardo, o conquistador normando da Apúlia. Chefe do contingente sul-italiano na primeira *Cruzada. Com o respaldo papal organizou uma expedição contra o imperador, que terminou desastrosamente em 1108. Morreu em Canossa.

BOLANDISTAS

Editores *jesuítas das *Actas Sanctorum* que pretendiam examinar criticamente as fontes relativas aos santos e em seguida a publicação delas. Recebem seu nome de João van Bolland, fundador e primeiro editor da obra.

BOLONHA, CONCORDATA DE

Acordo concluído em 1516 entre o Papa Leão X e Francisco I da França. Em virtude dele, o rei francês podia nomear os eclesiásticos para as igrejas metropolitanas e catedrais, para as abadias e priorados, sem confirmação papal. Em caso de as nomeações serem inválidas por duas vezes seguidas, a nomeação caberia ao papa.

BOM PASTOR

No Antigo Testamento é um dos títulos aplicados a Deus (Sl 23; Ez 34,11ss.). No Novo, o título refere-se a *Jesus (Jo 10,14ss.). Dele se afirma que se compadecia de uma multidão que caminhava como ovelhas sem pastor (Mc 6,34) e que viu seu ministério nos termos do pastor messiânico (Jo 10), cujas ovelhas se dispersariam ao ser morto o pastor (Zc 11,4ss.; e 13,7-9), para se reunirem após sua ressurreição (Mc 14,27). A imagem do messias-pastor está ligada também ao relato de Jesus sobre o juízo final, em que são separadas as ovelhas dos cabritos, conforme Mateus 25,32ss. O motivo do Bom Pastor foi um dos primeiros a ser apresentado iconograficamente pela arte paleocristã e, posteriormente, pelas manifestações artísticas cristãs.

Bibl.: BONNARD, P., *O. c.*; ZUMSTEIN, J., *O. c.*; VIDAL MANZANARES, C., *El judeocristianismo*...

BONHOEFFER, DIETRICH (1906-1945)

Pastor e teólogo luterano. Estudou em Tubinga e Berlim, embora fosse muito influenciado por Karl *Barth. Foi pastor em Barcelona e Nova York (1928-1929) e em 1931 voltou para Berlim onde entrou em contato com o movimento ecumênico. Tomou parte muito ativa na oposição contra o *nazismo alemão. Em 1936, os nazistas o impediram de ensinar e o desterraram de Berlim. Ao rebentar a Segunda Guerra Mundial, estava ensinando nos Estados Unidos, mas decidiu regressar à Alemanha. Em 1942 tentou mediar entre a Grã-Bretanha e a oposição a Hitler. Em 1943 foi preso e enviado ao campo de concentração de Buchenwald. Foi enforcado em Flossenbürg apenas uns dias antes do fim da guerra. Sua teologia – centrada na necessidade de voltar radicalmente ao ensinamento da ética de Jesus e de apresentar o Evangelho a uma sociedade progressivamente secularizada – foi uma das mais influentes do século XX.

BONIFÁCIO I (418-422)

Foi eleito papa pelos presbíteros em oposição a Eulálio. No conflito gaulês, procedente do pontificado de seu predecessor Zózimo, interveio em favor dos metropolitanos gauleses contra Patroclo de Arles, aceitando – embora de maneira tácita – o sínodo geral de Cartago de 419 e defendendo o vicariato de Tessalônica diante das ambições constantinopolitanas. Em suas cartas sobre Tessalônica, Bonifácio segue a linha de Inocêncio I no sentido de afirmar a obrigação de todos os bispos – incluídos os orientais – de dirigir-se à sede romana, já que a igreja de Roma é a cabeça e as demais são somente membros.

BONIFÁCIO II (22 DE SETEMBRO DE 530 A 17 DE OUTUBRO DE 532)

O primeiro papa de origem alemã, embora nascido em Roma. Em seu leito de morte *Felix IV nomeou-o seu sucessor. Esse fato provocou um cisma, já que o partido gótico apoiou Bonifácio e a maioria do clero elegeu como papa a Dióscuro. Sua morte ocasionou, contudo, o final do cisma. Decidido a assegurar um sucessor gótico, em 531 designou como tal a *Vigílio e obrigou o clero a subscrever um juramento nesse sentido. A indignação provocada por esse ato o obrigou a se retratar e a queimar o mencionado documento diante do túmulo de São Pedro.

BONIFÁCIO III (19 DE FEVEREIRO A 12 DE NOVEMBRO DE 607)

De origem grega, embora nascido em Roma, foi um protegido de *Gregório I. Interessado em ampliar a influência da sede romana, obteve do imperador bizantino Focas (602-610) uma declaração no sentido de que Roma, como sede de São Pedro, era a cabeça de todas as igrejas. Em agradecimento foi erigida em Roma uma estátua de ouro de Focas com uma inscrição bajulatória. Durante esse pontificado fez-se acordo sinodalmente que não se discutiria, sob pena de excomunhão, a eleição de um sucessor para papa ou bispo durante sua vida e os três dias posteriores a sua morte.

BONIFÁCIO IV (15 DE SETEMBRO DE 608 A 8 DE MAIO DE 615)
Protegido de *Gregório I, sua sagração atrasou dez meses na espera da confirmação do imperador. Defensor do monacato, seu pontificado viu-se assolado pela fome, pela peste e por outros desastres. Manteve excelentes relações com os imperadores bizantinos Focas (602-610) e Heráclito (610-641).

BONIFÁCIO V (23 DE DEZEMBRO DE 619 A 5 DE OUTUBRO DE 625)
Sua sagração atrasou 13 meses à espera da confirmação imperial. Durante seu pontificado produziu-se uma reação contra a ênfase monástica de *Gregório I e seus primeiros sucessores, assim como um interesse renovado no clero secular.

BONIFÁCIO VI (ABRIL DE 896)
Nascido em Roma e filho de um bispo. Seu passado havia sido muito turbulento, experimentando sanções como diácono e como sacerdote por imoralidade. Sua eleição foi provocada pela plebe como reação frente ao imperador alemão Arnulfo (896-899). Seu pontificado durou quinze dias.

BONIFÁCIO VII (JUNHO-JULHO DE 974; AGOSTO DE 984 A 20 DE JULHO DE 985)
Antipapa. Nascido em Roma, foi o candidato a papa dos Crescêncios, a família dominadora naquela época na cidade. Apesar de tudo, a pessoa eleita como papa – e confirmada pelo imperador Otão I (962-973) – foi *Bento VI. Em junho de 974 o novo imperador Otão II teve de enfrentar-se com problemas internos na Alemanha, e os Crescêncios aproveitaram a conjuntura para encarcerar Bento e conseguir que fosse sagrado Bonifácio VII. Este, temeroso de ser deposto, ordenou que Bento fosse estrangulado. Semelhante crime provocou uma reação contra Bonifácio e ele, apoderando-se do tesouro papal, fugiu para o território bizantino no sul da Itália. Ao se fazer a eleição de *Bento VII, celebrou-se um sínodo no qual Bonifácio foi excomungado. Contudo, ele conseguiu regressar a Roma em 980. Somente o apoio imperial permitiu a Bento expulsar Bonifácio de Roma. Em 984, durante o pontificado de João XIV, Bonifácio conseguiu pela segunda vez voltar a Roma, onde ordenou a execução de João XIV e voltou a se sentar no trono papal. Desde esse momento até sua morte seu pontificado transcorreu sem oposição.

BONIFÁCIO VIII (24 DE DEZEMBRO DE 1294 A 11 DE OUTUBRO DE 1303)
Nasceu aproximadamente em 1235 em Anagni, de família aristocrática, estudou leis em Bolonha e foi notário papal. Em 1291 foi feito cardeal por *Nicolau IV. Quando aconteceu sua eleição, transladou a corte papal de Nápoles para Roma. Voltado para a política internacional, colheu não poucos fracassos como os intentos de mediação entre Veneza e Gênova (1295), o apoio aos independentes escoceses frente à Inglaterra, a impossibilidade de impedir que a Sicília se tornasse independente sob o protetorado aragonês (1302) ou de garantir a coroa húngara a Carlos I Roberto. Seus esforços para deter a guerra entre Inglaterra e França ganharam-lhe a animosidade de Filipe IV, monarca desse último país, que proibiu a exportação de dinheiro por parte do clero francês.

Essa medida constituiu um severo golpe para Bonifácio que recebia boa parte de suas entradas financeiras da França. Finalmente, pressionado por uma revolta da família Colonna, o papa chegou a um acordo (1297) em virtude do qual foi canonizado Luís IX da França e foi concedido a Filipe IV o direito de aumentar a taxa dos bens do clero francês sem permissão papal. Em 1300, Bonifácio proclamou o primeiro jubileu da história, mas no ano seguinte voltou a estourar o conflito com Filipe IV, quando o papa revogou os privilégios concedidos. No dia 18 de novembro de 1302, depois de um sínodo romano, Bonifácio publicou a bula *Unam Sanctam*, na qual sustentava a superioridade do poder espiritual sobre o temporal e que toda criatura devia submeter-se ao bispo de Roma para obter a salvação. Filipe IV, aconselhado por Guilherme de Nogaret, publicou então um memorandum sobre a vida do papa em que o acusava desde lascivo a herege. O papa preparou então uma bula de excomunhão contra Filipe IV, mas no dia anterior a sua promulgação Nogaret chegou ao palácio papal de Agnani e ordenou a Bonifácio que abdicasse. Ao negar-se este, prendeu-o com a intenção de levá-lo à França para submetê-lo a um concílio. Salvo pela intervenção dos cidadãos, voltou a Roma onde morreu.

BONIFÁCIO IX (2 DE NOVEMBRO DE 1389 A 1º DE OUTUBRO DE 1404)
Nascido em Nápoles aproximadamente em 1350, foi eleito papa por 14 cardeais romanos como uma solução de compromisso. Incapaz de solucionar o Cisma do Ocidente, foi excomungado pelo papa de Avinhão *Clemente VII, mas manteve boas relações com a Alemanha e a Inglaterra, Depois da morte de Clemente VII, negou-se a chegar a um acordo com *Bento XIII. Faleceu cercado por uma terrível fama de corrupção, falta de escrúpulos e nepotismo.

BOOTH, WILLIAM (1829-1912)
Fundador do Exército da *Salvação. Nascido em Nottingham, de origem judaica, em 1844, experimentou uma conversão ao metodismo e dois anos depois tornou-se pregador. Em 1861 abandonou o metodismo e iniciou a Missão cristã, um movimento integrado à evangelização e à obra social entre os necessitados. A partir de 1880 o Exército da Salvação foi estendendo-se pelos Estados Unidos, pela Austrália etc. Sua profunda preocupação social ganhou-lhe o apreço do rei Eduardo VII e de muitas personalidades.

BORBORITAS
Seita gnóstica entre a qual circulava, segundo o testemunho de Epifânio, um evangelho de Eva.

BÓRGIA, FRANCISCO
*Francisco de Borja.

BORROMEU, CARLOS
*Carlos Borromeu.

BOSANQUET, BERNARD BOSCO, JOÃO
*João Bosco.

BRANHAM, WILLIAM (1908-1965)
Pregador norte-americano. Para alguns, é objeto de controvérsia se se deve ou não qualificá-lo como cristão. Embora alguns de seus ensinamentos fossem os mesmos de qualquer Igreja pentecostal (insistência no dom das línguas, curas etc.), o certo é que ques-

tionava doutrinas básicas cristãs como a Trindade (defendendo uma variação do patripasianismo) e a eternidade do inferno. Inclinado a formular predições, algumas delas se verificaram corretas (a subida de Hitler ao poder) e outras não (a destruição da América por uma explosão em 1977). Morto num acidente automobilístico, seus seguidores tardaram vários dias em sepultá-lo, esperando que ressuscitasse.

BRASIL, CRISTIANISMO NO

*Franciscanos, *dominicanos, *agostinianos e, especialmente, *jesuítas foram os primeiros missionários católicos no Brasil desde o séc. XVI. Ao se tornar independente de Portugal em 1822, produziu-se nesse país uma reação anticatólica que chegou a seu ponto máximo em 1889 quando, com a Proclamação da República, suprimiu-se a remuneração para o clero e houve garantia de liberdade religiosa. Durante os anos seguintes, surgiram movimentos religiosos de caráter popular como o chefiado por Antônio Conselheiro e o Padre Cícero. Apesar de que o primeiro cardeal americano tenha sido o arcebispo do Rio de Janeiro (1905), o certo é que o catolicismo é somente uma das grandes confissões brasileiras, sendo as outras duas o candomblé, de origem africana, e o protestantismo. A partir do Concílio Vaticano II, a Igreja católica brasileira tem mostrado uma profunda preocupação social que se traduz, por exemplo, na Teologia da *Libertação.

BRÍGIDA DA SUÉCIA (1303-1373 APROX.)

Oriunda de uma família de latifundiários suecos, foi mãe de oito filhos, entre os quais se contou Santa Catarina da Suécia. Depois da morte de seu esposo, fundou em 1346 uma ordem feminina. Afirmou ter tido diversas visões que gozaram de considerável prestígio durante a Idade Média. Em 1349, dirigiu-se a Roma para obter autorização papal para a nova ordem e faleceu nessa cidade. Foi canonizada em 1391. Sua festa é no dia 23 de julho.

BROMLEY, T. (1629-1691)

Visionário inglês, membro destacado dos filadelfos ou filadelfianos.

BROTHERS, RICHARD (1757-1824)

Antigo oficial da Marinha britânica que se proclamou em 1793 "príncipe dos hebreus", "sobrinho do Todo-poderoso" e "Messias". Prometeu a seus adeptos que em 1795 se fundaria a Nova Jerusalém às margens do Jordão e que os conduziria para lá. Encarcerado por predizer a morte do rei Jorge e a queda da monarquia inglesa, foi recolhido como enfermo mental, perdendo-se seu rasto depois que foi posto em liberdade.

BROWNE, ROBERT (1550-1633 APROX.)

Pregador *puritano que exerceu uma enorme influência nos inícios do *congregacionalismo até o ponto de que os primeiros membros fossem denominados brownistas.

BROWNISTAS

*Browne, Robert.

BRUNNER, EMIL (1889-1966)

Teólogo protestante suíço. Favorável à teologia antiliberal de Karl *Barth, foi muito influenciado pelo pensamento judaico de Martinho Buber e por sua aceitação da doutrina católica da analogia, segundo a qual a Natureza pode proporcionar um conhecimento limitado de Deus.

BRUNO (1032-1101 APROX.)
Fundador da ordem dos cartuxos em 1084. Em 1090 o Papa *Urbano II ordenou-lhe que se transferisse para a Itália para se tornar seu conselheiro. Obedeceu, mas depois de se negar a aceitar o arcebispado de Reggio, retirou-se para a Calábria e nela fundou o mosteiro de La Torre, onde morreu. Nunca foi canonizado formalmente, mas em 1514 o papa permitiu a celebração de uma festa em seu nome. Esta foi estendida a todos os católicos do Ocidente em 1623.

BRUNO, GIORDANO (1548-1600)
Filósofo italiano. Dominicano desde 1562, foi submetido à censura em 1576 por causa de sua heterodoxia, o que provocou sua fuga. Partidário de um imanentismo panteísta, foi capturado em 1592 pela Inquisição. Depois de sofrer prisão em Roma de 1593 a 1600, foi queimado na fogueira.

BRUYS, PEDRO DE
*Pedro de Bruys.

BRYANITAS
*Cristãos bíblicos.

BUCERO, MARTIN (1491-1551)
Teólogo protestante alemão. Dominicano desde 1506, em 1518 começou a se corresponder com *Martinho Lutero e cinco anos depois começou a pregar o luteranismo na Alsácia. Sua visão da Eucaristia o aproximou de *Zwinglio e, após sua morte em 1531, sucedeu-o como dirigente das Igrejas reformadas na Suíça e no sul da Alemanha. Tomou parte nas conferências entre protestantes e católicos de Hagenau (1540), Worms (1540) e Ratisbona (1541) e influenciou consideravelmente no desenvolvimento do anglicanismo. Morreu em Cambridge, onde foi enterrado. Em 1557, durante o reinado da católica Maria Tudor, seu corpo foi desenterrado e queimado publicamente.

BUCHANITAS
Seita iluminista fundada em 1779 na Inglaterra por Elspeth Buchan (Simpson, quando solteira) e Hugh White. A senhora Buchan identificou-se com a mulher do Apocalipse, capítulo 12, e White com o filho varão nascido dela. Foram acusados de praticar relações sexuais comunitárias, mas não é fácil saber se efetivamente esses fatos realizaram-se ou se somente tinham como base o fato de, expulsos de diversas localidades, virem-se obrigados a viver juntos todos os adeptos. O grupo dissolveu-se, teoricamente, durante a primeira metade do séc. XIX.

BUCHMANN, T.
*Bibliander, T.

BULGAKOV, SÉRGIO (1871-1944)
Teólogo russo. Filho de um sacerdote, preparou-se para o sacerdócio, mas sob a influência das obras de Hegel tornou-se céptico e marxista. A revolução russa de 1905 levou-o a abandonar essas posturas e inclinar-se para o cristianismo. Em 1917 foi ordenado sacerdote, sendo depois expulso da Rússia. Em 1925 foi nomeado decano da Academia de teologia ortodoxa de Paris. Sua principal contribuição ideológica provém da área da sofiologia, uma vez que afirmou que o problema da relação entre Deus e o mundo ficava

solucionado em virtude da Sabedoria divina ou Sofia.

BULLINGER, JOHANN HEINRICH (1504-1575)
Reformador suíço. Com a morte de *Zwinglio em 1531, foi nomeado para sucedê-lo como pastor em Zurique. Em 1549, uniu-se com *Calvino no Consensus Tigurinus sobre a Eucaristia. Redator da segunda confissão helvética de 1566, exerceu uma notável influência sobre o clero anglicano durante o reinado de Isabel I.

BULTMANN, RUDOLF (1884-1976)
Teólogo e erudito neotestamentário. Porta-bandeira da crítica das formas, levou-a até um profundo cepticismo metodológico advogando pela existência de uma desconexão quase absoluta entre a História e a Fé, desconexão que somente deveria conduzir a um reforço da última. A isso acrescentou a necessidade de descartar a leitura do Novo Testamento tal e como está redigido, dado seu caráter mitológico e a necessidade de abordá-la partindo da filosofia existencialista de Heidegger. Apesar de sua enorme influência – diante da qual reagiu, por exemplo, Karl *Barth – hoje há uma crescente consciência de que a metodologia bultmanniana longe de haver contribuído para o avanço dos estudos do Novo Testamento, significou o estancamento destes durante toda uma geração.

BUNYAN, JOHN (1628-1688)
*Batista inglês. Sofreu a perseguição religiosa desencadeada na Inglaterra contra os "dissidentes" e assim passou na prisão, quase por completo, o período situado entre 1660 e 1672. Sua obra *O Progresso do peregrino* constitui um dos grandes clássicos da literatura cristã e uma das obras mais editadas de todos os tempos.

BUSCADORES, OS
Grupo *puritano do séc. XVII que sustentava que não havia existido igreja verdadeira uma vez que o espírito do Anticristo tinha-se apoderado da Igreja e que era decisivo que Deus nomeasse novos apóstolos para fundar sua Igreja. Contudo, eles não se consideravam chamados a levar a cabo esse processo que somente competia a Deus. Durante os anos quarenta do séc. XVII o termo apareceu para descrever as pessoas que buscavam a Verdade e não a achavam nas confissões existentes. Muitos deles se uniram aos *quakers.

BUTZER, M.
*Bucero, M.

CABALA

Movimento esotérico dentro do judaísmo nascido com o Sefer ha-Bahir em 1150. A partir do séc. XIV divide-se em uma corrente especulativa e outra de caráter ocultista (encantamento, astrologia, numerologia, controle de demônios etc.). O pensamento cabalístico judaico mantém pontos de contato com o gnosticismo, o ocultismo e com a teosofia, e, por causa disso, tem sido reivindicado pelas manifestações modernas dessas correntes como um antecessor. A partir de Pico de Mirândola, o pensamento cabalístico, em suas duas correntes, sai do molde judaico para penetrar nos círculos ocidentais (Reuchlin etc.) atraídos pela cultura hebraica.

CABASILAS, NICOLAU (N. 1322 APROX.)

Escritor místico bizantino. Durante toda a sua vida foi leigo. Apoiou os monges do Monte Athos durante a controvérsia hesicasta.

CAIETANO, TOMÁS DE VIO (1469-1534)

Nascido em Gaeta (de onde deriva seu sobrenome) entrou para a ordem dominicana em 1484 e ensinou filosofia e teologia em diversos lugares, inclusive em Roma. Cardeal (1517) e bispo de Gaeta (1519), entrevistou-se com Lutero em 1518 com a intenção de convencê-lo para que se retratasse. Representou um papel importante na política de seu tempo apoiando a eleição de *Carlos V (1519) e do Papa *Adriano VI (1522) e opondo-se ao divórcio de *Henrique VIII (1530). Teve uma importância extraordinária na popularidade dos estudos tomistas.

CAIFÁS

Sobrenome do sumo sacerdote judeu José, que desempenhou suas funções de 18 a 36 d.C. Genro de Anás, parece que deveu a ele não somente a designação, mas também a inspiração no desempenho de seu cargo. Membro do partido dos *saduceus, presidiu o Sanhedrin que decidiu entregar Jesus às autoridades romanas para sua execução (Jo 18,33ss.) e agiu depois contra os seguidores do Senhor (At 4,6).

Bibl.: VIDAL MANZANARES, C., *El Primer Evangelio...*; SAULNIER, C. e ROLLAND, B., *Palestina en tiempos de Jesús*, Estella; COMBY, J. e LÉMONON, J. P., *Roma frente a Jerusalén*, Estella; COUSIN, H. *Los textos evangélicos de la Pasión*, Estella.

CAINITAS

Seita gnóstica da qual procedia o evangelho de Judas Iscariotes. *Gnosticismo.

CALISTO I

Papa (217-222) que decretou a excomunhão de Sabélio. A ele se atribui o denominado por Tertuliano "edito peremptório" que permitia o perdão dos pecados de adultério e fornicação àqueles que tivessem feito a devida penitência. Baseava-se essa atribuição no fato de que seu autor era denominado

Pontifex Maximus. Hoje parece difícil atribuir o edito peremptório a Calisto.

CALISTO II († 1124)
Papa desde 1119. Arcebispo de Vienne em 1088, legado papal na França em 1106, participou no Concílio de *Latrão de 1112. Eleito papa, excomungou Henrique V no Concílio de Reims de 1119. Finalmente, em virtude da concordata de Worms (1122) resolveu-se o prolongado litígio das investiduras entre o império germânico e o papado.

CALISTO III (1378-1458)
Papa desde 1455. Afonso de Borja (ou Bórgia) era natural de Valência e teve uma considerável reputação como jurista. Foi partidário de *Bento XIII, mas, finalmente, exerceu influência sobre seu sucessor *Clemente VIII para que se submetesse em 1429 ao Papa *Martinho V. Bispo de Valência em 1429, cardeal em 1444, foi eleito papa em 1455. Foi acusado repetidamente de comportamento nepotista e corrupto uma vez que nomeou para o cardinalato e para outros cargos importantes diversos familiares. Manifestou uma especial inquietação em relação ao avanço turco e anulou o processo contra *Joana D'Arc, declarando sua inocência.

CALVÁRIO
Nome utilizado para designar o lugar onde *Jesus foi executado. A palavra parece derivar de lugar do crânio (Lc 23,33). Os outros evangelhos denominam o lugar com o termo aramaico "Gulgulta", de onde vem o nosso Gólgota.

Tradicionalmente, e há boas razões históricas e arqueológicas para aceitar a tradição como fidedigna, situa-se sua localização sob a atual igreja do Santo Sepulcro em Jerusalém. Não é admissível a localização do Calvário proposta pelo britânico Gordon.

Bibl.: VIDAL MANZANARES, C., *De Pentecostés*...; BAGATTI, B. e TESTA, E., *Il Golgota e la Croce*, Jerusalém 1984; HOARE, E. *O. c.*; DIÉZ, F., *O. c.*; MARTÍN, I., *Siete recorridos con el Nuevo Testamento en Jerusalén*, Jerusalém 1987.

CALVINISMO
Sistema teológico proposto por João Calvino cuja formulação principal parte da "Instituição da religião cristã". Calvino coincidiu com *Lutero na afirmação da *justificação pela *fé, da Escritura como única regra de fé e da ausência do livre-arbítrio depois da queda. Além disso, Calvino insistiu de maneira extraordinária na soberania de Deus, o que se tornou a chave de suas peculiares ênfases soteriológicas: a existência de um duplo decreto de predestinação em virtude do qual todo o ser humano foi predestinado a se salvar ou a se condenar; a irresistibilidade da graça que anula qualquer possível resistência a ela nos eleitos e a perseverança final dos eleitos que, salvos em virtude da eleição, não podem perder sua salvação. Calvino rejeitou a doutrina da consubstanciação ensinada por Lutero em relação à Eucaristia e em seu lugar afirmou que o crente, ao tomar o pão e o vinho, tem comunhão espiritual com o corpo e o sangue de Cristo se com fé os ingerir. Eclesiologicamente, Calvino foi partidário de uma teocracia na qual o Estado deve ser modelado em seus princípios pela fé cristã. Essa ênfase, contudo, não somente se derivou numa autocracia, mas que, pelo contrário, os países calvinistas, como a Holanda, foram dos primeiros em manifestar já

durante o séc. XVI uma clara tolerância ideológica. Ao mesmo tempo, ao considerar o homem como uma criatura caída, o calvinismo desenvolveu desde o início uma série de princípios encaminhados a evitar o poder absoluto e a controlar o exercício do poder político. Dessa maneira converteu-se numa das linhas de pensamento especialmente influentes na configuração da democracia moderna.

CALVINO, JOÃO (1509-1564)

Teólogo e reformador francês. Destinado à carreira eclesiástica, recebeu seu primeiro benefício – e a tonsura – aos doze anos. De 1523 a 1528 estudou teologia em Paris. A partir de então estudou em Orleans e Bourges. Nesse último lugar entrou em contato com o círculo protestante de Melchior Wolmar. Em 1533 rompeu com a Igreja católica e no ano seguinte dirigiu-se para Noyon, onde renunciou a todos os seus benefícios eclesiásticos e foi encarcerado por um tempo. Em 1535 abandonou a França e em 1536 apareceu a primeira edição da *Instituição da religião cristã* na qual estão resumidos os princípios fundamentais do *calvinismo. Nesse mesmo ano aceitou, depois de ser insistido repetidamente por Guilherme *Farel, a direção da reforma em Genebra. Em 1538, a insistência de Calvino em aplicar a excomunhão – entendida esta somente como exclusão da Eucaristia – a alguns genebrinos e sua negativa em adaptar o ordenamento eclesial genebrino ao de Berna provocaram a expulsão da cidade do reformador francês e de Farel. Até 1541, Calvino ensinou na faculdade de teologia de Estrasburgo. Durante esse período fez amizade com Martinho *Bucero e com Felipe *Melanchthon, começando a escrever comentários aos livros do Novo Testamento e redigindo sua famosa Epístola ao cardeal Sadoleto, na qual se opunha a seu esforço em trazer Genebra novamente ao seio do catolicismo. Em 1541, Calvino foi chamado novamente para regressar à Genebra. Ali permaneceu 14 anos transformando a cidade numa teocracia, um período de tempo no qual foi executado Miguel *Servet, condenado também à morte pela Inquisição católica. Durante esses anos foi redigindo comentários a todos os livros do Novo Testamento – exceto ao Apocalipse – e de boa parte do Antigo. Para 1555 já se havia tornado o senhor absoluto da cidade de Genebra e continuaria a ser até sua morte.

Bibl.: VIDAL MANZANARES, C., *Los textos que cambiaron la Historia*, Barcelona 1998.

CAMALDULENSES

Ordem religiosa fundada aproximadamente em 1012 por Romualdo em Camaldoli, perto de Arezzo. Inicialmente, seu ideal era viver em comunidade com o mínimo vital. Romualdo não deixou regra escrita, e em 1102 foi fundado o primeiro mosteiro em Fontebuono, conforme critérios mais convencionais.

CAMILO DE LELLIS (1550-1614)

Fundador da Ordem dos Camilianos que aos três votos unem um quarto: o de dedicar-se ao cuidado dos enfermos, especialmente, às vítimas das epidemias. A congregação foi aprovada em 1586 e convertida em Ordem em 1591. Camilo foi canonizado em 1746 e proclamado patrono dos enfermos por Leão XIII em 1886 e das enfermeiras por Pio XI em 1930.

CAMISARDOS

Palavra de etimologia duvidosa, uma vez que pode proceder de *camisade* (ataque noturno), de *camis* (caminho) ou *camise* (túnica). Grupo protestante francês que se revoltou em 1702 contra Luís XIV quando ele suprimiu a liberdade de religião. Em 1705 foram derrotados, mas voltou a se produzir um levantamento em 1709 que foi rapidamente sufocado. Bom número deles encontrou refúgio na Inglaterra, onde foram reconhecidos como "profetas franceses".

CAMPANELLA, TOMÁS (1568-1639)

Filósofo italiano. Dominicano desde 1582. Oito anos depois publicou sua primeira obra em defesa do filósofo Bernardino Telesio. Inimigo do escolasticismo tomista e participante em conjurações antiespanholas, em 1603 foi condenado à prisão perpétua, mas foi posto em liberdade em 1629. Cinco anos depois retirou-se para a França, onde faleceu. Sua obra mais importante *A Cidade do Sol* foi escrita na prisão e constitui uma utopia na qual defende um estado comunista baseado no reino dos incas.

CAMPBELL, ALEXANDER (1788-1866)

Fundador em 1827 nos Estados Unidos da Igreja dos Discípulos de Cristo. Iniciador do denominado movimento da Restauração, punha especial ênfase no seguimento de Cristo e no batismo por imersão (p. ex.: João Batista era denominado João, o imersivo). Embora o movimento não constituísse uma seita, é considerado como tal por alguns setores do protestantismo internacional, que resiste em aceitá-lo como parte dele mesmo em vista de suas peculiaridades doutrinais, p. ex.: a proibição de utilizar instrumentos musicais nos serviços religiosos, a insistência na prática do batismo por imersão para se salvar etc.

CÂNDIDO

1. Autor do séc. II que redigiu um tratado sobre o Gênesis de conteúdo antignóstico. *Gnosticismo.
2. Valentiniano com o qual Orígenes manteve diversas controvérsias. *Orígenes.

CANDOMBLÉ

Culto afro-americano cuja sede principal encontra-se no Brasil. Sua origem é *ioruba* na Bahia, Recife e Rio Grande do Sul; *fon* no Maranhão; e *bantu* no centro do país. Com uma estranha mescla de elementos animistas, ocultistas e cristãos, propicia a possessão de seus adeptos por diversos espíritos no curso de suas reuniões. Sincreticamente tem tentado identificar os personagens centrais do culto cristão com divindades africanas. Sua extensão na América e na Europa está unida à prática de ritos ocultistas e vinculados com a magia negra.

CANÍSIO, PEDRO (1521-1597)

Teólogo jesuíta. Sob a proteção de Fernando, primeiro arquiduque e depois imperador, combateu o protestantismo em Colônia, Baviera, Viena e Praga. Compilou diversos catecismos dos quais o mais importante foi o *Catecismo maior* publicado em 1554. Autêntico campeão da *Contra-reforma no sul da Alemanha, em 1925 foi canonizado e declarado Doutor da Igreja.

CANO, MELCHIOR (1509-1560)

Teólogo espanhol, dominicano,

desde 1523. Foi discípulo de Francisco de *Vitoria. Em 1533 começou a ensinar em Valladolid, em 1543 em Alcalá e em 1546 foi sucessor de Vitoria em Salamanca. Durante o Concílio de *Trento teve um papel relevante nas discussões sobre a Eucaristia e a penitência. Sua opinião de que o consentimento das partes constitui a matéria do matrimônio e que a bênção sacerdotal era a fórmula ocasionou vivos debates no citado concílio. Em seus últimos anos levou a cabo uma política de oposição aos jesuítas e de apoio ao antipapismo de Filipe II.

CÂNON DAS ESCRITURAS

Lista dos livros oficialmente reconhecidos como parte das Escrituras e inspirados por Deus. O cânon judaico do Antigo Testamento inclui os livros do Gênesis, Êxodo, Levítico, Números, Deuteronômio, Josué, Juízes, 1 e 2 Reis, 1 e 2 Crônicas, 1 e 2 Samuel, Rute, Esdras, Neemias, Jó, Salmos, Provérbios, Eclesiastes, Cântico dos Cânticos, Isaías, Jeremias, Ezequiel, Daniel, Joel, Oséias, Amós, Abdias, Jonas, Miquéias, Naum, Habacuc, Sofonias, Ageu, Zacarias e Malaquias. O cânon protestante contém os mesmos livros e o católico além desses inclui os denominados pelos judeus e protestantes *apócrifos, e pelos católicos como deuterocanônicos ou pertencentes a um segundo cânon. Estes são: 1 e 2 Macabeus, Tobias, Judite, Eclesiástico, Sabedoria, Baruc, adições ao livro de Ester e de Daniel. Jesus não cita nos Evangelhos os apócrifos ou deuterocanônicos. Quanto ao Novo Testamento, não há discussão entre as confissões cristãs em relação aos livros que o compõem, que são: Marcos, Mateus, Lucas, João, Atos, Romanos, 1 e 2 Coríntios, Gálatas, Efésios, Filipenses, Colossenses, 1 e 2 Tessalonicenses, Filêmon, 1 e 2 Timóteo, Tito, Hebreus, Tiago, 1 e 2 Pedro, 1, 2 e 3 João, Judas e Apocalipse. Diversas seitas pseudocristãs, como os *mórmons ou os *adventistas do sétimo dia, consideram também textos inspirados os pertencentes a seus respectivos profetas.

Bibl.: PAUL, A., *La inspiración y el canon de las Escrituras*, Estella; BRUCE, F. F., *Canon...*; BECKWITH, R., *The Old Testament Canon of the New Testament Church*, Grand Rapids 1985.

CÂNON ECLESIÁSTICO

Obra perdida de Clemente de Alexandria também denominada "Contra os judaizantes".

CÂNONES DE HIPÓLITO

Obra baseada na tradição apostólica, cuja redação deve ter tido lugar em fins do séc. V, na Síria. Até nós chegaram numa versão árabe e noutra etíope, tendo-se perdido a grega. *Tradição apostólica*.

CÂNONES ECLESIÁSTICOS DOS SANTOS APÓSTOLOS

Constituição eclesiástica dos Apóstolos.

CAPADÓCIOS, PADRES

Basílio Magno, *Gregório Nazianzeno* e *Gregório de Nissa*.

CAPITÃO, WOLFANG (1478-1541)

Reformador protestante cujo apelido real era Köpfel. Amigo de *Erasmo e admirador de *Lutero, foi o reformador mais importante de Estrasburgo antes do aparecimento de *Bucero. Caracterizou-se por propugnar o avanço da *Reforma mediante a persuasão e a tolerância.

CAPUCHINHOS
Ramo dos *franciscanos fundado por Mateo de Bassi de Urbino († 1552). A regra (1529) pretende voltar aos valores de austeridade e pobreza do franciscanismo primitivo. Submetidos à oposição dos franciscanos e uma vez que seu terceiro geral Bernardino *Ochino se convertera ao protestantismo, estiveram a ponto de serem dissolvidos. Essa circunstância não chegou a se realizar pela oportuna contra-reforma que a ordem experimentou.

CARAÍTAS
Também ananismo. Do hebraico *qara*, ler. Movimento judaico da Idade Média que acreditava na submissão espiritual à Bíblia e negava a validade do Talmude e dos escritos rabínicos. Nesse sentido, vem a ser um equivalente ao protestantismo no seio do cristianismo. Embora suas primeiras manifestações se originassem em Bagdá (atual Iraque) pelo ano de 765 d.C. e ligadas a Anan ben David, há razões para pensar que os caraítas tenham alguns vínculos com os essênios existentes no séc. I d.C. Perseguidos pelo judaísmo talmúdico – que na Idade Média degenerou inclusive em atos violentos –, os caraítas perpetuaram-se até os dias de hoje contando, sobretudo, em países do Oriente Médio, pelo menos com uns vinte mil fiéis.

CAREY, WILLIAM (1761-1834)
Missionário *batista. Nasceu no seio da Igreja *anglicana, em 1779 experimentou uma conversão que o levou a aderir a uma Igreja batista em 1783. Durante bom número de anos ocupou seu tempo durante o dia como sapateiro e à noite como pastor. Em 1792 participou na fundação da Sociedade batista missionária e em 1793 partiu para a Índia, embora a Companhia das Índias proibisse a chegada de missionários. Compatibilizando um trabalho administrativo com o da evangelização, durante cinco anos traduziu o Novo Testamento ao bengali – que foi publicado em 1801 – e percorreu 200 localidades. Desde 1801, e durante trinta anos, foi professor de sânscrito, de bengali e marati na Universidade de Fort Guilherme. A ele se deve a abolição do assassinato ritual das viúvas por ocasião da morte do marido, a tradução e a publicação da Bíblia ao bengali (1809), a tradução de tudo ou de parte em outras 24 línguas e dialetos e diversas obras gramaticais sobre o sânscrito, o marati, o penjabi e o telugu.

CARLOS BORROMEU (1538-1584)
Um dos principais impulsionadores e protagonistas da Contra-reforma. Seu tio, o Papa *Pio IV nomeou-o arcebispo de Milão e cardeal em 1560, com apenas 18 anos. Teve um papel muito relevante na redação do catecismo do Concílio de *Trento. Promotor dos *jesuítas, manifestou uma especial preocupação pela formação do clero. Suas reformas, contudo, ocasionaram-lhe vivas críticas. Foi canonizado em 1610.

CARLOS MAGNO (742-814 APROX.)
Filho de Pipino III, rei dos francos, foi ungido juntamente com ele e seu irmão Carlos Mão pelo Papa *Estêvão II em 754. Ao morrer Carlos Mão em 771, Carlos Magno tornou-se o único governante. Durante os anos

seguintes dedicou-se a estender seu império subjugando os lombardos, os saxões, os bávaros, os ávaros e os panônios. Em 785 começou a expansão para o norte da Espanha e em 801 conquistou Barcelona. No ano anterior havia sido ungido pelo Papa *Leão III como o primeiro imperador do Sacro Império Romano, o que se tornou um claro desafio contra Bizâncio. Desempenhou um importantíssimo papel – superior mesmo ao do papa – nos concílios eclesiástico-civis encarregados de restaurar a disciplina eclesial, definir doutrina e unificar a liturgia.

CARLOS V (1500-1558)

Imperador da Alemanha e, com o número ordinal I, rei da Espanha. Em 1521, em sua presença, a Dieta de *Worms proscreveu *Lutero, embora as peripécias da política alemã não permitiram a Carlos V acabar com o protestantismo. Em 1544 esteve a ponto de desarticular a Liga protestante de Esmalcalda, mas seu triunfo foi breve. Os protestantes não somente se recuperaram e conseguiram expulsar da Alemanha o imperador, mas também em 1554 na Dieta de *Augsburgo obrigaram-no a aceitar o princípio de "cuius regio, eius religio" em virtude do qual cada príncipe escolhia a fé que seguiria em seu território. O desejo de evitar a separação, de tolerar os protestantes em parte de seus territórios e de persegui-los em outras pesou consideravelmente na decisão de abdicar de Carlos V.

CARLOSTÁDIO
*Carlstadt.

CARLSTADT, ANDREAS (1480-1541 APROX.)
Reformador alemão cujo verdadeiro nome era Andreas Bodenstein. Depois de estudar em Erfurt e Colônia, ensinou em Wittenberg. Em 1515 visitou Roma, o que lhe causou uma crise espiritual. Três anos depois já sustentava uma teologia protestante. No natal de 1521 celebrou a primeira eucaristia protestante, dando aos leigos as duas espécies e não usando nem o cânon nem vestes talares nem elevação. Seu radicalismo levou-o a colidir com Lutero e em 1529 viu-se obrigado a deixar a Alemanha. Desde essa data permaneceu na Suíça, ensinando em Basiléia desde 1534 até sua morte.

CARMELITAS DA SANTA FACE

Ordem fundada por Clemente Dominguez (um dos videntes de Palmar de Troya) e alguns de seus adeptos depois de ser ordenado bispo pelo arcebispo sul-vietnamita Ngo-Dhin-Thuc. A criação dessa ordem causou a ruptura de Clemente Dominguez com a Igreja católica, que na morte de Paulo VI autoproclamou-se seu sucessor com o nome de Gregório XVII. A seita, que na Espanha aparece inscrita no Registro de Entidades Religiosas no Ministério da Justiça, tem sido acusada de não ser senão uma cobertura para negócios econômicos um tanto escusos. Em termos doutrinais, alimenta um acentuado ultramontanismo manifestado, por exemplo, na canonização de José Antônio Primo de Rivera e de Francisco Franco entre outros.

CARPÓCRATES

Fundador de uma seita gnóstica. Se levarmos em conta que Marcelina, uma de suas discípulas, visitou Roma durante o reinado do Papa Aniceto (154-165) podemos deduzir que foi praticamente contemporâneo de Valentim. Segundo o testemunho de Irineu, negavam a divindade de Cristo e sustentavam que o mundo havia sido criado por anjos inferiores. Praticavam o culto das *imagens – de fato sustentavam que já Pilatos havia tido uma imagem de Cristo – em forma sincretista, combinando as de personagens bíblicas com as de filósofos. Praticavam também o espiritismo, a feitiçaria e as artes mágicas.

CARTAGO, CONCÍLIOS DE

Os primeiros concílios cartagineses podem ser divididos em quatro grupos claramente diferenciados. Os celebrados sob a direção de Cipriano em 251, 252, 254, 255 e 256 tiveram como finalidade ocupar-se com o problema dos lapsos ocasionado pela perseguição de Décio e do rebatismo dos hereges. Os concílios cartagineses sob Grato (348) e Genétlio (390) são os primeiros concílios africanos dos quais conservamos os cânones. Os celebrados sob Aurélio estenderam-se desde o ano 393 até 424, e tiveram uma grande importância na medida em que as igrejas africanas neles se negaram, de maneira firme e reiterada, a não reconhecer a jurisdição romana sobre elas. Finalmente, encontramo-nos com os concílios de 525 e 534 sob Bonifácio, bispo de Cartago.

CARTESIANISMO

Sistema de pensamento filosófico criado por René Descartes.

CARTUXOS

Ordem de rigorosa observância fundada por São Bruno em 1084 na Grande Cartuxa. Inicialmente não tiveram regra alguma, mas professavam um voto de silêncio vivendo cada um em sua cela e reunindo-se com os outros para o ofício, a missa e a refeição somente nos dias festivos. Em 1127 sua regra foi compilada por Guigues de Châtel, e em 1133 foi aprovada por *Inocêncio II. As diversas modificações da ordem não alteraram de maneira substancial o espírito primitivo. A ordem inclui também algumas casas de religiosas.

CASSIANO, JOÃO
*João Cassiano.

CASSIODORO, SENADOR, FLÁVIO MAGNO AURÉLIO (485-580 APROX.)

Monge e escritor romano. Desempenhou diversos cargos públicos e teve um papel fundamental na reconciliação do ariano Teodorico com os romanos. Seu mosteiro romano foi um precedente da conservação da sabedoria clássica por parte dos monges que se produziria durante a Idade Média. Sua *História eclesiástica tripartida* foi utilizada ao longo da Idade Média como manual de história da Igreja.

CASTELLO, SEBASTIÃO (1515-1563)

Teólogo calvinista. Em 1540 converteu-se ao protestantismo por influência direta de *Calvino. Em 1544 afastou-se dele e desde 1551 viveu em Basiléia, onde foi publicada sua tradução da Bíblia em latim, a Bíblia Sacra Latina. No ano seguinte foi-lhe oferecida a cátedra de grego em Basiléia. Em 1554 publicou seu tratado *De Haereticis*, no qual condenou a execução de Miguel *Servet e lutou pela tolerância religiosa. Essa obra provocou ruptura definitiva com Calvino e *Beza. Em 1555 foi publicada sua tradução para o francês da Bíblia. Seus últimos escritos, por causa de seu anticalvinismo, somente puderam ser publicados postumamente.

CASTIGO
Inferno.

CATARINA DA SUÉCIA
(1331-1381)
Filha de Santa *Brígida. Depois do falecimento da mãe, sucedeu-a na direção da ordem do Salvador. Apoiou *Urbano VI durante o *Grande Cisma e passou seus últimos anos na Itália tentando, de maneira infrutuosa, que sua mãe fosse canonizada.

CATARINA DE ALEXANDRIA
Personagem legendária da qual não existe menção antes do séc. X. Durante a Idade Média, representada com uma roda, foi uma das santas mais populares. Sua festa foi supressa em 1969, pois sua historicidade é muito duvidosa.

CATARINA DE MÉDICIS
(1519-1589)
Parente do Papa Clemente VII, foi casada com Henrique, filho de Francisco I da França, com a intenção de neutralizar o poder do imperador *Carlos V. Rainha da França desde 1547 e rainha mãe desde 1559; até 1567 exerceu uma política de tolerância para com os protestantes como contrapeso do partido católico. Desde 1567, contudo, foi executando uma política antiprotestante que em 1572 culminou com a matança do dia de São *Bartolomeu, 24 de agosto. Depois de 1574 sua influência política decaiu consideravelmente.

CATARINA DE SENA
(1347 ou 1333-1380)
Filha de um tintureiro, desde sua juventude afirmou ser objeto de visões e viveu de modo mortificado. Aos 16 anos entrou para a ordem terceira dominicana. Em 1376 viajou para Avinhão com o intuito de interceder perante o Papa *Gregório IX em favor de Florença, que havia se revoltado contra ele, e para convencê-lo a regressar a Roma. Durante o *Grande Cisma apoiou *Urbano VI. Foi canonizada em 1461 e declarada Doutora da Igreja em 1970.

CÁTAROS
Seita medieval de caráter maniqueísta, a qual freqüentemente e de modo errôneo se confunde com os albigenses e valdenses. Apareceram na França no séc. XI e desde então até o séc. XIII tiveram uma ampla influência no sul da França e no norte da Itália. Sua antropologia é de caráter gnóstico, mas diferente, por exemplo, dos bogomiles, para eles a figura de Satanás não tinha conotações positivas. A Igreja católica opôs-se a eles utilizando a Inquisição e a perseguição. Desaparecidos nos inícios do séc. XIV, sua importância atual apóia-se no fato da utilização desconsiderada e anticientífica que fazem deles os movimentos esotéricos, sectários e ocultistas. Falou-se de conexões, até agora indemonstradas, dos cátaros com os templários e os rosa-cruzes. Atualmente há Igrejas cátaras na França e outras partes do Centro da Europa.

CATIVEIRO BABILÔNICO
1. Expressão com que se denomina de maneira simbólica o período em que a sede papal esteve em Avinhão desde 1309 até 1377.

2. De acordo com o escrito "O cativeiro babilônico da Igreja" de Lutero, a situação de prisão espiritual em que se encontrava a Igreja católica ao afastar os leigos do cálice e ao ensinar doutrinas da transubstanciação e do sacrifício da missa.

CATOLICISMO ROMANO

Termo com que se costuma denominar a fé e a prática daqueles que estão em comunhão com o papa, especialmente desde a ruptura efetuada no séc. XVI na cristandade ocidental pela *Reforma. Doutrinamente, o catolicismo romano caracteriza-se muito especificamente por uma adesão à Tradição como fonte da revelação e ao papel docente da Igreja hierárquica. De fato, a teologia católico-romana, definida de maneira muito específica no Concílio de *Trento, tem manifestado uma especial preocupação por seguir definindo de maneira dogmática aspectos especialmente relevantes diante da Reforma como são a estrutura eclesial, o lugar de Maria na salvação e a função do papa como vigário de Cristo na terra. Estruturalmente, o catolicismo romano apresenta-se como uma hierarquia episcopal cuja cabeça é o papa, que ensina e governa o conjunto do povo católico. Embora o Concílio Vaticano II significasse uma maior participação dos leigos, contudo, não implicou o desaparecimento da diferença entre clero e leigos. A vida religiosa a partir de Trento experimentou um enorme crescimento, surgindo assim muitas ordens e congregações religiosas tanto masculinas como femininas que, desde o Concílio Vaticano II, iniciaram uma clara reforma.

CAVALEIROS DE MALTA
*Hospitalários.

CAVALEIROS DE RODES
*Hospitalários.

CAVALEIROS HOSPITALARES
*Hospitalários.

CAVALEIROS TEMPLÁRIOS
*Templários.

CECÍLIO

Presbítero sob cuja influência, conforme o testemunho de Jerônimo (*De vir. ill.* LXVII), Cipriano de Cartago converteu-se ao cristianismo.

CEFAS

Lit.: Pedra. Sobrenome dado a Pedro (Jo 1,42-43) e mantido no cristianismo posterior (1Cor 1,12; 3,22; 9,5; 15-5; Gl 1,18; 2,9.11.14).

CEIA, ÚLTIMA

Termo com o qual se designa a última ceia celebrada por Jesus com seus *discípulos. Ela teve como cenário o andar de uma casa (Mc 14,15; Lc 22,12), que possivelmente pode ser identificada com a mencionada em At 1,13, seguramente situada a sudoeste de *Jerusalém. Essa Ceia sem dúvida alguma deve ser identificada com a celebração da Páscoa judaica. De fato, assim o afirmou Jesus (Lc 22,15; Mt 26,17; Mc 14,12) e assim se desprende do rito da Ceia, na qual Jesus se identifica com o Cordeiro, cujo sangue salva o povo (Lc 22,20), um eco do relato pascal contido em Êx 12, e inicia o Novo Pacto, ou Nova Aliança, em paralelo com a Aliança do Sinai, também acompanhada de efusão de sangue (Êx 24). Strauss questionou, entretanto, a colocação cronológica da Última Ceia, insistindo que João a situava no dia anterior à Páscoa, o que por outra parte denotaria uma clara contradição entre os evangelistas. Para apoiar esse ponto de vista, diversos autores referiram-se às passagens contidas em João (Jo 18,28; 19,14 e 19,31). O exame dos textos joaninos, contudo, não evidencia essa contradição. Assim em

18,28, os sacerdotes judeus realmente não se referem à ceia da Páscoa, mas à totalidade da festa que durava sete dias (2Cr 30,22). A expressão "Véspera da Páscoa" (19,14) tampouco deve ser interpretada como significando o dia anterior à Ceia da Páscoa, mas, pelo contrário, com o sentido real que tinha o dia denominado "preparação", isto é, do dia anterior ao *sábado, nossa sexta-feira. De fato, nesse último sentido aparece em Mateus 27,62; Marcos 15,42; Lucas 23,54 e no mesmo João em duas ocasiões (19,31.42). Finalmente, a passagem de João 19,31 não pode ser interpretada no sentido de que o primeiro dia da festa nessa Páscoa foi o sábado. Grande dia podia ser o primeiro, o último, ou o sábado da festa (cf. Jo 7,37). Se ainda isso for pouco, pode-se ter em conta que João insiste – como os Sinópticos – em que a crucifixão teve lugar na sexta-feira (Jo 18,39-40; 19,31-42; 20,1-19 etc.). Portanto, longe de se diferenciar dos *Sinópticos, João coincide com eles em situar a Última Ceia na quinta-feira e a crucifixão na sexta.

Bibl.: Robertson, A. T., *Una armonía de los cuatro Evangelios*, El Paso 1975; Vidal Manzanares, C., *El primer Evangelio...*; Idem, *El judeo-cristianismo...*; E. "F. Teológica Toulouse", *La Eucaristia en la Biblia*, Estella; Cousin, H., *Los textos evangélicos de la Pasión*, Estella.

CELESTINO I (422-432)

Papa. Eleito após a morte de Bonifácio I. Liquidou imediatamente os novacianos confiscando suas igrejas e obrigando-os a se reunirem nas casas. Sua convicção de que Roma podia receber apelações de todas as províncias levou-o a entrar em choque com a Igreja africana que não somente obteve um triunfo sobre ele, mas sim aproveitou para recordar-lhe sua autonomia histórica frente a Roma. Mais êxito obteve em manter o controle sobre a Ilíria oriental. Embora antigo pelagiano, optou por uma política de força diante dessa heresia. Por um lado, em relação às Gálias dirigiu-se aos bispos – cuja submissão à sede romana lhes havia recordado apenas uns anos antes – apoiando a autoridade de Agostinho de Hipona, embora sem se definir sobre aspectos concretos do agostianismo (431). Por outro, impediu que os bispos italianos condenados por pelagianismo que buscavam o apoio do Oriente o obtivessem. A partir de 428 viu-se imerso no debate nestoriano, momento que Celestino aproveitou para insistir na submissão que o Oriente devia a Roma e para condenar num sínodo romano (430) a heresia nestoriana. Convocado por Teodósio um concílio em Éfeso (431) para resolver definitivamente a questão nestoriana, Cirilo – o grande opositor de Nestório – não esperou a chegada dos legados papais para iniciar o concílio (um intento para afirmar uma vez mais a autonomia episcopal frente as tendências universalistas do papa?) e procedeu a excomunhão de Nestório. As atas do concílio não foram submetidas a Celestino, mas ele manifestou sua satisfação pelo resultado final.

Obras: São de especial importância os Capítulos de Celestino enviados aos bispos gauleses em relação ao tema do pelagianismo (embora fossem recompilados depois de sua morte) e suas cartas. A principal contribuição teológica de Celestino I foi sua insistência na autoridade suprema da sede romana. Embora existissem precedentes desse ponto de vista, o certo é que – como assinalaram J. N. D. Kelly e B. Suder – até então nunca se havia afirmado semelhante princípio. Em todo caso torna-se difícil negar que o pontificado de Celestino I implicou em uma quebra considerável para o princípio da colegialidade episcopal em favor de um "monarquismo romano".

CELESTINO II (26 DE SETEMBRO DE 1143 A 8 DE MARÇO DE 1144)

De família aristocrática, em 1127 fo nomeado cardeal por *Calisto II. Legado papal na Alemanha e França, depois da morte de *Inocêncio II foi eleito papa com o apoio da imperatriz Matilde, viúva de Henrique V (1106-1125). Curiosamente suas ações mais importantes foram encaminhadas para emendar decisões de seu predecessor. Assim levantou a proscrição ditada sobre os lugares que abrigaram Luís VII da França (1137-1179) e se negou a ratificar o tratado de Migniano (1139) em virtude do qual se havia reconhecido a soberania de Rogério II sobre a Sicília e o sul da Itália.

CELESTINO III (MARÇO/ABRIL DE 1191 A 8 DE JANEIRO 1198)

Pertencente a uma família aristocrática, contava já com 85 anos quando foi eleito papa e somente aceitou por temor de que uma resposta negativa provocasse o cisma. Seu pontificado viu-se cheio de confusões com Henrique VI da Alemanha, ao qual, não obstante, não se atreveu a enfrentar diretamente nem sequer quando encarcerou Ricardo Coração de Leão que, na qualidade de cavaleiro que voltava das *Cruzadas, se achava sob a proteção papal. Tampouco Celestino III conseguiu fazer uma mediação no conflito entre Inglaterra e França, nem evitar que Filipe II Augusto se divorciasse e se casasse de novo. Em 1197 manifestou-se disposto a abdicar se os cardeais elegessem como seu sucessor o cardeal Giovanni de Sta. Prisca. Seu oferecimento foi recusado e morreu algumas semanas mais tarde.

CELESTINO IV (25 DE OUTUBRO A 10 DE NOVEMBRO DE 1241)

Tendo falecido *Gregório IX, os cardeais viram-se reduzidos a doze dos quais dois eram prisioneiros do imperador Frederico II (1220-1250). Dada sua divisão e a necessidade de que, de acordo com o Concílio de Latrão de 1179, o eleito devia contar com dois terços dos votos, o senador Mateus Rosso Orsini decidiu confiná-los em condições especialmente duras num palácio, o Septizonium, que estava a ponto de vir abaixo, com a finalidade de acelerar a eleição. Orsini também os ameaçou com represálias se elegessem alguém que não fosse um deles. Depois de se dar a morte de um deles e a enfermidade de vários, no dia 25 de outubro, depois de sessenta dias de confinamento, elegeram Godofredo de Casteglione com o nome de Celestino IV. Em lamentável estado de saúde, Celestino não chegou a ser sagrado e faleceu por causa de sua enfermidade.

CELESTINO V (5 DE JULHO A 13 DE DEZEMBRO DE 1294)

Depois da morte do Papa *Nicolau IV, o trono papal esteve vacante vinte e sete meses, já que não se conseguiu a maioria dos dois terços dos votos dos cardeais. Finalmente, a eleição recaiu em Pedro Morrone, um ermitão de 85 anos que havia profetizado terríveis males se a eleição não se realizasse logo. Pedro aceitou somente depois de fortes pressões e imediatamente se iniciou a lenda de um "papa anjo" que reformaria a Igreja. O certo, contudo, é que o novo papa foi facilmente manipulado por Carlos II, rei de Nápoles e Sicília, que inclusive conseguiu que o pontífice residisse não em Roma, mas no Castelo Novo de Nápoles. Péssimo administrador, finalmente, Celestino abdicou convencido de que existiam precedentes de atos semelhantes. Morreu no dia 19 de maio de 1296. Foi canonizado em 1313 por *Clemente V.

CELÉSTIO

Jurista romano e discípulo de Pelágio, foi um dos difusores da heresia de seu mestre. Depois da queda de Roma, fugiu para Cartago onde se refugiou entre o clero, sendo denunciado em 411 por Paulino de Milão. Celéstio defendeu-se, mas foi condenado, o que motivou sua apelação a Roma. Até 416 estava em Éfeso, onde foi admitido no colégio presbiteral. Condenado por Inocêncio I, reabilitado por Zózimo, depois no Concílio de Cartago de 418 é condenado definitivamente por esse mesmo papa. Em 423-424 tentou uma nova reabilitação, que fracassou. Parece que a posição de Celéstio foi ainda mais extremada que a de Pelágio, mas as fontes não permitem, a nosso ver, obter conclusões definitivas a esse respeito.

CELSO

Filósofo pagão do séc. II. Seu *Discurso verdadeiro contra os cristãos* (178 aprox.) é um dos primeiros escritos anticristãos dos quais temos notícias. A obra não chegou a nós, exceto através do *Contra Celso* de *Orígenes. Assim sabemos que nela Celso critica o caráter popular da origem social dos primeiros cristãos e sua fé nos milagres de Jesus; acusou-os de minar as bases do império com suas crenças e atos; e manifestou sua rejeição contra as doutrinas como a da ressurreição ou o valor salvífico da morte de Jesus na Cruz.

CENTÃO

Poema composto de palavras, hemistíquios ou versos tirados de outros poemas com a finalidade de expressar algo novo. O melhor dos centões cristãos é o da romana Petrônia Proba, mulher de Clódio Adélfio. Foi redigido em 360 aproximadamente.

CENTÚRIAS DE MAGDEBURGO

Uma história da Igreja desde sua fundação até 1400 dividida em "centúrias" e conhecida também como a *História da Igreja de Cristo* (Basiléia, 1559-1574). A obra, de forte conteúdo anticatólico, descreve como o cristianismo puro do Novo Testamento foi progressivamente se deslocando para o "Anticristo papal" até que deu início à *Reforma.

Apesar de seu tom tendencioso, as Centúrias constituíram um autêntico filão na historiografia eclesiástica e na quantidade de fontes utilizadas.

CERDÃO

Dirigente gnóstico cuja escola romana viu-se vigorizada por Marcião.

CERINTO

Dirigente gnóstico a quem a Epístola dos Apóstolos atribui ao lado de Simão, o Mago, a criação da heresia gnóstica.

CERULÁRIO

*Miguel Cerulário.

CÉU

*Vida eterna.

CHANTAL, JOANA

*Joana de Chantal.

CHATEAUBRIAND, FRANÇOIS RENÉ, VISCONDE DE (1768-1848)

Escritor romântico francês. Depois da morte de sua mãe e de sua irmã, entrou numa crise espiritual que determinou sua conversão ao catolicismo. Fruto dessa experiência foi a redação de *O Gênio do Cristianismo*, com a qual pretendeu defender o catolicismo das críticas emanadas dos filósofos racionalistas, alegando que havia sido a base da arte e da civilização européia.

CHILE, CRISTIANISMO NO

Depois da chegada dos espanhóis em 1535 produziu-se de maneira quase imediata a atividade missionária de *franciscanos e *jesuítas. Apesar de tudo, a expansão do catolicismo não chegou a ser importante até fins do séc. XVII. A independência da Espanha significou a liberdade de cultos, mas a Igreja católica conservou a hegemonia estatal. Desde os meados do séc. XX, o protestantismo chileno cresceu consideravelmente e passou atualmente a ser mais de 15% da população.

CHINA, CRISTIANISMO NA

Há uma lenda que diz que o apóstolo *Tomé esteve na China durante o séc. I. Não há provas sobre a historicidade desse episódio, mas sim da chegada de missionários *nestorianos durante o séc. VII. Os primeiros missionários ocidentais chegaram à China em 1294, concluindo esse trabalho em 1368 como conseqüência da disposição da dinastia Ming. Em 1582 deu-se início a missão dos jesuítas com Miguel Ruggiero e Mateo Ricci, e durante o século seguinte as dos *dominicanos e *franciscanos. A rivalidade entre as diversas ordens, em boa parte ocasionada pela inveja que surgia do êxito dos jesuítas na corte imperial, acabou desencadeando uma reação anticatólica por parte do imperador e conseqüentemente perseguições. Assim durante o séc. XVIII o catolicismo chinês entrou num período de semi-extinção. O séc. XIX constituiu o grande momento da expansão protestante na China. Robert Morrison, o primeiro missionário protestante nesse país, chegou a Cantão em 1807. A ele se devem uma tradução da Bíblia para o chinês, um dicionário chinês e outras obras. Depois de 1865, as potências ocidentais obrigaram o governo chinês a permitir a entrada de missionários no país, o que redundou não somente numa obra de expansão religiosa, mas também na fundação de escolas e hospitais. Em fins do séc. XIX a Igreja cristã mais numerosa na China era a "Missão para o Interior da China", fundada pelo missionário evangélico J. H. Taylor, seguida pela Igreja católica (mais ou menos meio milhão) e as outras denominações protestantes.

Apesar das convulsões que a China sofreu nos inícios do séc. XX, as diversas igrejas continuaram experimentando um crescimento, e o próprio Sun Yatsen, fundador do Kuomintang, era protestante. A paralisação desse crescimento deu-se com o triunfo da revolução comunista que significou também o início de um programa de perseguição sistemática aos cristãos. Até 1952, praticamente a totalidade dos missionários havia abandonado a China e os cristãos chineses viram-se obrigados a se integrar em organizações exclusivamente nacionais. Se isso podia ser encaixado com mais ou menos dificuldade pelas Igrejas protestantes, constituiu um drama para os católicos sujeitos ao papa. A Revolução Cultural de 1966 implicou em uma nova perseguição aos cristãos, mas durante os anos setenta, as diversas Igrejas começaram a sair da clandestinidade com um número significativo de membros. No que se refere à Igreja católica, persiste a divisão entre os que pretendem continuar sendo um corpo autônomo e os que lutam por se manter unidos a Roma. Na atualidade, o cristianismo constitui um fenômeno espiritual de grande força na China.

CHIPRE, CRISTIANISMO EM

O livro dos Atos (cap. 13) assinala como a ilha foi evangelizada por *Paulo e *Barnabé. No séc. IV, Chipre esteve representada no Concílio de *Nicéia. No Concílio de *Éfeso, apesar da oposição do Papa *Inocêncio I, foram reconhecidas as pretensões dos bispos cipriotas de ficar independentes de outros bispos. Chipre foi invadida pelos muçulmanos, mas no séc. X voltou a ser independente, iniciando-se um extraordinário aumento do monacato na ilha. Em 1196 os cruzados tentaram impor em Chipre a obediência ao bispo de Roma, o que provocou uma grande reação contrária da população. Isso explicou por que quando os turcos se apoderaram da ilha em 1571 desaparecera dela a Igreja católica, mas não a greco-ortodoxa. Em 1878 estabeleceu-se sobre a ilha um governo britânico, o que exacerbou as tensões com um clero que era nacionalista. De fato, em 1960 o arcebispo Macários tornou-se o primeiro presidente da República de Chipre. Na ilha há poucos católicos e alguns protestantes.

CIÊNCIA CRISTÃ

Seita pseudocristã de origem norte-americana fundada por Mary Baker *Eddy. Embora em teoria aceite a revelação contida na Bíblia, como no caso dos adventistas do sétimo dia, e dos mórmons, dá preferência aos escritos de sua profetisa sobre os da Bíblia. Parece estabelecido que o núcleo de sua doutrina referente à santidade é tirado da tese de P. P. Quimby, na qual também se inspiraram outras seitas como os Criadores do Novo Pensamento e a Escola Unida do Cristianismo. Sua doutrina, além disso, manifesta poderosos influxos do pensamento gnóstico e nega a realidade da matéria, a Queda, o pecado, a materialidade do homem, a divindade de Cristo, a Redenção na cruz etc., e insiste em que a verdadeira vida cristã é praticar a cura dos outros, física e moral, como o fez Cristo, o que explica sua negativa em empregar remédios da medicina habitual. Não se pode negar o caráter perigoso de seu ponto de vista acerca da medicina convencional, assim como os aspectos muito heterodoxos de sua teologia se se a relaciona com a mensagem cristã. Na atualidade conta por perto de um milhão e meio de adeptos em todo o mundo.

CIPRIANO DE CARTAGO

Nascido entre os anos 200 e 210 na África, provavelmente em Cartago, converteu-se ao cristianismo graças ao presbítero Cecílio. Pouco depois de sua conversão foi ordenado sacerdote e em 249 foi eleito bispo de Cartago por aclamação do povo. Ao irromper a perseguição de Décio (250) escondeu-se, atitude não bem-vista por todos. Pouco depois do martírio do Papa Fabiano, viu-se obrigado a enviar uma carta à Igreja de Roma explicando sua conduta e apresentando o testemunho de outras pessoas que asseguravam que nunca havia abandonado seus deveres de pastor. Não foi este o único problema derivado da perseguição, pois logo se iniciou o problema relativo aos lapsos ou cristãos que haviam renegado sua fé. Cipriano era contrário à imediata reconciliação destes, e sua atitude provocou a oposição de um setor eclesiástico no qual se destacava Novato, que iria a Roma para apoiar Novaciano contra o novo Papa Cornélio. Cipriano agiu excomungando seus opositores e redigindo duas cartas pastorais *Sobre os lapsos* e *Sobre a unidade da Igreja*. Em maio de 251 reuniu-se um sínodo que aprovou os princípios de Cipriano e as excomunhões decretadas por este, aceitando-se também que todos os lapsos fossem admitidos à penitência.

Nos últimos anos de sua vida teve de se enfrentar com a controvérsia relacionada ao batismo dos hereges. Cipriano, seguindo uma tradição africana confirmada pelos sínodos de Cartago de 255 e 256, manifestava-se contra a validade do mesmo. Pelo contrário, o Papa *Estêvão advertiu os africanos contra a adoção daquela posição que desmentia a tradição eclesial anterior. O conflito intensificou-se quando Valeriano promulgou um edito contra os cristãos. Na perseguição Estêvão morreu mártir e Cipriano foi desterrado para Cucubis em 257. No ano seguinte foi decapitado perto de Cartago. Era o primeiro bispo africano mártir. Entre suas obras destacam-se: *A Donato*, na qual relata sua conversão e a mudança de vida experimentada pela ação da graça. *Sobre as vestes das virgens*, dirigido às jovens cristãs as quais adverte sobre os perigos mundanos como os enfeites, os cosméticos, os banhos mistos e o vestuário luxuoso. *Sobre os lapsos*, escrita na primavera de 251, contém a posição rígida de Cipriano com relação aos apóstatas da perseguição. Foi a base do assunto do tema na África. *Sobre a unidade da Igreja*, dirigido especialmente contra Novaciano, demonstra que os cismas e as heresias são atribuíveis ao diabo e que todo cristão deve permanecer na Igreja católica que é a única edificada sobre Pedro, pois fora dela não há salvação. Problema ligado a essa obra é o de suas famosas "adições" sobre o primado de Pedro, que para alguns são alterações posteriores, enquanto que para outros, como Dom Chapman, não são senão revisões do texto realizadas pelo próprio Cipriano. *Sobre a oração do Senhor*, obra de interpretação do Pai-nosso baseada fundamentalmente em outra anterior de Tertuliano. *A Demetriano*, na qual defende os cristãos da acusação de serem culpados dos desastres do Império. *Sobre a mortalidade*, uma explicação do valor que o cristão deve dar ao fenômeno da morte. *Sobre a obra e as esmolas*, obra que pretende impulsionar a caridade cristã aos crentes como agradecimento pela redenção obtida pelo sangue de Cristo. *Sobre o bem da paciência*, baseada no tratado *Sobre a paciência de Tertuliano*. *Sobre o ciúme e a inveja*. *Exortação ao martírio* dirigida a Fortunato. Três livros de testemunhos a Quirino. *Por que os ídolos não são deuses* e cartas (número de 81). Foram também atribuídas treze obras não autênticas das quais as mais conhecidas são o tratado *A Novaciano; Sobre a data da Páscoa* e *Sobre o novo batismo*.

A principal importância teológica de Cipriano gira em torno de sua eclesiologia. Para ele fora da Igreja não há salvação (*Salus extra ecclesiam non est*), tese que ilustra comparando a Igreja com uma mãe, com a arca de Noé etc. O fundamento da unidade eclesial é a submissão ao bispo (ao qual aplica globalmente o texto de Mt 16,18) que somente dá contas diante de Deus. Do afirmado em CSEL III,

1,436, deduz-se que não reconhecia uma supremacia de jurisdição do bispo de Roma sobre seus colegas nem tampouco que Pedro recebera poder sobre os demais apóstolos (*De unit.* IV; *Epist.* LXXI, 3) e isso explica sua oposição ao Papa Estêvão na questão do batismo dos hereges. Contudo, os direitos reconhecidos ao Papa Cornélio e sua carta de autojustificação perante a Igreja de Roma fizeram alguns autores pensar que se sentia obrigado para com a sede de Roma. Ao mesmo tempo parece claro que viu a Pedro como fundamento da Igreja (conforme algumas leituras *De unit.* IV). Em relação ao batismo, Cipriano rejeitou o administrado pelos hereges e se mostrou partidário em administrá-lo às crianças o quanto antes, inclusive com anterioridade aos oito dias. Fala também de um batismo superior ao batismo com água, que é o de sangue conferido pelo martírio. Em relação à penitência, Cipriano optou por uma posição que rejeitava o laxismo de seu clero e o rigorismo de Novaciano. De uma perspectiva atual, sua tese nos parece muito dura, mas esse aspecto deve situar-se dentro dos padrões de conduta da época. Com relação à Eucaristia, é o autor do único escrito anterior a Nicéia consagrado exclusivamente a esse tema. Seu ponto de vista é interessante porque incide especialmente no caráter sacrifical da Ceia do Senhor, que é a repetição do sacrifício de Cristo (*Epist.* LXIV, 14). Essa passagem de Cipriano é a primeira na qual se afirma que a oferenda são o corpo e o sangue do Senhor. Esse sacrifício tem um valor objetivo, pois se oferece para o eterno descanso das almas (*Epist.* I, 2) e em honra dos mártires (*Epist.* XXXIX, 3). Naturalmente carece de toda validade celebrado fora da unidade eclesial.

CIPRIANO GALO

Autor a quem se atribuiu uma coleção de poemas sobre os livros históricos do Antigo Testamento, publicados em 1891 por Peiper sob o nome de Cipriano Galo. Harnack e Brewer atribuíram-lhe também a Ceia de Cipriano.

CIRCUNCÉLIOS

Nome derivado de *circum cellas* (os que atacam as moradas rodeando-as) com o qual os católicos denominaram os "agonistici" (soldados) de Cristo. Originalmente esse grupo, surgido na África no séc. IV, parece ter tido uma raiz social, mas em breve se uniu ao *donatismo. Seu caráter violento e antiinstitucional provocou a reação governamental. Sobreviveram até o séc. V.

CIRCUNCISÃO

Remoção do prepúcio. Essa prática, conhecida em Israel como "berit milâh" (pacto da circuncisão), é um dos mandamentos essenciais do judaísmo. Deve ser realizada no oitavo dia após o nascimento. Concluída a circuncisão a criança recebe seu nome (ou nomes) em hebreu. Os conversos ao judaísmo devem circuncidar-se e, em caso de já o estar, somente lhe faz surgir uma gotinha de sangue simbólica. Jesus foi circuncidado (Lc 1,21), embora o cristianismo posterior tenha abolido semelhante rito – e do cumprimento da Lei mosaica – aos convertidos (At 15).

CIRENEU

Natural de Cirene, uma cidade situada na atual Líbia, embora judeu. As fontes mostram que era comum a tensão entre os naturais desse lugar e os judeus que ali viviam. A Escritura aponta um deles que ajudou Jesus a levar a cruz (Mt 27,32; Mc 15,21; Lc 23,26).

CIRILO DE ALEXANDRIA

Nascido em Alexandria em data desconhecida, no ano de 403 tomou parte na destituição de João *Crisóstomo no sínodo de Encina e manteve sua aversão a esse personagem até pelo menos o ano de 417. Parece ter sido de um sadismo pouco refreado em suas atuações contra os judeus e novacianos, o que o levou a se chocar com Orestes, o prefeito imperial da cidade, e explica que a ele foi atribuído ter incitado o assassinato da filósofa pagã Hypatia, despedaçada em 415 na escadaria interior de uma igreja por uma turma de cristãos. A partir de 428, quando *Nestório foi sagrado bispo de Constantinopla, ativamente se opôs a ele começando por contradizê-lo numa carta pascal de 429. Esse debate, que logo envolveu as respectivas escolas de Alexandria e Constantinopla, levou Nestório e Cirilo a solicitar a intervenção do Papa *Celestino. Um sínodo celebrado em Roma em 430 condenou Nestório, que por sua vez aprovava a doutrina de Cirilo. Diante de sua forte postura frente a seu opositor – que ameaçava provocar o cisma no Oriente –, o imperador Teodósio convocou um Concílio em *Éfeso (431) em cuja primeira sessão Nestório foi deposto e excomungado. No decurso desse concílio se reconheceu também o título de Mãe de Deus (*Theotókos*) aplicado a Maria, embora seu conteúdo fosse mais para destacar as categorias cristológicas (da divindade de Cristo) que mariológicas (o papel destacado de Maria). Quatro dias mais tarde a chegada de João de Antioquia provocou a convocação de um novo sínodo no qual foi deposto e excomungado Cirilo. Teodósio, procurando evitar um conflito, optou por declarar depostos Nestório e Cirilo e encarcerar a ambos. Posteriormente permitiu que Cirilo regressasse a sua sede, enquanto Nestório refugiava-se em seu mosteiro de Antioquia. Em seu afã de perseguir o nestorianismo, Cirilo esteve a ponto de condenar entre 438 e 440 Teodoro de Mopsuéstia que fora mestre de Nestório, embora se declarasse, já em seu leito de morte, ser contrário a essa medida. Faleceu em 444.

A primeira etapa de Cirilo esteve marcada pela luta contra os arianos. Desde 428, pelo contrário, seu foco de atenção constitui a luta contra o nestorianismo. Escreveu diversos comentários aos livros do Antigo e do Novo Testamento, nos quais se aprecia a utilização do método alegórico. Também foi autor de um *Tesouro acerca da santa e consubstancial Trindade*, um tratado *Contra as blasfêmias de Nestório*, outro *Acerca da reta fé*, *Doze anátemas contra Nestório*, uma apologia dirigida ao imperador Teodósio, uns *Escólios sobre a encarnação do unigênito*, um tratado *Contra os que não querem confessar que a santa virgem é a mãe de Deus*, uma *Apologia contra Juliano*, o diálogo *Porque Cristo é uno*, um tratado *Contra Diodoro e Teodoro*, e várias coleções de cartas pascais, sermões e epístolas.

Foi atribuída a Cirilo a invenção do método escolástico em teologia, apresentando em defesa de seus argumentos não somente os testemunhos das Escrituras, mas também dos Santos Padres. Certamente não foi o primeiro a utilizar esse sistema, mas sim é verdade que o fez com uma profusão desconhecida até então. Também usou – como antes que ele os arianos e os apolinaristas – as provas derivadas da razão para sustentar suas teses. Sua cristologia inicial não foi senão uma cópia da cristologia de Atanásio, mas o debate com Nestório levou-o a apresentar de maneira mais sutil sua terminologia, antecipando – antes que Calcedônia – a dualidade das naturezas existentes em Cristo. A qualificação de Maria como *Theotókos* ou mãe de Deus era algo que igualmente derivava de sua cristologia. Se aquele que nasceu foi Deus, Maria teria de ser mãe de Deus. Contudo, tampouco nisso Cirilo foi original já que construía sobre precedentes alexandrinos.

CIRILO DE JERUSALÉM

Desconhecemos o lugar e a data de seu nascimento, talvez possa ser 315 em Jerusalém. Em 348 foi sagrado bispo dessa cidade. Como conseqüência de sua oposição aos arianos – coisa curiosa se tivermos em conta que quando aconteceu sua sagração episcopal ele era considerado filoariano – foi expulso de sua sede em três ocasiões. A primeira aconteceu em 357 por obra do Concílio de Jerusalém; a segunda em 360 por decisão de Acácio; a terceira em 367 por ordem do imperador Valente, não podendo regressar até 378. No ano de 381 tomou parte no Concílio ecumênico de Constantinopla. Morreu possivelmente em 387. Foi autor de 24 Instruções catequéticas, uma carta ao imperador Constâncio e de diversas homilias das quais somente chegaram até nós uma inteira e quatro fragmentadas. Sua cristologia é totalmente anti-ariana, embora jamais utilize o "omousios niceno". Pode ser que o motivo se deva à negativa de utilizar termos que não apareceram nas Escrituras, assim como ao temor de uma utilização sabeliana do mesmo.

Considera o batismo como um "resgate para os presos, perdão das ofensas, morte do pecado e regeneração da alma", negando a possibilidade de salvação a quem não tinha recebido o batismo de água ou de sangue. Em relação à Eucaristia, Cirilo foi o primeiro teólogo que explicou a presença real do corpo e do sangue de Cristo como conseqüência de uma mudança das substâncias nos elementos. Esse fato, que ele ilustra mediante a conversão da água em vinho nas bodas de Caná, atribuiu-o à invocação do Espírito Santo sobre a oferenda através da epicleses. Da mesma maneira, Cirilo desenvolve o caráter sacrifical da Eucaristia, a qual considera "sacrifício espiritual" e "sacrifício propiciatório".

CISNEROS, FRANCISCO JIMENEZ DE (1436-1517)

Cardeal e político espanhol. Nascido em Torrelaguna (Madri), estudou teologia e direito em Alcalá de Henares, Salamanca e Roma. Ordenado sacerdote, foi arcipreste de Uceda, vigário geral e provedor da diocese de Sigüenza. Em 1484 ingressou na ordem franciscana, tornando-se guardião e superior do pobre convento da Salceda. Mais tarde foi provincial do convento franciscano de San Juan de los Reyes (Toledo), onde trocou seu verdadeiro nome, Gonçalo, pelo de Francisco. Isabel, a Católica, nomeou-o seu confessor e seu principal conselheiro, e em 1495 conseguiu que se tornasse arcebispo de Toledo com a esperança de que conseguisse executar a reforma do clero secular. Em 1502 foi um dos artífices da expulsão de toda a população muçulmana não convertida. Desde 1505 foi um enérgico propulsor da política africana que culminou em 1509 com a tomada de Orã (1509). Foi testamenteiro da rainha Isabel como também membro da Regência posterior à morte de Felipe, o Belo (1506).

Em 1507, a instâncias de Fernando, o Católico – que o nomeou inquisidor geral –, foi nomeado cardeal. Desenvolveu um brilhantíssimo trabalho cultural, humanista e religioso que se refletiu na fundação da Universidade de Alcalá de Henares (1508), e na impressão da famosa *Bíblia Poliglota Complutense* (1517). Autêntico precursor de uma reforma em profundidade da Igreja, seus esforços viram-se malogrados de maneira quase total ao irromper na Alemanha a revolução luterana e alinhar-se a Espanha com a causa da *Contra-reforma. Em 1516, apesar das pretensões de Adriano de Utrecht, o futuro Papa Adriano VI, Fernando, o Católico, o havia nomeado em seu testamento regente e governador de Castela, Leão, Granada e Navarra até a chegada de seu neto Carlos de Gante. Cisneros soube sufocar as tentativas de revolta da nobreza castelhana e do partido flamengo. Faleceu em Roa (Burgos), quando ia receber Carlos com toda a corte nos portos cantábricos.

CISTERCIENSES

Ordem dos monges brancos. Recebe esse nome da casa da fundação Citeaux que teve início em 1098, fundada por Roberto de Molesme, com a finalidade de reformar os *beneditinos. Para isso recorreu a um maior isolamento, a normas mais severas relativas ao silêncio e à alimentação e a uma insistência ao trabalho manual que chegou a converter os cistercienses em grandes colonizadores. Depois de um início precário, a ordem entrou num período de crescimento chegando a seu ponto máximo com *Bernardo de Claraval. Em 1119 o Papa *Calisto II aprovou a constituição da ordem. Durante o séc. XIII existiram mais de setecentas abadias cistercienses na Europa. No séc. XVII Citeaux perdeu o controle central sobre as casas estrangeiras e se formaram congregações nacionais na Espanha e em outros lugares. Durante esse século surgiu o movimento da Observância estrita, que logo se estendeu para a terceira parte da Ordem na França, embora não em outros países. A Revolução Francesa provocou a dispersão dos seguidores da Observância estrita para outros países. Sendo os monges da Trapa os primeiros a regressar à França depois da Revolução, eles puderam estabelecer certa supremacia entre os seguidores da Observância estrita que daí em diante ficaram conhecidos como trapenses. Em 1898, Citeaux adotou também a Observância estrita.

CLARA (1194-1253)

Fundadora das clarissas. Em 1212, aproximadamente, influenciada por São *Francisco de Assis, abandonou todas as suas possessões e decidiu segui-lo para a Porciúncula. Inicialmente entrou numa comunidade beneditina, mas depois se uniu a outras mulheres que desejavam viver a vida religiosa segundo a inspiração franciscana. Em 1215 fundou essa comunidade da qual seria a abadessa até sua morte. *Gregório IX autorizou a comunidade. Foi canonizada por *Alexandre IV em 1255.

CLAUDIANO

Nascido em Alexandria do Egito, chegou a Roma em 394. Poeta na corte de Honório e panegirista de Estilicão, morreu em 404. Louvado em sua época como um novo Homero, ao lado de suas obras profanas, compôs dois epigramas em grego no total de quinze versos, um epigrama irônico, *Sobre o salvador e os Milagres de Cristo*, embora essa última obra seja questionada pela crítica como sua. Discutiu-se efetivamente se Claudiano foi cristão. Birt e Pellegrino afirmam sua fé cristã, enquanto que outros (Vollmer, Rauschen, Helm, Mazarino, Cameron etc.) o negam. Em nossa opinião o fato de que escrevesse hinos aos deuses pagãos parece excluir a possibilidade de que fosse cristão. Assim também pensa Agostinho de Hipona (*De civ. Dei* V, 26).

CLEMENTE I ou DE ROMA (91-101 APROX.)

Terceiro sucessor de Pedro em Roma segundo a lista dos bispos romanos citada por Ireneu (*Adv. Haer.* III, 3,3). Eusébio (HE III, 15,34) fixa o início de seu episcopado no ano doze de Domiciano (92) e seu final no terceiro de Trajano (101). Algumas fontes afirmam que foi sagrado pelo próprio apóstolo Pedro, mas que por razões de convivência havia renunciado em favor de Lino e retomado o lugar depois de Anacleto. As tentativas em historiar sua vida foram em vão até essa data. Orígenes o identificou com o Clemente mencionado em Filipenses 4,3; as Pseudoclementinas o colocaram entre os Flávios; e Dion Cássio o identificou com o cônsul Tito Flávio Clemente executado em 95 ou 96 por ser cristão. O certo é que não temos provas a favor de nenhuma dessas teses, como tampouco de seu martírio, que é comemorado por algumas liturgias romanas. O único escrito que possuímos dele é a Epístola aos Coríntios (95-96), o primeiro escrito cristão – além do Novo Testamento – cujo autor, situação e época conhecemos. Parece que informado sobre problemas existentes na Igreja de Corinto, Clemente redigiu a mencionada obra que é um chamado para a concórdia entre os membros da Igreja de Corinto. É atribuída a ele também uma segunda carta cujo autor desconhecemos e que contém um testemunho da segunda penitência, duas cartas às virgens – escritas na realidade no séc. III – e as *Pseudoclementinas*, uma novela que nos chegou fragmentada também redigida no séc. III. A carta reveste-se de certa importância porque não só contém um testemunho de importância acerca da estada de Pedro em Roma e da de Paulo na Espanha, mas que além disso aparece nela a primeira declaração expressa sobre a sucessão apostólica (XLIV, 1-3); contudo não afirma o primado da sede de Roma. A hierarquia cristã divide-se em bispos e diáconos – aos quais denomina com o nome comum de presbíteros em algumas ocasiões (XLIV, 5 e LVII, 1) – cuja missão principal é oferecer os dons ou apresentar as oferendas.

CLEMENTE II (24 DE DEZEMBRO DE 1046 A 9 DE OUTUBRO DE 1047)

Aprovado por Henrique III da Alemanha – que desejava libertar a eleição papal das decisões da aristocracia romana –, o bispo Suidgero foi eleito papa tomando o nome de Clemente como prova de que desejava buscar sua inspiração no cristianismo primitivo. Depois de coroar Henrique III, ele pôde dominar a eleição papal ao se converter em patrício romano. Morto de maneira inesperada, correu o rumor de que fora envenenado por *Bento IX, embora isso nunca se tenha provado. Apesar de tudo, o exame de seus restos realizado depois da abertura de seu túmulo, no dia 3 de junho de 1942, deixou evidente que sua morte foi por envenenamento.

CLEMENTE III (19 de dezembro de 1187 a fins de março de 1191)
Aristocrata romano, eleito após a morte de *Gregório VIII, conseguiu um acordo para o regresso da sede papal a Roma em 1188 e no ano seguinte concluiu um acordo com o império. Ambos os atos implicaram claras concessões da Santa Sé que se deveram fundamentalmente a seus problemas econômicos. Essa circunstância explica o trabalho financeiro executado por esse papa, trabalho cuja urgência tornou-se ainda mais acentuada por causa da Terceira Cruzada.

CLEMENTE IV (5 de fevereiro de 1265 a 29 de novembro de 1268)
De origem francesa, esteve casado e teve dois filhos. Depois da morte de sua esposa recebeu as ordens sagradas. Ao falecer *Urbano IV, depois de quatro meses de impasse foi eleito papa. Seguiu uma política encaminhada a afastar os Hohenstaufen da Itália e a instalar Carlos de Anjou no trono da Sicília e de Nápoles. O triunfo papal foi somente parcial, já que Carlos de Anjou se negou a limitar sua influência no mencionado reino. Em 1267, o imperador bizantino Miguel VIII, Paleólogo, ofereceu ao papa a submissão à sede romana em troca de que impedisse uma expedição do rei Carlos para invadir Constantinopla. A inclinação do papa pela política frustrou a possibilidade, uma vez que apoiando a Carlos, limitou-se a ordenar aos bizantinos uma submissão absoluta.

CLEMENTE V (5 de junho de 1305 a 20 de abril de 1314)
Papa. Ao fixar sua residência em Avinhão, inaugurou o período conhecido como o *Cativeiro babilônico da Igreja, caracterizado porque durante ele o rei da França controlaria os assuntos papais. Condenou como herege e imoral o Papa *Bonifácio VIII e ordenou o processo contra os *Templários, cujas riquezas cobiçava.

CLEMENTE VI (7 de março de 1342 a 6 de dezembro de 1352)
Papa. Manteve a residência papal em Avinhão. Embora profundamente entregue ao nepotismo, manifestou igualmente uma especial preocupação pelos pobres durante a epidemia da peste negra de Avinhão (1348-1349). Também foi um protetor das ordens mendicantes e dos judeus.

CLEMENTE VII (20 de setembro de 1378 a 16 de setembro de 1394)
1. Antipapa. Sua eleição, seguida por sua coroação no dia 31 de outubro de 1378, inaugurou o Grande *Cisma do Ocidente (1378-1417).
2. (19 de novembro de 1523 a 25 de setembro de 1534). Papa. Suas ambições contribuíram decisivamente para perturbar o panorama político e religioso da época. Sua política antiespanhola teve como conseqüência o saque de Roma (1527) e, posteriormente, seu desejo de agradar *Carlos V – do qual tinha sido inimigo anteriormente – precipitou o cisma de *Henrique VIII da Inglaterra. Por outro lado, sua incapacidade para elevar o nível moral da Igreja contribuiu consideravelmente para o avanço da *Reforma Protestante. Em seu favor pode-se dar o fato de ter sido um mecenas de artistas como Rafael e Michelangelo.

CLEMENTE VIII (30 de janeiro de 1592 a 5 de março de 1605)
Papa. Partidário de impedir a hegemonia espanhola na Europa, em 1595 recebeu *Henrique IV da França

no seio da Igreja, conseguindo que esse país não pendesse totalmente para a *Reforma. Fracassou, contudo, em sua esperança de converter Jaime I da Inglaterra ao catolicismo.

CLEMENTE IX (20 DE JUNHO DE 1667 A 9 DE DEZEMBRO DE 1669)
Papa. Durante seu reinado reconheceu-se o caráter independente da Igreja católica portuguesa em relação à espanhola. Obrigado a ceder diante das exigências intervencionistas de Luís XIV da França em matéria eclesiástica, fracassou igualmente em seu projeto de libertar Creta dos turcos para entregá-la a Veneza. As notícias desse revés, de fato, precipitaram sua morte.

CLEMENTE X (29 DE ABRIL DE 1670 A 22 DE JULHO DE 1676)
Papa. Sua principal preocupação foi proteger a *Polônia da ameaça turca, apelando inclusive para a ajuda de Carlos XI, o rei protestante da Suécia. Ele não atendeu a suas súplicas, mas a ajuda papal contribuiu finalmente para a vitória de João Sobieski (1624-1696) sobre os turcos. Menos sorte teve em seus negócios com Luís XIV da França, que conseguiu um controle quase absoluto sobre os assuntos eclesiásticos sem que a Santa Sé pudesse opor nenhum tipo de resistência.

CLEMENTE XI (23 DE NOVEMBRO DE 1700 A 19 DE MARÇO DE 1721)
Papa. Favoreceu a candidatura de Filipe de Anjou ao trono espanhol. Condenou o *jansenismo (1705) e tentou sem sucesso organizar uma aliança contra os turcos que ameaçavam Veneza (1714).

CLEMENTE XII (12 DE JULHO DE 1730 A 6 DE FEVEREIRO DE 1740)
Papa. De idade avançada e mal de saúde no momento de sua eleição, Clemente XII desempenhou um pontificado marcado por uma crescente crise econômica e um decréscimo da importância internacional da Santa Sé. Ele manifestou sua impotência diante da Guerra da Sucessão polonesa ou diante da incapacidade de reação frente à ruptura de relações da Espanha com o papa.

CLEMENTE XIII (6 DE JULHO DE 1758 A 2 DE FEVEREIRO DE 1769)
Papa. Seu pontificado esteve marcado pela controvérsia relativa à *Companhia de Jesus. Em 1760 os jesuítas foram expulsos de Portugal; em 1761 da França; e em 1767 da Espanha. As pressões dos embaixadores da Espanha, de Nápoles e da França, exigindo a dissolução dos jesuítas, precipitaram a morte do papa.

CLEMENTE XIV (19 DE MAIO DE 1769 A 22 DE SETEMBRO DE 1774)
Papa. A principal preocupação de seu pontificado foi consolidar uma aliança dos reis católicos diante do avanço da irreligiosidade. Temeroso de um cisma causado pela França e Espanha, finalmente aceitou a dissolução da *Companhia de Jesus, que apareceu no Breve *Dominus ac Redemptor* de 21 de julho de 1773. O Breve foi obedecido em todos os estados católicos, mas tanto Catarina II da *Rússia como Frederico II da Prússia ofereceram refúgio aos jesuítas e a Companhia não desapareceu completamente. A medida, finalmente, debilitou Clemente XIV. Se, por um lado, não conseguiu o objetivo de obter o apoio político dos reis católicos, por outro, implicou num crescimento da impopularidade do papa entre os cardeais e a nobreza romana.

CLEMENTE DE ALEXANDRIA

No nascimento recebeu o nome de Tito Flávio Clemente, no ano 150, em Atenas. Parece que foi nessa cidade onde se educou. Desconhecemos as circunstâncias de sua conversão. Depois desta, viajou por todo o sul da Itália, Síria e Palestina. Em Alexandria ficou assombrado pelas aulas de Panteno e decidiu fixar aí sua residência. No ano 200 sucedeu a Panteno como diretor da escola de catecúmenos e três anos mais tarde viu-se obrigado a fugir do Egito por causa da perseguição de Septímio Severo. Exilado na Capadócia, morreu pouco antes de 215 sem regressar ao Egito. Personagem de enormes conhecimentos que ultrapassavam o campo meramente teológico, procurou converter a fé cristã num sistema de pensamento filosófico com uma forte tendência da filosofia helenista. É nesse sentido que pode ser considerado um autêntico precursor. Entre suas principais obras conservadas destacam-se *O Protéptico* ou *Exortação aos helenos*, cuja finalidade era convencer seus coetâneos da futilidade do paganismo; *O Pedagogo*, uma continuação da anterior na qual realiza uma introdução à fé cristã; e *Los Stromata* ou *Tapices*, em que trata uma série de temas relacionados ao cristianismo, partindo de uma perspectiva filo-helenista, que o leva por exemplo a afirmar que a contribuição da filosofia grega para a revelação é semelhante a do Antigo Testamento. Perdeu-se também um bom número de suas obras como as *Hypotyposeis*, em que explicava todas as obras canônicas incluindo algumas sujeitas a controvérsia como o *Apocalipse de Pedro*; um tratado sobre a *Páscoa* e o *Cânon Eclesiástico* ou contra os judaizantes.

Teologia: a grande contribuição de Clemente é ter sido fundador da teologia especulativa. Inimigo da gnosis paganizante, optou por construir uma gnosis cristã num intento de harmonizar a fé e o conhecimento. Seu sistema teológico está dominado pela doutrina do Logos que forma a Trindade junto com o Pai e o Espírito Santo, o que explica seu fracasso, já que a teologia está dominada pela idéia de Deus e não pela do Logos. Eclesiologicamente concebe a hierarquia eclesial em três estratos: episcopado, presbiterado e diaconado. Considera a Igreja como a única Virgem Mãe e afirma que se distingue das seitas heréticas – a seu ver o maior obstáculo para a conversão de judeus e pagãos pela sensação de divisão que criam – por sua unidade e antigüidade. Declara que o batismo é um renascimento e uma regeneração (*Strom.* III, 12,87), mas negou o caráter sacrifical da Eucaristia (*Strom.* VII, 3 e VII, 6,32) e interpretou as referências à carne e ao sangue de Cristo como símbolos do Espírito Santo e do Verbo (*Ped.* I. 6,42,3-43,2). Negava a possibilidade de perdão aos pecados cometidos voluntariamente depois do batismo, embora essa postura parece ter-se suavizado nele com o tempo, identificando o "pecado voluntário" somente com aquele que implica um afastamento deliberadamente de Deus, negando-se a reconciliar-se com Ele. Considerava o homem casado superior ao solteiro – o matrimônio era um dever para com a pátria –, embora se opusesse às segundas núpcias.

CLÉOFAS

1. Lit.: Kleopas, abreviatura grega de Kleopatros. Um dos dois discípulos aos quais Jesus apareceu ressuscitado no caminho de Emaús (Lc 24,18). Para alguns autores tratava-se do próprio Clopás.

2. Klopas ou Clopás. Lit.: Qlofa. O pai de Maria, mãe de Tiago e José, os filhos de Alfeu (Jo 19,25).

CLERMONT, CONCÍLIO DE (1095)

Convocado por *Urbano II para proclamar a Primeira *Cruzada e no qual tomaram também decisões como a proibição de consumir carne entre a quarta-feira de cinzas e a *Páscoa ou de receber estipêndio pelos funerais.

CLODOVEU (CLÓVIS) (466-511 APROX.)

Rei dos francos. Em 496 converteu-se ao catolicismo, o que lhe forneceu uma escusa para atacar o rei visigodo Alarico II, que era ariano. Depois de derrotá-lo em Vouillé (507), Clodoveu executou sua política de integração dos galorromanos com os francos.

CLOPÁS
*Cléofas.

CLUNY

Mosteiro situado perto de Mâcon, na Borgonha, e fundado por Guilherme, o Piedoso, duque da Aquitânia, em 909. A partir do segundo abade, Odão (927-942), o mosteiro começou a desfrutar de uma considerável influência que levou vários mosteiros da Itália e da França a se reformar no estilo de Cluny, o que implicou numa aplicação da regra de São *Bento na qual o papel do trabalho manual se reduzia enquanto se ampliava o do coro. Durante os sécs. XI e XII, o papel de Cluny no seio da Igreja católica foi ainda mais relevante e assim contribuiu para a aceitação do rito latino por parte de Castela, para inspirar a reforma de *Gregório VII e para fundar um número de casas que durante o séc. XII passou de mil. Durante a Baixa Idade Média surgiu uma aberta decadência desse mosteiro que finalmente foi fechado em 1790.

COLÓQUIO DE MARBURGO
*Lutero, *Zwinglio.

COMODIANO

Sem dúvida é esse autor um dos maiores enigmas da Patrologia. Os questionamentos acumulam-se em relação a ele. Foi situado na metade do séc. III (Dodwell); metade do séc. V (Brewer); início do séc. IV (Brisson) etc. Courcelle considera-o tributário de Orósio, Salviano e o Apocalipse, enquanto que Brisson o enquadrava na categoria de donatista africano. De origem pagã e politeísta, cabe a possibilidade de que praticasse o judaísmo antes de se converter ao cristianismo graças à leitura da Bíblia. Parece também que em algum momento viu-se sujeito à penitência pública. Foi o autor das Instruções e do Canto apologético.

COMPANHIA DE JESUS
*Jesuítas.

COMUNIDADE DE TAIZÉ
*Taizé.

CONGREGACIONALISMO

Forma de organização eclesial protestante que afirma a independência e a autonomia das diversas igrejas locais. Este também considera que todos os crentes são *sacerdotes, e onde dois ou três se reúnem Cristo está no meio deles (Mt 18,20). Em sua obra sobre a Terceira Ordem do culto, pode-se perceber que *Lutero contemplou essa forma de organização como a autenticamente bíblica, mas, por sua vez, confessou que não encontrava pessoas que estivessem dispostas a levá-la à prática. O sistema congregacionalista é mantido hoje, numa média maior ou menor, pelas denominações evangélicas como os *menonitas, os *irmãos de Plymouth e os *batistas.

CONSÊNCIO

Destinatário de algumas das cartas de *Agostinho de Hipona. Uma vez que afirma viver num ambiente priscilianista e numa ilha, causou a suposição que residia nas Baleares. Parece que foi sacerdote e depois bispo. É certo sim que consultou Santo Agostinho sobre a liceidade de se infiltrar na seita priscilianista para conhecê-la melhor de dentro dela, possibilidade que o bispo africano rejeitou. De todas as suas obras somente chegou até nós a *Epístola 119* a Agostinho de Hipona.

CONSTANTINO MAGNO (274-337 APROX.)

Imperador romano. A partir de sua vitória da Ponte Mílvia (312) converteu-se em dono do Império, adotando pouco depois uma política de tolerância para com os cristãos e concluindo com ela o período das perseguições. Seu desejo era o de manter uma Igreja forte e coesa que pudesse servir de alicerce para um império com enormes forças centrífugas. Assim em 313 e 316 interveio na problemática dos *donatistas contra estes, e em 325 convocou o Concílio de *Nicéia para solucionar a controvérsia sobre a divindade de Cristo (o que não o impediu nos anos seguintes de desencadear represálias contra os defensores da *Trindade). Batizado no fim de sua vida, permitiu que parte do sistema jurídico se abrandasse por influência do cristianismo. Assim o *domingo cristão tornou-se o dia de descanso oficial, suavizaram-se as leis sobre a escravidão, isentou-se o clero de ser decurião (serviço militar) e os solteiros de certos impostos etc. A denominada Doação de Constantino foi, contudo, uma falsificação medieval. No ano 330 ele fixou a capital do Império em Constantinopla. Semelhante medida teve uma enorme repercussão na história posterior, uma vez que submeteu as Igrejas orientais a um controle direto da casa imperial, mas, por sua vez, permitiu à de Roma ir substituindo o imperador num bom número de suas tarefas de caráter administrativo. O juízo sobre a influência de Constantino na história da Igreja tem sido muito diverso. Para muitos autores – começando por *Eusébio, seu primeiro biógrafo –, seu papel foi providencial, uma vez que não somente terminou com as perseguições, mas que além disso proporcionou à Igreja uma influência política, social e econômica jamais imaginável uns anos antes. Para outros, contudo, a Era de Constantino foi o princípio do fim da pureza dos primeiros cristãos que, a partir de então, não tiveram dificuldade em participar na *guerra, em comparar a Cidade de Deus com o Império e, inclusive, em advogar por políticas intolerantes a outras crenças.

CONSTANTINOPLA, PRIMEIRO CONCÍLIO DE (381)

Convocado pelo imperador Teodósio I para unir as Igrejas orientais sobre a base do credo de *Nicéia. Nele tomaram parte 150 bispos ortodoxos e 36 heréticos, embora não o bispo de Roma nem tampouco seus legados. Depois das primeiras sessões, houve a retirada dos macedonianos, mas o concílio não foi suspenso. Nele foram condenadas as posições de *Ário, *Sabélio, *Macedônio e *Apolinário, e se aprovou o denominado credo niceno-constantinopolitano, embora com exceção do Filioque. O concílio foi aceito no Ocidente, exceto seu cânon terceiro, no qual se assinalava que o bispo de Constantinopla teria preeminência somente depois do de Roma. Teodósio, mediante decreto de 30 de julho de 381, impôs em todo o império as decisões dele.

CONSTANTINOPLA, SEGUNDO CONCÍLIO DE (553)

A disputa do imperador *Justiniano com o Papa *Vigílio levou o primeiro a convocar um Concílio ecumênico em Constantinopla para maio de 553. Justiniano convocou somente os bispos orientais, e Vigílio, por outra parte, negou-se a assistir, dada a maioria destes. No concílio condenaram-se *Teodoro de Mopsuéstia e *Teodoreto de Ciro entre outros. Finalmente em 553 o Papa Vigílio reconheceu o concílio como ecumênico com a esperança de evitar um cisma com as Igrejas orientais.

CONSTANTINOPLA, TERCEIRO CONCÍLIO DE (680)

Foi convocado pelo imperador Constantino IV Pogonato com a finalidade de resolver a controvérsia monotelita na Igreja oriental. O Papa *Agatão esteve representado por seus delegados que tiveram um papel relevante no concílio. Ele condenou os principais hereges monotelitas incluído o Papa *Honório. O decreto dogmático do concílio reproduz praticamente o de Calcedônia, mas fazendo referência expressa à existência de duas vontades em Cristo.

CONSTITUIÇÃO CIVIL DO CLERO

*França, Cristianismo na.

CONSTITUIÇÃO DA IGREJA EGÍPCIA

Tradução para o copto da Tradição apostólica de Hipólito.

CONSTITUIÇÃO ECLESIÁSTICA DOS APÓSTOLOS

Redigida nos inícios do séc. IV essa obra constitui uma fonte de enorme valor para a investigação relativa ao Direito eclesiástico. Desconhecemos o autor e se discute se sua origem é egípcia ou síria. Sua primeira parte é uma adaptação da *Didaqué às circunstâncias do séc. IV, e a segunda parte constitui um conjunto de normas para a eleição dos bispos, presbíteros, leitores, diáconos e viúvas. O fato de que tenham chegado até nós versões em latim, siríaco, copto, árabe e etíope mostra o grau de difusão que desfrutou essa obra.

CONTRA-REFORMA

Movimento católico de reação e defesa diante da Reforma Protestante iniciado em meados do séc. XVI e concluído em torno da Guerra dos Trinta Anos (1648). Provavelmente, o primeiro passo no curso da Contra-reforma deva-se atribuir à política repressiva da *Inquisição que extirpou de maneira radical os focos protestantes existentes em países como a *Espanha. Numa segunda fase, já na terceira década do séc. XVI, a Contra-reforma constou fundamentalmente no aparecimento de novas ordens religiosas – especialmente os jesuítas – e no impulso missionário para novas terras que geograficamente compensaram as perdas em favor da Reforma na Europa. A terceira fase da Contra-reforma – de aberta militância antiprotestante – encarnou-se tanto nas definições do Concílio de Trento, nas quais se confirmou o dogma católico frente à teologia protestante, como no desencadeamento de diversas guerras de religião que ensangüentariam a Europa até meados do séc. XVII, nas quais o império espanhol se desgastaria defendendo a causa papal, caindo num estado de prostração do qual nunca se recuperaria. Em termos gerais, a Contra-reforma teve como saldo um fracasso global na medida em que não somente não recuperou os territórios ganhos pela reforma, mas que inclusive perdeu alguns, como a Inglaterra, que poderia ter voltado à submissão de Roma. Contudo, não é menos certo que obteve vitórias parciais como a recuperação da Polônia e o sul da Alemanha e a expansão do catolicismo em outros países.

CONVERSÃO

Termo que traduz o verbo grego "epistrefo" (voltar) (Mt 12,44; 24,18; Lc 2,39) e o substantivo "metanoia" (mudança de mentalidade). A tradução desses termos por "penitência" leva a conclusões errôneas, visto que a conversão implica fundamentalmente não tanto uma dor pelo passado, mas como uma mudança de vida decidida em abandonar a existência anterior e aceitar Jesus e sua obra como messias e Senhor, moldando a vida aos ensinamentos dele. O chamado à conversão faz parte essencial da pregação de Jesus (Mc 1,14-15) e aparece simbolizado em narrativas como a do Filho Pródigo (Lc 15) ou em semelhantes, como a do enfermo que deve receber a ajuda do médico (Mc 2,16-17). Toda a humanidade necessita converter-se, já que sem conversão a única expectativa é a da condenação (Lc 13,1). A razão disso baseia-se no fato de que todos os homens são pecadores, todos estão perdidos e todos necessitam receber mediante a fé a salvação realizada por Jesus para obter a vida eterna (Jo 3,16). É precisamente a conversão que permite chegar à condição de filho de Deus (Jo 1,12) e obter a vida eterna (Jo 5,24). Precisamente por sua importância imprescindível na hora de decidir o destino eterno do homem, Deus se alegra com a conversão (Lc 15,4-32) e Jesus considera o chamado a ela como núcleo irrenunciável de seu Evangelho (Lc 24,47). Esse mesmo enfoque é o que se percebe na pregação da comunidade cristã primitiva (At 3,19; 3,26; 14,15). A partir do séc. IV e em especial desde a Idade Média, o termo conversão foi identificando-se com a entrada em uma ordem religiosa para o que paradoxalmente cabia a possibilidade da salvação sem conversão prévia. A *Reforma do séc. XVI – e muito especialmente os *anabatistas – retomaram a idéia da conversão como um processo indispensável para a salvação do indivíduo. Esse conceito repetiu-se no século seguinte em outras confissões protestantes como os *quakers, mas recebeu uma especial ênfase, derivada dos *Irmãos moravos, na pregação de J. *Wesley. A partir dele, foi identificando-se cada vez mais a conversão com um ato, facilmente delimitável no tempo e no espaço, em virtude do qual uma pessoa se reconhecia pecadora e recorria a Cristo para receber o perdão de suas culpas. O conceito – que persiste no dia de hoje em bom número de confissões – foi assim se identificando mais com uma decisão instantânea que com uma mudança radical de vida, o que, apesar de suas raízes neotestamentárias, implica o risco de derivar numa falta de profundidade ética posterior.

CORDEIRO DE DEUS

A figura do cordeiro tem ressonâncias expiatórias no Antigo Testamento, já que foi o sangue de um animal sacrificado dessa espécie que salvou os israelitas na Páscoa (Êx 12). Não é de se estranhar que a descrição do servo de YHVH contida em Isaías 53 o equipare a um cordeiro levado ao matadouro (Is 53,7). Jesus – como a maioria dos judeus de sua época – interpretou essa passagem em sentido messiânico. Não somente isso, mas também se identificou com o personagem referido nela. Em João 1,29 ele é apontado como o Cordeiro de Deus que tira os pecados do mundo e ele mesmo se identificou com o Cordeiro pascal na Última *Ceia e do mesmo modo o viram os primeiros cristãos (1Cor 5,7, Ap etc.). *Coptos. *Igreja copta.

CORNÉLIO († 251-253)
Papa. *Cipriano.

COSME E DAMIÃO († 303)
Médicos de homens e animais, naturais da Síria, as fontes atribuem-lhes a assistência gratuita a seus pacientes. Morreram mártires durante a perseguição de Diocleciano no povoado de Ciro. Sua atividade contribuiu para estender a devoção para com eles já durante o séc. IV. Seus nomes passaram logo para o cânon romano da missa, e durante a Idade Média foram contados entre os santos mais populares por causa da intercessão ao serem invocados nas enfermidades. Sua iconografia é muito abundante.

CREDO DOS APÓSTOLOS
Também conhecido como símbolo dos apóstolos, sua fórmula atual em doze artigos possivelmente é anterior ao séc. VI. O nome, contudo, o achamos já no séc. IV. De fato, Rufino compôs um comentário Sobre o símbolo dos Apóstolos. Seu conteúdo inicial é possível que possa retroceder até à época apostólica, embora admitindo adições posteriores. Originalmente parece ter sido uma fórmula essencial – não exclusivamente – trinitária à qual se foram agregando elementos cristológicos. Até o ano 150 Justino (Apol. I, 61) parece conhecer um credo nuclearmente similar, e a Tradição apostólica de Hipólito contém um credo de nove artigos no mesmo sentido que já era conhecido por Tertuliano em fins do séc. II. O credo romano do séc. V também difere da forma definitiva que aparece pela primeira vez em Cesário de Arles já durante o séc. VI.

CRESCÔNIO
*Donatista defensor de Petiliano ao qual *Agostinho respondeu em seus quatro livros Contra Crescônio.

CRISÓSTOMO, JOÃO
*João Crisóstomo.

CRISTO
Lit.: ungido. Palavra grega que equivale a *Messias em hebraico. Aparece 531 vezes no Novo Testamento, das quais 16 estão em Mateus, 7 em Marcos, 12 em Lucas e 19 em João. Os discípulos de *Jesus o reconheceram como tal (Mc 8,27ss.) e o mesmo sucedeu com muitos de seus contemporâneos judeus. A razão desse comportamento deriva, em primeiro lugar, do fato de que Jesus teve autoconsciência de messianidade e a transmitiu ao povo que o rodeava. As fontes assinalam igualmente que as palavras de Jesus – o permitir-se reinterpretar a Lei (Mt 5,22.28.32.34 etc.), o designar seus seguidores como os de Cristo (Mt 10,42), o diferenciar-se a si mesmo como o Cristo verdadeiro dos

falsos (Mc 13,6; Mt 24,5), o utilizar títulos messiânicos como autodesignação (Mc 10,45 etc.) etc. – assim como suas ações – a insistência em cumprir profecias messiânicas (Lc 4,16-30; Mt 11,2-6 etc.), a entrada triunfal em Jerusalém, o virar as mesas dos cambistas no templo, a inauguração da Nova Aliança na Última Ceia etc. denotam que ele mesmo tinha essa pretensão. Não é estranho por isso que sob essa acusação fosse executado pelos romanos. Deve-se, no entanto, mencionar o fato de que sua visão messiânica não era violenta, mas se identificava com a do Servo sofredor de Isaías (cap. 53), razão pela qual rejeitou outras interpretações da missão do messias (Jo 6,15), que inclusive havia no meio de seus discípulos mais próximos (Mt 16,21-28; Lc 22,23-30). O termo Cristo ficou associado ao nome de Jesus de uma maneira tão íntima que chegou a ser usado como se fosse um nome pessoal e por isso temos o popular termo: Jesus Cristo.

BIBL: Klausner, J., *O. c.*; FLUSSER, D., *O. c.*; CULLMANN, O., *Christology of the New Testament*, Londres 1975; CASEY, R. P., "THE EARLIEST CHRISTOLOGIES" EM *Journal of Theological Studies*, 9, 1958; Rahner, K. e Thsing, W. *Cristología*, Madri 1975; Vidal Manzanares, C., *El judeo-cristianismo...*; IDEM, *El Primer Evangelio...*; IDEM, *Diccionario de Jesús y los Evangelios*; GOURGUES, M., *Jesús ante su pasión y muerte*, Estella; E. "Cahiers Evangile", *Jesús*, Estella.

CRISTOLOGIA

*Cristo, *Filho de Deus, *Filho do homem, *Jesus, *Messias, *Servo de YHVH, *Trindade.

CRÍTICA DA REDAÇÃO

Embora existissem precursores desse método como W. Wrede, N. B. Stonehouse ou R. H. Lightfoot, o certo é que seu nascimento deve-se ligar com G. Bornkmann, H. Conzelmann e W. Marxsen. Esse último também foi o que concebeu o termo *Redaktionsgeschichte* (História da Redação), com o qual também é conhecido. Os autores dessa escola aceitam a metodologia própria da *crítica das formas, mas consideram objeto prioritário de seu estudo o resultado final – a redação – obtido em virtude das supostas variações introduzidas pelos evangelistas. Estas proporcionariam teoricamente a chave para compreender o enfoque teológico do evangelista, assim como o *Sitz im Leben* de sua comunidade. Essa metodologia tem tido o valor de recordar a necessidade de se ler cada Evangelho de acordo com as finalidades concretas (a pregação da mensagem aos judeus, aos gentios etc.). Contudo, as objeções de peso que podem ser apresentadas contra ela são consideráveis. Por um lado encontra-se o risco que encerra seu elevadíssimo grau de especulação. Assim, por exemplo, W. Marxsen assinala que Marcos escreveu para uma Igreja que foge da perseguição durante a guerra judaica de 66 e que se dirige para a Galiléia. O certo, contudo, é que nada no texto confirma de maneira indiscutível essas afirmações e parece mais verossímil para os gentios, em termos históricos, uma relação entre esse evangelho e a missão de Pedro. Na realidade, o método converte-se mais em legitimador das conclusões do que estas como resultado de sua aplicação. É igualmente controvertida sua referência a uma prioridade de Marcos quanto à redação dos Evangelhos e, contra essa versão, estariam as teses da precedência de Mateus de Griesbach; da de Lucas de Lindsey e

Flusser; e inclusive a de João de J. A. T. Robinson. Por último, como no caso da *crítica das formas, é duvidoso que a maneira de transmissão da época encaixe com os supostos desse método que, além disso, é susceptível de permitir chegar a conclusões absolutamente contraditórias.

Bibl.: BORNKMANN, G., BARTH, G. e HELD, H. J. *Tradition and Interpretation in Matthew*, Filadélfia 1963; BORNKMANN, G., *Jesús de Nazaret*, Salamanca; CONZELMANN, H., *El centro del tiempo*, Madri; PERRIN, N., *What is Redaction Criticism?*, Filadélfia 1969; SANDERS, E. P. e DAVIES, M., *Studying the Sinoptic Gospels*, Filadélfia 1989; STEIN, R. H., *The Synoptic Problem: An Introduction*, Grand Rapids 1987; VIDAL MANZANARES, C., *Diccionario de Jesús...*

CRÍTICA DAS FORMAS

Nos inícios do séc. XIX surgiu um novo método de aproximação do texto bíblico que, originalmente, foi aplicado ao Antigo Testamento por H. Gunkel e J. Wellhausen. No ano 1920, K. L. Schmidt, M. Dibelius e R. Bultmann introduziram as teses da crítica das formas no estudo do Novo Testamento. De acordo com sua visão, tanto os ensinamentos de Jesus como as narrativas sobre sua vida foram transmitidos verbalmente durante um prolongado período anterior a sua fixação por escrito. Uma vez que essa última era considerada pouco digna de confiança, a tarefa do exegeta era rastrear até encontrar o início da transmissão, valendo-se para isso dos pressupostos paralelos existentes em outras culturas, incluídas as européias da Islândia e a da antiga Iugoslávia. Dessa maneira pretendia-se chegar às "formas" originais que por definição deviam ser breves, diretas, sem adornos e de acordo com um protótipo – consideravelmente discutível, como veremos – do estilo judaico. A crítica das formas executava assim uma tríplice tarefa: classificar as perícopes conforme sua forma (logia, parábolas, discursos etc.), assinalar-lhes um contexto de aparecimento na Igreja primitiva (*Sitz im Leben*) e reconstruir a história de sua transmissão. Essa metodologia começou a ser objeto de fortes ataques a partir dos anos cinqüenta, inclusive por parte dos seguidores da *crítica da redação, que assumiam como corretos alguns de seus pressupostos iniciais. As razões para o enfrentamento não necessitavam de base e, entre as principais objeções, podemos assinalar que não era tão fácil enquadrar muitos dos materiais em um esquema fixo, nem se podia negar o grau altamente especulativo da investigação, nem era lícito extrair paralelos de marcos culturais totalmente alheios ao do Novo Testamento, nem parece atualmente sustentar o grande espaço de tempo que se coloca entre os atos e a redação dos Evangelhos. De fato, diversas teorias posteriores parecem contar com uma maior base histórica. Entre elas cabe destacar a hipótese da Tradição guardada de H. Riesenfeld e B. Gerhardsson (desde o princípio se produz uma fiel conservação de acordo com os sistemas judaicos de transmissão oral dos ensinamentos de Jesus), a tese da transmissão flexível dentro de limites fixados de W. Kelber (a transmissão oral, na realidade, longe de se limitar a transmitir histórias curtas, tende a agrupar enormes quantidades de materiais de até 100.000 palavras), a análise retórica de K. Berger (com os dados de que dispomos, a reconstrução da fase oral torna-se impossível e, por isso, é totalmente especulativa) ou as diversas teorias sobre a proximidade entre os fatos e a redação dos Evangelhos defendidas, entre outros, por J. A. T. Robinson, H. Schürmann, C. Vidal Manzanares ou J. Wenham. Por outro lado, e contra o que pretendiam seus primeiros defensores, é duvidoso que essa metodologia sirva para estabelecer alguns critérios de autoridade indiscutíveis e com pretensões quase científicas. Assim, se R. Bultmann chegava à conclusão de que não podemos saber praticamente nada do Jesus histórico, mais recentemente R. Latourelle, aplicando a mesma metodologia, afirma que são autênticos os materiais relativos ao batismo de Jesus, à tentação, à Transfiguração, ao chamado ao arrependimento, às bem-aventuranças, à paixão, à crucifixão, à ressurreição e ao envio dos apóstolos. De fato, como afirma também R. Gruenler, inclusive se se admite como autêntica somente uma mínima porção dos ditos – como em Dibelius ou Bultmann – por dedução teria de se considerar autênticas também porções consideráveis dos Evangelhos com um conteúdo cristológico mais claramente explícito.

Em outras palavras, longe de servir como instrumento de elucidação, é legítimo se perguntar se esse método não tem como principal utilidade a de traduzir para posições defensivas as pressuposições dos autores que recorrem a ele.

Bibl.: AUNE, D. E., *Prophecy in Early Christianity and the Ancient Mediterranean World*, Grand Rapids 1983; BERGER, K., *Formgeschichte des Neuen Testaments*, Heildelberg 1984; BULTMANN, R. *The History of the Synoptic Tradition*, Oxford 1963; DIBELIUS, M., *From Tradition to Gospel*, Cambridge 1934; GERHARDSSON, B., *Memory and Manuscript*, Lund 1961; KELBER, W., *The Oral and the Written Gospel*, Filadélfia 1983; LATOURELLE, R., *Finding Jesus through the Gospels*, Nova York 1979; SCHÜRMANN, H., "Die vorsterlichen Anfange der Logientradition" em RISTOW, H. e MATTHIAE, K., (eds), *Der historische Jesus und der kerygmatische Christus*, Berlim 1960; THEISSEN, G., *The Miracle Stories of the Early Christian Tradition*, Edimburgo 1983; VIDAL MANZANARES, C., *El Primer Evangelio...*; WENHAN, J., *Redating Matthew, Mark and Luke*, Downers Grove 1992.

CRÍTICA DAS TRADIÇÕES

Termo com o qual se designa um método de estudo das tradições (*Traditionsgeschichte*) que se plasmaram nos Evangelhos com a intenção de determinar quais possam ser atribuídas ao próprio Jesus, quais se originaram num período de transmissão oral e qual era a situação histórica da comunidade cristã na qual surgiram. Como critérios de autenticidade consideram-se principalmente os do testemunho múltiplo: coerência e dissimilitude. Também se aceita que a tradição desenvolveu-se primeiro no contexto de uma Igreja judaico-palestina, depois noutra de caráter judaico-helenista, para passar finalmente para uma Igreja helenista de formação gentia. Esse enfoque apresenta sérios problemas dos quais o menor não é precisamente a escassa ou nula correspondência entre os modelos eclesiais, nos quais se baseia, e sua realidade histórica. De fato, essa diferenciação não foi tão evidente na prática, tal e como se desprende das fontes. Além disso, como assinalaram já diversos autores (F. Manns, C. Vidal Manzanares etc.), o corpo doutrinal do judeu-cristianismo palestino, longe de diferenciar-se do cristianismo gentio, era similar a ele e somente se distinguia naquilo que se referia ao cumprimento da lei mosaica, embora essa pluralidade ficou harmonizada favoravelmente no

Concílio de Jerusalém (At 15). A isso se deve acrescentar que alguns dos critérios de autenticidade tornam-se claramente inaceitáveis, e para não dizer absurdos. Esse é o caso do critério de dissimilitude. É óbvio que, se dos ensinamentos de Jesus se deve considerar como não autêntico aquilo que tem paralelo com o judaísmo ou com os ensinamentos do cristianismo posterior, o resultado será uma prática ausência de materiais, além de injustificada. De fato, contra o critério desse método, é esperar que Jesus, um judeu no fim das contas, compartilhasse – como de fato o fez – muitos dos pontos de vista de seus compatriotas, e que seus discípulos recolheram em sua pregação os ensinamentos daquele que consideravam o *messias. Para que não fosse assim, deveria admitir-se que Jesus viveu em um vazio existencial em relação a Israel – algo inadmissível – e que, como ironizou certo autor, junto com ele foram elevados ao céu no mesmo dia todos os discípulos que podiam transmitir seu ensinamento. De fato, a semelhança de ensinamentos nos mostra Jesus inserido em seu tempo e a maneira como seu ensinamento foi transmitido fielmente pelos seguidores que o sucederam. Por outro lado, autores como Risenfeld e Gerhardsson demonstraram como os ensinamentos de Jesus foram transmitidos fielmente por seus discípulos, seguindo fundamentalmente padrões de transmissão próprios do judaísmo da época. Razões como essa levam a pensar que a crítica das tradições, longe de ser um instrumento útil, pode, em não poucas ocasiões, ver-se deformada pela subjetividade e afastar-nos – em vez de nos aproximar – do ensinamento e da vivência do Jesus histórico.

Bibl.: FULLER, R. H., *The Foundations of the New Testament Christology*, Glasgow 1965; GERHARDSSON, B., *Memory and Manuscript*, Uppsala e Lund 1964; MARSHALL, I. H., *I Believe in the Historical Jesus*, Grand Rapids 1977; PERRIN, N., *Rediscovering the Teaching of Jesus*, Nova York 1976; RIESNER, R., *Jesus als Lehrer*, Tubinga 1980; SCHÜRMAN N, H., *Traditionsgeschichtliche Untersuchungen zu den Synoptischen Evangelien*, Dusseldorf 1968; VIDAL MANZANARES, C., *El Primer Evangelio...*

CRÍTICA LITERÁRIA

Disciplina que pretende estabelecer a história, estrutura e sentido de um texto. Costuma ser relacionada com a *crítica das fontes.

CRÍTICA RETÓRICA

Metodologia encaminhada a analisar passagens dos Evangelhos ou um Evangelho completo conforme as diversas teorias greco-romanas ou atuais sobre a retórica e a literatura. Originalmente essa aproximação surgiu em 1968 a partir das críticas de J. Muilenburg à *crítica das formas e apresenta diversas variantes como o enfoque greco-romano – que sustentava, por exemplo, que Lucas pretendia demonstrar a messianidade de Jesus segundo os argumentos de convicção próprios do ensinamento (*enzymeme*) de Aristóteles (W. Kurz) – o que proporciona um papel determinante ao aforismo ou *jreia* (*Chreia*, na transcrição anglo-saxônica), o que se apóia nas formas retóricas utilizadas por Jesus em seus ensinamentos (R. Tannehill) e o que incide especialmente no enfoque retórico social (V. Robbins). Embora, sem dúvida, esse fantasioso enfoque contribua para assinalar os aparentes paralelismos entre a forma – mais que o fundo – do ensinamento de Jesus e a do mundo clássico, torna-se discutível até que ponto eles podem ser apontados entre duas cosmovisões encontradas, não poucas vezes, em suas apresentações. Assim, por exemplo, a conversão de Jesus num filósofo de cunho cínico (inclusive epicurista) destoa do testemunho das fontes e obriga a pensar que a análise final surge mais de uma predisposição do autor para ligar a certas conclusões que da aplicação de um método subjetivamente válido.

Bibl.: BUTTS, J. R., "The Chreia in the Synoptic Gospels", em *BTB*, 16, 1986, p. 132-138; KENNEDY, G. A. *New Testament Interpretation through Rhetorical Criticism*, Chapel Hill 1984; KURZ, W. S., "Hellenistic Rhetoric in the Christological Proof of Luke-Acts", em CBQ, 42, 1980, p. 171-195, MACK, B. L., e ROBBINS, V. K., *Patterns of Persuasion in the Gospels*, Sonoma 1989; MUILEMBURG, J. "Form Criticism and Beyond", em *JBL*, 88, 1969, p. 1-18; ROBBINS, V., *Jesus the Teacher: A Socio-Rhetorical Interpretation of Mark*, Filadélfia 1984.

CRÍTICA TEXTUAL

Disciplina que procura estabelecer o texto original de uma obra concreta, recorrendo à análise comparativa das diferentes variantes.

CROMÁCIO DE AQUILÉIA

Possivelmente natural de Aquiléia, por volta do ano de 368 fazia parte do clero dessa cidade. Interveio ativamente no Concílio de Aquiléia que condenou em 381 os bispos arianos da Ilíria. Em 387 foi sagrado bispo por *Ambrósio. Interveio perante o imperador Arcádio em defesa de *João Crisóstomo. Seus últimos anos se viram perturbados pela invasão de Alarico. Faleceu em 407. Graças às investigações de B. Taix e J. Lemarié chegaram até nós algumas das obras de Cromácio, concretamente 43 sermões e 60 homilias sobre o Evangelho de Mateus.

CROMWELL, OLIVER (1599-1658)

Lorde protetor da Inglaterra. Nascido em Huntingdon, em 1628 foi eleito membro do parlamento pela primeira vez. Havia decidido partir para a América para desfrutar aí da liberdade religiosa para suas idéias *puritanas, mas em 1640 aceitou as pressões de alguns amigos e se apresentou ao parlamento, sendo eleito. Quando estourou a guerra civil de 1642, captou o conteúdo religioso dessa guerra e, baseando-se nele, criou um novo exército – New Model Army – que conseguiu a vitória na luta contra o rei Carlos I. Originalmente, desejou conservar a vida deste, mas, sabedor de suas alianças com os escoceses para invadir a Inglaterra, chegou à conclusão de que somente sua execução traria tranqüilidade à nação. Depois da decapitação de Carlos I, Cromwell – que estava possuído de um profundo sentimento religioso – tornou-se vencedor de todas as tentativas que fracassaram contra ele por parte da dinastia dos Eduardos, os escoceses ou os católicos irlandeses. Nomeado em 1653 Lorde protetor, seu curto governo, apenas cinco anos, serviu para tornar a Inglaterra uma das primeiras potências mundiais, para oferecer ajuda a todas as minorias protestantes do mundo frente às investidas católicas e para conceder tolerância às minorais religiosas (*batistas, *quakers etc.) na Inglaterra. Durante a Restauração, seu corpo foi desenterrado e jogado no Tyburn.

CRUZ

Instrumento de execução consistente num madeiro transversal colocado sobre um poste, onde se colocava o condenado com as mãos e os pés presos (ou os atando ou os pregando) até que sobreviesse a morte. Os romanos acrescentavam ao poste vertical um madeiro transversal denominado "patibulum", podendo a cruz ser "commissa" (o madeiro formava um T) ou "immissa" (o madeiro ficava sujeito a um encaixe adquirindo a forma de †). Como sinal religioso, a cruz foi utilizada antes de *Jesus, p. ex. a cruz *anj* dos egípcios, e, de fato, nenhuma Igreja cristã recorreu a seu culto antes do séc. V.

Em sentido simbólico, embora não plástico, o cristianismo primitivo outorgou-lhe um enorme valor espiritual na medida em que a crucifixão de *Jesus era o meio através do qual a humanidade inteira podia obter a redenção (1Cor 1,17ss.; Gl 6,14). Essa doutrina é voltada nas fontes cristãs ao próprio Jesus (Mc 10,45) que havia anunciado em várias ocasiões sua própria morte. Alguns autores consideraram que a mencionada profecia não foi formulada realmente por Jesus, mas por seus seguidores após sua execução (seria, pois, um vaticínio *ex eventu*). Mas o caráter das fontes e a análise do texto em sua forma original obrigam a rejeitar esse ponto de vista. Jesus previu sua morte, dotou-a de um significado de expiação e a ela se submeteu.

Condição indispensável para ser discípulo de Jesus é tomar a cruz diariamente (Lc 9,23). O sentido dessa expressão – contra uma opinião errônea muito generalizada – não é o de que o cristão deva aceitar com resignação as desventuras que lhe sobrevenham, mas, pelo contrário, estar disposto diariamente a sacrificar sua vida para ser fiel a Jesus. O culto da cruz era desconhecido antes do séc. IV e não há notícias de crucifixos antes do séc. X. Durante a Idade Média, seu culto foi objeto de oposição ocasional como no caso da pregação de Pedro de *Bruys. A *Reforma do séc. XVI significou o final do culto da cruz quando por sua vez surgiu o nascimento da teologia da cruz. Somente de maneira excepcional alguma confissão protestante manteve em suas igrejas uma cruz de madeira, simples e sem imagem do crucificado, a qual, contudo, não se presta culto.

Bibl.: Vidal Manzanares, C. *El judeocristianismo...*; Toynbee A., (ed), *El crisol del cristianismo*, Madri 1988; Schürmann, H., *Cómo entendió y vivió Jesús su muerte?*, Salamanca 1982; Klausner, J., *O. c.*

CRUZADAS

No sentido estrito, um conjunto de expedições que, tendo seu início em 1095, tinham a finalidade de recuperar os Santos Lugares que estavam em mãos dos muçulmanos. A Primeira (1095 a 1100), sob o comando de *Godofredo De Bouillon, conseguiu conquistar Jerusalém e com isso surgiu a fundação de uma série de reinos latinos na Terra Santa. Ao acontecer a queda de Edessa (1144), *Bernardo de Claraval pregou a Segunda Cruzada que, dirigida por Luís VII da França e Conrado III da Alemanha, resultou num fracasso. Em 1187 Saladino esmagou os exércitos cruzados, tomou Jerusalém e boa parte dos territórios latinos. A Terceira Cruzada (1189-1192), dirigida por Ricardo da Inglaterra e Filipe II da França, recuperou uma faixa de terreno na costa da Palestina, mas não Jerusalém. A Quarta Cruzada (1202-1204) não se dirigiu contra os muçulmanos, mas contra Constantinopla que, saqueada pelos cruzados, se converteu num centro do império latino. Embora a

Sexta Cruzada recuperasse Jerusalém temporariamente (1229-1244), logo se tornou manifesto que o projeto não tinha probabilidade de êxito. De fato, as duas últimas foram dirigidas infrutuosamente contra o Egito, e em 1291 foram perdidos também os últimos territórios da Terra Santa. Mais tarde, o termo cruzada foi utilizado para legitimar espiritualmente outras guerras nas quais se percebia um poderoso elemento religioso; assim foram consideradas cruzadas as guerras contra os mouros da Espanha, contra os eslavos, contra os *albigenses, contra os adversários do papa (como os Hohenstaufen no séc. XIII), contra os turcos ou os republicanos espanhóis (1937). No âmbito protestante, o termo cruzada foi utilizado nos últimos séculos para designar alguns esforços de caráter evangelizador. A visão das cruzadas experimentou considerável variação com a passagem dos anos. Se ainda até há pouco elas eram consideradas como dotadas de uma façanha épica e de uma carga de espiritualidade, é duvidoso que essa interpretação exclusiva possa manter-se atualmente. Embora das cruzadas tenham surgido aspectos positivos (como o conhecimento do Oriente), não é menos certo que contribuíram decisivamente para estremecer as relações entre Roma e as *Igrejas ortodoxas e para garantir a dialética de confronto violento criada pelo islã no séc. VII. A influência negativa de ambos os fenômenos persiste até nossos dias.

CURA D'ARS, O (1786-1859)
Sobrenome de João Batista Maria Vianney. Desejoso de ser sacerdote desde criança, seus anseios foram adiados devido a sua convocação para o exército (do qual desertou por causar repugnância a sua sensibilidade cristã) e a sua limitação intelectual em aprender o latim. Em 1815, foi ordenado e três anos depois se converteu no pároco de Ars. Sua fama estendeu-se extraordinariamente, e em 1855 calculava-se que umas 20.000 pessoas o procuravam anualmente para se confessar com ele. Canonizado em 1925, quatro anos depois foi proclamado padroeiro dos párocos.

DÂMASO I (366-384)
Nascido em Roma (possivelmente de origem espanhola) pelo ano de 305, foi filho do sacerdote que se ocupava da igreja conhecida posteriormente como de São Lourenço. Foi diácono no pontificado do herege Libério e serviu ao antipapa Félix II. Após a morte de Libério surgiram desordens por causa da rivalidade entre um grupo de seus partidários, que escolheram um tal Ursino, e outro de seguidores de Félix que preferiram a Dâmaso. Ele não hesitou de se valer de um grupo de malfeitores para provocar uma matança de seus rivais. No dia 1º de outubro de 366, um grupo de seus sequazes apoderou-se da basílica lateranense e nela foi sagrado. Valendo-se então do apoio do prefeito (na opinião de J. N. D. Kelly, "a pri-

meira vez que um papa utilizou o poder civil contra seus adversários"), Dâmaso expulsou de Roma Ursino e seus partidários. Os bispos da Itália, embora aceitassem a eleição de Dâmaso, não puderam evitar sentir-se repelidos por seus métodos, e isso contribuiu para enfraquecer sua autoridade moral durante anos. Em 371 um judeu convertido chamado Isaac acusou-o de adultério e somente o salvou da "desgraçada acusação" a intervenção pessoal do imperador. Contudo, Dâmaso soube atrair o favor da corte imperial e superar os prejuízos da alta classe contra o cristianismo. Reprimiu com dureza as heresias – inclusive o arianismo –, valendo-se amplamente do apoio secular. Embora suas medidas contra Lucifer de Cagliari fossem brutais e em diversos sínodos condenou o apolinarismo e o macedonianismo, optou pela moderação no caso de Prisciliano. Suas relações com as Igrejas orientais foram também pouco afortunadas ao se negar apoiar a Melécio (o que lhe valeu que Basílio Magno o descrevesse como "impassivelmente arrogante"). Não interveio no Concílio ecumênico de Constantinopla (381) nem tampouco contribuiu para a melhoria das relações entre as Igrejas ocidentais e orientais. Sua contribuição, portanto, torna-se discutível, embora seja certo que reestruturou a Igreja romana e lhe deu um papel social – principalmente entre as classes altas – o que não havia existido até então, sua conduta exasperou de maneira irreparável as relações com o Oriente. Do mesmo modo, embora combatesse tenazmente as heresias, os métodos aos quais recorria são discutíveis e também contribuíram para abrir um abismo que nunca seria coberto de todo. Sua maior contribuição foram os epigramas compostos em honra dos mártires ou de obras realizadas pelo papa. Conservam-se também cartas, embora a autenticidade de algumas seja discutível. Incansável defensor da primazia romana insistiu que a prova da ortodoxia provinha do papa. Essa primazia provinha do fato de ser o papa sucessor de Pedro (Mt 16,18), o que lhe proporcionava o poder de atar e desatar. Precisamente em harmonia com esse ponto de vista, em 378 chegou, inclusive, a conseguir do governo que a Santa Sé fosse reconhecida como tribunal de primeira instância e também de apelação para os bispos ocidentais. *Apolinarismo, *Libério, *Macedonianismo, *Prisciliano.

DÂMASO II (17 DE JULHO A 9 DE AGOSTO DE 1048)

O segundo dos papas designados pelo imperador Henrique III (1039-1056). Seu desejo de reformar a Igreja levou-o a adotar o nome de Dâmaso. Não pôde levar a cabo seus propósitos, já que viveu somente 23 dias seu pontificado. Possivelmente a causa de sua morte tenha sido o envenenamento.

DAMIÃO
*Cosme e Damião.

DAMIÃO, PADRE (1840-1889)

José de Veuster, membro da Congregação dos Padres do Sagrado Coração de Jesus e Maria. Foi ordenado em 1864 e enviado a diversos distritos do Havaí. Em 1873, a pedido seu, foi destinado a um estabelecimento de 600 leprosos em Molokai. Ali permaneceu atendendo os enfermos até que ele mesmo contraiu o mal de Hansen e faleceu naquele lugar.

DANIEL

Livro do Antigo Testamento que

no hebraico situa-se entre os escritos proféticos e na versão grega entre os LXX. Escrito em hebraico e aramaico (2,4 a 7,28), conta com adições posteriores que os judeus e os protestantes consideram não canônicas (3,24-50; 3,51-90; 13,1-64; 14,1-22; 14,23-42). Continua sendo objeto de controvérsia a data de sua composição que foi fixada entre o séc. II a.C. ao séc. VI a.c. (como assinala o próprio livro e historicamente é a possibilidade mais solidamente documentada) e numa curva cronológica que iria do séc. VI ao séc. III a.c., sendo nesse caso as sessões apocalípticas as mais modernas da obra. Jesus cita freqüentemente o livro de Daniel, especialmente em relação à figura do *Filho do Homem (Dn 7,13ss.), o qual, em harmonia com o judaísmo da época, identifica com o *messias e também consigo mesmo (Mt 16,13ss.; 17,22-23 etc.). A figura da abominação da desolação na qual se faz referência a Daniel (Antíoco IV Epífanes no sentido original?, o Anticristo dos últimos tempos?) aparece também nos denominados "apocalipses sinópticos" (Mc 13, Mt 24 e Lc 21). Também aparece nos ensinamentos de Jesus o ensino de Daniel 12,2, que fala de uma ressurreição dos salvos e condenados, os primeiros para receber felicidade eterna e os segundos para ser objeto de um castigo semelhantemente eterno.

DANIEL ESTILITA († 493)

O mais famoso dos discípulos de *Simeão, o Estilita. Viveu trinta e três anos no alto de uma coluna, abandonando-a uma só vez (aprox. 476) para repreender o imperador Basilisco que aprovava o *monofisitismo.

DANTE ALIGHIERI (1265-1321)

Poeta e filósofo italiano. Nascido em Florença, perdeu seus pais quando tinha 8 anos. Em 1274 conheceu Beatriz, pela qual se apaixonou e cuja morte em 1290 provocou nele uma profunda crise. Em 1301, seu apoio aos adversários de *Bonifácio VIII obrigou-o a exilar-se de Florença. Em 1310 converteu-se em ardente partidário de Henrique VII ao qual dedicou o tratado *A Monarquia*. A obra que defendia a separação da Igreja e do Estado foi condenada como herética, e em 1315 foi renovada a sentença de desterro que pesava sobre Dante. Desde o ano seguinte passou a viver em Ravena, onde escreveu a *Divina Comédia* e, finalmente, faleceu.

DARBY, JOHN NELSON (1800-1882)

Membro dos *Irmãos de Plymouth do qual fez parte desde 1828. Em 1845, estourou um cisma no seio dessa denominação protestante e Darby acabou capitaneando uma das facções. A ele essa denominação – e, de maneira indireta, outras denominações evangélicas – deve a crença em que a salvação não se pode perder ("uma vez salvo, sempre salvo") e num arrebatamento da Igreja antes da grande tribulação, tese essa que Darby aceitou depois de escutar o testemunho de uma visionária chamada Margaret McDonald. Realizou numerosas viagens missionárias e foi autor de muitas obras de controvérsia teológica assim como também de algumas traduções da Bíblia e hinos religiosos.

DE AUXILIIS

Nome de uma congregação estabelecida em 1597 por *Clemente VIII para se ocupar das disputas não resolvidas pelo Concílio de *Trento acerca dos modos de operação da graça.

Inicialmente a congregação condenou os ensinamentos do teólogo jesuíta L. de Molina. Contudo, o confronto entre *dominicanos e jesuítas terminou no dia 5 de setembro de 1607, quando o papa, desejando conciliar ambas as partes, decretou que não se acusassem os primeiros de calvinistas nem os segundos de pelagianos nem a ninguém deles de herético.

DE FOUCAULD, CHARLES EUGÈNE (1858-1916)

Explorador francês. Tenente da cavalaria, experimentou uma aguda crise espiritual que o levou a regressar ao catolicismo em 1887. Em 1890 tornou-se *trapista, mas um desejo de maior solidão levou-o a deixar a ordem monástica da Trapa em 1897. Até 1900 viveu como empregado das *clarissas em Nazaré e Jerusalém. Em 1901 foi ordenado sacerdote na França e pouco depois partiu para o Saara, onde se estabeleceu como ermitão. Não conseguiu conversões nessa atividade mas sim o respeito das tribos do deserto. Em 1916 foi assassinado por razões não esclarecidas.

DE GROOT, H.
*Grocio.

DE MAISTRE, JOSEPH (1753-1821)

Escritor francês. Educado pelos jesuítas, depois da Revolução Francesa adotou uma visão política reacionária segundo a qual a Igreja havia de se converter na principal garantia da ordem. Em sua obra *Du pape* (1819) defendeu que a sociedade somente pode manter-se sobre a base da autoridade e que esta repousava espiritualmente no papa e humanamente nos reis. Suas obras contribuíram extraordinariamente para o fim do *galicanismo e para o auge do *ultramontanismo.

DECÁLOGO
*Dez Mandamentos.

DÉCIO († 251)

Imperador romano desde 249. Em janeiro do ano seguinte desencadeou a primeira perseguição sistemática e generalizada contra os cristãos. Em junho do mesmo ano exigiu de todos os cidadãos que provassem que haviam oferecido sacrifício ao imperador. Os apóstatas – lapsos – foram muito numerosos e provocaram depois uma aguda controvérsia entre *Cipriano e os *novacianos. A perseguição terminou com a morte de Décio.

DECRETO GELASIANO
*Gelásio I.

DELITZSCH, FRANZ JULIUS (1813-1890)

Orientalista e especialista protestante no Antigo Testamento. De ascendência judia e confissão luterana, dedicou-se de maneira muito especial em combater o anti-semitismo e em conseguir a conversão dos judeus. Assim fundou uma universidade missionária judia e um *Institutum iudaicum*; traduziu o Novo Testamento para o hebraico e redigiu um magnífico comentário do Antigo Testamento em vários volumes.

DEMÉTRIO

1. Artífice de Éfeso que se opôs à pregação de São *Paulo (At 19,24ss.).

2. Discípulo de João (3Jo 12).

3. Bispo de Alexandria desde 189 a 231 ou 232. Venerado de maneira especial pela *Igreja copta, foi um dos adversários principais de *Orígenes, ao qual privou do sacerdócio em 231 alegando que sua ordenação havia sido irregular.

DEMÔNIOS

Termo derivado da palavra grega "daimon", que originalmente somente servia para designar seres superiores situados, pelos menos em algumas ocasiões, entre os deuses e os humanos. Às vezes, o termo também era utilizado para se referir a seres que falavam no interior da pessoa. Nas Escrituras, o termo refere-se a espíritos imundos ou anjos caídos de caráter malvado, cujos poderes mobilizam-se mediante a *magia. O Antigo Testamento contém diversas referências aos demônios aos quais acusa de ter relações sexuais com mulheres (Gn 6,2-4) antes do dilúvio e de estar capitaneados por Satanás (lit.: o adversário), que é causador das enfermidades (Jó 2), assim como inimigo e acusador dos servos de Deus (Zc 3,1ss.) e regente espiritual oculto dos poderes mundiais opostos ao povo de Deus (Dn 10,13ss.).

No judaísmo do Segundo Templo era muito comum a crença nos demônios e nas possessões realizadas por eles. Não só eram considerados origem de muitas enfermidades, mas também se afirmava que eram eles que estavam atrás das divindades e dos poderes políticos do paganismo. Essas idéias não foram abandonadas – mas antes foram desenvolvidas – no judaísmo do *Talmude e da *Cabala. Os Evangelhos espelham, no que se refere à demonologia, teses muito semelhantes às do judaísmo do Segundo Templo. Longe de interpretar Satanás e os demônios como símbolos ou arquétipos (nem como forças ou energias impessoais), nos Evangelhos são descritos como seres espirituais absolutamente reais. Assim, afirma-se que os demônios podem possuir as pessoas (Mc 5,1ss. e paralelos etc.), ou que Satanás, o Diabo, controla os poderes políticos mundiais (Lc 4,5-8 e paralelos). Os demônios encontram-se atrás de muitas situações de enfermidade (Mc 9,14-29). Satanás, seu chefe, utiliza a mentira e a violência (Jo 8,44); tira a mensagem do Evangelho do coração daquelas pessoas que não a incorporam em suas vidas (Mt 13,19); semeia a cizânia no Reino (Mt 13,38); e dirige a conspiração para matar Jesus (Jo 13,26-27).

Apesar de tudo, o certo é que o Diabo e seus demônios foram derrotados durante o ministério de *Jesus (Lc 11,20-23) e, especialmente, através de seu *sacrifício na *cruz (Jo 16,32-17,26; cf. também: Hb 2,14-15; Cl 2,13-15). Essa visão de Jesus igualmente se traduz nos demais escritos do Novo Testamento indicando que os cristãos devem opor-se (Tg 4,7; 1Pd 5,8-9) aos ataques do Diabo, revestindo-se com as armaduras de Deus (Ef 6,10ss.), e que devem estar atentos de que sua luta é um combate espiritual contra as forças demoníacas (2Cor 10,3-5), na certeza de que a vitória é sua, uma vez que Cristo a ganhou para eles. De fato, a expulsão dos demônios em nome de Jesus – algo muito distinto do conceito de *exorcismo – faz parte da pregação do Evangelho (Mc 16,15-18).

A segunda vinda de Cristo implicará a derrota definitiva de Satanás e seus demônios que, segundo Mateus 25,41 e 46, se verão arrojados ao castigo eterno e consciente no *inferno.

Durante o período patrístico causou uma grande influência o livro de Henoc. Assim alguns Padres (*Justiniano, *Tertuliano, *Cipriano) sustentaram que os demônios eram fruto das relações sexuais entre os anjos caídos e as mulheres, uma tese que foi rejeitada explicitamente por *Orígenes que cria na reconciliação final dos demônios com Deus. *Irineu e *Clemente de Alexandria distinguiram entre os anjos caídos e o Diabo.

No decorrer da Idade Média tiveram lugar as poucas decisões sobre o tema. Assim, o Concílio de Braga (561) definiu que o Diabo foi criado bom e não pode criar-se a si mesmo, e o IV Concílio de Latrão (1215) declarou que se era mau se devia a um ato de sua própria vontade. Quanto às discussões sobre os demônios, estas giraram fundamentalmente sobre a causa de sua queda atribuída ao orgulho (*Alberto Magno, *Tomás de Aquino), a diversos pecados (*Duns Scot) ou ao desejo de estar unido hipostaticamente ao Logos (F. *Suárez).

Bibl.: BUBECK, M. I., *The Adversary*, Chicago 1975; CHAFER, L. S., *O. c.*; HARPER, M. *O. c.*; NEVIUS, J. L., O. c.; ORR, J. E., *O. c.*; UNGER, M. F.; *O. c.*; VIDAL MANZANARES, C., *Diccionario...*; IDEM, *El judeo-cristianismo...*; IDEM, *El Primer Evangelio...*; ERE, I, p. 669ss.; IV, 615-619; HUGHES, p. 84, 137ss. e 196.

DENIFLE, HEINRICH SEUSE (1844-1905)

Dominicano e historiador eclesiástico. Em 1885 foi nomeado vice-arquivista do Vaticano. Escreveu obras sobre *Eckhart, *Tauler, Suso e *Lutero. Essa última, inclusive, é um estudo muito interessante (embora profundamente tendencioso) sobre o reformador.

DENNEY, JAMES (1856-1917)

Teólogo protestante. Situado inicialmente numa perspectiva liberal, foi deslocando-se progressivamente para outra confissão evangélica. De especial importância – e influência posterior – são suas obras sobre a morte de Cristo, nas quais sustenta que a expiação tem um caráter fundamentalmente substitutivo, pagando Cristo com ela o castigo pelos pecados do ser humano.

DESMITOLOGIZAÇÃO

Tradução do alemão *Entmythologisierung*. Termo utilizado desde 1941 por R. Bultmann para definir um suposto método destinado a interpretar a Bíblia conforme as categorias do homem moderno. Na realidade, o método consistiu em aplicar a filosofia de Heidegger ao estudo da Escritura o que, longe de esclarecer seu sentido, teve uma especial repercussão na hora de obscurecer seu conteúdo.

DEUS

O judaísmo apresentava uma visão da deidade estritamente monoteísta. As afirmações a respeito que aparecem no Antigo Testamento não podem ser mais explícitas. Antes e depois de Deus não houve nem haverá mais outros deuses (Is 43,10-11). Criou tudo sem ajuda nem presença de ninguém (Is 44,24; 45,12). É o primeiro e o último (Is 44,6), clemente e misericordioso (Sl 111,4), o que cuida dos oprimidos (Sl 113,7), o que cura todas as doenças e perdoa todas as iniqüidades (Sl 103,3). Foi ele quem entregou a Torá a Moisés no Sinai (Êx 19,20) e quem estabeleceu uma aliança eterna com Israel como povo seu, quem falara pelos profetas, quem não pode ser representado mediante nenhum tipo de imagem ou configuração plástica (Êx 20,4ss.) etc. Deste Deus esperava-se que enviaria seu Messias e que ressuscitaria no final dos tempos justos e injustos, proporcionando recompensa eterna aos primeiros e castigo vergonhoso e consciente aos segundos (Dn 12,2). Nos Evangelhos encontramos uma aceitação de todas essas afirmações. Deus é único (Mc 12,29ss.), é o Deus de nossos pais (Mt 22,32), é o único que pode receber culto e serviço (Mt 6,24; Lc 4,8). Para Ele tudo é possível (Mt 19,26; Lc 1,37). Faz sair seu sol sobre justos e injustos (Mt 5,45), somente é Pai daqueles que recebem a Jesus (Jo 1,12). Essa relação de paternidade entre Deus e os seguidores de Jesus explica o fato dele tratá-lo como Pai (Mt 11,25ss.; Mc 14,36; Lc 23,34.46; Jo 11,41; 17,1.5.11). A Ele se deve dirigir em segredo e sem usar contínuas repetições como os pagãos (Mt 6,4.18), e nele se deve confiar sem preocupação na certeza de ser atendido (Mt 6,26-32; 10,29-31; Lc 15). A Ele inclusive podemos chegar a conhecê-lo porque Jesus no-lo revelou (Jo 1,18).

Esse monoteísmo com o qual Deus é contemplado no Novo Testamento acha-se, não obstante, purificado e peneirado através da fé na *Trindade, que afirma uma pluralidade de pessoas no seio da única divindade. Existem precedentes da crença na divindade do Messias no judaísmo, assim como na atuação de Deus em várias pessoas. De fato, o judeu-cristianismo posterior – tal como nos refere o *Talmude – somente teve de se referir a elas para defender sua essência judaica. Assim, no Antigo Testamento, atribui-se ao *Messias o título divino de El-Guibor (Is 9,5-6); Deus expressa-se em termos plurais (Gn 1,26-27; Is 6,8); o *malak Yahveh* ou o anjo de Yaveh não é senão o próprio Yahveh (Jz 13,20-22) etc.; circunstâncias todas essas que foram interpretadas como sinais da revelação da Trindade.

Nos Evangelhos encontramos, de fato, afirmações nesse sentido que não podem ser consideradas nada equívocas. Por exemplo, denomina-se Deus a *Jesus (Jo 1,1; 20,28 etc.); afirma-se que *Filho de Deus é igual a Deus (Jo 5,18); afirma-se que é adorado pelos primeiros cristãos (Mt 28,19-20 etc.); aplica-lhe o qualificativo de "Verbo", uma circunlocução para se referir ao próprio Yahveh (Jo 1,1) etc.

Tem-se discutido se todos esses enfoques procedem realmente do próprio Jesus ou se, pelo contrário, se devem atribuí-los à primitiva comunidade. Do mesmo modo se questionou seu caráter judaico. Hoje, sabemos que essas visões não se originaram do helenismo, mas do judaísmo contemporâneo de Jesus (M. Hengel, A. Segal, C. Vidal etc.). A característica diferencial do cristianismo é que afirmaria que essas hipóstases do Deus único haviam se encarnado em Jesus. É também a ele a quem se devem referir essas interpretações de sua pessoa. Advoga por essa interpretação o conteúdo das passagens da autenticidade histórica indiscutível como a de Lucas 10,21-22, assim como as de auto-identificações que Jesus se atribui com a *Jokmah* hipostática dos Provérbios (Lc 7,35; 11,49-51) e com o *Kyrios* (Senhor) do Antigo Testamento (Lc 12,35-38; 12,43ss.). Essas passagens, de fato, fazem parte também da fonte Q, o que indica sua antiguidade.

Durante o período patrístico a visão da Divindade emanada do judaísmo viu-se de certo modo ofuscada pela influência da filosofia grega e da controvérsia com pagãos e judeus. Assim *Justino, por exemplo, enfatizou o conceito de impassibilidade; *Clemente de Alexandria e Orígenes insistiram em sua inefabilidade e incompreensibilidade; *Atanásio e *Cirilo acentuaram a possibilidade de conhecer o ser interior de Deus através da alma humana etc. Tratou-se de especulações que, em sua maior parte, resultaram sintetizadas na obra de considerável influência platônica de *Agostinho de Hipona.

Durante a Idade Média, o interesse deslocou-se para a investigação da Natureza divina mediante uma metodologia que repousava no raciocínio humano (*Anselmo de Cantuária, *Tomás de Aquino etc.), o que teve como conseqüência uma receptividade do aristotelismo na teologia cristã e se traduziu nas provas da existência de Deus (argumento ontológico de Anselmo e as cinco vias de Tomás de Aquino etc.).

Essa visão medieval esfrangalhou-se irreversivelmente por obra da Reforma Protestante do séc. XVI que havia sido precedida em boa parte por precursores como *Erasmo de Rotterdam ou *Nicolau de Cusa. Tanto a referência à *Bíblia como à experiência pessoal converteram-se a partir de então em eixos indispensáveis da visão de Deus. Contudo, o golpe de morte da teologia natural da Idade Média não se produziria até Kant e sua *Crítica da razão pura* (1781).

Durante o séc. XIX, F. D. E. Schleiermacher aprofundou-se na via experimental até insistir que o conhecimento de Deus deriva da própria experiência, devendo buscar-se a origem da crença em Deus nos sentimentos de dependência que se tornam universais em todos os seres humanos. Tanto essa posição como a de G. W. F. Hegel e a da teologia liberal acabou provocando durante o séc. XX uma reação que vem afirmando a transcendência de Deus diante de qualquer visão imanentista. Se no protestantismo essa reação está relacionada com Karl Barth e Emil Brunner (Neo-Ortodoxia) – mas também com os fundamentalismos evangélicos –, no catolicismo deve-se ligá-lo a um neo-escolasticismo presente, por exemplo, na Constituição *Dei Filius* do Concílio Vaticano I (1870).

Durante os anos sessenta e setenta desfrutaram de certo status teologias como a da morte de Deus – cujos distintos autores afirmaram desde a morte de Deus (às vezes identificado com Satanás) na cruz para não voltar à vida (T. Altizer) a seu falecimento como fenômeno cultural (G. Vahanian) – à teologia do processo – que afirma que Deus está em processo de desenvolvimento mediante sua relação com um mundo mutante. Hoje, contudo, essas teorias podem dar-se por enterradas. Em fins do séc. XX, o estudo de Deus no seio do cristianismo parecia estar centrado em redor de três eixos: o da revelação escriturística, a da adesão ao dogma e a da experiência subjetiva que, em não poucas ocasiões, se entrelaçam em sua experiência concreta.

Bibl.: HENGEL, M., *O Filho de Deus*, Salamanca 1978; SEGAL, A., *Paul, the Convert*, New Haven e Londres 1990; GILBERT, M. e ALETTI, J. N., *La Sabiduría y Jesucristo*, Estella; VIDAL MANZANARES, C. *El Primer Evangelio...*; IDEM, *El judeo-cristianismo palestino...*

DEVOTIO MODERNA

Termo com o qual se denomina o reflorescer espiritual que teve como cenário a Holanda durante o final do séc. XIV e que posteriormente se estendeu pela Alemanha, França e Itália. Seu texto clássico foi a *Imitação de Cristo* de *Tomás de Kempis, mas também se citam *Agostinho, *Bernardo e *Boaventura.

DEZ ARTIGOS, OS

Primeiros artigos de fé da Igreja anglicana durante a Reforma (1536). Neles se consideram como sacramentos o batismo, a penitência e a Eucaristia. Na Eucaristia a presença de Cristo era substancial e corporal (embora não se mencione a transubstanciação). Insiste-se que a justificação é obtida pelo arrependimento e a fé unida à caridade. Finalmente se mantêm as imagens dos santos (embora não se lhes pode render culto), a intercessão dos santos e as orações e a missa pelos defuntos. Os artigos – que foram especialmente impostos por *Henrique VIII – foram revogados pelo *Livro dos bispos* de 1537.

DEZ MANDAMENTOS, OS

O compêndio da lei divina entregue por Deus a Moisés no monte Sinai (Êx 20,2-14 e Dt 5,6-18). Seu conteúdo é o seguinte: *1.* reconhecimento da soberania de Deus; *2.* proibição de fazer imagens e render-lhes culto; *3.* proibição da blasfêmia e do perjúrio; *4.* descanso semanal; *5.* amor e honra aos pais; *6.* proibição do assassinato; *7.* proibição do adultério; *8.* proibição de furtar e seqüestrar; *9.* proibição da calúnia, da difamação e do falso testemunho nos processos judiciais; e *10.* proibição da cobiça e da inveja.

A divisão dos mandamentos é diferente conforme as diversas confissões cristãs. Para as Igrejas protestantes (com exceção da luterana), seguindo o modelo judeu o Êx 20,2-3 é o primeiro; 4,6, o segundo; e o 17, o décimo. Além disso, tanto judeus como protestantes consideram vigente a proibição de render culto a imagens. Agostinho de Hipona e Lutero contavam 2,6 como o primeiro mandamento, 2,17 como o nono e 2,17b como o décimo, sendo essa a divisão seguida por católicos e luteranos, embora estes considerem como atual a proibição referente às imagens. Essa circunstância é que tem levado a Igreja católica a desdobrar o mandamento relativo à imoralidade sexual em dois, de forma que o número total continue sendo dez. Nas Igrejas ortodoxas segue-se a ordem judaica, mas se considera que a proibição das imagens somente se refira às esculturas e não às pinturas, o que embora aparentemente pareça deixar a salvo a letra do decálogo, mas é duvidoso que se respeite o espírito original.

Jesus aceitou o decálogo judeu, embora aprofundasse na aplicação prática dos preceitos relacionados à violência, à imoralidade sexual ou ao uso da palavra (Mt 5-7).

DIABO

*Demônios.

DIÁDOCO DE FÓTICE

Apesar de se tratar de um dos maiores ascetas do séc. V, apenas temos alguns dados sobre sua vida. Foi adversário dos monofisitas na época do Concílio de Calcedônia (451). Assinou, junto com outros, uma carta ao imperador Leão pelos bispos do Epiro depois do assassinato do bispo Protério de Alexandria causado pelos monofisitas em 457. Morreu por volta do ano 468. Sua obra mais importante é *Cem capítulos a respeito da perfeição espiritual*. Também foi autor de uma *Homilia sobre a Ascensão*, de um diálogo conhecido como *A visão* e uma catequese. Defendeu a dupla natureza de Cristo frente aos monofisitas.

DIÁLOGO SOBRE A FÉ ORTODOXA

Diálogo conservado num original

grego e numa tradução latina de Rufino, cujo autor é desconhecido. Não parece ser anterior ao ano de 300, e embora se atribua a Orígenes, o certo é que os pontos de vista nele expostos são muito anti-origenistas.

DIATESSARON
*Taciano.

DIBELIUS, MARTINHO (1883-1947)

Estudioso do Novo Testamento, criador do método conhecido como *crítica das formas. Seu ponto de vista sobre a veracidade dos textos transmitidos no Novo Testamento foi curiosamente muito mais moderado e conservador que o de seus seguidores.

DIDAQUÉ

"O documento mais importante da era pós-apostólica e a mais antiga fonte de legislação eclesiástica que possuímos" (Quasten). Foi publicada em 1883 pelo metropolita grego da Nicomédia, Filoteo Bryennios, de um códice de 1057 pertencente ao patriarcado de Jerusalém. Data: Audet datou-a entre o ano 50 a 70, enquanto que Adão a situa entre 70 e 90. Quasten, apesar de situar sua compilação entre os anos 100 a 150, não nega a possibilidade de que fosse escrita no primeiro século. Nossa opinião, igual a que expressa J. A. T. Robinson, é que a Didaqué é um escrito muito antigo que pode inclusive ter sido redigida antes da destruição de Jerusalém no ano 70 d.C. Essa antigüidade explicaria ao menos em parte o fato dela ter sido considerada um escrito canônico por alguns. Quanto ao lugar de sua redação os mais prováveis são a Síria e a Palestina.

Estrutura: Dividida em 16 capítulos; até o décimo a obra tem um conteúdo litúrgico, e depois desse capítulo ao décimo quinto essa parte é dedicada à disciplina eclesial. O último capítulo está dedicado à Segunda Vinda de Cristo. O batismo é descrito na Didaqué em sua forma de imersão em água corrente. Contudo, nessa obra está contida a primeira referência ao batismo de infusão que, não obstante, somente se praticava em caso de necessidade. O batismo também parece estar limitado somente para os adultos, aos quais se administrava o sacramento durante a vigília pascal. Somente os batizados podiam participar da Eucaristia que se celebrava aos domingos, depois da confissão dos pecados que seguramente era litúrgica e coletiva. A Eucaristia é considerada o sacrifício do qual fala Malaquias (1,10), embora essa afirmação – como anotou a teóloga católica Sharon Burns – não implica um conteúdo sacrifical da celebração, mas a crença de que o louvor e a oração estão substituindo todo tipo de sacrifícios. Não há nenhuma indicação do episcopado monárquico nem tampouco se menciona os presbíteros. Os dirigentes das comunidades são denominados bispos (em seu sentido etimológico de supervisor) e diáconos. Do mesmo modo os profetas continuam desfrutando de importância no meio da comunidade cristã. A escatologia tem uma enorme importância para a Didaqué, que assinala o aparecimento dos falsos profetas e do anticristo como fases anteriores à Parusia.

DIDASCÁLIA DOS APÓSTOLOS

Constituição eclesiástica redigida na primeira metade do séc. III. Destinada a um conjunto de crentes da Síria setentrional, segue muito de perto o esquema da Didaqué e é tributária também das Constituições Apostólicas.

Parece estabelecido que seu autor era um judeu-cristão que utiliza com certa profusão alguns dos apócrifos do Novo Testamento. *Apócrifos. *Didaqué.

DÍDIMO, O CEGO

Um dos chefes durante o séc. IV da escola catequética de Alexandria, que encerraria pouco depois de sua morte. Nascido por volta do ano de 313, ficou cego aos quatro anos de idade. Ainda que sem originalidade teve como discípulos Jerônimo e Rufino, o qual unido a seu asceticismo – manteve uma vida de eremita – levou-o a desfrutar de certo destaque em sua época. Faleceu mais ou menos no ano de 398. Foi autor de três livros: Sobre a Trindade, um tratado Sobre o Espírito Santo e outro Contra os maniqueus. Redigiu também diversos comentários aos livros do Antigo e do Novo Testamento dos quais só chegaram até nós pequenos fragmentos. Perderam-se seus doze livros Sobre os dogmas e contra os arianos, seu Volume sobre as seitas e sua Defesa de Orígenes. Embora não fosse pensador original, contribuiu notavelmente para a compreensão da Trindade, sendo sua a fórmula "uma substância e três hipóstases". Defendeu igualmente a existência de uma alma humana na pessoa de Cristo, não havendo uma fusão da natureza humana e a divina, mas a existência de duas naturezas e de duas vontades. Partindo da cristologia, Dídimo ocupa-se da doutrina do Espírito Santo ao qual considera incriado como o Filho. É Deus e igual ao Pai. Esse Espírito Santo é quem distribui na Igreja os dons divinos. Graças a ele, a Igreja converte-se em mãe dos cristãos aos quais dá à luz através do batismo. Contudo, prefere denominar a Igreja Corpo de Cristo em lugar de Mãe.

Para Dídimo o pecado original foi a queda de Adão e Eva e se transmite mediante o ato sexual dos pais, o que explica que Jesus tivera de nascer de uma virgem. O batismo destrói o pecado original e tem como conseqüência o fato de sermos adotados como filhos de Deus. Por isso é indispensável para a salvação, embora possa ser substituído pelo martírio. Nega também a validade do batismo dos hereges. A mariologia de Dídimo insiste no fato de que Maria foi sempre virgem e denominada Mãe de Deus (Theotókos). Antropologicamente compartilha do erro origenista de sustentar que a alma fora encerrada no corpo como castigo de pecados anteriores apoiando assim a idéia platônico-origenista da preexistência. Escatologicamente, embora Jerônimo (Adv. Ruf. I, 6) sustente que também Dídimo era origenista na crença de uma salvação universal no fim dos tempos, o fato é que a partir de seus escritos torna-se difícil aceitar essa impressão, pois é certo que repetidamente fala do inferno e do castigo eterno (De Trin. II, 12; II, 26). Quasten assinalou que o testemunho de Jerônimo é correto, uma vez que Dídimo pretendia que no mundo futuro não haveria pecado e que os anjos desejavam ser redimidos, porém ambas as afirmações não necessariamente se contrapõem à tese do castigo eterno para os condenados. De Orígenes, sim, parece que Dídimo herdou a idéia do purgatório.

DIGGERS

Setor dos *Levellers ingleses, fundado em 1649. Sustenta que a prática do cristianismo exigia uma forma de vida comunista e o cultivo das terras comunais e da Coroa. Assim, começaram a cultivar terras incultas. O movimento teve uma vida breve.

DILLMANN, CHRISTIAN FRIEDRICH AUGUST (1823-1849)

Erudito bíblico e orientalista protestante. A ele se deve fundamentalmente o início dos estudos etiópicos durante o séc. XIX.

DINAMARCA, CRISTIANISMO NA

A chegada do cristianismo à Dinamarca aconteceu durante o séc. IX. Pouco depois foi batizado o chefe danês Haroldo, e sob Sven I (985-1014) e Canuto Magno (1014-1035) o cristianismo experimentou uma expansão generalizada. Durante a Idade Média, os bispos dinamarqueses ganharam um considerável poder temporal, o que fez com que sofressem uma enorme impopularidade e que a Reforma (1520-1540) ganhasse com certa facilidade a Dinamarca. Em 1527 a Dieta de Odense proclamou a liberdade religiosa e em 1530 a Confissão Hafnica adotou um credo luterano. Vinte anos depois foi publicada uma tradução da Bíblia em dinamarquês. Inicialmente a situação dos católicos não sofreu com essas medidas, mas o início da Guerra dos Trinta Anos – na qual a Dinamarca participou – levou a promulgar medidas dirigidas contra os sacerdotes católicos que exerciam seu ministério. Em 1683, por exemplo, foi decretado que as pessoas que se converteram ao catolicismo perderiam seus bens.

Em fins do séc. XVIII e inícios do séc. XIX houve uma revitalização considerável do *luteranismo dinamarquês. Conseqüência disso foram as primeiras missões dinamarquesas no estrangeiro desde 1814, o reconhecimento da liberdade religiosa completa em 1849 e a perda do caráter oficial da Igreja luterana em 1852. Diante dessa corrente, o caso de S. Kierkegaard (1813-1855), partidário de um existencialismo cristão, tornou-se muito excepcional.

Durante o séc. XX a imensa maioria dos dinamarqueses continuou sendo sociologicamente luteranos – o que explica, por exemplo, sua radical oposição ao Holocausto planejado pelos nazistas e que a maior porcentagem de judeus salvos aconteceu nesse país, embora tenha minorias católicas e de diversas igrejas evangélicas.

DIOCLECIANO (245-313)

Imperador romano desde 284 a 305. Originário da Dalmácia, seu principal objetivo foi empreender reformas que permitissem dar coerência e centralizar o império. Entre as próprias estruturas a adoção do sistema de tetrarquia e da acentuação do caráter semidivino do imperador. Durante a maior parte de seu reinado, os cristãos desfrutaram de tranqüilidade, mas no ano de 303 iniciou-se contra eles aquilo que foi denominado como a Grande Perseguição. Em virtude do edito de 23 de fevereiro ordenou-se a demolição das igrejas e a queima dos livros cristãos. Dois editos posteriores se dirigiram de maneira muito concreta contra o clero e estabeleceram penas que iam de prisão à morte. Um quarto edito de 304 estendeu essas penas aos leigos. Embora a intensidade da perseguição tenha variado conforme o lugar do império, não se pode negar que o número de mártires tenha sido considerável. Propriamente, a perseguição não acabou até a vitória de Constantino na Ponte Mílvia no dia 28 de outubro de 312 e com o Edito de Milão no início de 313.

DIODORO DE TARSO

Nascido em Antioquia, educou-se nessa cidade como aluno de Silvano e de Eusébio de Emesa. Esteve à frente de uma comunidade monástica perto de Antioquia. Como mestre da escola dessa cidade defendeu o símbolo niceno e teve como alunos João Crisóstomo e Teodoro de Mopsuéstia. Defrontou-se valentemente contra o esforço de restauração pagã de Juliano que o denegriu com dureza. Valente, o sucessor de Juliano, desterrou-o em 372 para a Armênia. Com a morte do imperador voltou para Antioquia, sendo nomeado bispo de Tarso e Cilícia em 378. Tomou parte no Concílio de Constantinopla em 381. Já havia falecido em 394, quando em 438 Cirilo de Alexandria o acusou de ser responsável pela heresia de Nestório, o que causou sua condenação como herege um século depois de sua morte, no sínodo de Constantinopla em 499. Consta que Diodoro tenha produzido mais de sessenta tratados, porém chegaram até nós poucos fragmentos, muito provavelmente porque seus inimigos teológicos conseguiram destruí-los. A perda torna-se especialmente lamentável na área dos comentários bíblicos, uma vez que Diodoro seguia um método exegético de tipo histórico e gramatical.

DIOGNETO
Epístola a Diogneto.

DIONÍSIO (259-268)
Papa. Tomou posse do cargo da sede romana numa época na qual se viu obrigado a reorganizar a Igreja, depois dos estragos da perseguição de Valeriano, e a solucionar os problemas ocasionados pela política eclesial de Galieno. Temos notícia de que escreveu duas cartas a *Dionísio de Alexandria a respeito do sabelianismo e do subordinacionismo, mas delas somente nos chegaram fragmentos.

DIONÍSIO DE ALEXANDRIA
Também conhecido como Dionísio, o Grande. Possivelmente se trata do discípulo mais importante de Orígenes. De família pagã, parece ter-se convertido graças a seu desejo de encontrar a verdade e a sua paixão pela leitura (HE VII, 7,1-3). Foi diretor da escola de catequese de Alexandria, assim como bispo dessa cidade, à qual se viu obrigado a abandonar em virtude da perseguição de Décio. Morto este, regressou à Alexandria, mas sofreu desterro para a Líbia e Mareotis (Egito) durante o governo de Valeriano. Morreu em 264 de uma enfermidade que o impediu de assistir ao sínodo de Antioquia. Chegaram até nós duas cartas completas e alguns fragmentos de outras. Além disso, Dionísio escreveu uma obra *Sobre a natureza*, dois livros *Sobre as promessas* e quatro livros sobre a *Refutação e apologia*.

DIONÍSIO DE CORINTO
Bispo da segunda metade do séc. II, cuja correspondência, a julgar pelos dados fornecidos por Eusébio (HE IV, 23), deve ter desfrutado de grande conceito em seu tempo, originando até mesmo tentativas de falsificação da parte dos hereges. Infelizmente sua correspondência não chegou até nós.

DIONÍSIO, O AREOPAGITA
Nome atribuído ao autor dos tratados conhecidos como *Nomes divinos,* as *Duas hierarquias* e a *Teologia mística*. Embora procurasse passar pelo discípulo de Paulo do mesmo nome, o certo é que sua época oscila entre os séc. V e VI e seu lugar de origem possivelmente fora a Síria. Suas obras imbuídas de uma mistura de neoplatonismo e espírito místico desfrutaram de enorme prestígio durante a Idade

Média graças ao apoio que lhe proporcionaram teólogos como Máximo, o Confessor (séc. VII), e a tradução para o latim que delas fez João Scott (séc. IX).

DISCÍPULO AMADO
*João.

DISCÍPULOS

O conceito de discípulo – aquele que aprende de um mestre – surge no judaísmo do Segundo Templo. De fato, no Antigo Testamento a palavra só aparece uma vez (1Cr 25,8).

Nos Evangelhos, o termo define alguém chamado por Jesus (Mc 3,13; Lc 6,13; 10,1) para segui-lo (Lc 9,57-62), fazendo a vontade de Deus (Mc 10,29) até o ponto de aceitar a possibilidade de enfrentar uma morte vergonhosa como era a condenação na cruz (Mt 10,25.37; 16,24; Lc 14,25ss.). Os discípulos de Jesus são conhecidos pelo amor que cultivam entre eles (Jo 13,35; 15,13).

A fidelidade ao chamado do discípulo exige uma humildade confiante em Deus e uma disposição total à renúncia a tudo aquilo que pode ser um obstáculo ao pleno seguimento (Mt 18,1-4; 19,23ss.; 23,7). Embora tanto os *apóstolos como o grupo dos setenta e dois (Mt 10,1; 11,1; Lc 12,1) recebam o qualificativo de discípulos, o certo é que não se pode restringir somente a esses grupos. Discípulo é todo aquele que crê em Jesus como Senhor e Messias e o segue (At 6,1; 9,19).

Bibl.: BEST, E., *Disciples and Discipleship*, Edimburgo 1986; HENGEL, M., *The Charismatic Leader and His Followers*, Nova York 1981; VICENT, J. J., *Disciple and Lord*, Sheffield 1976; VIDAL MANZANARES, C., *El judeo-cristianismo...*; IDEM, *El Primer Evangelio...*; DUPONT, J., *El mensaje de las Bienaventuranzas*, Estella; ZUMSTEIN, J., *Mateo, el teólogo*, Estella.

DISCÍPULOS DE CRISTO

Grupo fundado em 1811 por Alexander *Campbell no seio do *presbiterianismo, embora desde 1827 existisse como denominação independente. Sua única base de fé é a Bíblia. Praticam o batismo de adultos e nas últimas décadas têm mostrado um especial interesse pela união dos cristãos de todas as confissões. Atualmente, os primitivos Discípulos de Cristo estão divididos em três grupos principais que perfazem um milhão de membros.

DIVÓRCIO

Dissolução do matrimônio que permite aos cônjuges contrair um novo. Em hebraico recebe o nome de *guerushim* e se formaliza mediante um contrato conhecido como *guet* ou *sefer keritut*. A mulher pode casar-se a partir de então com qualquer homem, exceto com aquele com o qual manteve relações antes do divórcio ou com um sacerdote ou *cohen*. Quanto a suas causas, a escola de Hillel (séc. I a.C.) era partidária de admitir como tal qualquer coisa que desagradasse ao esposo, p. ex. se a esposa queimasse a comida; enquanto que a escola de Shammai (séc. I a.C.) limitava-o aos casos de adultério.

Jesus teve uma posição mais rígida que o judaísmo de sua época em relação à permissividade do divórcio. Parece evidente que Jesus o rejeitou, já que o divórcio é evidência da dureza de coração do ser humano e contradiz essencialmente o desígnio fundamental de Deus para o homem e a mulher (Mc 10,1-12; Lc 16,18). Contudo, duas passagens dos Evangelhos (Mt

5,32; 19,9) permitem o divórcio "em caso de fornicação". Uma interpretação dessa passagem, ao menos em bom número de Padres até inícios da Idade Média, achava lícito o divórcio quando houvesse o adultério de um dos cônjuges. Contudo, outros autores – não só católicos – tentaram explicar essas passagens como uma referência ao concubinato ou uniões realizadas de caráter ilegítimo. Assim, Jesus estaria afirmando que o matrimônio é indissolúvel, mas não o relacionamento de concubinato.

O cristianismo medieval experimentou uma clara divisão quanto à posição frente ao divórcio. Enquanto que as Igrejas orientais e ortodoxas permitem o divórcio em determinadas ocasiões, as ocidentais foram restringindo progressivamente as causas do divórcio até suprimi-las por completo. Depois da Reforma Protestante do séc. XVI, a Igreja católica continuou mantendo sua posição frontal ao divórcio, enquanto que as Igrejas protestantes o autorizam em caso de adultério e, na prática, por um número de razões consideravelmente mais amplo.

Bibl.: NEWMAN, Y., *O. c.*; PELÁEZ DEL ROSAL, J., *El divorcio en el derecho del Antiguo Oriente*, Córdoba 1982; PETUCHOVSKY, L., *O. c.*

DOCETISMO
Heresia de caráter gnóstico que no séc. I afirmava que a humanidade e os sofrimentos de *Jesus na cruz foram somente aparentes. Tanto a carta de São *Paulo aos colossenses como as duas primeiras de São João parecem referir-se a esse movimento. O docetismo influiu no islamismo e em sua tese de que Jesus não morreu na cruz, mas foi substituído por outro.

DÖLLINGER, JOHANN JOSEPH IGNAZ VON (1799-1890)
Historiador eclesiástico. Foi ordenado sacerdote em 1822 e ensinou História Eclesiástica de 1823 até 1873. Inicialmente sua inclinação foi para o ultramontanismo, mas a amizade com John Henry Newman mudou seu ponto de vista. Partidário da submissão ao papa, em 1861 atacou, porém, seu poder temporal, o que provocou a inimizade dos *jesuítas contra ele. A publicação do *Syllabus* em 1864 e a política papal que pretendia suprimir os governos liberais distanciaram-no ainda mais da submissão incondicional ao pontífice. Suas *Cartas de Jano* (em colaboração com outros) e *Cartas de Quirino* permitiram ver nele um magnífico conhecedor da história eclesiástica e um formidável inimigo da doutrina da infalibilidade papal, que ele desautorizava utilizando uma profusa multidão de dados históricos. Sua negativa em aceitar o novo dogma da infalibilidade papal (1871) provocou sua excomunhão nesse mesmo ano. Apesar de tudo isso, ele nunca deixou de confiar numa união dos que se haviam separado da Igreja católica por causa do dogma da infalibilidade papal e dos que haviam permanecido fiéis no seio da Igreja. Trabalhador incansável, mestre extraordinário e cientista notável, em 1873 foi nomeado presidente da Academia Real de Ciências da Baviera.

DOMICIANO, TITO FLÁVIO (51-96)
Imperador romano, filho de Vespasiano e sucessor de seu irmão Tito no ano de 81. Foi atribuída a ele uma perseguição contra os cristãos, no decorrer da qual foi preso o evangelista São João, que nesse tempo escreveu o Apocalipse. O certo, contudo, é

que não há provas suficientes de que a citada perseguição existira e que o Apocalipse parece haver sido escrito por volta do ano 68.

DOMINICANOS

Também chamados frades pregadores, frades negros e jacobinos, este último como conseqüência de que sua casa principal em Paris estava colocada sob proteção de Tiago (Jacobo). Estabelecidos formalmente em 1220 e 1221, dedicaram-se de maneira especial ao estudo e à pregação, e foi a primeira ordem religiosa que abandonou o trabalho manual para concentrar-se em questões intelectuais. Estas circunstâncias lhes proporcionaram logo um papel na luta contra os hereges, a pregação das cruzadas e a Inquisição. Esse papel os levaria a ser denominados "Domini canes" (cães do Senhor). O escândalo ocasionado durante os séc. XIV e XV por aqueles dominicanos que recebiam eventuais lucros que não eram incorporados na comunidade, já que sobre ela regia um princípio corporativo de pobreza, produziu enormes tensões. Assim, em 1475, o Papa *Sixto IV permitiu à ordem contar com propriedades e revogou a pobreza comunitária, algo que, diferentemente dos franciscanos, não provocou reações contrárias.

No decorrer da Idade Média, os dominicanos (*Alberto Magno, *Tomás de Aquino etc.) adaptaram a filosofia de Aristóteles à fé católica, o que teria enormes conseqüências posteriores.

Durante a Contra-reforma seu papel foi de certo modo ocupado pelos *jesuítas – com os quais mantiveram uma ouriçada rivalidade que os papas tentaram evitar mediante documentos como o *De auxiliis – mas nem por isso se viram totalmente relegados.

Os dominicanos contam com uma segunda ordem feminina, cujas monjas se dedicam à vida contemplativa, e uma terceira ordem de vida ativa a qual pertenceram, por exemplo, *Catarina de Sena, *Rosa de Lima etc.

DOMINGO

O primeiro dia da semana. Sua consagração como dia de descanso e de culto próprio dos discípulos de Jesus começou já nos inícios do séc. I. Sabemos, desde logo, que os primeiros cristãos vindos do paganismo não guardavam os dias próprios do judaísmo (Gl 4,10; Cl 2,16). Suas reuniões aconteciam aos domingos em vez dos sábados (At 20,7), e nelas se realizavam as coletas destinadas às obras de caridade (1Cor 16,2). Apesar de tudo, não foram originais nessa maneira de celebrar e o início desse costume pode ser encontrado nos próprios judeu-cristãos (Jo 20,19.26) que, como indicou o erudito judeu D. Flusser, já optaram por se reunir como seguidores de Jesus, o messias, precisamente num dia que não coincidisse com o culto na sinagoga. Nisso influiu muito possivelmente também uma série de fatos relacionados ao domingo. Nesse dia, Jesus havia ressuscitado (Jo 20,1) e havia aparecido pela primeira vez aos *apóstolos, comendo com eles (Lc 24,36-49; Jo 20,26ss.). Também foi num domingo quando desceu o Espírito Santo em Pentecostes (At 2,1ss.) etc. Numa data tão primitiva como os anos sessenta do séc. I, a expressão "dia do Senhor" já era referida, inclusive num contexto judeu-cristão, ao domingo (Ap 1,10). Em fins do séc. I (Didaqué XIV; Inácio, *Epístola aos magnésios* IX etc.), já se tornara óbvio que o *sábado era o dia sagrado dos judeus, enquanto que o dos cristãos era o domingo. Quanto às fontes contidas no *Talmude, costumam acusar os judeu-cristãos da consideração do domingo como dia sagrado. A observância do domingo como dia de descanso civil começou a ser efetuada no séc. IV com a transformação do cristianismo numa religião semi-oficial. Assim o dispuseram o Concílio de Elvira (306 aprox.) e o de Laodicéia (380 aprox.), tal como uma lei constantiniana de 321. A partir do séc. VI a lei eclesiástica foi tornando-se mais severa até o ponto de converter a missa dominical em algo obrigatório.

A Reforma inicialmente não enfatizou o caráter sagrado do domingo. Este somente foi considerado depois que se chegou a identificar o *shabat* judeu com o domingo cristão. Durante o séc. XIX e inícios do séc. XX, o domingo continuaria sendo considerado um dia fundamentalmente dedicado a Deus, um aspecto que foi decaindo como conseqüência da crescente secularização da sociedade.

Bibl.: Bruce, F. F., *Acts*...; Flusser, D., "Tensions between Sabbath and Sunday" em *The Jewish roots Christian liturgy*, Nova York 1990; Morris, L., *The First*...; Vidal Manzanares, C., *El judeo-cristianismo*...

DOMINUS AC REDEMPTOR

Breve de 21 de julho de 1773 em virtude do qual Clemente XIV suprimiu a ordem dos *jesuítas.

DONATISMO

Pela morte de Mensurio no ano de 311, três bispos africanos elegeram como sucessor seu o diácono Ceciliano, o que provocou uma reação contrária dos cristãos extremistas que alegaram contra Ceciliano sua condição de traidor. Reunidos em Cartago, 70 bispos da Numídia anularam a eleição de Ceciliano e em 312 elegeram Majorino, presuntamente convencidos pelos subornos de Lucila, uma ricaça matrona em inimizade contra Ceciliano. Tendo falecido logo Majorino, a sucessão recaiu sobre Donato. No ano 313 os donatistas recorreram a Constantino para que os bispos gauleses mediassem uma solução ao problema. Em outubro daquele mesmo ano reuniram-se em Roma vários bispos gauleses e italianos, sob a presidência do bispo da cidade, Milcíades, decidindo em favor de Ceciliano. Os donatistas apelaram para a autoridade de um concílio que foi celebrado em Arles, em 314, e que também foi para eles adverso. Em 316 Constantino optou por empregar contra eles a força, exilando os dirigentes. Contudo, o cisma não terminou. De fato, em 321 Constantino proclamou um edito de tolerância permitindo que os exilados retornassem. No quarto de século posterior, Donato, que compartilhou a opinião de muitos cristãos africanos contrários às intervenções imperiais na vida da Igreja e que seguiu vendo o poder político como algo anticristão e agora incluído no seio da comunidade cristã, criou toda uma estrutura eclesial paralela, convencido de ser a igreja pura frente à relaxada e semi-apóstata. Em 347 Constante enviou dois funcionários, Macário e Paulo, para que acabassem com o cisma. Donato opôs-se àquela intervenção imperial num assunto religioso, e a resposta de Macário foi a perseguição do donatismo, perseguindo os membros das comunidades e desterrando os dirigentes como Donato. Tendo em 362 Juliano autorizado a volta dos desterrados, Parmeniano († 391) reorganiza o movimento donatista e coloca o setor católico numa posição minoritária e fraca da qual somente sairá em fins do séc. IV com Aurélio de Cartago e Agostinho de Hipona que, contudo, possivelmente não teriam ressurgido se não contassem com o auxílio do imperador. Depois do Concílio de Cartago em 404, Honório promulgou em 405 um edito contra os cismáticos. Em 411 uma conferência conjunta de católicos e donatistas, celebrada em Cartago, concluiu com a vitória dos primeiros, uma vez que o novo dirigente donatista, Petiliano de Constantinopla, não somente estava à altura de seus antecessores Donato e Parmeniano, como também o bando católico contava com toda armadura teológica desenvolvida por Agostinho de Hipona. Esse revés dos cismáticos levou Honório a promulgar no ano seguinte outro edito repressivo contra eles. Em relativamente pouco tempo, o movimento do donatismo se viu derrotado pelas forças imperiais, degenerando nos últimos anos em grupos armados dedicados ao banditismo – como os *circuncélios –, cujo interesse parece ter sido mais nacionalista e social que religioso.

DONATIVO DE CONSTANTINO
Documento fraudulento redigido durante o Império franco em fins do séc. VIII ao séc. IX, destinado a fortalecer o poder papal. Nele se assinalava que o imperador *Constantino havia concedido ao Papa *Silvestre (314-335) a primazia sobre Antioquia, Constantinopla, Alexandria, Jerusalém e toda a Itália, incluindo Roma e as cidades do Ocidente. Também se afirmava que o papa havia ficado constituído como juiz supremo do clero. O documento foi utilizado pelo papado, entre outras coisas, para defender as pretensões de primazia diante de Bizâncio. No séc. XV sua falsificação foi demonstrada por Nicolau de Cusa e Lourenço Valla.

DOROTEU DE ANTIOQUIA
Presbítero de Antioquia que, segundo Eusébio (HE VII, 32,2-4), foi conhecido por ele durante o episcopado de Cirilo. Possuía excelentes conhecimentos de hebraico e de literatura, mas não nos chegou nenhum escrito dele e desconhecemos se ensinou na escola de Antioquia. Alguns autores o associam a Luciano, mas a base dessa opinião está muito longe de ser sólida.

DOSITEANOS
Seita gnóstica de seguidores de *Dositeu.

DOSITEU
Gnóstico samaritano que foi mestre de Simão, o Mago. Parece que manteve pretensões messiânicas.

DOSTOIEVSKY, FIODOR MIKHAILOVITCH (1821-1881)
Escritor russo. Revolucionário em sua juventude, foi evoluindo até uma fé ortodoxa carregada de paneslavismo e também ocasionalmente de aspectos pouco exemplares como o anti-semitismo. Sua visão teológica o converte, como a S. *Kierkegaard, num dos precursores da *teologia dialética. De acordo com ela não há possibilidade de que o homem se comunique com Deus, exceto na medida em que ele se coloque em contato com os fracos, os "humilhados e ofendidos". A Igreja institucional – descrita, por exemplo, no conto do "Grande Inquisidor", inserido em *Os irmãos Karamazov* – não é senão um falsificador do cristianismo que hoje voltaria a matar Jesus. Essa

visão que enfatiza enormemente o papel da graça e dos sentimentos reduz, contudo, em boa medida o da razão e em menor grau o da vontade ética. Sua influência continua sendo considerável em nossos dias.

DOUTRINA DE ADDEU
Visão siríaca dos Atos de Tadeu na qual se inclui o episódio de uma pintura de um retrato de Jesus para o rei Abgar ou Abagaro. *Atos apócrifos.

DUJOBOROS
Os "lutadores do espírito". Grupo religioso russo surgido entre os camponeses russos do distrito de Jarkov em 1740. Sob o czar Paulo I, foram desterrados para a Sibéria. Em 1841, por causa da intolerância do clero ortodoxo, voltou a desterrá-los para a Transcaucásia. A partir de 1895 adotaram uma posição de pacifismo radical e se negaram a servir no exército. E foram desterrados de novo, sua morte por inanição só se viu impedida pelo apoio de Leão *Tolstoi e dos *quakers que lhes permitiu emigrar da Rússia em sua maioria.

DUNS SCOT, JOHN (1265-1308 APROX.)
Filósofo medieval também conhecido como o *Doctor Subtilis* e o *Doctor Marianus*. Pouco sabemos de sua vida, exceto seu nascimento na Inglaterra, que entrou entre os *franciscanos e que, ordenado sacerdote, ensinou em Cambridge, Oxford e Paris. Sua filosofia combina o aristotelismo de *Tomás de Aquino com o agostinianismo. Assim, embora aceite o sistema tomista do raciocínio, contudo, concede uma maior importância ao amor e à vontade. A lei natural depende, portanto, não da mente de Deus, mas da vontade. Da mesma maneira a Encarnação teve lugar independentemente da Queda. O sistema de Scot foi adotado pelos franciscanos e teve uma enorme influência durante a Idade Média.

DÜRER, ALBERTO (1471-1528)
Pintor e gravador alemão. Autêntico elo de união entre a arte italiana e a gótica do norte, suas obras exerceram uma enorme influência nos pintores italianos e foram utilizadas como ilustração de diversas edições da *Bíblia, em especial as editadas do Apocalipse. Amigo de *Erasmo e do imperador Maximiliano, foi grande admirador da *Reforma Protestante. *Lutero o elogiou calorosamente depois de sua morte.

EBEDJESUS († 1318)
Metropolita da Armênia. O último teólogo importante nestoriano. Entre suas numerosas obras estavam incluídos tratados de filosofia e ciência, um comentário da Bíblia, um tratado contra todo tipo de heresias, uma coleção de cânones eclesiásticos e uma série de poemas.

EBIONITAS
Literalmente "os pobres". Seita judeu-cristã que se caracterizava por pretender guardar rigorosamente a lei

mosaica – é bem possível que como a seita do Mar Morto questionasse o culto do templo – e por negar a divindade de Cristo, ao qual considerava também filho físico de São José.

ECCE HOMO
Palavras latinas que significam "eis o homem" e com as quais se traduz a passagem de Jo 19,5. Sob esse título, a história da arte tem representado Jesus depois da flagelação, coberto com o manto de púrpura (Bom Jesus) e a coroa de espinhos.

ECK, JOHANN (1486-1543)
Também Johann Maier de Eck ou Eckius. Teólogo alemão. Desde 1510 até sua morte foi professor de teologia em Ingolstadt. Influenciado pelas teses humanistas opôs-se à proibição eclesial do empréstimo com juros e até a controvérsia das indulgências manteve boas relações com *Lutero. Enfrentou *Carlstadt e Lutero na discussão de Leipzig em 1519 e teve um papel relevante na excomunhão do último em 1520. A partir dessa data ocupou-se em organizar o catolicismo alemão contra o protestantismo, atacando em 1530 a Confissão de Augsburgo.

ECKHART, MESTRE (1260-1327)
Dominicano e místico alemão sustentador de certo panteísmo, razão pela qual foi acusado de herege. Condenado pelo bispo de Colônia em 1326 apelou para o papa, mas faleceu quando a apelação ainda não havia sido vista. Em 1329 *João XXI condenou 28 de suas sentenças como heréticas. Suas obras são usadas atualmente por círculos esotéricos.

EDDY, MARY BAKER
Fundadora da Ciência cristã, nascida nos Estados Unidos em 1861. Desde muito criança foi atormentada por transtornos nervosos, crendo desde os oito anos ouvir vozes vindas de Deus. Depois da morte de seu primeiro esposo e um divórcio depois do segundo casamento, houve uma acentuada piora de seus males e por isso, em 1862, recorreu a um curandeiro chamado P. P. Quimby, que professava não existir a enfermidade, mas que ela era uma sugestão do enfermo. Em 1866 Mary Baker Eddy sofreu uma queda que lhe causou fraturas internas da coluna; estando no leito, leu o episódio da cura do paralítico em Mt 9,1-8, e crendo que se referia a ela, ficou curada. No ano seguinte, escreveu *Ciência e saúde como chave das Escrituras*, em que se condensa seu pensamento, mistura de curandeirismo, tirado de Quimby, e gnosticismo cristão, que é considerado pelos adeptos como autêntica guia para entender a Bíblia

EDITO DE MILÃO
*Milão, Edito de.

EDITO DE NANTES
*Nantes, Edito de.

EDUARDO VI (1537-1553)
Rei da Inglaterra, filho de Henrique VIII e Joana Seymour. Foi educado por mestres protestantes e ao subir ao trono, em 1547, deu considerável impulso à Igreja protestante anglicana. Assim, durante seu reinado publicou-se um *Livro de homilias* (1547); foram proibidas as imagens e as luzes, exceto duas diante do Sacramento, nas igrejas (1547); ordenou-se a entrega de uma bíblia e da paráfrase de *Erasmo a todas as paróquias, assim como a leitura da epístola e o Evangelho em inglês durante a missa. Do mesmo modo,

estabeleceu-se a comunhão sob as duas espécies e permitiu-se o matrimônio dos clérigos (1548). Nos últimos anos, a Igreja anglicana foi transformando-se progressivamente para posições próprias do *calvinismo.

EDWARDS, JONATHAN (1703-1758)

Filósofo calvinista norte-americano. Em 1727, experimentou uma conversão e foi ordenado como ministro congregacionista. O trabalho de Edwards provocou um avivamento (*revival*), mas seu desejo de excluir da comunhão os "inconversos" acabou provocando sua destituição em 1749. Durante os anos seguintes, enquanto se dedicava à evangelização missionária em Stockbridge, escreveu suas obras mais importantes. Nelas defendeu uma visão calvinista com toques místicos, enfatizando o caráter soberano da eleição divina.

ÉFESO, CONCÍLIO DE

O terceiro concílio geral ou ecumênico. Celebrado em 431; nele se condenou a heresia de *Nestório e se ordenou sua deposição. O concílio afirmou que o Verbo esteve, desde o primeiro momento da concepção virginal, unido à natureza humana no seio de Maria, e que por isso o nascido dela foi Deus e homem ao mesmo tempo, desde o primeiro instante em que foi dado à luz. Por isso, Maria podia ser denominada "Theotókos" ou "Mãe de Deus". O concílio condenou também o pelagiano Celéstio, reconheceu a primazia de Roma e reafirmou a fórmula de *Nicéia.

EFRÉM SÍRIO

Nascido na Mesopotâmia nos inícios do séc. IV, mas retirando-se a Edessa, Efrém foi sem dúvida um dos mais fecundos poetas de todos os tempos – supõe-se que escreveu uns três milhões de versos em honra de Maria entre os anos 360 a 370 – e que por sua vez também foi um dos grandes impulsores do culto mariano e orientador do movimento monástico no Oriente. Contudo, destacou-se também no combate contra as heresias de seu tempo e, muito especialmente, na luta contra o origenismo, o arianismo – ao qual combateu aferrando-se nas tradições eclesiásticas anteriores – e o gnosticismo.

EGEDE, HANS (1686-1758)

Missionário norueguês luterano que evangelizou a Groenlândia. É conhecido como o "apóstolo dos esquimós".

EGÉRIA

Nascida na Galícia – e não nas Gálias como sustentou Geyer – em meados ou fins do séc. IV. Denominada Etéria por Férotin, era uma dama educada, ligada a uma comunidade religiosa que, na opinião de A. Hamman, tinha mais em comum com um beatério do que com um mosteiro. Embora notícias da Baixa Idade Média a considerem abadessa, essa afirmação foi muito discutível. Sua viagem à Terra Santa provocou controvérsias numerosas no que se refere às datas: entre 415-418 (E. Dekkers), entre 414-416 (Lambert), conforme J. Campos no ano 380 e 381-384 para P. Devos. Sua única obra de enorme importância por outra parte é o *Itinerário ou Peregrinação aos santos lugares*. Nela narra quatro viagens que são descritas com uma profusão enorme de dados relativos às conexões bíblicas, históricas e litúrgicas. Proporciona também informação muito importante em relação à organização eclesial e à vida monástica.

EGITO, CRISTIANISMO NO
*Igreja copta.

ELEUTÉRIO (174-189 APROX.)
Papa. De origem grega e nascido em Nicópolis, foi diácono durante o episcopado do Papa Aniceto. Por volta do ano 177 ou 178 recebeu uma visita de Irineu de Lyon na qual ele o advertiu sobre os perigos do montanismo. Parece que o papa não encontrou motivo para inquietação no aparecimento desse movimento espiritual. Possivelmente morreu no ano décimo de Cómodo (189), mas não é mencionado como mártir até o martirológio de Ata de Viena, da segunda metade do séc. IX.

ELIPANDO (718-802 APROX.)
Arcebispo de Toledo que propagou a heresia adocionista na Espanha. Parece que passou para o adocionismo depois de condenar uma fórmula do *sabelianismo em Sevilha em 782. Os concílios de Ratisbona (792), Frankfurt (794), Roma (798) e Aachem (800) condenaram-no, embora a ocupação árabe lhe permitisse conservar sua sede.

ELKASAÍTAS
Hereges judaizantes para os quais o cristianismo limitava-se a um judaísmo que já havia recebido o Messias, mas cuja cristologia negava a divindade deste, assim como seu significado soterológico tal e como é contemplado no cristianismo.

ELREDO DE RIEVAL (1109-1167)
Abade cisterciense de Rieval. A convite de *Bernardo de Claraval escreveu sua primeira obra, o *Espelho da caridade*. Suas obras, dotadas de uma especial profundidade psicológica, constituem interessantíssimas análises do amor, da amizade etc. Cristologicamente, mostrou um especial interesse pelo Jesus homem.

EMBURY, PHILIP (1728-1775)
O primeiro pregador *metodista na América onde estabeleceu a primeira Igreja dessa confissão em 1768, em Nova York.

EMERSON, RALPH WALDO (1803-1882)
Ensaísta, filósofo e poeta norte-americano. Clérigo unitário desde 1826, em 1847 deixou o ministério. Dedicou-se então a escrever obras dotadas de uma visão especial, constituindo uma combinação de racionalismo e misticismo que recebeu o nome de "transcendentalismo" (apesar da oposição de Emerson). De um enorme imanentismo, afirma que o homem tem em seu interior tudo o que necessita, pelo que a redenção deve buscar-se também no interior da alma. Detrator da escravidão – embora pouco simpatizante da democracia –, suas obras continuam tendo uma enorme influência no mundo anglo-saxão.

EMMANUEL
Lit.: "Deus conosco". Nome utilizado por Isaías em algumas profecias messiânicas contidas em seu livro (Is 7,14; 8,8). Em Mateus 1,23 o título é aplicado a Jesus, no qual se cumpre não somente a expectativa do messias, como também sua concepção virginal e sua condição divina.

EMMERICK, ANA CATARINA (1774-1824)
Agostiniana alemã, em 1812 foi

encerrada na casa onde se encontrava e optou por refugiar-se numa casa particular. Vítima de uma saúde delicada, por essa época afirmou haver recebido os estigmas da Paixão e tido diversas visões, que foram publicadas em 1833.

ENCARNAÇÃO
De acordo com o Novo Testamento, crença segundo a qual a segunda pessoa da *Trindade, que era *Deus, encarnou-se em *Jesus de Nazaré, a fim de obter a *salvação da humanidade.

Bibl.: CULLMANN, O., *Christology*...; VIDAL MANZANARES, C., *De Pentecostés*...

ENCICLOPEDISTAS
Nome dado aos diversos colaboradores da *Enciclopédia*, publicada entre 1751 e 1780, em 35 volumes. Autêntica obra-mestra no que se refere à descrição das artes e ciências da época. Em termos espirituais deixa transparecer claramente o enfoque anticatólico e teísta de seu editor, Diderot, e de outros autores. A *Enciclopédia* teve certa influência na formação da mentalidade que se traduziu na eclosão da Revolução Francesa.

ENCRATITAS
Seita herética – relacionada ao *gnosticismo, aos *ebionitas e ao *docetismo – que repelia o consumo de vinho e de carne, assim como o matrimônio.

ENDELÉQUIO
Praticamente quase nada sabemos sobre Severo Endeléquio, embora se queira situá-lo em Roma em fins do séc. IV, exercendo a função de orador e fixando sua origem na Gálias. Foi autor de um *Canto sobre as mortes dos bois*, no qual se descreve o diálogo entre dois pastores pagãos e um cristão, concluindo com a conversão dos dois primeiros.

ENÉIAS SÍLVIO PICCOLOMINI
*Pio II.

EPAFRODITO
Colaborador de *Paulo de Tarso mencionado na Carta aos Filipenses 2,25; 4,18; e provavelmente 4,3. Pode ser também que seja o Epafras da Carta aos Colossenses 4,12.

EPÍFANES
Autor gnóstico, viveu nos fins do séc. II e inícios do séc. III. Filho de Carpócrates, escreveu um tratado *Sobre a justiça* do qual somente chegaram até nós alguns fragmentos. Segundo informações transmitidas por Clemente de Alexandria (*Strom*. III, 2,5-9), defendia a comunidade de bens até o extremo de aceitar a comunhão de mulheres. Morto aos dezessete anos, foi adorado como deus pelos habitantes de Cefalônia.

EPIFÂNIO DE SALAMIS
O único teólogo importante originário da ilha de Chipre. Nasceu em Eleuterópolis, na Palestina, pelo ano 315. Depois de conhecer o monacato egípcio, fundou no ano 335 um mosteiro perto de sua cidade, governando-o durante uns trinta anos. Em 367 foi escolhido como metropolita de Constância, a antiga Salamis, pelos bispos de Chipre. Defensor do método denominado realista-tradicionalista, opunha-se a qualquer tipo de especulação metafísica. Isso explica por que lhe aborrecia a interpretação alegórica de Orígenes a qual ele considerava, não sem razão, uma semeadura de conflitos e uma arma ideal para os hereges.

O ataque de Epifânio tornou-se tão convincente que Jerônimo deixou de ser origenista para solicitar de João de Jerusalém a condenação de Orígenes. Epifânio manteve uma política repressiva contra os origenistas e, aliando-se a Teófilo de Alexandria, colaborou na expulsão dos adeptos egípcios de Orígenes. Ao serem estes acolhidos, no ano de 400, por João Crisóstomo, Epifânio, a pedido de Teófilo, viajou para Constantinopla com a intenção de enfrentar-se com os origenistas da cidade. É possível que se desse conta que estava sendo manejado por Teófilo de Alexandria, uma vez que não esperou a destituição de Crisóstomo no "sínodo da Encina", mas também que regressou a Chipre, morrendo em alto-mar em 403.

Inimigo do helenismo, talvez porque estivesse consciente do dano que sua infiltração estava causando à teologia cristã, foi muito lido em sua época, pois a linguagem utilizada por ele era fundamentalmente a do povo (K. Holl). Entre suas obras destacam-se o *"Ancorado"* (uma exposição da fé da Igreja), o *Panárion* ou *Botiquín ou "Miscelânea"* (uma enciclopédia de heresias e suas refutações), uma obra *Sobre os pesos e as medidas* (na realidade, um dicionário esclarecendo os termos bíblicos), um opúsculo *Sobre as doze gemas* (relativo ao peitoral do Sumo Sacerdote judeu), algumas cartas e três tratados contra as imagens (em que se manifesta totalmente contrário à fabricação e ao culto das imagens de Cristo, de Maria, dos mártires, dos anjos e dos profetas, uma vez que, conforme sua opinião, é uma manifestação idolátrica). Foram-lhe atribuídas também algumas obras espúrias. Epifânio foi um defensor claríssimo da fé contra o origenismo em particular e contra o helenismo em geral, mas talvez sua contribuição mais interessante – e de maior influência posterior – tenha sido a oposição radical à fabricação e culto das imagens. Ele mesmo relata em sua carta 57 como rasgou em Anablata uma cortina que havia na igreja com a imagem de Cristo, uma vez que isso era "contra a doutrina das Escrituras". Também em sua carta ao imperador Teodósio I – de importância fundamental no estudo da arte cristã – afirma, em 394, que as imagens não são senão uma tentativa de Satanás para fazer os cristãos voltarem à idolatria, pois, além de estarem proibidas nas Sagradas Escrituras, nenhum dos santos Padres ou dos bispos desonrou alguma vez a Cristo tendo uma imagem sua. Epifânio sugere que deveriam ser retiradas das igrejas, que deveriam ser cobertas de branco as pinturas das paredes, e que se os mosaicos não podiam ser destruídos, no mínimo se deveria proibir fazer outros.

EPIGRAMA DE PAULINO

Poema anônimo atribuído a Victorio (Gagny), a Paulino de Béziers (Schenkl) e a outros. Escrito depois das invasões de 407-409, é um diálogo entre dois monges e um hóspede chamado Salmon sobre a decadência da sociedade e do efeito nela produzido pelos ataques dos bárbaros.

EPÍSTOLA A DIOGNETO

Apologia cristã cujo autor e destinatário concretos desconhecemos. Embora tradicionalmente seja considerado que sua redação teve origem durante o reinado de Marco Aurélio (séc. II), alguns autores (N. Bonwetsch, R. H. Connolly etc.) a atribuem a Hipólito, o que retardaria sua redação até o séc. III. Especulou-se também sobre a autoria de Quadrato (O. Andriessen) e a de Panteno de Alexandria (H. I. Marrou). Uma vez que não chegou nenhum manuscrito da carta, o texto que temos dela provém de Justino. A obra, escrita real ou supostamente a pedido de Diogneto (talvez algum preceptor de Marco Aurélio?), descreve o cristianismo como superior ao paganismo e ao judaísmo, aponta a origem divina daquele e, finalmente, convida Diogneto à conversão. *Quadrato. *Panteno de Alexandria.

EPÍSTOLA DE BARNABÉ

Escrito do grupo denominado Padres apostólicos. A obra desfrutou de enorme prestígio, e alguns autores, como Orígenes, consideraram-na canônica. Escrita em torno de 131 (menciona a destruição de Jerusalém por Adriano), desconhecemos quem foi seu autor – mas descartamos logo o Barnabé bíblico –, mas parece existir um bom número de argumentos favoráveis à redação por parte de um judeu-cristão, talvez alexandrino, em todo caso com elementos helenizantes. A possível atribuição a um discípulo do apóstolo Paulo explica por que alguns autores a considerem como uma epístola apócrifa. A obra divide-se em duas sessões muito bem delimitadas, dedicadas a aspectos teológicos e práticos. Sustenta a crença na preexistência de Cristo (talvez diante das heresias judeu-cristãs que a negavam, como era o caso dos ebionitas) e se relaciona a adoção como filhos de Deus ao batismo. O autor afirma que os cristãos devem guardar o domingo, dia da ressurreição de Cristo, em lugar do sábado (XV, 8-9), por ser esse o dia da festa cristã e não o sétimo dia. Do mesmo modo a obra repete uma escatologia milenarista (XV, 1-9) e contém um dos primeiros textos cristãos explícita e diretamente contrários à prática do aborto (XIX, 5).

EPÍSTOLA DOS APÓSTOLOS
*Epístolas apócrifas.

EPÍSTOLAS APÓCRIFAS

Denomina-se assim um conjunto de documentos do gênero epistolar, embora na realidade em muitos casos se assemelham a novelas ou a outros gêneros, cuja autoria se situava sob o nome de um ou vários apóstolos com a finalidade de legitimar e espalhar seu uso. Destacam-se principalmente entre elas: *1. Epístola Apostolorum* (Epístola dos Apóstolos): a mais importante dentre as epístolas apócrifas. Sua data foi fixada entre os anos 160 e 170 (C. Schmidt), 130-140 (A. Ehrhard), e 140-160 (J. Quasten). Fundamentalmente a obra pretende ser uma recompilação de revelações feitas por Jesus a seus discípulos depois da ressurreição, concluindo com uma descrição da Ascensão. Os influxos neotestamentários (especialmente de São João) e inclusive apócrifos (Epístola de Barnabé, Pastor de Hermas e Apocalipse de Pedro) são notáveis. A obra defende a dupla natureza (homem e Deus) de Cristo (III) e inclusive afirma que essa divindade é igual a do Pai (XVII). Contudo, em algum caso o Logos é identificado com Gabriel (XIV). A epístola mostra também uma clara oposição ao gnosticismo (XXI). Isenta de milenarismo, a epístola defende com clareza a crença "num castigo eterno numa vida sem fim" para os condenados (XXII). A epístola contém um símbolo breve no qual, além da fé na Trindade, se menciona a Igreja e o perdão dos pecados. O batismo é considerado requisito indispensável para alcançar a salvação – até o ponto de se sustentar que a descida de Cristo ao limbo tinha a missão de batizar os justos do Antigo Testamento – e a Eucaristia é denominada *Pasja* (Páscoa), tendo um valor meramente de memorial da morte de Jesus. Parece, todavia, que se celebrava com o Ágape.

2. *Epístolas apócrifas de Paulo*: são uma série de escritos que se apoiavam nas referências neotestamentárias, p. ex. a menção paulina (Cl 4,16) de uma carta escrita aos laodicenses, para ter aparência de autenticidade. Está em primeiro lugar a mencionada epístola aos laodicenses (datada com anterioridade ao séc. IV), a epístola aos alexandrinos (que não chegou até nós e que é citada pelo fragmento muratoriano), a terceira epístola aos coríntios (que foi inserida nas coleções siríaca e armênia das cartas de Paulo, sendo tida como autêntica durante uma época) e a correspondência entre Paulo e Sêneca (escrita antes do séc. III com a finalidade de que a sociedade culta romana se interessasse pelo apóstolo).

3. *Epístolas apócrifas da escola paulina:* chegaram até nós uma carta de Tito (de origem possivelmente prisciliana) e outra de Barnabé, que costuma ser incluída nos denominados Padres Apostólicos.

EPÍSTOLAS CATÓLICAS
Epístolas universais.

EPÍSTOLAS DO CÁRCERE
Escritos de *Paulo de Tarso enquanto se encontrava na prisão: Efésios, Filipenses, Colossenses e Filêmon.

EPÍSTOLAS PASTORAIS, AS
Escritos de *Paulo de Tarso redigidos no final de sua vida e que recebem seu nome pela preocupação de estabelecer as linhas de ação pastoral e eclesial após sua morte. São as duas cartas a Timóteo e a dirigida a Tito.

EPÍSTOLAS UNIVERSAIS
Escritos do Novo Testamento denominados assim porque não têm um destinatário específico como, por exemplo, aos Coríntios. Recebem esse nome a carta de São *Tiago, as duas de São *Pedro, as três de São *João e a de São *Judas.

EPITÁFIO DE ABÉRCIO
Abércio, inscrição de.

EPITÁFIO DE PECTÓRIO
Pectório.

ERASMO DE ROTTERDAM, DESIDÉRIO (1469-1536 APROX.)
Também chamado Erasmo de Rotterdam. Filho ilegítimo de um sacerdote, em 1492 foi ordenado sacerdote. Protegido por Henrique de Bergen, bispo de Cambrai, com o consentimento de seus superiores deixou o mosteiro agostiniano onde residia. Em 1499 acompanhou seu pupilo Guilherme Blount à Inglaterra. Conheceu em Oxford John Colet, que possivelmente o encaminhou para o estudo do Novo Testamento. De volta à Europa começou o estudo do grego e viajou pela França, Flandres e Itália, mas, especialmente, publicou em 1504 seu *Manual do soldado cristão.* Ao subir ao trono *Henrique VIII (1509), publicou seu *Elogio à loucura.* Erasmo voltou à Inglaterra e residiu por algum tempo no lar de *Tomás Morus. Convidado por *John Fisher, foi o primeiro professor de grego em Cambridge. Em 1516 apareceu sua celebradíssima edição do Novo Testamento em grego – que

seria a base das traduções como a da Rainha-Valera espanhola, a de *Lutero alemã ou a do Rei Jaime inglesa – e foi nomeado conselheiro de Carlos V. A partir de 1521, residiu em Basiléia, na casa do impressor Froben, e recusou uma multidão de ofertas régias para poder continuar estudando. Em 1524 opôs-se à teologia luterana em sua obra *Diatriba sobre o livre-arbítrio*, na qual defendia a liberdade humana para escutar ou rejeitar o Evangelho. Ao triunfar a Reforma em Basiléia em 1529, fugiu para Friburgo de Brisgóvia, onde residiu até 1535. No ano seguinte morreu em Basiléia enquanto revisava as provas da composição de sua edição de Orígenes.

Erasmo foi, sem dúvida, o intelectual mais importante de sua época e influiu notavelmente em preparar o caminho para a *Reforma. Contudo, repugnou-lhe o recurso à violência de católicos e reformados, assim como a intransigência de ambas as facções. Entre 1525 e 1542, a Universidade de Paris censurou alguns de seus escritos. Em 1558 *Paulo IV proibiu algumas de suas obras, proibição confirmada por *Sixto V em 1590. O Índice proibiria algumas de suas obras e permitiria outras, porém censuradas.

ESCATOLOGIA

Termo derivado do grego "esjata" (as últimas coisas), com o qual se denomina a parte da teologia que se ocupa do final da história (escatologia geral) e do estado posterior à morte (escatologia particular).

O judaísmo da época de Jesus tinha um claro conteúdo escatológico, que poderíamos sintetizar na crença da imortalidade da *alma, na *ressurreição dos mortos para receber um prêmio ou um castigo eternos no mundo que está para vir, na *vida eterna e no reino do *Messias. De fato, somente a seita dos *saduceus negava esses aspectos.

Os Evangelhos apresentam uma escatologia que em muitos aspectos coincide com a do judaísmo do Segundo Templo. Assim professam também a crença na imortalidade da *alma, na recompensa dos salvos e no castigo consciente e eterno dos condenados ao *inferno. À semelhança de algumas correntes do judaísmo de sua época, os Evangelhos assinalam a existência de um período intermediário entre a morte e a ressurreição de *Jesus e sua segunda vinda ou *Parusia, como juiz do universo e salvador dos seus (Mt 24-25). Nos escritos do Novo Testamento, essa concepção é retroativa ao próprio Jesus.

Da mesma forma, nos Evangelhos apresenta-se a crença semelhante a do judaísmo do Segundo Templo num período prévio ao triunfo final do *Messias – a *Parusia – que se caracterizará por uma decadência progressiva das condições mundiais (Mt 24-25; Mc 13; Lc 21; 2Ts 2,1ss.; 2Pd 3; Ap etc.). Depois da derrota do mal, acontecerá a ressurreição de todos os mortos para receber seu destino definitivo, conforme tenham ou não aceitado Jesus como Senhor e Salvador (Jo 5,24-29; Mt 25 etc.).

Contudo, para os Evangelhos a escatologia não se acha projetada de maneira total para o futuro. Jesus já venceu na cruz Satanás e seus *demônios e, com isso – e seu ministério anterior –, deu início ao Reino de Deus (Lc 11,20-23), que terá sua consumação gloriosa no fim dos tempos (Mt 13 e paralelos).

Embora o ensinamento escatológico de Jesus apareça refletido nos "apocalipses sinópticos" de maneira muito concreta (Mt 24-25; Mc 13, Lc 21), é certo também que os elementos escatológicos são muito comuns em suas parábolas (Mt 13,37-43; Lc 20,9-18 etc.) e em outras formas de ensinamento (Mt 7,21-23; Lc 20,34-38).

A tensão escatológica do cristianismo experimentou um claro relaxamento desde o séc. IV. Durante a Idade Média essa tensão ficou limitada a movimentos marginalizados, a grupos reformadores ou a visionários, cujas profecias – como no caso de *Vicente Ferrer – não se cumpriram. Não deixa de ser revelador que a Reforma, salvo exceções, esteve isenta de inquietações escatológicas (*Calvino redigiu comentários a todos os livros do Novo Testamento, menos ao Apocalipse).

O papel da escatologia tem sido muito controvertido durante os últimos séculos. No século XIX surgiram inclusive tentativas de dispor novos sistemas de interpretação escatológica – como o dispensacionalismo – que não somente burlava os princípios mais elementares de interpretação da *Bíblia como, além disso, denotavam um desconhecimento absoluto da história e chegavam a conclusões não somente não históricas como inclusive opostas a aspectos essenciais do Novo Testamento. Ao mesmo tempo, contudo, existiu um esforço exegético destinado a recuperar o papel da escatologia na mensagem cristã.

Bibl.: Grau, J., *O. c.*; Vidal Manzanares, C., *El judeo-cristianismo...*; Idem, *El Primer Evangelio...*; Barclay, W., *O c.*; Eldon Ladd, G., *O. c.*; Idem, *El Evangelio del Reino*, 1985; Rowland, C., *O. c.*; Toynbee, A., *O. c.*; Jeremias, J. *Teología...*, v. I...; Gourgues, M. *O. c.*

ESCÓCIA, CRISTIANISMO NA

O primeiro missionário cristão na Escócia foi o bretão Niniano que edificou a primeira igreja em 397 e evangelizou os pictos. O trabalho de Columbano durante o séc. VI teve muito maior relevância na medida em que configurou a Igreja céltica como um grupo monástico e missionário, independente e com práticas distintas das de Roma. A romanização da Igreja escocesa somente aconteceu em fins do século XI sob o influxo da rainha Margarida.

Em fins do século XV, a Escócia viu-se preparada para a *Reforma Protestante do século seguinte pelos lolardos, que em várias ocasiões pagaram com a vida sua pregação. Uma Ata do Parlamento (1525) destinada a proibir a importação de livros protestantes viu-se impotente para impedir a difusão deles. A morte do protestante G. Wishart em 1546, por ordem do cardeal Beaton, longe de sufocar a Reforma, dotou-a de maior estímulo. Sob a direção de João *Knox, a Reforma tomou uma posição favorável ao *calvinismo e em 1560 foi fundada a Igreja da Escócia de tipo presbiteriano. Depois da morte de Knox, a direção da Reforma escocesa recaiu em A. Melville, que estabeleceu estreitas relações com os *puritanos ingleses. Durante mais de um século a dinastia dos Eduardos tentou levar a Reforma escocesa para uma postura *episcopal, mas esses esforços resultaram infrutuosos. Em 1690, a Igreja da Escócia voltou a se declarar presbiteriana, mantendo-se nessa posição até a presente data. Com um espírito adiantado para seu tempo, essa Igreja transferiu as escolas eclesiais ao Estado. Em 1847, 1900 e 1929, foi produzindo-se a união de todas as igrejas presbiterianas escocesas.

Nos anos cinqüenta do século passado houve tentativas de união com a Igreja episcopal anglicana da Escócia. Atualmente é uma confissão separada do Estado, nacional e presbiteriana. Fora da Igreja da Escócia há outras confissões protestantes e católicas que, em sua maior parte, são de descendência irlandesa.

ESCOLA ALEXANDRINA
*Alexandria.

ESCOLÁSTICA
Em seu sentido estrito denomina-se assim a tradição educativa medieval. Num sentido mais comum, denomina-se como tal um método de especulação filosófica e teológica para compreender melhor as verdades reveladas fazendo uso da razão. Embora *Agostinho e Boécio sejam os grandes precursores da Escolástica, contudo, seu início real provavelmente coincide com a recepção de Aristóteles, realizada por teólogos medievais como *Anselmo e, muito especialmente, *Tomás de Aquino. Diante dessa visão aristotélica se opôs a do franciscano *Duns Scot que, baseando-se no platonismo agostiniano, insistiu na primazia da vontade sobre a razão. Durante o século XIX, a visão escolástica foi enfatizada no seio do catolicismo como uma reação diante do subjetivismo e no século XX teve como defensores Jacques *Maritain e o cardeal Mercier. O Concílio Vaticano II, sem rejeitá-la, não lhe concedeu o papel predominante de que gozou no catolicismo de outros períodos.

ESCRITURA
*Bíblia.

ESPALATINO, JORGE (1484-1545)
Humanista e reformador alemão. Em 1511 travou conhecimento com *Lutero, sob cuja orientação começou a estudar a Bíblia. Em 1518 acompanhou Frederico da Saxônia à Confissão de *Augsburgo e em 1521 a de *Worms. Em 1525 – o ano de seu casamento – lutou pela total erradicação do catolicismo na Saxônia. Traduziu *Erasmo, Lutero e *Melanchthon e redigiu alguns anais da Reforma (ed. 1718).

ESPANHA, CRISTIANISMO NA
A Espanha foi evangelizada em data muito antiga. Enquanto as referências a uma evangelização realizada por *Tiago muito provavelmente não tenham uma base histórica, há a possibilidade de que *Paulo tenha chegado à Espanha no fim de sua vida (Rm 15,24). Há também testemunhos de que houve mártires espanhóis em todas as perseguições imperiais. Os primeiros concílios espanhóis tiveram lugar em Elvira (c. 306), Saragoça (380) e Toledo (400). Durante o séc. V, a Espanha foi invadida pelos visigodos, que eram arianos, o que causou uma situação especialmente difícil para aqueles que acreditavam na *Trindade, até a convocação do III Concílio de Toledo (589). Gerou-se assim um período de certa importância no campo do pensamento cristão, no qual se destacaram nomes como os de *Isidoro de Sevilha ou *Leandro.

Nos inícios do séc. VIII, a Espanha foi invadida pelos muçulmanos, mas a perseguição dos cristãos não aconteceu senão no século seguinte. Durante o séc. XI, a Igreja espanhola, por influência da ordem de Cluny, aceitou a submissão ao bispo de Roma, sendo uma das últimas do Ocidente em tomar essa decisão. Também ficou localizada na Espanha a rota de peregrinação mais importante da cristandade (incluída Roma) que levava para Santiago de Compostela. No decorrer dos séculos XII e XIII surgiram na Espanha diversas ordens militares e religiosas como os *carmelitas, os *dominicanos e os *franciscanos. Durante o *Grande Cisma, os reinos espanhóis tiveram um papel relevante apoiando os antipapas até o Concílio de Constança (1415).

A Inquisição foi introduzida na Espanha durante o final da Idade Média; um fator que gerou um clima de perseguição social contra os mouros, os judeus e, de maneira especial, contra os conversos procedentes do islamismo e do judaísmo (cristãos novos). Em 1492, Isabel e Fernando – agraciados pelo papa com o título de "Reis Católicos" – ordenaram a expulsão dos judeus. Com a unidade peninsular conseguida por estes monarcas, tentou-se de maneira progressiva converter o catolicismo em base sólida que unisse os diversos reinos espanhóis. Dessa maneira, a uniformidade católica contribuiu involuntariamente em desprover estes de certo conceito unitário de nação, como na Inglaterra ou na França.

Sem dúvida, os séculos XVI e XVII constituíram o grande período da Igreja católica na Espanha. Se em fins do século XV tudo fazia pressagiar que seria nesse país onde se iniciaria a Reforma da Igreja, dados os esforços de Cisneros e de outros personagens nesse sentido, o eco do conflito luterano teve conseqüências diretamente opostas. O perigo que para Carlos V da Alemanha e Carlos I da Espanha representava um esfacelamento do império alemão, por causa da Reforma, situou a Espanha diretamente numa posição contrária ao protestantismo. Exterminados pelas fogueiras da Inquisição os brotos que dessa fé haviam na Espanha, nos inícios do século XVI, e apesar de que as relações com o papado não fossem sempre cordiais, o imperador Carlos V – Carlos I da Espanha – fez todo o possível para impedir o triunfo da Reforma; seu filho Filipe II combateu incansavelmente o avanço do protestantismo no território da Coroa e os teólogos espanhóis tiveram um papel decisivo na configuração do dogma católico no Concílio de *Trento. Ao mesmo tempo, o trabalho dos espanhóis foi extraordinário na expansão do catolicismo na América e na Ásia e na reforma das ordens como a dos *carmelitas (*João da Cruz e *Teresa d'Ávila etc.) ou na criação de outras novas como os *jesuítas (Inácio de Loyola). Menos conhecido é o fato de que, ao mesmo tempo, os protestantes Cassiodoro de *Reina e Cipriano de *Valera traduziam a Bíblia para o castelhano, criando a versão mais propagada nesse idioma do livro sagrado.

Durante os séculos XVIII e XIX, a Igreja católica espanhola foi afetada, como em geral também as outras, pela Ilustração e pelo liberalismo, e ainda nos inícios do séc. XX sua visão política achava-se mais próxima do autoritarismo monárquico que da democracia. Assim, diferentemente de outros países, e apesar de continuar conservando um considerável apoio popular em diversos setores sociais, não conseguiu manter em seu seio a maioria da classe operária urbana. Esse distanciamento irrompeu com inusitada violência durante o período da Segunda República (1931-1936) e da guerra civil. A negativa da Igreja católica em aceitar um regime que tolerava o divórcio e a liberdade de cultos e que pretendia a separação da Igreja e do Estado, assim como a laicização do ensino, contribuiu para criar uma situação de confronto crescente que tomou suas características mais lamentáveis durante a contenda.

Por outro lado, a esquerda republicana foi efetivamente anticatólica desde abril de 1931, realizando queima de igrejas e, em meio desse mesmo ano, consagrando a Constituição num modelo laicista que se traduziu, por exemplo, na expulsão dos jesuítas. Em 1937, depois da queda de Viscaya nas mãos de Franco, os bispos espanhóis assinaram uma carta coletiva, mediante a qual elevaram a luta à categoria de cruzada e apoiaram a um dos lados em luta, e por sua vez condenavam sem paliativos o outro. Durante a guerra civil foram assassinados não menos de seis mil clérigos e monjas pelos republicanos. Por sua parte, no lado de Franco, foram fuzilados alguns sacerdotes bascos e pastores protestantes. A vitória de Franco foi em termos materiais a vitória da Igreja católica, uma vez que nenhum monarca passado esteve disposto a conceder a ela um tratado tão favorável como o dispensado pelo general vencedor. A concordata de 1953 não somente confirmou essa situação mas também excluiu de maneira taxativa a liberdade de cultos. Esse casamento entre o catolicismo e o regime começou a se desfazer depois do Concílio Vaticano II, e no início dos anos setenta a hierarquia católica, encabeçada pelo cardeal de Tarancón, foi evoluindo para uma posição que facilitaria a transição para a democracia.

Sociologicamente, a maioria dos espanhóis continua vinculada à Igreja católica, embora existam minorias judia (10.000), protestante (80.000, em uma porcentagem elevadíssima de ciganos) e muçulmana (300.000, em sua esmagadora maioria imigrantes).

ESPES
Bispo de Espoleto em fins do séc. IV ou inícios do séc. VI. Foi autor de um poema de 12 versos em honra do mártir Vidal, que morreu crucificado e cujo corpo foi achado pelo bispo.

ESPIRITISMO
Conjunto de crenças e práticas fundadas em torno da comunicação entre um receptor de mensagens ou médium e um emissor ou emissores – os espíritos. As práticas espiritistas perdem-se na noite dos tempos, mas o cristianismo sempre se opôs a elas, já que a Bíblia proíbe expressamente sua prática, p. ex. Levítico 19,31; 20,6.27; Deuteronômio 18,11; 1º Samuel 28,3ss. etc. Tanto os Padres da Igreja como os diversos concílios condenaram igualmente essa prática atribuindo-lhe uma origem diabólica. Nem as teorias nem as práticas espiritistas até essa data mostraram nenhum tipo de referendo científico e, em muitas ocasiões, ficou manifesto seu caráter fraudulento. Mas é interessante, contudo, constatar que esse tipo de prática encontra-se vinculado à imensa maioria dos autodenominados movimentos esotéricos, assim como à origem de bom número de seitas, p. ex. mórmons, adventistas do sétimo dia, testemunhas-de-jeová etc.

ESPÍRITO SANTO
O Antigo Testamento refere-se em diversas ocasiões ao Espírito de Deus ou Espírito Santo (esse termo somente aparece três vezes: Sl 51,11; Is 63,10 e 11). Dele se diz que participou da criação (Gn 1,12; Sl 139,7) e impulsionou personagens os quais Deus designou para alguma missão concreta (Jz 14,6). Não pode ser identificado com uma força ou energia impessoal, pois todas

as suas ações denotam uma inteligência e uma vontade pessoais. Assim, é fonte de vida (Gn 6,3; Jó 32,8; 33,4; 34,14; Sl 104,30); produz efeitos sobrenaturais (1Rs 18,12; 2Rs 2,16); mora com o povo de Deus (Is 63,11; Ag 2,5); proporciona força (Jz 3,10; 14,6.19; 1Sm 11,6; 16,13; 1Cr 12,18); habilidade (Êx 31,3) e sabedoria (Nm 27,18); instrui o povo de Deus (Ne 9,20); inspira os profetas (Nm 24,2; 1Sm 10,6; Mq 3,8; Zc 7,12) e aborrece-se ante a incredulidade (Is 63,10). Pode-se dizer que, em termos gerais, o Espírito Santo é identificado com o próprio Deus.

Esse mesmo enfoque é o que aparece nos Evangelhos, nos quais o Espírito Santo se nos apresenta como um ser pessoal que ensina e recorda (Jo 14,26); dá testemunho (Jo 15,26); conduz à verdade (Jo 16,13); glorifica (Jo 16,14); revela (Lc 2,26) etc. Precisamente por seu caráter divino, não se pode blasfemar contra ele (Mc 3,29) e tem um nome comum com o Pai e o Filho (Mt 28,19-20). Embora historicamente a origem da crença na Trindade tenha surgido da visão de *Jesus como *encarnação de *Deus, seria seguramente interessante aprofundar a influência que, na origem dessa doutrina, pode ter a consideração do Espírito Santo como o próprio Deus.Os primeiros cristãos, dentro desses modelos já presentes nos evangelhos, consideraram o Espírito Santo como um ser pessoal. Dele afirmaram que dirige a evangelização (At 16,6); conduz (Rm 7,14); intercede (Rm 8,26-27); conduz a comunidade cristã (At 13,4; 15,28; 20,28); incita a profecia (At 11,27-28; 21,11); ordena (At 11,12; 13,2); dá carismas ou dons (1Cor 12,7-11); expressa-se mediante frases coerentes (At 8,29); pode sofrer resistência (At 7,51) etc. Da mesma forma identifica-se com Deus (At 5,3-4; 28,25-26 com Is 6,8-9; Hb 3,7-11; 2Cor 3,17), incluindo-se em fórmulas trinitárias (2Cor 13; 1Cor 12,1-7).

Durante o séc. IV, a questão da divindade do Espírito Santo foi objeto de árdua controvérsia, já que os teólogos denominados macedônios afirmavam a divindade do Filho, mas negavam a do Espírito. Essa posição provocou a reação de *Basílio e, finalmente, o primeiro Concílio de *Constantinopla condenou a teologia macedônica.

Durante a Idade Média, o maior objeto de controvérsia em relação ao Espírito Santo era se ele procedia do Pai e do Filho (Filioque) ou só do Pai. Em termos gerais, a primeira posição foi defendida pelos teólogos ocidentais, insistindo em que tudo o que é do Pai deve ser também do Filho (*Cirilo de Alexandria, *Jerônimo, *Ambrósio, *Agostinho etc.), e a segunda pelos orientais, que insistiam que somente pode haver uma origem na divindade (*Teodoro de Mopsuéstia, *Teodoreto etc). Hoje as duas posturas, sem ter chegado à reconciliação, encontram-se muito próximas.

Bibl.: Bruce, F. F., *Acts...*; Vidal Manzanares, C., *El judeo-cristianismo...*; Morris, L., *The First...*; Blaiklock, E. *O. c.*

ESPIRITUAIS
Sobrenome atribuído aos *montanistas.

ESPIRITUALISMO CRISTÃO
Nome coletivo com o qual se denominam seitas espiritistas, em sua maioria localizadas na América Latina, nas quais se produziu um sincretismo entre personagens importantes da fé cristã (A Virgem Maria, Cristo, santos etc.) e deuses de origem afro-americana. É indiscutível que a mensagem

desses grupos não somente não é cristã, mas que inclusive choca frontalmente com os ensinos do Evangelho.

ESSÊNIOS

Seita judia do período do Segundo Templo; discute-se a origem do nome. Para alguns, não é senão a forma grega de "jasya" (piedoso, santo), enquanto que para outros está relacionado com "asya" (curador, sanador), o que poderia encaixar com sua identificação com os "Zerapeute" (curadores), uma comunidade de vida isolada à qual se refere Filion (*De vita contemplativa*, 2ss.) como "adoradores" de Deus.

As referências que temos dos essênios aparecem numa pluralidade de fontes: Plínio (*História Natural* 5,73, escrita entre 73 e 79 d.C.); Filon de Alexandria (*Todo homem bom é livre e Hypothetica*); Flávio Josefo (*Guerra* 2,119ss.; *Ant.* 18,18ss.); Hipólito (*Refutação de todas as heresias,* escrita nos primeiros anos do séc. III); e os manuscritos do Mar Morto.

A existência dos essênios como um grupo não parece que possa situar-se antes dos meados do séc. II a.C. Não há referência de todo segura a respeito deles no Novo Testamento, e parece que não tiveram o mínimo contato com Jesus. Discutiu-se muito se é possível identificar a comunidade de Qumrán com os essênios. Hoje essa tese torna-se dificilmente negável. O grupo de Qumrán – possivelmente uma cisão dos essênios – estava organizado conforme uma hierarquia muito rígida, na qual havia sacerdotes, levitas, anciãos e simples monges. Embora se reunissem em assembléias comunitárias ou sessões dos *há-rabbin* (os muitos), o certo é que o governo efetivo estava constituído por três sacerdotes e doze leigos. Conhecemos também o cargo de *mebaqqerim* (inspetor) para controlar diversas áreas da comunidade e, sobre os diversos *mebaqquerim*, encontramos a figura do *paqid* (inspetor chefe). Sua separação do sistema de sacrifícios do Templo era total – o que os diferenciava de outros essênios – e, de fato, esperava-se uma consumação dos tempos na qual os "Filhos da Luz" (os membros da seita) venceriam os "Filhos das Trevas", instaurando-se logo um sacerdócio restaurado. Suas crenças, prescindindo do tom exclusivista próprio da seita, coincidiam em boa parte com a teologia dos fariseus. Também eles acreditavam na imortalidade da alma e na ressurreição, na existência dos anjos e dos demônios, no inferno, em um confronto escatológico final e na vinda do Messias.

Bibl.: FITZMYER, J. A., *The Dead Sea Scrolls: Major Publications and Tools for Study*, Missoula 1977; Vermes, G., *The Dead Sea Scrolls,* Filadélfia 1981; DAVIES, P. R., *Qumran*, Guildford 1982; DELCOR, M. e GARCÍA MARTINEZ, F., *Literatura esenia de Qumrán*, Madri 1982, CALLAWAY, P. R., *The History of the Qumran Community*, Sheffield 1988; GARCÍA MARTINEZ, F. e TREBOLLE, J., *Los hombres de Qumrán,* Madri 1994; VIDAL MANZANARES, C., "El origen de la secta del Mar Muerto a la luz de 4QMMT" em *ETF*, II-3, 1990 p. 233-250; IDEM, *Los esenios y los rollos del Mar Muerto*, Barcelona 1993; IDEM, *Los documentos del Mar Muerto*, Madri 1993.

ESTADOS UNIDOS DA AMÉRICA, CRISTIANISMO NOS

A fundação das primeiras colônias inglesas na América do Norte esteve profundamente vinculada por razões religiosas de caráter reformado. Os Padres peregrinos (1620) emigraram para essas terras, de fato, com a finalidade de ter um lugar no qual pudessem adorar um Deus conforme sua consciência e criar uma teocracia reformada. Algo semelhante aconteceu com os *quakers estabelecidos na Pensilvânia (1682), embora no caso destes seu objetivo fosse estabelecer o primeiro estado no qual existisse uma total liberdade religiosa, inclusive para os não cristãos. Em boa parte, a história religiosa dos Estados Unidos gira em torno destes dois pólos, o que procura (como os Pais peregrinos) um peso considerável das teses protestantes na vida nacional e o que aspira (como os quakers) a uma total e absoluta liberdade de consciência sem nenhum gênero de limitações.

Durante o séc. XVIII foram-se estabelecendo naquilo que depois seriam os Estados Unidos missionários de origem *batista, *metodista, *presbiteriana, *reformada, *holandesa e *luterana, mas o acontecimento mais importante foi o Primeiro Grande Avivamento (*First Great Awakening*), de 1726 a 1770, durante o qual o trabalho de personagens como o de Jonathan *Edwards, George *Whitefield ou John *Wesley resultou na conversão de milhares e milhares de pessoas. A revolução americana trouxe a independência do país e a consagração do princípio da separação da Igreja e do Estado e da liberdade religiosa. Contudo, isso longe de provocar um esfriamento religioso converteu-se em pouco tempo no Segundo Grande Avivamento, cuja figura principal foi Charles Grandison Finney, e que resultou não somente em milhares de conversões mas também numa campanha em prol da abolição da escravatura, contrária à guerra com o México e favorável às reformas sociais.

Esses fenômenos logo se veriam empenhados em dois acontecimentos especialmente lamentáveis. O primeiro foi o aparecimento das seitas *adventistas, que já no começo do séc. XIX começaram a anunciar a proximidade do fim do mundo adotando daí em diante uma atitude enganadoramente escatológica através de muitas manifestações religiosas norte-americanas. O segundo foi a Guerra de Secessão (1861-1865), que dividiu a multidão de denominações cristãs em duas correspondentes aos estados do Norte e do Sul. Depois dessa conflagração, o protestantismo viu-se reduzido em sua influência especialmente para cidadãos brancos, de classe média e anglo-saxãos, ou também nórdicos, o que o fez perder boa parte de seu caráter social e adquirir uma orientação marcadamente conservadora. Essa foi a tendência do Terceiro Grande Avivamento (1875-1914 aprox.), uma de cujas figuras principais foi D. L. Moody. Precisamente essa ferida social provocou o aparecimento do denominado Evangelho social, uma visão liberal teologicamente, que provocou a reação ortodoxa do *fundamentalismo, cuja finalidade era conservar puras as doutrinas consideradas essenciais da fé cristã. O fundamentalismo norte-americano mantinha posições favoráveis de um ponto de vista teológico, mas não pôde inicialmente evitar abraçar posições sociais muito conservadoras e inicialmente e inclusive racistas (Billy Sunday, um de seus grandes pregadores, era xenófobo e membro do Ku Klux Klan). Durante as décadas seguintes essa divisão entre ortodoxia e conservadorismo e heterodoxia progressista seria uma constante com raras exceções como a figura de Martin Luther King (1929-1968), pastor batista e campeão dos Direitos civis. Atualmente, as denominações fundamentalistas constituem a terceira parte do protestantismo americano, mas sustentam na prática a totalidade de seus missionários no estrangeiro. Contrariamente do que às vezes se supõe, os Estados Unidos não são um país esmagadoramente protestante. A Igreja católica conta com cerca de 50 milhões de membros, o que constitui a primeira confissão no país. Enquanto as Igrejas ortodoxas contam com quase quatro milhões de membros.

ESTANISLAU (1030-1079)

Patrono da Polônia. Bispo de Cracóvia, sua política de rígida disciplina levou-o a se defrontar com o rei Boleslau II, que terminou excomungado. A resposta do monarca foi assassinar Estanislau enquanto estava celebrando a missa. Foi canonizado por *Inocêncio IV em 1253.

ESTÊVÃO

O primeiro mártir cristão. Seu martírio é descrito no livro dos Atos dos Apóstolos, capítulo 7.

ESTÊVÃO (975-1038)

Primeiro rei da Hungria. Sua conversão ao cristianismo em 985 permitiu a expansão dele em seu reino. Em 1001 o papa deu-lhe uma coroa real. Canonizado em 1083.

ESTÊVÃO I (254-257)

Papa. Foi autor de duas cartas em relação à validade do batismo ministrado pelos hereges. A posição de Estêvão era contrária a que os bispos obrigassem a um novo batismo os que o haviam recebido de grupos heréticos (HE VII, 5,4; Cipriano, *Epist*. LXXII, 25) e isso o levou a um confronto com Cipriano que, nessa área, estava agindo contra a tradição da Igreja e dificultando o retorno dos hereges à conversão.

ESTÊVÃO (II) (22 DE MARÇO A 26 DE MARÇO DE 752)

Presbítero eleito como papa. Após três dias de sua eleição sofreu um ataque que lhe causou a morte no dia seguinte.

ESTÊVÃO II (III) (26 DE MARÇO DE 752 A 26 DE ABRIL DE 757)

Papa. Sob seu pontificado, o papa libertou-se do controle exercido pelo imperador de Bizâncio e começou sua política de aliança com os francos de cujo rei Pipino obteve a denominada Doação de Quiercy (754).

ESTÊVÃO III (IV) (7 DE AGOSTO DE 768 A 24 DE JANEIRO DE 772)

Durante seu pontificado celebrou-se um Sínodo em Latrão (769), no qual se resolveu excluir os leigos da eleição papal e se confirmou a liceidade do culto das imagens. Optou por abandonar a aliança com os francos em favor de uma aliança com os lombardos, decisão revogada por seu sucessor Adriano I.

ESTÊVÃO IV (V) (22 DE JUNHO DE 816 A 24 DE JANEIRO DE 817)

Papa. O primeiro pontífice que ungiu um imperador – Luís, o Piedoso. A cerimônia teve uma enorme importância porque a partir desse momento considerou-se indispensável a unção papal para exercer o ofício de imperador.

ESTÊVÃO V (VI) (SETEMBRO DE 885 A SETEMBRO DE 891)

Papa. Durante seu pontificado, a desintegração do império carolíngio privou o papado de proteção. Isso o levou a buscar uma aproximação com Guido III, duque de Espoleto, ao qual adotou como filho e o coroou finalmente como imperador de São Pedro.

Assim Guido conseguiu garantir para si o poder futuro sobre a sede romana.

ESTÊVÃO VI (VII) (MAIO DE 896 A AGOSTO DE 897)
Papa. O fato mais importante de seu reinado foi o sínodo do cadáver, quando em seu decurso desenterraram os restos mortais do Papa Formoso e, revestidos devidamente, foram julgados por perjúrio, por violar a lei canônica e ambicionar o papado. Finalmente, Formoso foi condenado e seu cadáver foi jogado no rio Tibre.

ESTÊVÃO VII (VIII) (DEZEMBRO DE 928 A FEVEREIRO DE 931)
Papa. Deveu sua eleição ao poder de Marósia, chefe da casa de Teofilacto. Praticamente não contamos com notícias de seu pontificado.

ESTÊVÃO VIII (IX) (14 DE JULHO DE 939 A FINS DE OUTUBRO DE 942)
Papa. Deveu sua eleição ao príncipe Alberico II, filho de Marósia. Totalmente submetido ao poder de Alberico, seu apoio a Cluny deveu-se inclusive a um desejo de favorecer os interesses deste. Em seus últimos tempos Estêvão tomou parte numa conspiração contra Alberico. Descoberto seu papel na conjura, foi encarcerado e mutilado, morrendo por causa das feridas causadas na prisão.

ESTÊVÃO IX (X) (2 DE AGOSTO DE 1057 A 29 DE MARÇO DE 1058)
Papa. Partidário da reforma, decidiu transladar a sede papal para o Monte Cassino. Dali denunciou o matrimônio dos clérigos. Tinha o propósito de coroar imperador ao duque Godofredo, com a finalidade de contar com um aliado político, mas faleceu quando procurava entrevistar-se com o duque em Florença. Deixou ordenado que não se elegesse papa até que estivesse presente Hildebrando, seguramente com o desejo de que ele fosse eleito como papa.

ESTUNDISTAS
Evangélicos russos que surgiram na Ucrânia por volta de 1858 sob a influência de pregadores *luteranos, reformados e *menonitas. Em fins do séc. XIX, sua orientação foi tornando-se batista e desde 1944 pertencem ao Concílio da União de todos os cristãos evangélicos e batistas da Rússia.

ETÉRIA
*Egéria.

ETERNIDADE
*Escatologia.

EUCARISTIA
Lit.: ação de graças. Rememoração da Última Ceia compartilhada por *Jesus com seus discípulos. Parece indiscutível que essa ceia foi uma ceia pascal não somente pelas próprias palavras de Cristo (Lc 22,15; Mt 26,17; Mc 14,12), mas também pela descrição que evidencia um *seder* (ritual) pascal. Assim há referências no início da ceia a uma ação de graças, parte-se o pão como o faz todo judeu pai de família na ceia pascal, passa-se o cálice judeu das bênçãos (1Cor 10,16; 11,25) etc. As únicas diferenças – importantíssimas por outra parte – estão no fato de que Jesus associa o pão que passa com seu corpo que será entregue em expiação dos pecados na cruz (Lc 22,19), dando assim lugar ao Novo Pacto, Nova Aliança, anunciado por Jeremias 31,27ss.; e no qual estabelece que a mencionada ceia se efetue em sua "memória" (Lc 22,19) até que

ele regresse a seu reino (Lc 19,16-18; 1Cor 11,25-26). As fontes nos afirmam que efetivamente os primeiros cristãos continuaram celebrando esse ritual – que parece denominado o partir o pão e ceia do Senhor – geralmente no *domingo (At 20,7) e unido a uma refeição fraterna (1Cor 11,17ss.). Durante a Idade Média podemos encontrar precursores de uma visão semelhante à da transubstanciação e partidários, por outra parte, da crença de que o vinho e o pão continuam existindo como tais na Eucaristia. A primeira controvérsia a esse respeito aconteceu no séc. IX, quando Pascásio Radberto questionou que o corpo de Cristo presente na Eucaristia fosse o mesmo que estava no céu. No séc. XI, Berengário opôs-se à doutrina da presença real. Em 1215, o IV Concílio de Latrão declarou dogma a doutrina da transubstanciação que apareceu descrita em termos tomados da filosofia aristotélica.

A *Reforma provocou novas controvérsias em relação ao tema eucarístico. Enquanto que *Lutero apoiou a consubstanciação (o corpo e o sangue de Cristo estão com o pão e o vinho); *Zwinglio sustentou que a Eucaristia era simplesmente uma comemoração do sacrifício de Cristo e o pão e o vinho símbolos de sua carne e de seu sangue; e *Calvino defendeu que o pão e o vinho continuavam sendo pão e vinho, mas sua ingestão, se fosse acompanhada pela fé, causava uma comunhão espiritual com o corpo e o sangue de Cristo. Enquanto os *anabatistas continuaram na posição de Zwinglio, alguns anglicanos penderam para a posição calvinista. Por sua parte, o Concílio de Trento reafirmou a doutrina da transubstanciação e por sua vez o caráter sacrifical da Eucaristia negado redondamente pelos diversos teólogos protestantes.

Bibl.: MORRIS, L. *The First...*; BRUCE, F. F..., *Paul*; DEISS, L., *La cena...*; VIDAL MANZANARES, C., *El judeo-cristianismo...*; E. F. **"Teológica Toulouse"**, *La Eucaristía en la Biblia*, Estella.

EUGÊNIO I (10 DE AGOSTO DE 654 A 2 DE JUNHO DE 657)

Papa. Foi eleito por pressões do imperador bizantino depois da deposição do Papa *Martinho I. Desejoso de recuperar as boas relações com Bizâncio, aceitou uma solução de compromisso na questão das vontades existentes na pessoa de Cristo, mas faleceu antes de conseguir que fosse aceita pelo clero romano.

EUGÊNIO II (5 DE JUNHO DE 824 A AGOSTO DE 827)

Papa. Reconheceu a soberania do imperador no estado papal e pronunciou o juramento de lealdade a ele. Durante seu reinado iniciou-se a evangelização da Dinamarca.

EUGÊNIO III (15 DE FEVEREIRO DE 1145 A 8 DE JULHO DE 1153)

Papa. Um dia antes de sua sagração viu-se obrigado a fugir ao negar-se a reconhecer a soberania do senado romano. Em 1147 estabeleceu-se na França de onde pregou a Segunda *Cruzada. Dois anos depois regressou a Roma, que teve de abandonar quase que imediatamente. Em 1153, concluiu o tratado de Constança com Frederico I Barba-Roxa para garantir os direitos do papado. Poucos meses depois faleceu em Roma.

EUGÊNIO IV (3 DE MARÇO DE 1431 A 23 DE FEVEREIRO DE 1447)

Papa. Ao ser eleito, um de seus

primeiros passos foi dissolver o Concílio de Constança. Ele se negou a se dispersar sustentando a tese conciliarista que afirmava a superioridade do concílio sobre o papa e que terminou elegendo um antipapa *Félix V. Eugênio IV convocou, entretanto, um Concílio em Ferrara que concluiu a união com as Igrejas orientais (1439). Esta não foi duradoura, mas aumentou seu prestígio. Defensor da *cruzada contra os turcos, que também acabou em desastre (1444). Prelado e político, Eugênio IV foi também um mecenas das artes e letras.

EUNOMIANOS
*Seguidores de Eunômio.

EUNÔMIO DE CÍZICO
Pouco sabemos da infância do dirigente do neo-arianismo. Estudou, parece, taquigrafia e, depois de ser ordenado diácono, no ano de 360 foi promovido para a sede de Cízico. Dessa cidade foi expulso pelo povo cansado de sua linguagem culterana ou gongórica. Passou daí para Constantinopla onde se considerava como bispo titular. Com a morte de Aécio converteu-se em chefe principal dos neo-arianos, retirando-se para sua propriedade na Calcedônia. Em 383 assistiu ao Sínodo de Constantinopla, sendo desterrado pouco depois por Teodósio. Morreu no fim do século. Embora fosse autor fecundo, apenas chegaram até nós restos de sua obra literária, já que desde 398 foram promulgados diversos editos imperiais nos quais se ordenava destruir essa obra. Conserva-se, sim, sua primeira *Apologia* – refutada por Basílio Magno – na qual insiste em que o Filho não é da mesma natureza que o Pai. Da segunda *Apologia* resta algum fragmento e nada de sua *Confissão de fé*, de seu *Comentário à Epístola aos romanos*, nem de suas cartas.

EUQUÉRIO DE LYON
Nascido numa família de classe alta, supostamente cristã, há possibilidade de que tenha sido senador. Casado com Gala, ambos os esposos decidiram renunciar a seus bens e retirar-se para Lérins, deixando seus filhos no mosteiro de Santo Honorato. Foi nomeado bispo de Lyon aproximadamente em 432 e participou do Concílio de Orange (441), morrendo em 450. Compôs um opúsculo *Sobre o louvor do deserto* e outro *Sobre a preocupação do mundo*. Foi também autor de umas *Fórmulas da inteligência espiritual*; umas *Instruções para Salônio* (um de seus filhos); uma *Paixão do mártir São Maurício e de seus companheiros*; e uma *Epístola ao bispo Sálvio*.

EUQUITAS
*Messalianos.

EUSEBIANOS
Seita ariana fanática formada pelos seguidores de *Eusébio de Nicomédia.

EUSÉBIO DE CESARÉIA
Nascido pelo ano de 263 em Cesaréia. Educado por Pânfilo, com cujo nome gostava de ser chamado, fugiu para Tiro na perseguição de Diocleciano e dali foi para o deserto da Tebaida, onde foi capturado e encarcerado. Em 313 foi nomeado bispo de Cesaréia. Favorável a um entendimento no conflito provocado pela heresia de Ario, escreveu várias cartas em favor de sua ortodoxia e influenciou no Sínodo de Cesaréia, que declarou conforme a fé a confissão de Ario. Ao rejeitar uma fórmula dirigida

contra os arianos, viu-se excomungado por um Sínodo de Antioquia (325). No Concílio de Nicéia, procurou manter uma política conciliadora que propunha o reconhecimento da divindade de Cristo em termos bíblicos e a rejeição da doutrina homousiana de Atanásio. Embora assinasse o símbolo conciliar, pesou nele mais o desejo imperial que a convicção. Pouco depois, aliou-se com Eusébio de Nicomédia e interveio nos Sínodos de Antioquia (330) e de Tiro (335) que, respectivamente, depuseram Eustácio e excomungaram Atanásio. Amigo íntimo do imperador, influiu possivelmente nele para que ditasse medidas contra os bispos ortodoxos. Morreu em 339 ou 340.

Obras: De enorme erudição, Eusébio dedicou sua atenção ao estudo do panegírico (*Vida de Constantino, A Assembléia dos Santos, Louvores de Constantino*); da apologética (*Introdução geral elementar, Preparação Evangélica, Demonstração Evangélica, Teofania, Contra Porfírio, Contra Hierócles*); da exegese (*Os cânones evangélicos, o Onomásticon, Perguntas e respostas sobre os Evangelhos, Comentário sobre os Salmos, Comentário de Isaías, Sobre a Páscoa* etc.); do dogma (*Defesa de Orígenes, Contra Marcelo, Sobre a teologia eclesiástica*); obras de oratória sagrada, epistolar e da história, sendo precisamente nessa última na qual realizaria suas contribuições mais notáveis (*Crônicas, Mártires da Palestina* e, sobretudo, sua *História Eclesiástica*).

A obra de Eusébio reveste-se de uma importância excepcional na hora de insistir no princípio da sucessão apostólica. De fato, sua *História Eclesiástica* tem como um de seus objetivos demonstrar sua realidade histórica, embora exclua claramente o primado romano. É a Igreja uma virgem mãe que só se viu manchada pela heresia. Rejeita qualquer vinculação do cristianismo com o judaísmo, mostrando como nem se guarda o sábado nem se dá a proibição de tomar alimentos, tudo isso em harmonia com as Escrituras. Em relação ao cânon, a informação fornecida por Eusébio é de enorme importância. Considera a epístola de Tiago – assim como a de Judas – como não canônicas, mas admite que são lidas em quase todas as Igrejas (HE I, 23). Quanto às epístolas petrinas, considera autêntica a primeira, mas rejeita a segunda, embora reconheça sua utilidade (II, 3). Da mesma forma não aceita como canônicos o Evangelho, os Atos e o Apocalipse de Pedro. De São Paulo reconhece 14 cartas, embora aceite que a Carta aos Hebreus não seja aceita universalmente. Também assinala a divisão de opiniões com relação ao Pastor de Hermas. Quanto às cartas de São João, a primeira é recomendada como autêntica, mas as outras duas são objeto de discussão. As opiniões sobre o Apocalipse estão igualmente divididas (HE II, 24). Escatologicamente, admite a crença num castigo eterno para os condenados (HE IV, 18) e manifesta-se claramente antimilenarista. Mariologicamente, parece rejeitar, pelo menos indiretamente, a virgindade de Maria porquanto considera os irmãos de Jesus como irmãos carnais (I, 20) e aduz em seu favor testemunhos históricos. Contudo, o aspecto da teologia eusebiana que tem sido mais atacado é o cristológico. Realmente a base de sua posição inicial – o desejo de que as categorias cristológicas fossem somente bíblicas e o temor de deslizar para o sabelianismo se se aceitasse a posição homousiana de Atanásio – torna-se compreensível, mas é certo que a negação da natureza igual entre o Pai e o Filho colocava esse último na posição de criatura, o que era contrário à mensagem da Escritura e à crença mantida pelo cristianismo desde sua origem. Que finalmente essa tese tinha a propensão de se fundir com o arianismo é algo que ficou evidenciado na forma em que Eusébio influiu no imperador para favorecer os seguidores de Ario e prejudicar os ortodoxos. Embora estivesse convencido de que sua aliança com o poder imperial traduzia-se em algo benéfico para a Igreja, o certo é que a posição "constantiniana" de Eusébio somente levou a um trágico cesaropapismo oriental e a um casamento dos poderes civil e religioso contra a ortodoxia cristã.

EUSÉBIO DE EMESA

Nasceu em Emesa por volta do ano 300. Foi discípulo de Eusébio de Cesaréia. Estudou em Cesaréia e em Alexandria, onde travou amizade com o ariano Jorge. Foi nomeado bispo de Emesa, depois de rejeitar a proposta do bispado de Antioquia oferecido por parte de um sínodo ariano. Amotinada a plebe por sua nomeação, já que não desejava um bispo sábio, fugiu para Antioquia, e graças à intervenção do patriarca dessa cidade pôde regressar à Emesa, onde morreu antes de 359. Foram conservados uns trinta discursos e parte de seus comentários bíblicos que seguem o método histórico-literal dos antioquenos. Não é fácil enquadrar a teologia de Eusébio de Emesa. Jerônimo considerou-o ariano e em favor disso se encontra o fato de que acreditava que o Pai era maior que o Filho, mas Teodoro de Ciro abranda essa posição considerando que não era radical em seu arianismo. Quasten definiu-o, a nosso ver corretamente, como semi-ariano.

EUSÉBIO DE NICOMÉDIA

Discípulo de Luciano de Antioquia, foi bispo de Berito e, desde 318, de Nicomédia. Quando Ario chegou a sua cidade depois de ser excomungado em Alexandria, ele o apoio convertendo-se em seu contato principal com a corte imperial. No Concílio de Nicéia apresentou um símbolo próprio que foi qualificado de blasfemo, e, embora assinasse a fórmula nicena, pouco depois encabeçava o partido mais extremista do arianismo, o dos eusebianos. Constantino o exilou para as Gálias três meses depois do concílio, mas graças a sua influência sobre a imperatriz conseguiu voltar, ganhar o apoio imperial e conseguir a deposição de Eustácio de Antioquia (330), Atanásio (335) e de Marcelo de Ancira (336). Em 337 batizou o imperador Constantino e no ano seguinte foi nomeado bispo de Constantinopla. Morreu entre 341 e 342.

Foram conservadas várias cartas suas, sendo de especial importância a dirigida aos bispos do Concílio de Nicéia, pois delas se deduz que Ario se defendeu corretamente e que foi perdoado. Bardenhewer apontou a possibilidade de que fosse uma falsificação e do mesmo sentir é G. Bardy. Teologia: defendia claramente a criação do Filho e seu começo. Nesse sentido a pessoa do Filho não era senão uma simples criatura e divina, mas no sentido de um deus inferior ou uma divindade menor, o que realmente não era senão uma forma de politeísmo com verniz cristão.

EUSÉBIO DE VERCELLI

Nascido na Sardenha, foi leitor da igreja de Roma e primeiro bispo de Vercelli. Foi deposto no Concílio de Milão (355) por se negar a subscrever a condenação de Atanásio, sendo desterrado para Escitópolis e depois para a Tebaida. Tomou parte no Concílio de Alexandria de 362 e, posteriormente, em Antioquia, defrontando-se com Lúcifer de Cagliari. Tentou – sem sucesso – manter afastado da sede de Milão o ariano Auxêncio. Faleceu em 370. Somente foram conservadas dele três cartas, embora lhe seja atribuído – erroneamente – o tratado pseudo-atanasiano *Sobre a Trindade* (V. Bulhart).

"EU SOU"

Jesus aplicou para si esse título (em grego *Ego eimi*) em várias ocasiões. Passagens como as de Jo 8,24; 8,58 etc. permitem ver que com isso fazia eco evidente à passagem do Êx 3,14, na qual Yahveh se apresenta com esse mesmo nome. A tradução dos Setenta mostra abundantes exemplos do *Ego eimi* com predicados (Gn 28,13; Êx 15,26; Sl 35,3 etc.), sendo seu conteúdo o de auto-revelação de Yahveh (Is 45,18; Os 13,4). Naturalmente, a passagem mais importante nesse sentido é a do Êx 3,14, que a tradução dos Setenta traduz por *Ego emi ho on* do qual parecem derivar outros como Dt 32,39; Is 43,25; 51,12; 52,6 etc.). A utilização da fórmula *Ego emi* como nome de Yahveh pode ser encontrada também em I Henoc 108,12, Jubilosos 24,22 e inclusive em Filon ao comentar Êx 3,14. Partindo desse contexto, pouca dúvida pode restar no sentido de que a auto-aplicação de que esse título realizou Jesus implicava uma afirmação de sua divindade e preexistência.

Bibl.: Del Agua, A., *El método midrásico...*; Zimmermann, H., "Das Absolute Ich bin in der Redenweise Jesu" em *Trierer Theologische Zeitschrift*, 69, 1960, p. 1-20. Idem, "Das Absolute ego emi als die neutestamentliche Offenbarungsformel" em *Biblische Zeitschrift*, 4, 1960, p. 54-69 e 266-276 (defende o uso histórico do título por Jesus e sua correlação com a auto-designação divina do Êx 3,14), Stauffer, E., *Jesus and His Story*, Londres 1960, p. 149-159 (sustenta que "Eu sou" é a "afirmação mais clara de Jesus sobre si mesmo"); Vidal Manzanares, C., *El judeo-cristianismo...*

EUSTÁQUIO DE ANTIOQUIA

Nasceu em Side da Panfília e foi bispo de Beréia antes de o ser em Antioquia em 323-324. Expoente da fé ortodoxa em Nicéia (325), no ano seguinte foi deposto por um sínodo ariano, e em 330 Constantino o desterrou para Trajanópolis. Morreu antes de 337, quando Constantino havia permitido a volta dos bispos desterrados. Somente se conserva íntegro seu opúsculo *Sobre a pitonisa de Endor* contra Orígenes, no qual ataca o método alegórico de interpretação das Escrituras. Do resto de suas obras somente nos chegaram fragmentos. Loofs tem mantido a tese de que Eustáquio é um representante típico da escola de Antioquia, o que tem sido negado por M. Spanneut. Por isso, tem-se insistido em várias ocasiões que Eustáquio era um sucessor de Paulo de Samósata e um precursor de Nestório, mas dá a impressão de que essa acusação não confere com as fontes. Eustáquio elaborou uma teologia contrária a do Logos-Homem que podia ser utilizada pelos arianos para defender que Cristo tomou um corpo humano sem alma e assim, atribuindo ao Logos todas as mudanças, priva-o de sua divindade. Sim, é verdade que em algumas ocasiões a terminologia de Eustáquio não foi muito feliz – por exemplo ao denominar a Cristo "homem teóforo" – e com isso deixou espaço aberto para interpretações distorcidas dela, mas certamente não pode ser considerado um precursor do nestorianismo (J. N. D. Kelly).

EUTÉRIO DE TIANA

Bispo de Tiana, ardente partidário de Nestório. O Concílio de Éfeso (431) o excomungou, embora não conseguisse eliminar sua influência. Manifestou-se contrário à união de Cirilo com os bispos orientais. Deposto no sínodo de 434, foi desterrado para Escitópolis e depois para Tiro. A data de seu falecimento é desconhecida. Chegaram até nossos dias suas *Refutações* de algumas proposições assim como cinco cartas. *Cirilo de Alexandria, *Nestório.

EUTIQUES

Monge herege condenado no Concílio de Constantinopla (448) por sustentar que, depois da encarnação, em Cristo não havia duas naturezas, mas uma só, já que a divina fora absorvida pela humana. Leão I em seu *Tomo a Flaviano* do ano 449 condenou a posição de Eutiques, formulando ao mesmo tempo a teologia ortodoxa das duas naturezas de Cristo. O Concílio de Calcedônia de 451 aceitou de maneira definitiva a tese de Leão Magno.

EUTRÓPIO

Nascido possivelmente em Aquitânia, viveu em fins do séc. IV e inícios do séc. V. Foi ordenado presbítero e manteve certa amizade com Paulino de Nola. Escreveu uma *Epístola sobre condenar a herança*, outra *Sobre a verdadeira circuncisão*, outra ainda *Sobre o homem perfeito* e um tratado *Sobre a semelhança da carne do pecado*.

EUZOIO DE CESARÉIA

Educado em Cesaréia pelo retóri-co Téspio, foi eleito bispo ariano dessa cidade após o desterro de Gelásio. Foi expulso da cidade quando Teodósio tomou o poder. Nenhuma de suas obras chegou até nós e inclusive desconhecemos seus títulos, mas, a partir do testemunho de Jerônimo, sabemos que foram numerosas e muito difundidas ainda em sua época.

EVÁGRIO GALO

Monge do sul das Gálias, o qual Ceillier, contra a opinião de Harnack, identificou com um presbítero, discípulo de Martinho de Tours. Escreveu uma disputa da lei entre Simão, o judeu, e Teófilo, o cristão. Embora Harnack a identificasse com o *Diálogo entre Jasão e Papisco de Aristão de Pela*, a tese tem sido rejeitada unanimemente.

EVÁGRIO PÔNTICO

Nasceu em Ibora, no Ponto. Acompanhou Gregório Nazianzeno ao Concílio de Constantinopla (381), permanecendo posteriormente nessa cidade com seu patriarca, Nestório. Desgostoso com o ambiente da cidade, passou para Jerusalém e dali, em 382, para o Egito. Viveu dois anos nas montanhas da Nítria e depois catorze em Célia. Ali conheceu os Macários. Ganhando para si a vida como amanuense. Recusou ser ordenado bispo por Teófilo de Alexandria. Morreu em 399. Evágrio foi o primeiro monge autor de obras que desfrutaram de influência no cristianismo desde o séc. IV até o séc. XV, e inclusive no séc. XX. Quasten considera-o fundador do misticismo monástico. Contudo, chegaram até nós escassos fragmentos de suas obras, já que foi condenado como origenista pelos concílios ecumênicos V e VI. Escreveu o *Antirético* ou *Suges-*

tões contra *os oito vícios capitais* (em que fala dos oito demônios que tentam o monge constantemente), *O Monge* (um conjunto de cento e cinqüenta sentenças), e *Espelhos de monges e monjas*, os *Problemas gnósticos* ou *Centúrias*, um tratado *Sobre a oração*, outro *Sobre os maus pensamentos*, uma exortação *Ao monge Eulógio*, uma série de comentários bíblicos e algumas cartas das quais nos chegaram sessenta e sete. Evágrio lutou pela consubstancialidade do Pai e do Filho a partir do testemunho das Escrituras e fez o mesmo em relação à divindade do Espírito Santo. Contudo, como já anotamos, sua maior contribuição foi em relação à espiritualidade, uma vez que deixou marcas em Paládio, João Clímaco, Hesíquio, João Bar Caldún, João Cassiano e outros.

EVANGELHOS

A palavra evangelho procede do grego "euanguelion", que significa "boa notícia". O termo foi usado originalmente para se referir a mensagens pregadas por *Jesus (Mc 1,1). O Evangelho deve ser anunciado por toda a terra dependendo de sua aceitação ou rejeição à *salvação (Mc 16,15). Realmente, o cumprimento dessa missão constitui um dos sinais de que a *Parusia está próxima (Mt 24,14). Com o decorrer do tempo, esse termo passou a designar os escritos nos quais se relatava a vida e a obra de Jesus. O Novo Testamento compreende quatro evangelhos, os quais são denominados canônicos. São eles: *Mateus, *Marcos, *Lucas (também conhecidos como evangelhos sinópticos) e *João. Antes de sua redação, é possível que tenha havido redação dos ditos ou dos fatos relacionados com milagres de Jesus ou com sua morte e ressurreição. Há discussão sobre a cronologia exata deles, mas pode dar-se por certo que Marcos escreveu seu evangelho antes do ano 70 d.C., possivelmente na década dos anos 60 do séc. I d.C, embora haja razões para situá-lo nos anos 50 e inclusive na década de 40. A primeira redação de João e, seguramente, a de Lucas, já que os Atos, ao qual o evangelho antecede, foi escrito antes do ano 63 d.C., poderiam ser situadas antes do ano 70 d.C. Quanto a Mateus sua redação poderia estabelecer-se do mesmo modo antes de 70 d.C. Em seu conjunto, boa parte da informação que os evangelhos proporcionam é facilmente constatável com outras fontes históricas e fidedignas. Os retratos dos personagens históricos (Pilatos, Herodes, Anás e Caifás etc.) correspondem ao que já conhecemos através de outras fontes, e o mesmo pode-se dizer das descrições relativas ao ambiente social, político e religioso em que se passa a ação.

Ao lado desses evangelhos, existiram outros denominados apócrifos, porque foram excluídos do cânon tanto por seu caráter legendário (Evangelho de Nicodemo, de Tiago etc.) como porque eram veículos de teses heréticas, como foi o caso dos evangelhos gnósticos (Evangelho de Tomé, de Maria etc.).

O *Talmude apresenta fontes judaicas nas quais nos informam sobre a hostilidade que os rabinos manifestaram contra os evangelhos, aos quais apelidaram grosseiramente de "aven guilyon" (folhas de engano) ou "avon guilyon" (folhas de pecado) (Sb 116a). Em alguns textos talmúdicos deparamo-nos com ataques a certas passagens concretas dos Evangelhos. Assim Sb 116 questiona Mt 5,13 e Bekerot 8b a Mt 5,13. Tosefiá Hullin 2,20-21 chega a acusar os livros cristãos de serem como livros de *bruxaria. Contudo, as referências talmúdicas confirmam os dados evangélicos quando se referem à morte de Jesus, à forma de sua execução, seus ensinamentos, a visão que tinha de si mesmo e a realização por ele de fatos milagrosos, os quais se atribuem ao fato de que Jesus era um feiticeiro (T HUL, II, 22-23; TB, Av. Zar 27b; TJ, Shab, 14; TJ. Av. Zar 2.2 etc.). Durante esse século, alguns autores judeus conceberam uma melhor valoração dos Evangelhos tanto de uma perspectiva histórica como espiritual. Assim, David Flusser escreveu: "os discípulos de Jesus que relataram os fatos e as palavras do mestre... não podiam senão aspirar à máxima veracidade e exatidão, pois para eles se tratava da fidelidade a um imperativo religioso e não lhes era lícito afastar-se do que realmente aconteceu; deviam transmitir com a maior exatidão as palavras do mestre... porque se não se ativessem fielmente aos fatos teriam posto em perigo sua salvação eterna. Não lhes era lícito mentir" (O.c., p. 148).

Bibl.: Flusser, D., O. c.; Bruce, F. F., Son fidedignos los documentos del Nuevo Testamento?, Miami 1972; Idem, The canon...; Klausner, J., O. c.; Robinson, J. A. T., Redating...; Vidal Manzanares, C., El Primer Evangelio...; Wenham, J., Redating Mathew, Mark and Luke, Londres 1991; Grelot, P., Los Evangelios, Estella; Poittevin, L. e Charpentier, E., O. c.; George, A., O. c.; Delorme, J., El Evangelio según Marcos, Estella; Juabert, A., El Evangelio según San Juan, Estella; E. "Cahiers Evangile", Jesús, Estella.

EVANGELHOS APÓCRIFOS

A existência de períodos da vida de Jesus de que os Evangelhos canônicos não se ocuparam, assim como a brevidade com a qual se referem episódios como os quarenta dias após a ressurreição ou o tempo passado a sós com os discípulos, motivou uma curiosidade popular por saber mais a respeito deles. Essas lacunas foram também fácil e fértil para enxertar na doutrina cristã elementos heréticos que assim se viam dotados de uma fachada de autenticidade da qual careciam. Fruto desse interesse popular, por um lado, e da astúcia dos hereges, por outro, é o gênero dos Evangelhos apócrifos. Entre estes podem ser mencionados o Evangelho dos hebreus (não chegou até nós, embora saibamos que tinha relação com o de Mateus e que era utilizado pelos ebionitas; sua redação deve ter sido pelos fins do séc. II), o dos egípcios (gnóstico, finais do séc. II, conforme C. Vidal Manzanares), o ebionita (identificado por Quasten com o dos Doze Apóstolos, datado nos inícios de séc. III, manifesta-se oposto aos sacrifícios levíticos), o de Pedro (do séc. II sofria de certa influência de docetismo; conforme ele, os irmãos de Jesus eram identificados como filhos de José tidos de uma esposa anterior a Maria), o de Nicodemos (escrito por volta do séc. V, parece ser uma resposta cristã a um libelo anticristão publicado durante a perseguição de Maximino Daia em 311 ou 312), o Proto-evangelho de Tiago (de enorme influência posterior; como anotou C. Vidal Manzanares constitui a principal contribuição escrita do judeu-cristianismo para a mariologia. Esse mesmo autor aponta como uma possibilidade de que se trate de uma tentativa de defesa da legitimidade de Jesus perante as calúnias dos judeus. Nele se defende pela primeira vez a virgindade de Maria antes, durante e depois do parto. Deve ter sido redigido por volta do séc. II. O Decreto Gelasiano do séc. VI o declarou herético. Não obstante, sua contribuição para a liturgia católica é considerável), o de Tomé (gnóstico, C. Vidal Manzanares o datou no séc. II, mas alguns especialistas o retrotraem até o séc. I e inclusive o situam antes da redação de alguns evangelhos canônicos. Sem dúvida é o mais importante dos evangelhos apócrifos e tem conservado alguns ditos de Jesus não colecionados em outras fontes e que contam com a possibilidade de serem originais), o Evangelho árabe da infância de Jesus, a História árabe de José, o Carpinteiro (séc. IV-V), e o Evangelho de Filipe (gnóstico, que pode ser datado na segunda metade do séc. III); o de Matias (anterior à época de Orígenes), o de Barnabé (do qual não nos chegou nada, embora sabemos que o Decreto Gelasiano o considerou apócrifo), o de Bartolomeu (um conjunto de diálogos no qual diversos personagens, incluído Satanás, respondem às perguntas do autor acerca da descida de Cristo aos infernos), o de André (gnóstico), o de Judas Iscariotes (gnóstico), o de Tadeu, o de Eva (gnóstico), o de Basílides (gnóstico), o de Cerinto (gnóstico), o de Valentim (gnóstico) e o de Apeles (gnóstico).

Em seu conjunto, todas essas obras, embora possam penetrar nos pensamentos de alguns grupos heréticos, especialmente os gnósticos, carecem de validade histórica na hora de se estudar a figura e o ensinamento de Jesus, com a exceção – que deve ser muito matizada – do evangelho gnóstico de Tomé, no qual, não obstante, o colorido heterodoxo obriga a desconfiar de sua fonte. *Gnosticismo.

EVANGELHOS GNÓSTICOS

Conjunto de escritos influenciados pelas diversas heresias gnósticas, cuja pretensão era a de apresentar um ensinamento e uma vida secreta de Jesus. Em Nag-Hammadi, Egito, foram descobertos os evangelhos gnósticos de Tomé, de Filipe, de Maria, da Verdade e dos Egípcios.

Bibl.: VIDAL MANZANARES, C., *Los Evangelios gnósticos...*; IDEM, *En los orígenes de la Nueva Era...*; IDEM, *Diccionario de Patrística...*

EVANGÉLICOS

1. Num sentido amplo, as igrejas protestantes que mantêm a pretensão de basear sua teologia fundamentalmente na mensagem do Evangelho.

2. Na Alemanha e na Suíça, o termo é utilizado para denominar luteranos e outros protestantes em contraposição aos calvinistas ou reformados.

3. Na Igreja anglicana, o termo é utilizado para se referir aos anglicanos que enfatizam a conversão pessoal e a salvação pela fé no sacrifício expiatório de Cristo na cruz.

Num sentido mais estrito – mas talvez o mais usado hoje em todo o mundo – as igrejas protestantes que mantêm um apego especial à Bíblia, rejeitando dela uma interpretação modernista. Não se trata, portanto, em nenhum caso de seitas. Embora há diferenças de matiz em alguns aspectos doutrinais e de governo, todas coincidem nas seguintes doutrinas: *1)* considera-se a Bíblia como única Palavra de Deus, rejeitando portanto a Tradição (Igreja católica e ortodoxa) ou outras revelações (profetisa E. White para os adventistas, livro de Mórmon para os mórmons etc.); *2)* acreditam na Trindade; *3)* acreditam na salvação pela graça através da fé no sacrifício redentor de Cristo; *4)* acreditam no inferno eterno (diferente dos testemunhas-de-jeová e dos adventistas e à semelhança de outras Igrejas cristãs, inclusive a católica); *5)* acreditam na ressurreição dos mortos e na Segunda Vinda de Cristo (também como outras Igrejas cristãs, incluída a católica); e *6)* rejeitam os dogmas de outras Igrejas cristãs cuja base fundamental é a Tradição (p. ex. Mediação da Virgem Maria e de todos os santos; dogmas mariológicos, crença no Purgatório etc.).

EXISTENCIALISMO

Movimento filosófico que manifesta uma especial preocupação pelo indivíduo e sua liberdade opondo-se, de maneira radical, à filosofia objetiva. Embora se tenha atribuído a *Agostinho e *Pascal como precursores do existencialismo, o certo é que a origem do movimento deve ser buscada no dinamarquês protestante S. Kierkegaard. O existencialismo tem tido um peso enorme na história do protestantismo contemporâneo, sendo evidente sua influência em R. *Bultmann e em K. *Barth. Embora condenado pela bula *Humani Generis* (1950), também influiu em alguns pensadores católicos como K. *Rahner. Nos últimos anos, o existencialismo perdeu boa parte de seu peso na reflexão teológica em favor da preocupação pelos problemas sociais, pelas questões metafísicas e pela exegese bíblica.

EXORCISMO

Ritual destinado a expulsar do corpo de uma pessoa o demônio ou os demônios que a possuem. No sentido estrito, não se pode dizer que a Bíblia contenha passagens de exorcismos, uma vez que em nenhum caso se descreve nenhum ritual. No Novo Testamento encontramos que Jesus expulsava demônios não através de um cerimonial, mas simplesmente ordenando-lhes em vista de sua própria autoridade (Mt 8,16; Mc 1,27). Seus discípulos estão investidos dessa mesma autoridade (Mt 10,1 e paralelos), e tampouco se nos referem que usassem algum cerimonial especial, mas que se limitavam a ordenar aos demônios em nome de Jesus que abandonassem a pessoa (Lc 10,17-20; At 16,16ss. etc.). De acordo com o ensinamento de Jesus, se o antigo possesso não enche sua vida posteriormente com a aceitação de Jesus e sua mensagem, os Evangelhos advertem que será submetido a um ataque dos demônios ainda pior (Lc 11,24-26). Essa visão do exorcismo foi alterada profundamente durante a Idade Média introduzindo-se rituais específicos para sua realização. Na Igreja católica a prática do exorcismo está restrita a sacerdotes com autorização episcopal.

Bibl.: Chafer, L. S., *O. c.*; Vidal Manzanares, C., *El Primer Evangelio...*; Idem, *El judeo-cristianismo*; Bubeck, M. I., *O. c.*

EXPIAÇÃO

Reconciliação efetuada entre Deus e os homens sobre a base da morte de um ser inocente e perfeito ao qual se lhe imputa a falta, em lugar do transgressor. Sobre essa base, realizavam-se sacrifícios em Yom Kippur (Lv 16,23.26-32; Nm 29,7-11) pelos pecados do povo. O Antigo Testamento assinalava inclusive que o *messias, conhecido como servo de Javé, seria carregado com os pecados de todo o povo e morto por eles (Is 53,5-10). Essas teses foram descartadas do judaísmo depois do segundo *jurban*, em parte porque era impossível continuar com o sistema de sacrifícios expiatórios do templo, em parte porque se assemelhava com as teses dos cristãos.

Conforme as fontes, *Jesus viu-se a si mesmo como o servo messiânico de Isaías 53 e concebeu sua morte em termos expiatórios pelos pecados dos homens (Mc 10,45), tal e como manifestou em sua Última Ceia com os discípulos (*Eucaristia). Certamente, seus discípulos interpretaram a morte de Jesus como a expiação, proporcionada por alguém perfeito e inocente, pelos pecados do mundo (Hb 9,1-12.24-28). Esperavam que aquela morte faria cessar, mais cedo ou mais tarde, o sistema de sacrifícios do templo de Jerusalém (Hb 8,13), e o fato de assim acontecer deveu-se conforme a fé que tinham na veracidade de sua interpretação. Do fato da expiação tiravam como conseqüência que ninguém podia salvar-se pelas próprias obras – porque se não fosse assim Cristo não precisaria ter morrido (Gl 2,21) – e que o único caminho de salvação era aceitar mediante a fé o *sacrifício expiatório de Cristo na cruz (Rm 3,19-31).

A Patrística introduziu na questão da expiação aspectos ausentes no Novo Testamento. Para *Orígenes, a morte de Cristo foi o resgate pago a Satanás que havia adquirido direitos sobre o homem depois da Queda. Esse ponto de vista foi aceito por outros Santos Padres como *Agostinho.

Durante os séc. XI e XII, a teologia de *Anselmo provocou um novo deslocamento das ênfases em favor de uma teologia da satisfação. De acordo com ela, o pecado constitui uma ofensa infinita porque ofende a Deus e, portanto, a satisfação somente podia ser oferecida por outro ser infinito, por isso que Deus tivera de se encarnar. A morte de Cristo pagava não ao diabo, mas a Deus Pai. Para

*Abelardo, pelo contrário, a morte de Cristo derivava do desejo de Deus de mostrar ao homem o amor que sentia por ele, provocando assim sua resposta. Semelhante posição rompia radicalmente com a tradição e foi, portanto, criticada duramente por São *Bernardo. *Tomás de Aquino aceitou a explicação de Anselmo, mas insistiu em que ela não era necessária, mas conveniente, uma vez que Deus podia ter-nos redimido sem que Cristo tivesse de morrer se assim o tivesse desejado.

A *Reforma criou por sua vez outras ênfases. *Lutero, por exemplo, insistiu em que o valor da expiação firmava-se no fato de que Cristo, ao assumir o castigo pelos pecados do homem na cruz, colocara-se em seu lugar. *Calvino, inclusive, acrescentou que Cristo havia sofrido em sua alma a pena dos condenados.

Não deixa de ser significativo o fato de que os inícios do século passado foram testemunhas da volta a interpretações tradicionais da expiação (G. Aulen. K. Barth). Um excelente tratado, realizado recentemente por J. Driver, manifestou que nenhuma das interpretações históricas esgota totalmente as imagens que aparecem no Novo Testamento em relação à morte de Cristo, e que a forma mais fecunda de análise passa necessariamente no exame de todas elas de maneira global e sem descartar nenhuma.

Bibl.: BARTH K., *O. c.*; VIDAL MANZANARES, C., *El judeo cristianimo...*; IDEM, *El Primer Evangelio...*; MORRIS, L., *The Cross in the New Testament*, Exeter 1979; DENNEY, J., *The Death of Christ*, Londres 1970; COUSIN, H., *Los textos evangélicos de la Pasión*, Estella; DRIVER, J., *La obra redentora de Cristo y la misión de la Iglesia*, Michigan 1986.

FABER, JACOBO (1455-1536 APROX.)

Também chamado Lefèvre d'Étaples ou Stapulensis. Humanista francês. Em 1512 publicou um comentário em latim das epístolas de São *Paulo. Suas simpatias para com a Reforma provocaram sua condenação por parte da Sorbonne (1521). Em 1523 publicou uma tradução do Novo Testamento para o francês usando a Vulgata. Em 1525, quando se publicou sua tradução dos salmos para o francês, viu-se obrigado a fugir para Estrasburgo. Finalmente refugiou-se em Navarra, sob a proteção da rainha. Apesar das acusações das quais foi objeto, nunca aceitou os pontos de vista reformados sobre a predestinação e a justificação e manteve uma postura muito semelhante a de Erasmo.

FABIANO (10 DE JANEIRO DE 236 A 20 DE JANEIRO DE 250)

Papa, desenvolveu uma grande atividade na reestruturação da Igreja em Roma. Por Cipriano (*Epist.* LIX, 10) sabemos que apoiou numa carta a condenação do bispo Priato de Lambese, pronunciada num concílio númida. Foi martirizado durante a perseguição de *Décio.

FALSAS DECRETAIS

Coleção de documentos atribuídos a *Isidoro de Sevilha († 636), mas que na realidade foi compilada na França em 850. Continha: *1.* Uma coleção de cartas (todas elas falsas) atribuídas aos papas anteriores ao Concílio de Nicéia; *2.* Uma coleção de cânones conciliares em parte autêntica; e *3.* Uma coleção de cartas de papas desde *Silvestre I até *Gregório II das quais 35 são falsas. Durante a Idade Média e no Renascimento foram utilizadas para defender a supremacia papal. Destruída sua credibilidade pelas *Centúrias de Magdeburgo, atualmente não são aceitas como autênticas por ninguém.

FAREL, GUILHERME (1489-1565)

Reformador. Estudou em Paris sob J. *Faber e ao ser suspeito de que era simpatizante das teses de *Lutero, partiu para Basiléia (1524). Expulso dessa cidade por conselho de *Erasmo, em 1530 deu impulso à Reforma em Neuchâtel e em 1535 em Genebra. No ano seguinte convenceu Calvino para que permanecesse nessa cidade, e a partir de então, os destinos de ambos os reformadores ficaram unidos.

FAUSTINO

Possuímos poucos dados a seu respeito, embora saibamos que em 389 estava em Roma onde era sacerdote luciferiano, mantendo algum tipo de relação com a esposa de Teodósio, Flacila. Foi autor de um tratado *Sobre a Trindade,* no qual expõe a posição ortodoxa combatida pelo arianismo; de uma profissão dirigida a Teodósio; e de um Libelo de preces, dirigido também ao imperador, que constitui fonte importante para a história do luciferanismo.

FAUSTO DE MILEVI
(FINS DO SÉC. IV)

Pregador maniqueu, famoso como retórico em Roma. Foi diretor espiritual de Agostinho, mas ao descobrir esse seu caráter fraudulento tomou um novo caminho que o levaria à conversão para o cristianismo.

FÉ

Nas Escrituras, a fé aparece configurada como o assentimento prestado a uma crença unido à confiança nela e à obediência que dela se deriva. Não pode identificar-se, portanto, com a simples aceitação mental de algumas verdades reveladas. Resulta um princípio ativo no qual se combinam o entendimento e a vontade. É esse tipo de fé que fez com que Abraão fosse considerado justo diante de Deus (Gn 15,6) e o que permite que o justo viva (Hab 2,4).

Para o ensinamento de Jesus – e posteriormente dos *apóstolos –, o termo implica uma importância radical, porque em torno dele gira toda a sua visão da salvação humana. Mediante o crer, recebe-se a vida eterna e se passa da morte para a vida (Jo 3,16; 5,24 etc.), uma vez que crer é a "obra" que a pessoa deve realizar para salvar-se (Jo 6,28-29). De fato, é graças à aceitação com fé em Jesus que a pessoa se converte em filho de Deus (Jo 1,12). A fé, precisamente por isso, vem a ser a resposta lógica à pregação de Jesus (Mt 18,6; Jo 14,1; Lc 11,28). Constitui o meio para receber não somente a salvação mas também a cura milagrosa (Lc 5,20; 7,50; 8,48) e pode chegar a mover montanhas (Mt 17,20ss.).

Durante a Idade Média, a fé foi configurada progressivamente como uma faculdade superior à razão. Donde se desprende que se certas verdades podem ser compreendidas pela razão, outras sugerem a fé.

A *Reforma trouxe uma nova ênfase para a fé. O ensinamento de *Lutero sobre a justificação pela fé – derivada fundamentalmente das cartas de São *Paulo aos Romanos e aos Gálatas – acentuou seu aspecto voluntarista como confiança (fidúcia) no sacrifício de Cristo.

Dentro do catolicismo, o conceito de fé experimentou certa evolução nos últimos tempos. O concílio Vaticano II deixou de conceber a "verdade" do "Evangelho" em termos meramente proporcionais e assimilou-a com Cristo e o que Ele fez pelos homens. Ao mesmo tempo, foram propostas notáveis aproximações ao conceito protestante da justificação pela fé.

BIBL: COLE, A., *O. c.*; BARTH, K., *O. c.*; BRUCE, F. F., *La epístola...*; EI, II, p. 474ss.; *Hughes*, p. 204ss.; *Wensinck*, Creed, p. 125 e 131ss.

FEBADIO DE AGEN

Bispo de Agen, nas Gálias, participou do sínodo de Rimini (359), mantendo uma posição contrária às teses arianas e sendo o último a ceder diante das pressões dos legados imperiais, embora exigindo antes a redação de um conjunto de esclarecimentos que suavizavam o conteúdo ariano da fórmula de Rimini. Não sabemos mais nada dele depois daquele fato. Somente chegou até nós um tratado *Contra Arianos*.

FEBRONIANISMO

Movimento surgido na Igreja católica na Alemanha do séc. XVIII. Contrário às pretensões temporais do papa, pode quase se considerar como uma espécie de *galicanismo alemão. Deve seu nome ao pseudônimo de "Justinus Febronius" com o qual J. N. von Hontheim, bispo de Tréveris, publicou seu *De statu ecclesiae et legitima potestate Romani pontificis*. A obra reconhecia o papa como cabeça da Igreja, mas atacava o aumento do poder temporal experimentado por ele durante a Idade Média e, de maneira muito especial, as *Falsas Decretais. O livro foi incluído no Índice em 1764, mas em 1769 os arcebispos eleitores alemães manifestaram seu acordo com o livro. O irromper da Revolução Francesa acabou com o movimento.

FÉLIX († 818)
Bispo de Urgell, dirigente junto com Elipando, bispo de Toledo, da heresia adopcionista. Acusado pelos concílios de Frankfurt (794) e de Aachen (798), retratou-se dessa heresia.

FÉNELON, FRANÇOIS DE SALIGNAC DE LA MOTHE (1651-1715)
Arcebispo de Cambrai. Tutor de Luís XIV, dedicou boa parte de seus esforços à conversão dos protestantes. Combateu também os *jansenistas defendendo o ponto de vista católico sobre a graça.

FERNANDO II (1578-1637)
Imperador da Alemanha. Educado pelos *jesuítas, foi um dos grandes defensores da *Contra-reforma. Vencedor do rei protestante da Dinamarca no período dinamarquês da Guerra dos Trinta Anos, seu Edito de Restituição obrigou os protestantes a restituírem aos católicos as propriedades eclesiásticas das quais se haviam apoderado em seus domínios. As vitórias de Gustavo Adolfo da Suécia, no período sueco da Guerra dos Trinta Anos, estiveram a ponto de provocar sua derrocada se não tivesse lugar a morte de Gustavo Adolfo na batalha em 1632. Até o fim de sua vida, Fernando continuou mantendo uma agressiva posição contra o protestantismo.

FEUERBACH, LUDWIG ANDREAS (1804-1872)
Filósofo alemão. Sua filosofia tem a pretensão de remodelar a filosofia de Hegel num sentido positivista e abertamente anticristão. Conforme seu modo de pensar, o cristianismo não é senão uma ilusão. Sua obra influenciou F. Nietzsche, Richard Wagner e Karl Marx.

FILADELFIANOS
Adeptos de um movimento da mística inglesa Jane Lead (1623-1704) em 1695. O termo significa em grego "os que têm amor fraterno" e talvez se refira à Igreja de Filadélfia da qual se fala no Apocalipse como a única fiel. Embora inicialmente sua inspiração proviesse do espiritualismo de Boehme, logo se integrou na corrente maçônica de Martines de Pascally, estendendo-se muito pela França, Haiti e Ilha Maurício.

FILADELFOS
*Filadelfianos.

FILASTRO DA BRÉSCIA
Sua atividade centralizou-se na segunda metade do séc. IV. Parece que foi um pregador itinerante cuja tarefa era fustigar os pagãos, os judeus e os hereges. Em Milão opôs-se a Auxêncio, mas somente conseguiu apanhar. Participou do Concílio de Aquiléia (381), no qual foram depostos os bispos arianos Paládio de Ratiaria e Secundiano de Singidunum. Foi autor de um *Livro das diversas heresias* em que descobria 156 heresias embutidas no ambiente judaico e cristão.

FILÊMON

Amigo do *apóstolo *Paulo, ao qual ele dirigiu uma de suas cartas do cativeiro pedindo-lhe a libertação de um escravo convertido chamado Onésimo.

FILHO DE DAVI

Título messiânico referente explicitamente ao relacionamento de estirpe que deveria existir entre o *Messias e o rei Davi. As genealogias de *Jesus indicam que descende de Davi (Mt 1,1-17; Lc 3,23) e tudo indica que, efetivamente, o dado é histórico, embora através de um ramo secundário da família. Em vida, Jesus foi aclamado em várias ocasiões como Filho de Davi (portanto Messias) (Mt 9,27; 12,23; 15,22; 20,30; 21,9.15 etc.), aceitando semelhante apelação. Contudo, Jesus parece ter dado muito mais importância a sua filiação divina preexistente que à ascendência davídica (Mt 22,41-46).

FILHO DE DEUS

No Antigo Testamento, esse título aparece relacionado com três circunstâncias diferentes. Assim, denomina-se todo o povo de Israel com esse qualificativo (Êx 4,22; Os 11,1 etc.); utiliza-se como título régio (2Sm 7,14; Sl 2,7; Sl 89,26) e, finalmente, serve para designar personagens de certa relevância como os anjos (Jó 1,6; 2,1; 38,7 etc.). "Filho de Deus" pode também ser identificado com o título messiânico em algumas passagens concretas como o Sl 2 ou Is 9,5ss., em que o Messias, além disso, aparece descrito com características divinas.

As referências ao Messias como "Filho de Deus" que se acham em Henoc etíope (105,2) e em Esdras (7,28ss.; 13,32; 37,52; 14,9) são duvidosas, porquanto cabe a possibilidade de que, no primeiro caso, encontremo-nos diante de uma interpretação cristã e, no segundo, que devamos interpretar "pais" talvez não como "filho", mas como "servo". Baseando-se em razões desse tipo, autores como G. Dalman, W. Bousset e W. Michaelis negaram que o judaísmo empregasse o título "Filho de Deus" em relação ao Messias. Essa postura – que desfrutou de certa importância no passado – é hoje em dia inaceitável. Assim em 4Q Florilegium, 2Sm 7,14 é interpretado messianicamente o que, como assinala R. H. Fuller, indica que "Filho de Deus" era já usado como título messiânico no judaísmo anterior a Jesus. Não se trata, pois, de um caso isolado. De fato, na literatura judaica o Salmo 2, no qual se faz referência explícita ao "Filho de Deus", é aplicado repetidamente ao Messias. Assim o versículo 1 é referido ao Messias em Abod. Zarah; na Midrash sobre o Salmo 92,11, e em Pirquê de R. Eliezer 28 A. Em Yalkut II, 620, p. 90a, indica-se que aqueles que se enfrentam com Deus e seu Messias são "semelhantes a um ladrão que se acha desafiante atrás do palácio de um rei, e diz que se achar o filho do rei, lançará mão dele e o crucificará e o matará com uma morte cruel. Mas o Espírito Santo zomba dele". O versículo 4 é aplicado messianicamente no Talmude (Abod. Z) e o 6 é referido ao Messias no Midrash (1Sm 16,1), relacionando-o além disso com o canto do servo (Is 53). Quanto ao v. 7 é citado no Talmude junto com outras referências messiânicas em Suk 52a. O Midrash sobre essa passagem torna-se de uma importância extraordinária, já que nele mesmo se associam com a pessoa do Messias os textos do Êx 4,22 (que evidentemente se referem em sua redação original ao povo de Israel), de Is 52,13 e 42,1 correspondentes aos cantos do servo; o Sl 110,1 e uma citação relacionada com "o *Filho do homem que vem com as nuvens do céu". Inclusive se menciona o fato de que Deus realizará uma *Nova Aliança. Quanto ao versículo 8 aplica-se em Ber. R 44 e no Midrash ao Messias. Em Suk 52a menciona-se ainda a morte do Messias, filho de José. Dos exemplos anteriores desprende-se que o Messias sim é denominado "Filho de Deus" em algumas correntes interpretativas judaicas e que, além disso, sua figura foi conectada inclusive em algum caso com a do *Servo de Yahveh e o Filho do homem, algo realmente notável se tivermos em conta a forma pela qual a controvérsia anticristã afetou certos textos judaicos.

Todos esses aspectos aparecem unidos igualmente nos ensinamentos de Jesus, que contemplou a si mesmo como Messias, Filho do homem e Servo de Yahveh, designando-se também como Filho de Deus. Mas, além disso, Jesus adotou esse último título de uma transcendência apenas começada com anterioridade a sua pregação. No documento Q – uma passagem reproduzida por Mateus 11,25-27 e Lucas 10,21-22 – Jesus qualifica a Deus como Pai e mostra seu relacionamento com ele diferente do de qualquer outro ser. Não deveria por isso se estranhar que Mateus, o evangelho judaico por antonomásia, conceda a esse título uma proeminência indiscutível entre os sinópticos (16,16) e pretenda através dele demostrar a autoconsciência de Jesus, que se afirma "filho do Pai". De fato, como já evidenciou Jeremias, J., a maneira com que Jesus se dirige ao Pai como "Abba" não tem paralelos no judaísmo anterior ou contemporâneo de Jesus.

No Evangelho de João, esse título tem um valor muito considerável, a ponto de ser considerado o título preferido pelo quarto evangelista para se referir a Jesus, um título que não se limita apenas a ter conotações messiânicas, mas que indica igualdade com Deus (Jo 5,17-18; 10,30ss. etc.). Resumindo, pois, podemos dizer que esse título, ao lado de suas conotações messiânicas, acha-se embutido nos ensinamentos de Jesus com conotações de divindade que se retrocedem, embora em parte, à especial relação que Jesus manifestava ter com Deus como Abba. Essa ênfase concreta é a que se conservou nas diversas teologias cristãs posteriores que, em boa hora, centraram a cristologia na explicação do dogma da *Trindade.

Bibl.: JEREMIAS, J., *Abba...*; IDEM, *Teologia do Novo Testamento I...*; ELDON LADD, G., *Theology...*; FULLER, R. H., *O. c.*; TOYNBEE, A., (ed.), *O. c.*; VIDAL MANZANARES, C., *El judeo-cristianismo...*; IDEM, *El Primer Evangelio...*, IDEM, *Diccionario de las tres...*; BRUCE, F. F., *New Testament...*; HENGEL, M., *El Hijo...*

FILHO DO HOMEM

É difícil que se possa encontrar hoje em dia um título relacionado com a pessoa de *Jesus que tenha provocado maior controvérsia quanto a seu significado exato como o do Filho do Homem. A expressão tem sido interpretada de diversas maneiras: 1) Perífrase do "eu" (M. Black, G. Vermes): certamente esse significado podia ocasionalmente ter essa expressão no séc. II d.C., mas não há base alguma para pensar que esse fora seu conteúdo um século antes; 2) Homem ou ser humano (H. Lietzmann, J. Wellhausen): efetivamente "filho do homem" pode significar ocasionalmente somente homem, mas nem isso exclui um possível conteúdo a parte (P. Fiebig) nem esgota o significado que a expressão tem nos lábios de Jesus; 3) Messias: com esse significado aparece a expressão em 4 Esdras (6,35; 13,3; 45,3 etc.) e em Henoc etíope (45,3; 46,4; 55,4; 61,8; 62,2; 69,27 etc.) derivado de Daniel 7,13, no qual aparece a expressão pela primeira vez como título no Antigo Testamento; 4) Servo de Isaías: o Henoc etíope conecta a figura do filho do homem com o Servo de Isaías (48,4 com Isaías 42,6 e 49,6; 39,6 e 40,5 com Isaías 42,1; 38,2 e 53,6 com Isaías 53,11 etc.). O mesmo acontece em 4 Esdras, em que o filho do homem é chamado por Deus "meu servo" (13,32-37; 14,9 etc.).

A interpretação que Jesus deu ao título encaixa precisamente com a que vemos exposta em Henoc etíope e em 4 Esdras. Jesus viu a si mesmo como o Filho do homem que era, por isso mesmo, o Messias servo e que, portanto, morreria em *expiação pelos *pecados (Mc 10,45 com Is 52,13-53,12), mas que um dia regressaria triunfante para concluir sua obra (Mc 14,62 com Dn 7,13). Sua visão radicava-se assim com uma interpretação genuinamente judaica do termo, apesar de que a literatura rabínica posterior tentasse esquecer esse aspecto a fim de não ceder a argumentos apologéticos procedentes dos cristãos.

Bibl: Cullmann, O. *Cristology...*; Vidal Manzanares, C., *El judeo-cristianismo...*; Idem, *El Primer Evangelio...*; Idem, *Diccionario de las tres...*; Morris, L. *The Cross...*; Vermes, G., *Jesús, el judío*, Barcelona 1977; Flusser, D., *O. c.*; Toynbee, A., *O. c.*; Bruce, F. F., *New Testament History,* Nova York 1980; Díez-Macho, A., "Hijo del hombre y el uso de la tercera persona en lugar de la primera en arameo!" em *Scripta Theologica*, 14, 1982, p. 159-202.

FILIOQUE
*Espírito Santo.

FILIPE
1. Membro de um dos Doze Apóstolos. *2.* Herodes Filipe I (ou Filipo). Seu nome real era Boeto. Filho de *Herodes, o Grande, e de Mariana II. Marido de Herodias. Afastado no ano 5 a.C. da sucessão real, dirigiu-se a Roma, sem sua esposa, para residir ali como um particular (Mt 14,3; Mc 6,17). *3.* Herodes Filipe II (ou Filipo). Filho de *Herodes, o Grande, e de Cleópatra. Tetrarca de Ituréia e Traconítide, assim como da região do lago de Genesaré (Lc 3,1), de 4 a.C. a 34 d.C. Contraiu matrimônio com Salomé, a filha de Herodias, já em idade avançada.

FILIPE DE SIDO
Nascido em Sido, Panfília, foi ordenado diácono em Constantinopla por João Crisóstomo. Ordenado sacerdote, nos anos 426, 428 e 431 esteve a ponto de ser eleito patriarca. Compôs muitas obras, e entre elas uma refutação dos escritos de Juliano, o Apóstata, que não chegou até nossos dias (HE VII, 27). Entre os anos 434 e 439 publicou uma *História cristã* em 26 livros que ia desde a Criação até o ano 426. A obra não chegou até nós, exceto em pequenos fragmentos, o que é lamentável, se levarmos em conta que, presumivelmente, continha muitas informações ausentes em Eusébio de Cesaréia.

FILIPE, EVANGELHO DE
*Evangelhos apócrifos.

FILIPE NÉRI (1515-1595)
Filho de um notário florentino e educado por *dominicanos, em 1533 dirigiu-se a Roma para servir a Deus. Embora inicialmente se dedicasse a

estudar filosofia e teologia, em 1535 entregou-se às obras de caridade e à oração. Em 1544 teve uma experiência mística e quatro anos depois fundou a Confraria da Santíssima Trindade para o cuidado dos enfermos e peregrinos. Em 1551 foi ordenado e começou a viver na comunidade sacerdotal de São Jerônimo, da qual surgiu a Congregação do Oratório, aprovada em 1575 por *Gregório XIII. Em 1593 sua intervenção impediu um sério conflito entre a França e a Santa Sé. Em 1622 foi canonizado por *Gregório XV.

FILIPE, O PRESBÍTERO

Comentarista latino do qual praticamente não chegou nada até nós, embora saibamos que foi discípulo de Jerônimo. Escreveu um comentário sobre o livro de Jó e algumas cartas.

FILIPISTAS

Seguidores de Felipe Melanchthon.

FILOCALIA

1. Obra de espiritualidade redigida por Basílio Magno e Gregório Nazianzeno por ocasião da visita que ele fez a Basílio em 358. *2.* Obra de Macário de Corinto (1731-1805) e Nicodemos, o Hagiorita, (1749-1809), na qual se reúne uma recopilação de textos que vão desde Antão e Evágrio até Simeão de Tessalônica (1410-1429).

FILON (20 A.C. A 50 D.C.)

Pensador e exegeta judeu. Seu esforço em compatibilizar a filosofia grega com a fé judaica e sua utilização de um método alegórico da interpretação da *Bíblia estenderam sua influência em alguns Padres como *Orígenes, *Clemente de Alexandria e *Ambrósio. Apesar de tudo, hoje existe um critério quase universal no sentido de que essa influência foi muito menor do que se pensava.

FILOSTÓRGIO

Nascido por volta do ano 368 em Boriso, aos vinte anos mudou-se para Constantinopla, onde passou a maior parte de sua vida. Foi um encarniçado seguidor de Eunômio. Escreveu uma *História eclesiástica* em 12 livros que cobre o período dos anos 300 a 425 e que, na realidade, era um esforço para defender histórica e teologicamente o arianismo. A obra não chegou até nós, mas sim um resumo seu formado por fragmentos. Conhecemos também o título de outras duas obras suas: *A Refutação de Porfírio* e o *Encômio de Eunômio.*

FIM DOS TEMPOS

*Escatologia.

FINLÂNDIA, CRISTIANISMO NA

A entrada do cristianismo na Finlândia deve ser datada no séc. XII pelo esforço dos missionários procedentes da *Suécia e da *Rússia. Durante o séc. XV, um finlandês, Olaus Magno, foi por duas vezes reitor de Sorbonne. Em 1523, o luteranismo foi introduzido na Finlândia por Peter Särkilax e logo o país adotou essa fé (com sucessão episcopal até 1884), embora Carelia continuasse sendo russo-ortodoxa. Em 1809, a Finlândia viu-se submetida ao domínio russo, o que se traduziu numa expansão da Igreja ortodoxa finlandesa. Através dos Decretos de 1869 e 1889, foi autorizado o catolicismo, embora seus fiéis constituíssem uma minoria quase insignificante. A independência finlandesa em 1917 em nada alterou o panorama religioso. A maioria da população é luterana (desde 1934 com certo grau de comunhão com a Igreja da Inglaterra), mas há outras denominações protestantes em rápido crescimento. Muito reduzido é o número de ortodoxos, o de católicos é praticamente testemunhal.

FIRMICO MATERNO, JÚLIO

Nasceu na ilha da Sicília numa família de status senatorial. Convertido ao cristianismo já em idade madura, manifestou-se como feroz inimigo do paganismo e para erradicá-lo solicitou o apoio imperial. Escreveu antes de sua conversão um manual de astrologia (*Mathesis*) e depois um tratado *Sobre o erro das religiões profanas*.

FIRMILIANO

Bispo de Cesaréia da Capadócia († 268). De seus escritos somente chegou até nós uma carta dirigida a Cipriano de Cartago, na qual se discute a questão do batismo dos hereges. Nela apóia sua tese e critica com dureza o Papa Estêvão.

FISHER, JOÃO (1469-1535)

Bispo de Rochester e humanista inglês. Amigo de *Erasmo de Rotterdam, defendeu as doutrinas da presença real e do sacrifício eucarístico. Começou a se afastar de *Henrique VIII no começo do primeiro divórcio do rei. Ao negar-se a aceitar a supremacia do rei sobre a Igreja inglesa, foi preso, condenado à morte e decapitado. Suas obras foram muito influentes durante o Concílio de Trento. Foi canonizado em 1935 por Pio XI.

FLAVÍNIO DINÂMIO

Colocado geralmente como nascido em fins do séc. IV e início do séc. V, sabemos que era de Bordeus e ensinou em sua cidade natal até que uma grave acusação forçou-o a migrar para a Espanha, onde morreu. Chegou até nós uma *Alocução a um discípulo*.

FLORENÇA, CONCÍLIO DE (1438-1445)

O concílio ecumênico católico 16º ou 17º, conforme se aceite como ecumênico o de Basiléia (1431). Esse concílio foi celebrado sucessivamente em Ferrara (1438-1439), Florença (1439-1443) e Roma (1443-1445). Sua finalidade era a união com as Igrejas greco-ortodoxas que enfrentavam a ameaça turca. As questões teológicas que deviam ser debatidas centravam-se na dupla procedência do *Espírito Santo (o tema mais espinhoso), no uso do pão sem fermento na *Eucaristia, na doutrina do *Purgatório e na primazia papal. No dia 5 de julho de 1439 firmou-se o decreto da união *Laetentur Coeli* com a única exceção do bispo Marcos de Éfeso. Nesse mesmo ano estabeleceu-se a união com os armênios, em 1442 com os coptos do Egito e em 1444 com os sírios, os caldeus e os maronitas de Chipre. Finalmente todos esses resultados evaporaram-se. A queda de Constantinopla em 1453 significou o final da união com as Igrejas ortodoxas e o mesmo sucedeu com os armênios em 1475. Não aparecem os processos tão claros – mas sim a conclusão – relativos às outras Igrejas.

FÓCIO (810-895 APROX.)

Patriarca de Constantinopla. Em 858 foi nomeado patriarca de Constantinopla depois da deposição de Inácio pelo imperador Miguel III. Em 862 o Papa *Nicolau I enviou uma carta a Fócio indicando que Inácio continuava sendo o patriarca, e que

Fócio com os clérigos por ele nomeados estavam depostos. A conduta papal provocou uma forte reação em Bizâncio, embora Fócio guardasse silêncio, o imperador enviou uma carta ao papa em termos bastante duros. Em 865, o papa manifestou-se disposto a reabrir o caso uma vez que estava em questão se a Bulgária iria depender de Roma ou de Constantinopla. No ano de 867, Fócio denunciou a presença de missionários latinos na Bulgária e condenou a posição do papa como inovadora no que se referia à doutrina do *Espírito Santo. Além disso, um concílio celebrado em Constantinopla declarou o papa anátema e o excomungou. Nesse mesmo ano, o imperador Miguel foi assassinado e teve como sucessor a Basílio. Essa mudança política provocou a restauração de Inácio em seu cargo e que uma sentença de anátema contra Fócio de 869 fosse confirmada por um concílio realizado em Constantinopla (869-870). A suposta harmonia acabou quando Inácio consagrou um bispo para a Bulgária e foi ameaçado de excomunhão pelo papa. Em um novo concílio, celebrado em Constantinopla, os legados papais aceitaram Fócio e anularam a decisão conciliar de 869-870. Aparentemente havia-se chegado a uma reconciliação, mas a subida ao trono do imperador Leão VI levou consigo a deposição de Fócio (886). Ele morreu num convento em fins do séc. IX. Embora certamente sua vida tenha sido um dos motivos de tanta disputa entre Roma e Constantinopla, Fócio converteu-se nos séculos seguintes num símbolo da ortodoxia, uma vez que havia sido o primeiro a acusar o papa de inovar aquilo que se referia à doutrina do Espírito Santo.

FORMOSO (6 DE OUTUBRO DE 891 A 4 DE ABRIL DE 896)
Papa. Procurou uma solução de compromisso com o problema apresentado pelo patriarca *Fócio. Depois de sua morte, o Papa *Estêvão VI ordenou que fosse desenterrado seu cadáver, procedeu o julgamento e depois o jogou no rio Tibre.

FOX, GEORGE (1624-1691)
Um dos fundadores dos *quakers. Em 1643, abandonou sua casa e passou os anos seguintes viajando em busca da verdade espiritual. Em 1646, escutou uma voz que o enviava a Cristo como remédio para suas angústias. A partir do ano seguinte começou a pregar o Evangelho da conversão e da ruptura com a religião estabelecida. Desde 1649 foi agredido e confinado em prisão repetidas ocasiões, mas semelhantes situações não somente não o detiveram mas o impulsionaram a pregar com maior insistência. Por volta do ano de 1650, seus seguidores formavam já um grupo estável que crescia com extraordinária rapidez apesar de sua rígida moral que, baseada no Sermão da Montanha, os impedia de jurar, tomar parte no exército etc. Em 1669 Fox começou suas viagens missionárias ao estrangeiro (Irlanda, 1669; América, 1671-1672; Holanda, 1677 e 1684). De personalidade profundamente carismática – foram-lhe atribuídas muitas visões, profecias e curas –, seu *Diário* publicado postumamente em 1694 continua sendo um dos clássicos da literatura cristã de todos os tempos.

FRAÇÃO DO PÃO
*Eucaristia.

FRADES BRANCOS
*Cistercienses.

FRADES NEGROS
*Beneditinos.

FRAGMENTO MURATORIANO
Atribuído a Hipólito de Roma (J. B. Lightfoot, T. H. Robinson, T. Zahn, N. Bonwetsch, M. J. Lagrange) e datável da metade do séc. II, contém a lista mais antiga dos escritos canônicos do Novo Testamento. Descoberto e publicado por L. A. Muratori em 1740, de um manuscrito do séc. VIII da Biblioteca Ambrosiana de Milão, foram encontrados outros fragmentos do mesmo texto em códices dos séculos XI e XII de Monte Cassino. A lista enumera os quatro evangelhos canônicos, o livro dos Atos, treze epístolas do apóstolo Paulo, as epístolas de João (somente duas mas sem precisar mais), a de Judas, o Apocalipse de João e o Apocalipse de Pedro. Não estão incluídas a Carta aos Hebreus, nem a de Tiago nem as duas de Pedro. Consideram-se heréticas as epístolas apócrifas aos laodicenses e aos alexandrinos atribuídas a Paulo. Mencionam as dúvidas sobre o Apocalipse de Pedro que não é aceito por todos. Cita-se o livro da Sabedoria. Recomenda-se a leitura do Pastor de Hermas (embora rejeite sua inspiração por não ser de autor apostólico) e, finalmente, rejeitam-se obras heréticas como as de Valentim, Milcíades, Basílides e Marcião.

FRANÇA, CRISTIANISMO NA
Não sabemos nada sobre a chegada do cristianismo nas Gálias, mas sim parece demostrado que em fins do séc. II já havia uma comunidade cristã em Lyon cuja origem pode ser da Ásia Menor. O sínodo de Arles de 314 indica, por outro lado, a importância da Gália no panorama eclesial da época. Desse mesmo séc. IV são alguns dos personagens mais importantes da história do cristianismo na França: Martinho de Tours, Hilário de Poitiers, Paulino de Nola... Invadida pelos visigodos, a Gália viu-se submetida sob o influxo do arianismo até a conversão rei franco Clodoveo em 496.

Durante o séc. VIII, a necessidade do papado de contar com um poder político amigo ganhou a dinastia carolíngia, primeiro a realeza e depois a reconstrução do Império Romano no Ocidente. De fato, Carlos Magno foi coroado pelo papa em 800. No ano de 987, a mudança da dinastia na França em favor dos Capetos foi também legitimada pelo papa. Começou assim uma era na qual o peso do papado nos assuntos do Estado alcançou níveis antes impensáveis. Mas também da França surgiram papas (*Urbano II, *Calisto II), ordens religiosas (Cluny), teólogos (Anselmo, Abelardo, Bernardo de Claraval) e inclusive uma arte religiosa como o gótico.

Esse período terminou durante o reinado de Filipe, o Formoso (1285-1314), quando o monarca francês pretendeu controlar o poder papal, algo que ficou manifesto de maneira especial com a mudança da corte papal para Avinhão, a que se chamou de *"cativeiro da Babilônia" da Igreja. O primeiro período da Guerra dos Cem Anos fez terminar essa época, mas a vitória final francesa ligada à pessoa de *Joana d'Arc teve como conseqüência o nascimento de um nacionalismo de signo providencialista e católico.

Durante a Reforma, a França pôde inclinar-se para o protestantismo (Calvino era francês), mas a habilidade papal que concedeu ao rei francês a nomeação de todos os benefícios na França e, finalmente, a conversão de Henrique IV ao catolicismo em 1598 evitaram a possibilidade. A tolerância régia para com os protestantes (huguenotes) desapareceu sob o reinado de Luís XIV, e assim ficou consagrado o triunfo da Contra-reforma na França. Ele somente se viu ofuscado pela aparição do *jansenismo e do *galicanismo.

A vitória católica teve como efeito – como em outros países – uma decadência intelectual, cujas conseqüências foi a ausência de talentos que pudessem opor-se com brilho à influência da Ilustração do séc. XVIII. Por outra parte, em 1787 devolveu-se a liberdade de culto a uma minoria protestante já de pouca importância.

Embora a Revolução Francesa não pretendesse em sua primeira etapa lutar contra a Igreja católica, sua política desamortizadora e sua intenção de limitar o peso político do catolicismo provocaram uma clara colisão que explica, por exemplo, o caráter católico da sublevação anti-republicana da Vandéia. Finalmente, a concordata de 1801 com Napoleão Bonaparte virtualmente devolveu todo seu poder espiritual à Igreja católica, embora não o temporal.

A reação diante das revoluções experimentadas pela França no séc. XIX causou entre outras conseqüências o aparecimento do *ultramontanismo, que obteve um enorme triunfo no concílio Vaticano I (1870). Paralelamente produziram-se fenômenos de religiosidade popular como os vinculados à Lourdes ou ao Cura d'Ars. Esse extremismo religioso foi respondido pelo Estado mediante o Decreto de Educação religiosa de 1882, que secularizava a educação primária e restringia o ensino religioso na segunda fase. Além disso, nos primeiros anos do séc. XX houve a expulsão de várias ordens religiosas da França; finalmente em 1905 teve lugar a separação total entre a Igreja e o Estado. Essa situação de rancor dissolveu-se durante a Primeira Guerra Mundial, quando o clero francês apoiou claramente o esforço bélico. Nessa mesma época brilhou com luz própria o protestante francês Albert Schweitzer. No período entre guerras o pensamento católico foi muito diversificado, indo do neotomismo ao fascismo católico (*La Action française*, de Charles Maurras, condenada pelo papa), passando por um discurso de moderação.

Depois da Segunda Guerra Mundial, o catolicismo francês foi especialmente permeável a correntes como o operariado, a preocupação social e o ecumenismo. O peso dos pensadores católicos franceses, especialmente dominicanos, foi considerável no Concílio Vaticano II. Diferentemente de outros países historicamente católicos, o número de católicos na França, inclusive, sociologicamente ficou reduzido como conseqüência do processo de secularização. Apesar disso o confronto entre catolicismo e sociedade civil pode-se considerar uma questão passada. Além disso a França conta com consideráveis minorias protestante (em expansão) e muçulmana, e diversas comunidades judaicas.

FRANCISCO DE ASSIS (1181-1226)

Filho de um rico comerciante de tecidos de Assis, ajudou inicialmente seu pai nos negócios. Em 1202, numa luta entre Perúgia e Assis caiu prisioneiro e esteve no cativeiro durante alguns meses. Em seu regresso a Assis, iniciou um período de busca espiritual caracterizado pela oração e o cuidado pelos pobres. Por ocasião de uma peregrinação a

Roma, sentiu compaixão dos mendigos que pediam esmola diante da Igreja de São Pedro e trocou suas roupas pelas de um deles. Aquela experiência pareceu tê-lo marcado consideravelmente e, em seu regresso a Assis, começou a viver como um mendigo (o que causou contrariedade a seu pai), ajudando os leprosos e reconstruindo uma igreja. Em 1208, enquanto rezava na igreja da Porciúncula, recordou o trecho de Mateus 10,7-19, de deixar tudo para seguir a Jesus, e decidiu cumpri-lo. Em pouco tempo reuniu um grupo de seguidores decididos a viver ao pé da letra algumas passagens dos Evangelhos, e em 1209-1210 semelhante forma de vida foi aprovada pelo Papa *Inocêncio III. Em 1212 essa forma de vida foi também adotada por *Clara de Assis. Em 1219 realizou uma viagem missionária pela Europa oriental e Egito. Para tristeza sua afirmaria, em seu decorrer, que os cruzados se encontravam mais distante do espírito do Evangelho que os muçulmanos. A ausência de Francisco foi aproveitada por alguns membros da ordem para alterar seu funcionamento. Em seu regresso, Francisco não procurou recuperar o controle de seus seguidores, mas se retirou dos encargos administrativos, buscando um isolamento progressivo até sua morte. No dia 16 de julho de 1228 foi canonizado por *Gregório IX. A popularidade de Francisco de Assis não desapareceu com o passar dos séculos e, curiosamente, o interesse por ela em tempos modernos deve muito ao trabalho do P. Sabatier, um pastor calvinista, que se dedicou à investigação dos primitivos documentos da ordem.

FRANCISCO DE BORJA
(1510-1572)

Vice-rei da Catalunha e duque de Gândia, a morte de sua esposa Leonor de Castro provocou nele uma crise religiosa que o levou a se converter em *jesuíta em 1546, e a ser ordenado sacerdote em 1551. Amigo de *Inácio de Loyola e *Teresa d'Ávila. Fundou muitas escolas e colégios (entre eles o Colégio de Roma). Geral dos jesuítas na Espanha, Portugal e nas Índias, desde 1565 foi Geral da Companhia de Jesus. Canonizado em 1671.

FRANCISCO DE SALES
(1567-1622)

Bispo de Genebra e um dos máximos expoentes da *Contra-reforma. Em 1593 começou uma missão para converter ao catolicismo os calvinistas de Chablais. Em 1603 conheceu Joana de Chantal, tornando-se seu diretor espiritual. Canonizado em 1665, foi declarado Doutor da Igreja em 1877 e patrono da boa imprensa católica em 1923.

FRANCISCO DE VITÓRIA
*Vitória, Francisco de.

FRANCISCO XAVIER
(1506-1552)

De família aristocrática espanhola, em 1534 fez votos de seguir a Cristo na pobreza e castidade, e de evangelizar os pagãos junto com *Inácio de Loyola e outras cinco pessoas. Em 1537, os sete foram ordenados. Em 1542 chegou a Goa e em 1549 ao Japão, onde fundou uma igreja. Em 1552 faleceu enquanto se dirigia à China numa viagem missionária. A figura de Francisco Xavier tem sido objeto de profundas controvérsias. Embora os *jesuítas atribuam-lhe 700.000 conversões, é certo que solicitou a ajuda da Inquisição, aprovou a perseguição aos *nestorianos, valeu-se do governo de Goa para conseguir conversões e mostrou um profundo desprezo pelas crenças orientais. Contudo, seu papel na expansão do catolicismo no Extremo Oriente foi absolutamente crucial e base da evolução posterior. Foi canonizado em 1622.

FRANCK, SEBASTIAN (1499-1542 APROX.)
Humanista alemão. Sacerdote. Em 1525, aproximadamente, converteu-se ao *luteranismo. O fato de defender a liberdade de pensamento e uma forma de cristianismo não dogmático ocasionou-lhe perseguições de católicos e protestantes. Passou seus últimos anos em Basiléia.

FRANCO-MAÇONARIA
Sociedade esotérica e secreta com caráter de iniciação. Embora pretenda remontar suas origens à construção do Templo de Salomão, os "Collegia de Numa", o simbolismo pitagórico e os Templários, o certo é que não há associações de pedreiros (pedreiro em francês = *masón*) até o séc. XIII, aparecendo o primeiro documento a respeito em 1272. Contudo, essas associações não parecem ter ido além da área trabalhista e, por isso, não há sinais de que possuíssem uma ciência esotérica e milenar. Por isso, propriamente deve-se datar a origem da maçonaria no séc. XVIII (embora haja precedentes na Royal Society fundada em 1662), dotada de um conteúdo oculista indiscutível, não poucas vezes fruto de charlatanice de aproveitadores, p. ex: Cagliostro. Em 1717 surge a Grande Loja de Londres, quando Anderson redigiu em 1721 as constituições da maçonaria inglesa. Em 1725 aparecem as primeiras lojas stuardistas ou jacobinas. Por essa época são iniciados na maçonaria Pedro I da Rússia e Montesquieu, e as lojas passam para as Índias britânicas, para as Antilhas e colônias da América do Norte. Em 1732 nasce a Grande Loja da França. Em 1737 surge o rito escocês de Ramsay, que entra em conflito com a Grande Loja de Londres. No ano seguinte é iniciado aquele que seria Frederico II da Prússia. Nesse mesmo ano de 1738, alarmado pelo crescimento de um movimento em que se combinam o esoterismo ocultista com muitas críticas abertas contra a Igreja católica, o Papa Clemente XII promulga a Bula *In eminenti apostolatus specula* em virtude da qual se excomunga os maçons. No dia 15 de junho de 1751 o Papa Bento XIV renova numa Bula a excomunhão contra a maçonaria ditada por seu predecessor. Tem sido questão repetida de maneira contínua que o papa buscava somente eliminar o suposto impulso progressista da maçonaria mediante a proclamação da Bula. Na realidade, o papa indicava a impossibilidade de manter a comunhão com a Igreja católica quem por sua vez pertencesse a uma sociedade secreta, que se gabava de ostentar vínculos espirituais com o paganismo e com movimentos heréticos. Era o fato dessa dupla "militância" espiritual o que não era aceitável para um católico. Precisamente considerações praticamente idênticas provocaram que numerosas Igrejas protestantes hajam proscrito a maçonaria, não podendo nenhum de seus membros pertencer a ela. Apesar dessa posição oficial católica e da maioria do protestantismo, não se pode negar que muitos maçons foram e são membros dessas confissões. Assim maçons protestantes foram Harry Truman ou Benjamin Franklin, e entre os católicos podemos citar Mozart e o general Cabanellas. Além disso,

é justo assinalar que o trabalho de governo dos maçons afastou-se muito na prática de ser progressista, embora seja certo que se caracterizou por seu anticlericalismo.

A década dos anos quarenta do séc. XVIII presenciará um aumento espetacular da maçonaria (loja da Perfeita Amizade, Estrita Observância Templária, Templo dos Eleitos Cohen etc.). Em 1771 surge a primeira tentativa de unir todas as lojas que, para então, já contam com um poder político considerável na sombra, sob o impulso de Luís Filipe, grão-mestre do Grande Oriente. A tentativa fracassa, embora fruto indireto dela é a criação em 1773 da Ordem Real da Franco-maçonaria, que toma o nome de Grande Oriente da França.

Em 1782, celebra-se a reunião de Wilhelmsbad cuja finalidade é, uma vez mais, unificar as lojas. No curso desta, de Maistre, antigo maçon, declara que as ciências esotéricas são uma farsa e nega a origem templária dos maçons. Finalmente pede a seus companheiros que voltem, como ele, ao seio do cristianismo. A maçonaria entrou já numa linha política contrária ao Antigo Regime. Em 1785 estala o escândalo do colar da rainha, presumivelmente urdido pelos maçons para desacreditar a monarquia borbônica. No ano seguinte, Mirabeau, um dos personagens centrais da Revolução Francesa, é iniciado na maçonaria.

Com o início da Revolução Francesa surge uma crise das diferentes lojas, embora o papel dos maçons será determinante em bom número de governos liberais e burgueses do séc. XIX. Não nos esqueçamos de que muitos dos Pais das pátrias norte-americanas e latino-americanas foram maçons (B. Franklyn, G. Washignton, Simon Bolivar, José Bonifácio de Andrade e Silva, Dom Pedro I etc.). Napoleão Bonaparte desconfiará deles e conseguirá que seu irmão José, que depois será o rei intruso para os espanhóis, passe a ser Grão-Mestre do Grande Oriente.

O juramento de fidelidade entre os maçons tem ocasionado que, em repetidas ocasiões, os membros das diferentes lojas tenham se defendido mutuamente acima de qualquer consideração ética. Um exemplo disso foi o escândalo financeiro francês conhecido como affaire Stavisky e, mais recentemente, os manejos pouco claros da Loja P-2.

João Paulo II, como bom número de pontífices, renovou a condenação católica da franco-maçonaria, fosse qual fosse sua obediência, regular ou não, ao assinar a declaração sobre esse tema da Congregação para a Doutrina da Fé de 26 de novembro de 1983.

As principais escolas do pensamento maçônico esotérico são as dos seguidores de Martines de Pascally (eleitos Cohen), fundada em 1761; a da Estrita Observância Templária, fundada por K. von Hund em 1756; a do Sistema dos Cavaleiros Benfeitores da Cidade Santa, constituído em 1778 por J. B. Willermoz; a de Joseph de Maistre, que se retrataria de seu passado franco-maçon e pediria a seus correligionários para voltarem ao seio da Igreja; a de Z. Werner fundada em 1803 e 1804; a de O. Wirth, ocultista falecido em 1941; a de R. Guénon e a de R. Amadou.

Não deixa de ser inquietante o fato de que alguns dos mais preclaros ideólogos maçons não somente hajam sido ocultistas, mas abertamente satanistas, como é o caso de Albert Pike, autor de *Morals and dogma*, um dos textos clássicos atuais da maçonaria.

Em termos gerais, deve-se afirmar que a estrutura ideológica da maçonaria não é secular – como se indica racionalmente – mas de caráter gnóstico-ocultista e, por isso, incompatível com o cristianismo.

FRIEDRICH, JOHANNES (1836-1917)

Historiador eclesiástico. Em 1869, assistiu ao Concílio do Vaticano I na qualidade de secretário do arcebispo de Éfeso (em partes). No concílio uniu-se a Döllinger e outros na resistência a aceitar o dogma da infalibilidade papal, afirmando que ele era indefensável historicamente. Abandonou Roma antes que se concluísse o Concílio Vaticano I, e ao negar-se a aceitar o dogma da infalibilidade pontifícia, nele definido, foi excomungado. O governo bávaro ofereceu-lhe sua proteção, e em 1872 tornou-se catedrático de história da Igreja em Munique.

FRITH, JOHN (1503-1533)

Mártir protestante. Em 1532 um livro seu sobre os sacramentos (de conteúdo não destinado à publicação) caiu em mãos de *Tomás Morus, o que lhe ocasionou a condenação à morte por negar o *purgatório e a *transubstanciação. Foi queimado na fogueira no dia 4 de julho de 1533.

FRY, ELIZABETH (1780-1845)

Reformadora social pertencente ao movimento dos *quakers. Em 1811 tornou-se ministra deles e logo adquiriu fama por suas pregações. A partir de 1813 dedicou-se a melhorar as condições das mulheres confinadas nas prisões. Quatro anos depois começou uma campanha destinada a reformar a situação nos cárceres, cujas metas eram a separação de sexos nas prisões, a classificação dos delinqüentes, a supervisão feminina das mulheres e a educação secular e religiosa dos reclusos. Em 1818 declarou perante um comitê da Câmara dos Comuns sobre a situação das prisões. De certo modo o sistema penitenciário moderno surge de seus esforços, de profunda inspiração cristã de Elisabeth Fry, já que, após conseguir a aprovação de suas recomendações na Grã-Bretanha, viajou pela Europa propagando as mesmas reformas.

FUNDAMENTALISMO

Em sentido amplo (e interessadamente pejorativo), insistência na defesa de valores tradicionalistas da fé própria. A maneira em que se utiliza o termo já implica uma carga negativa que pretende criar prejuízos na pessoa que recebe a informação. Num sentido mais estrito, o termo refere-se a um movimento protestante de cunho teologicamente conservador oposto à teologia liberal, e surgido na segunda década do séc. XX na Grã-Bretanha e *Estados Unidos. Inicialmente o grupo, com o pano de fundo do Terceiro Grande Avivamento, somente pretendia acentuar o valor de certas doutrinas do cristianismo como a Concepção Virginal de Cristo, a Redenção de Cristo, a Ressurreição, a Segunda Vinda de Cristo e a Inerrância das Escrituras. Não obstante, embora posteriormente alguns de seus setores progressivamente foram transformando-se em movimentos de caráter conservador no caráter político, econômico e social, inicialmente o movimento apresentava aspectos muito positivos por seu respeito e amor às Escrituras.

GABRIEL

Palavra cujo significado pode ser "Deus mostrou-se forte". Anjo de elevada categoria enviado a Daniel para interpretar-lhe uma visão (Dn 8,16-27) e explicar-lhe a profecia das setenta e sete semanas (Dn 9,21-27). Há referências suas também no escrito apócrifo ou pseudo-epigráfico de 3 Henoc (1,267). Os Evangelhos relacionam-no com os anúncios do nascimento de *João Batista (Lc 1,11-22) e de Jesus (Lc 1,26-38).

Bibl.: CHARLESWORTH, J. H., *The Old Testament Pseudepigrapha*, 2 vols., Nova York 1983; Díez-Macho, A., *O. c.*; VIDAL MANZANARES, C., *El judeo-cristianismo...*

GALÉRIO († 311)

Imperador romano. Inimigo dos cristãos chegou a persuadir *Diocleciano para decretar diversas normas que desencadearam a perseguição contra esses (303). Quando Diocleciano abdicou, sucedeu-o (305). O temor de uma aliança entre *Constantino e Maxêncio levou-o a promulgar em 311 o Edito de Tolerância. Morreu pouco depois de uma terrível enfermidade.

GALICANISMO

Posição teológica que advogava uma independência, mais ou menos total, da Igreja católica francesa com referência ao papa. Surgida durante o Grande Cisma, em 1516 uma concordata da França com a Santa Sé reconheceu o direito do monarca de nomear bispos e outros altos cargos eclesiásticos. Essa independência chegou até ao extremo de que as decisões do *Concílio de Trento não foram recebidas na França senão por decisão régia. Em 1682, o clero francês aprovou os Quatro Artigos galicanos que, embora abolidos onze anos depois, se converteram num autêntico paradigma do galicanismo. Os artigos orgânicos acrescentados por Napoleão à Concordata de 1801 tinham também uma orientação galicana. Somente o esforço de autores como J. *de Maistre, dos *jesuítas e do *ultramontanismo, depois da Restauração, dificultou extraordinariamente o crescimento do galicanismo e, finalmente, a declaração da infalibilidade papal do Concílio Vaticano I (1871) tornou o galicanismo incompatível com o fato de ser católico.

GALILEU GALILEI (1564-1642)

Astrônomo e matemático italiano. Sua *Storia e dimostrazioni intorno alle macchie solari* (1613), favorável às teses de Copérnico, provocou um conflito com o Santo Ofício que ainda defendia as teses de Ptolomeu. Em 1616, as teses copernicanas foram condenadas e foi proibido a Galileu mantê-las, ensiná-las ou defendê-las. Em 1632, Galileu publicou seu *Dialogo dei due massimi sistemi del mondo*, contra a astronomia de Ptolomeu. No ano seguinte, a Inquisição prendeu-o, obrigou-o a se retratar debaixo de tormentos e o condenou à prisão como "fortemente suspeito de heresia". Depois de alguns meses foi posto em liberdade e foi-lhe permitido regressar à Florença, onde faleceu. Seu caso foi revisto e encerrado com sua absolvição por *João Paulo II.

GAUDÊNCIO DE BRÉSCIA

Sabemos pouco a respeito da existência de Gaudêncio. No ano de 390 foi designado como bispo de Bréscia. No ano de 405 solicitou de Arcádio uma revisão da condenação de João Crisóstomo, mas somente conseguiu ser encarcerado e ser mandado de volta para sua sede num navio que esteve a ponto de naufragar. Chegaram até nós dez homilias pascais suas, às quais a crítica moderna acrescentou outras seis.

GEENA

Literalmente, "vale de Hinnon", lugar de Jerusalém onde se praticavam na Antigüidade sacrifícios humanos – especialmente de crianças – por ocasião do culto dedicado ao deus Moloc (2Rs 23,10). Durante o judaísmo do *Segundo Templo, começou a ser utilizado esse termo para denominar o *inferno ou o lugar onde os condenados sofrem depois da morte um castigo consciente por seus pecados (Mish. Avot 1,5; 5,22-23; Er. 19a). Esse é o significado que encontramos nos Evangelhos que descrevem a Geena como lugar de tormentos eternos e conscientes, utilizando expressões tão descritivas como as do "fogo eterno" (Mt 18,8), "verme que não morre e fogo que não se extingue" (Mc 9,47-48) etc. (Outras passagens semelhantes em Mt 3,12; 5,29-30; 8,12; 13,42; 24,51; Mc 9,43; Lc 16,21-24 etc.)

BIBL: GRAU, J., *Escatología*; VIDAL MANZANARES, C., *El judeo-cristianismo...*; IDEM, *El Primer Evangelio...*; IDEM, *Las sectas...*; BONNARD, P., *O. c.*; GOURGUES, M., *El más allá en el Nuevo Testamento*, Estella.

GELÁSIO I (492-496)

Papa. Nasceu em Roma de origem africana. Ao subir ao trono papal encontrou-se com os bárbaros, de confissão ariana, que controlavam o Ocidente. A isso unia-se o cisma com o Oriente causado pela imposição ali de Henoticon e que se agravou por causa da excomunhão – pronunciada já por Félix III – contra o patriarca Acácio de Constantinopla. Gelásio conseguiu estabelecer bons relacionamentos com o rei Teodorico, apesar de seu arianismo, mas foi mais intransigente que Félix em relação à excomunhão de Acácio, que era julgada no Oriente como contrária aos cânones. Primeiro bispo romano a utilizar o título de "Vigário de Cristo" – no sínodo romano de 495 –, viu-se obrigado finalmente a dar alguns passos em favor da reconciliação com o Oriente devido às pressões imperiais exercidas sobre ele. Autor prolífico, deixou mais de uma centena de cartas – muitas em formas fragmentárias – assim como meia dúzia de tratados. Discute-se se o *Decreto Gelasiano*, no qual está contido o cânon da Escritura, e o *Sacramental Gelasiano* estão relacionados com ele. Defensor acérrimo da supremacia romana, manifestou seu desagrado diante da concessão da hierarquia de Constantinopla no Concílio de Calcedônia (451) como diocese somente segunda depois de Roma. Embora tenha sido qualificado durante por autores como J. D. N. Kelly (de "arrogante, estreito de mente e áspero"), o testemunho de seus contemporâneos ocidentais são-lhe muito favoráveis.

GELÁSIO II (24 de janeiro de 1118 a 29 de janeiro de 1119)

Papa. Sucessor de *Pascoal II. Ao ser eleito, foi atacado e confinado na prisão por Cencio Frangipani, chefe de uma família patrícia que detestava Pascoal. Somente depois de uma intervenção em seu favor do prefeito da cidade foi posto em liberdade. O imperador Henrique V era contrário a ele e em seu lugar conseguiu que se elegesse como papa a *Gregório VIII. O papa respondeu com a excomunhão contra o imperador e contra o antipapa. Exilado para a França, o papa morreu em Cluny.

GELÁSIO DE CESARÉIA

Segundo sucessor de Eusébio como bispo de Cesaréia e sobrinho de Cirilo de Jerusalém. Sagrado bispo de Cesaréia em 367 foi deposto durante o reinado de Valente, mas voltou em 379. Escreveu uma *História Eclesiástica*, uma *Exposição do Símbolo* e um tratado *Contra os anomeus*.

GEMMA GALGANI (1873-1903)

Nascida de pais humildes, sua fraca saúde impediu-a de professar como freira passionista. Contudo, privadamente fez os três votos e além disso um de perfeição. Entre 1899 e 1901, afirmou ter tido experiências de êxtases místicos aos quais se acrescentaram as aparições de chagas semelhantes aos estigmas e às marcas da flagelação. Nessa época, Gemma confessou estar convencida de estar possessa de demônios em alguns momentos. Canonizada em 1940.

GENÁDIO DE CONSTANTINOPLA

Patriarca de Constantinopla (458-471), morreu em 471 e teve como sucessor Acácio. Somente nos chegou completa sua *Epístola Encíclica*, mas foi autor também de diversos comentários bíblicos, homilias e alguns escritos dogmáticos.

GEÓRGIA, CRISTIANISMO NA

As origens do cristianismo na Geórgia remontam ao séc. IV, quando a pregação de uma escrava cristã chamada Nina conseguiu a conversão da casa real da Ibéria. A Geórgia manteve-se dentro da fé da *Calcedônia, exceto num breve período no séc. VI. A Igreja da Geórgia converteu-se em autocéfala no séc. VIII, mas em 1811 foi absorvida pela Igreja russa. Desde 1917, voltou a ser autocéfala, permanecendo assim até na atualidade.

GERSON, JEAN LE CHARLIER DE (1363-1429)

Teólogo francês, apelidado o "doutor cristianissimus". Lutou por uma reforma na Igreja realizada pela oração e pelo sacrifício, e pelo final do *Grande Cisma. Apesar de tudo, continuou apoiando os papas de *Avinhão e de maneira especial a *Bento XIII. Defendeu a superioridade do concílio sobre o papa, assim como o *galicanismo. Seus escritos tiveram uma enorme influência em *Nicolau de Cusa, *Inácio de Loyola, *Francisco de Sales e *Lutero no começo.

GNOSE

Literalmente "conhecimento". Movimento espiritual pré-cristão fruto do sincretismo de elementos iranianos com outros mesopotâmicos e da tradição esotérica judaica. Com o nascimento do cristianismo, penetrará em seu seio configurando-se como uma série de seitas (valentinianos, docetistas etc.) que embora diferentes entre si, contudo, contam com muitos elementos comuns: negação da Encarnação, morte e ressurreição de Jesus; consideração pejorativa da Criação (atribuída geralmente a um deus perverso); negação do cânon completo das Escrituras unida à aceitação de um cânon gnóstico delas, rejeição da ética, da sacramentalogia e da eclesiologia cristãs em favor da prática de uma série de ritos mágicos e da experiência da gnose. O caráter profundamente anticristão e seus ensinamentos tem sido manifestado por alguns historiadores, p. ex. C. Vidal Manzanares, *Los evangelios gnósticos*, Edições Martínez-Roca, Barcelona 1991. Embora estes grupos tenham desaparecido em sua totalidade, o mais tardar no século V d.C., tem-se insistido por parte de grupos esotéricos na manutenção histórica e secreta destes como veículo de transmissão de um saber milenário. Em termos gerais, deve-se dizer que poucos grupos apresentam pontos de contato ideológico real com o pensamento gnóstico. Nos dois últimos séculos foram feitas repetidas tentativas para recuperar a herança gnóstica. Esse é o caso da Igreja gnóstica de Doinel, fundada em 1888, ou de grupos ainda menos sólidos e já muito sincretizados com outras manifestações esotéricas como a Gnose de CARF, a Igreja gnóstica cristã universal ou a Igreja patriarcal gnóstica. Alguns dos elementos gnósticos foram retomados pelo movimento da Nova Era.

GNOSTICISMO

A definição do gnosticismo continua sendo até hoje um cavalo de batalha entre os estudiosos. Não é de se estranhar por isso que o Congresso de Mesina sobre o gnosticismo ou o I Seminário de Trabalho sobre o gnosticismo e cristianismo primitivo de Springfield (1983) não chegaram a uma definição universal. C. Vidal Manzanares propôs as seguintes características do pensamento gnóstico: *1*. O mundo material é considerado um lugar inadequado para o ser humano; *2*. A exclusão da idéia do pecado num sentido judeu-cristão; *3*. A gnose – ou conhecimento oculto e presumivelmente antigo – como única saída do estado atual; *4*. A substituição da moral pela realização de ritos mágicos e o rebanhamento de adeptos; e *5*. A sensação de fazer parte de uma elite sentida pelo adepto. Esses aspectos fundamentavam a gnose, por mais que se encobrisse com um verniz cristão a se defrontar com o cristianismo, já que negavam a Encarnação divina (a matéria é má), a morte de Cristo na cruz (grosseira materialização para os gnósticos, cuja salvação se produzia em virtude da gnose e não do sacrifício de Cristo no Calvário), sua ressurreição (era insuportável a idéia de que a alma tomasse de novo um corpo no qual se via como numa prisão insuportável), seu chamado universal (a gnose o restringia somente para alguns iniciados) e sua ética. Tema ainda mais discutível é o da origem da gnose. J. Doresse afirma ser ela de origem grega; B. A. Pearson assinala uma origem judia pelo menos para algumas obras gnósticas e Reitzenstein inclina-se por uma origem iraniana. Finalmente C. Vidal Manzanares aponta para uma origem mesopotâmica, embora reconheça as influências iranianas assim como uma penetração do gnosticismo no judaísmo num estágio inclusive pré-cristão. Como já indicamos, o abismo entre gnose e cristianismo era demasiado profundo para se poder chegar a uma síntese de ambos os pensamentos. Não obstante, os gnósticos captaram o atrativo potencial da figura de Jesus e tentaram capitalizá-la como estandarte de suas teses. Não é de se estranhar que o choque surgisse de imediato. O Novo Testamento apresenta marcas da luta entre o cristianismo e a gnose nos escritos paulinos (1Coríntios, Efésios, Colossenses, 1Timóteo, Tito) e joaninos (a 1João é, com toda certeza, um intento de prover de uma chave ortodoxa de interpretação do Evangelho de João oposta à dos gnósticos). Esse grande combate contra a gnose não terminaria depois da morte dos apóstolos. Personagens como Basílides, Isidoro de Sevilha, Valentim, Ptolomeo, Heracleon, Florino, Bardesano, Harmônio, Teodoto, Marco ou Carpócrates foram difusores de uma tentativa de penetração do cristianismo por diversas teses gnósticas, que se tivessem tido êxito teria significado o caos para o próprio cristianismo. Reações como as de Irineu ou Tertuliano manifestam o estado de preocupação com o que o cristianismo viveu essa luta. Não obstante, pode-se dizer que ela começou a se mostrar favorável ao cristianismo já no séc. III e concluiu no séc. IV com a promulgação de uma série de normas imperiais – como as contidas no 1. XVI do *Codex Theodosianus* – contrárias aos hereges. Paradoxalmente essa política de força iria motivar a preservação de uma biblioteca gnóstica de importância incomparável até aquela data. No ano de 367, Atanásio de Alexandria ordenou numa carta, a 39ª, a eliminação de uma série de obras heréticas. Teodoro, abade de Tabinnisi, recebeu a carta mas optou – ou assim o fizeram alguns de seus monges – por não queimar as obras, mas enterrá-las. Em 1945, três árabes descobriram perto de Nag Hammadi essas obras. Embora alguns dos escritos tenham desaparecido por negligência dos familiares dos descobridores, o certo é que, em seu conjunto, constituem – talvez com a exceção dos achados do Mar Morto – a descoberta documentária mais grandiosa do séc. XX. E permitiram penetrar no pensamento de uma força espiritual que manteve um combate intenso com o cristianismo por mais de três séculos.

Ocasionalmente, falou-se de uma possível influência gnóstica na concepção cristã do salvador que desce do céu. Pelo teor das fontes que nos são conhecidas, essa suposição é impossível, e, em todo caso, poder-se-ia ser dada a suposição inversa, já que, de fato, o gnosticismo não conhece a idéia de um salvador que desce, até o séc. II d.C., e quando então faz referência a ele, trata-se já de um gnosticismo que se apropriava de algumas categorias cristãs.

Bibl.: Vidal Manzanares, C., *Los evangelios gnósticos*, Barcelona 1991; Idem, *Diccionario de Patrística*, Estella 1992; Idem, *En los orígenes...*

GODOFREDO DE BOUILLON (1060-1100 aprox.)

Um dos nobres franceses que dirigiram a Primeira *Cruzada. Em 1099 convenceu Raimundo de Tolosa de avançar sobre Jerusalém, cidade que tomou e da qual se tornou governador na qualidade de "Protetor do Santo Sepulcro".

GRAHAM, BILLY (1918-)

William Franklyn Graham, evangélico americano. Após experimentar uma conversão aos 16 anos, começou a pregar, entrando em 1943 entre os batistas do Sul e tendo um papel destacado no movimento da juventude para

Cristo. Em 1949 começou o primeiro de seus grandes giros evangélicos nos Estados Unidos. Desde então tem desenvolvido um ministério centrado na pregação pelo rádio, televisão, satélite e campanhas de multidões.

GRANDE AVIVAMENTO
*Estados Unidos, Cristianismo nos.

GRANDE CISMA
O cisma mais importante – e prolongado – sofrido pela cristandade ocidental. Iniciado, depois do Cativeiro babilônico da *Igreja, com a morte de Gregório XI em 1378, em virtude da qual chegou a haver dois papas (ocasionalmente quatro) reclamando por sua vez a legitimidade pontifícia. O Cisma foi solucionado finalmente pela intervenção direta do imperador alemão e a convocação de um concílio. O episódio deteriorou enormemente o prestígio do papado e contribuiria para reforçar as teses conciliaristas que afirmavam a supremacia do concílio sobre o papa. *Gregório XI, *Urbano VI, *Clemente VII, *Bonifácio IX, *Bento XIII, *Inocêncio VII, *Gregório XII, *Alexandre V, *João XXIII (antipapa), *Martinho V, *Clemente VIII (antipapa), *Bento XIV (antipapa), *Eugênio IV, *Félix V (antipapa), *Nicolau V.

GRANDE COMISSÃO
Mandato de Jesus ressuscitado apresentado por Mt 28,19-20; Mc 16,15-18; Lc 24,43-49 e At 1,6-8. Conforme esse mandato, os *discípulos de Jesus devem pregar o *Evangelho de *salvação a *Israel e aos gentios, ensinar tudo o que foi ensinado por Jesus e *batizar os que tiverem acreditado na mensagem. Serão salvos aqueles que crerem e se batizarem; e se condenarão os que não adotarem essa atitude. No fim de Marcos faz-se referência também a um conjunto de carismas milagrosos que acompanharão a pregação do Evangelho.

GRANDE MANDAMENTO
Termo para designar o mandamento do amor mútuo que deve caracterizar os discípulos de Jesus (Jo 13,35).

GRANDE SANHEDRIN
*Sanhedrin.

GRÉCIA, CRISTIANISMO NA
Foi *Paulo de Tarso o introdutor do cristianismo na Grécia no séc. I. A partir do séc. IV, começou uma cisão sociológica entre o baixo clero apoiado pelas camadas populares, por um lado, e pelo imperador e os patriarcas, de outro. Assim durante a controvérsia *iconoclasta o povo e o clero apoiaram o culto das imagens contra os imperadores. A partir de 1204, a invasão franca obrigou a Igreja grega a obedecer a Roma, mas se manteve, apesar de tudo, profundamente independente em suas convicções. Quando em 1503 os turcos invadiram a Grécia, os hierarcas eclesiásticos receberam uma especial consideração, tornando-se praticamente funcionários do invasor. Em 1821, a causa da independência grega foi apoiada pelo arcebispo Germanos de Patras. Atualmente a Igreja grega está sendo governada pelo Sínodo da Hierarquia. Embora o clero seja pago pelo Estado, desde 1974 foi-se realizando um afastamento entre ele e a Igreja. Embora a esmagadora maioria dos gregos seja greco-ortodoxa sociologicamente, há uma pequena minoria católica em sua maior parte de rito latino e alguns protestantes.

GREGÓRIO I (3 de setembro de 590 a 12 de março de 604)

Papa. Descendente de uma família romana, da qual também vieram os papas Félix III e *Agapito I. Combateu o *donatismo na África (onde não conseguiu impor sua autoridade), estreitou os laços com a Espanha (que tampouco aceitou sua supremacia), e pretendeu submeter as Igrejas orientais sob sua jurisdição. A impossibilidade de conseguir isso o levou a saudar com entusiasmo o assassinato do imperador Maurício e sua substituição pelo tirano Focas (602).

GREGÓRIO II (19 de maio de 715 a 11 de fevereiro de 731)

Papa. Soube aproveitar a diminuição do poder bizantino na Itália para conseguir que o rei lombardo Luitprando lhe entregasse vastos territórios nos Alpes. Também se opôs às tendências iconoclastas do imperador Leão.

GREGÓRIO III (18 de março de 731 a 28 de novembro de 741)

Papa. De origem síria, opôs-se às medidas iconoclastas do imperador Leão e decretou a excomunhão de todos aqueles que as apoiassem. A resposta imperial foi apoderar-se dos patrimônios papais na Calábria e Sicília e transferi-los para o patriarcado de Constantinopla. A inimizade com Bizâncio e o perigo lombardo levaram Gregório a enviar emissários a Carlos Martel, iniciando assim a política de alianças entre os francos e a sede romana, que tantas conseqüências produziria nas décadas seguintes.

GREGÓRIO IV (fins de 827 a 25 de janeiro de 844)

Papa. Vinha de uma família da aristocracia romana. Seu apoio a Lotário nas disputas sucessórias dos francos provocou a cólera dos bispos francos, que o acusaram de violar os compromissos prévios e ameaçaram excomungá-lo. Tampouco teve mais êxito em conter a ameaça muçulmana sobre o sul da Itália.

GREGÓRIO V (3 de maio de 996 a 18 de fevereiro de 999)

Eleito papa conforme os desejos do imperador Otão III (996-1002). Em agradecimento Gregório coroou Otão em Roma, declarando-o protetor da Igreja. Apesar de tudo, o papa não conseguiu que Otão lhe fizesse entrega da Pentápolis.

GREGÓRIO VI (1º de maio de 1045 a 20 de dezembro de 1046)

Papa. Foi deposto pelo imperador Henrique III e pelo sínodo de Sutri que o acusaram de simonia. Condenado, o papa foi levado pelo imperador à Colônia onde morreu.

GREGÓRIO VII (22 de abril de 1073 a 25 de maio de 1085)

Papa. Hildebrando era da Toscana e vinha de uma família pobre. Partidário da reforma da Igreja, declarou seu propósito de combater a simonia e a corrupção do clero. Em 1075 proibiu as investiduras leigas, considerando-as um indesejável símbolo de submissão da Igreja ao poder temporal. Embora a medida chocasse com as resistências régias na França, Inglaterra e Alemanha, somente nesse último país houve uma oposição frontal às medidas papais. O imperador Henrique IV convocou os sínodos de Worms e Piacenza (1076) que depuseram o papa. A resposta papal foi excomungar o imperador e desligar os súditos do juramento de fidelidade. A situação desesperada em que se viu levou o imperador a se submeter ao papa em Canossa (1077). Em 1080, Gregório VII apoiou Rodolfo da Suábia contra Henrique IV, que respondeu conseguindo que Wiberto fosse eleito papa e marchasse contra Roma. Gregório VII chamou para ajudá-lo o normando Roberto Guiscardo, o que provocou uma revolta popular contra o papa que o obrigou a fugir para o Monte Cassino e depois para Salerno, onde veio a falecer.

GREGÓRIO VIII (21 DE OUTUBRO A 17 DE DEZEMBRO 1187)
Papa. Eleito com o desejo de que praticasse uma política de distensão para com o imperador alemão, efetivamente tentou levá-la a cabo. Durante seu pontificado houve o desastre dos cruzados em Hattin, o que levou o papa a pregar uma nova *cruzada.

GREGÓRIO IX (19 DE MARÇO DE 1227 A 22 DE AGOSTO DE 1241)
Papa. Pregou a cruzada e mostrou um especial afeto pelos franciscanos aos quais protegeu. Ao longo de seu pontificado manteve uma atitude ambivalente em relação ao imperador Frederico II, tentando atraí-lo e também o excomungou em várias ocasiões. Morreu quando Roma foi sitiada pelo imperador.

GREGÓRIO X (1º DE SETEMBRO DE 1271 A 10 DE JANEIRO DE 1276)
Papa. Sua eleição, apesar de não ser nem cardeal nem sacerdote, aconteceu principalmente pelo fato de que a sede papal estava vacante há três anos. Fracassou em sua tentativa de conseguir a união com as Igrejas orientais e também em convocar uma nova *cruzada. Durante seu pontificado foi introduzido, em virtude da constituição *Ubi periculum* (1274), o conclave para a eleição papal.

GREGÓRIO XI (30 DE DEZEMBRO DE 1370 A 27 DE MARÇO DE 1378)
O último papa francês. Decidido a pacificar os estados pontifícios, excomungou a cidade de Florença e em 1377 voltou a Roma. Condenou os ensinamentos de João Wycliffe. Sua morte, depois da qual surgiu o *Grande Cisma, levou-o a regressar a Avinhão.

GREGÓRIO XII (30 DE NOVEMBRO DE 1406 A 4 DE JULHO DE 1415)
*Bento XIII, *Grande Cisma.

GREGÓRIO XIII (14 DE MAIO DE 1572 A 10 DE ABRIL 1585)
Papa. Havia participado em *Trento como um dos juristas do papa. Não conseguiu ganhar a Suécia para a Contra-reforma nem obter a liberdade religiosa para os católicos ingleses, mas estendeu a aceitação dos cânones de Trento e deu apoio para diversas ordens de força à Contra-reforma, como os *jesuítas, o *Oratório ou os carmelitas descalços.

GREGÓRIO XIV (5 DE DEZEMBRO DE 1590 A 16 DE OUTUBRO DE 1591)
Papa. Sem experiência política, confiou os assuntos diplomáticos a seu sobrinho, o cardeal Paulo Emílio Sfondrati (o que provocou um profundo ressentimento contra ambos), e apoiou as pretensões espanholas contra as da França, renovando a excomunhão de *Henrique IV. Essa política teve como conseqüência que o monarca francês acelerasse sua conversão ao catolicismo.

GREGÓRIO XV (9 de fevereiro de 1621 a 8 de julho de 1623)
Papa. Preocupado pelas críticas relativas à eleição papal, dispôs que ela deveria ter lugar depois da clausura do conclave e que a votação deveria ser por escrito e secreta. Também fundou a Sagrada Congregação para a propagação da fé como instituição central encarregada não somente da obra missionária, mas do esforço contra-reformador. Suas manobras políticas levaram à recatolicização da Boêmia, e a que o monarca francês ditasse normas antiprotestantes. Pressionou também Filipe III da Espanha para que rompesse a trégua dos doze anos, concluída com os calvinistas holandeses, e aproveitou a crise da Valtellina entre Espanha e França para ocupar com tropas papais o território. Durante seu pontificado foram canonizados *Teresa d'Ávila, *Inácio de Loyola, *Filipe Néri e *Francisco Xavier.

GREGÓRIO XVI (2 de fevereiro de 1831 a 1º de junho de 1846)
Papa. Teve de enfrentar sérias revoltas nos territórios pontifícios, cujos habitantes desejavam emancipar-se do governo pontifício e tornar-se república federal (1831). A ajuda austríaca (1832) permitiu esmagar a revolta, mas com a morte do papa o problema não podia considerar-se resolvido. Condenou o liberalismo. Apaixonado pelas artes, fundou os museus etrusco e egípcio do Vaticano assim como o museu cristão.

GREGÓRIO DE ELVIRA
Nascido presumivelmente nos inícios do séc. IV ou fins do séc. III, foi bispo de Elvira na Bética. Resistiu ao arianismo, o que leva a pensar que não assistiu ao Sínodo de Rimini. Entre os anos 380 e 385 foi mentor dos luciferianos. As descobertas realizadas por A. C. de Vega permitiram ver em Gregório o autor espanhol mais importante antes ainda de Isidoro de Sevilha. Seu interesse fundamental foi a exegese e dele chegaram até nós os *Tratados sobre os livros das santas escrituras*, um *Tratado sobre a Arca de Noé*, alguns *Tratados sobre o Cântico dos Cânticos* etc.

GREGÓRIO DE NISSA
Nasceu em torno do ano 335 na família de Basílio Magno. Depois de exercer por algum tempo o ofício de professor de retórica, optou pela vida monástica, retirando-se para um mosteiro do Ponto. Em 371 foi sagrado bispo de Nissa. Fracassou em seu cargo, se formos crer em Basílio, por causa de sua pouca firmeza no trato com o povo e de sua pouca habilidade para a política. E se isso ainda fora pouco, sua incapacidade administrativa viu-se complicada pelas acusações de malversação lançadas contra ele pelos hereges. Em 376 foi deposto enquanto se encontrava ausente. Dois anos depois regressou à diocese e no ano de 379 assistiu ao Sínodo de Antioquia. Em 380 foi eleito bispo de Sebaste, função que só desempenhou uns meses. Em 381 participou do Concílio de Constantinopla. Morreu em 385. A maioria das obras de Gregório de Nissa está dirigida contra os hereges (Eunômio, Apolinário, Ablábio, os macedonianos, os astrólogos etc.), mas também redigiu obras exegéticas, homiléticas e ascéticas, assim como discursos, sermões e cartas. Cristologicamente, Gregório diferencia com clareza as duas naturezas de Cristo, embora admita a comunicação de idiomas. Mariologicamente, Gregório

emprega o título de "Theotókos" para referir-se a Maria e por sua vez afirma sua virgindade também durante o parto. Escatologicamente, demonstra a marca originista em sua afirmação de que as penas do inferno não são eternas mas temporais, com uma finalidade corretiva. Crê também na restauração universal de tudo no fim dos tempos. De não menor importância é a contribuição de Gregório para a literatura mística.

GREGÓRIO NAZIANZENO

Membro de uma família abastada e nobre, nasceu no ano 330 em Arianzo. Freqüentou a escola retórica de Cesaréia da Capadócia e visitou as de Cesaréia da Palestina e Alexandria do Egito. Depois de uma breve passagem por Atenas, regressou a sua terra em 357, recebendo então o batismo. Um ano depois ajudou Basílio na compilação da *Filocália*. Em 362 foi ordenado sacerdote. Sagrado bispo de Sásima, nunca chegou a tomar posse dessa sede e não muito depois retirou-se para Selêucia, para dedicar-se à contemplação. Em 379 a minoria nicena – realmente reduzida – de Constantinopla rogou-lhe que os ajudasse a restaurar a Igreja. Naquela ocasião então todos os edifícios estavam em mãos dos arianos, mas em 380 a entrada de Teodósio na cidade provocou a devolução dos edifícios aos ortodoxos. Depois de renunciar à sede de Constantinopla, Gregório aceitou o cargo provisionalmente da diocese de Nazianzo. Retirado em sua propriedade familiar em Arianzo, faleceu em 390. Chegaram até nós 45 discursos, um conjunto de poemas e algumas cartas. Gregório destacou-se por sua defesa do dogma da Trindade. Chama Deus ao Espírito Santo e elaborou uma cristologia aprovada em Éfeso (431) e Calcedônia (451). Mariologicamente adiantou-se a Éfeso na utilização do termo "Theotókos" referido a Maria. O dogma da maternidade divina de Maria – embora com enfoque ainda maioritariamente cristológico – é chave para definir a ortodoxia de uma pessoa. Concebeu a Eucaristia como sacrifício incruento relacionado aos sacrifícios de louvor e de sua própria vida oferecidos pelo crente.

GREGÓRIO PALAMAS
(1296-1359 APROX.)

Teólogo grego e principal representante do *Hesicasmo. Palamas defendeu uma visão antropológica na qual o homem é um todo formado por alma e corpo. A partir daí defendia os exercícios utilizados pelos hesicastas na oração e sustentava que se podia ver a luz divina com os olhos físicos. Embora em 1344 fosse excomungado como herege, os concílios de Constantinopla de 1347 e 1351 afirmaram sua ortodoxia.

GREGÓRIO TAUMATURGO

Nasceu em 213 em Neocesaréia do Ponto de uma família nobre. Estudou retórica e direito em sua cidade natal. Convidado por sua irmã em Cesaréia da Palestina, seguiu alguns cursos de Orígenes, nos quais abraçou com seu irmão o cristianismo. Alguns anos depois foi sagrado como primeiro bispo de Neocesaréia. Assistiu ao Concílio de Antioquia (265) e morreu durante o reinado de Aureliano (270-275). Gregório foi fundamentalmente um autor de obras práticas. Escreveu um *Panegírico de Orígenes*, um *Credo*, uma *Metáfrase do Eclesiastes* e um tratado *Sobre a passibilidade e impassibilidade de Deus*.

GROCIO, HUGO (1583-1645)

Teólogo e jurista holandês. Um dos criadores do direito internacional. Sua postura tolerante ocasionou-lhe uma condenação perpétua na Holanda em 1618. Fugindo da prisão foi recebido por Luís XIII da França, mas se recusou a converter-se ao catolicismo. Posteriormente foi embaixador da rainha Cristina da Suécia em Paris. Sua obra teológica principal é *De Veritate Religionis Christianae*, na qual sustenta que o essencial do Evangelho é a total confiança em Deus e na vida de acordo com os ensinamentos de Jesus. Esse enfoque, excepcional em sua época, converteu a obra num clássico para cristãos de diferentes confissões.

GUERRA

O Antigo Testamento relata numerosas guerras das quais Israel participou. Antes de entrar numa, devia-se consultar a Deus para conhecer sua vontade (Jz 20,23.27-28; 1Sm 14,37; 23,2; 1Rs 22,6), pedindo sua ajuda se a guerra fosse inevitável (1Sm 7,8-9; 13,12 etc.). Contudo, no Antigo Testamento vislumbra-se uma atitude para a guerra diferente da expressa por outros povos contemporâneos. Para começar, existiam regulamentadas diversas razões de exceção para o serviço das armas (Dt 20,2-9). Além disso, criticam-se as tentativas de instrumentalizar a Deus na guerra (1Sm 4) e desqualifica-se personagens do porte de Davi para construir um templo a Deus, precisamente por ter sido um homem dedicado à guerra (1Cr 22,8). O desaparecimento da atividade guerreira é uma das características da era messiânica (Is 2,1ss. e paralelos), cujo rei é descrito ocasionalmente a partir de uma óptica pacifista (Zc 9,9ss.) e de sofrimento (Is 52,13; 53,12).

O judaísmo do Segundo Templo mostrou uma pluralidade clara em relação à guerra. Os fariseus aliaram-se junto com representantes de uma linha pacifista a outros partidários dos levantes armados. Os *saduceus opunham-se à guerra – embora não ao uso da violência – porquanto temiam que ela pudesse modificar o status quo que lhes era favorável (Jo 11,45-57). Os *essênios abstinham-se da violência, mas esperavam uma era na qual se reduziriam as guerras de Deus contra seus inimigos. Os *zelotes – que não existiam na época de Jesus – manifestaram-se ardentes partidários da ação bélica contra Roma e contra os judeus, aos quais consideravam inimigos de sua cosmovisão. O ensinamento de Jesus nega legitimidade a toda forma de violência (Mt 5,21-26; 5,38-48 etc.), inclusive a empreendida em sua defesa (Jo 18,36), e rejeitou claramente o recurso à força (Mt 26,52ss.). Nesse sentido, as tentativas de certos autores em converter Jesus num revolucionário violento precisam fazer um esforço imaginativo, porque nem as fontes cristãs, nem as judias – que são claramente contrárias a ele e poderiam ter aproveitado essa circunstância para atacá-lo –, nem as clássicas contêm o mínimo indício que justifique essa tese. De fato, como assinalaram alguns autores judeus, ela é uma das características originais do pensamento de Jesus, a seu ver, claramente irrealizáveis.

Sobre essa base, não é de se estranhar que os primeiros cristãos optassem por uma posição de não-violência e de objeção de consciência generalizada, tanto mais quanto que partiam da base de que todos os governos humanos estavam controlados pelo Diabo (Lc 4,1-8; 1Jo 5,19 etc.). Essa atitude chegou historicamente até os inícios do séc. IV e aparece refletida não só no Novo Testamento (Rm 13,1-14 etc.) mas também nos primeiros escritos disciplinares eclesiásticos, nas atas dos mártires (muitos deles executados por alegarem objeções de consciência) e nos escritos patrísticos. A prática de um cristão na guerra não pode nunca apelar para o testemunho do Novo Testamento nem para a tradição cristã dos três primeiros séculos, mas para elaborações posteriores como a teoria da guerra justa elaborada por Agostinho de Hipona e outros.

Contudo, durante a Idade Média, proibiu-se rigorosamente aos clérigos com ordens maiores a participação em ações bélicas e, inclusive, tentou-se limitar essas a certos dias mediante instituições como a paz de Deus ou a trégua de Deus. Paralelamente, a guerra foi considerada lícita de acordo com certas causas reguladas e inclusive santas em ocasiões como as *cruzadas. Exceções a essa visão somente aconteceram em personagens isolados (*Francisco de Assis) ou em movimentos periféricos como os *valdenses ou os irmãos checos.

A Reforma do século XVI não modificou substancialmente o enfoque medieval, exceto no que se refere aos anabatistas e *menonitas. De fato, católicos e protestantes estiveram enredados em conflitos armados desde o início da Reforma até, ao menos, em 1648. Historicamente, somente três confissões cristãs mantiveram de maneira firme a decisão de que seus membros não combatam nem formem parte nas forças armadas: os *menonitas, os *quackers e os irmãos checos. Contudo, hoje há uma maior sensibilidade para com essa questão na prática da totalidade das confissões cristãs.

Bibl.: LASSERRE, W., *O. c.*; HORNUS, J. M., *It is not Lawful for me to Fight*, Scottdale 1980; VIDAL MANZANARES, C., *El judeo-cristianismo...*; IDEM, *El Primer Evangelio...*; IDEM, *Los esenios...*; IDEM, *Diccionario de las tres...*; KLAUSNER, J., *O. c.*; NUTTAL, G., *O. c.*; BEAUCHAMP, P. e VASSE, D., *La violencia en la Biblia*, Estella.

GUERRA DAS INVESTIDURAS
*Gregório VII.

GUETO
Rua ou conjunto de ruas nas quais se obrigava viver a população judia de uma cidade. Pode ser que o termo seja uma corrupção do italiano "borghetto" (burgo pequeno). Os primeiros guetos apareceram na Itália durante o séc. XI e em 1556 o Papa *Paulo I estabeleceu um em Roma que não foi abolido até 1870.

GUILHERME DE OCCAM
*Occam.

GUSTAVO ADOLFO II (1594-1632)
Rei da Suécia. Autêntico campeão da causa protestante, sua intervenção militar durante o período sueco da Guerra dos Trinta Anos ajudou a preservar a existência do protestantismo na Alemanha. Apesar de tudo, respeitou a liberdade religiosa dos católicos nos lugares por onde avançaram suas tropas. Foi considerado um dos maiores gênios militares de todos os tempos.

HARNACK, ADOLFO (1851-1930)

Teólogo e historiador eclesiástico alemão. Sem dúvida, o patrista mais importante de sua geração, especialmente para o período anterior a Nicéia. Contudo, suas contribuições mais importantes estiveram relacionadas à história dos dogmas. Embora tenha apontado claramente o influxo – a seu ver estranho e prejudicial – que o pensamento helenista teve na formação do dogma, teve contudo posições – por outro lado, magnificamente defendidas – sobre os livros do Novo Testamento que causaram a surpresa de seus colegas. Assim considerou, por exemplo, que tanto os Evangelhos como os Atos eram de redação muito primitiva (com toda certeza antes de 70), que os Atos haviam sido escritos por Lucas em vida ainda de Paulo e que a fonte Q era de considerável antiguidade. Em 1899-1900 pronunciou um ciclo de conferências nas quais enfatizou o lado ético do cristianismo e que foram publicadas em *Das Wesen des Christentums*, uma obra sua que constitui um autêntico clássico.

HEGEMÔNIO

Não temos dados sobre sua vida. É atribuída a ele a redação dos *Atos de Arquelau*, fonte de especial importância para o estudo do maniqueísmo, embora careça de valor histórico.

HEGESIPO

Nascido no Oriente e de família provavelmente judia. Convertido ao cristianismo, preocupado pela difusão do gnosticismo, visitou Roma durante o pontificado de Aniceto (154-165) e continuou aí até o de Eleutério (174-189). Aproveitou também essa visita para reunir informações sobre o ensinamento das Igrejas principais e de maneira destacada a de Roma. Seus escritos somente nos chegaram de maneira fragmentada, o que torna lamentável porque eles iriam referir-se muito especialmente à Igreja primitiva e, sobretudo, à Igreja judeu-cristã. Redigiu cinco livros de memórias especialmente dirigidas contra os gnósticos, mas nos quais também se referia à doutrina das Igrejas da época. Hegesipo teria transmitido – na forma em que nos foi conservada por Eusébio – um dos primeiros testemunhos não bíblicos a respeito de uma tradição apostólica transmitida às Igrejas. Também subscreveu a tese de uma sucessão episcopal na qual os bispos eram sucessores em linha direta dos apóstolos (não obstante C. H. Turner e E. Caspar tenham discutido, a nosso ver não com muito fundamento, que Hegesipo mantivera essa última tese). Mariologicamente, todavia, os dados fornecidos por Hegesipo vão contra o ensinamento católico sobre Maria, pois considerava Tiago "irmão de carne de Jesus", não parente nem primo, e assim mesmo dava os nomes de suas duas irmãs, de modo indicado em Mc 6,3 e Mt 13,55. **Judeu-cristianismo*.

HENRIQUE II
*Bento VIII.

HENRIQUE IV DA ALEMANHA
*Gregório VII.

HENRIQUE IV DA FRANÇA (1553-1610)
Educado como protestante, tornou-se rei de Navarra em 1572. Em 1593 converteu-se ao catolicismo para poder subir ao trono francês ("Paris vale bem uma missa", dizia), mas o papa não o absolveu do crime de heresia até dois anos depois. Em 1598, promulgou o Edito de Nantes, que outorgava a liberdade de religião aos protestantes franceses (*huguenotes*) em alguns lugares e lhes concedia certas praças como garantia. Foi assassinado por Ravailhac no dia 14 de maio de 1610.

HENRIQUE VIII DA INGLATERRA (1491-1547)
Rei desde 1509. Humanista, poliglota e músico, opôs-se à *Reforma desde seu começo e inclusive escreveu uma defesa dos sete sacramentos contra *Lutero (1521). Esse ato mereceu que o Papa *Leão X lhe concedesse o título de "Defensor da fé". A necessidade de assegurar a descendência régia masculina, num período que havia sido precedido por violentas guerras dinásticas, levou Henrique a tentar dissolver seu matrimônio com Catarina de Aragão, parente do imperador Carlos V. A base para semelhante decisão era que Catarina havia sido esposa de Artur, o irmão de Henrique, o que colidia com os preceitos do Levítico. A negativa papal, motivada em parte pelo desejo de não desagradar o imperador Carlos V e em parte pela existência de uma dispensa anterior para o matrimônio de Catarina e Henrique, levou o rei a repudiar a autoridade papal e a submeter a decisão a especialistas em teologia e cânones da Europa. De maneira nada surpreendente, em lugares não sujeitos à autoridade de Carlos V, os eruditos pronunciaram-se em favor das teses de Henrique VIII. No dia 23 de maio de 1533, *Cranmer declarou inválido o matrimônio e no dia 28 do mesmo mês foi declarado válido o de Henrique VIII com Ana Bolena. Apesar da situação de cisma, Henrique VIII continuou sem apoiar posições reformadas, embora iniciasse uma série de medidas contra o catolicismo, como a dissolução dos mosteiros (1536 e 1539) e a transferência de suas possessões para a coroa. Embora em 1536 desse a impressão de que Henrique adotaria certa tolerância frente aos reformados, em 1539 os Seis Artigos reafirmaram a doutrina católica sob a ameaça de diversas penas. Nos anos seguintes, de fato, os protestantes ingleses viram-se sujeitos à perseguição, sendo executados alguns como Ana Askew (1546). Longe de ser Henrique VIII – como se costuma afirmar muitas vezes – o promotor da Reforma inglesa, ela somente pôde começar na realidade depois da morte desse monarca.

HENRIQUE DE LAUSANA
(† DEPOIS DE 1145)
Monge medieval e pregador itinerante. Fustigou a corrupção do clero e negou a eficácia objetiva dos sacramentos, constituindo-se, em alguns aspectos, num predecessor dos valdenses.

HENRIQUIANOS
Seguidores de *Henrique de Lausana.

HERMAS
Pastor de Hermas.

HERODES
1. O Grande. Fundador da dinastia (73-74 a.C. aprox.). Desprezado pelos judeus por causa de sua origem não judia (era idumeu) e por suas práticas pagãs (permitiu que se rendesse culto nos territórios não judeus de seu reino), reestruturou o *Templo de Jerusalém. Mateus 2,1ss. coloca o nascimento de Jesus durante seu reinado (6-4 a.c. aprox.) e menciona a tentativa de Herodes de assassiná-lo, o que provocou a matança dos inocentes. Esse fato não aparece mencionado em outras fontes, mas se encaixa com o que sabemos do caráter do monarca. Depois de sua morte, a família de Jesus regressou do exílio no Egito (Mt 2,19-22).
2. Arquelau. Filho de Herodes, o Grande. Etnarca da Judéia (4 a.C. a 6 d.C.). Depois de ser deposto, a Judéia passou a depender diretamente da administração romana até o ano de 41 d.C.
3. Herodes Antipas. Filho de Herodes, o Grande. Tetrarca da Galiléia (4 a.C. a 39 d.C.). Mandou decapitar João Batista (Mt 14,1-12 e paralelos) e interveio no processo de *Jesus (Lc 23,6ss.).
4. Herodes Agripa I. Foi nomeado rei da Judéia pelo imperador Cláudio no ano 41 d.C. Hábil político, soube atrair o afeto da população judia (as fontes rabínicas costumam falar dele em termos elogiosos), embora tenha sido simpatizante do paganismo de seus súditos não judeus. Numa tentativa de conquistar certo setor da população, desencadeou uma perseguição contra os *judeu-cristãos de seu território. No decorrer dessa perseguição foi martirizado *Tiago (especula-se se não foi também martirizado seu irmão *João) e *Pedro foi encarcerado, salvando-se da execução ao fugir da prisão onde estava confinado (At 12,1ss.). Morreu repentinamente no ano 44 d.c.
5. Agripa II. Filho de Agripa I (17-100 d.C.). Governador da Galiléia e Peréia, diante dele compareceu Paulo no decorrer de um processo (At 25,13ss.).

Bibl.: VIDAL MANZANARES, C., *El judeocristianismo...*; SCHRER, O. c.; BRUCE, F. F., *Acts...*; IDEM, *New Testament*; JONES, A. H. M., *The Herods of Judaea*, Oxford 1938; PEROWNE, S., *The Life and Times of Herod the Great*, Londres 1957; IDEM, *The Later Herods*, Londres 1958; SCHALIT, A. *King Herodes*, Berlim 1969; SAULNIER, C. e ROLLAND, B., *Palestina en tiempos de Jesus*, Estella.

HESICASMO
Do grego *hesyjía*, quietude, tranqüilidade. Uma tradição de oração interior, própria das Igrejas ortodoxas, associada especialmente com os monges do monte Athos. Sua origem pode retroceder até *Gregório de Nissa e *Evágrio Pôntico. Os hesicastas dão uma importância particular à oração de Jesus, que deve ser repetida de maneira incessante, acompanhada do controle da respiração e de uma posição corporal concreta (cabeça inclinada, olhos fixos no coração). A finalidade buscada é unir assim mente e coração na oração e dessa maneira chegar a ver a luz divina mediante os olhos físicos, a mesma que se manifestou durante a Transfiguração de Jesus.

HESÍQUIO DE JERUSALÉM
Apenas temos alguns dados sobre sua existência, com exceção de que optou pelo estado monacal e que pelo ano 412 era sacerdote e pregador da

Igreja de Jerusalém. Morreu provavelmente no ano 450. Seguindo o método alexandrino da exegese alegórica, parece que compôs comentários praticamente a todos os livros da Bíblia, embora somente tenham chegado até nós fragmentos. Escreveu além disso *Glosas sobre cânticos bíblicos*, um conjunto de sermões, uma *História eclesiástica* e uma *Coleção de objeções e soluções*.

HICKS, ELIAS (1748-1830)

*Quacker americano. Defensor da causa da emancipação dos escravos negros, Hicks se mostrou, contudo, oposto aos ensinamentos bíblicos sobre a pessoa de Cristo e da *expiação. Como conseqüência disso, causou um cisma entre os seguidores de Hicks ou hicksitas e o resto dos quackers.

HICKSITAS

Seguidores de Elias Hicks.

HILÁRIO DE ARLES

Nasceu em 401. Parente e discípulo do bispo Honorato de Lérins, foi monge desde muito jovem. Honorato quis designá-lo como seu sucessor; Hilário, porém, recusou, mas finalmente aceitou a sede que governou por mais de duas décadas. Morreu em 449. Dele chegaram até nós uma *Epístola a Euquério de Lugdunum*, o sermão *Sobre a vida de Santo Honorato de Lérins*, e alguns versos conservados por Gregório de Tours.

HILÁRIO DE POITIERS

Deve ter nascido em inícios do séc. IV numa família pagã e converteu-se ao cristianismo em idade adulta. Ocupou a sede de Poitiers até 350. No ano de 356 assistiu ao Concílio de Béziers, sendo deposto e desterrado para a Frígia por causa de seu anti-arianismo. Foi aí que se familiarizou com a teologia de Orígenes e onde captou em toda a sua profundidade a complexidade teológica da heresia ariana. Interveio no Concílio de Selêucia (359) no grupo ortodoxo. Estando em Constantinopla ficou sabendo do Concílio de Rimini e pediu licença ao imperador para disputar em público com Saturnino de Arles, mas ao que parece não lhe foi permitido, embora, pouco depois, pôde regressar a sua pátria sem se ver obrigado a subscrever o símbolo filoariano. Alma do Concílio de Paris de 361, optou por uma posição conciliadora que eliminou a influência do arianismo. Deve ter falecido por volta do ano de 367. Boa parte dos escritos de Hilário chegou até nós. Entre eles, encontram-se obras dogmáticas (*Sobre a Trindade, Sobre os Sínodos*), históricas (os dois *Livros a Constâncio*, o *Livro contra Constâncio, Contra Auxêncio* etc.), exegéticas (*Comentário de Mateus, Comentário dos salmos* etc.) e hinos.

HILDEBRANDO

Gregório VII.

HILDEGARDA (1098-1179)

A "Sibila del Rhin". Abadessa beneditina de Rupertsberg, perto de Bingen. Afirmou ter visões que foram aprovadas por *Eugênio III por recomendação de *Bernardo de Claraval (1147). Suas 26 visões aparecem apresentadas em suas *Scivias* (talvez uma abreviatura de *sciens vias*). Apesar de sua influência sobre o imperador Frederico Barba-Roxa e diversos reis e prelados, os esforços encaminhados para conseguir sua canonização fracassaram durante os séc. XIII e XIV. No séc. XV foi incluída no martirológio romano como santa.

HIPÓLITO DE ROMA

De origem desconhecida, embora provavelmente não latina nem romana, afirmou ter sido discípulo de Irineu. Enfrentou o Papa Calisto, quando ele resolveu diminuir a disciplina dos penitentes culpados de pecado mortal e inclusive chegou a acusar o papa de herege sabelianista. Eleito papa por um grupo pequeno, mas influente, tornou-se o primeiro antipapa da história. De fato, continuou sendo-o sob os pontificados de Urbano (223-230) e de Ponciano (230-235). Quando finalmente Maximino, o Trácio, desterrou este último e Hipólito para a Sardenha, os dois renunciaram à sede romana, reconciliaram-se e Hipólito morreu mártir (235), ao que parece depois de ter voltado para o seio da Igreja romana. A Igreja católica canonizou-o.

De péssima sorte foram suas obras. Por um lado, muitas tiveram de ser destruídas em vista de sua fama de herege e cismático; por outro lado, as outras não se conservaram ao ir-se perdendo o saber grego no âmbito romano. E se isso fosse pouco, ainda hoje prossegue um grande debate sobre a autoria de alguns de seus escritos. Dentre eles destacam-se os *Filosofumena*, o *Sintagma*, um tratado *Sobre o Anticristo*, alguns tratados exegéticos, a *Crônica*, o *Cômputo pascal*, algumas homilias e, especialmente, a *Tradição apostólica* que, com a exceção da Didaqué, é a constituição eclesiástica mais antiga que possuímos. Cristologicamente, opôs-se tanto ao modalismo como ao patripasianismo, mas pendeu para o subordinacionismo. Eclesiasticamente, o bispo já é contemplado como um sacerdote, dotado de um poder de perdoar os pecados e no qual se manifesta a sucessão apostólica (TA, III). Contudo, sabemos do confronto com Calisto em relação à suavização de penas para os culpados de pecado mortal. A parte disso, Hipólito transmitiu-nos notícias sobre diversas ordens da época como os sacerdotes, os diáconos, os confessores, as viúvas, os leitores, as virgens, os subdiáconos e os que tinham o carisma de curas, o que assinala um papel importante do carismatismo ainda nessa época. Sacramentalmente, o batismo conhecido por Hipólito é por imersão e de adultos (embora faça algumas referências a crianças, mas parece ser que já de certa idade [XXI]), e isso faz com que seja muito minucioso na hora de apontar os ofícios incompatíveis com a recepção do batismo (dono de bordéis, militar, gladiador, guardião de ídolos, mago, astrólogo, adivinho etc.) e ao exigir que a instrução catecumenal durasse três anos. Não parece tampouco claro se Hipólito acreditava na presença real na Eucaristia, antes dá a impressão de que a contempla somente como comemoração (IV). Da mesma forma Hipólito informa-nos que continuava celebrando-se a refeição comunitária ou ágape entre os fiéis.

HIPÓSTASE

Do grego "hypóstasis", substância. No judaísmo anterior e contemporâneo a Jesus, existiram categorias de pensamento que indicavam a existência de hipóstase da divindade. Entre elas cabe destacar: *1.* O Anjo de Yahveh (Gn 16,7-13; 22,11-18; 32,24-30; Jz 13,17-22) que é, sem dúvida, o mesmo Yahveh. Como indicou em seu tempo G. Von Rad, o anjo de Yahveh é o "próprio Yahveh que se apresenta aos homens em forma humana", "idêntico com Yahveh", e "não se pode afirmar que o 'anjo' indica um ser subordinado àquele. Esse Malaj é Yahveh...", é o Yahveh de uma atividade salvífica especial". *2*. A Sabedoria que em Pr 8,22ss. aparece já esse personagem como filho amado de Deus, nascido antes que todas as criaturas e artífice da criação. Essa figura alcançaria no judaísmo posterior uma importância inegável, conservando as características já apontadas (Eclo 1,9ss.; 24,3ss.). Assim o livro da Sabedoria a descreve como "sopro da força de Deus", "efusão pura do fulgor do Todo-poderoso" e "imagem de sua bondade" (Sb 7,7-8,16). É "companheira de sua vida" (a de Deus) (Sb 8,33), "companheira de seu trono" (9,4), enviada sob a figura do Espírito de Deus (9,10; 7,7) e atua na história de Israel (7,27). Nas obras de Fílon, essa sabedoria é descrita como "filha de Deus" (*Fuga*, 50ss.; *Virt*. 62) e "filha de Deus e mãe primogênita de todos" (*Quaest*. Gn 4,97). Finalmente, alguns textos rabínicos identificaram essa Sabedoria preexistente com a Torá, "filha de Deus", mediadora da criação e hipóstase. *3*. Pensamento divino: Dele nos fala, por exemplo, o *Manual de Disciplina* 11,11. Como a sabedoria, aparece associado a Deus e a sua criação numa linguagem que recorda consideravelmente a dos Provérbios 8,22ss. *4*. Menrá: nos targumim, o termo "Menrá" era uma das designações para referir-se a Yahveh, evitando o antropomorfismo e, por sua vez, descrevendo suas ações de criação, de revelação e salvação. Assim, por citar somente alguns exemplos, Menrá é Yahveh que aparece criando a luz e separando-a das trevas (N. Gn 1,3-5), que intervém na criação dos animais (N. Gn 1,24-25) e do homem (N. Gn 1,26-29), ao qual se atribui toda obra criadora (N. Gn 2,2a), que passeia pelo Éden e expulsa de lá Adão e Eva (N. Gn 3,8-10), que contrai uma aliança com Noé (N. Gn 9,12-17), que aparece a Abraão como o Deus dos céus (Gn 17,1-3), e a Moisés na sarça (N. Êx 3,2.4.8 e 12), que intervém no Êxodo (N. Êx 11,4; 12,12.13; 23,27 e 29), que luta contra o exército do faraó (N. Êx 14,30-31), que é dotado de funções curativas (N. Êx 15,26), que se revela no Sinai (N. Êx 19,3) etc. Menrá, de fato, equivale a Yahveh (N. Gn 4,26b) e se equipara com esse mesmo Deus dos céus (N. Gn 49,23-24).

De todas essas hipóstases, Jesus identificou-se com a Sabedoria, conforme se verifica da fonte Q, em passagens posteriormente reproduzidas em Lc 7,35 e 11,49-51. Dessas afirmações de Jesus, embora não somente delas, firmou-se, sem deixar lugar a dúvidas, o desenvolvimento neotestamentário da doutrina da *Trindade e, muito significativamente, a identificação joanina de Jesus com a *encarnação do Logos-Menrá (Jo 1,1ss.). Os exemplos tomados do judaísmo, aos quais nos referimos, obrigam efetivamente a pensar que longe de derivarem os conceitos de preexistência e divindade do paganismo, presumivelmente através do cristianismo paulino, fizeram sua entrada nesse movimento espiritual a partir do judaísmo e que já estavam presentes no ensinamento de Jesus e, posteriormente, no judeu-cristianismo palestino. Além disso, em sua maioria (a exceção seria, e somente em parte, Menrá), tiravam não da literatura intertestamentária, mas do Antigo Testamento.

Essa compreensão genuinamente hebraica experimentou modificações ao tomar contato no cristianismo com o mundo grego e assim se identificou hipóstase com realidade individual e, desde o séc. IV e em contextos cristológicos, com "pessoas". Esse emprego foi uma sementeira de confusões. De fato, os teólogos ocidentais consideraram que, quando os orientais falavam de três hipóstases na divindade, estavam referindo-se a três substâncias e que, portanto, eram culpáveis de triteísmo, quando, na realidade, se referiam a três pessoas. Finalmente, a influência dos Padres *capadócios levou a um convencionalismo terminológico aceito por todos. A partir do Concílo de Constantinopla (381), adotou-se a fórmula "Três hipóstases em uma pessoa" como resumo da doutrina da *Trindade.

Bibl.: JEREMIAS, J., *Abba*; IDEM, *Teologia do Novo Testamento I...*; ELDON LADD, G. *Theology...*; FULLER, R. H., *O. c.*; TOYNBEE, A. (ed.), *O. c.*; VIDAL MANZANARES, C., *El judeo-cristianismo...*; IDEM, *El Primer Evangelio...*; IDEM, *Diccionario de las tres...*; BRUCE, F. F., *New Testament...*; HENGEL, M., *El Hijo...*; MUÑOZ, D., *Dios-Palabra*, Estella; IDEM, *Palabra y Gloria...*; DEL AGUA, A., *La éxegesis...*; GILBERT, M. e ALETTI, J. N., *La sabiduría e Jesucristo*, Estella.

HODGE, CHARLES (1797-1878)

Teólogo *presbiteriano. Um dos teólogos norte-americanos mais importantes e influentes. Pensador pouco original, foi, sem dúvida, um notável sistematizador do calvinismo em sua *Systematic Theology* (1871-1873).

HOLANDA, CRISTIANISMO NA

Os primeiros missionários cristãos chegaram à Holanda perto do ano 630, embora não obtivessem resultados importantes até o séc. VIII, graças às obras de Villibrordo. Em fins da Idade Média, a Holanda contou com o florescimento de um cristianismo singelo e ansioso de autenticidade como os Irmãos da vida comum, sendo o próprio *Erasmo de origem holandesa. Esse desejo pela cultura explica, talvez, a rápida recepção que a *Reforma teve. Embora o *luteranismo nunca conseguisse atrair os holandeses, com o *calvinismo aconteceu tudo ao contrário, e em fins do séc. XVI podia afirmar-se que era a fé nacional. Apesar de tudo, o calvinismo mostrou-se muito mais tolerante que outras confissões e assim a Holanda converteu-se em lugar de refúgio para todos os que buscavam liberdade de consciência, desde judeus a *menonitas passando por protestantes. Os católicos, contudo, sofreriam restrições desde 1583 a 1795. Em fins do séc. XVII, surgiu no seio do calvinismo holandês um confronto a respeito da doutrina da predestinação entre o setor mais ortodoxo, capitaneado por F. Gomarus, e a ala liberal, representada por J. Arminius. O sínodo de Dort (1618-1619) reafirmou a doutrina calvinista da dupla *predestinação e condenou à morte ou ao exílio os calvinistas que se opunham a ela. Em 1816, o setor mais rígido do calvinismo holandês separou-se da Igreja reformada e fundou a Igreja cristã reformada. Em 1848 houve a separação total entre a Igreja e o Estado; em 1857 cessou a educação religiosa nas escolas; e em 1876 nas universidades deixou-se de estudar teologia para cursar religião comparada.

O catolicismo holandês tem seguido uma trajetória muito peculiar desde o séc. XVI até hoje. No séc. XVII foi acusado de *jansenismo, no séc. XVIII apoiou os jansenistas franceses assegurando-lhes a sucessão apostólica, e no séc. XX manifestou-se muito crítico com os ensinos como os relativos aos anticoncepcionais ou ao celibato sacerdotal. De fato, o próprio "Catecismo holandês" foi objeto de apêndices retificadores ao ser editado em outros países por editoras católicas. Atualmente o número de católicos holandeses é ligeiramente inferior ao dos calvinistas.

HOLOCAUSTO
*Anti-semitismo.

HONORATO DE ARLES
Nasceu na Gália belga, presumivelmente de família consular. Convertido ao cristianismo na adolescência, retirou-se para uma caverna de Estérel e depois para a ilha de Lérins, onde fundou um mosteiro. Em 428 foi nomeado bispo de Arles. Morreu em 430. Não foram conservadas nem suas cartas nem sua regra.

HONÓRIO I (27 DE OUTUBRO DE 625 A 12 DE OUTUBRO DE 638)
Papa. Mostrou um interesse especial na evangelização dos anglo-saxões. O Papa Honório afirmou numa carta que em Cristo somente havia "uma vontade" e numa segunda missiva negou que Cristo tivesse duas vontades. Semelhantes afirmações eram culpáveis da heresia monotelita, e no Concílio de Constantinopla (681) foi formalmente excomungado. Esses fatos foram utilizados posteriormente durante a Idade Média para sustentar as teses conciliaristas em favor da superioridade do concílio sobre o papa, e também em 1871 e posteriormente como um dos argumentos históricos contra a infalibilidade papal.

HONÓRIO II (21 DE DEZEMBRO DE 1124 A 13 DE FEVEREIRO DE 1130)
Com a morte de *Calisto II foi eleito Papa *Celestino II. Semelhante eleição desagradou a família Frangipani, que obrigou o mencionado papa a abdicar e em seguida provocou a eleição de Honório II. Em 1125 conseguiu que o rei da Inglaterra admitisse a recepção de legados papais e no ano seguinte aprovou a regra dos cavaleiros *templários. Não teve êxito, contudo, em impedir a formação de um reino normando no sul da Itália.

HONÓRIO III (18 DE JULHO DE 1216 A 18 DE MARÇO DE 1227)
Papa. Teve um papel muito relevante na política de sua época. Assim, coroou imperador Frederico (1220) sob promessa de que iniciaria uma nova *cruzada, foi mediador do conflito entre Filipe II da França e Jaime de Aragão. Intensificou a cruzada contra os albigenses e apoiou Henrique III da Inglaterra contra os barões.

HONÓRIO IV (2 DE ABRIL DE 1285 A 3 DE ABRIL 1287)
Papa. Boa parte de seus esforços políticos estiveram dedicados a manter a Sicília em poder da casa francesa de Anjou diante dos interesses da Coroa de Aragão. Apesar de suas tentativas a esse respeito, que se traduziram em excomunhões dos monarcas aragoneses e na proclamação de cruzadas contra eles, a ilha acabou finalmente formando parte da Coroa de Aragão em virtude do tratado de Barcelona (fevereiro de 1287). Favorecedor das ordens religiosas, Honório IV confirmou e estendeu os privilégios dos *dominicanos e *franciscanos.

HORMISDAS (20 DE JULHO DE 514 A 6 DE AGOSTO DE 523)
Papa. Conseguiu acabar com o cisma de Acácio que desde 484 havia separado as Igrejas orientais das ocidentais. No ano de 519, apoiado pelo imperador Justino I, conseguiu que o

patriarca de Constantinopla, João (e posteriormente outros 250 bispos), aceitasse a condenação de Acácio e outros hereges, a definição de Calcedônia, o Trono de Leão e uma nova ênfase na autoridade da sede romana partindo de Mateus 16,18.

HORT, FENTON JOHN ANTHONY (1828-1892)
Erudito do Novo Testamento. Em colaboração com B. F. Westcott, elaborou um texto crítico do Novo Testamento grego no qual, plagiando-o ou reconhecendo-o, se inspiraram todas as obras posteriores desse tipo e de cujos princípios emanaram as regras da crítica textual neotestamentária nos últimos dois séculos. Hort foi também autor de numerosas obras de comentários ao Novo Testamento e sobre a história do cristianismo. As teses de Westcott e Hort apresentam vários problemas científicos, apesar de sua aceitação quase generalizada. Questão ainda mais delicada é a das inclinações espirituais compartilhadas por ambos os personagens, e que incluíam desde uma visão teológica liberal a um filomormonismo e filocatolicismo muito acentuados. Postumamente, a publicação de sua correspondência com Westcott e com outros personagens manifesta que pertencia a um grupo satanista.

HOSPITALÁRIOS
Os cavaleiros da ordem do Hospital de São João de Jerusalém. De origem incerta, a ordem existia em fins do séc. XI e ocupava-se em oferecer hospedagem aos peregrinos que visitavam Jerusalém. Depois da morte de seu fundador, Geraldo, e sob seu sucessor Raimundo de Provença (1120-1160), a ordem acrescentou a seus trabalhos o de cuidar dos enfermos e o de proteger com as armas os peregrinos. Seus membros estavam ligados pelos três votos religiosos e dividiam-se em irmãos enfermeiros, irmãos militares e irmãos capelães, encarregados das tarefas espirituais. Durante o séc. XII, a ordem expandiu-se pela Europa. Depois da queda de Acre (1291) fugiram para Chipre e posteriormente conquistaram Rodes (1309), passando a se denominarem Cavaleiros de Rodes. Ali permaneceram até que a ilha fosse tomada pelos turcos em 1522. Em 1530 o imperador *Carlos V concedeu-lhes a ilha de *Malta e novamente mudaram o nome, desta vez para o de Cavaleiros da Ordem de Malta. A decadência da ordem nos séc. XVII e XVIII culminou com a entrega de Malta a Napoleão em 1798. Embora ela continuasse existindo, sua sobrevivência é muito irregular e, de fato, o termo de Irmãos Hospitaleiros é utilizado em não poucos lugares como denominativo dos Irmãos de São João de Deus.

HUBMAIER, BALTASAR (1485-1528 APROX.)
*Anabatista alemão. Em 1521 era pároco em Waldshut. Ali travou contato com os reformadores suíços e em 1523 tomou partido pelas teses de *Zwinglio, introduzindo a Reforma na cidade. Em 1525, abandonou o zwinglianismo em favor das teses anabatistas e condenou o batismo de infantes. São-lhe atribuídos os *Doze artigos da guerra dos camponeses*. Quando em dezembro de 1525 as tropas ocuparam Waldshut, Hubmaier teve de fugir. Em 1526, estabeleceu-se na Morávia, onde escreveu diversas obras de conteúdo anabatista sobre o livre-arbítrio, a Eucaristia etc. Extraditado para a Áustria em 1527, foi queimado na fogueira no dia 10 de

março de 1528. Embora hoje o nome e as obras de Hubmaier sejam pouco conhecidos, em seu tempo tiveram uma enorme importância e nas obras da controvérsia católica estão situadas no mesmo nível, no mínimo, como as de *Lutero e *Calvino.

HUGUENOTES

Nome com que eram conhecidos os calvinistas na *França. Derivado da aplicação burlesca de um romance sobre o rei Hugo a esses calvinistas. Formalmente, organizaram-se no sínodo de Paris de 1559 como Igreja protestante francesa, mas sua origem pode remontar-se ao comentário de Faber às epístolas de São Paulo (1512), em que se sustenta a justificação pela fé ou, ao menos, à "Instituição" de *Calvino (1536). *Nantes, Edito de.

HUNGRIA, CRISTIANISMO NA

Os primeiros missionários cristãos chegaram à Hungria no séc. IV, mas não obtiveram fruto aparente. Durante os séc. IX e X, o país recebeu missionários orientais e ocidentais prevalecendo estes últimos. No ano de 1001, o rei Estêvão I constituiu a Igreja húngara e desde então o peso do poder civil sobre ela tem sido muito considerável. Em 1404, o imperador Segismundo introduziu o *placitum regium* em virtude das considerações do Concílio de Constança. A *Reforma do séc. XVI traduziu-se na criação de uma pequena minoria protestante na parte oriental do país e na Transilvânia. Durante o séc. XVIII o imperador José II (1780-1790) manteve um controle extraordinário sobre os assuntos eclesiais. Ao longo do séc. XIX foram ditadas algumas leis de caráter leigo, mas a influência da Igreja católica continuou sendo muito grande até o final da Segunda Guerra Mundial. Sociologicamente católica em sua maioria, a Hungria conta com não menos de uns vinte e cinco por cento da população que é protestante.

HUSS, JOÃO (1372-1415 APROX.)

Reformador boêmio. Teólogo, decano de filosofia em Praga e sacerdote, em 1400 conheceu os escritos de J. *Wycliffe. Destes o atraíram especialmente as teses referentes à rejeição da propriedade e da natureza hierárquica da sociedade, assim como sua contraposição entre a Igreja visível e a autêntica e invisível formada pelos salvos. Inicialmente Huss foi apoiado pelo arcebispo de Praga, mas logo seus sermões, fustigando a vida relaxada do clero, atraíram-lhe uma grande oposição. Denunciado a Roma, em 1407, foi-lhe proibido pregar, mas a divisão do país por ocasião do Grande Cisma agiu em favor de Huss que, como reitor da Universidade de Praga, continuou difundindo as teses de Wycliff. Em 1411, o Papa *João XXIII excomungou-o. Durante o ano de 1413, Huss dedicou-se a escrever sua obra principal *De Ecclesia*. Em 1414, depois de apelar da decisão papal diante de um concílio geral, dirigiu-se ao Concílio de *Constança provido de um salvo-conduto do imperador Segismundo. Apesar disso, ao chegar ao concílio, foi detido e no dia 6 de julho de 1415 foi queimado na fogueira. A influência de Huss perdurou até o séc. XX. Convertido em herói nacional, a Universidade de Praga declarou-o mártir e fixou sua festa para o dia de sua execução.

HUTERITAS
*Anabatistas.

IGREJA

Palavra que deriva do termo grego *ekklesia* ou assembléia de cidadãos reunidos com algum propósito concreto (At 19,32.41). Na Bíblia dos LXX, o termo grego *ekklesia* foi utilizado em bom número de ocasiões para traduzir o hebraico *Kahal*. Desse modo viria a equivaler ao povo de Deus, chamado a ser povo (Êx 12,16). A palavra como tal somente aparece nos Evangelhos em duas ocasiões (Mt 16,18; 18,17), embora seja indiscutível que seu uso, em termos históricos, não é posterior à morte de Jesus, mas que se deve retrocedê-lo até ele. Embora se repita com freqüência a afirmação de que Jesus não veio para fundar uma Igreja (A. Loisy), as fontes indicam justamente o contrário. A ele se deve atribuir a reunião de um grupo de *discípulos, ao qual chama de "pequeno rebanho" (Lc 12,23) e do qual formava parte significativa o grupo dos doze *apóstolos. Esse último aspecto também leva a pensar que Jesus identificou essa Igreja com o verdadeiro Israel. Em seu seio, os discípulos vivem sob o governo de Jesus, o Messias, de acordo com as normas do Reino. Isso implica uma existência regida pela obediência a Deus, pelo perdão mútuo e pela reconciliação contínua até vencer a indecisão de suas condutas (Mt 18,17; *também Mt 5,23ss.). É essa Igreja, na base da autoridade de Jesus e com o poder do Espírito Santo, que está encarregada da missão de levar o *Evangelho até os confins da terra (Lc 24,45-49), fazendo discípulos e batizando-os em nome do Pai, do Filho e do Espírito Santo (Mt 28,18-20).

No Novo Testamento torna-se óbvio que a Igreja se autoconcebe como o Novo Israel, no qual os gentios são enxertados enquanto que os judeus incrédulos foram cortados (Rm 9,11). Essa Igreja é descrita, entre outras imagens, como o Corpo de Cristo (Cl 1,24; 1Cor 12,27), sua Esposa (2Cor 11,2) e seu Templo (1Cor 3,16; 2Cor 6,16). Em seu conjunto é descrita em termos régios e sacerdotais (1Pd 2,9), mas não aparece distinção alguma entre clero e leigos.

O *catolicismo foi desenvolvendo com o passar dos tempos um conceito de Igreja definido por quatro notas: unicidade, santidade, catolicidade e apostolicidade. Dessa maneira, a Igreja é fundamentalmente uma ordem visível, cujos membros e ministros unem-se em torno dos sacramentos visíveis. Além dessa Igreja militante na terra, há uma Igreja invisível que se divide naquela que está na espera (os fiéis que sofrem no *purgatório) e na triunfante (os fiéis que já desfrutam no céu a visão beatífica). Depois do cisma produzido no séc. XI – mas precedido pelos episódios muito semelhantes nos séculos anteriores –, entre a Igreja romana e as Igrejas orientais, cada uma das Igrejas em litígio manteve que as outras eram culpáveis do cisma e que elas sim constituíam a manifestação histórica da Igreja visível. Essa visão não teve modificações quando as duas partes em 1965 levantaram as mútuas excomunhões.

A *Reforma do séc. XVI implicou numa reformulação da Igreja em torno de sua relação com a Bíblia e não com os sacramentos. A veracidade da Igreja não vem, portanto, estabelecida por uma determinada sucessão histórica ou uma prática sacramental concreta (embora ela possa ser importante), mas por sua fidelidade à Bíblia. Em sua formulação mais radical, e possivelmente mais extensa, a essência da Igreja verdadeira é definida como invisível, já que cada indivíduo se salva e entra para fazer parte da Igreja (nessa ordem) como conseqüência de um ato de fé que, por sua própria natureza, é interno. Por isso que somente Deus é quem conhece aqueles que compõem a Igreja.

Bibl.: COLE, A., *O. c.*; BRUCE, F. F. *Acts...*; IDEM, *New Testament...*; VIDAL MANZANARES, C., *El judeo-cristianismo...*; IDEM, *Diccionario de las tres...*; ERE, III; BLAIKLOCK, *O. c.*; BONNARD, P., *O. c.*

IGREJA ABISSÍNIA

O cristianismo foi introduzido na Etiópia no séc. IV por Frumêncio e Edésio de Tiro. Essa missão inicial foi reforçada durante os séc. V e VI com a chegada de missionários de origem provavelmente síria. A invasão muçulmana provocou a decadência da Igreja abissínia. Durante os séculos seguintes, foram constantes as perseguições, salvo no período compreendido entre 960 e 1268 em que reinou uma dinastia cristã. Nesse ano subiu ao trono outra dinastia e começou um período esplêndido para a Igreja abissínia. Em 1441-1442 os delegados abissínios no Concílio de *Florença aceitaram a união com Roma, mas o ato ficou sem valor por precisar da autorização do imperador Zara Jacob. Esse soberano teve uma enorme influência na vida da Igreja reformando a liturgia, embora defendesse e praticasse a poligamia. Sob o pontificado de *Júlio III, foram enviados missionários *jesuítas ao país, e em 1626 o catolicismo tornou-se a religião oficial. O fato de que semelhante ato fora acompanhado de violência e coação acabou provocando uma reação popular, a abdicação do monarca e a expulsão dos jesuítas. A invasão italiana de 1936 obrigou a Igreja etíope a romper suas relações com a copta. Desde 1950 é uma igreja autocéfala. Há um número reduzido de uniatas abissínios especialmente na Eritréia.

IGREJA ANGLICANA
*Igreja da Inglaterra.

IGREJA CATÓLICA APOSTÓLICA
*Irvingianistas e Edward *Irving.

IGREJA CATÓLICA EVANGÉLICA

Seita fundada na França no séc. XIX, cujos ensinamentos de caráter teosófico (unicidade de Deus, reencarnação das almas e salvação final de todos os homens) tiveram posteriormente uma enorme influência nos meios espíritas. *Espiritismo.

IGREJA CATÓLICA LIBERAL

Cisma surgido no seio da Igreja dos velhos católicos, na frente da qual se encontrava C. W. Leadbeater. Embora esse movimento mantenha a pretensão de ser sucessor dos apóstolos, o certo é que sua maior influência doutrinal parece tê-la recebido de Madame Blavatsky, amiga íntima de

Leadbeater. Por causa disso se deve que esse grupo acredite na reencarnação das almas, negue a existência de Satanás e dos demônios e interprete a existência de espíritos imundos como almas desencarnadas às quais se deve combater recorrendo-se ao exorcismo. Embora seu ritual seja calcado no do catolicismo, mantém vínculos muito estreitos com o movimento teosófico.

IGREJA CATÓLICA ROMANA
*Catolicismo romano.

IGREJA CONFESSANTE
Bekennende Kirche. Grupo de *evangélicos alemães opostos ao movimento dos "cristãos alemães" apoiado pelos nazistas entre 1933 e 1945. Surgiu da Liga de pastores criada em 1933 por Martin *Niemöller. No ano seguinte começou a estabelecer seus próprios organismos confessionais e emitiu a declaração de Barmen ou de Bremen, que marcou a clara oposição entre o Evangelho e o nazismo. De fato, o nome de "confessante" surgia do desejo dos membros de combater o nazismo não tanto por considerações políticas, como por considerações espirituais baseadas na confissão de fé. A Igreja confessante sofreu uma aberta perseguição dos nazistas, que significou o envio aos campos de concentração e à morte de um bom número de seus membros. Nos anos de pós-guerra, o peso desse grupo diminuiu, mas ainda se percebe sua influência em algumas das atitudes dos teólogos e organismos eclesiais alemães.

IGREJA CONSTITUCIONAL
A Igreja cismática estabelecida na França durante a Revolução Francesa em virtude da Constituição civil do clero de 12 de julho de 1790. Foi abolida depois da assinatura da concordata de 1801 entre Napoleão e *Pio VII.

IGREJA COPTA
A Igreja no Egito foi fundada, conforme uma tradição conservada por *Eusébio, pelo evangelista *Marcos. Daí deriva a igualdade de hierarquia que há entre as Igrejas de Alexandria, Antioquia e Roma. A Igreja egípcia sofreu de maneira especial a perseguição desencadeada por *Diocleciano. No séc. IV surgiu em seu seio o movimento monástico de caráter cristão.

Durante as controvérsias teológics do séc. V, a Igreja egípcia inclinou-se pelo *monofisitismo ficando isolada do resto da cristandade. Nos séculos seguintes, enquanto a Igreja estabelecida em Alexandria ia perdendo o apoio popular, surgiu um fenômeno inverso no Alto Egito. Em 616 os coptos viram-se reduzidos ao domínio persa e desde 642 ao domínio muçulmano, que persiste até hoje. Iniciou-se a partir de então um período de intolerância que, ocasionalmente, se transformou em aberta perseguição. De fato, até a ocupação britânica, iniciada em 1882, não se pode dizer que os coptos contaram com liberdade religiosa. O final da presença britânica implicou da mesma maneira a conclusão dessa tolerância e ainda hoje são comuns as conversões forçadas ao islã e os ataques do populacho contra os cristãos coptos. Atualmente seu número no Egito não passa dos quatro milhões. Há igualmente uma pequena minoria copto-católica (uns 100.000 membros), que em 1741 aceitou a comunhão com Roma.

IGREJA CRISTÃ CATÓLICA E APOSTÓLICA
Seita norte-americana fundada em

Chicago em 1890 por John Dowie. Seu ensinamento girava em torno fundamentalmente da prática das curas milagrosas.

IGREJA CRISTÃ UNIVERSAL

Seita de origem francesa conhecida desde 1983 como Aliança Universal. Seu fundador, George Roux, conhecido como o Cristo de Montfavet, pretende ser a forma humana da qual se serviu Deus para edificar seu reino na terra desde 1980. Tanto o dirigente como algum dos adeptos se gabam de haver realizado curas milagrosas das quais não há nenhuma constatação.

IGREJA DA INGLATERRA

Também Igreja anglicana. Denomina-se assim a Igreja surgida do cisma inglês dos inícios do séc. XVI. Originalmente conservou sua inclinação pela Igreja católica mercê da ação de *Henrique VIII, embora reconhecesse como chefe o monarca inglês. Com *Eduardo VI e *Isabel I foi deslocando-se para o protestantismo, mas mantendo aspectos católicos como a sucessão episcopal. Esse aspecto histórico peculiar tem levado a definir a Igreja anglicana como uma Igreja de "via média", isto é, situada na metade do caminho entre a Igreja católica e as Igrejas surgidas da *Reforma. Assim, com a primeira lhe garante a crença na sucessão apostólica e em alguns conceitos sacramentais e de culto pelo que não se torna estranho que seja a Igreja protestante mais inclinada à união com Roma. E com as outras a une fundamentalmente a crença na Bíblia como única fonte de revelação (com matizes) e na justificação pela fé (também com uma série de matizes que a situam ocasionalmente muito perto do conceito católico). Essas circunstâncias têm levado a Igreja da Inglaterra a uma divisão fática, embora não formal, entre a alta Igreja (mais perto de Roma e ao modelo episcopal) e a baixa Igreja (de caráter mais evangélico). Essas circunstâncias explicam por que historicamente a Igreja da Inglaterra tenha sofrido aproximações ora em direção a Roma (movimento de Oxford e J. H. *Newman), ora rumo a posicionamentos mais protestantes (J. *Wesley e *metodistas). Finalmente, o fator de união da Igreja anglicana é a aceitação de uma liturgia comum, de uma confissão de fé de certa ambigüidade teológica e de uma chefia comum que é o monarca britânico.

IGREJA DA NOVA JERUSALÉM

Um dos grupos surgidos dentre os seguidores de Enmanuel *Swedenborg.

IGREJA DA UNIFICAÇÃO

Seita pseudocristã que centraliza todo seu pensamento na concepção de Moon como um segundo Messias destinado a reparar o fracasso de Jesus Cristo em sua missão. Moon é considerado o receptáculo de novas revelações das quais a mais importante é denominada "o Princípio Divino". Dentro do suposto plano de Deus para restaurar o mundo estaria incluída uma Terceira Guerra Mundial. Fora de suas pretensões totalmente anticristãs, a teologia da Igreja da Unificação nega a divindade de Cristo, o caráter expiatório de sua morte na cruz, a existência de um inferno eterno etc. Boa parte de seu ensinamento tem paralelos nas teses ocultistas e luciferianas (p. ex. a crença nas relações sexuais de Satanás com Eva).

IGREJA DE ARMAGEDON

Nome mais comum da seita também denominada Família do Amor (não confundir com a mesma denominação aplicada aos Meninos de Deus). Seu fundador, o norte-americano Paul Erdman, o qual é conhecido pelo sobrenome de Love Israel (Amor Israel), dirige com firmeza a seita que se caracteriza por seduzir os adeptos a entregar seus bens a ela e romper todo vínculo com os familiares e amigos. Consideram que a comida é um sacramento, e que também o é, de maneira especial, o consumo de maconha, de haxixe e cogumelo, assim como a inalação de tolueno, o que tem provocado a morte de alguns adeptos. O matrimônio é substituído por um "vínculo" no qual as crianças são severamente disciplinadas. Exerce-se a ioga de maneira obrigatória e está proibido o recurso à medicina.

IGREJA DE CRISTO CIENTÍFICA
*Ciência cristã.

IGREJA DE CRISTO DOS SANTOS DOS ÚLTIMOS DIAS
*Mórmons.

IGREJA DE SIÃO
Seita pseudocristã fundada em 1910, na África do Sul, pelo bispo de raça negra Engenas. Praticam uma rigorosa abstinência de álcool, tabaco e carne de porco, sucedendo-se seus dirigentes dentro de uma só família. Embora tenham obedecido escrupulosamente às normas legais do apartheid, afirmam contudo que os membros da raça branca não entrarão no Paraíso, já que não é possível que governem pela segunda vez no céu.

IGREJA DO DEUS UNIVERSAL
Seita pseudocristã norte-americana fundada por Herbert Armstrong. Suas doutrinas são fundamentalmente as mesmas que as sustentadas pela seita dos Adventistas do Sétimo Dia (negação do inferno e da imortalidade da alma, dieta alimentícia pseudolevítica, sábado como dia sagrado em lugar do domingo), e pela seita Testemunhas-de-jeová (negação da Trindade etc.), acrescentando algumas como o anglo-israelismo. Igualmente às seitas, das quais tem recebido uma influência profunda, a Igreja do Deus universal anunciou o fim do mundo para as datas de 1936, 1943, 1972 e 1975.

IGREJA DO ENTENDIMENTO BÍBLICO
Seita pseudocristã norte-americana fundada por Stewart Traill com o nome inicial de "Family Forever" (Família para Sempre). Em 1976 seu nome foi trocado por ele para "Church of the Bible Understanding" (COBU). Embora sua terminologia seja tirada literalmente do fundamentalismo anglo-saxão, o certo é que Traill nega a doutrina como a da Trindade.

IGREJA DO NAZARENO
*Igrejas da santidade.

IGREJA DOS IRMÃOS
Nome adotado desde 1908 pelos Tunkers (também Dunkers e Dunkards, do alemão *tunken,* submergir). Nascidos em 1708 na Alemanha, logo se estenderam por esse país, Holanda e Suíça. A perseguição obrigou-os em 1719 a emigrar para a América, onde permanecem atualmente. Apegados a uma ética que tiram do Sermão da Montanha, negam-se a jurar, a servir no exército e a entrar em julgamentos. Também praticam o batismo de adultos por imersão total, acompanham

a Ceia do Senhor com um ágape e não apresentam estatísticas de seus membros para evitar cair em pecado de orgulho.

IGREJA EPISCOPAL
Termo que se costuma aplicar à *Igreja da Inglaterra ao sustentar o princípio da sucessão episcopal em contraposição a outras confissões protestantes.

IGREJA ETÍOPE
*Igreja abissínia.

IGREJA EVANGÉLICA
*Evangélicos.

IGREJA LIVRE DA ESCÓCIA
*Escócia, Cristianismo na.

IGREJAS DE CRISTO
Cisão dos discípulos de Cristo de Campbell como conseqüência da Guerra de Secessão que dividiu os Estados Unidos de 1861 a 1865. Sua implantação é maior nos estados do sul dos Estados Unidos. Embora não se trate propriamente de uma seita, é considerada como tal por alguns setores do protestantismo que se negam a integrá-la dentro de seus organismos supra-eclesiais. Sua doutrina conta com alguns atavismos curiosos como a proibição de usar instrumentos musicais nos cultos religiosos ou a concessão de um papel – quase mágico em alguns – ao batismo.

IGREJAS DA SANTIDADE
Um conjunto de denominações protestantes de origem norte-americana que afirma como nota característica a crença numa experiência posterior à conversão, em virtude da qual o homem pode ver-se libertado do pecado. Uma vez que essa experiência provém em última instância de uma série de mudanças prévias que, com a ajuda da graça, a pessoa foi realizando em sua vida, nessas Igrejas há uma considerável ênfase na santificação pessoal. Essa visão originou-se durante o século XIX no seio do metodismo e pode retroceder em sua inspiração ao ensinamento de John *Wesley a respeito da perfeição. A Igreja mais importante desse grupo é a Igreja do Nazareno, que nasceu em 1908.

IGREJAS METODISTAS
*Metodistas.

IGREJAS ORTODOXAS
Também denominadas orientais, grega ou greco-russa. Um conjunto de igrejas situadas fundamentalmente na Europa oriental que, apesar de sua administração independente, mantêm a comunhão entre elas e reconhecem o primado do patriarca de Constantinopla. Atualmente são Igrejas ortodoxas autocéfalas: os quatro patriarcados de Constantinopla, Alexandria, Antioquia e *Jerusalém; os cinco patriarcados mais modernos da *Rússia, Sérvia, *Romênia, Bulgária e *Geórgia; as Igrejas ortodoxas de *Chipre, *Grécia, Tchecoslováquia, Polônia e *Albânia. A estas deve-se acrescentar várias Igrejas autônomas não autocéfalas na *Finlândia, *China, *Japão, o mosteiro do Sinai e *Estados Unidos.
A origem do cristianismo em alguns desses países pode-se retroceder ao séc. I (Grécia e Chipre etc.), enquanto que em outros surgiu durante o Baixo Império ou na Idade Média. Os cismas *monofisita e *nestoriano contribuíram durante os séc. V e VI a distanciar as Igrejas ocidentais das orientais, embora o abismo começou a se aprofundar gra-

vemente a partir do séc. IX, por causa da rivalidade existente entre as sedes episcopais de Roma e Constantinopla. Esse conflito é a chave que explica as tentativas de expansão dos ortodoxos para o norte da Grécia (balcãs, eslavos etc.), e também a instrumentalização que das Cruzadas fizeram alguns papas para poder submeter as Igrejas orientais a sua autoridade.

Embora o ano de 1054 costuma ser apontado como a data definitiva da ruptura, deve-se dizer que essa vinha propagando-se desde há vários séculos. Quanto às causas da ruptura, foram fundamentalmente as pretensões da primazia do bispo de Roma e a questão do "Filioque" (*Espírito Santo). Embora tanto o Concílio de Lyon (1274) como o de Florença (1428-1429) proclamaram a reunião, o certo é que esta nunca foi efetiva. Com a tomada de Constantinopla pelos turcos em 1453, a Igreja ortodoxa mais importante passou a ser a russa e se foi configurando a tese de Moscou como "Terceira Roma", que tanto tem influído nos programas pan-eslavos.

A fé da Igreja ortodoxa baseia-se nas definições dos sete concílios ecumênicos, isto é, todos até o de Nicéia (787). Apesar de tudo, os ortodoxos reconhecem as resoluções de alguns concílios orientais e aceitam algumas verdades da fé católica (como as referentes a Maria), embora repudiem a maneira como foram definidas. As Igrejas ortodoxas reconhecem a existência de sete sacramentos, mas não fazem uma distinção tão clara como os católicos entre estes e certos atos sacramentais. Confessam também que o pão e o vinho convertem-se depois da consagração em corpo e sangue de Cristo, mas não utilizam o termo transubstanciação de maneira geral.

Concedem também uma considerável importância à veneração de ícones (embora condenem as imagens de forma redonda), e à vida monástica, porém nunca implantaram o celibato obrigatório do clero e o comum é que os sacerdotes estejam casados, com a condição de que se enviuvarem não podem casar-se novamente. Submetidas a diversas perseguições (os turcos, os regimes comunistas etc.), as Igrejas ortodoxas conseguiram sobreviver em tempos de tremenda tempestade e, hoje, encontram-se em processo de expansão em alguns países da América devido à emigração. Da mesma maneira, nos últimos anos houve numerosas conversões do protestantismo para a ortodoxia, como uma tentativa de se entrelaçar com uma tradição teológica milenária. Também suas relações com as Igrejas monofisitas têm-se intensificado. Por outro lado, as referentes à sede romana encontram-se em boa parte inativas, mais por causa das antigas rixas históricas que por graves motivos de separação teológica.

IGREJAS REFORMADAS

Num sentido amplo costuma-se denominar dessa maneira as Igrejas vinculadas à *Reforma Protestante do séc. XVI. Em seu sentido restrito, o termo denomina as Igrejas que abraçaram o *calvinismo em contraste com as luteranas ou outras Igrejas protestantes.

IGREJAS RUTÊNIAS

*Igrejas uniatas centralizadas geograficamente na Galícia polonesa, Tchecoslováquia, Hungria e Boêmia. Sua origem remonta-se a 1485, quando o Papa *Pio II nomeou um metropolita católico de Kiev que, por autorização do rei polonês, exercia autoridade sobre oito eparquias da província sob o controle da Polônia e Lituânia.

IGREJAS UNIATAS

Igrejas orientais em comunhão com Roma. O termo "uniata" é pejorativo e foi criado pelos adversários da união de Brest-Litovsk (1595), o que tem levado diversas Igrejas a rejeitá-lo. São Igrejas desse tipo os maronitas, os sírios e os malankares de rito antioqueno; os armênios, os caldeus, os malabares de rito caldeu; os coptos e etíopes de rito alexandrino; os rutenos, os húngaros, os iugoslavos, melquitas, búlgaros, ucranianos e gregos de rito bizantino. Essas Igrejas retêm suas línguas, seus ritos e leis canônicas. Por regra geral, essa última implica a comunhão sob as duas espécies, o batismo por imersão e o matrimônio do clero. No total superam os doze milhões de pessoas.

ILUMINADOS

Denominação aplicada de maneira indistinta aos *iluminados espanhóis, aos rosa-cruzenses e a uma seita maçônica fundada na Baviera em 1770 por Adam Weishaupt (1748-1830), antigo aluno dos jesuítas e professor de direito canônico em Ingolstadt.

ILUMINISMO OU ILUSTRAÇÃO

Movimento ideológico que ocupou boa parte do séc. XVIII e que, em grande parte, foi uma continuação do espírito científico propugnado por Descartes, Locke e Newton. Seus seguidores desconfiavam da autoridade e da tradição como meios de conhecer a verdade, e afirmavam que esta somente podia chegar a ser conhecida mediante a razão, a observação e a experiência. E não raramente, o pensamento ilustrado – apresentado, por exemplo, na *Enciclopédia – lançou um desafio à religião e, de maneira muito especial, ao catolicismo. Os pensadores ilustrados não eram ateus (geralmente eram deístas e inclusive em alguns países foram fervorosos protestantes), mas manifestaram sua repulsa para com toda forma de intolerância (algo muito comum na Europa católica) e de autoridade dogmática.

IMACULADA CONCEIÇÃO DA VIRGEM MARIA

*Maria.

IMAGENS

O uso de imagens aparece expressamente proibido na *Bíblia (Êx 20,4). Essa proibição foi mantida rigorosamente pelos primeiros cristãos e, de fato, as primeiras pinturas cristãs são datadas dos fins do séc. II e ainda então não foram objeto de culto. Realmente, o culto das imagens não parece ser anterior ao séc. IV e inclusive o uso do crucifixo não aparece até o séc. X. Esse conjunto de circunstâncias explica que durante os séc. VIII e IX as Igrejas orientais posicionaram-se na denominada controvérsia iconoclasta sobre a liceidade das imagens. Finalmente por influência monástica, optou-se por uma solução aparentemente intermediária consistente em rejeitar o culto das imagens de forma redonda, mas permitir os ícones. No Ocidente, o culto das imagens progrediu com mais lentidão e, de fato, não recebeu um tratado teológico até Tomás de Aquino.

O desejo de voltar às práticas bíblicas que caracterizou a *Reforma do séc. XVI implicou uma rejeição do culto das imagens, embora no caso do luteranismo permitiu-se a continuidade de uma cruz nas igrejas sempre que tivesse junto à imagem de Cristo e não fosse objeto de culto. Como clara reação a essa posição, o Concílio de *Trento não somente reafirmou a doutrina medieval sobre o culto das imagens, como fomentou ainda mais o mesmo.

IMITAÇÃO DE CRISTO
*Tomás de Kempis.

IMORTALIDADE
*Alma, *céu, *espírito, *inferno.

INÁCIO DE ANTIOQUIA

Classificado entre os Padres apostólicos, Inácio foi bispo de Antioquia, sendo condenado durante o reinado de Trajano (98-117) ao suplício das feras. Em caminho a Roma, desde Síria a Roma, redigiu sete cartas dirigidas às comunidades cristãs de Éfeso, Magnésia, Trália, Filadélfia, Esmirna, Roma e a Policarpo de Esmirna. Embora se questione em alguma ocasião sua autenticidade, a defesa das cartas, realizada por J. B. Lightfoot, A. von Harnack, T. Zahn e F. X. Funk, parece haver resolvido a questão em favor delas. Eclesialmente, Inácio já desconhece o papel dos profetas na Igreja e manifesta-se partidário de um episcopado monárquico. Estar na devida comunhão com o bispo – sem o qual não se pode celebrar nem o ágape, nem o batismo, nem a Eucaristia – equivale a ver-se salvo do erro e da heresia. Parece evidente que dentro da comunhão das Igrejas, a de Roma tem para Inácio um valor especial, mas é discutível – como sustenta Quasten – que em seus escritos ele já pressente a idéia do primado e assim o julgam entre outros A. von Harnack, J. Thiele e A. Ehrhard. Não é fácil discernir qual seja o ponto de vista de Inácio sobre a Eucaristia, embora em algumas passagens parece pronunciar-se pela presença real (*Esmirna*, VII), em outras, parece entender mais como veículo de união espiritual com o sangue de Cristo (*Filadélfia* IV).

INÁCIO DE LOYOLA (1491-1556)

Fundador dos jesuítas. De família nobre, serviu como soldado, mas um ferimento recebido no sítio de Pamplona (1521) obrigou-o a ficar em repouso e, durante a convalescença, a leitura da vida dos santos levou-o a mudar de rumo. Depois da cura, dirigiu-se a Montserrat e, posteriormente, a Manresa, onde permaneceu durante um ano (1522-1523) entregue à mortificação e oração. Nessa última localidade concebeu o núcleo do que foram depois seus *Exercícios Espirituais*. Depois disso dirigiu-se a Roma e *Jerusalém e em sua volta à Espanha, onde estudou em Barcelona, Alcalá e Salamanca (1524-1528). Enquanto estudava em Paris (1528-1535) estabeleceu as bases da "Companhia de Jesus" junto com outros seis amigos, entre os quais se encontrava São Francisco Xavier. Em 1537 foram a Roma e foram ordenados sacerdotes. Em 1540 a Companhia – que aos votos habituais acrescentava o da obediência ao papa – foi reconhecida por *Paulo III mediante a bula *Regimini militantis Ecclesiae* e Inácio tornou-se seu primeiro geral. Personagem chave da Contra-reforma, Inácio enfatizou o uso da educação com fins proselitistas, junto aos príncipes e governantes, para guiar sua vontade a serviçro dos interesses do catolicismo, do uso freqüente dos sacramentos e da pregação nos países recentemente descobertos.

INDEPENDENTES

Nome dado aos *congregacionalistas como defensores da independência de cada Igreja local. O termo tem sido muito utilizado no seio do protestantismo britânico, mas se torna desagradável no meio norte-americano.

ÍNDIA, CRISTIANISMO NA

Embora a lenda fale de uma evangelização realizada na Índia pelo *apóstolo *Tomé, o certo é que as primeiras notícias indiscutíveis que temos do cristianismo no subcontinente pertencem ao séc. IV. De caráter *nestoriano, a Igreja da Índia uniu-se em parte em 1599 à Roma e desde o séc. XVII, em sua maioria, ao patriarcado ortodoxo sírio. Durante o século XIX, um setor da mesma Igreja integrou-se na Igreja da Inglaterra.

A chegada do cristianismo ocidental à Índia aconteceu em 1498 com os católicos portugueses, mas as primeiras tentativas missionárias de envergadura não tiveram lugar até 1542 com os *jesuítas. Em 1886 *Leão XIII criou uma hierarquia regular para a Índia e em 1896 nomeou bispos indianos para a seção uniata dos cristãos indianos.

Os primeiros protestantes europeus chegaram à Índia em fins do séc. XVII; mas o primeiro esforço missionário desse tipo não se realizou até 1706, quando o rei Frederico IV da Dinamarca enviou como missionário o luterano Bartholomäus Ziegenbalg (1683-1719). Este traduziu para o tamil o Novo Testamento e boa parte do Antigo. Em 1793 chegou à Índia o *batista Willian *Carey, que traduziu o Novo Testamento para o bengali e três décadas depois havia conseguido imprimir partes da *Bíblia em trinta e sete línguas indianas. Durante o séc. XIX chegaram à Índia os primeiros missionários *anglicanos e *metodistas. A partir de 1830, a evangelização da Índia começou a se ver vinculada a esforços educativos graças à iniciativa de Alexander Duff. Como conseqüência dessa ação, o protestantismo começou a experimentar uma notável influência entre as classes acomodadas indígenas. Em fins do séc. XIX, as missões protestantes – que colaboravam entre si desde 1855 – começaram a trabalhar entre os denominados intocáveis, crescendo consideravelmente as conversões entre as classes mais humildes da população. Menos promissor mostrou-se o panorama das missões católicas, que sofreram um cisma que perduraria até o séc. XX.

As constituições da Índia, do Paquistão e de Bangladesh, posteriores à descolonização, reconhecem a liberdade religiosa, mas a conversão ao cristianismo implica gravíssimos custos sociais e há consideráveis limitações ao trabalho missionário. Atualmente, 2,5% da população da Índia, 1% do Paquistão e 0,3% de Bangladesh pertencem a alguma confissão cristã.

ÍNDICE DOS LIVROS PROIBIDOS

"Index librorum prohibitorum." Lista oficial dos livros cuja leitura e posse estavam proibidas aos católicos, exceto em especiais circunstâncias. O primeiro Índice foi publicado pela Inquisição no pontificado de *Paulo IV em 1557. *Pio V, em 1571, estabeleceu uma Congregação do Índice com a missão de revisar de maneira contínua seu conteúdo atualizando-o. Em 1917, *Bento XV transferiu essas funções ao Santo Ofício. A partir de 1897, sob *Leão XIII, o controle da literatura passou aos bispos e assim o papel do Índice viu-se em parte reduzido, uma vez que alguns livros nunca chegaram a ser nele incluídos. Além desse Índice, o Santo Ofício contava com um *Index*

Expurgatorius de livros que podiam ser lidos com a condição de que certas passagens tivessem sido deles supressas. O Índice foi abolido em 1966.

INDULGÊNCIAS

Remissão por parte da Igreja da pena temporal devida ao pecado perdoado em virtude dos méritos de Cristo e dos santos. Possivelmente a origem dessa prática deve ser ligada quando, a partir dos fins do séc. III, foi autorizada, em algumas igrejas, a intercessão dos confessores e daqueles que esperavam o martírio como meio para encurtar a duração da disciplina canônica. Quando durante a Idade Média começou-se a professar a crença no *purgatório, tornou-se relativamente fácil a idéia de que a intercessão e méritos dos santos podiam diminuir as penas desse lugar. Apesar de tudo, não temos notícias de indulgências gerais antes do séc. XI, e até o séc. XII não começou a se estender. Foram concedidas indulgências plenárias aos que participassem nas *Cruzadas e aos bispos foi concedido que podiam concedê-las na dedicação de igrejas e em seus aniversários.

*Lutero opôs-se frontalmente à prática das indulgências e, surgindo a vontade da *Reforma do séc. XVI de regressar ao cristianismo exposto no Novo Testamento, as indulgências não somente foram descartadas do protestantismo, mas fortemente combatidas em diversos escritos como uma forma de corrupção que ofendia a obra redentora de Cristo ao pretender complementá-la com ritos pagos por dinheiro. Como reação às teses protestantes, a Igreja católica manteve uma política de liberalidade quanto à concessão de indulgências até o Concílio Vaticano II. A Constituição *Indulgentiarum doctrina* (a doutrina das indulgências) de 1º de janeiro de 1967 não as suprimiu, apesar da opinião de alguns renomados teólogos nesse sentido, mas as limitou e insistiu em que sua finalidade não era tanto ajudar os fiéis a realizar a satisfação por seus pecados quanto a induzi-los a um maior fervor na caridade.

INFALIBILIDADE

Incapacidade de errar ao ensinar a verdade revelada. Historicamente, o conceito de infalibilidade vinculou-se durante os primeiros séculos à Igreja em seu conjunto, alegando em favor dessa tese passagens como as de Jo 16,13 ou At 15,28. Essa infalibilidade também foi aceita desde o séc. IV, mas não antes, vinculada às decisões dos concílios ecumênicos. A existência de papas hereges como *Libério, *Vigílio II, ou *Honório, ou episódios como o *Grande Cisma vieram a adotar em fins da Idade Média essa visão de um claro predicamento ou graduação e, de fato, as teses conciliaristas afirmaram a superioridade do concílio sobre o papa. Nem sequer a reação católica à *Reforma variou substancialmente essa visão e o Concílio de *Trento, apesar de não subscrever as teses conciliaristas, negou-se explicitamente a declarar infalível o papa fundamentalmente na base de argumentos históricos. A situação permaneceu imutável até fins do séc. XIX, quando a reunificação italiana não somente situou o liberalismo nas portas do Vaticano, mas além disso liquidou a existência dos Estados pontifícios e eliminou os últimos vestígios reais do poder temporal do papa. Assim no Concílio Vaticano I (1870) foi declarado que o papa é infalível quando define que uma doutrina referente à fé ou à moral faz parte do depósito da revelação e que, portanto, tem de ser crida por toda a Igreja. A definição provocou a reação de personagens do porte de *Döllinger assim como um cisma. Posteriormente, o Concílio Vaticano II enfatizou além disso que essa infalibilidade compete também àquilo que é ensinado como parte do depósito da revelação pelo conjunto dos bispos em união com o papa, tanto em concílio ecumênico como fora dele.

INFERNO
*Hades. *Geena.

INOCÊNCIO I (21 DE DEZEMBRO DE 401 A 12 DE MARÇO DE 417)

Papa. Sua capacidade para proclamar o primado romano numa época de dificuldades notáveis – no ano de 410 Roma foi saqueada por Alarico – mereceu-lhe o qualificativo, inexato mas revelador, de "primeiro papa". Mas é indiscutível, como afirmou B. Studer, que foi o primeiro a dar uma formulação precisa das pretensões do primado da sede romana. Exigiu desde então a conformidade de todas as Igrejas ocidentais com a "consuetudo" (costume) romana e que as causas maiores fossem levadas a Roma como última instância (*Ep.* II, 5-6). Com a finalidade de evitar o controle oriental sobre a Ilíria, fundou o vicariato apostólico de Tessalônica. Guiado por esse princípio de intervenção com ocasião de apoiar a condenação de Pelágio, insistiu perante os bispos africanos – com desgostos deles – no papel supremo em matéria doutrinal que competia à Roma. Rompeu também a comunhão com Alexandria e Antioquia, quando essas dioceses não aceitaram seu ponto de vista em relação à deposição de João Crisóstomo. Chegaram até nós 36 cartas suas. Como já foi indicado, Inocêncio I foi um defensor ferrenho do primado romano. Para isso apoiava-se na tradição que faz o bispo romano sucessor de Pedro, o príncipe dos apóstolos. Contudo, recorre também a sustentação de sua tese à legislação de Nicéia, tal e como se interpretavam em Roma, e inclusive Wermenlinger falou de uma possível influência em Inocêncio da ideologia da Roma eterna.

INOCÊNCIO II (14 DE FEVEREIRO DE 1130 A 24 DE SETEMBRO DE 1143)

Eleito clandestinamente após a morte de *Honório II, a maioria dos cardeais se opôs a ele e em seu lugar elegeram Papa *Anacleto II. Iniciou-se assim um cisma de oito anos. Em 1132, Inocêncio II conseguiu a ajuda de Lotário com a promessa de que o coroaria como imperador e excomungou Anacleto. Sua morte foi o que finalmente determinou a conclusão do cisma. O segundo concílio luterano anulou todas as decisões de Anacleto. Os últimos anos de Inocêncio II estiveram marcados pela amargura da derrota. Vencido no campo de batalha por Rogério II (1139), viu-se obrigado a reconhecê-lo como rei da Sicília.

INOCÊNCIO III (8 DE JANEIRO DE 1198 A 16 DE JULHO DE 1216)

Papa. Com a morte de Henrique VI (1197), Inocêncio aproveitou a rivalidade existente entre os eleitores para arrogar-se "o direito e a autoridade de examinar a pessoa eleita" como imperador. Nos anos seguintes Inocêncio III conseguiu também que sua autoridade fosse reconhecida na França, Inglaterra, Espanha, Escandinávia, nos Balcãs, Chipre e Armênia. O concílio lateranense de 1215 – no qual se condenou os albigenses – marcou a consumação de seu poder. Foi o primeiro papa a utilizar o título de "Vigário de Cristo", afirmando que "nenhum rei pode reinar devidamente a menos que sirva devotamente ao vigário de Cristo.

INOCÊNCIO IV (25 DE JUNHO DE 1243 A 7 DE DEZEMBRO DE 1254)
Em 1245, no Concílio de Lyon declarou deposto o imperador Frederico II e declarou a *cruzada contra ele. Depois da morte de Frederico, continuou interferindo nos assuntos imperiais até que chegou a um acordo com Conrado IV em 1254. Mediante a bula *Ad extirpanda* (1252) permitiu à Inquisição o uso da tortura.

INOCÊNCIO V (21 DE JANEIRO A 22 DE JUNHO DE 1276)
Papa. O primeiro dominicano papa. Tentou manter o poder temporal do papa na Itália, apoiando-se no imperador Rodolfo. Exigiu para a união com as Igrejas orientais que estas aceitassem a supremacia papal e o Filioque em relação à doutrina do *Espírito Santo. Morreu quando os emissários dessa mensagem estavam embarcando.

INOCÊNCIO VI (18 DE DEZEMBRO DE 1352 A 12 DE SETEMBRO DE 1362)
Papa. Ancião e enfermo no momento de sua eleição, o quinto papa de Avinhão tentou reformar a Cúria, apoiou os *dominicanos e desencadeou a perseguição contra os franciscanos radicais, dos quais encarcerou um bom número ou os enviou à fogueira. Colheu não poucos fracassos políticos, não sendo o menor aquele em que Carlos VI publicou a Bula de Ouro, na qual se regulamentava a eleição imperial (1356) sem nela mencionar a intervenção papal.

INOCÊNCIO VII (17 DE OUTUBRO DE 1404 A 6 DE NOVEMBRO DE 1406)
Terceiro papa romano durante o *Grande Cisma. Rejeitou as propostas de *Bento XIII encaminhadas para se chegar a um final do cisma por pressões de Ladislau, rei de Nápoles. Sua conduta nepotista ocasionou em 1405 uma sublevação da população de Roma, podendo o papa regressar finalmente em 1406 à cidade graças às tropas de Ladislau.

INOCÊNCIO VIII (29 DE AGOSTO DE 1484 A 25 DE JULHO DE 1492)
Papa. Sobrecarregado pelas dívidas deixadas por seu antecessor, teve de recorrer à venda de ofícios eclesiásticos, e em 1485 apoiou os barões que se haviam sublevado contra Fernando I de Nápoles (1458-1494). Derrotado em 1486, viu-se obrigado a assinar uma paz desvantajosa e a partir de então buscou a aliança com Lourenço de Médicis. Concedeu a Fernando e Isabel da Espanha o título de Reis Católicos. Após a morte de Inocêncio VIII os estados papais caíram na anarquia.

INOCÊNCIO IX (29 DE OUTUBRO A 30 DE DEZEMBRO DE 1591)
Papa. Seguiu uma política em favor da Espanha apoiando Filipe II contra o protestante francês Henrique IV (1589-1610). Dividiu a Secretaria de Estado em três seções (França e Polônia; Itália e Espanha; Alemanha). Quando realizava uma peregrinação pelas sete Igrejas contraiu um resfriado e morreu poucos dias depois.

INOCÊNCIO X (15 DE SETEMBRO DE 1644 A 1º DE JANEIRO DE 1655)
Papa. Foi muito criticado por causa da influência que exerceu sobre ele Olímpia Maidalchini, viúva de seu

irmão. De tendências pró-espanholas, mediante a bula *Zelus domus Dei* (o zelo da casa de Deus), de 26 de novembro de 1648, manifestou seus protestos contra a paz da Vestefália, com a qual terminou a Guerra dos Trinta Anos e mediante a qual se consagrou a liberdade de religião em algumas regiões da Alemanha. Seu protesto não teve efeito. Condenou o *jansenismo. Um retrato seu, pintado por Velásquez, conserva-se na Galeria Dória de Roma.

INOCÊNCIO XI (21 DE SETEMBRO DE 1676 A 12 DE AGOSTO DE 1689)
Papa. Melhorou as finanças da Cúria. Combateu o absolutismo de Luís XIV – que havia impedido em 1669 sua eleição como papa – e se opôs ao *galicanismo. Sua benevolência para com o *jansenismo atrasou sua causa de beatificação. Foi beatificado em 1956.

INOCÊNCIO XII (12 DE JULHO DE 1691 A 27 DE SETEMBRO DE 1700)
Papa. Interessado na reforma administrativa, reduziu a venda dos benefícios eclesiásticos e os gastos do Vaticano. Tentou conter o nepotismo que desde séculos caracterizava a administração papal mediante o decreto *Romanum decet pontificem* (convém ao Romano pontífice), de 22 de junho de 1692, no qual se estabelecia que não mais de um parente podia ser nomeado cardeal e que o papa nunca deveria entregar a seus familiares possessões, ofícios e rendas. Incapaz de mediar pacificamente nas guerras que Luís XIV estava desencadeando na Europa, teve inclusive de aceitar o triunfo do *galicanismo na França.

INOCÊNCIO XIII (8 DE MAIO DE 1721 A 7 DE MARÇO DE 1724)
Papa. Desejoso de evitar conflitos com as diversas potências, investiu o imperador Carlos VI (1711-1740) e agradou Filipe de Orleans, regente da França, nomeando cardeal seu corrupto ministro Guilherme Dubois. Vítima de uma profunda aversão para com os jesuítas que procediam de sua época como núncio em Portugal, esteve a ponto de suprimir a Companhia de Jesus.

INQUISIÇÃO
Organismo eclesiástico encarregado da perseguição da heresia. Até o séc. IV, a sanção da heresia limitava-se à excomunhão. A partir de então, a heresia começou a ser considerada como um delito grave que se castigava com a confiscação de bens e inclusive com a morte. O primeiro executado por heresia foi *Prisciliano. A proliferação dos *cátaros levou a Igreja a procurar a ajuda do poder secular para perseguir os hereges.

Em 1232 nasceu a Inquisição quando o imperador Frederico II promulgou um edito em virtude do qual se recomendava a perseguição aos hereges funcionários imperiais. *Gregório IX, temendo o controle imperial sobre a perseguição aos hereges, decidiu então mantê-la entre as tarefas eclesiais e nomeou inquisidores, em sua maior parte membros dos *dominicanos e *franciscanos. Os inquisidores percorriam o país instando os hereges a se confessar voluntariamente depois que eram decretadas penas como a peregrinação ou o jejum. No fim de um mês, a pessoa comparecia finalmente diante de um tribunal no qual não havia defesa e cujas testemunhas nomeadas ficaram anônimas até a época de *Bonifácio VIII. Se o acusado, diante das provas apresentadas, obstinava-se em sua posição, era submetido ao regime carcerário extremamente duro. Em 1252, *Inocêncio IV permitiu o uso da tortura para quebrantar a resistência dos acusados. As penas consistiam em confisco, cárcere (que podia ser perpétuo) e entrega ao braço secular, o que equivalia à morte na fogueira. Em 1479 ficou estabelecida a Inquisição espanhola, cuja finalidade fundamental era perseguir os judeus que, convertidos ao catolicismo, regressavam em segredo para sua fé. Em 1542 Paulo III estabeleceu a Congregação da Inquisição como último tribunal de apelações.

A *Reforma do séc. XVI implicou no fim da Inquisição naqueles lugares onde triunfou o protestantismo e somente de modo esporádico aconteceram episódios semelhantes à Inquisição, p. ex. a execução de Miguel *Servet ou a perseguição aos *anabatistas.

O triunfo dos regimes liberais significou, finalmente, a erradicação da Inquisição inclusive nos países católicos. Assim, na Espanha foi abolida em 1808 por José Bonaparte. Reintroduzida em 1814 por Fernando VII, foi finalmente eliminada em 1834.

INSPIRAÇÃO

De acordo com a crença judia compartilhada pelos Evangelistas, as *Escrituras foram inspiradas por Deus (Mt 1,22), que falou através de seus autores humanos. Daí Jesus afirmar que não se pode negar o que está contido nelas (Jo 10,35) e que nelas há vida eterna (Jo 5,39).

INTERCESSÃO

O judaísmo da época de Jesus rejeitava por princípio a existência de mediadores entre *Deus e os homens. A crença posterior de alguns *jazidim* no sentido de que seu *tzadik* pode chegar a desempenhar esse papel é, de fato, vista com maus olhos pelo restante dos setores do judaísmo. Os Evangelhos repetem essa visão da religião de Israel, embora assinalem uma exceção concreta, a que apresenta *Jesus como mediador entre Deus Pai e os homens (Jo 14,6; 1Tm 2,5). É possível que a aceitação dessa tese influenciasse não pouco a identificação de Jesus com as *hipóstases de Deus. As referências à mediação de Maria Santíssima ou dos santos estão ausentes nos Evangelhos (em absoluto pode-se interpretar nesse sentido a passagem de Jo 2,1ss.) e sua origem deve-se buscar em tradições historicamente posteriores.

Semelhante visão teológica tem sido mantida pela Igreja católica e pelas *Igrejas ortodoxas, mas foi rejeitada de maneira direta pela *Reforma Protestante do séc. XVI.

Bibl.: BROWN, R. E., DONFRIED, K. P., FITZMYER, J A. e REUMANN, J., *Maria no Novo Testamento*, Salamanca 1986; WARNER, M., *Tú sola entre las mujeres*, Madri 1991; VIDAL MANZANARES, C., *El judeo-cristianismo...*; IDEM, "La figura de María en la literatura apócrifa judeo-cristiana de los dos primeros siglos", em *Ephemerides Mariologicae*, 41, 1991, p. 191-205; IDEM, "María en la arqueologia judeo-cristiana de los tres primeros siglos" em *Ibidem*, 41, 1991, p. 353-364.

ÍNTERIM DE AUGSBURGO

Fórmula doutrinal aceita como base de um entendimento entre católicos e protestantes em 1548. Preparada por J. Pflug, bispo de Naumburg, M. Helding, bispo sufragâneo de Mogúncia e J. Agrícola, constava de 26 artigos e concedia aos leigos protestantes a possibilidade de receber a eucaristia sob as duas espécies e aos clérigos a de contrair matrimônio. Aprovada pela

Confissão de Augsburgo, no dia 30 de junho de 1548, deveria entrar em vigor até a celebração de um concílio geral.

ÍNTERIM DE LEIPZIG

Versão protestantizada do Ínterim de Augsburgo redigida pelo eleitor Maurício em dezembro de 1548. Seu âmbito de aplicação restringiu-se às zonas já protestantes da Alemanha.

IRINEU

Nasceu entre 140 e 160 na Ásia Menor, talvez em Esmirna. Discípulo de Policarpo, através dele fazia-se a conexão com a era apostólica. Em 177-178 foi enviado, sendo presbítero da Igreja de Lyon – continua havendo controvérsia sobre a localização dessa cidade –, ao Papa Eleutério para mediar numa controvérsia relacionada com o montanismo. Sagrado bispo depois, foi mediador na controvérsia pascal entre os bispos orientais e o Papa Vítor. Teve êxito em sua intervenção, embora não saibamos nada de sua vida depois. Possivelmente seja Irineu o teólogo mais importante do séc. II. Sua obra *Contra os Hereges* é uma enciclopédia de heterodoxias e, sobretudo, um autêntico armazém de dados sobre o gnosticismo. Escreveu também uma *Demonstração da pregação apostólica* e uma série de obras das quais somente chegaram até nós pedaços ou o título apenas (*Sobre a monarquia*, *Sobre a ogdoada*, *Sobre o conhecimento* etc.). Possivelmente cabe a Irineu a honra de haver sido o primeiro a formular em termos dogmáticos o ensino cristão. Cristologicamente, Irineu considera o Filho gerado mas não criado deixando de explicar o mistério. Sua tese da recapitulação de todas as coisas em Cristo constitui o eixo de sua teologia. Mariologicamente, Irineu continua o paralelismo de Justino entre Eva e Maria. Essa última converte-se em advogada de Eva. Eclesiologicamente, Irineu confia no fato de que a Igreja recebeu dos apóstolos e de seus discípulos a verdadeira fé que se identifica, "grosso modo", com o credo dos apóstolos. Essa tradição apostólica manifesta-se de maneira especial na sucessão episcopal que pode, diferentemente do que sucede com os hereges, chegar até os próprios apóstolos. Por isso deve-se obedecer à "sucessão do episcopado". Dentre as Igrejas, a maior, a mais antiga e a melhor fundada é a de Roma, que foi estabelecida por Pedro e Paulo. Contudo, possivelmente Irineu não esteja falando de um primado romano mas de uma origem mais elevada – derivada de seus fundadores nessa Igreja. Sacramentalmente, acreditava que a oração pronunciada sobre o pão e o vinho na Eucaristia transformava-os no corpo e sangue de Cristo. Não obstante, o caráter sacrifical da Eucaristia vê-se limitado no sentido já assinalado na Didaqué e nos outros escritos paleo-cristãos, a saber, um sacrifício simbólico de louvor, algo que se deriva indiscutivelmente da tradição judaica da *bereká*. Em relação ao cânon das Escrituras, Irineu não inclui no cânon a Carta aos Hebreus, nem a Segunda de Pedro, nem Tiago, nem Judas. Pelo contrário, considera sim canônico o Pastor de Hermas. Escatologicamente, Irineu acredita no milenarismo e prestou especial atenção à figura do anticristo.

IRLANDA, CRISTIANISMO NA

Não temos notícia fidedigna da chegada do cristianismo à Irlanda antes do séc. V. Contudo, o trabalho realizado nesse século por Paládio e Patrício faz pensar que já haviam alguns núcleos antes de sua chegada. O desaparecimento do Império Romano causou o isolamento da Irlanda e o desenvolvimento de uma forma de cristianismo carregada de peculiaridades na ilha. Nele, por exemplo, os bispos viram-se subordinados às abadias e inclusive a senhores leigos. No séc. VII o sul da Irlanda aceitou a obediência à Roma, mas o norte da ilha tardaria várias gerações em dar o mesmo passo. No séc. XII estabeleceu-se a primeira comunidade de *cistercienses, e por sua vez a conquista inglesa dotou de certa uniformidade a Igreja irlandesa.

Sob *Henrique VIII o clero e os leigos aprovaram em sua maioria a Ata da supremacia, mas não se fez nenhum esforço para ganhar o país para a *Reforma. Essa medida foi tomada sob o reinado de *Isabel I (1560). O estabelecimento de colonos ingleses e escoceses durante o séc. XVII converteu o Ulster – Irlanda do Norte – num enclave de protestantismo ardentemente militante. Em 1641 houve um levante católico que levou pouco depois *Cromwell a tentar assegurar uma supremacia econômica protestante. Contudo, a perseguição contra os católicos irlandeses foi praticamente desconhecida. O séc. XVIII foi testemunha de uma decadência da Igreja anglicana ao lado de uma crescente tolerância para com os católicos irlandeses. A partir de 1829 surgiu uma clara ofensiva católica, na qual o nacionalismo irlandês identificou-se com essa fé. Quando em 1922 teve lugar a independência da Irlanda foram concedidos direitos especiais à Igreja católica, confirmados na Constituição de 1937. Ao mesmo tempo fora garantida de forma específica a tolerância religiosa para *anglicanos, *presbiterianos, *metodistas, *quakers e *judeus. Na Irlanda, 90% da população é católica e o restante protestante. No Ulster, 35% é católico e 65% protestante.

IRMANDADE SACERDOTAL DE SÃO PIO X
*Lefebvrismo.

IRMÃO LOURENÇO DA RESSURREIÇÃO
(1605-1691 APROX.)

Nome religioso de Nicolau Herman, místico e carmelita. Depois de haver sido soldado e ermitão entrou para o convento carmelita de Paris em 1649, onde foi encarregado de trabalhar na cozinha. Seus escritos foram editados postumamente em dois volumes *Maximes spirituelles* (1692) e *Moeurs et entretiens du F. Laurent* (1694). Lourenço propagava uma oração consistente na presença de Deus tanto mediante a imaginação, como mediante a mente.

IRMÃOS
*Igreja dos irmãos.

IRMÃOS BOÊMIOS
Também conhecidos como Unitas Fratrum. Grupo de caráter *utraquista que por volta do ano 1467 separaram-se para seguir mais fielmente os ensinamentos de Pedro Chelcicky. Sua teologia tirada única e exclusivamente da *Bíblia, que era interpretada comunitariamente e obedecida por todos, individualmente, sob a supervisão dos anciãos. Firmados numa ética derivada diretamente do "Sermão da Montanha", negavam-se a pronunciar juramentos e fazer o serviço militar. Também depreciavam a propriedade privada e advogavam uma forma de vida simples e virtuosa. Repeliam também a veneração dos santos e das imagens e afirmavam que

a eficácia dos sacramentos dependia da fé e dos receptores. Mostraram também uma profunda preocupação por aspectos como educação, e seu legado no campo da literatura tcheca foi importantíssimo, por exemplo, através de sua tradução da Bíblia para essa língua.

Sob Lucas de Praga o grupo cresceu rapidamente apesar da perseguição. Quando surgiu a *Reforma, tentaram unir-se aos luteranos cujo espírito de purificação da Igreja compartilhavam, mas esse desejo não se viu cumprido até 1542. Depois de 1547, o imperador Fernando adotou medidas contra eles e alguns deles emigraram para a Polônia unindo-se ali em 1555 aos calvinistas. Os que permaneceram na Boêmia receberam a partir de 1575 liberdade de culto, embora em sua maior parte emigrassem para a Morávia. Até 1721 aceitaram a oferta de proteção oferecida por N. L. von Zinzendorf, misturando-se com seus seguidores e construindo o que foi chamado de Irmãos moravos, que influenciaram consideravelmente nos inícios do *metodismo.

IRMÃOS DARBYSTAS
*Irmãos de Plymouth.

IRMÃOS DA VIDA COMUM

Associação fundada no séc. XIV para incentivar a vida e a devoção cristãs. Não exigia votos de seus membros e os deixava em liberdade para continuar no exercício de suas atividades normais. Manifestaram uma considerável preocupação com a educação. Entre seus membros encontraram-se *Tomás de Kempis, *Adriano VI e Gabriel *Biel. Extinguiram-se em fins do séc. XVII.

IRMÃOS DE JESUS

Num sentido espiritual, Jesus reconhece como sua mãe e seus irmãos aqueles que fazem a vontade de Deus (Mt 12,46-50). Tudo indica que esse tratamento já era muito comum entre os *discípulos antes da *crucifixão (Mt 5,47). Questão diferente é a de se Jesus teve ou não irmãos carnais. Os Evangelhos afirmam que Jesus teve quatro irmãos chamados Tiago, José, Simão e Judas (Mt 13,55ss.; Mc 6,3), assim como pelo menos duas irmãs cujos nomes não mencionam e que nos chegaram através de Hegesipo. Nenhum dos irmãos de Jesus creu nele durante seu ministério (Jo 7,3-10), mas depois da *ressurreição integraram-se na comunidade judeu-cristã de *Jerusalém. Há indícios para crer que, ao menos no caso de *Tiago, foi a aparição de Jesus ressuscitado que determinou a posterior *conversão (1Cor 15,7).

Sem dúvida, ele foi o irmão de Jesus mais importante na história posterior do cristianismo. Não somente se converteu numa coluna do judeu-cristianismo jerosolimitano (Gl 1,19), mas também porque sua intervenção tornou-se decisiva para garantir a entrada dos *gentios no cristianismo, sem que para isso tivessem de se submeter à *circuncisão ou à Lei de *Moisés (At 15). No ano de 62 d.C. foi executado pelas autoridades religiosas judaicas (por Herodes).

A Judas atribui-se a autoria da carta que traz seu nome contida no Novo Testamento. Seus filhos Zocer e Tiago viveram como sitiantes em *Nazaré (Hegesipo em HE 3,20). Quanto a José, a Simão e às irmãs praticamente não sabemos nada. Segundo Júlio Africano, haviam ainda no século III familiares de Jesus (HE 1,7) dedicados ao cultivo da terra. Ao que parece, tratava-se de descendentes de Judas. O último desses personagens de quem se tem notícias é um tal Conón, canonizado mais tarde, ao qual se referem alguns afrescos da antiga sinagoga judeu-cristã de Nazaré e que morreu mártir em 249 na Ásia Menor.

A determinação concreta do parentesco existente entre os irmãos de Jesus e ele tem provocado historicamente discussões e polêmicas, cuja base e ponto de partida são do ponto de vista da ciência histórica, teológicas e dogmáticas, ao afetar diretamente o dogma católico e ortodoxo da virgindade perpétua de Maria. Na defesa das diferentes teses, tem-se recorrido não poucas vezes a brilhantes argumentos, embora, como afirmou P. Bonnard, "teriam sido desenterrados esses tesouros de erudição se não tivesse exigido o dogma posterior?"

O historiador judeu Flávio Josefo entendeu que eram irmãos carnais e, no mesmo sentido, tem sido compreendido o termo "adelfos" com o qual se qualifica Tiago pelos autores judeus posteriores (J. Klausner, H. Schonfield, D. Flusser, D. Stern etc.). Essa mesma interpretação encontrou-se presente também no cristianismo primitivo. De fato, alguns dos Padres da Igreja, como Hegesipo (cujo testemunho nos chegou através de Eusébio de Cesaréia, HE, 3,20), Tertuliano (*De carne Christi* VII; *Adv. Marc.* IV, 19; *De monog.* VIII; *De virg. vel.* VI A) ou João Crisóstomo (*Homilia 44* sobre Mt 1), consideram Tiago e os demais como irmãos de Jesus e filhos de Maria.

Quanto aos textos bíblicos, por regra geral, os autores católicos – procurando, sem dúvida, não ir de encontro com a crença da virgindade perpétua de Maria – têm insistido que a palavra "irmão" em hebraico e aramaico tem um sentido mais amplo que em português e que precisamente dessa maneira teria de entendê-la em relação com Tiago e com os demais irmãos e irmãs de Jesus, aos quais se referem os Evangelhos (Mt 13,55; Mc 6,4). Tem-se objetado diante dessa explicação que Paulo, Lucas, o autor dos Atos, Marcos e João, escrevendo em grego e para um público em sua maior parte helênica, utilizaram a palavra "adelfos" para referir-se a Tiago e aos demais irmãos de Jesus, dando-lhe um significado diferente do mais usual nessa língua e mais quando contavam com termos específicos para "primos" (Anepsios em Cl 4,10) ou "parentes" (Synguenes ou synguenys em Mc 6,4; Lc 1,58; 2,44; 14,12; 21,16; Jo 18,26; At 10,24; Rm 9,3; 16,7.11 e 21). Certamente a identificação de "irmão" com "parente" ou "primo" tornou-se pouco convincente para Jerônimo que, no séc. IV, articulou uma interpretação (que seria seguida posteriormente por algumas Igrejas orientais), em virtude da qual se salvava a crença na virgindade perpétua de Maria afirmando que, efetivamente, os irmãos de Jesus, incluindo Tiago, eram realmente irmãos seus, mas não nascidos de Maria e sim de um matrimônio anterior de José. A tese de Jerônimo é muito tardia, embora a tire de algum apócrifo judeu-cristão anterior no qual, não obstante, parece ter pesado mais o elemento apologético – livrar Jesus da acusação de ilegitimidade – que o desejo de conservar uma tradição histórica. Certamente, por economia interpretativa, para o historiador que não se ache preocupado por defender um dogma assumido previamente, a solução mais natural é a de aceitar que Tiago foi irmão de Jesus e filho de Maria, embora não reste dúvida de que as outras possibilidades – "irmão"

= "parente" ou "irmão" = filho anterior de José – não sejam improváveis. Contam, além disso, com uma base repetida desde data muito anterior na tradição eclesial.

Bibl.: Lagrange, M. J., *Evangile selon Marc*, 1929, p. 79-93; De la Garenne, G. M., *Le probleme des Freres du Seigneur*, Paris 1928; Goguel, M. *Revue de l'histoire des religions*, 98, 1928 p. 120-125; Brown, R., *El nacimiento del Mesías*, Madri 1928, p. 527 e 531ss.; Bonnard, P., *El Evangelio...*; Vidal Manzanares, C., *Diccionario de las tres...*; Idem, *El Primer Evangelio...*; Idem, *El judeo-cristianismo...*; Idem, "La figura de María en la literatura apócrifa judeo-cristiana de los primeros siglos", em *Ephemerides Mariologicae*, vol. 41, Madri 1991, p. 191-205; Flusser, D., *O. c.*; Klausner, J., *O. c.*

IRMÃOS DE NOSSO PAI JESUS

Movimento também conhecido como os penitentes, surgiu entre os espanhóis emigrados no séc. XVIII ao Novo Mundo. Seus adeptos se autoflagelam e se crucificam num desejo de participar na Paixão de Cristo. Antropologicamente, suas origens acham-se em formas "cristianizadas" do paganismo. Ocasionalmente a Igreja católica condenou a realização dessas práticas.

IRMÃOS DE PLYMOUTH

Nome de uma denominação protestante, também conhecida como Irmãos livres ou Assembléia de Irmãos, cujo nome deriva do fato de que um de seus centros iniciais esteve na mencionada cidade inglesa. Surgidos no início do séc. XIX no seio da Igreja anglicana, pretendiam voltar a um cristianismo mais centrado no Novo Testamento e que, por exemplo, não teria cabimento a permanência de crentes no seio dos exércitos, o que contradizia frontalmente os Artigos da Fé anglicana. Entre suas características estava a partilha do pão todos os domingos, a autonomia da Igreja local e a ausência de um ministério organizado. Em 1849 dividiram-se em Irmãos abertos e Irmãos fechados como conseqüência de discussões a respeito da natureza humana de Cristo e do governo da Igreja. Progressivamente, a denominação foi perdendo seu caráter de discipulado cristão radical para ir-se acomodando aos padrões próprios de um protestantismo de caráter norte-americano. Embora o movimento não seja uma seita, em alguns casos adquiriu características que levam alguns especialistas a qualificá-lo – erroneamente – como tal, a considerar sobretudo aqueles segmentos da denominação mais influenciados por John Nelson Darby (irmãos darbistas), entre os quais se pratica um exclusivismo muito estrito (aplicável inclusive a outros membros da Igreja), crê-se numa escatologia de duvidosa base bíblica (por exemplo, o dispensacionalismo propugna uma vinda de Cristo em duas etapas) e se mantém uma atitude pouco fraterna para com outras igrejas e denominações. É também objeto de controvérsia o ensino darbista relativo à perseverança final ("uma vez salvo sempre salvo") que, para alguns setores do protestantismo, beira a heresia.

IRMÃOS HOSPITALEIROS

*Hospitalários.

IRMÃOS MORÁVIOS

Igreja protestante originada da fusão dos irmãos tchecos com os seguidores do conde *Zinzendorf em 1722. Embora se considerassem um grupo (*ecclesiola*) dentro do conjunto dos *luteranos (*Ecclesia*), sua ênfase foi progressivamente *pietista. De enorme impulso evangelizador, já em 1732 começaram a enviar missionários à América. Partidários de uma forma muito simples de cristianismo, desconfiam dos credos estabelecidos, embora reconheçam a confissão de Augsburgo. Atualmente a quarta parte de seus membros encontra-se na Tanzânia.

IRMÃS BRANCAS

Nome com que se denomina a congregação das irmãs missionárias de Nossa Senhora da África, fundada em 1869 para dar assistência aos *Padres brancos. Também recebe esse nome a congregação das filhas do Espírito Santo, fundada em 1706 na Bretanha e dedicada à educação das crianças e ao cuidado dos enfermos.

IRVING, EDWARD (1792-1834)

Pregador protestante de tipo milenarista. Embora inicialmente pertencesse à Igreja da *Escócia, em 1816 descobriu a obra *Vinda do Messias em glória e majestade* do *jesuíta espanhol Lacunza, e aceitou o esquema escatológico dispensacionalista contido nela apesar de que, originalmente, sua finalidade era opor-se à *Reforma. Em 1832, depois de ser censurado por suas opiniões cristológicas, seus seguidores agruparam-se na Igreja católica apostólica, mais conhecidos como *irvingianistas, que insistiam na prática de alguns carismas do *Espírito Santo. Irving teve nela rara incumbência, mas sua influência foi muito grande ao influenciar a difusão da escatologia dispensacionalista e no nascimento dos *pentecostais.

IRVINGIANISTAS

Seguidores das doutrinas de Edward *Irving.

ISAAC

Em hebraico "hará rir". Filho de Abraão, meio irmão de Ismael e pai de Jacó e Esaú. Seu nascimento prometido por Deus (Gn 17,19-21) a Abraão e sua esposa Sara é o cumprimento do Pacto de Deus com o primeiro. Essa circunstância traz um dramatismo especial ao fato de que Deus ordenara a seu pai Abraão que o oferecesse em sacrifício (Gn 22). Finalmente, Deus impediu o sacrifício porque ficou satisfeito com a obediência de Abraão, aceitando um carneiro em lugar do jovem. O Novo Testamento considera Isaac como um tipo de Cristo e da Igreja (Gl 3,16; 4,21-31), traçando um paralelo entre a obediência de Isaac a seu pai e a de Cristo – que sim foi sacrificado – para com seu Pai (Hb 11,17-19). Esses temas foram desenvolvidos por vários Padres da Igreja, sendo Isaac um dos primeiros temas da arte cristã.

ISABEL

Descendente de Aarão, esposa de *Zacarias e mãe de *João Batista. Era parente de *Maria, a qual ficou em sua casa durante três meses, durante a gestação de João Batista (Lc 1,5ss.).

ISABEL I (1533-1603)

Rainha da Inglaterra. Subiu ao trono após a morte da católica Maria Tudor. Sem convicções religiosas, Isabel I não podia apoiar seus súditos católicos, já que estes lhe negavam a legitimidade por ser filha de Ana Bolena e *Henrique VIII. O ideal de Isabel teria sido uma Igreja nacional no estilo luterano, mas a impossibilidade de chegar a essa meta e a necessidade de manter-se na companhia da *Reforma inclinou-a a tolerar a inclusão de posturas próprias do *calvinismo na *Igreja da Inglaterra. Em 1570 foi excomungada pelo Papa *Pio V, que liberou seus súbditos do dever da obediência. Semelhante medida somente levou a rainha a radicalizar sua posição. Em 1587, ordenou a execução de Maria Stuart, depois de 19 anos na prisão, por temor de que essa pudesse converter-se em dirigente dos católicos da ilha. Finalmente, a derrota da Armada espanhola (1588) converteu a Inglaterra em lugar de refúgio dos protestantes e aliada do protestantismo continental nos próximos séculos.

ISABEL DA HUNGRIA
(1207-1231)

Santa, filha de André II, rei da Hungria, nasceu em Bratislava (atual Eslováquia). Casada aos catorze anos com Luís IV, príncipe da Turíngia, entregou-se às obras de caridade. Depois do falecimento de seu esposo, foi obrigada por seu cunhado a abandonar a Turíngia, com o argumento de que empregava em esmolas suas rendas. Acolheu-a junto com seus três filhos seu tio materno, o bispo de Mamberg. Mesmo recuperando a Turíngia, renunciou a ela em favor de seu filho e depois ingressou na Ordem Terceira de São Francisco. Dedicada na atenção aos enfermos, atribuíram-lhe diversos milagres. Foi canonizada em 1235 pelo Papa *Gregório IX. Sua festa é celebrada no dia 17 de novembro.

ISABEL DE CASTELA
(1451-1504)

"A Católica." Casada com Fernando de Aragão (1469), em 1474 subiram ao trono castelano que levou à unificação espanhola. Mediante uma hábil política matrimonial, conseguiram preparar o campo para a hegemonia espanhola no século seguinte. Mulher de profundas convicções católicas apoiou o esforço reformador de *Cisneros, assim como a missão evangelizadora de Las Casas. Em 1492, ambos os monarcas expulsaram os judeus, acabaram com o último reino muçulmano na Espanha e financiaram a expedição marítima de Colombo, que concluiu com a descoberta da América e a expansão do catolicismo no Novo Continente. Sua canonização tem sido pedida em diversas ocasiões, sendo recusada principalmente por seu papel na expulsão dos judeus.

ISIDORO DE PELÚSIO

Nasceu em Alexandria no ano de 360. Supõe-se que tenha sido abade de um mosteiro nas montanhas de Pelúsio, no Egito, embora investigações recentes desmintam essa possibilidade. Morreu por volta do ano 435. Conservaram-se umas duas mil cartas suas. Parece que escreveu também um tratado *Contra os gregos* e outro *Sobre a não-existência do Destino*.

ISIDORO DE SEVILHA
(560-636 APROX.)

Foi educado num mosteiro sob a supervisão de seu irmão o monge *Leandro. Desde o ano 600 foi arcebispo de Sevilha. Foi o erudito mais importante de sua época e suas obras – entre as quais se destacam as *Etimologias*, os *Três livros de Sentenças*, as *Crônicas maiores* e a *História dos reis godos, vândalos e suevos* – procuraram não somente defender a fé contra os *arianos mas também preservar a sabedoria clássica. Canonizado em 1598, em 1722 recebeu o título de Doutor da Igreja.

ISIDORO MERCATOR

Pseudônimo do autor das *falsas decretais possivelmente para sugerir uma conexão – ou identidade – com *Isidoro de Sevilha.

ISLÂNDIA, CRISTIANISMO NA

A primeira missão cristã chegou à Islândia por volta do ano 980, procedente da Noruega. A partir de 1262 ficou sujeita eclesiasticamente a esse país, e quando houve a *Reforma optou também em adotar o *luteranismo. Praticamente a totalidade da população islandesa é sociologicamente luterana.

ISRAEL

Nome recebido por Jacó depois de lutar com *Deus – como *hipóstase – em Jaboc (Gn 32,29). Derivado da raiz "sará" (lutar, reagir), contém o significado de vitória e poderia ser traduzido por "aquele que lutou com Deus" ou "o lutador de Deus". Posteriormente o nome será aplicado aos descendentes de Jacó (Êx 1,9) e, depois da divisão do povo de Israel na morte de Salomão, veio a designar a monarquia do norte constituída pela totalidade das tribos, com exceção das tribos de Judá e Levi, e destruída pela Assíria no ano de 721 a.c. O termo designa também o território prometido por Deus aos patriarcas e a seus descendentes (Gn 13,14-17; 15,18; 17,18; 26,3-4; 28,13; 35,12; 48,3-4; 1Sm 13,19). Após a derrota de Bar Kojba em 135 d.c., ele seria chamado pelos romanos de Palestina, numa tentativa de ridicularizar os judeus e recordando aos já há muito tempo desaparecidos filisteus. Dos Evangelhos surge a idéia de que a *Igreja não é senão o Novo Israel.

Bibl.: Kaufmann, Y. *O. c.*; Noth, M. *Historia...*; Bright, J., *O. c.*; Bruce F. F., *Israel y las naciones*, Madri 1979; Vidal Manzanares, C., *El judeo-cristianismo...*

IVO DE CHARTRES (1040-1115 APROX.)

Bispo de Chartres. Depois de ser educado em Paris e Bec, tornou-se prior de São Quintin de Beauvais e depois bispo de Chartres. Sua condenação ao adultério de Filipe I provocou sua prisão em 1092. O canonista mais importante de sua época, durante o conflito das Investiduras, adotou uma posição moderada. Sua festa é celebrada no dia 20 de maio.

JACOBITAS

Nome com o qual se denomina os partidários ingleses e escoceses da dinastia desterrada dos Stuart. A denominação derivava-se de *Jacobus*, o nome latino do rei Jaime II da Inglaterra, destronado em 1688 por Guilherme de Orange durante a Gloriosa Revolução fundamentalmente por causa da identificação católica do monarca. Durante anos, os jacobitas tramaram diversas conjurações para reverter o triunfo do protestantismo. Em 1715, os jacobitas foram derrotados em Preston (Lancashire). Trinta anos depois o neto de Jaime II, Carlos Eduardo, o Jovem Pretendente, conseguiu desembarcar na Escócia, entrar em Edimburgo e invadir a Inglaterra até Derby. O desejo de proteger o protestantismo traduziu-se numa importante vontade de resistência e os jacobitas foram derrotados em Culloden Moor. Carlos viu-se obrigado a fugir para França e cerca de um milhar de nobres foram condenados à morte. Daí em diante não seria possível uma restauração católica na Inglaterra.

JAIME I (1566-1625)

Rei da Inglaterra e VI da Escócia. Sob seu reinado e auxílio realizou-se a tradução da denominada Bíblia do rei Jaime (King James Bible ou Autorized Version) de 1611, cujo influxo sobre a cultura anglo-saxônica posteriormente fica absolutamente decisiva.

JAIME II (1633-1701)

Rei da Inglaterra, Escócia, como Jaime VII, e Irlanda (1685-1688). Segundo filho do Rei Carlos I e de Henriqueta Maria da França, depois da execução de seu pai foi levado ao continente, e em 1657 entrou para o serviço da Espanha na guerra contra a Inglaterra. Ao restaurar-se a monarquia em 1660, seu irmão passou a ser o rei Carlos II e ele, lorde almirante supremo da Inglaterra. Em 1672 anunciou publicamente sua conversão ao catolicismo. No ano seguinte, o Parlamento inglês aprovou as *Test Acts* que impediam aos católicos o desempenho de cargos públicos. Jaime foi demitido como almirante supremo, mas em 1679 a Câmara dos Comuns não conseguiu o excluir da sucessão ao trono. Com a morte de Carlos em 1685, Jaime foi coroado e imediatamente estalaram rebeliões que pretendiam evitar a recatolização da Inglaterra. Jaime II abortou-as, mas a dureza repressiva encarnada nos "julgamentos sanguinários" afastaram da lealdade muitos de seus súditos. Embora Jaime procurasse obter o apoio dos dissidentes e dos católicos em 1687, pondo fim às restrições religiosas, não conseguiu. Ao nascer seu filho Jaime Francisco Eduardo Stuart, no dia 10 de junho de 1688, ficou garantida legalmente a sucessão católica, o que levou a oposição a convidar o genro de Jaime, Guilherme de Orange, a ocupar o trono inglês. Guilherme desembarcou na Inglaterra em novembro de 1688 e avançou até Londres. Não houve derramamento de sangue – razão pela qual o episódio foi conhecido como Gloriosa Revolução – uma vez que Jaime foi abandonado por suas tropas e Guilherme foi recebido como um libertador pela maioria da população. Em 1690, Jaime desembarcou na Irlanda com tropas francesas para recuperar o trono, mas foi derrotado em Boyne e viu-se obrigado a regressar à França, onde permaneceu até sua morte. Seus seguidores – e seus descendentes – receberam o nome de *jacobitas.

JAIME DE LA VORÁGINE (1230-1298 APROX.)

Arcebispo de Gênova e autor da *Lenda Dourada* ou *Lenda Áurea*. Depois de sua morte, surgiu um culto em sua honra que foi ratificado por *Pio VII em 1816.

JAMES, WILLIAM (1842-1910)

Filósofo e psicólogo estadunidense, criador da escola filosófica conhecida como pragmatismo. Nasceu em Nova York, numa família seguidora de Enmanuel *Swedenborg, graduou-se em medicina em 1869. Depois de 1880 e até 1907 ensinou psicologia e filosofia em Harvard. Seu primeiro livro, *Princípios de Psicologia* (1890), no qual adotava o princípio experimental, tornou-o um dos pensadores mais influentes de seu tempo. Durante a seguinte década,

James aplicou esses métodos a temas religiosos e filosóficos. Fruto desse trabalho foram seus livros *A Vontade de crer e outros ensaios sobre filosofia popular* (1897), *A imortalidade humana* (1898) e, sobretudo, *As variedades da experiência religiosa* (1902). Sua insistência em que é verdade aquilo que funciona teve uma importância extraordinária – e nem sempre positiva – no protestantismo e no catolicismo nos Estados Unidos.

JAMILIANOS

Adeptos da seita pseudocristã conhecida como Comunidade Internacional de Cristo. Fundada pelo norte-americano Gene Savoy, sua teologia afirma que seu filho único, Jamil Sean Savoy (nascido nos Estados Unidos em 1959 e morto nos Andes peruanos em 1962), era Cristo e mantém a pretensão de ensinar o autêntico ensinamento de Jesus. Este, conforme Savoy, realizava os milagres graças à absorção da energia solar.

JÂMNIA

Cidade judia situada a uns vinte quilômetros de Jope. Nela, estabeleceu-se depois do ano 70 d.C. uma assembléia de sábios judeus que substituiu o sinédrio. Por volta do ano 80/90 essa assembléia tomou uma série de medidas destinadas a expulsar do seio do povo judeu os *judeu-cristãos.

JANSEN, CORNÉLIO OTTO (1585-1638)

Bispo de Ypres desde 1636. Autor do *Augustinus*. A obra, publicada postumamente em 1640, exigiu a leitura de todas as obras de *Agostinho dez vezes e de seus tratados antipelagianos, trinta. Adversário dos jesuítas, a obra se propunha defender a teologia da graça de Agostinho (algo especialmente difícil dadas as definições sobre a graça do Concílio de Trento), uma tendência ética rigorista e uma hostilidade clara contra o *probabilismo. Na opinião de Jansen, sem uma especial graça de Deus torna-se impossível que o ser humano obedeça seus mandamentos, sendo a operação da graça irresistível e por isso vendo-se determinada a existência humana O jansenismo influenciou poderosamente pensadores como *Pascal, mas foi condenado repetidas vezes desde 1653 até a concordata de Napoleão em 1801.

JANSENISMO

Doutrina derivada do *Augustinus* de *Jansen.

JANUS

Pseudônimo utilizado por *Döllinger para escrever uma série de cartas que, publicadas no *Allgemeine Zeitung* de Augsburgo em 1869, atacavam o *ultramontanismo.

JAPÃO, CRISTIANISMO NO

O primeiro missionário que chegou ao Japão foi *Francisco Xavier em 1549. Seu êxito foi considerável, mas o temor de que a penetração católica fosse somente uma maneira de preparar uma invasão estrangeira provocou a proscrição em 1587. De 1596 a 1598 e de novo a partir de 1613, surgiram perseguições contra os católicos janopeses que contaram com milhares de mortes. Em 1640 todos os estrangeiros foram expulsos do Japão continuando a proscrição do cristianismo até 1859, quando um tratado entre esse país e a França permitiu o regresso dos missionários. Em 1859, junto com os católicos, chegaram os primeiros missionários *anglicanos, e em 1861 os *presbiterianos e os *russos ortodoxos. De 1867 a 1873 os cristãos japoneses voltaram a se ver perseguidos e muitos foram obrigados a se exilarem. Contudo, o cristianismo continuou progredindo, em parte, pelo desejo que alguns japoneses tinham de conhecer a cultura ocidental. A partir da vitória japonesa sobre a Rússia, intensificou-se o nacionalismo japonês, que ao ter como modelo o xintoísmo, surgiram novas dificuldades para os cristãos. Apesar de tudo, foi notável o trabalho de alguns deles como *Kagawa. O rompimento da Segunda Guerra Mundial trouxe novas dificuldades para os cristãos, e o governo japonês tentou agrupar todos os protestantes numa Igreja nacional. Depois de 1945, o governo japonês viu-se obrigado a decretar a liberdade religiosa e a abolição do xintoísmo. Nas últimas décadas tem havido certo crescimento – pequeno, contudo, em termos absolutos – do protestantismo japonês.

JASPERS, KARL (1883-1969)

Filósofo alemão, junto com outros foi o fundador do existencialismo. Estudou direito e medicina, doutorando-se na Universidade de Heidelberg. Nessa universidade ensinou psiquiatria desde 1916 e filosofia desde 1937. Casado com uma judia, opôs-se ao nazismo pelo que foi afastado do ensino. Em 1948 aceitou uma cátedra de filosofia em Basiléia, na Suíça. Jaspers criticou a psicoterapia como enganosa, determinista e anticientífica. Além disso, concedeu um papel de relevância ao transcendente e apontou os perigos contra a liberdade que implicam a ciência moderna e as instituições políticas e econômicas modernas. Desqualificou as teses de R. *Bultmann sobre a desmitologização da Bíblia. Embora durante anos repelisse as pretensões de exclusividade de *Jesus, nos anos finais, concedeu-lhe uma posição especial.

JEJUM

Abstinência voluntária de tomar alimentos por motivações de tipo espiritual. Jesus jejuou antes das tentações do *Diabo (Mt 4,1-2; Lc 4,1ss.) e considerou essa prática imprescindível em relação à expulsão de certo tipo de *demônios (Mt 17,21; Mc 9,29). Não obstante, manteve uma postura nada rigorosa em relação ao jejum, diferente das posturas dos *fariseus e dos discípulos de *João Batista (Mt 9,14ss.; Mc 2,18ss.) e censurou as condutas hipócritas que podiam acompanhar essa prática (Mt 6,16; Lc 18,9-14).

Bibl.: BONNARD, P, *O. c.*; DRIVER, J. *O. c.*; ERE V; POITTEVIN, L. e CHARPENTER, E., *El Evangelio según san Mateo*, Estella.

JERÔNIMO

Nasceu em Stridon, entre a Dalmácia e Panônia, em torno de 331 segundo Agostinho de Hipona, e em 347 segundo F. Cavallera. Cursou estudos em Roma, em torno dos anos 360-367, e aí foi batizado. No ano de 373 estava de volta a sua pátria, indo logo para o deserto de Calcis, onde um judeu converso ensinou-lhe hebraico (375-377). Em Antioquia é ordenado sacerdote por Paulino, seguidor da ortodoxia nicena. No ano de 380 dirige-se a Roma e começa a traduzir Orígenes. O Papa Dâmaso tomou-o como confidente e ele aproveita para aperfeiçoar o hebraico com um rabino. Parece que havia esperanças de ser eleito papa, e a nomeação de Sirício em 384, e algum falatório sobre algumas amizades femininas suas, levaram-no a abandonar a cidade. Empreende, então, em companhia de outras pessoas uma peregrinação aos santos lugares, no decurso da qual Jerônimo irá desenvolvendo o método alegórico e pedindo progressivamente esclarecimentos dos doutos judeus. No ano de 396 o grupo instala-se em Belém, fundando uma erudita comunidade monástica. Meteu-se numa disputa com Rufino, cujo pano de fundo é a heterodoxia originista, Jerônimo optou externamente por chegar a uma solução pacífica influenciado, ao menos em parte, pelo temor de ser expulso da Palestina, mas, alistado depois no bando de Teófilo de Antioquia, atacará com sua pena, todos os inimigos deste: Rufino, João Crisóstomo, os "altos irmãos" de Escete etc. Em 397 recebe uma carta de Agostinho de Hipona, a qual ele não se deixou por menos respondendo com outra em 402. O africano Agostinho não desanimaria diante daquela altivez e conseguiria, humildemente, formar uma frente com Jerônimo contra Pelágio, o qual lhe denuncia em 414. Dois anos depois, um bando de pelagianos queima os mosteiros de Jerônimo. Este morre em 419, quando estava redigindo um comentário sobre Jeremias. A importância principal de Jerônimo reside no fato de sua tradução da Bíblia, que, não obstante, foi muito criticada em sua época, pois havia o temor de cair numa versão judaizante das Escrituras. Semelhantemente a que faria a Reforma Protestante no séc. XVI, descartou como não inspirados os livros do Eclesiástico, Sabedoria, Ester, Tobias e Macabeus – talvez por influência do cânon rabínico – e qualificou o III e IV de Esdras de fantasias. Do mesmo modo não incluiu Baruc entre os livros inspirados. Não descartou Tobias e Judite, embora os traduzisse com suma liberdade, e a mesma coisa fez com as adições gregas de Daniel. Traduziu também obras como a *Crônica* de Eusébio, as *Homilias* de Orígenes sobre os profetas, os textos de Pacômio etc. Chegaram também até nós homilias suas, diversas biografias de ermitãos, cartas e obras polêmicas.

JERÔNIMO DE PRAGA
Irmãos tchecos.

JERUSALÉM
O nome dessa cidade foi interpretado como "cidade da paz". Aparece citada pela primeira vez na Bíblia como Salém (Gn 14,18), se identificarmos ambos os locais. A cidade parece haver sido tomada pelos israelitas que conquistaram Canaã depois da saída do Egito, mas não foi conservada em seu poder. Pelo ano 1000 antes de Cristo, Davi tomou-a das mãos dos jebuseus, convertendo-a em sua capital (2Sm 5,6ss.; 1Cr 11,4ss.), uma vez que ocupava um lugar central na geografia de seu reino. Salomão construiu nela o primeiro templo, transformando-a em centro religioso e lugar de peregrinação anual de todos os fiéis para as festas da Páscoa, Semanas e Cabanas. Nos anos de 586-587 a.C. houve o primeiro Jurban ou destruição do tempo pelas tropas de Nabucodonosor; após o regresso do exílio em 537 a.C., os judeus empreenderam a reconstrução do templo sob o estímulo dos profetas Ageu, Zacarias e Malaquias, mas realmente a grande restauração do templo somente aconteceu com *Herodes e seus sucessores, que o ampliaram e o engrandeceram. Ao primeiro deve-se a construção das muralhas, dos palácios-fortalezas Antônia e do Palácio, a nova Esplanada do *templo, a ampliação deste, um teatro, um anfiteatro, um hipódromo e numerosas mansões. Pelo fato de haver sido o centro da vida re-

ligiosa dos judeus levou os romanos a fixarem a residência dos governadores em Cesaréia, transladando-se à Jerusalém somente por ocasião de reuniões populosas como nas *festas. No ano de 70 d.C. teve lugar o segundo Jurban ou destruição do templo, dessa vez, pelas mãos das legiões do romano Tito. Expulsos de Jerusalém depois da revolta de Bar Kojba (132-135 d.C.), os judeus de todo o mundo nunca deixaram de esperar a volta para a cidade de forma que, na metade do séc. XIX, a maioria da população jerosilimitana era judia. Depois da Guerra da Independência (1948-1949), a cidade foi proclamada capital do Estado de Israel, embora continuou dividida em duas zonas, árabe e judia até 1967.

Jesus visitou Jerusalém com freqüência. Lucas narra que ele aos doze anos extraviou-se no templo (Lc 2,41ss.) e devem ter sido várias as visitas realizadas por Jesus a essa cidade durante seu ministério público (Lc 13,34ss.; Jo 2,13). A recusa que seus habitantes tributaram, em termos gerais, a suas mensagens levou-o a chorar por Jerusalém que a considerou, junto com seu templo, destinada à destruição (Lc 13,31-35). Essa visão, longe de constituir um *vaticinium ex eventu*, aparece em Q e deve retroceder-se até o próprio Jesus. Depois de realizar a limpeza do templo, Jesus foi preso nessa cidade e crucificado. O fato de que esses episódios tiveram nela seu cenário, de que algumas das aparições do Ressuscitado também aconteceram ali, como também a experiência pneumática de Pentecostes deram-se nessa cidade, sem dúvida, teve um enorme peso na hora de fixar a residência dos *apóstolos e da primeira comunidade judeu-cristã (At 1,11). Uns dois anos antes deu-se a saída dos *judeu-cristãos da cidade. Há dados de seu regresso perto do ano 70 d.c., mas sua importância no seio do cristianismo não tornaria a ser a mesma. No ano de 326, Santa Helena, a mãe de Constantino, visitou a cidade e esse fato deu início à prática das peregrinações e trouxe certa importância eclesial para a cidade. Até o séc. V, Jerusalém foi sufragânea de Cesaréia, mas em 451 o Concílio de Calcedônia concedeu-lhe dignidade patriarcal. Quando se iniciou a era das *Cruzadas no séc. XII, o patriarca jerosolimitano residia em Constantinopla. Somente regressaria à Jerusalém em 1845. Desde 1847 há também um patriarcado latino e, além disso, a cidade conta com outro armênio, e o patriarca de Antioquia utiliza também o título de patriarca de Jerusalém.

Bibl.: Jeremias, J. *Jerusalén en tiempos de Jesús*, Madri 1985; Vidal Manzanares, C. *El judeo-cristianismo...*; Idem, *El Primer Evangelio...*; Edersheim, A. *Jerusalém...*; Hoare, E., *O. c.*; Diez, F., *O. c.*

JESUÍTAS

A Companhia de Jesus fundada por *Inácio de Loyola em 1534 foi aprovada em 1540 pelo Papa *Paulo III. Sua finalidade era opor-se à *Reforma mediante a educação das elites e a aprimação dos governantes, proceder a renovação da Igreja católica mediante a prática dos sacramentos e evangelizar os habitantes das terras descobertas recentemente. Aos três votos religiosos acrescentou-se um quarto de submissão ao papa. Depois de algumas décadas os jesuítas começaram missões no Japão, China, Índia e América, tornaram-se conselheiros de príncipes e governadores e acumularam o maior número de santos canonizados que qualquer ordem religiosa (*Francisco Xavier,

Luís Gonzaga, *Francisco de Borja, Pedro *Canísio etc.). O crescimento da Companhia (8.500 membros em 1600) e suas especiais peculiaridades provocaram uma clara oposição a ela desde os fins do séc. XVII. Em 1759 foram expulsos de Portugal, em 1764 da França e em 1767 da Espanha. Em 1773 *Clemente XIV chegou inclusive a suprimir a Companhia sob a pressão da Espanha, França e Portugal e alguns dos estados italianos. Contudo, ela continuou desempenhando suas atividades na Áustria, Alemanha, Inglaterra, Rússia. Em 1794, os jesuítas estabeleceram-se nos Estados Unidos e em 1814 *Pio VII restaurou a Companhia de Jesus formalmente.

Embora seu peso na Igreja católica tenha se reduzido extraordinariamente ao longo do séc. XX e alguns autores (R. de la Cierva) considerem que tenham entrado numa crise da qual não conseguiram emergir, o certo é que os jesuítas continuam presentes em prestigiosas instituições acadêmicas, dirigem numerosas publicações e prestam seus serviços em numerosas paróquias.

JESUS

1. Vida. Os Evangelhos, apesar de não serem propriamente o que entendemos como biografia no sentido historiográfico contemporâneo, contudo, embora seus critérios, como temos anotado, não se ajustam aos atuais em matéria biográfica, não se pode negar que se encaixam – especialmente no caso de São Lucas – com os padrões historiográficos de sua época. O conjunto apresenta, portanto, um retrato coerente de Jesus e nos proporciona um número considerável de dados que permite reconstruir historicamente seu ensinamento e vida pública. O nascimento de Jesus é preciso situá-lo um pouco antes da morte de *Herodes, o Grande (4 a.C.) (Mt 2,1ss.). O mesmo acontece em Belém (embora alguns autores prefiram pensar em Nazaré como sua cidade natal), e os dados que os evangelhos proporcionam em relação a sua ascendência davídica devem ser tomados como certos (D. Flusser, F. F. Bruce, R. E. Brown, J. Jeremias, C. Vidal Manzanares etc.), embora ela fosse através de um ramo secundário. Boa prova disso é quando o imperador romano Domiciano decidiu acabar com os descendentes do rei Davi, mandou prender também alguns familiares de Jesus. Exilada sua família ao Egito (um dado também mencionado no Talmude e noutras fontes judaicas), voltou após a morte de Herodes, mas por temor de Arquelau, fixou sua residência em Nazaré, onde ficaria durante os anos seguintes (Mt 2,22-23). Exceto uma breve referência que aparece em Lucas 2,21ss., não voltamos a saber dados sobre Jesus até seus trinta anos. Nessa época foi batizado por *João Batista (Mt 3 e paralelos), o qual Lucas considera parente longínquo de Jesus (Lc 1,39ss.). Durante seu batismo, Jesus teve uma experiência que confirmou sua autoconsciência de filiação divina, assim como de messianidade (D. Flusse, J. Klausner, J. Jeremias, J. H. Charlesworth, M. Hengel etc.). Com efeito, no estado atual das investigações (1998), a tendência da maioria dos investigadores é a de aceitar que, efetivamente, Jesus viu a si mesmo como Filho de Deus – num sentido especial e diferente do de qualquer outro ser – e Messias. A tese sustentada por alguns neobultmanianos e outros autores de que Jesus não utilizou títulos para referir-se a si mesmo resulta, em termos meramente históricos, absolutamente indefensável e carente de base como manifestaram estudos mais recentes (R. Leivestadt, J. H. Charlesworth, M. Hengel, D. Guthrie, F. F. Bruce, I. H. Marshall, J. Jeremias, C. Vidal Manzanares etc.). Quanto a sua visão da messianidade, partindo dos estudos de T. W. Manson, parece haver pouco conhecimento para duvidar que ela foi compreendida, vivida e expressada sob a estrutura do *servo de Yahveh (Mt 3,16 e paralelos) e do *Filho do homem (no mesmo sentido, F. F. Bruce, R. Leivestadt, M. Hengel, J. H. Charlesworth, J. Jeremias, I. H. Marshall, C. Vidal Manzanares etc.). É possível que essa autoconsciência já existisse antes do batismo. Os sinópticos – também subentendido em João – referem-se a um período de tentação diabólica experimentada por Jesus posterior ao batismo (Mt 4,1ss. e paralelos), e no qual se havia perfilado totalmente seu modelo messiânico (J. Jeremias, D. Flusser, C. Vidal Manzanares, J. Driver etc.), rejeitando os padrões políticos (os reinos da terra), meramente sociais (as pedras convertidas em pães) ou espetaculares (o vôo do alto do *Templo) desse messianismo. Esse período de tentação corresponde, sem dúvida, a uma experiência histórica – talvez referido por Jesus a seus discípulos – que, por outro lado, se repetiria ocasionalmente depois do início de seu ministério. Depois desse episódio, iniciou-se uma primeira etapa de seu ministério, que transcorreu principalmente na Galiléia, embora realizasse breves incursões em território pagão e na Samaria. Embora a pregação se centralizasse no chamado às "ovelhas perdidas da casa de Israel", não é menos certo que Jesus manteve contato com pagãos e que, inclusive, chegou a afirmar que a fé manifestada por um deles era maior que aquela que havia encontrado em Israel, e que chegaria o dia em que muitos como ele se sentariam no Reino com os Patriarcas (Mt 8,5-13; Lc 7,1-10). Durante essa etapa, Jesus realizou uma série de *milagres (especialmente curas e expulsões de *demônios), que aparecem confirmados pelas fontes hostis do Talmude. Uma vez mais, a tendência generalizada entre os historiadores hoje é a de considerar que, ao menos, alguns dos milagres relatados nos Evangelhos aconteceram realmente (J. Klausner, M. Smith, J. H. Charlesworth, C. Vidal Manzanares etc.) e, por isso, o tipo de relatos que os descrevem mostram sua autenticidade. Nessa mesma época, Jesus começou a pregar uma mensagem radical – muitas vezes expressas em parábolas – que chocava com as interpretações de alguns setores do judaísmo (Mt 5-7). O período acabou em termos gerais com um fracasso (Mt 11,20ss.). Os *irmãos de Jesus não acreditaram nele (Jo 7,1-5) e junto com sua mãe haviam tentado afastá-lo de sua missão (Mc 3,31ss. e paralelos). Ainda pior foi a reação de seus conterrâneos (Mt 13,55ss.), porque sua pregação centrava-se na necessidade da *conversão ou mudança de vida em razão do *Reino, porque pronunciava terríveis advertências relacionadas às graves conseqüências que se derivariam ao recusar essa mensagem divina, e porque se negou terminantemente a se converter em um messias político (Mt 11,20ss.; Jo 6,15). O ministério na Galiléia – no qual se deve inserir várias subidas a Jerusalém, por causa das festas judaicas narradas sobretudo no evangelho de São *João – foi seguido por um ministério de passagem pela Peréia (narrado quase que exclusivamente por São Lucas), e a chegada última a Jerusalém (seguramente no ano 30 d.C., menos possível o ano 33 d.c.), onde aconteceu sua entrada no meio do entusiasmo de bom número de peregrinos que haviam subido para celebrar a Páscoa e que uniram o episódio à profecia messiânica de Zacarias 9,9ss. Pouco antes havia experimentado um fato que convencionalmente se denomina Transfiguração e que o confirmou em sua idéia de ir a Jerusalém. Embora no ano 30 do presente século R. Bultmann pretendesse explicar esse sucesso como uma projeção retroativa de uma experiência pós-pascal, o certo é que essa tese torna-se inadmissível – poucos a manteriam hoje – e que o mais lógico é aceitar a historicidade do fato (D. Flusser, W. L. Liefeld, H. Baltensweiler, F. F. Bruce, C. Vidal Manzanares etc.) como um momento relevante na determinação da autoconsciência de Jesus. Nesse como em outros aspectos, as teses de Bultmann parecem confirmar as palavras de R. H. Charlesworth, que o considera uma rêmora (um peixe marítimo ao qual os antigos atribuíam a propriedade de deter os navios) (estorvo) na investigação sobre Jesus histórico. Contra aquilo que se afirma em alguma ocasião, é impossível questionar o fato de que Jesus contava com a certeza de uma morte violenta. Com efeito, a prática da totalidade dos historiadores, hoje, dá por certo que ele esperava que assim sucederia e assim ele comunicou a seus discípulos mais próximos (M. Hengel, J. Jeremias, R. H. Charlesworth, H. Schürmann, D. Guthrie, D. Flusser, F. F. Bruce, C. Vidal Manzanares etc.). Sua consciência de ser o servo de Yahveh, do qual se fala em Isaías 53 (Mc 10,43-45), ou a menção de sua próxima sepultura (Mt 26,12) são somente alguns dos argumentos que obrigam chegar a essa conclusão. Quando Jesus entrou em Jerusalém, durante a última semana de sua vida, já havia diante dele a oposição de um amplo setor das autoridades religiosas judaicas que consideravam sua morte como uma saída aceitável e inclusive desejável (Jo 11,47ss.) e que não viram com agrado a popularidade de Jesus entre os assistentes à festa. Durante alguns dias, Jesus foi tentado por diversas pessoas com o fim de pegá-lo em falta ou talvez somente de assegurar seu destino final (Mt 22,15ss. e paralelos). Nessa época, embora possivelmente também o tenha feito previamente, Jesus pronunciou profecias relativas à destruição do Templo de Jerusalém, que se veriam cumpridas no ano 70 d.C. Durante a primeira metade desse século, houve uma tendência de se considerar que Jesus nunca havia anunciado a destruição do Templo e que as mencionadas profecias não eram senão um *vaticinium ex eventu*. Hoje, pelo contrário, há um considerável número de investigadores que estão propensos em admitir que as mencionadas profecias foram sim pronunciadas por Jesus (D. Aune, C. Rowland, R. H. Charlesworth, M. Hengel, F. F. Bruce, D. Guthrie, I. H. Marshall, C. Vidal Manzanares etc.), e que suas narrativas contidas nos Sinópticos – como já se referiu em seus dias C. H. Dodd – não pressupõem em absoluto que o Templo já estivesse destruído. Por outro lado, as profecias da destruição do Templo contida na fonte *Q, sem dúvida anterior ao ano 70 d.C., obriga a pensar que elas foram originalmente pronunciadas por Jesus. De fato, aquele que havia limpado o Templo em sua entrada em Jerusalém apontava já simbolicamente a destruição futura do recinto (Sanders, E. P.), como assinalaria a seus discípulos particularmente (Mt 24 e 25; Mc 13 e Lc 21). Na noite de sua prisão, Jesus declarou, no decorrer da ceia pascal, inaugurada a Nova Aliança (Jr 31,27ss.), que se baseava em sua morte sacrifical e expiatória na *cruz. Depois de terminar a celebração, consciente da aproximação de sua detenção, Jesus dirigiu-se para orar no Horto de Getsêmani na companhia de alguns *discípulos mais íntimos. Aproveitando a noite e valendo-se da traição de um dos *apóstolos, as autoridades do Templo – em sua maioria *saduceus – apoderaram-se de Jesus. O interrogatório, cheio de irregularidades, ante o Sinédrio procurou esclarecer, se é que não impor, a tese da existência de causas para condená-lo à morte (Mt 26,57ss. e paralelos). A questão decidiu-se afirmativamente sobre a base de testemunhas que asseguravam que Jesus havia anunciado a destruição do Templo (algo que tinha uma clara base real, embora com um enfoque diferente) e sobre o próprio testemunho do acusado, que se identificou como o Messias – Filho do homem de Daniel 7,13. O problema fundamental para levar a cabo a execução de Jesus surgia da impossibilidade, por parte das autoridades judaicas, de aplicar a pena de morte. Quando o preso foi levado diante de Pilatos (Mt 27,11ss. e paralelos), ele compreendeu que se tratava de uma questão simplesmente religiosa que a ele não afetava e evitou inicialmente comprometer-se no assunto. Possivelmente, foi então quando os acusadores compreenderam que somente uma carga de caráter político poderia ganhar a condenação à morte que buscavam. Apoiados nessa conclusão, indicaram a Pilatos que Jesus era um agitador (Lc 23,1ss.). Mas ele, ao averiguar que Jesus era galileu e valendo-se de um tecnicismo legal, remeteu a causa a *Herodes (Lc 23,6ss.), livrando-se momentaneamente de pronunciar a sentença. O episódio do interrogatório de Jesus diante de Herodes é, sem deixar lugar para dúvidas, histórico (D. Flusser, C. Vidal Manzanares, F. F. Bruce etc.) e é tirado de uma fonte muito primitiva. Ao que parece, Herodes não encontrou politicamente Jesus perigoso e, possivelmente, não desejando fazer um favor às autoridades do Templo, apoiando seu ponto de vista contrário ao mantido até então por Pilatos, preferiu devolvê-lo a este. O romano aplicou-lhe uma pena de flagelação (Lc 23,13ss.), possivelmente com a intenção de que a punição seria suficiente (Sherwin-White), mas a mencionada decisão não diminuiu em nada o desejo das autoridades judaicas de que Jesus fosse executado. Quando propôs-lhes soltá-lo, valendo-se de um costume – do qual também nos fala o Talmude – em virtude do qual se podia libertar um preso por ocasião da Páscoa, uma multidão, presumivelmente reunida pelos *sacerdotes, pediu que se pusesse em liberdade a um delinqüente chamado Barrabás em lugar de Jesus (Lc 23,13ss. e paralelos). Diante da ameaça de que aquele assunto chegaria aos ouvidos do imperador e o temor de trazer-lhe problemas com este, Pilatos optou finalmente por condenar a Jesus à morte numa cruz. Ele se achava tão extenuado que teve de ser ajudado a levar o instrumento do suplício por um estrangeiro (Lc 23,26ss. e par.), cujos filhos seriam cristãos mais tarde (Mc 15,21; Rm 16,13). Crucificado junto com dois delinqüentes comuns, Jesus morreu no fim de algumas horas. Então, a maioria de seus discípulos havia fugido para se esconder –

com exceção do discípulo amado João (Jo 19,25-26) e algumas mulheres, entre as quais se encontrava sua mãe – e um deles, *Pedro, que o havia negado em público várias vezes. Depositado num túmulo de propriedade de *José de Arimatéia, com exceção de um discípulo secreto, que recolheu o corpo valendo-se de um privilégio concedido pela lei romana relativa aos condenados à morte, ninguém tornou a ver Jesus morto. Ao terceiro dia, algumas mulheres que foram levar aromas para o cadáver encontraram o sepulcro vazio (Lc 24,1ss. e par.). A primeira reação dos discípulos ao ouvirem que Jesus ressuscitara foi de incredulidade (Lc 24,11). Pedro, contudo, ficou convencido da realidade que aquelas mulheres afirmavam depois de visitar o sepulcro (Lc 24,12; Jo 20,1ss.). No decorrer de poucas horas, vários discípulos afirmaram tê-lo visto, embora aqueles que não compartilhavam a experiência se negaram a crer nela, até que passaram por uma semelhante (Jo 20,24ss.). O fenômeno não se limitou aos seguidores de Jesus, mas transcenderia os confins do grupo. Assim Tiago, irmão de Jesus, que não havia aceito com autoridade suas pretensões, passou agora a crer nele como conseqüência de uma dessas aparições (1Cor 15,7). Desde então, segundo o testemunho de São Paulo, Jesus havia aparecido já a mais de quinhentos discípulos, sendo que alguns viveriam ainda depois de muitos anos (1Cor 15,6). Longe de ser uma simples vivência subjetiva (R. Bultmann) ou uma invenção posterior da comunidade que não podia aceitar que tudo tivesse terminado (Strauss, D. F.), as fontes apontam para a realidade das aparições assim como a antigüidade e a veracidade da tradição relativa ao túmulo vazio (C. Rowland, J. P. Meier, C. Vidal Manzanares etc.).

Uma interpretação existencialista do fenômeno não lhe pôde fazer justiça, embora o historiador não possa esclarecer se as aparições foram objetivas ou subjetivas, por mais que essa última possibilidade resulte altamente improvável (implicaria um estado de enfermidade mental em pessoas que sabemos que eram equilibradas etc.). O que se pode afirmar com certeza é que as aparições tornaram-se decisivas na vida posterior dos seguidores de Jesus. De fato, essas experiências concretas provocaram uma mudança radical nos até então atemorizados discípulos que, somente umas semanas depois, enfrentaram com valentia as mesmas autoridades que haviam orquestrado a morte de Jesus (At 4). As fontes narram que as aparições de Jesus concluíram uns 40 dias depois de sua ressurreição. Contudo, Saulo, um antigo perseguidor dos cristãos, experimentou uma dessas aparições mais tarde e, como conseqüência dela, converteu-se à fé em Jesus (1Cor 15,7ss.) (M. Hengel, F. F. Bruce, C. Vidal Manzanares etc.). Sem dúvida, essa experiência tornou-se decisiva e essencial para a continuidade do grupo de discípulos, para seu crescimento ulterior, para que eles se mostrassem dispostos a enfrentar a morte por sua fé em Jesus e para fortalecer sua confiança em que Jesus regressaria como *Messias vitorioso. Não foi a fé que produziu a crença nas aparições – como se indica em algumas ocasiões – mas a experiência delas tornou-se determinante para a confirmação da abalada fé de alguns (Pedro, Tomé etc.) e para o aparecimento dela em outros que eram incrédulos (Tiago, o irmão de Jesus etc.) ou abertamente inimigos (Paulo de Tarso).

2. *Autoconsciência*. Nas últimas

décadas deu-se uma enorme importância ao estudo sobre a autoconsciência de Jesus (que pensava Jesus de si mesmo?) e sobre o significado que viu em sua morte. O elemento fundamental da autoconsciência de Jesus parece ter sido sua convicção de ser *Filho de Deus num sentido que não podia ser compartilhado por ninguém mais e que não coincidia com visões prévias do tema (rei messiânico, homem justo etc.), embora pudesse englobá-las também. Sua originalidade em denominar a Deus como *"Abba" (literalmente papaizinho) (Mc 14,36) não encontra eco no judaísmo até a Idade Média e vem a indicar um relacionamento singular, que se viu confirmado no *batismo, pelas mãos de João Batista, e na Transfiguração. Partindo disso podemos entender o que pensava Jesus de si mesmo. Precisamente por ser Filho de Deus – e dar ao título o conteúdo que lhe competia (Jo 5,18) – Jesus é acusado nas fontes talmúdicas de se fazer Deus. A partir daí também surge sua constância de que ele era o Messias, mas não um messias qualquer, mas um messias que se expressava com as categorias teológicas próprias do *Filho do homem e do *Servo de Yahveh. Como temos apontado, essa consciência de Jesus de ser o Filho de Deus é admitida hoje pela maioria dos historiadores (F. F. Bruce, D. Flusser, M. Hengel, J. H. Charlesworth, D. Guthrie, M. Smith, I. H. Marshall, C. Rowland, C. Vidal Manzanares etc.), embora se discuta seu conteúdo delimitado. O mesmo se poderia dizer quanto a sua messianidade.

Como já temos indicado, Jesus esperava evidentemente sua morte. Que o sentido que ele deu a esta era plenamente expiatório tira-se das próprias afirmações de Jesus a respeito de sua missão (Mc 10,45), assim como do fato de que se identificasse com o *Servo de Yahveh (Is 52,13-53,12), cuja missão é carregar sobre si a carga de pecado dos extraviados e morrer em seu lugar de maneira expiatória (M. Hengel, H. Schürmann, F. F. Bruce, T. W. Manson, D. Guthrie, C. Vidal Manzanares etc.). É muito possível que sua crença na própria ressurreição a tirasse do mesmo Canto do Servo de Isaías 53, uma vez que, como se tem conservado nos Setenta e no rolo de Isaías achado em *Qumrán, do Servo esperava-se que ressuscitasse depois de haver sido morto expiatoriamente. Quanto a seu anúncio de voltar no fim dos tempos como juiz da humanidade, longe de ser um recurso teológico articulado por seus seguidores para explicar o suposto fracasso do ministério de Jesus, conta com paralelos na literatura judaica que fazem referências ao messias que viria, que seria retirado por Deus da terra e que voltaria definitivamente para consumar sua missão (D. Flusser, C. Vidal Manzanares etc.)

3. *Ensinamento*. A partir desses dados seguros sobre a vida e autoconsciência de Jesus, podemos reconstruir as linhas mestras fundamentais de seu ensinamento. Em primeiro lugar, sua mensagem centralizava-se na crença de que todos os seres humanos se achavam numa situação de extravio ou perdição (Lc 15 e paralelos no Documento Q). Precisamente por isso, Jesus pronunciava um chamado ao *arrependimento ou à *conversão, uma vez que o Reino estava chegando com ele (Mc 1,14-15). Essa conversão implicava numa mudança espiritual radical, cujos sinais característicos são apresentados nos ensinamentos de Jesus contidos no Sermão da Montanha (Mt 5-7), e teria como marco a *Nova Aliança, como

havia profetizado Jeremias, e que se inaugurava com a morte expiatória do Messias (Mc 14,12ss. e par.). Deus vinha através de Jesus para buscar os perdidos (Lc 15), e ele dava sua vida inocente como resgate por eles (Mc 10,45), cumprindo assim sua missão como *Servo de Yahveh. Todos podiam agora – independentemente de seu presente ou de seu passado – receber seu chamado. Isso implicava em reconhecer que todos eram pecadores e que ninguém podia apresentar-se como justo diante de Deus (Mt 16,23-35; Lc 18,9-14 etc.). Abria-se então um período da história – de duração indeterminada –, no qual seríamos convidados a aceitar a mensagem da Boa-Nova do Reino e no qual o Diabo se encarregaria de semear o joio (Mt 13,1-30 e 36-43 e par.) para torpedear a pregação do Evangelho. Durante essa fase e apesar de todas as emboscadas demoníacas, o reino continuaria crescendo desde seus insignificantes começos (Mt 13,31-33 e par.) e terminaria com o regresso do Messias e o juízo final. Diante da mensagem de Jesus, a única posição lógica consistia em aceitar o Reino (Mt 13,44-46; 8,18-22) através de muitas renúncias que isso implicava. Não havia possibilidade intermediária, "aquele que não estava com ele, estava contra ele" (Mt 12,30ss. e par.) e o destino daqueles que o tivessem rejeitado, e o fim dos que não tivessem manifestado sua fé em Jesus, não seria outro senão o castigo eterno, atirados nas trevas externas, em meio ao pranto e ranger de dentes, independentemente de sua filiação religiosa (Mt 8,11-12 e par.). À luz dos dados históricos de que dispomos – e que não se limitam às fontes cristãs, mas que incluem outras abertamente hostis a Jesus e ao movimento derivado dele –, pode-se observar o absolutamente insustentável de muitas das versões populares que sobre Jesus têm circulado. Nem aquela que o converte num revolucionário ou num dirigente político, nem aquela que faz dele um mestre de moral filantrópica, que o chamava para o amor universal e que contemplava com benevolência a todos os seres humanos (não digamos aquelas que o convertem num guru oriental ou num extraterreno), contam com base histórica sólida. Jesus afirmou que tinha a Deus por Pai num sentido que nenhum ser humano podia atrever-se a emular, que era o de Messias, entendido este como Filho do homem e Servo de Yahveh, que morreria expiatoriamente pelos pecados humanos e que, diante dessa amostra de amor a Deus, somente caberia a aceitação encarnada na conversão ou na rejeição que desembocaria na ruína eterna. Esse radicalismo sobre o destino final e eterno dos homens exigia – e exige – uma resposta clara, definida e radical, e serve para nos dar uma idéia das reações que esse radicalismo provocava (e provoca) e das razões, muitas vezes inconscientes, que movem a emasculá-lo, com a intenção de obter um produto que nem provoque tanto nem se dirija tão ao fundo da condição humana. Acrescentamos a isso que a autoconsciência de Jesus torna-se tão descomunal em relação a outros personagens históricos que, como anotou acertadamente o escritor e professor britânico C. S. Lewis, dele só cabe pensar que era um louco, um farsante ou, precisamente, quem dizia ser.

Bibl.: DUNKERLEY, R., *O. c.*; FLUSSER, D., *O. c.*; KLAUSNER, J., *O. c.*; EDERSHEIM, A., *O. c.*; VIDAL MANZANARES, C., *El judeocristianismo*; IDEM, *El Primer Evangelio: el Documento Q*, Barcelona 1993; IDEM, *Dic-*

cionario de las tres...; IDEM, *Diccionario de Jesús...*; KAC, A., (ed.), *The Messiahship of Jesus*, Grand Rapids, 1986; JEREMIAS, J., *Abba*, Salamanca 1983; IDEM, *Teología...*; CULLMANN, O. c.; *Christology...*; BRUCE, F. F., *New Testament...*; IDEM, *Jesus and Christian Origins Outside the New Testament*, Londres 1974; TOYNBEE, A. J., *O. c.*; HENGEL, M. *The Charismatic Leader and His Followers*, Edimburgo 1981.

JESUS, NAS FONTES NÃO CRISTÃS

1. As fontes rabínicas: esse conjunto de fontes resulta especialmente negativo em sua atitude para com o personagem. Apesar de tudo, mesmo indiretamente, vem confirmar bom número dos dados administrados a respeito dele pelos autores cristãos. No Talmude afirma-se que realizou milagres – embora fossem frutos da feitiçaria – (Sanh. 107; Sota 47b; J. Hag. II, 2); que seduziu a Israel (Sanh. 43a) e que por isso foi executado pelas autoridades judaicas que o crucificaram na véspera da Páscoa (Sanh. 43a). Também nos é dito que se proclamou Deus e anunciou que voltará pela segunda vez (Yalkut Shimeoni 725). Em vista de seu caráter de falso mestre (é acusado, por exemplo, de relativizar o valor da lei) que o tornou merecedor da pena máxima, alguma passagem do Talmude chega inclusive a representá-lo condenado noutro mundo a estar entre excrementos em fervência (Guit. 56b-57a). Contudo, esse julgamento denigratório não é unânime e assim, por exemplo, cita-se com apreço alguns dos ensinamentos de Jesus (Av. Zar. 16b-17a; T. Julín II, 24). O *Toledot Ieshu*, uma obra judaica anticristã, cuja data geral é da Idade Média, mas que poderia ser de origem anterior, insiste em todos esses mesmos aspectos denigratórios da figura de Jesus, embora não se neguem os traços essenciais apresentados nos Evangelhos, mas que se interpretam sob uma luz diferente. Essa visão foi comum ao judaísmo até o séc. XIX, e assim, nas últimas décadas, foi dado a assistir ao lado de uma manutenção da opinião tradicional uma reinterpretação de Jesus como filho legítimo do judaísmo, embora negando sua messianidade (J. Kausner), sua divindade (H. Schonfield) ou moderando os aspectos mais difíceis de conciliar com o judaísmo clássico (D. Flusser). Do mesmo modo, os últimos tempos têm sido testemunhas do aparecimento de uma multidão de movimentos que, compostos por judeus, optou por reconhecer Jesus como Messias e Deus, sem renunciar por isso às práticas habituais do judaísmo (Jews for Jesus, Messianic Jews etc.).

2. Flávio Josefo. Nascido em Jerusalém no primeiro ano do reinado de Calígula (37-38 d.C.), e pertencente a uma distinta família sacerdotal, cujos antepassados – conforme informação dada a nós por Josefo – remontavam até os tempos de João Hircano, esse historiador foi protagonista importante da revolta judaica contra Roma que começou no ano 66 d.C. Foi autor, dentre outras obras, da *Guerra Judaica* e das *Antigüidades judaicas*. Nelas nós encontramos duas referências relacionadas a Jesus. A primeira acha-se em *Ant.*, XVIII 63, 64, e a segunda em XX, 200-203. Seu texto na versão grega é como segue: "Viveu por essa época Jesus, um homem sábio, se é que se pode chamar homem. Porque foi fazedor de fatos portentosos, mestre de homens que aceitam com gosto a verdade. Atraiu muitos judeus e muitos de origem grega. Era o Messias. Quando Pilatos, depois de escutar a acusação que contra ele formularam os principais dentre os nossos, condenou-o a ser crucificado, aqueles que o haviam amado no princípio não deixaram de o fazer. Porque ao terceiro dia manifestou-se vivo de novo, tendo profetizado os divinos profetas estas e outras maravilhas a seu respeito. E até hoje não desapareceu a tribo dos cristãos" (*Ant.* XVIII, 63-64). "O jovem Anano... pertencia à escola dos saduceus como já expliquei, certamente os mais desprovidos de piedade dentre os judeus na hora de exercer a justiça. Dono de um caráter assim, Anano considerou que tinha uma oportunidade favorável porque Festo havia morrido e Albino encontrava-se ainda a caminho. Foi assim que convenceu os juízes do Sinédrio e conduziu diante deles a um tal chamado Tiago, irmão de Jesus, o chamado Messias, e alguns outros. Acusou-os de terem transgredido a Lei e ordenou que fossem lapidados. Os habitantes da cidade, que eram considerados de maior moderação e que eram rigorosos na observância da Lei, ofenderam-se com aquilo. Por isso, enviaram uma mensagem secreta ao rei Agripa, já que Amano não se havia comportado corretamente em sua primeira atuação, solicitando que ele deixasse de semelhantes ações no futuro. Alguns deles, inclusive, foram ter com Albino, que vinha de Alexandria, e o informaram de que Amano não tinha autoridade para convocar o Sinédrio sem seu consentimento. Convencido por essas palavras, Albino cheio de ira, escreveu a Amano ameaçando-o vingar-se dele. Por causa da ação de Amano, o rei Agripa o depôs do Sumo Sacerdócio, que havia ostentado durante três meses, e o substituiu por Jesus, o filho de Dameo."

Nenhuma das duas passagens das Antigüidades judaicas é aceita de modo generalizado como autêntica, embora seja muito comum aceitar a autenticidade do segundo texto, rejeitando a do primeiro no todo ou em parte. O fato de que Flávio Josefo falara em *Ant.* XX de Tiago como "irmão de Jesus chamado Messias" – uma referência tão pequena e neutra que não podia haver surgido através de um interpolador cristão – faz pensar que se havia referido a Jesus antes. Essa referência anterior a respeito de Jesus seria a de *Ant.* XVIII, 3, 3. A autenticidade dessa passagem não foi questionada praticamente até o séc. XIX, uma vez que todos os manuscritos que chegaram até nós a contêm. Tanto a limitação de Jesus a uma simples condição humana como a ausência de outros apelativos tornam praticamente impossível que sua origem seja a de um interpolador cristão. Além disso a expressão tem paralelos no mesmo Flávio Josefo (*Ant.* XVIII 2,7; X 11,2). Seguramente também é autêntica a narrativa da morte de Jesus, na qual se menciona a responsabilidade dos saduceus nela, e se descarrega a culpa sobre Pilatos, algo que nenhum evangelista (não dizemos cristãos posteriores) estaria disposto a afirmar de forma tão taxativa, mas que seria lógico num fariseu e mais se não simpatizava com os cristãos e se sentia inclinado a apresentá-los sob uma luz desfavorável perante o público romano. Outros aspectos do texto apontam também a uma origem josefina: a referência aos saduceus como "os primeiros dentre os nossos"; a descrição dos cristãos como "tribo" (algo não necessariamente pejorativo) (Comp. com *Guerra* III, 8, 3; VII, 8, 6) etc. Torna-se, portanto, muito possível que Flávio Josefo incluísse nas *Antigüidades* uma referência a Jesus como "um homem sábio", cuja morte, provocada pelos saduceus, foi executada por Pilatos, e cujos seguidores continuavam existindo até a data em que Flávio Josefo escrevia. Mais duvidosa torna-se a clara afirmação de que Jesus "era o Messias" (Cristo); também duvidosas as palavras: "se é que se pode chamar homem"; e a referência como "mestre de pessoas que aceitam a verdade com prazer" possivelmente seja também autêntica em sua origem, se bem que nela podia ter-se passado um erro textual ao confundir (intencionalmente ou não) o copista a palavra TAAEZE com TALEZE; e a menção da ressurreição de Jesus. Resumindo, poderíamos dizer que o retrato a respeito de Jesus que Flávio Josefo refletiu originalmente pode ser muito semelhante àquele que costumamos descrever: Jesus era um homem sábio, que atraiu atrás dele muita gente, embora essa estivesse guiada mais por um gosto pela novidade (ou espetacular) que por uma disposição profunda para a verdade. Dizia-se que era o Messias e, presumivelmente por isso, os membros da classe sacerdotal decidiram acabar com ele, entregando-o com essa finalidade a Pilatos que o crucificou. Apesar de tudo, seus seguidores, chamados cristãos por causa das pretensões messiânicas de seu mestre, *disseram* que ele lhes havia aparecido. No ano de 62 d.C., um irmão de Jesus, chamado Tiago, foi executado além disso por Amano, embora, nessa ocasião, a morte não contou com o apoio dos governantes, mas que teve lugar aproveitando um vazio no poder romano na região. Tampouco essa morte havia conseguido acabar com o movimento. À parte dos textos mencionados, temos de nos referir à existência do Josefo eslavo e de sua versão árabe. Essa última, mencionada por um tal Agápio no séc. X, coincide em boa parte com a leitura que de Flávio Josefo temos realizado nessas páginas, contudo sua autenticidade torna-se problemática. Sua tradução para o português diz assim: "Nesse tempo existiu um homem sábio de nome Jesus. Sua conduta era boa e era considerado virtuoso. Muitos judeus e gente de outras nações converteram-se em discípulos seus. Os que se haviam convertido em seus discípulos não o abandonaram. Relataram que lhes havia aparecido três dias depois de sua crucifixão e que estava vivo; conforme isto, talvez fosse o Messias do qual os profetas haviam contado maravilhas". Enquanto a versão eslava trata-se de um conjunto de alterações não somente relativas a Jesus mas também aos primeiros cristãos. Barnes, W. E., *The Testimony of Josephus to Jesus Christ*, 1920, (a favor da autenticidade das referências flavianas sobre Jesus); Bretschneider, C. G., *Capita theologiae Iudaeorum dogmaticae e Flauii Iosephi scriptis collecta*, 1812, p. 59-66 (a favor); Brne, B., "Zeugnis des Josephus ber Christus" em *Tsh St Kr,* 92, 1919, p. 139-147 (a favor, embora um autor cristão eliminou parte do conteúdo no texto); Bruce, F. F. *Seriam fidedignos os documentos do Novo Testamento?*, Miami 1972, p. 99ss. (a favor, mas sustentando que um copista cristão eliminou parte do conteúdo original); Burkitt, F. C., "Josephus and Christ" em *Th T*, 47, 1913, p. 135-144 (a favor); Von Harnack, A., *Der jüdische Geschichtsschreiber Josephus und Jesus Christus,* 1913, cols. 1037-1068 (a favor); Laqueur, R., *Der Jüdische Historiker Josephus,* Giessen 1920, p. 274-278 (o testemunho flaviano procede da mão de Josefo mas uma edição posterior das *Antigüidades*); Van Liempt, L. "De testimonio flaviano" em *Mnemosyne*, 55, 1927, p. 109-116 (a favor); Shutt, R. H. J., *Studies in*

Josephus, 1961, p. 121; Barret, C. K., *The New Testament Background*, Nova York 1989, p. 275ss. (o texto aparece em todos os manuscritos das *Antigüidades*, embora seguramente apresenta omissões realizadas por copistas cristãos. Originalmente assemelharia às referências josefianas a João Batista); Brandon, S. G. F., *Jesus and the Zealots*, Manchester 1967, p. 121, 359-368 (a favor da autenticidade, mas com alterações); Idem, *The Trial of Jesus of Nazareth*, Londres 1968, p. 52-55; 151-152; Feldman, L. H., *Josephus*, IX, Cambridge e Londres 1965, p. 49 (autêntico mas interpolado); Gtz, R., "Die ursprungliche Fassung der Stelle Josephus Antiquit. XVIII 3, 3 und ihr Verhltnis zu Tacitus Annal. XV, 44" em *ZNW*, 1913 p. 286-297 (o texto tem somente algumas partes autênticas que, além disso, são mínimas e, em seu conjunto, foi reelaborado profundamente por um copista cristão); Klausner, J., *Jesus de Nazareth*, Buenos Aires 1971, p. 53ss. (não há base para supor que toda a passagem seja espúria, mas já estava interpolada na época de Eusébio de Cesaréia); Manson, T. W., *Studies in the Gospel and Epistles*, Manchester 1962, p. 18-19; Thackeray, H. St. J. *O. c.*, p. 148 (a passagem procede de Josefo ou de um secretário, mas o censor ou copista cristão deixou nela pequenas omissões ou fez alterações que mudaram seu sentido); Vermés, G., *Jesus, o judeu*, Barcelona 1977, p. 85 (é improvável a interpolação por um autor cristão posterior); Winter, P., *On the Trial of Jesus*, Berlim 1961, p. 27, 165, n. 25 (sustenta a tese da interpolação); Schürer, E., "*Josephus*" em *Realenzyclopedie für die protestantische Theologie und Kirche*, IX, 1901, p. 377-386 (é falsa); Bauer, W., *New Testament Apocrypha*, I, 1963, p. 436-437 (é falsa); Conzelmann, H., "Jesus Christus" em *RGG*, III, 1959, cols. 619-653 e 662 (pretende, o que é mais que discutível, que a passagem reflete o kerigma de Lucas); Hahn, F., Lohff, W. e Bornkamm, G., *Die Frage nach dem historischen Jesus*, 1966, p. 17-40 (é falsa); Meyer, E., *Ursprung und Anfänge des Christentums*, I, Sttutgart-Berlim 1921, p. 206-211 (é falsa).

3. *As fontes clássicas.* As referências a Jesus nas fontes clássicas são muito limitadas.

A) Tácito, nascido entre 56-57 d.C., que desempenhou os cargos de pretor (88 d.C.) e cônsul (97 d.C.) e faleceu possivelmente durante o reinado de Adriano (117-138 d.C.), faz uma menção concreta e explícita do cristianismo nos Anais XV, 44, escritos lá pelos anos 115-117. O texto assinala que os cristãos eram originários da Judéia, que seu fundador havia sido um tal Cristo – torna-se mais duvidoso saber se Tácito considerou a mencionada palavra como título ou como nome próprio – executado por Pilatos e que, durante o governo de Nero, seus seguidores estavam domiciliados em Roma, onde não eram precisamente populares.

B) Suetônio. Ainda jovem durante o reinado de Domiciano (81-96 d.C.), exerceu a função de tribuno durante o de Trajano (98-117 d.C.) e secretário das cartas no reinado de Adriano (117-138 d.C.), cargo do qual foi privado por sua má conduta. Em sua *Vida dos doze Césares* (Cláudio XXV) menciona uma medida do imperador Cláudio destinada a expulsar de Roma uns judeus que causavam tumultos por causa de um tal "Cresto". A passagem parece concordar com a narração de At 18,2 e poderia referir-se a uma expulsão que, segundo Orósio (VII, 6, 15), teve lugar no nono ano do reinado de Cláudio (49 d.C.). De qualquer modo não pode ser posterior ao ano 52. É objeto de controvérsia se Chrestus é uma leitura assimilável a Christus. Por esse sentido definiu-se Schürer junto com outros autores. Graetz, pelo contrário, afirma que Chrestus não era Cristo mas um mestre cristão contemporâneo do alexandrino Apolos, o qual seria mencionado em 1Cor 1,12, no qual se deveria ler "Jréstu" em lugar de "Jristu". A idéia de que Cresto fora um messias judeu que aportara em Roma a semear a revolta parece um pouco inverossímil.

C) Plínio, o Moço (61-114 d.C.). Governador da Bitínia sob Trajano menciona no X livro de suas cartas aos cristãos (X, 96-97). Através de suas referências, sabemos que consideram Deus a Cristo e que se dirigiam a ele com hinos e orações. Gente pacífica, apesar dos maus-tratos recebidos em ocasiões, por parte das autoridades romanas, não deixaram de contar com abandonos em suas fileiras.

4. O islamismo. A fé islâmica tem em grande consideração a figura de Jesus. O Corão menciona-o em vinte e cinco ocasiões com o nome de Isa. Dele se diz que é o Messias (*al-Masiaj*) – mas limitando essa messianidade aos judeus –, o filho de Maria, servo, profeta, mensageiro, palavra, espírito, testemunha, justo, bendito, eminente, aquele que se tem aproximado, superior a todos exceto a Maomé. Na formação dessa visão intervieram fontes bíblicas – possivelmente conhecidas de maneira indireta – e apócrifas. Assim nos fala da anunciação (3,37ss.; 19,16ss.), da concepção virginal (19,22ss.) e de diversos milagres de Jesus (3,43; 5,109ss.). Nega-se que Jesus seja Deus e inclusive confessa que nem ele nem sua mãe são Deus (5,76; 5,116ss.), algo que evidencia a confusão de Maomé em relação à doutrina da *Trindade. Do mesmo modo, insiste-se em que anunciou a chegada de Maomé (61,6). Inicialmente parece que o Corão ensinou que Jesus – como consta nos Evangelhos – havia morrido e ressuscitado (19,34) e que essa morte e ressurreição entravam no propósito de Deus (3,48). Uma sura posterior, correspondente ao período medinense, mostra uma mudança no ensino de Maomé – talvez por influência gnóstica – ao indicar que Jesus não morreu e que em seu lugar foi executado um outro (4,156ss.), ao que popularmente se identifica em alguma ocasião com *Judas. A tradição ensina sua Segunda Vinda como juiz justo na qual destruirá as cruzes (como símbolo da idolatria), matará os porcos e abolirá a "jizya". Aparecerá no minarete branco ao oriente de Damasco e matará o Anticristo ou monstro de um olho só (*al-dajjal*) na porta de Ludd. Conforme outra tradição, contrairá matrimônio, terá filhos e morrerá depois de viver na terra quarenta e cinco anos. Será sepultado na tumba de Maomé e ressuscitará entre Abu Bakr e Omar na ressurreição. Na literatura islâmica posterior irá assimilando-se sua figura a de um asceta rigoroso, o que, certamente, contradiz com as notícias evangélicas.

Bibl.: DUNKERLEY, R., *O. c.*; ASÍN y PALACIOS, M., *Logia et Agrapha Domini Jesu apud Moslemicos Scriptores, asceticos praesertim, usitata* em Patrologia Orientalis, XIII e XIV; VIDAL MANZANARES, C., *El Judeo-cristianismo...*; IDEM, *Diccionario de Jesús...*

JEZRAEL, JAMES JERSHOM (1840-1885)

Sobrenome de James White, fundador de uma seita milenarista a qual chamou de "Última Casa de Israel". Anunciava a aproximação do fim do mundo e a salvação de somente 144.000 eleitos. Diferentemente de outras seitas milenaristas, como a dos Adventistas do Sétimo Dia e a dos Testemunhas-de-jeová, seu falecimento significou o fim do movimento.

JEZRAELITAS
Seguidores de James Jershom Jezrael. *Jezrael, J. J.*

JOANA
A papisa. Durante o séc. XIII o cronista dominicano João de Mailly difundiu a história de uma mulher que, pelo ano de 1100 (conforme outros depois da morte de *Leão IV em 855), teria conseguido, disfarçada de homem e famosa por sua erudição, ser eleita como papa. Depois de reinar durante dois anos, deu à luz enquanto tomava parte numa procissão, o que provocou a cólera dos presentes, que a despedaçaram. A narração foi acreditada durante a Idade Média, mas hoje a tendência é de ser rejeitada pelos historiadores.

JOANA D'ARC (1412-1431)
Camponesa francesa da Champagne, afirmou ter tido sua primeira visita de seres sobrenaturais em 1425. Eles seriam identificados posteriormente por ela como São Miguel, Santa *Catarina (uma santa cuja historicidade é duvidosa e foi tirada do calendário pela Igreja), Santa Margarida, e outros que lhe indicaram que sua missão era salvar a França dos ingleses. Em 1429, convenceu Carlos VII, ao reconhecê-lo disfarçado dentro de um grupo de cortesãos. Depois de ser examinado seu caso por um grupo de teólogos, foi-lhe permitido realizar uma expedição contra Orleans, que foi tomada pelos franceses. No dia 17 de junho de 1429, Carlos VII foi coroado rei em Reims com ela a seu lado. Em 1430 foi capturada e entregue aos ingleses. No dia 21 de fevereiro do ano seguinte foi julgada sob a acusação de bruxaria e heresia. Joana retratou-se no dia 23 de maio, mas aos poucos começou a se vestir com trajes masculinos (que tinha aceitado abandonar). No dia 29 de maio foi condenada como herege relapsa e no dia seguinte foi queimada em Rouen. Um tribunal de apelação constituído por *Calisto III declarou-a inocente em 1456. Foi canonizada em 1920.

JOANA FRANCISCA DE CHANTAL (1572-1641)
Fundadora da ordem da Visitação. Filha de família nobre, ao falecer seu esposo, o barão de Chantal, em 1592, fez o voto de castidade. Sob a influência de São *Francisco de Sales, fundou em 1610 a ordem da Visitação, que devia auxiliar jovens e viúvas piedosas que não estivaram dispostas a suportar a dureza da vida em outras ordens. Quando de sua morte, a ordem contava já com 86 casas. Canonizada em 1767.

JOÃO I (13 DE AGOSTO DE 523 A 18 DE MAIO DE 526)
Papa. Foi forçado por Teodorico, rei godo na Itália, a solicitar de Justino I de Bizâncio a suspensão da perseguição aos arianos, a devolução das igrejas confiscadas e a volta ao arianismo dos arianos convertidos à força. Justino I, que recebeu magnanimamente o papa, aceitou todos os pedidos exceto o último. A cólera de Teodorico ao saber o resultado da missão papal provocou um colapso em João I, que faleceu por causa disso.

JOÃO II (2 de janeiro de 533 a 8 de maio de 535)

Papa. Com a morte de *Bonifácio II, o trono papal ficou vacante durante alguns meses nos quais a anarquia se apoderou dos territórios pontifícios. Finalmente foi eleito para sucedê-lo um sacerdote chamado Mercúrio. Ele mudou seu nome para João em memória de *João I, sendo assim o primeiro papa que realizou semelhante prática. Amigo de *Justiniano, aceitou um decreto dele no qual se incluía a fórmula teopasiana ("Um da Trindade sofreu na carne"), que o Papa *Honório havia rejeitado antes. Semelhante ação foi citada freqüentemente como um exemplo de uma decisão papal que contradiz outra de um papa anterior.

JOÃO III (17 de julho de 561 a 13 de julho de 574)

Durante seu pontificado houve uma expansão dos lombardos, fato que se tornou fatal para os interesses da Santa Sé.

JOÃO IV (24 de dezembro de 640 a 12 de outubro de 642)

Durante seu pontificado um sínodo condenou o monotelismo. Este papa realizou também notáveis esforços para libertar dos ávaros e eslavos os cativos cristãos.

JOÃO V (23 de julho de 685 a 2 de agosto de 686)

Nada se sabe de seu pontificado, exceto que tomou sérias medidas para evitar a independência eclesiástica da Sardenha.

JOÃO VI (30 de outubro de 701 a 11 de janeiro de 705)

Papa. Durante seu pontificado o poder do imperador bizantino sobre os assuntos papais foi reduzido por causa da crise provocada no império pela derrota do imperador Justiniano II (695). Apesar de tudo, não conseguiu uma independência total das insubmissões bizantinas.

JOÃO VII (1º de março de 705 a 18 de outubro de 707)

Papa. Manteve excelentes relacionamentos com o rei Lombardo Ariberto II, que lhe entregou alguns territórios situados nos Alpes. Seu servilismo para com o imperador bizantino revelou inclusive nas manifestações artísticas que tentaram adaptar-se ao cânon oriental.

JOÃO VIII (14 de dezembro de 872 a 16 de dezembro de 882)

Papa. Coroou imperador Luís, o Germânico, durante o natal de 875. Temeroso da ambição do bispo *Formoso de querer ser papa, excomungou-o, o que não impediu que este, finalmente, se tornasse bispo de Roma. Precisando de apoio político do imperador bizantino, anulou a excomunhão que pesava sobre *Fócio, patriarca de Constantinopla.

JOÃO IX (janeiro de 898 a janeiro de 900)

Papa. Apoiado pelo imperador, tentou acalmar as tensões provocadas pelo processo contra *Formoso, que foi anulado por um sínodo. Num sínodo celebrado em Ravena decretou-se que todo romano, clérigo ou leigo, podia apelar ao imperador que teria a máxima jurisdição, acima da do papa.

JOÃO X (março/abril de 914 deposto em maio de 928)

Papa. Durante seu pontificado, organizou uma liga de senhores italianos destinada a se defrontar com a expansão islâmica na Itália e que conseguiu em 915 derrotar os sarracenos. Coroou Berengário I (915) imperador em troca de seu juramento de garantir os direitos e o patrimônio da Santa Sé.

JOÃO XI (fevereiro ou março de 931 a dezembro de 935 ou janeiro de 936)
 Papa. Um de seus primeiros atos foi confirmar os privilégios de *Cluny. Sujeito consideravelmente à influência de sua mãe Marózia (que o havia tido de um relacionamento concubinário com o Papa *Sérgio III), consentiu em casá-la com Hugo da Provença, rei da Itália. Uma vez que o matrimônio infrigia a lei canônica, provocou-se uma revolta popular contra o papa incitada por Alberico II, filho também de Marózia e irmão de João XI. No decorrer dessa revolta, Marósia desapareceu e João se tornou escravo de Alberico.

JOÃO XII (16 de dezembro de 955 a 14 de maio 964)
 Papa. Durante seu pontificado a igreja espanhola, submetida ao domínio muçulmano, procurou seu conselho. No ano 962 coroou imperador Otão com o que se inaugurou o Sacro Império Romano, que perdurou até a abdicação de Francisco II em 1806.

JOÃO XIII (1º de outubro de 965 a 6 de setembro de 972)
 Papa. Seu servilismo perante o imperador Otão provocou uma revolta popular no decorrer da qual foi encarcerado e depois expulso para a Campânia. No ano de 966, João XIII pode regressar a Roma, e daí há pouco a chegada de Otão a essa cidade permitiu eliminar os implicados na citada revolta. No sínodo de Ravena de 967, Otão confirmou a restauração dos estados pontifícios com consideráveis territórios, incluindo o exarcado. No natal de 967, João XIII coroou Otão como co-regente sob o nome de Otão II.

JOÃO XIV (dezembro de 983 a 20 de agosto de 984)
 Papa. Foi imposto como pontífice pelo imperador Otão II sem eleição formal. Carente de apoio popular, foi presa fácil de *Bonifácio VII, antipapa eleito pela família Crescência (ou Crescenti) em 974 e excomungado por *Bento VII. Em 984, João foi preso, deposto e encarcerado por Bonifácio VII. Morreu de fome quatro meses mais tarde.

JOÃO XV (meados de agosto de 985 a março de 996)
 Papa. Foi eleito depois da morte de Bonifácio *VII como candidato da família Crescência (ou Crescenti). Sua avareza e nepotismo criaram-lhe uma enorme impopularidade, e em 995 viu-se obrigado a fugir de Roma. Quando esperava a ajuda do imperador Otão III para regressar à cidade eterna, morreu vítima de febres.

JOÃO XVI (fevereiro de 997 a maio de 998)
 Antipapa. Foi eleito sob as pressões da família Crescência (ou Crescenti). Em dezembro de 997 o imperador Otão marchou sobre Roma com a intenção de apoiar *Gregório V. No ano de 998, João abandonou a cidade. Preso pelo imperador e com o consentimento do papa, foi cegado e teve cortados o nariz, a língua, os lábios e as mãos e teve de passear pela cidade montado num asno. Preso num mosteiro, faleceu por volta do ano 1001.

JOÃO XVII (16 DE MAIO A 6 DE NOVEMBRO DE 1003)

Papa. Eleito graças à família Crescenti, esteve submetido servilmente a ela. Seu único ato importante foi outorgar autorização ao missionário polonês Bento para evangelizar os eslavos.

JOÃO XVIII (25 DE DEZEMBRO DE 1003 A JUNHO OU JULHO DE 1009)

Papa. Eleito graças às pressões da família Crescência (ou Crescenti), esteve servilmente submetido a ela. Seu maior êxito consistiu em que o nome de João XVIII figurasse nos dípticos de Constantinopla.

JOÃO XIX (19 DE ABRIL DE 1024 A 20 DE OUTUBRO DE 1032)

Papa. Eleito graças às pressões da família dos túsculos. Muito hábil politicamente, conseguiu controlar a família dos Crescêncios (ou Crescenti). Em 1027 coroou imperador a Conrado II que, não obstante, somente se comprazeu em humilhá-lo. Manteve excelentes relacionamentos com *Cluny.

JOÃO XX

Nenhum papa ostentou oficialmente esse nome.

JOÃO XXI (7 DE AGOSTO DE 1316 A 4 DE DEZEMBRO DE 1334)

Papa. Com a morte de *Clemente V, a sede romana esteve vacante durante dois anos. Finalmente foi eleito um candidato de compromisso, Jaques Duése, que contava com o respaldo de Filipe da França e do rei Roberto de Nápoles. Em 1322, o capítulo geral dos *franciscanos declarou que Cristo e os *apóstolos não haviam tido nada. A reação inicial de João foi renunciar à titularidade das possessões dos franciscanos — que formalmente era papal mas, materialmente, era franciscana — e depois condenar a declaração do capítulo geral como heresia. A resposta dos franciscanos foi acusar o papa de herege e provocar um cisma. Em 1329, o papa mediante a bula *Quia vir reprobus* afirmou que a propriedade privada era anterior à Queda e que os apóstolos tinham possessões próprias. A heterodoxia de João foi proclamada de novo quando em 1332 afirmou que os salvos que estão no *céu somente vêem a humanidade de Cristo e não poderão contemplar plenamente a Deus até depois do juízo final. Em 1333 essa tese foi condenada pela Universidade de Paris, do que se aproveitou Luís IV, o Bávaro, para intrigar contra o papa e preparar um concílio geral que o depusesse. Em seu leito de morte, o papa, muito enfraquecido pelas acusações de nepotismo que assacavam contra ele e a difícil situação política, retratou-se de sua declaração sobre o estado dos bem-aventurados e afirmou que eles vêem a essência divina "tão claramente como o permite sua condição".

JOÃO XXII (17 DE MAIO DE 1410 A 29 DE MAIO DE 1415)

Antipapa. Num dos momentos críticos do *Grande Cisma rompeu com *Gregório XII e se uniu aos cardeais de *Bento XIII que o haviam abandonado. Durante o Concílio de Pisa (março-agosto de 1409) conseguiu a deposição de Gregório XII e Bento XIII, assim como a eleição de *Alexandre V. Com a morte deste, que parece haver sido envenenado pelo futuro João XXII, conseguiu ser eleito sucessor seu. Apesar da existência de três papas, João conseguiu um amplo apoio na França, na Inglaterra e em vários estados italianos e alemães. Sob seu pontificado foi condenado o ensino de *Wycliffe e se excomungou João *Huss. Em 1414 convocou o Concílio de Constância com a intenção de que se confirmasse a deposição de Gregório XII e Bento XIII, mas em fevereiro de 1415 o concílio optou por decidir que os três papas deviam abdicar. A posição de João XXII foi fugir com a idéia de que isso significaria o fim do concílio. Em vez disso, em suas sessões quarta e quinta (30 de março e 6 de abril de 1415), o concílio proclamou sua superioridade sobre o papa e, depois de deter a este, na sessão duodécima (29 de maio), após acusá-lo de simonia, perjúrio, imoralidade, o depôs. João declarou então infalível o concílio e renunciou a qualquer direito que pudesse ter o papado. Detido durante três anos, em 1419 obteve a liberdade em troca de uma soma considerável, e dirigiu-se a Florença para manifestar sua submissão a *Martinho V, que o nomeou cardeal de Túsculo. Morreu nesse mesmo ano.

JOÃO XXIII (28 DE OUTUBRO DE 1958 A 3 DE JUNHO DE 1963)
Papa. Eleito na duodécima votação, considerou-se que sua idade avançada o tornaria um papa de transição. Em sua missa de coroação manifestou o desejo de ser sobretudo um bom pastor e essa ênfase marcou todo seu pontificado. De fato, suas encíclicas foram mais pastorais que dogmáticas, insistindo em chamar de irmãos os cristãos não católicos (*Ad cathedram Petri*), em atualizar o ensino social católico (*Mater et Magistra*) e a viver em coexistência inclusive com os regimes comunistas (*Pacem in terris*). Da mesma maneira demostrou-se ser um incansável na busca da união dos cristãos, mandou observadores católicos ao Conselho mundial de igrejas (protestantes) e retirou as palavras anti-semitas que figuravam na liturgia da Sexta-feira Santa. Aboliu a regra que fixava o número máximo de cardeais em 70, e em 1962 aumentou o colégio para 87, internacionalizando-o mais do que nunca. No dia 25 de janeiro de 1959 propôs a execução de três projetos: um sínodo diocesano em Roma, um concílio ecumênico e a revisão do direito canônico. O sínodo foi realizado de 24 a 31 de janeiro de 1960; a revisão do direito canônico foi iniciada imediatamente com a criação de uma comissão pontifícia *ad hoc*, no dia 28 de março de 1962; e o concílio (que desejava que fosse um novo Pentecostes) teve seu início no dia 11 de outubro de 1962, com 16 Igrejas não católicas convidadas. No dia 8 de dezembro de 1962 declarou concluída a primeira sessão. Já muito afetado pela enfermidade, não chegou a ver a reabertura do Vaticano II. Embora aureolado pela lenda – nada desprovida de base – do "papa bom", algumas de suas decisões foram contempladas como contraditórias. Assim, sua falta de ênfase na mariologia (ao contrário de *Pio XII) contrastou com sua advertência contra a tese de *Teilhard de Chardin (30 de junho de 1962) e o aviso aos exegetas do Novo Testamento que fossem prudentes (20 de junho de 1961). João XXIII foi, sem dúvida nenhuma, um dos papas mais populares desse século, mostrou uma face amável, dialogante e renovada do catolicismo, e fez chegar a influência da sede romana muito além do âmbito de seus fiéis.

JOÃO BATISTA
Pregador e profeta judeu do séc. I d.C., executado por *Herodes Antipas por causa dos ataques dirigidos a sua pessoa, tachando-o de adúltero.

De estirpe sacerdotal, discutiu sua possível vinculação com a seita do Mar Morto. O certo é, contudo, que as diferenças entre ambos são consideráveis e dificultam aceitar a veracidade dessa hipótese. Os Evangelhos apresentam-no como um precursor de Jesus, a quem ele batizou (Mt 3,1ss. e paralelos), e sobre cuja messianidade se interrogou ao saber que sua mensagem não previa um juízo imediato (Mt 11,1ss. e paralelos). O certo, contudo, é que isso não provocou a rejeição de Jesus (Mt 11,7ss. e paralelos) e que alguns dos discípulos de João se converteram em seus discípulos (Jo 1,35ss. e At 19,1ss.).

Bibl.: Vidal Manzanares, C., *El judeocristianismo...*; Idem, *Los esenios...*

JOÃO BATISTA DE LA SALLE (1651-1719)

Fundador dos Irmãos das Escolas Cristãs. Ordenou-se sacerdote em 1678. Em 1681 fracassou sua primeira tentativa educativa, mas no ano seguinte pôde começar novamente. Em 1684 entregou seus bens aos pobres e dedicou-se totalmente à formação da nova comunidade. Nos anos seguintes, La Salle ensaiaria métodos que o tornaria num precursor da educação moderna secundária (uso da língua vernácula, do método simultâneo etc.). Em 1690 decidiu excluir os sacerdotes da congregação e em 1693 redigiu a primeira regra. Em 1702 foi deposto do governo da congregação, mas o certo é que manteve o controle sobre ela até 1717.

JOÃO BATISTA MARIA VIANNEY
Cura d'Ars, O.

JOÃO BOSCO (1815-1888)

Fundador dos salesianos, ao longo de sua vida afirmou haver sido objeto de repetidas visões. A partir de uma delas, aos 9 anos de idade, teria surgido nele um vivo interesse pelo adoutrinamento das crianças. Em 1859 fundou os salesianos, com a pretensão de combinar um mínimo de disciplina, com uma vigilância no cuidado dos alunos e com o estímulo pessoal. Dom Bosco dedicou-se também a fomentar o surgimento de escolas técnicas e classes noturnas, nas quais se proporcionava uma formação secular com uma base religiosa. Em seus últimos anos interessou-se consideravelmente pelas missões. Canonizado em 1934.

JOÃO CAPISTRANO (1386-1456)

Em 1412 foi nomeado governador e se casou. Capturado numa guerra contra os Malatistas, teve uma visão de São *Francisco de Assis, o que provocou nele um desejo de se dedicar à vida religiosa. Em 1416 ingressou entre os franciscanos; em 1420 foi ordenado sacerdote e iniciou uma série de pregações na Itália. Em 1429 foi acusado como herege mas foi absolvido. Em 1451 foi enviado pelo Papa *Nicolau V à Áustria para combater os seguidores de *João Huss, mas seu trabalho ficou frustrado pelo avanço dos turcos. Em 1456 ajudou a levantar um exército que conteve os turcos, mas nesse mesmo ano morreu por causa da peste. Canonizado em 1724.

JOÃO CASSIANO

Nasceu nas Gálias durante o séc. IV. No ano 380 foi à Palestina, morando depois durante muito tempo no deserto de Escete. No ano de 399 abandonou o Egito e foi ordenado em Constantinopla diácono por São *João Crisóstomo. Em 404 visitou Inocêncio I com uma carta pedindo seu favor para João Crisóstomo. Até 415 reside em Marselha, onde fundou dois mosteiros. Faleceu pelo ano 435. Deixou-nos um tratado *Sobre os institutos dos cenobitas*, as *Conlaciones* e um tratado a respeito da encarnação.

JOÃO CRISÓSTOMO

Nasceu entre os anos de 344 e 354 em Antioquia, de família nobre e rica. Convertido ao cristianismo, foi batizado por Melécio, o Confessor. Depois de ser instruído por Diodoro de Tarso retirou-se com um ermitão por um período de quatro anos, alterando-se muito seu estado de saúde. De regresso à Antioquia, foi ordenado diácono no ano de 381 e sacerdote em 386. Desde esse ano até 397 foi pregador da igreja principal. Morto Nestório, patriarca de Constantinopla nessa data, foi eleito para sucedê-lo, embora ele não desejasse, e houve necessidade de se recorrer à força e engano para transladá-lo para aquela cidade. Desprovido dos dotes diplomáticos elementares para se mover nos círculos cortesãos e desejoso de reformar o relaxado clero, somente encontrou uma encarniçada oposição, apesar de ter empregado avultosas quantias em obras de beneficência como hospitais e auxílio aos necessitados. Em 401 convocou o sínodo de Éfeso para depor seis bispos acusados de simonia. A inimizade da imperatriz Eudóxia – a qual João Crisóstomo havia criticado asperamente por sua vida luxuosa e pela execução de diversas injustiças – unida ao rancor de Teófilo de Alexandria – que no ano de 402 tivera de responder diante de um sínodo presidido por João Crisóstomo às acusações assacadas contra ele pelos monges de Nítria – e as intrigas de seus companheiros de episcopado tiveram seu desfecho no conhecido sínodo de Encina, subúrbio de Calcedônia. Foi aí que Teófilo convocou trinta e seis bispos, dos quais sete eram egípcios e todos inimigos de João. Tendo ele negado por três vezes a comparecer diante daquele sínodo, foi deposto no ano de 403. O imperador Arcádio desterrou-o imediatamente para a Bitínia, mas a imperatriz o fez voltar no dia seguinte, o que pareceu reconciliá-los. Dois meses depois, contudo, Crisóstomo denunciou as diversões públicas e a ereção de uma estátua de Eudóxia perto da igreja. Isso somente serviu para estremecer novamente os ânimos que chegaram ao máximo quando o bispo acusou a imperatriz de ser uma nova Herodíades ansiosa da cabeça de João. Desterrado para Cúcuso no ano de 404 – não sem antes acontecerem incidentes que causaram inclusive derramamento de sangue – esteve aí três anos, mas o temor de seus inimigos a que seu desterro se convertesse em lugar de peregrinação levou-os a conseguir do imperador um novo exílio, dessa vez no Ponto, no extremo oriental do Mar Negro. A já quebrantada saúde do santo não suportou e ele morreu durante a viagem no ano 407. João Crisóstomo foi o autor mais fecundo dentre os Padres gregos. Contudo, a maior parte de suas obras são sermões de tipo exegético (sobre os Salmos, Isaías, Mateus, João, Atos, Romanos etc.), dogmáticos (*Sobre a incompreensível natureza de Deus, Contra os judeus* etc.), de circunstâncias (*Homilia sobre as estátuas, as duas homilias sobre Eutrópio* etc.). Escreveu também catequeses batismais, uma série de tratados (*Sobre o sacerdócio, Sobre a vida monástica, Contra os pagãos e judeus etc.*) e cartas. Cristologicamente, afirma que o Filho tem a mesma essência (*homoousia*) que o Pai, embora alguns autores tenham percebido nas expressões que depois seriam desenvolvidas hereticamente por Nestório. Mariologicamente, ele não aplica nunca a Maria o título de Mãe de Deus (*Theotókos*). Não somente isso, mas que também não demonstra haver tido um conceito especialmente elevado de Maria. Assim acusa-a de "ambiciosa supérflua" e de "orgulho" (*Hom*. XLIV em Mt 1), assim como de querer "tornar-se famosa à custa de seu Filho" (*Hom*. XXI em Jo 2). Parece, contudo, que cria na virgindade de Maria antes e durante o parto. Sacramentalmente, P. Martain e P. Galtier tentaram apresentar Crisóstomo como prova de que em seu tempo já se praticava confissão auricular ao sacerdote. Como já anotou Quasten, certamente Crisóstomo fala em repetidas ocasiões da confissão dos pecados, mas sempre é ou pública ou privadamente diante de Deus e, de fato, não julga a possibilidade da confissão diante de um sacerdote (*Hom. Contra anomeos* V 7), omitindo em seu livro *Sobre o Sacerdote* qualquer menção a essa prática. Em relação à Eucaristia, ensina nela a presença real, embora pareça inclinar-se porque o sacrifício que se oferece é na realidade comemoração do oferecido no Calvário (*Hom*. XVII sobre os Hebreus 3).

JOÃO DA CRUZ (1542-1591)

Místico espanhol e fundador dos carmelitas descalços. Entrou num convento carmelita em 1563, estudou em Salamanca de 1564 a 1568 e foi ordenado em 1567. Desgostoso pela corrupção que havia invadido a ordem carmelitana pensou em tornar-se *cartuxo, um pensamento do qual o dissuadiu *Teresa d'Ávila, instando-o a que iniciasse a reforma da ordem. Assim o fez, e semelhante conduta provocou uma oposição que chegou a um de seus pontos mais agudos quando em 1577 foi confinado no mosteiro carmelitano de Toledo. Depois de nove meses de sofrimentos – durante os quais escreveu a maior parte do *Cântico espiritual* – conseguiu escapar do cativeiro, e em 1570 consumou-se a ruptura entre os carmelitas. Não terminaram aí os problemas de João da Cruz. Em 1588 incorreu na hostilidade do vigário geral dos carmelitas descalços e em 1591 foi expulso da Andaluzia. Gravemente enfermo, morreu nesse ano. Em meio de sua infeliz e inquieta vida, João da Cruz não somente demonstrou ser um dos melhores poetas em todas as línguas, mas também redigiu diversas obras (*Subida ao Monte Carmelo, Chama de amor viva* etc.) que o consagraram como um dos grandes autores místicos de todos os tempos. Canonizado em 1726, em 1926 foi declarado Doutor da Igreja.

JOÃO D'ÁVILA (1500-1569)

Místico espanhol. Nascido perto de Toledo, estudou leis em Salamanca, mas finalmente regressou a seu lar e durante três anos dedicou-se à oração e à mortificação. Com a morte de seus pais, vendeu todos os seus bens e em 1525 ordenou-se sacerdote. Tinha o projeto de ir como missionário ao México, mas o arcebispo de Sevilha convenceu-o a ficar na Andaluzia, onde começou a pregar em 1529. Foi denunciado à *Inquisição por causa de seu rigorismo moral e por atacar a riqueza, mas finalmente foi absolvido. Conselheiro de *Teresa d'Ávila, influiu consideravelmente na evolução espiritual de *Francisco de Borja e de *João de Deus.

JOÃO DAMASCENO (675-749 APROX.)

Teólogo, escritor, Padre e Doutor da Igreja. Nascido em Damasco (Síria), embora fosse cristão, foi um alto funcionário do tesouro do califa de Damasco. Por volta do ano 700 renunciou a seu cargo dada a hostilidade que o califa manifestava contra os cristãos e retirou-se para o mosteiro de Mar Saba, perto de Jerusalém, onde foi ordenado sacerdote e se dedicou ao estudo teológico. Única ocasião em que abandonou o mosteiro foi por motivo de uma viagem que, pouco antes de morrer, fez pela Síria para pregar contra os iconoclastas. Opôs-se ao imperador bizantino Leão II – partidário das teses iconoclastas – sem perigo porque não era seu súdito. Denominado *Chrysorrhoas* (do grego "rio de ouro"), foi um dos filósofos mais proeminentes de sua época. Entre suas obras destaca-se a *Fonte do conhecimento*. É considerado santo pela Igreja católica e pela Igreja ortodoxa. Sua festividade é celebrada no dia 27 de março na Igreja católica e no dia 4 de dezembro na Igreja grega.

JOÃO DE DEUS (1495-1550)

Nascido em Portugal, foi soldado quando jovem. Aos quarenta anos de idade começou a pensar numa mudança de vida, mas não foi radical até ouvir uma pregação de *João d'Ávila. Considerado inicialmente um doente mental, João d'Ávila encaminhou-o ao hospital para o cuidado dos pobres e enfermos. A ordem que traz seu nome começaria a adquirir uma configuração formal depois de sua morte. Canonizado em 1690, foi declarado em 1886 por *Leão XIII patrono dos hospitais e dos enfermos.

JOÃO DE SALISBURY (1115-1180 APROX.)

Filósofo e humanista. Nascido em Salisbury, Wiltshire, estudou em Paris com o filósofo francês *Abelardo. Foi secretário de Teobaldo e *Tomás Becket, ambos arcebispos de Cantuária. Depois de ter sido ordenado bispo de Chartres em 1176, permaneceu nessa cidade até o fim de sua vida. Suas duas principais obras são o *Policraticus,* sobre os princípios do governo, e o *Metalogicon,* sobre os problemas filosóficos e a educação. Sua *Historia Pontificalis* constitui uma das fontes históricas mais importantes desse período.

JOÃO, EVANGELHO DE

1. Autoria e data: O primeiro a relacionar o Quarto Evangelho com João, o filho de Zebedeu, parece haver sido Irineu (*Adv. Haer.*, 3, 1, 1), citado por Eusébio (HE 5, 8, 4), que menciona como fonte Policarpo. O testemunho, sem deixar dúvidas, reveste-se de certa importância, mas não é menos certo que não deixa de apresentar inconvenientes. Assim, é estranho que outra literatura relacionada com Éfeso (p. ex. a Epístola de Inácio aos Efésios) omita a suposta relação entre o apóstolo João e essa cidade. Também é possível que Irineu tivesse feito uma confusão com relação à notícia que recebeu de Policarpo, uma vez que menciona que Pápias foi ouvinte de João e companheiro de Policarpo (*Adv. Haer.*, 5, 33, 4). Mas, de acordo com o testemunho de Eusébio (HE 3, 93, 33), Pápias foi, na realidade, ouvinte de João, o presbítero, que ainda vivia nos dias de Pápias (HE 3, 39, 4), e não do apóstolo. Cabe a possibilidade de que esse João fosse o mesmo ao qual se referiu Policarpo. Outras referências a uma autoria do apóstolo João em fontes cristãs revestem-se de um caráter o suficientemente tardio ou legendário para serem questionadas, seja o caso de Clemente de Alexandria, transmitido por Eusébio (HE 6, 14, 17), ou o do cânon de Muratori (180-200 aprox.). A tradição existia, é certo, nos meados do séc. II, mas não parece de todo conclusiva.

Quanto à evidência interna, o Evangelho apresenta referências que poderíamos dividir nas relativas à redação e nas relacionadas com o Discípulo amado (13,23; 19,26-27; 20,1-10; e 21,7.20-24; possivelmente 18,15-16; 19,34-37, e talvez 1,35-36). As notícias apresentadas em 21,24 e 21,20 poderiam identificar o redator inicial com o Discípulo amado, ou, talvez, como a fonte principal das tradições nele apresentadas, porém, uma vez mais, fica na penumbra se ela é uma referência a João, o apóstolo. O Evangelho em nenhum momento identifica pelo nome o Discípulo amado – tampouco a João, o apóstolo – e se na Última Ceia somente estiveram presentes os Doze, obviamente o Discípulo amado teria de ser um deles, mas essa afirmação está longe de ser segura. Apesar de tudo, não se pode negar de maneira dogmática a possibilidade de que esse Discípulo fora João, o apóstolo, e inclusive há alguns argumentos que parecem favorecer essa possibilidade. Sumariamente, eles podem ficar resumidos da seguinte maneira:

1) A descrição do ministério galileu tem uma enorme importância em João, a própria palavra "Galiléia" aparece mais vezes nesse Evangelho que em outros (*especialmente: 7,1-9).

2) Cafarnaum recebe uma ênfase muito especial (2,12; 4,12; 6,15) em contraste com o que outros Evangelhos denominam como o lugar de origem de Jesus (Mt 13,54; Lc 4,16). A mesma sinagoga de Cafarnaum é mencionada mais vezes que em outros Evangelhos.

3) O Evangelho de João refere-se também ao ministério de Jesus na Samaria (c. 4), algo natural se levarmos em conta a ligação de João, o filho de Zebedeu, com a evangelização judeucristã da Samaria (At 8,14-17).

4) João fazia parte do grupo dos três (Pedro, Tiago e João) mais próximo de Jesus. Torna-se um tanto estranho que um discípulo supostamente tão próximo de Jesus, como o Discípulo amado, em se tratando de João, não apareça sequer mencionado em outras fontes.

5) As descrições de Jerusalém anteriores ao ano 70 d.C. relacionam-se com o que sabemos da estada de João nessa cidade depois de Pentecostes. De fato, os dados fornecidos pelos Atos 1,13-8,25 e por Paulo (Gl 2,1-10) mostram que João estava na cidade antes do ano 50 d.C.

6) João foi um dos dirigentes judeucristãos que teve contato com a diáspora, como Pedro e Tiago (Tg 1,1; 1Pd 1,1; Jo 7,35; 1Cor 9,5), o que se relacionaria com algumas das notícias contidas nas fontes cristãs posteriores em relação ao autor do Quarto Evangelho.

7) O Evangelho de João procede de uma testemunha que se apresenta como ocular.

8) O vocabulário e o estilo do Quarto Evangelho mostram uma pessoa cuja primeira língua era o aramaico e que escrevia num grego correto, mas cheio de aramismos.

9) O pano de fundo social de João, o filho de Zebedeu, encaixa-se perfeitamente com o que se poderia esperar de um "conhecido do sumo sacerdote (Jo 18,15). De fato, a mãe de João era uma das mulheres que servia Jesus "com suas posses" (Lc 8,3), assim como a mulher de Cuza, administrador das finanças de Herodes. Igualmente sabemos que contava com assalariados a seu comando (Mc 1,20). Talvez alguns membros da aristocracia sacerdotal podiam olhá-lo com desprezo por ser um leigo (At 4,13), mas o personagem devia estar longe de ser medíocre, a julgar pela maneira tão rápida em que se converteu num dos primeiros dirigentes da comunidade jerosolimitana, ficando somente atrás de Pedro (Gl 2,9; At 1,13; 3,1; 8,14 etc.).

Para não ser, pois, João, o filho de Zebedeu, o autor do Evangelho – e pensamos que a evidência a favor dessa possibilidade não é pequena – teríamos de ligá-lo a algum discípulo próximo de Jesus (por exemplo, como os mencionados em Atos 1,21ss.), que usufruía de grande consideração dentro das comunidades judeu-cristãs da Palestina.

Em relação à data dessa obra, não se pode duvidar de que o consenso tem sido quase unânime nas últimas décadas. Geralmente, os críticos conservadores datavam a obra em torno dos fins do séc. I ou início do séc. II; enquanto que os radicais como Baur a situavam depois do ano 170 d.C. Um dos argumentos utilizados como justificativa para essa posição era ler em João 5,43 uma referência à rebelião de Bar Kojba. O fator determinante para refutar essa data tão tardia foi o descobrimento no Egito da *p52*, pertencente a última década do séc. I ou primeira do séc. II, em que aparece escrito um fragmento de João. Isso situa a data da redação em torno do ano de 90 a 100 d.C. como data última. Contudo, há, de acordo com vários estudiosos, razões consideráveis para datar o Evangelho numa data anterior. No ponto de partida dessa revisão da data deve-se situar os estudos de C. H. Dodd sobre esse Evangelho. Embora esse autor seguiu ainda a corrente de datar a obra entre os anos 90 e 100, atribuindo-a a um autor morador de Éfeso, reconheceu, contudo, que o contexto do Evangelho referese às condições "presentes na Judéia antes do ano 70 d.C., e não mais tarde, nem em outro lugar". De fato, a obra é descrita como "dificilmente inteligível", fora de um contexto puramente judeu anterior à destruição do Templo e inclusive à rebelião de 66 d.C. Apesar dessas conclusões, C. H. Dodd sustentou a opinião em voga, alegando que João 4,53 era uma referência à missão aos gentios e que o testemunho de João recordava a situação em Éfeso, em Atos 18,24-19,7. Ambas as teses são de difícil defesa, uma vez que a missão entre os gentios ocorreu antes de 66 d.C., e Atos 18 e 19 narra acontecimentos acontecidos de antes de 66 d.C. O certo é que hoje se deve reconhecer a existência de razões muito sólidas para sustentar uma data da redação do Quarto Evangelho anterior ao ano de 70 d.C. Estas seriam: *1)* A cristologia muito primitiva (cf. Mensagem). *2)* O pano de fundo que, como já percebeu Dodd, somente se relaciona com o mundo judeu-palestino anterior ao ano de 70 d.C. *3)* A existência de medidas de pressão contra os cristãos antes do ano 70 d.C.; as referências contidas em Lucas 4,9 e em Atos 7,58 e 13,50 mostram que não é necessário referir a João 9,34ss.; 16,2 a episódios posteriores à destruição do Templo. *4)* A ausência de referência aos gentios. *5)* A importância dos saduceus no Evangelho. *6)* A ausência de referência à destruição do Templo. *7)* A anterioridade ao ano de 70 d.C. dos rigorosamente exatos detalhes topográficos.

2. Estrutura e mensagem. O propósito do Evangelho de João fica estabelecido claramente em 20,31: levar o povo à fé em Jesus como Messias e Filho de Deus, a fim de que mediante essa fé obtenham a vida. O Evangelho aparece dividido essencialmente em duas partes principais, precedidas por um prólogo (1,1-18) e seguidas por um epílogo (c. 21). A primeira parte (1,19–12,50) ou "Livro dos Sinais", conforme C. H. Dodd, apresenta uma seleção dos milagres – sinais – de Jesus. A segunda parte (13,1-20,31), denominada também "Livro da Paixão", conforme C. H. Dodd, ou da "Glória", conforme Brown, inicia-se com a narração da Última Ceia e narra a Paixão, morte e ressurreição de Jesus.

Três são os aspectos especialmente centrais na mensagem do Apóstolo Evangelista. Em primeiro lugar, a revelação de Deus através de seu Filho Jesus (1,18). Certamente, a cristologia contida nesse Evangelho é muito primitiva e assim Jesus aparece descrito como "profeta e rei" (6,14ss.); "profeta e Messias" (7,40-42); "profeta" (4,19 e 9,17); "Messias" (4,25); "Filho do homem" (5,27) e "Mestre de Deus" (3,2). Contudo, como em Q, onde Jesus se refere a si mesmo como a *Sabedoria, nesse Evangelho enfatiza-se o fato de que o Filho é, por essa circunstância de filiação, igual a Deus (Jo 5,18) e Deus (1,1; 20,28). De fato, o Logos joanino de João 1,1 não é senão uma tradução grega do termo aramaico Menrá, uma circunlocução para se referir a Yahveh nos targumim. É o próprio Deus que se aproxima, revela e salva em Jesus, uma vez que ele é o *"Eu sou" que apareceu a Moisés (Êx 3,14; Jo 8,24; 8,48-58). Isso evidencia-se, por exemplo, nas prerrogativas do Filho em julgar (5,22.27.30; 8,16.26; 9,39; 12,47-48), em ressuscitar os mortos (5,21.25-26.28-29; 6,27.35.39-40.50-51.54-58; 10,28; 11,25-26) e em trabalhar aos sábados (5,9-18; 7,21-23). O segundo aspecto essencial da mensagem joanina é que em Jesus não somente vemos Deus revelado, mas também nele encontramos a salvação. Todo aquele que crê em Jesus alcança a vida eterna (3,16), tem a salvação e passa da morte para a vida (5,24) e esse fator da fé torna-se tão essencial que os sinais procuram, fundamentalmente, levar o povo a uma fé que o possa salvar. De fato, crer em Jesus é a única "obra" que se espera que o ser humano realize para obter a salvação (Jo 6,29). O aceitar ou não a Jesus como Filho de Deus, como o "Eu sou", como Messias, tem efeitos contundentes e imediatos. A resposta positiva – uma reação que Jesus denomina "novo nascimento" (Jo 3,1ss.) – leva à vida eterna (3,15) e a se tornar filho de Deus (1,12); a negativa conduz à condenação (3,19) e ao castigo divino (3,36). Partindo dessa definição de posições existenciais, dessa separação entre incrédulos e crentes, é como se pode entender o terceiro aspecto essencial da mensagem joanina: a criação de uma nova comunidade espiritual em torno de Jesus sob a direção do *Espírito Santo, o Consolador. Somente se pode chegar até Deus por um caminho, o único, que é Jesus (14,6). Somente se pode dar frutos ligados à videira verdadeira que é Jesus (Jo 15,1ss.). Aqueles que se vinculam dessa maneira com ele serão perseguidos por um mundo hostil (15,18ss.), mas por sua vez serão objeto da ação do Espírito Santo (16,5ss.), viverão numa alegria que não se pode entender em termos humanos (16,17ss.) e vencerão, como Jesus, o mundo (16,25ss.). Neles também se manifestará um amor semelhante ao de Jesus (Jo 13,34-35), o Filho que voltará, no fim dos tempos para reunir os seus para levá-los à casa de seu Pai (Jo 14,1ss.). É lógico que essa cosmovisão apareça expressa com esse conjunto de contraposições que não se tornam exclusivas em João, mas que são tão explícitas nesse Evangelho: luz-trevas, mundo-discípulos, Cristo-Satanás etc. O ser humano encontra-se propenso diante de sua realidade – a de que vive nas trevas – e a possibilidade de obter vida eterna através da fé em Jesus (5,24). Aquele que toma essa última opção não se baseia em especulações nem numa fé cega, mas em fatos que tiveram lugar na história e nos que existiram como testemunhas oculares (19,35ss.; 21,24). Ao crer em Jesus, descobre-se nele – que demostrou a veracidade de suas pretensões na *Ressurreição – seu Senhor e seu Deus (Jo 20,28) e obtém agora mesmo vida eterna (20,31), passando a integrar-se numa comunidade que é assistida pelo Espírito Santo e que espera a segunda vinda de seu Salvador (Jo 14,1ss.; 21,22ss.).

Bibl.: Dodd, C. H., *Interpretation*...; Idem, *Historical tradition*..., Brown, R. E. *Evangelio según san Juan*, 2 vols., Madri 1975; Idem, *La comunidad del discípulo amado*, Salamanca 1983; Manns, F., *L'Evangile de Jean*, Jerusalém, 1991; Robinson, J. A. T., *Redating*..., Idem, *The Priority*...; Vidal Manzanares, C., *El judeo-cristianismo*...; Idem, *El Primer Evangelio*...; Bultmann, R., *The Gospel of John*, Filadélfia 1971; Barret, C. K., *The Gospel according to St. John*, Filadélfia 1978; Schnackenburg, R., *The Gospel According to St. John*, 3 vols., Nova York 1980-1982; Bruce, F. F., *The Gospel of John*, Grand Rapids 1983; Beasley-Murray, G. R., *John*, Waco 1987; Guillet, J., *Jesús en el Evangelio de Juan*, Estella; Jaubert, A., *El Evangelio según san Juan*, Estella.

JOÃO MARCOS
*Marcos.

JOÃO NEPOMUCENO (1340-1393 aprox.)

Vigário geral da arquidiocese de Praga. Foi assassinado pelo rei Wenceslau IV ao negar-se a romper o segredo de confissão para revelar as intimidades da rainha. Houve discussão se em vez de um João não foram dois os assassinados por motivos semelhantes pelo rei Wenceslau.

JOÃO, O APÓSTOLO

Pescador, filho de *Zebedeu, que foi um dos primeiros chamados por Jesus, a quem ele constituiu *apóstolo. Juntamente com seu irmão *Tiago e com *Pedro, formava o grupo mais íntimo dos discípulos e sempre é mencionado no início das listas apostólicas junto com Tiago, Pedro e André. Como seu irmão Tiago, ganhou o apelido de Boanerges ou filho do trovão (Mc 3). Desempenhou um papel de enorme transcendência na Igreja judeu-cristã de Jerusalém (At 1-8; Gl 2,9). Há a possibilidade de que no final de sua vida desenvolvesse um ministério missionário na Ásia Menor. Tradicionalmente foi identificado como *João, o Evangelista, autor do Quarto Evangelho, e como o autor do Apocalipse.

Bibl.: Dodd, C. H., *Interpretation*...; Idem, *Historical tradition*...; Brown, R. E., *Evangelio según san Juan*, 2 vols., Madri 1975; Idem, *La comunidad del discípulo amado*, Salamanca 1983; Manns, F., *L'Evangile de Jean*, Jerusalém 1991; Robinson, J. A. T., *Redating*...; Idem, *The Priority*...; Vidal Manzanares, C., *El judeo-cristianismo*...; Idem, *El Primer Evangelio*...

JOÃO, O EVANGELISTA

Tradicionalmente (desde o séc.

II), foi identificado o autor do Quarto Evangelho com o filho de Zebedeu de nome João. Embora bom número dos autores modernos rejeitem essa hipótese, há razões que recentemente foram reconsideradas por R. A. T. Robinson, para considerar esse ponto de vista. O autor do Quarto Evangelho conhece de maneira pessoal o ministério da Galiléia e inclusive nos dá informações sobre ele que não conhecemos por meio dos outros Evangelhos. Por outro lado, a boa situação financeira dos filhos de Zebedeu – cujo pai contava com vários empregados – permite crer que fora "conhecido" do Sumo Sacerdote. Além disso, escreve com impressionante rigor a Jerusalém anterior ao ano 70 d.C., algo lógico num personagem que foi, segundo São Paulo, uma das colunas da comunidade judeu-cristã daquela cidade (Gl 2,9). A tudo que já foi dito, deve-se acrescentar o testemunho unânime dos autores cristãos posteriores no que se refere à atribuição da autoria do Quarto Evangelho. Em todo caso, seja qual for a identidade do quarto evangelista, o certo é que apresenta uma tradição sobre a vida de Jesus muito antiga, fidedigna e independente da sinóptica. Sua redação foi anterior ao ano 70 d.C., embora alguns autores prefiram situá-la depois do ano 90 d.C. O autor do Quarto Evangelho é o mesmo das três epístolas de São João que figuram no Novo Testamento, constituindo a primeira um guia interpretativo do Evangelho destinada a evitar que ele fosse lido em chave gnóstica.

Bibl.: DODD, C. H. *Interpretación...*; IDEM, *Historical tradition...*; BROWN, R. E., *Evangelio según san Juan,* 2 vols., Madri, 1975; IDEM, *La comunidad del discípulo amado*, Salamanca 1983; MANNS, F., *L'Evangile de Jean*, Jerusalém 1991; ROBINSON, J. A. T., *Redating...*; IDEM, *The Priority...*; VIDAL MANZANARES, C., *El judeo-cristianismo*; IDEM, *El Primer Evangelio...*; BULTMANN, R., *The Gospel of John*, Filadélfia 1971; BARRETT, C. K., *The Gospel according to St. John*, Filadélfia 1978; SCHNACKENBURG, R., *The Gospel According to St. John,* 3 vols. Nova York 1980-1982; BRUCE, F. F., *The Gospel of John*, Grand Rapids 1983; BEASLEY-MURRAY, G. R., *John*, Waco 1987; GUILLET, J., *Jesús en el Evangelio de Juan*, Estella, JUABERT, A., *El Evangelio según san Juan*, Estella.

JOÃO, O TEÓLOGO

Conforme alguns estudiosos, o autor do *Apocalipse, cuja sepultura se conservava em Éfeso. Por ser um personagem diferente de São João Evangelista, seja ou não o filho de Zebedeu, é possível que emigrasse à Ásia Menor ao rebentar a guerra de 66 a 73 d.C. contra os romanos. Sua obra é, por isso, anterior ao ano 70 d.C. e torna-se uma valiosa fonte para o estudo da teologia judaica-cristã da época.

Bibl.: STENDHAL, K., *The Scrolls...*; Vidal Manzanares, C., *De Pentecostés...*; DODD, C. H., *Interpretation...*; IDEM, *Historical tradition...*; BROWN, R. E., *Evangelio según san Juan*, 2 vols., Madri 1975; IDEM, *La comunidad del discípulo amado*, Salamanca 1983; MANNS, F., *L'Evangile de Jean*, Jerusalém 1991; ROBINSON, J. A. T., *Redating...*; IDEM, *The Priority...*

JOÃO PAULO I (26 DE AGOSTO A 18 DE SETEMBRO DE 1978)

Papa. Eleito na terceira votação no conclave, foi o primeiro pontífice de origem operária. Albino Luciani optou por um nome composto como amostra de seu desejo de combinar as qualidades progressistas de João XXIII e as tradicionais de Paulo VI. De conduta jovial e simples, renunciou à coroação papal tradicional, limitando-se a ser investido com o pálio como sinal de sua missão pastoral. Morreu três semanas depois vítima de um ataque cardíaco. Pelo fato de não ter sido realizada uma autópsia serviu para alimentar rumores sobre um suposto envenenamento.

JOÃO PAULO II (16 DE OUTUBRO DE 1978 A 2 DE ABRIL DE 2005)

O primeiro papa eslavo e o primeiro não italiano desde *Adriano VI. Eleito na oitava votação. Como no caso de *João Paulo I, não houve cerimônia de coroação. Dirigindo-se aos cardeais no dia 17 de outubro de 1978, manifestou sua intenção de promover o cumprimento exato do Concílio Vaticano II. Foi o pontífice que mais viajou, que mais cardeais elegeu e também quem mais santos e beatos canonizou. Ao mesmo tempo, seu pontificado foi marcado pela prática de um ensinamento numeroso e continuado com referências a temas como a dignidade humana (*Redemptor hominis*), a misericórdia divina (*Dives in misericordia*), a doutrina social católica (*Laborem exercens*) etc. Desde a conferência do Celan em Puebla, em 1979, mostrou suas reticências quanto à *Teologia da Libertação. Do mesmo modo, em seu pontificado foram combatidas as teses de autores como as de Hans Küng (a quem em 1980 foi tirada a licença para ensinar), Edward Schillebeecck ou Charles Curran. Sua projeção política não foi pouca. Assim, em 1984, concluiu com o governo italiano uma revisão do tratado de Latrão de 1929; contribuiu nos anos oitenta para a derrocada dos regimes comunistas do leste da Europa e, mediante o denominado abraço do Alasca, manifestou sua coincidência de visão com o presidente norte-americano Ronald Reagan. Tachado de conservador por seus detratores, para muitos católicos João Paulo II é o símbolo de um catolicismo que recupera o rumo depois das turbulências posteriores ao Concílio Vaticano II.

JOÃO SCOTT ERÍGENA (815-877 APROX.)

Nasceu na Irlanda como o indica o uso do pseudônimo *Johannes Ierugena* ou *Eripugena* (que quer dizer "nascido na Irlanda"). Criador do primeiro sistema filosófico medieval, por volta do ano 847, Carlos I, rei da França, nomeou-o supervisor da escola da corte e encarregou-o da tradução para o latim das obras do neoplatônico Dionísio, o Areopagita. Por não submeter suas obras ao controle da censura, atraiu sobre si a inimizade do Papa Nicolau I. O rei Carlos deu-lhe sua ajuda, mas viu-se obrigado a viver recluso na corte até a morte do monarca em 877. Os Concílios de Valência (855), de Langres (859) e de Vercelli (1050) condenaram sua *De Divina Praedestinatione* (Sobre a predestinação divina, 851), na qual defendia a crença de Hincmaro, arcebispo de Reims, no sentido de que a sorte final dos homens depende, embora em parte, de sua vontade. Erígena pendeu para posições heréticas ao negar a condenação eterna dos réprobos e ao afirmar que todos os seres humanos se transformarão em espíritos puros ou ao rejeitar que a criação tivera princípio.

JOAQUIM

O pai de Maria, a mãe de Jesus. Sua existência não aparece assinalada até a Idade Média em alguns escritos apócrifos. Durante a plena Idade Média seu culto, como o de Santa Ana, foi objeto de um aumento especial paralelo ao desenvolvimento da mariologia.

JOAQUIM DE FIORE
(1132-1202 APROX.)

Místico medieval. Após peregrinar pelos Santos Lugares experimentou uma conversão. Posteriormente, entrou para a Ordem *Cisterciense, sendo nomeado em 1177 abade contra sua vontade. Depois disso, fundou um mosteiro, que em 1196 recebeu autorização papal, e dedicou-se a escrever obras de caráter marcadamente apocalíptico. Nessas obras argumenta que a história tem uma estrutura trinitária. A era do Pai corresponde ao Antigo Testamento, a do Filho começa no Novo Testamento e deve durar 42 gerações de 30 anos cada uma e a do Espírito Santo que devia começar em 1260. Tal e como foi expressa por Joaquim essa visão não ameaçava a hierarquia eclesiástica, mas nos anos posteriores seria instrumentalizada para atacá-la.

JOC

Juventude Operária Católica. Organização fundada na Bélgica por José Cardin em 1925, como um ramo específico dos assalariados de menor idade, integrado na Ação Católica. Sua finalidade é a educação e a evangelização dos trabalhadores jovens. Seu órgão de difusão é a revista *Juventude Operária*.

JOINVILLE, JEAN DE
(1224-1317 APROX.)

Cronista francês. Senescal de Champagne, acompanhou o rei Luís IX da França na sétima *Cruzada (1248-1254). Capturado junto com o rei, permaneceu quatro anos com ele na Terra Santa. Perto dos oitenta anos compilou, sob o patrocínio de Joana de Navarra, esposa de Filipe IV, rei da França, suas notas sobre a Cruzada na obra intitulada *História de São Luís* (1309).

JONES, RUFUS MATTHEW
(1863-1948)

*Quaker norte-americano. Professor de filosofia desde 1904 a 1934. Seus estudos sobre religião espiritual constituem autênticos clássicos sobre a *mística, embora indubitavelmente distorcido o estudo dos quakers ao identificá-los com mais uma corrente mística.

JORGE († 303)

Patrono de países como a Inglaterra e de cidades – como Gênova na Itália – ou regiões como a Catalunha na Espanha. Sua historicidade é mais que duvidosa. A lenda refere que nasceu na Capadócia (Ásia Menor oriental) e que foi martirizado na Lídia, Palestina. Mais tarde, sobre esses dados, referidos em duas inscrições primitivas numa igreja síria e num catálogo do Papa Gelásio I, datado no ano de 494, foram acrescentados outros relatos, como o da luta com um dragão. Em 1222 o Concílio de Oxford ordenou que sua festividade, no dia 23 de abril, se celebrasse como festa nacional, e no séc. XIV tornou-se o santo patrono da Inglaterra e da ordem da Jarreteira.

JORGE HAMARTOLOS

Também conhecido como Jorge, o Pecador, ou Jorge, o Monge. Cronista bizantino do séc. IX. Sua *Cronicón Syntomon* descrevia a história humana desde a criação até o ano de 842 d.C. Totalmente contrário aos iconoclastas, é a fonte mais importante para a história ortodoxa anterior a Fócio.

JORGE SINGELO

Historiador bizantino († 800 aprox.). Escreveu uma *Crônica* que descrevia a história humana desde a criação até o reinado de Diocleciano.

Sua obra foi continuada por seu amigo Teófanes, o Confessor.

JOSÉ

Filho de Jacó ou Eli, esposo de *Maria e pai legal de Jesus. (Mt 1; Lc 3,23; 4,22; Jo 1,45; 6,42). Pertencia à família de Davi, embora seguramente através de um ramo secundário. Sua profissão foi de "tektoon" (carpinteiro ou, melhor, artesão) (Mt 13,55). Desposado com Maria, descobriu que ela se achava grávida e, inicialmente, pensou em repudiá-la em segredo, possivelmente para evitar que ela mesma fosse executada como adúltera. Foi-lhe revelado que o que havia acontecido era obra do Espírito Santo. Assim contraiu matrimônio com ela e, depois do nascimento de Jesus, fugiu para o Egito com a finalidade de salvá-lo de *Herodes. Depois da morte deste, regressou à Palestina e fixou residência em Nazaré, na Galiléia. Vivia ainda quando Jesus completou doze anos e se perdeu no Templo, mas sua morte deve ter antecedido o início do ministério público de Cristo, uma vez que não volta a ser mencionado nos Evangelhos. Jerônimo atribuiu-lhe a paternidade dos denominados *irmãos de Jesus, aos quais se referem Mateus 13,54-55 e Marcos 6,3, considerando-os fruto de um matrimônio anterior ao contraído com Maria.

JOSÉ DE ARIMATÉIA

Homem muito rico e importante membro do *Sinédrio, natural de Ramazaim (possivelmente atual Rentis, perto de El-Loed, Lídia). Foi *discípulo oculto de Jesus por temor aos prejuízos que essa situação poderia ocasionar-lhe. Apelando para um privilégio contemplado pela lei romana, pediu e obteve de Pilatos o cadáver de Jesus. Em seguida sepultou-o num sepulcro novo escavado na rocha que era propriedade sua (Mt 27,57ss.; Jo 19,38-42).

JOSÉ DE CALASANZ (1556-1648)

Fundador das escolas Pias. Depois de estudar em diversas universidades espanholas, em 1583 foi ordenado sacerdote. Em 1592 dirigiu-se a Roma, onde começou a dedicar-se à prática das boas obras e, no fim de certo tempo, da educação de crianças abanonadas. Em 1597 estabeleceu a primeira escola em Roma e em 1602 fundou a congregação Escola Pia para dar estabilidade e continuidade a esse trabalho. Acusado perante o Santo Ofício por rivais de sua própria congregação, foi preso e livrou-se de ser encarcerado pela intervenção direta do cardeal Cesarini. Até 1645 conseguiu recuperar o controle de sua congregação. Foi canonizado em 1767.

JOSEFINISMO

Princípios em torno dos quais se baseou a política eclesiástica de José II da Áustria. Baseados no *febronianismo, podem ser resumidos na tolerância religiosa, direito régio para regular os assuntos eclesiásticos e restrição do poder papal ao âmbito espiritual. O josefinismo conheceu seu colapso com a morte desse imperador.

JOSEFO, FLÁVIO

*Jesus, nas fontes não cristãs.

JUDAS

1. Iscariotes. O discípulo que traiu *Jesus, entregando-o ao Sinédrio por trinta moedas de prata (Mc 14,10ss. Comparar Mc com Zc 11,12-13). Em algum momento pretendeu-se identificar seu sobrenome com "iscarius",

ligando-o à seita dos *zelotes. Essa interpretação torna-se hoje impossível porquanto esse grupo não existia no tempo de Jesus. Mais provável que se referia a um povoado geográfico chamado Cariot. Sua traição é atribuída, nos Evangelhos, à avareza (Mt 27,15ss.; Jo 12,6) e à ação de Satanás (Lc 22,3; Jo 6,70ss.; 13,2 e 26ss.). Suicidou-se (Mt 27,3ss.; At 1,16ss.), depois de ter devolvido o dinheiro da traição aos sacerdotes judeus, que adquiriram com ele um campo, Hacéldama, possivelmente destinado a dar sepultura a pessoas pobres. A seita gnóstica dos cainitas venerou-o. *2.* Judas. Um dos *irmãos de Jesus (Mc 6,3; Mt 13,54ss.), o qual provavelmente pode ser identificado com o autor da carta do Novo Testamento que leva esse nome. *3.* Tadeu (ou Labeu). Um dos *apóstolos. Somente temos dados sobre ele (Jo 14,22).

Bibl.: CULLMANN, O., *El estado en el Nuevo Testamento*, Madri 1966; BRANDON, S. G. F., *Jesus and the zealots*, Manchester 1967; VIDAL MANZANARES, C., *El judeo-cristianismo...*; GUEVARA, H., *O. c.*

JUDEU

1. Súdito do reino de Judá composto pelas tribos de Judá e Levi. *2.* O nascido de pais judeus (especificamente de mãe judia) ou que aceita o judaísmo através da conversão (*guiur*) de acordo com a Torá escrita e oral. O nascido de matrimônio misto no qual só é judeu o pai não é considerado judeu.

JUDEU-CRISTIANISMO

A definição exata do judeu-cristianismo continua sendo até essa data motivo de controvérsia. Para H. Schoeps, poderia falar-se de três tipos de judeu-cristianismo: o do judeu converso paganizado (Paulo), o do judeu converso orgulhoso de sua raça e o do judeu converso que se afastou da Grande Igreja quando ela se centralizou nos pagãos. R. N. Longenecker propõe referir aos cristãos cuja raiz era judaica e que consideravam Jerusalém como Igreja-mãe, pretendendo manter ou continuar seu ministério. Num sentido semelhante tem-se manifestado J. Jocz. Para outros autores (J. Danielou, H. Schonfield etc.), o judeu-cristianismo se identificaria com grupos que negavam a divindade de Cristo e que, por sua vez, continuavam fielmente apegados ao judaísmo, embora o matizando com a confissão de Jesus como Messias. O conjunto de estudiosos ao qual poderíamos denominar como "Escola franciscana de Jerusalém" vê nos judeu-cristãos um grupo totalmente ortodoxo em relação aos dogmas cristológicos, embora reconheça que entre eles continua praticando-se fielmente a Lei de Moisés. Outros autores, como R. E. Brown ou C. Vidal Manzanares, sugerem soluções mais amplas. Para R. E. Brown, houve quatro tipos de judeu-cristianismo no primeiro século, mas ele foi ortodoxo, e estes podem ser divididos conforme sua posição, mais ou menos fechada em relação ao tema da Lei. C. Vidal Manzanares é propenso à existência de um núcleo judeu-cristão em Jerusalém de composição mista palestina-helenista que, embora cumpridor da Lei, se foi mostrando progressivamente (Cornélio e Pedro, Antioquia, Concílio de Jerusalém etc.) favorável à expansão do cristianismo entre os pagãos, aos quais não se obrigava a cumprir a Lei de Moisés, mas os sete princípios noéticos (At 15) a partir de uma perspectiva cristã. Esse núcleo, claramente ortodoxo em sua aceitação da divindade de Cristo ou de sua messianidade, começaria a sofrer fortes cisões nas proximidades da guerra do Templo contra Roma. Alguns optariam pela volta ao judaísmo (carta aos Hebreus), outros se deixariam levar pela negativa em crer em Cristo como Deus ou inclusive pelo gnosticismo (Carta aos Colossenses, Evangelho de João e 1ª Carta de João) e, finalmente, outros se manteriam em sua ortodoxia judeucristã, diferenciando-se da Igreja pagã somente em relação à Lei e tendo uma influência sobressalente no nascimento do cristianismo na Ásia Menor, no Egito e em Roma. A ruptura com a Grande Igreja já se havia produzido durante o séc. II, mas as influências mútuas, não obstante, continuariam existindo, já que boa parte da mariologia posterior tinha sua origem precisamente em escritos judeu-cristãos dos séc. II e III.

JUDSON, ADONIRAM (1788-1850)

Missionário *batista na Birmânia. De origem norte-americana, começou em 1813 a tradução da Bíblia para o birmanês e, em 1842, de um dicionário da mesma língua que terminou em 1849.

JUÍZO FINAL

A idéia de um juízo final no qual os salvos receberiam uma recompensa eterna e os condenados um castigo eterno e consciente aparece já na *escatologia do Antigo Testamento (Dn 12,2ss.) e tem seu reflexo no judaísmo posterior, no *Talmude e em outras fontes. Jesus ensinou a existência de um juízo final para todos (Mt 25,31; Jo 5,28-29), mas indicou também que haveria um juízo particular que tem lugar logo após a morte e onde alguém recebe já o castigo (Lc 16,19ss.), ou então o prêmio (Lc 23,43).

Bibl.: COHEN, A., *O. c.*; GRAU, J., *Escatología...*; VIDAL MANZANARES, C., *El judeo-cristianismo...*; IDEM, *El Primer Evangelio...*; GOURGUES, M., *El mas allá en el Nuevo Testamento*, Estella.

JULIANA DE NORWICH (1342 A DEPOIS DE 1413 APROX.)

Mística inglesa. Sabe-se muito pouco de sua vida. Sua obra *Dezesseis revelações do divino amor* é um relato de uma série de visões que afirmou ter sentido no dia 8 de maio de 1373 e que denotam uma enorme influência neoplatônica.

JULIANO, O APÓSTATA (332-363)

Imperador romano desde 361. Educado como cristão, em sua juventude inclinou-se para o paganismo depois de ter sido iniciado nos mistérios de Atenas. No ano de 335 foi proclamado césar e dois anos depois derrotou os alemães em Estrasburgo. No ano de 360 foi proclamado imperador, não gerando a guerra civil contra Constâncio por ele ter morrido em 361.

JÚLIO I (16 DE FEVEREIRO DE 337 A 12 DE ABRIL DE 352)

Papa. Foi um apaixonado defensor do Concílio de Nicéia, assim como de *Atanásio, embora mostrasse certa tolerância com os culpados de *sabelianismo se estivessem dispostos a assinar o credo batismal romano.

JÚLIO II (1º DE NOVEMBRO DE 1503 A 21 DE FEVEREIRO DE 1513)

Papa. Diplomático e militar (o que provocou as zombarias de *Erasmo), seu principal objetivo foi a expansão territorial dos estados pontifícios. Em 1511 constituiu a Santa Liga com a Espanha e Veneza para a defesa do papado. Com ela, conseguiu expulsar os franceses do território italiano. Importante mecenas, favoreceu artistas do porte de Michelangelo, Rafael e Bramante. Em 1506 colocou a primeira pedra da nova Basílica de São Pedro. Para custear as obras dessa Basílica, ampliou a venda das *indulgências, um ato que influiria consideravelmente no início da *Reforma Protestante. Embora ganhasse o apelido de "o terrível", por ocasião de sua morte foi aclamado como o libertador da opressão estrangeira e posteriormente foi considerado como um precursor da unidade italiana.

JÚLIO III (8 de fevereiro de 1550 a 23 de março de 1555)

Papa. De personalidade contraditória, apoiou os *jesuítas e preocupou-se com a expansão católica nas Índias, América e Extremo Oriente. Foi também um notável mecenas que fomentou a obra de artistas como Michelangelo e Palestrina, entre outros. Mas, por sua vez, foi nepotista e atraiu uma enorme impopularidade ao se empenhar em sustentar um jovem chamado Inocenzo, quem ele adotou como irmão e o fez cardeal. Sob seu pontificado reiniciaram-se as sessões do Concílio de Trento no dia 1º de maio de 1551. Nas sessões de 11 a 16 estiveram presentes teólogos protestantes representando alguns territórios alemães. Contudo, Henrique II negou-se a que se desse a participação de teólogos franceses. A derrota que os príncipes protestantes infligiram a *Carlos V em Innsbruck (1552) obrigou Júlio III a suspender as sessões conciliares no dia 28 de abril do mesmo ano indefinidamente. Semelhante revés levou-o a recolher-se praticamente na Vila do Papa Júlio. Em 1555 enviou um legado à Confissão de *Augsburgo com a intenção de atrair a Alemanha novamente à fé católica, mas seu propósito ficou frustrado.

JÚLIO AFRICANO, SEXTO

Sexto Júlio Africano nasceu em Jerusalém. Desempenhou o cargo de oficial no exército de Septímio Severo e combateu no ataque à Edessa de 195. Em Alexandria do Egito travou amizade com Orígenes, vivendo depois em Emaús. Morreu depois de 240. Foi autor das *Crônicas* (uma tentativa de escrever a história do mundo desde a criação), dos *Encaixes* (enciclopédia heterogênea do saber da época, embora desprovida de sentido crítico) e de duas cartas. Possivelmente a contribuição mais interessante para a teologia realizada por esse autor esteja na área da escatologia. De tendência claramente milenarista, mostrava que o espaço temporal entre a criação e o nascimento de Cristo era de 5.500 anos, devendo terminar o mundo e começar o milênio no ano de 6.000 desde a criação.

JURAMENTO

O judaísmo contemporâneo de Jesus, de acordo com a Lei de *Moisés, permitia o juramento sempre que este não fosse falso (Lv 19,12), mas insistia na gravidade de se fazer juramentos à toa (Lv 5,4). Jesus opôs-se frontalmente à prática do juramento em qualquer de suas modalidades (Mt 5,33ss.), considerando que ele não tinha realmente eficácia e que costuma denotar a falta de veracidade no trato que leva a reforçar as palavras mediante fórmulas desse tipo.

Bibl.: Driver, J., *Militantes...*; Vidal Manzanares, C., *El judeo-cristianismo...*

JUSTIÇA

Nos Evangelhos, o termo reveste-se de diversos conteúdos: *1)* a ação salvadora de Deus (Mt 3,15; 21,32), que se manifesta de maneira graciosa e imerecida (Mt 20,1ss.); *2)* a justificação que Deus faz do pecador em virtude de sua *fé em Jesus: (Mt 9,13; Mc 2,17; Lc 5,32); *3)* o comportamento justo de uma pessoa (Mt 6,1ss.), que nunca deve ser praticada com fins exibicionistas, e que se reveste de uma especificidade concreta entre os seguidores de Jesus (Mt 6,33) e que é fruto do *arrependimento. Tal e como a praticam as pessoas religiosas – como os escribas e fariseus – é insuficiente para entrar no reino dos céus (Mt 5,20). Parte realmente, portanto, não do desejo de ganhar pelos próprios méritos a salvação, mas da gratuidade porque ela já foi dada.

Bibl.: BARTH, K., *O. c.*; DRIVER, J., *Militantes...*; VIDAL MANZANARES, C., *De Pentecostés...*

JUSTIFICAÇÃO
*Justiça.

JUSTINIANO I (483-565)

Imperador de Bizâncio desde 527. Reconstrutor do Império Romano, constitui-se em um defensor da ortodoxia. Assim, perseguiu os *montanistas, fechou as escolas filosóficas de Atenas em 529, forçou a multidão de pagãos a receber o batismo e contribuiu extraordinariamente para a condenação da memória de Orígenes e para a convocação do Segundo Concílio de Constantinopla (553). Ansioso por estender o poder imperial, não deixou de intrometer-se nos assuntos eclesiásticos e inclusive pretendeu submeter o papa. Fruto dessa atitude foi a humilhação à qual submeteu o Papa *Vigílio.

JUSTINO, MÁRTIR

O mais importante apologista grego do séc. II nasceu em Siquém de família pagã. Desencantado com as diversas escolas filosóficas, converteu-se ao cristianismo influenciado, ao menos em parte, pelo arrojo dos cristãos diante do martírio. Depois de sua conversão viajou como pregador por diversas cidades, estabelecendo-se finalmente em Roma, onde morreu decapitado juntamente com outros seis cristãos no ano de 165. Embora autor muito produtivo, somente chegaram até nós suas duas *Apologias* e o *Diálogo com o judeu Trifão*. Cristologicamente, Justino estava absolutamente convencido de que Cristo é Deus e que por isso merece a adoração, embora alguns autores (Quasten) entendem que se inclinava para o subordinacionismo. Filosoficamente, aproveita a tese joanina de que o Logos ilumina a todos os seres humanos (Jo 1,9) para estender, pela primeira vez, uma ponte para a filosofia. Mariologicamente, Justino foi o primeiro autor cristão que traçou um paralelismo entre Eva-Maria semelhante ao bíblico Adão-Cristo (*Diál. C.*). Sacramentalmente, Justino não conheceu senão o batismo de adultos – presumivelmente por imersão – precedido de uma instrução catequética (*Apol.* I, LXI). A Eucaristia é para Justino carne e sangue do próprio Jesus encarnado. Em virtude da oração o pão e o vinho transformam-se em corpo e sangue de Cristo (*Apol.* I, LXI-VI). A Eucaristia, por outro lado, celebra-se aos domingos, não sendo lícito para um cristão guardar o sábado. Discutiu-se se Justino considerou a Eucaristia um sacrifício. A resposta somente pode ser afirmativa num sentido simbólico. Justino toma esse aspecto da espiritualidade judaica e considera que as orações e ações de graças dos homens são sacrifícios (*Diál.* CXVII, 2). Nesse sentido estrito parece, sim, que considerou a Eucaristia como sacrifício, o que é muito semelhante para não dizer idêntico ao conceito que aparece na Didaqué. Escatologicamente, Justino é milenarista, embora reconheça que nem todos os seus correligionários compartilhem de seu ponto de vista (*Diál.* LXXX). Crê no inferno como lugar de castigo eterno para os demônios e os condenados (*Dial.* V, 80).

Em relação aos demônios insiste em que seu pecado foi manter relações sexuais com mulheres (*Apol.* II, 5), o que é um eco do Gênesis 6. Apesar de poderem extraviar os seres humanos agora, o certo é que o nome de Jesus tem poder suficiente para submetê-los (*Diál.* XXX, 3).

JUVENCO

Os dados que temos dele são devidos a São Jerônimo, que indica que era espanhol, de nobre ascendência, sacerdote e que compôs quatro livros transcrevendo os quatro evangelhos em versos hexâmetros. Viveu na época do imperador Constantino.

KABBALA
*Cabala.

KAGAWA, TOYOHIKO (1888-1960)

Reformador social japonês. De origem budista, sua conversão ao cristianismo motivou ser deserdado por sua família. De 1905 a 1908 estudou no seminário presbiteriano de Kobe. Convencido da responsabilidade que pesava sobre os cristãos em relação aos problemas sociais, passou vários anos trabalhando com os pobres dos subúrbios de Shinkawa. Depois de um período de estudos nos Estados Unidos, em 1917 voltou ao Japão e dedicou-se por completo aos problemas sociais. Em 1921 fundou o primeiro sindicato e a primeira união camponesa do país; em 1923 ocupou-se em socorrer as vítimas do terremoto de Yokohama; em 1928 fundou a Liga Nacional Anti-Guerra e em 1930 o Movimento do Reino de Deus para promover as conversões ao cristianismo. Influenciado pelas teses de *Fox e pelos quakers, assim como por J. *Wesley, em 1940 foi encarcerado por causa de suas idéias pacifistas que chocavam com o imperialismo japonês. Depois da Segunda Guerra Mundial, tornou-se um dos dirigentes do movimento em favor da democracia no Japão. Kagawa – uma das personalidades cristãs mais atrativas – deixou também numerosas obras escritas nas quais expressava sua visão do cristianismo.

KANT, EMMANUEL (1724-1804)

Filósofo alemão. Nascido em Königsberg (agora Kaliningrado, Rússia), no dia 22 de abril de 1724, foi educado no *Collegium Fredericianum* e na Universidade de Königsberg. Depois da morte de seu pai e até 1755, viu-se obrigado a abandonar seus estudos e ganhar a vida como tutor particular. Após poder regressar aos estudos universitários e doutorar-se, ensinou na universidade primeiro ciência e matemática, e mais tarde filosofia. Em 1770 foi-lhe concedida uma cátedra de lógica e metafísica. Embora procedente de uma ambiente *pietista, Kant foi passando para posições racionalistas, e em 1792 Frederico Guilherme proibiu-o de dar aulas ou de escrever sobre assuntos religiosos. Kant obedeceu a essa ordem até à morte do rei. Em 1793, publicou a *Religião dentro dos limites da razão pura*, na qual expressava suas crenças religiosas. Embora Kant negasse que se poderia demonstrar racionalmente a existência de Deus ou a imortalidade da alma, aceitou ambos os pressupostos em sua *Crítica da razão prática* (1788). Kant tem sido um dos filósofos contemporâneos mais influentes. Seu peso doutrinal é percebido em Hegel, Marx ou Fichte.

KARLSTADT
*Carlstadt, Andréas.

KEPLER, JOÃO (1571-1630)
Astrônomo e filósofo alemão, nascido em Weil der Stadt, em Württemberg, sua fama deve-se fundamentalmente à verificação das três leis do movimento planetário ou leis de Kepler, que deduziu curiosamente de pontos de vista místicos. Estudou teologia e letras clássicas na Universidade de Tubinga. Em 1594, foi para Graz (Áustria) e dois anos depois publicou seu *Mysterium Cosmographicum*. Professor de astronomia e matemática na Universidade de Graz, desde 1594 até 1600, foi ajudante do astrônomo dinamarquês Tycho Brahe. Com a morte do astrônomo, em 1601, Kepler assumiu seu cargo de matemático imperial e astrônomo da corte do imperador Rodolfo II. Convencido da veracidade da Bíblia, não duvidou em aplicar a teologia a algumas de suas teses científicas ou em deduzir especulações teológicas de fatos científicos. Em 1605 identificou a estrela dos magos, da qual fala o Evangelho de Mateus, com uma conjunção de Marte, Saturno e Júpiter acontecida em inícios do ano 6 a.C., uma data que encaixa perfeitamente com o texto evangélico. Morreu em Regensburg.

KIERKEGAARD, SOREN AABYE (1813-1855)
Filósofo cristão dinamarquês. Depois de uma infância infeliz, ingressou na Universidade de Copenhague. Em 1840 graduou-se em teologia e em 1841 comprometeu-se com Regina Olsen, um compromisso que romperia pouco depois ao considerar que esse matrimônio era impossível. A partir de 1843 foram publicadas diversas obras suas que o situaram entre os filósofos contemporâneos mais importantes e que mostram uma clara evolução desde o esteticismo ao cristianismo. Em 1854 começou seus ataques contra a Igreja estabelecida, à qual ele acusava de ter acomodado a mensagem do Evangelho aos desejos humanos. Em suas obras cristãs mostra uma clara reprodução protestante, embora acentuando consideravelmente o aspecto subjetivo da fé e o fato de que o homem deve viver sua vida diante de Deus. Sua influência no pensamento posterior é muito considerável e vai desde a filosofia de Heidegger à teologia de *Barth.

KING, MARTIN LUTHER (1929-1968)

Pastor *batista e ativista dos direitos civis. Filho de um pastor batista, em 1954 converteu-se por sua vez em pastor de uma igreja batista em Montgomery, Alabama (EUA). Muito influenciado pelo pacifismo dos Evangelhos e pelas táticas não violentas de Ghandi, em 1955, organizou um boicote de negros contra os ônibus nos quais se praticava a discriminação racial. O resultado final foi uma sentença do Tribunal Supremo que ordenava a desagregação dos ônibus de Alabama. Em 1960 deixou o pastoreio para dedicar-se com mais intensidade à luta pelos direitos civis. Preso em 1963, no ano seguinte foi aprovada a lei de direitos civis e King recebeu o prêmio Nobel da Paz. Sua condenação da guerra no Vietnã, sua insistência numa reconciliação inter-racial e a crítica das injustiças de um sistema ao qual se opunha, que ele denominou de "a força de amar", foram concentrando a oposição tanto de brancos como de negros a seu redor. Em 1968 foi assassinado em estranhas circunstâncias.

KKK

Sigla de Ku Klux Klan, o grupo do círculo (do grego *kyklos*). Seita pseudocristã de origem norte-americana. Apesar de insistir em ser uma organização cristã, nem sua teologia nem suas práticas apóiam esse ponto de vista. Seus membros precisam ser brancos, não judeus, partidários de um governo branco e da segregação racial. Até a pouco rejeitavam os católicos como membros (agora os aceita), e continua perseguindo os judeus, os negros, os mestiços, os homossexuais e as pessoas que eles consideram ser opostas a seus pontos de vista. Surgido depois da Guerra de Secessão norte-americana (1861-1865), pretendia manter os negros afastados dos postos de influência dos estados do sul. Seu peso social não chegou a ser importante até o extremo do *Nascimento de uma nação* de Griffith em 1915, obra na qual se apresentava uma visão romântica e patriota da seita. Nos anos 20, o grupo contava nos Estados Unidos com cinco milhões de membros. Desde então, sua ascensão tem sido contínua, fazendo parte de suas fileiras diversos senadores e governadores norte-americanos. Tem sido prática habitual da seita o uso de extorsão, coação, violência, castração e assassinato de seus opositores. Essa seita pretende ser cristã e inclusive recorre à Bíblia para justificar uma teologia neopagã. Conforme o KKK, Eva teve relações sexuais com Satanás e delas nasceu Caim, do qual descende a raça judia. Posteriormente, os judeus tiveram relações sexuais com diversos animais, dando assim origem às diversas raças. Somente a raça branca procede de Adão. Nega-se a pertença de Jesus à raça judia e insiste-se em que é ariano. Não se pode negar que semelhante racismo unido às teses que negam a pessoa e a obra de Jesus, assim como a doutrina cristã do pecado original, devam ser repudiados por pessoas que se consideram cristãs.

KLOPSTOK, FRIEDRICH GOTTLIEB (1724-1803)

Poeta e dramaturgo alemão. Nascido em Quedlinburg, estudou nas Universidades de Jena e Leipzig. Empenhado em criar uma literatura alemã livre da influência estrangeira, sua principal obra poética foi *O Messias*. Poema épico religioso escrito em hexâmetros, levou Klopstock merecidamente à fama criando uma série de imitações. Em suas *Odes* (1747-1780), voltou a abordar, entre outros, o tema, da religião. Também escreveu dramas religiosos em versos baseados em episódios do Antigo Testamento. Amplamente traduzido, influenciou autores como Goethe.

KNOX, JOHN (1513-1572 APROX.)
Reformador escocês. Em 1544 abraçou a fé da *Reforma. Em 1549 chegou à Inglaterra e dois anos depois tornou-se capelão de *Eduardo VI, influindo na inclinação do rei e da *Igreja da Inglaterra ao calvinismo. Por ocasião da subida de Maria Tudor ao trono inglês, Knox fugiu para o continente onde conheceu *Calvino. Sua oposição à Maria de Guisa levou-o a escrever em 1559 uma obra *Contra o governo monstruoso das mulheres*. Semelhante livro provocou posteriormente a hostilidade de *Isabel I, que não lhe permitiu passar pela Inglaterra em seu caminho de volta a Escócia (1559). A partir de então encabeçou a reforma escocesa e passou à oposição contra Maria Stuart. Sua influência começou a diminuir a partir de 1570.

KU KLUX KLAN
*KKK.

KULTURKAMPF
Doutrina iniciada na Alemanha durante os anos setenta do séc. XIX contra os católicos. Sua razão fundamental era o temor que tinha o chanceler Bismarck de que a Igreja católica tentasse desfazer a recente unificação alemã. A tensão chegou a seu ponto máximo quando em 1875 suprimiu o pressuposto estatal para a Igreja católica e depois se decretou que as ordens religiosas abandonassem o país. Finalmente, Bismarck conseguiu o apoio católico contra os social-democratas alemães, e para 1887 todas as medidas anticatólicas haviam sido abolidas, exceto a expulsão dos *jesuítas. Além disso, a Kulturkampf provocou um reverdecer do catolicismo alemão no final do séc. XIX.

KÜNG, HANS (1928-)
Sacerdote e teólogo católico. Nasceu em Sursee (Suíça), estudou na Universidade Pontifícia Alemã e na Universidade Pontifícia Gregoriana de Roma. Ordenado sacerdote em 1954, continuou seus estudos no Instituto Católico da Sorbonne em Paris, onde escreveu sua tese doutoral em teologia, *Justificación: la doctrina de Karl Barth y una reflexión católica* (1957). Nela, Küng procurava os pontos semelhantes entre a justificação definida pelo Concílio de Trento e a teologia protestante de Barth, chegando à conclusão de que seriam identificáveis. Essa conclusão motivou acalorados elogios de autores protestantes e católicos, uma vez que consideravam que terminava definitivamente um importante obstáculo para a união. Küng, pároco de Lucerna, tornou-se depois professor de teologia dogmática na Universidade de Münster e foi um dos teólogos oficiais do Concílio *Vaticano II. Já nos anos sessenta começou a questionar a visão eclesial católica (*A Igreja*, 1967) – para negar na década seguinte a infalibilidade papal (*Infalível*, 1970) – e incorrer em discutíveis posições teológicas (*Ser cristão*, 1974, *Vida eterna?*, 1982 etc.). Em 1975, foi admoestado pela Sagrada Congregação para a Doutrina da Fé do Vaticano por causa de suas opiniões e escritos teológicos, e, em 1979, foi-lhe tirado a faculdade de ensinar como teólogo católico. Em 1980 foi-lhe permitido continuar ensinando como

um professor secular. De enorme popularidade nos anos setenta, é evidente que o pontificado de *João Paulo II marcou o ocaso de sua teologia e que sua influência atualmente é mínima. Nos últimos anos, suas obras procuram abordar a história de religiões como o judaísmo ou o cristianismo.

KUYPER, ABRAHAM (1837-1920)
Político e teólogo holandês. Pastor da Igreja reformada holandesa desde 1863. Em 1879 apresentou um programa para um partido anti-revolucionário baseado nos princípios políticos derivados do calvinismo. Em 1886, estabeleceu a comunidade da Igreja reformada calvinista oposta ao liberalismo teológico. Desde 1901 a 1905 foi ministro do interior. Em seus últimos anos dirigiu o partido anti-revolucionário na Câmara Alta do Parlamento holandês.

"L"
Nome com o qual se designa o material específico do Evangelho de *Lucas e que corresponde a uma extensão situada entre a metade e a terceira parte desse Evangelho. Os autores alemães preferem denominar esse material "S" (*Sondergut*, material especial). Conforme B. H. Streeter, Lucas teria recolhido, nos dois anos que esteve com Paulo na Cesaréia, informação que teria dado lugar a "L". Segundo E. Schweizer, "L" havia sido um documento já escrito (apontado em Lc 1,1) do qual Lucas teria extraído material. B. Reicke preferiu considerar "L" como um conjunto de materiais orais, algo que se liga às antigas teses de que Lucas teria se nutrido dos testemunhos de personagens como *Maria, a Mãe de Jesus, o evangelista Filipe ou *Cléofas. Não deixa de ser revelador o fato de que Lucas coincida com João – mas não com os sinópticos – em aspectos como os referentes a *Lázaro e suas irmãs *Marta e *Maria, o interesse pela Judéia e Samaria, as referências ao *apóstolo Judas, a menção do corte da orelha do criado do sumo sacerdote ou certos detalhes relacionados com o processo de Jesus. Uma vez que não parece que nem Lucas nem João tomaram materiais emprestados de outro, deve-se chegar à conclusão de que, possivelmente, utilizaram fontes coincidentes em relação aos aspectos mencionados.

Entre o material específico de "L" encontram-se catorze *parábolas, entre as quais se destacam as mais famosas como a do Bom Samaritano (Lc 10,29-37), a do Filho pródigo (Lc 15,11-31) e a do fariseu e o publicano (Lc 18,9-14); referências muito positivas às mulheres e a seus relacionamentos com Jesus (Lc 10,38-42; 23,49; 8,1-3); uma insistência na falsa ilusão das riquezas (Lc 12,13-21; 16,19-31 etc.); ensino adicional sobre os últimos tempos (Lc 12,54-56; 13,1-9; 17,20-21; 28-32 etc.) e as narrativas das aparições de Jesus ressuscitado (Lc 24,13-49).

Bibl.: REICKE, B., *The Roots of the Synoptic Gospels*, Filadélfia 1986; STREETER, B. H., *The Four Gospels: A Study of Origins*, Londres 1924; SCHWEIZER, E., *The Good News according to Luke*, Atlanta 1984.

LACTÂNCIO

Lúcio Célio Firmiano Lactâncio nasceu na África onde se educou também. A pedido de Diocleciano passou a ensinar retórica latina em Nicomédia da Bitínia, a capital do Oriente. No ano de 303 viu-se obrigado a renunciar sua cátedra, pois já se tinha convertido ao cristianismo e tinha irrompido a perseguição. Em 306 teve de abandonar a Bitínia. No ano de 317 Constantino chamou-o às Gálias para que fosse tutor de seu filho mais velho. Desconhecemos a data de sua morte. O estilo de Lactâncio é provavelmente o mais elegante de sua época. Escreveu um tratado *Sobre a obra de Deus*, sete livros sobre as *Instituciones divinas*, um *Epítome* para essas obras, um tratado *Sobre a cólera de Deus*, outro tratado *Sobre a morte dos perseguidores* e um poema sobre *a Ave Fênix*. Além dessas perderam-se outras cinco obras suas. Em relação ao Espírito Santo, parece que Lactâncio negava sua existência individual como pessoa e o identificava algumas vezes com o Pai ou com o Filho. Escatologicamente, Lactâncio defende a crença na imortalidade da alma. Acreditava também que os condenados não seriam aniquilados, mas que se veriam submetidos a um castigo eterno (*Div. Inst.* II, 12, 7-9). Defendia o milenarismo e inclusive afirmava que somente faltavam duzentos anos para a chegada do milênio.

LAMENTABILI

Decreto do Santo Ofício de 3 de julho de 1907, mediante o qual foram condenadas 65 proposições do modernismo relativas à Igreja, à revelação, a Cristo e aos sacramentos.

LAPSOS

Do latim "lapsi", os caídos. Num sentido amplo, os que apostataram do cristianismo durante a perseguição. Num sentido mais restrito, o termo é utilizado em referência aos apóstatas da perseguição de *Décio de 250-251. Antes, os lapsos não eram readmitidos à comunhão da Igreja, mas na ocasião dessa perseguição, dado o número elevadíssimo deles, a sensibilidade eclesial mostrou-se muito diferente das práticas anteriores. Assim, um amplo setor dela, dirigido por *Cipriano, optou por readmitir na comunhão os lapsos depois da realização de uma penitência. Semelhante decisão contribuiu para a reação rigorista dos *novacianos. Os Concílios de Elvira (306), de *Arles (314), de Ancira (314), de *Nicéia (325) ocuparam-se com essa problemática.

LAS CASAS, BARTOLOMEU DE (1474-1566)

Missionário espanhol na América. Os abusos cometidos por seus compatriotas nos países da América espanhola provocaram nele uma conversão que transformou sua vida. Em 1510 foi ordenado sacerdote e, desde esse momento, dedicou-se a defender os indígenas e a denunciar os abusos dos colonos na América. Em 1515 apresentou a causa indígena perante *Carlos V e pode regressar com plenos poderes para corrigir as injustiças. Uma revolta dos índios em 1521, contudo, frustrou seus propósitos. Em 1523, Las Casas entrou para a *Ordem dominicana. Vinte anos depois tornou-se arcebispo de Chiapas, no México, mas em 1551 voltou à Espanha de onde continuou advogando pelos índios. A figura do Padre Las Casas não esteve isenta de aspectos criticáveis. Assim, admitiu a escravidão dos negros e suas obras, incluída a dedicada à *Destrucción de las Indias* (1552), não poucas vezes contêm falsidades que foram utilizadas pelos adversários da Espanha. Apesar disso, sua defesa dos índios foi fruto de um impulso de justiça e compaixão de raízes profundamente cristãs.

LATRÃO, CONCÍLIO DE

Concílios celebrados em Latrão desde o século VII até o século XVIII. Cinco deles são considerados ecumênicos pela Igreja católica.

I. 1123. Convocado por *Calisto II para confirmar a concordata de Worms que terminou com a guerra das Investiduras.

II. 1139. Convocado por *Inocêncio II para a reforma da Igreja depois do cisma que se tinha gerado ao ser eleito. Condenou igualmente os seguidores de *Arnoldo de Bréscia.

III. 1179. Convocado por Alexandre III para acabar com as seqüelas do cisma de *Calisto III. A eleição papal ficou restrita ao colégio cardinalício e decretou-se que seria necessária para ela a maioria de dois terços.

IV. 1215. Convocado por *Inocêncio III, foi certamente o mais importante dos concílios de Latrão. Nele se definiu a doutrina da *Eucaristia e, pela primeira vez, utilizou-se o termo *transubstanciação. Proibiu-se também a fundação de novas ordens religiosas, o que obrigou São Domingos a aceitar como base de sua ordem uma regra já existente.

V. 1512-1517. Convocado por *Júlio II, seu objetivo era invalidar os decretos do Concílio de Pisa. Não abordou a questão da *Reforma.

LATROCÍNIO

Nome com o qual se denominou o concílio celebrado em Éfeso em agosto de 449. Convocado por Teodósio II para tratar dos problemas surgidos pela condenação de *Eutiques no Sínodo de Constantinopla de 448. Controlado o Concílio de Éfeso por Dióscoro, patriarca de Alexandria, Eutiques foi absolvido, Flaviano e outros bispos foram depostos e os legados romanos que levavam o parecer de Leão foram insultados. Uma vez que as decisões foram tomadas sob uma coação que não excluiu a violência física, Leão escreveu à imperatriz Pulquéria uma carta (*Epis*. 95), na qual o qualificou "não de julgamento mas de latrocínio". As decisões do latrocínio foram invalidadas pelo Concílio de Calcedônia de 451.

LAXISMO

Sistema da teologia moral, desenvolvido no séc. XVII, cuja tendência era relaxar as obrigações morais. Derivado do *probabilismo, foi atacado por Pascal e defendido pelo *jesuíta G. Pirot. Ele sustentava que o mais reduzido grau de probabilidade bastava para desculpar do pecado. Em 1665 e 1666 *Alexandre VII condenou o laxismo, condenação repetida em 1679 por *Inocêncio XI.

LÁZARO

Abreviação de Eleazar (Deus ajuda). *1)* Nome de um mendigo conforme a narrativa de Lc 16,19-31. Essa circunstância tem levado alguns autores a pensar que a história não seria uma parábola (utiliza-se um nome próprio) e que Jesus com isso desejava indicar a literalidade do episódio. *2)* Irmão de Marta e Maria, ressuscitado por Jesus (Jo 11,1-44; 12,1-11 e 17). Algumas vezes tentou-se identificá-lo, embora sem muito fundamento, com o *discípulo amado (O. Cullmann).

LEANDRO (550-601 APROX.)

Irmão de *Isidoro, em 582 visitou Constantinopla onde conheceu Gregório, o Grande. Dois anos depois tornou-se bispo de Sevilha. Defensor da ortodoxia diante do *arianismo, no ano de 589 presidiu o sínodo de Toledo.

LEÃO I MAGNO (440-461)

Papa. Possuímos poucos dados sobre a vida de Leão antes de subir ao trono papal. Nasceu seguramente em Roma em fins do séc. IV, embora seja-lhe apontada uma origem da Toscana. Estando nas Gálias em missão de reconciliação de Écio e Albino, chegou-lhe a notícia de sua eleição. Combateu com firmeza o maniqueísmo e o pelagianismo, e por sua vez reestruturou o funcionamento das igrejas de Roma e do resto da Itália. Apoiou a condenação do priscilianismo na Espanha e confinou Hilário de Arles em sua diocese quando ele tentou atuar em sua sede como patriarcado independente de Roma. Esse desejo de manter o controle sobre as diversas dioceses levou-o a pedir – e obteve – de Valentiniano III um rescrito no qual se reconhecia sua jurisdição sobre elas. Os relacionamentos com o Oriente foram tensos. Enviou em 449 uma carta a Flaviano, o Tomo, na qual o advertia do perigo da heresia de Eutiques, mas no Concílio de Éfeso daquele mesmo ano – o denominado "Latrocínio de Éfeso" – não somente não foi lida aquela carta, mas Eutiques foi reabilitado. Leão colocou-se imediatamente à frente da oposição a Eutiques, reação que se efetuou no Concílio de Calcedônia (451), onde se reverteu o "Latrocínio de Éfeso" e se confirmou a doutrina das duas naturezas de Cristo. Com isso conseguia-se uma vitória da ortodoxia, embora os legados de Leão não tivessem os lugares na presidência nem o concílio foi celebrado na Itália. O Cânon 28 desse concílio concedia a Constantinopla o mesmo posto que a Roma, o que foi considerado inaceitável por Leão, provocando que se atrasasse sua adesão às decisões finais do Concílio e que negasse legitimidade ao mencionado cânon. No ano de 452 enfrentou em Mântua Átila, conseguindo que este se retirasse. Em 455 conseguiu que os vândalos não arrasassem Roma, embora não pode impedir sua tomada por eles. Chegaram-nos 96 sermões e 143 cartas dele. Leão foi mais um pragmático que um teórico, e na época de especial turbulência optou por uma política de união da Igreja universal a qualquer custo. Indubitavelmente sua luta contra o eutiquianismo presente no Tomo a Flaviano reveste-se de uma importância cristológica notável, mas, sem dúvida, sua maior contribuição está ligada às tentativas de estabelecer de maneira indiscutível a supremacia da sede de Roma. Essa baseia-se em duas colunas. A primeira é a vinculação especial de Cristo com Pedro e a segunda a sucessão de Pedro com os bispos romanos. Essa tese sustenta-se nas passagens bíblicas da primazia petrina (Mt 16,16-19; Lc 22,31ss.; Jo 21,15-19). Contudo, Leão ligou aos conceitos bíblicos categorias de tipo jurídico.

LEÃO II (17 DE AGOSTO DE 682 A 3 DE JULHO DE 683)

Papa. Seu pontificado implicou o

início de um período de colaboração entre Roma e Bizâncio.

LEÃO III (26 DE DEZEMBRO DE 795 A 12 DE JUNHO DE 816)
Papa. Embora sua eleição tenha sido unânime, no ano de 799 foi assaltado pelas multidões quando ia numa procissão e, depois de sua deposição, preso num mosteiro. Acusado de perjúrio e adultério, no ano de 800 com o apoio do franco *Carlos Magno pôde regressar ao trono pontifício e, em agradecimento, coroou o monarca como imperador. No decurso da cerimônia, Leão ajoelhou-se diante do imperador realizando assim o primeiro e último ato de homenagem que um papa renderia diante de um imperador ocidental.

LEÃO IV (10 DE ABRIL DE 847 A 17 DE JULHO DE 855)
Papa. Foi ordenado sem esperar receber o consentimento do imperador. Essa violação da constituição romana de 824 justificou-se alegando o perigo dos ataques sarracenos. Apoiado pelo imperador Lotário I, reconstruiu as muralhas de Roma e criou a denominada "cidade leonina". Sua energia como governante contribuiu consideravelmente para aumentar o prestígio papal.

LEÃO V
(AGOSTO A SETEMBRO DE 903)
Papa. Parece ter sido partidário de *Formoso. Tendo passado apenas 30 dias desde sua coroação, um sacerdote chamado *Cristobal derrotou-o, encerrou-o numa masmorra e proclamou-se papa. Cristobal foi derrubado por sua vez por *Sérgio III e, junto com Leão, foi assassinado no cárcere.

LEÃO VI (MAIO A DEZEMBRO DE 928)
Papa. Foi eleito como pontífice de transição enquanto João, filho de Marósia, chegasse à idade suficiente para ser papa. Praticamente, não se sabe nada sobre seu pontificado.

LEÃO VII (3 DE JANEIRO DE 936 A 13 DE JULHO DE 939)
Papa. Especialmente interessado na expansão do monaquismo, apoiou *Cluny e encarregou seu abade da reforma das casas religiosas de Roma.

LEÃO VIII (4 DE DEZEMBRO DE 963 A 1º DE MARÇO DE 965)
Papa. O sínodo romano de 963 depôs *João XII e elegeu Leão, o que provocou um bom número de canonistas que tenha negado a legitimidade de seu pontificado até a morte do anterior papa. Carente de popularidade, em 964 surgiu uma revolta contra ele, que teve de ser esmagada pelas tropas imperiais. Quando estas se retiraram, Leão teve de abandonar o trono e João pôde voltar a exercer o poder e se aproveitou para depô-lo e excomungá-lo. Com a morte de João em maio de 964, os romanos ignoraram Leão e favoreceram a eleição de *Bento V. De novo as tropas de Otão ajudaram Leão e ele pôde depor Bento, reinando até sua morte.

LEÃO IX (12 DE FEVEREIRO DE 1049 A 19 DE ABRIL DE 1054)
Papa. Enérgico reformador, procurou a colaboração de personagens como Hildebrando e perseguiu a simonia e a falta de castidade do clero, chegando a depor vários bispos. Seus últimos anos foram obscurecidos pela derrota militar sofrida diante dos normandos em 1053 e pela ação de Miguel Cerulário.

LEÃO X (11 de março de 1513 a 1º de dezembro de 1521)

Papa. Autêntico príncipe do Renascimento, seus interesses giraram mais em torno das causas políticas – a independência da Itália e, especialmente de Florença, da ação estrangeira – que espirituais. Recaiu assim no nepotismo (guerra em 1516 contra o duque de Urbino para colocar em seu lugar Lourenço, sobrinho do papa) ou na duplicidade no trato com a França. No dia 27 de abril de 1513 reabriu as sessões do quinto Concílio de *Latrão, no qual se ratificou a definição dogmática sobre a individualidade da alma humana. Mecenas, em necessidade constante de dinheiro, renovou a indulgência oferecida por *Júlio II. Semelhante ato provocou a reação de *Lutero, que foi primeiro condenado pelo papa por sua posição teológica (bula *Exurge Domine* de 15 de junho de 1520) e depois excomungado (bula *Decet Romanum pontificem* de 3 de janeiro de 1521). No dia 11 de outubro de 1521 deu o título de "Defensor da fé" a *Henrique VIII da Inglaterra por sua defesa dos sete sacramentos diante de Lutero. Na morte de Leão, causada pela malária, o tesouro papal estava praticamente em bancarrota, a Itália estava tomada pelas convulsões políticas e o norte da Europa começava a se ver sujeito aos ataques da Reforma.

LEÃO XI (1-27 de abril de 1605)

Papa. Profundamente religioso enquanto foi bispo de Pistóia e arcebispo de Florença, manteve bons relacionamentos com os *dominicanos e esforçou-se pela introdução das medidas tomadas pelo Concílio de *Trento nas diversas dioceses. Eleito papa, apanhou um resfriado, antes que se cumprisse um mês de sua subida ao trono.

LEÃO XII (28 de setembro de 1823 a 10 de fevereiro de 1826)

Papa. De caráter religioso, seu desejo foi que o pontificado tivesse uma orientação mais espiritual que política. Nomeou uma comissão de estado para assessorá-lo em assuntos políticos e religiosos. Publicou (1825) normas em virtudes das quais se condenavam a tolerância, o indiferentismo e a *franco-maçonaria; proporcionou um papel mais importante ao Santo Ofício e ao *Índice; mostrou seu favor aos *jesuítas e proclamou o ano santo para 1825. Ao mesmo tempo, deteve o acesso dos leigos na administração papal e restringiu novamente a ação dos judeus aos *guetos. Proveu as sedes episcopais hispânico-americanas que haviam ficado vacantes depois da independência da Espanha (uma passagem que foi atrasada com medo de desagradar o monarca espanhol Fernando VII). Sua intenção principal foi fazer voltar ao catolicismo um mundo cada vez mais aberto aos ideais do *liberalismo. De certo modo fracassou em sua tentativa, e por ocasião de seu falecimento já tinha-se tornado um pontífice muito impopular.

LEÃO XIII (20 de fevereiro de 1878 a 20 de julho de 1903)

Papa. Seu principal objetivo foi conseguir que o catolicismo, sem renegar sua tradição, pudesse responder aos desafios do mundo contemporâneo. Inimigo declarado do socialismo, do comunismo e do niilismo (*Quod apostolici muneris* de 28 de dezembro de 1878) e da franco-maçonaria (*Humanum genus* de 20 de abril de 1884), contudo, estimulou o estudo das ciências naturais, convidou os autores católicos a escrever com objetividade e abriu os arquivos do

Vaticano a todos os estudiosos sem distinção de fé. Possivelmente, sua contribuição mais peculiar tenha sido a preocupação pelos aspectos sóciopolíticos (*Inmortale Dei* de 1º de novembro de 1885, *Diuturnum illud* de 29 de junho de 1881 e especialmente a *Rerum Novarum* de 15 de maio de 1891). Obsessionado pela recuperação dos estados pontifícios, proibiu aos católicos italianos intervir na política de seu país com o que a Igreja católica perdeu sua influência nela durante anos. Notável diplomata, conseguiu acabar com o *Kulturkampf e ser mediador no conflito entre a Alemanha e a Espanha pelas ilhas Carolinas, mas fracassou em seu desejo de converter a França em grande aliada da política vaticana e de ser convidado à Conferência Internacional de Paz em Haya (1899). Seus últimos anos de pontificado estiveram marcados por um maior conservadorismo que se traduziu na publicação de novas normas sobre a censura (1897), a aprovação de um novo Índice (1900), a negação do valor da democracia cristã (1901) e o estabelecimento de uma Comissão bíblica permanente (1902).

LEÃO DE BOURGES

Autor junto com Victório de Le Mans e Eustóquio de Tours de uma *Epístola aos bispos e presbíteros da terceira província*. A obra, motivada pelo Concílio de Angers (453), manifestava a decisão dos três bispos de excomungar os clérigos que recorressem aos tribunais civis em lugar dos eclesiásticos. Atribuída por J. Merlin a Leão Magno, foi J. Simond o primeiro que optou em mostrar a autoria de Leão de Bourges. Tillemont e E. Griffe duvidaram sobre sua autenticidade.

LEBEU

Sobrenome de Tadeu (ou vice-versa), um dos *discípulos de Jesus. Em alguns manuscritos, Lc 6,16 substitui esse nome pelo de Judas, irmão de Tiago. Pode ser que os três nomes designem a mesma pessoa.

LEFEBVRE, MARCEL (1905-1991)

Arcebispo cismático francês. Nascido em Tourcoing (França), estudou em Roma e foi ordenado sacerdote em 1929. Missionário em Gabão até 1946, foi ordenado bispo em 1947 e esteve à frente do arcebispado de DaKar de 1948 a 1962. Imediatamente após o Concílio Vaticano II, manifestou-se profundamente discordante com a conduta da hierarquia católica, defendendo o direito de desobedecer, ao entender que se estava atraiçoando a Tradição da Igreja. Fundou em 1969 a Irmandade Sacerdotal Pio X, da qual se retirará em 1975 a autorização canônica, decisão esta referendada pelo Vaticano. Em 1976 contra a expressa proibição do papa, Lefebvre ordenou treze sacerdotes e treze diáconos, posição rebelde que provocou sua suspensão *a divinis*. Em 1988 foi excomungado ao ordenar quatro bispos, tendo sido negativo o esforço até o fim em reintegrá-lo na comunhão da Igreja católica.

LEFEBVRISMO

Denominação popular dos seguidores do arcebispo cismático Marcel *Lefebvre.

LENDA ÁUREA

*Jaime de la Vorágine.

LEPÓRIO

Monge e sacerdote, natural de Tréveris, abandonou essa cidade por causa das invasões bárbaras e veio estabelecer-se no sul. No ano 418 começou a espalhar sua doutrina sobre a reencarnação, o que implicou em sua condenação por Próculo, bispo de Marselha. Lepório fugiu para a África e refugiou-se junto a Santo Agostinho de Hipona. Sob influência deste, abandonou seu erro e assinou uma retratação. Sua retratação ou *Libelo de emenda* ou de satisfação para os bispos da Gália é sem dúvida sua maior contribuição teológica. Nele apresenta-se a essência da cristologia latina do início do séc. V e, pela qualidade deste, seria citado por Leão Magno, Arnóbio, João II e outros.

LEVELLERS

Partido político-religioso inglês surgido no séc. XVII. Advogava pela liberdade religiosa total e pela extensão do sufrágio. Desapareceram durante a Restauração (1660).

LEVI

Nome do publicano *Mateus, um dos *apóstolos a quem se atribui o Evangelho que traz seu nome (Mc 2,14; Lc 5,27-29; Mt 9,9).

LIBERALISMO

Termo do século XIX de origem espanhola que define a defesa de opiniões liberais em política ou teologia. No caso do catolicismo, os liberais eram teologicamente ortodoxos, mas favoreciam a democracia e a reforma eclesial. Pelo contrário, o protestantismo liberal tem uma inclinação humanista e antidogmática que questiona bom número das crenças cristãs e, de maneira muito especial, a infalibilidade da *Bíblia.

LIBÉRIO (352-366)

Papa. Nascido em Roma, foi eleito bispo dessa cidade na época em que o arianismo controlava o Oriente e Constantino II estava forçando o episcopado ocidental a seguir a mesma corrente. Para fazer frente às pressões imperiais, Libério convocou um concílio geral para Milão (355), mas o imperador conseguiu que os bispos – com somente três exceções – subscrevessem a condenação de Atanásio e que o papa, levado à força a Milão e negando-se a ceder, fosse desterrado para Beréia. Ali se deu um episódio que fez correr rios de tinta, pois Libério, sozinho e pressionado pelo bispo local, fraquejou totalmente aceitando a condenação de Atanásio assim como o Primeiro Credo de Sírmio, de conteúdo ambíguo, e manifestando sua submissão ao imperador. Em quatro cartas escritas no ano de 357 a bispos arianos reconhece que estava disposto a tudo, contanto que lhe fosse permitido voltar para casa. No ano seguinte foi levado a Sírmio onde assinou uma fórmula que negava o símbolo de Nicéia, embora declarasse que o Filho era como o Pai em ser e em tudo. Em sua ausência, Felix havia sido eleito papa e ambos chegaram a um *modus vivendi* que mostrava uma sede bicéfala. Isso, unido a sua fraqueza anterior, fez com que sua influência recaísse tanto a ponto de não ser convidado para o sínodo de Rimini (359). Com a morte de Constâncio (361), voltou a defender a fé nicena com o que, ao menos em parte, corrigiu os nefastos efeitos de sua posição inicial.

LICÊNCIO

Nasceu em Tagaste e foi discípulo de Santo Agostinho de Hipona quem o admoestou, estando o primeiro em Roma, por ocupar-se somente com o cultivo da poesia. Santo Agostinho enviou uma carta a Paulino de Nola, que se preocupou com o estado espiritual de Licêncio embora, depois de receber essa carta, não sabemos o que aconteceu posteriormente com ele. Escreveu um poema – que enviou a Santo Agostinho – de 154 hexâmetros. A. K. Clarke crê que essa obra pode ter influenciado Claudiano.

LIGÓRIO, AFONSO DE
*Afonso Maria de Ligório.

LINO (66-78 APROX.)
Conforme as listas episcopais mais antigas, foi o primeiro bispo romano depois de *Pedro. Nada se conhece dele, embora Irineu e *Eusébio de Cesaréia o identificassem com o Lino mencionado em 2ª Timóteo 4,21.

LIVINGSTONE, DAVID (1813-1873)
Missionário e explorador na África. Em 1840 desembarcou nesse continente na qualidade de missionário, trabalhando na construção de escolas e dispensários e combatendo ardorosamente o tráfico de escravos. Suas informações de tipo geográfico foram motivo de que fosse recebido com entusiasmo ao regressar à Grã-Bretanha em 1856. Descobridor dos lagos Shirwa, Nyasa e Bangweulu, morreu na localidade de Ilala.

LIVROS DEUTEROCANÔNICOS
*Bíblia.

LLULL, RAIMON
*Raimundo Lúlio.

LOCKE, JOHN (1632-1704)
Filósofo inglês. Sua visão é uma mescla de racionalismo cristão e empirismo. Sem dúvida, o maior defensor da tolerância religiosa em seu tempo, lutou pela liberdade religiosa para todos, exceto para os ateus e os católicos, aos quais considerava que deviam ser excluídos por implicar um perigo para o estado inglês. Seu ideal era uma Igreja nacional com um credo amplo que permitisse as opiniões individuais já que supunha que o intelecto humano é demasiado limitado para que se possa impor opiniões religiosas sobre alguém. Em sua opinião, a essência do cristianismo era a crença em Jesus como *Messias, cuja missão fundamental havia sido vir ao mundo para ensinar a verdade e a conduta adequada. Embora Locke aceitasse os milagres bíblicos, considerava que as demais doutrinas eram de caráter secundário e que não podiam ser provadas.

LOGOS
*Menrá.

LOLHARDOS
Termo utilizado pela primeira vez em 1382 (no sentido pejorativo) que, estritamente falando, definia os seguidores dos ensinos de João *Wycliffe. Mais tarde foi aplicado a todos aqueles que se manifestavam críticos para com a hierarquia eclesiástica. Defensores da Bíblia como única fonte de fé e conduta, propugnavam pelo direito que todo ser humano tem de lê-la em língua vernácula e de interpretá-la por si mesmo. Ao mesmo tempo negavam o celibato do clero, a *transubstanciação, as *indulgências e as peregrinações. Os lolhardos influenciaram *Huss, assim como na *Reforma inglesa e escocesa.

LOUDUN
Convento francês das irmãs ursulinas, onde entre 1632 e 1633 surgiu

uma verdadeira epidemia de possessões diabólicas. Um médico e dois exorcistas enlouqueceram; e um terceiro exorcista, o jesuíta Jean Joseph Surin, conseguiu livrar-se do transtorno mental mediante uma autoterapia. Esse episódio foi objeto de um estudo escrito por Aldous Huxley com o título *Os demônios de Loudun*.

LOURENÇO, IRMÃO
*Irmão Lourenço.

LUCAS
Talvez o diminutivo do nome latino Lucano (*Lucanus*). Médico de origem pagã que acompanhou Paulo conforme sugerem as "passagens-nós" do livro dos Atos dos Apóstolos (At 16,10-17; 20,5-15; 21,1-18; 27,1-28 e 16) e as próprias referências paulinas (Cl 4,14; 2Tm 4,11; Fl 24). Tradicionalmente é-lhe atribuída a redação do Terceiro Evangelho – que traz seu nome – e do livro dos Atos.

LUCAS, EVANGELHO DE
1. Autoria e data. Esse Evangelho forma um díptico com o livro dos Atos dos Apóstolos. Hoje, existe uma unanimidade praticamente total na hora de aceitar a tese de ambas as obras pertencerem ao mesmo autor e que, evidentemente, Lucas foi esse autor, como se indica nos primeiros versículos do livro dos Atos. Pelo menos desde fins do séc. I (Clemente I 13,2 e 48,4), o Evangelho e, logicamente, os Atos atribuem-se a um tal Lucas, que é mencionado já no Novo Testamento (Cl 4,14; Fl 24; 2Tm 4,11). A linguagem e o estilo do Evangelho não permitem rejeitar ou aceitar essa tradição de maneira indiscutível. O britânico Hobart tentou demonstrar que no vocabulário do Evangelho aparecem traços dos conhecimentos médicos do autor (p. ex. 4,38; 5,18.31; 7,10; 13,11; 22,14 etc.), mas os citados termos podem ser encontrados em autores de certa formação cultural como Flávio Josefo ou Plutarco. Por outro lado, o especial interesse do Terceiro Evangelho pelos pagãos; isso sim encaixaria na suposta origem pagã do médico Lucas. Embora, como anotou O. Cullmann, "não temos razão de peso para negar que o autor pagão-cristão seja o mesmo Lucas, o companheiro de Paulo", tampouco há razões para afirmar isso dogmaticamente.

Quanto à data, maioritariamente se sustenta uma data que seria pouco anterior à da redação dos Atos, que se costuma fixar entre os anos 80 a 90 d.C. Obviamente, a data que atribuímos aos Atos repercutirá na que assinalamos a Lucas. Em relação ao Evangelho, N. Perrin assinala o ano de 85, com uma margem de 5 anos antes ou depois; E. Lohse indica o ano de 90 d.C.; P. Vielhauer, uma data próxima de 90, e O. Cullmann pende por uma entre o ano de 80 e 90. A provável data mais recente da redação da obra torna-se fácil de ser fixada porquanto o primeiro testemunho externo que temos dela encontra-se na *Epistula Apostolorum*, datada na primeira metade do séc. II. Quanto ao tempo anterior, tem sido objeto de controvérsia. Para alguns autores deveria ser o ano de 95 d.C., baseando-se na idéia de que Atos 5,36ss. depende de Flávio Josefo (*Ant*. XX, 97ss.). Mas essa dependência, apontada por E. Schrer, torna-se mais que discutível e acha-se hoje praticamente abandonada de maneira quase geral. Tampouco ajudam as teorias que partem da não utilização das cartas de São Paulo e ainda mais se tivermos em conta que não é de se estranhar que essas formulações cheguem a conclusões diametralmente opostas. A opinião de que ainda não existia uma coleção das cartas de São Paulo (com o que o livro teria sido escrito no séc. I e, possivelmente, em data muito anterior) opõe-se à de que o autor ignorou conscientemente as cartas (com o que se poderia datar a obra entre 115 a 130 d.C.). Pois bem, a aceitação dessa segunda tese suporia uma tendência do autor em desvalorizar as cartas paulinas em favor de uma glorificação do apóstolo, o que, como anotara P. Vielhauer, parece improvável e, ao contrário, torna-se mais verdadeira a primeira tese.

Não devem ser desprezados os argumentos que apontam para a possibilidade de que tanto o Evangelho de Lucas como os Atos fossem escritos antes do ano 70 d.C. Para começar, os Atos concluem com a chegada de Paulo a Roma. Não aparecem menções de seu processo nem da perseguição de Nero nem, muito menos, de seu martírio. A isso acrescente-se o fato de que o poder romano é contemplado com apreço (embora não com adulação) nos Atos, e a atmosfera que se respira na obra não parece pressagiar nem uma perseguição futura nem tampouco que se tivesse passado por ela algumas décadas antes. Como apontou B. Reicke, "a única explicação razoável para o abrupto final dos Atos é a possibilidade de que Lucas não sabia nada dos acontecimentos posteriores ao ano de 62, quando escreveu seus dois livros". Em segundo lugar, embora *Tiago, o irmão do Senhor, fosse martirizado no ano de 62 por seus compatriotas judeus, o fato não é mencionado pelos Atos. É sabido que ele dá considerável importância a Tiago (At 15) e que não omite as referências negativas à classe sacerdotal e religiosa judaica, assim como se desliga de relatos como o da morte de Estêvão, a execução de outro *Tiago, a perseguição contra *Pedro ou as dificuldades ocasionadas contra Paulo por seus antigos correligionários. O silêncio de Atos em relação ao martírio de Tiago pode-se entender de maneira lógica se aceitarmos a tese de que Lucas escreveu antes de que acontecesse o mencionado fato, isto é, com anterioridade ao ano de 62 d.C. Em terceiro lugar, os Atos não mencionam absolutamente nada sobre a destruição de Jerusalém e do Segundo Templo. Esse fato serviu para corroborar boa parte das teses sustentadas pela primitiva Igreja e, efetivamente, foi usado repetidas vezes por autores cristãos em suas controvérsias com judeus. Precisamente por isso, torna-se muito difícil admitir que Lucas o omitisse e mais ainda se levarmos em conta que ele costumava mencionar o cumprimento das profecias cristãs (At 11,28). Logicamente, portanto, se Atos foi escrito antes de 62 d.C. e os argumentos a favor dessa tese não são para serem desprezados, mais antiga ainda deve ser a data da redação do Evangelho de Lucas. A única objeção aparentemente de peso para se opor a essa tese é que, supostamente, a descrição da destruição do Templo que se encontra nele (Lc 21) deveria ter sido escrita depois do fato, sendo assim um *vaticinium ex eventu*. Essa afirmação torna-se pouco sólida pelas seguintes razões: *1)* os antecedentes judeus do Antigo Testamento em relação à destruição do Templo (Ez 40-48; Jr etc.); *2)* a coincidência com os prognósticos contemporâneos no judaísmo anterior ao ano 70 d.C. (p. ex. Jesus, filho de Ananias em Guerra, VI, 300-309); *3)* a simplicidade das descrições nos sinópticos, que teriam sido presumivelmente mais prolixas se fossem escritas depois da destruição de Jerusalém; *4)* a origem terminológica das descrições no Antigo Testamento; *5)* a acusação formulada contra Jesus em relação à destruição do Templo (Mc 14,55ss.), e *6)* as referências em Q – que se escreveu antes de 70 d.C. – a uma destruição do Templo. Do que se falou até aqui, conclui-se que não há razões sólidas que obriguem a datar o Evangelho depois de 70 d.C. e que o mais possível seja que escreveu antes de 62 d.C. De fato, já em seu tempo, C. H. Dodd ("The Fall of Jerusalem and the Abomination of Desolation" em *Journal of Roman Studies,* 37, 1947, p. 47-54) mostrou que a narrativa dos Sinópticos não partia da destruição realizada por Tito, mas da captura de Nabucodonosor em 586 a.C. e afirmou que " não há uma só referência da predição que não possa ser documentada diretamente a partir do Antigo Testamento. Com anterioridade, C. C. Torrey, (*Documents of the Primitive Church,* 1941, p. 20ss.), havia indicado também a influência de Zacarias 14,2 e outras passagens na narrativa lucana sobre a futura destruição do Templo. Também, N. Geldenhuys (*The Gospel of Luke,* Londres 1977, p. 531ss.) apontou a possibilidade de que Lucas utilizou uma versão previamente escrita do Apocalipse sinóptico, que recebeu especial atualidade com a tentativa do ano 40 d.C. de colocar uma estátua imperial no Templo e da qual há referências em 2Ts 2.

Concluindo, pois, podemos assinalar que a data do Evangelho de Lucas e dos Atos, embora colocada entre os anos 80 a 90 seja majoritária, existem argumentos de caráter fundamentalmente histórico que obrigam a se questionar esse ponto de vista e a apresentar seriamente a possibilidade de que a obra fora escrita num período anterior ao ano de 62, quando ocorreu a morte de Tiago, autêntico termo final da obra. Semelhante é o ponto de vista defendido nos últimos anos por bom número de autores em relação não somente ao Evangelho de Lucas (alguns como D. Flusser ou R. L. Lindsay consideram inclusive que foi o primeiro a ser redigido), mas também com o conjunto dos Sinópticos.

2. Estrutura e mensagem. O Evangelho de Lucas pode ser dividido em cinco partes específicas: *1)* a introdução e as narrativas da concepção e do nascimento de João Batista e de Jesus (1,1-2,52); *2)* a missão de João Batista e os prologômenos ao ministério de Jesus (3,1-4,13); *3)* o ministério galileu de Jesus (4,14-19,50); *4)* a subida à Jerusalém e o ministério na Peréia (9,51-19,44), e *5)* a entrada em Jerusalém e a paixão, morte e ressurreição de Jesus (19,45-24,53).

Cristologicamente, Lucas identifica Jesus com o *Messias, *Servo de Yahveh de Isaías 42 e 53 (Lc 9,20ss.), o redentor de Israel (24,21), o *Filho do homem (5,24; 22,69), o *Senhor (20,41-44; 21,27; 22,69) – um dos títulos mais usados por esse Evangelho em relação a Jesus –, aquele que salva (2,11; 1,70-75; 2,30-32), o Filho de *Davi (1, 27.32.69; 2,4.11; 18,38-39), o Rei (18,38), o Mestre (7,40; 8,49; 9,38; 10,25; 11,45, 12,13; 18,18; 19,39; 20,21.28.39; 21,7; 22,11) e, de maneira muito especial, o *Filho de Deus (1,35; 2,49; 3,21; 3,38; 4,3.9.41; 9,35; 10,21-22) que aparece relacionado com o Pai de uma maneira que não admite comparação com nenhuma outra e que implica sua divindade. Nesse sentido, são de especial interesse a identificação entre Jesus e a *hipóstase divina da *Sabedoria (Lc 7,35; 11,49-51) assim como a aplicação a Jesus de passagens que originalmente se referem no Antigo Testamento a Yahveh (Is 40,3 com Lc 3,3-4).

É precisamente em Jesus – que se auto-apresenta com essas pretensões – que traz o Reino (4,18.43; 7,22; 8,1; 9,6; 10,11), marcando assim um elo sem comparação na história da Humanidade. Com seu ministério deu início a uma Nova Era (17,20-21), na qual as forças demoníacas seriam derrotadas finalmente (10,18-20) e em que já se questiona radicalmente a religiosidade carente de misericórdia (11,43-46); a monopolização de Deus por um estamento religioso (11,52); a obediência a normas externas sem pureza de coração (11,37-39a); o esquecimento do essencial na Lei de Deus (11,42) e a perseguição àqueles que se opõem a essa forma de vida (11,43-54).

O mundo não se divide em bons e maus como gostaria de crer o fariseu da parábola (18,9-14). Pelo contrário, todos os seres humanos estão perdidos e necessitam do imerecido perdão do Pai para salvar-se e da ação salvadora de Jesus que vem buscá-los (5,31-32; parábolas do capítulo 15). Para poder receber essa salvação basta reconhecer humildemente a situação de extravio espiritual (18,9-14) e converter-se (13,1ss.). A base para esse novo relacionamento entre Deus e a humanidade, para esse Novo Pacto, não será outra que a morte expiatória de Jesus na cruz (24,25-27; 22,19-20). A transcendência de ambas as situações – a da perdição do ser humano, a da iniciativa redentora de Deus – explica a importância de tomar uma decisão e de tomá-la já (14,15ss.), porque aqueles que não optarem por escutar a mensagem somente podem esperar a condenação eterna (10,15; 12,5).

Nada se pode aduzir como escusa para evitar a *conversão, porque sem ela todos perecerão (13,1ss.). O próprio povo de Israel – impenitente em sua maioria – teria de ver a causa de sua negativa em escutar a Jesus e aos profetas (11,49-51) a destruição do Templo (13,34-35) e da cidade santa (21,1ss.).

A perspectiva para aqueles que decidem converter-se em seguidores de Jesus é muito diferente. Sua vida gira a partir de então em torno da presença do Espírito Santo (11,13; 12,11-12), sob o cuidado da Providência divina (12,22ss.) e no amor ao próximo (10,25ss.; 6,27). Com essa atitude demonstram que se tem dado início à fase da história que se concluirá com o retorno de Jesus (21,34ss.), com o julgamento de Israel (22,28-30), com o prêmio aos discípulos (6,23; 10,20; 12,33) e com o castigo dos incrédulos (10,13-15; 12,4-6; 7,22ss.). Essa é, na totalidade, a mensagem de salvação pregada por Jesus. Não se trata de uma especulação filosófica ou de uma narrativa simbólica, mas de uma verdade histórica que pode ser referendada por testemunhas que ainda viviam quando se escreveu o Terceiro Evangelho que Lucas envia a *Teófilo (1,1-4) e, junto a ele, para as gerações vindouras.

Bibl.: Bovon, F., *Das Evangelium nach Lukas*, Zurique 1989; Danker, F., *Jesus and the New Age*, Filadélfia 1988; Ellis, E. E., *The Gospel of Luke*, Grand Rapids 1974; Evans, C. F., *Saint Luke*, Filadélfia 1990; Marshal, I. H., *Commentary on Luke*, Grand Rapids 1978; Lindsay, R. L., *A Hebrew Translation of the Gospel of Mark*, Jerusalém 1969; Idem, *A New Approach to the Synoptic Gospels*, Jerusalém 1971; Schürmann, H., *Das LuKasevangelium*, Friburgo 1969; Vidal Manzanares, C., *El Primer Evangelio...*; Idem, *El judeo-*

cristianismo...; WENHAM, J., *Redating Matthew, Mark and Luke*, Downers Grove 1992; YOUNG, B. H., *Jesus and His Jewish Parables*, Nova York 1989; ORCHARD, J, B., "Thessalonians and the Synoptic Gospels" em *Bb*, 19, 1938, p. 19-42 (data Mateus entre o ano 40 e 50, uma vez que Mateus 23,31-25.46 parece ser conhecido por São Paulo); IDEM, *Why Three Synoptic Gospels*, 1975 (data Lucas e Marcos nos inícios dos anos 60 d.C.); REICH, B. *O. c.*, p. 227 (situa também os três sinópticos antes do ano 60); ROBINSON, J. A. T., *Redating the New Testament*, Filadélfia 1976, p. 86ss.; GEORGE, A. *El Evangelio según san Lucas*, Estella; LACONI, M., *San Lucas y su iglesia*, Estella.

LUCIANO DE ANTIOQUIA

Nasceu em Samósata e foi fundador da escola de Antioquia. Foi martirizado sob o imperador Maximino Daia em 312. Compôs um breve tratado *Sobre a fé*, que não chegou até nós, mas sua maior importância está em seu trabalho em traduzir e revisar o texto bíblico. Do ponto de vista exegético, Luciano teve um enorme valor porque aplicou um método histórico e literal na hora de estudar as Escrituras oposto ao alegórico dos alexandrinos. Contudo, sua grande contribuição vem manchada pela acusação, formulada dez anos depois de sua morte, por Alexandre de Alexandria, de ser o pai do arianismo. Certamente Ario foi aluno seu em Antioquia, mas custa crer – contra o que foi exposto por alguns autores – que a origem de sua heresia se encontrasse nos ensinamentos de Luciano que, já falecido, não tinha possibilidade de desmentir aquelas afirmações.

LÚCIFER

Um dos nomes atribuídos ao Diabo, a partir de Is 14,12 e Lc 10,18.

LÚCIFER DE CAGLIARI

Lúcifer ou Lucífero foi bispo e somente nos chegaram os dados de sua vida relativos a sua participação na controvérsia ariana. Em 355 foi representante do Papa *Libério no Concílio de Milão; ao não se dobrar na condenação a *Atanásio, foi deposto e exilado primeiro para a Germanicia, na Síria, depois para Eleuterópolis, na Palestina, e finalmente para a Tebaida. Chegado em Antioquia em virtude do decreto de Juliano que permitia aos exilados regressarem, ali optou por apoiar a facção ultra-nicena contra a nicena moderada de Melécio. Esse cisma antioqueno tornar-se-ia depois fatal para se lutar unidamente frente ao arianismo. Irritado pelo que considerava excessiva brandura no trato dos bispos que haviam adotado no passado uma atitude de compromisso para com o arianismo e agora desejavam militar de novo na ortodoxia, Lucífero voltou para o Ocidente, onde então se perde sua localização, embora pareça que morreu durante o reinado de Valentiniano (364-375). Dirigiu cinco opúsculos cheios de agressividade ao imperador Constâncio, o qual parece não acreditar naquele encarniçamento do bispo contra ele.

LUCIFERINOS

Também luciferianos. Partidários de uma linha intransigente contra os bispos que, cedendo diante do arianismo, desejavam agora voltar à plena comunhão com a Igreja. Sua posição duríssima levou-os inclusive a romper a comunhão com o Papa Dâmaso, bispo de Roma. Comunidades desse tipo formaram-se na Espanha, Itália, Alemanha e Oriente dando lugar ao denominado cisma luciferiano. O nome derivava porque sua postura se dizia originada em Lúcifer de Cagliari, mas é mais que duvidoso que fosse o chefe desses grupos, embora sim os precedesse ideologicamente.

LÚCIO I (25 DE JUNHO DE 253 A 5 DE MARÇO DE 254)
Papa. A perseguição do imperador Galo obrigou-o a abandonar Roma após eleito. Pôde regressar sob o reinado de Valeriano (253-260). Pouco sabemos de sua vida, embora pareça que se opôs às teses de *Novaciano e advogou pela recepção dos *lapsos depois que tivessem realizado uma penitência. Tradicionalmente, acredita-se que morreu martirizado.

LÚCIO II (12 DE MARÇO DE 1144 A 15 DE FEVEREIRO DE 1145)
Papa. Confirmou o primado de Toledo sobre a Península Ibérica e aceitou a conversão de Portugal em feudo da Santa Sé. Enfrentando revoltas populares em Roma, procurou a ajuda de Rogério II da Sicília (1095-1154), mas não pôde obter seu apoio efetivo. Quando tentava reconquistar militarmente Roma, foi ferido por várias pedradas que lhe lançaram da colina do Capitólio, morrendo pouco depois.

LÚCIO III (1º DE SETEMBRO DE 1181 A 25 DE NOVEMBRO DE 1185)
Papa. De acrisolada honradez (conforme Tomás *Becket era, ao lado de outro cardeal, o único prelado que não havia recebido subornos), era, contudo, de caráter fraco. Reunido com o imperador Frederico em Verona (outubro-novembro de 1184), ambos formularam um programa – apresentado na decretal *Ad abolendum* de 4 de novembro – que se pôde considerar como a semente da *Inquisição. De acordo com o mesmo decreto, os hereges excomungados seriam entregues ao poder secular para que este executasse o castigo pertinente. Nos últimos tempos, os relacionamentos entre Frederico e o papa pioraram quando o papa negou-se a aceitar o pedido imperial de coroar a Henrique, filho de Frederico, por considerar que não podia haver dois imperadores ao mesmo tempo. Contudo, a ruptura total com o imperador não se consumou por causa da morte de Lúcio.

LUDLOW, JOHN MALCOLM FORBES (1821-1911)
Fundador do socialismo cristão. Dotado de uma enorme erudição em áreas como a lingüística, o direito, a economia e a política, foi educado na França onde conheceu Fourier e outros socialistas. Depois da revolução de 1848, chegou à conclusão de que o novo socialismo devia ser cristianizado. Membro da Igreja da Inglaterra, considerou que o socialismo era a expressão mais fidedigna da democracia mas, por sua vez, estava convencido de que ele não era possível se não fosse acompanhado de uma correspondente educação espiritual, ética e intelectual. Fundador de diversas cooperativas de produção, foi um dos promotores da Lei de Sociedades industriais e de beneficência de 1852. Sua influência contribuiu muito para que na Grã-Bretanha o socialismo e o cristianismo não se chocassem frontalmente como em outros países, e teve um papel determinante na formação dos modernos sindicatos britânicos.

LUÍS DE GRANADA (1504-1588)
Escritor espiritual espanhol. *Dominicano desde 1525, tornou-se discípulo de São *João d'Ávila. Prior de Badajoz (1547 aprox.), provincial dos

dominicanos portugueses (1556-1560), recusou ser arcebispo de Braga. Sua fama provém de suas grandes obras *Livro da oração e meditação* (1554) e, muito especialmente, o *Guia de pecadores* (1556-1567) no qual pretendeu iluminar sobre a vida cristã para religiosos e leigos. Influenciado por *Erasmo, atribuiu uma enorme importância à vida interior e à oração mental, e considerou as cerimônias externas como carentes de importância em comparação com aquelas. Seus livros foram colocados no Índice espanhol de 1559, mas em 1567 foram publicados de novo já expurgados. Excelente escritor – um dos mais cuidadosos em castelhano e nem sempre recordado com justiça –, foi também um magnífico tradutor de alguns textos da *Bíblia. Sua obra foi traduzida logo para outras línguas.

LÚLIO, RAIMUNDO (1233-1315 APROX.)

Filósofo e missionário espanhol. Nascido em Maiorca, de família bem-sucedida, casou-se e teve dois filhos. Aos 30 anos experimentou uma visão de Cristo crucificado na qual ele o chamava a dedicar-se completamente a seu serviço. A partir desse momento concebeu como finalidade de sua vida a de converter os muçulmanos ao cristianismo. Seguindo o conselho de Raimundo de Peñafort, os seguintes nove anos passou a estudar em Maiorca o modo de pensar muçulmano e cristão. E assim, nessa época escreveu seu *Livro de contemplação* em árabe, sendo traduzido depois para o catalão. As décadas seguintes foram empregadas para projetar um sistema filosófico monoteísta e impregnado de neoplatonismo e a convencer diversas autoridades da necessidade de fomentar os estudos orientais a fim de preparar os futuros missionários no meio dos judeus e em terras do islamismo. No Concílio de Viena (1311-1312) conseguiu inclusive que se decretasse o estabelecimento de estudos dedicados a essa finalidade em cinco universidades. Considerado um precursor de Santa *Teresa d'Ávila e de São *João da Cruz, foi um dos mais ardentes defensores da *Imaculada Conceição da Virgem Maria. Tradicionalmente, dizem que morreu mártir em Bugia quando pregava aos muçulmanos, mas não há nenhuma fonte contemporânea que contenha essa notícia. Seu culto foi aprovado por Pio IX em 1847.

LUNA, PAPA
*Bento XIII.

LUPO DE TROYES

Nasceu em Toul em 395, de família nobre. Pelo ano de 418 casou-se com Pinieniola, irmã de Santo Hilário de Arles. Parece que por influência de Honorato foi para Lérins para viver com ele. Em Troyes, cidade que ele atravessava casualmente, foi convidado a ser bispo e sagrado, embora nem por isso abandonou o estilo de vida monástico. Sua intervenção diante de Átila salvou essa cidade das hordas hunas. Opôs-se com firmeza ao pelagianismo. Faleceu em 479. Chegou-nos uma carta escrita por ele a Talásio, bispo de Angers, relativa a assuntos da disciplina eclesiástica.

LUTERANISMO

O ensino teológico derivado dos escritos de Martinho *Lutero. O luteranismo ficou sistematizado nos *Catecismos* de 1529, na *Confissão de Augsburgo* (1530), nos *Artigos de Smalkalda* (1537) e na *Fórmula da Concórdia* (1577). O luteranismo sustenta que a *Bíblia é a única regra de fé e conduta e a ela devem subordinar-se os credos e as declarações de fé. Cristologicamente, coincide com as declarações conciliares que afirmam a *Trindade, mas nega a existência de outros mediadores diante de Deus a partir de Cristo homem (1Tm 2,5). Soteriologicamente, seu centro é a crença na *justificação pela *fé, doutrina paulina que é examinada sobretudo a partir da perspectiva de Santo *Agostinho. Sacramentalmente, Lutero manteve o batismo de crianças (embora negasse seu caráter regenerador) e afirmou a presença real na *Eucaristia, mas negando a transubstanciação. Durante os sécs. XVI e XVII, o pensamento luterano foi sistematizado naquilo que se denominou de Escolástica luterana. No séc. XVIII houve em seu meio uma renovação saída do *pietismo. Os sécs. XIX e XX significaram um extraordinário distanciamento do luteranismo das teses de seu mentor. Assim o *liberalismo teológico e visões como a alta crítica ou a crítica das formas foram derivadas fundamentalmente de autores luteranos.

LUTERO, MARTINHO (1483-1546)

Reformador alemão. Depois de estudar filosofia na Universidade de Erfurt (1501-1505), entrou para o mosteiro agostiniano da mesma localidade, parece que para cumprir um voto pronunciado durante uma tempestade. Ordenado sacerdote em 1507, ensinou desde 1508 na Universidade de Wittenberg. Dois anos depois visitou Roma e em 1511 começou a ensinar Escritura em Wittenberg. Entre essa data e 1515, em que foi nomeado vigário de sua ordem, tendo sob sua jurisdição 11 mosteiros, Lutero passou por uma profunda crise espiritual na qual, progressivamente, foi desconfiando do sistema sacramental católico como garantia de que o homem pode ser perdoado e aceito por Deus. Dessa inquietação espiritual saiu depois da *Turmerlebnis* (a experiência da torre), na qual compreendeu que o homem é justificado diante de Deus não pelas obras mas pela fé. O ensinamento da *justificação pela *fé converteu-se assim na pedra angular do pensamento de Lutero. Este procedia das cartas de *Paulo aos Romanos e aos Gálatas, mas lidas através da teologia de Santo Agostinho (muito especialmente, de seus tratados contra Pelágio) e de *Tauler. De maneira lógica, Lutero chegou à conclusão de que o indivíduo não necessita para salvar-se da mediação da instituição eclesial ou dos sacerdotes, mas somente ter fé na *expiação realizada por *Jesus na cruz. A prova de fogo para essa visão surgiu em 1517, quando *Tetzel pregou as *indulgências oferecidas por *Leão X para a construção da Basílica de São Pedro em Roma. Lutero opôs a essa pregação 95 teses que, em si mesmas, não se opunham ao pensamento católico tampouco questionavam a existência do *purgatório, mas que, nesse contexto, provocaram uma extraordinária reação. Amplamente difundidas por uma Alemanha na qual o nacionalismo antipapal estava convertendo-se num fator de crescente importância, Lutero foi admoestado por *Caietano, o que o levou a procurar a proteção do príncipe eleitor Frederico III da Saxônia. Durante esse ano, Lutero comprometeu-se em guardar silêncio sempre que seus adversários fizessem o mesmo, mas o ambiente era já o menos propício para esse comportamento. Em 1519, na Disputa de Leipzig contra Eck, Lutero negou o primado do papa e a infalibilidade dos concílios gerais. Dessa maneira, colocava-se já sem deixar lugar às dúvidas fora da ortodoxia católica e, ao mesmo tempo e de maneira impensada, aproximava-se de um dos princípios essenciais da *Reforma Protestante, aquele em que a *Bíblia é a única regra de fé e conduta. No ano seguinte, a ruptura com Roma tornou-se uma realidade quando Lutero publicou suas obras *An den christlichen Adel deutscher Nation* (na qual convidava os príncipes alemães a dirigir a necessária Reforma eclesial), *De captivitate Babylonica Ecclesiae* (na qual sustentava que a Igreja estava no *Cativeiro babilônico ao negar a comunhão sob as duas espécies aos leigos e afirmar a transubstanciação e o caráter sacrifical da *Eucaristia) e *Von der Freiheit eines Christenmeschen* (na qual negava a necessidade das obras para a salvação). No dia 15 de junho de 1520, o Papa *Leão X decretou a bula *Exsurge Domine* na qual eram condenadas 41 proposições de Lutero como heréticas. Lutero respondeu queimando a bula papal e então Leão X o excomungou mediante a bula *Decet Romanum Pontificem* de 3 de janeiro de 1521. A Dieta imperial de Worms desse mesmo ano confirmou a condenação papal e Lutero seguramente teria acabado então na fogueira se não fosse o Eleitor da Saxônia, que o seqüestrou e o escondeu em seu castelo de Wartburg. Durante os seguintes oito meses, Lutero escreveu vários tratados teológicos, mas, sobretudo, começou sua tradução da Bíblia. Autêntico monumento literário e excelente trabalho de tradutor, praticamente se pode dizer que a ela se deve a criação de uma língua alemã moderna. Em 1522, e diante das notícias que lhe chegavam da situação de Wittenberg, decidiu abandonar Wartburg e dirigir-se a essa localidade. A partir desse momento, a Reforma converteu-se numa realidade fática que ultrapassou as simples formulações teológicas. Lutero começou suprimindo a confissão, os jejuns ou as missas privadas na convicção de que a volta à pureza de um cristianismo como o do Novo Testamento era uma meta alcançável. Possivelmente tenha-se de datar o ano de 1523 para sua renúncia a esse objetivo. Num de seus escritos menos conhecidos, *Sobre a terceira ordem do culto*, Lutero mostra o que seria uma Igreja realmente reformada que teria voltado ao autêntico espírito do Novo Testamento para, em seguida, indicar que, lamentavelmente, não conhece gente que esteja disposta a fazer parte dela e deixa entender que, forçosamente, a Reforma terá de ser muito limitada em suas conquistas. A partir do ano seguinte, quando contraiu matrimônio com a antiga monja Catarina de Bora, Lutero chegou à conclusão, de maneira mais ou menos consciente e com um sentido nada providencialista, de que seu futuro estava ligado ao triunfo dos príncipes, e apoiou a terrível repressão que estes realizaram contra os camponeses alemães. Se a Dieta de Spira (1526) estabeleceu o direito dos príncipes de organizar Igrejas nacionais e isso favoreceu a Lutero, não é menos certo que não demorou muito para que se manifestasse a terrível tendência do protestantismo para a fragmentação. Em 1529, no Colóquio de Marburgo, Lutero e

*Zwinglio ficaram definitivamente separados por sua respectiva compreensão da *Eucaristia. Em 1537, os artigos de Smalkalda deixaram claro que as tentativas de conciliação expressas timidamente na Confissão de Augsburgo (1530) não teriam futuro. Finalmente, a sanção contra o matrimônio bígamo de Filipe de Hesse em 1539 resultou na dependência cada vez maior que o reformador tinha da proteção dos príncipes. A figura de Lutero tem sido objeto de fervorosos elogios e de não menos fervorosas condenações. Certamente, deve-se reconhecer que esteve sujeito a luzes e sombras igualmente grandes. Erudito, magnífico expositor da Bíblia, terrível e agressivo polemista, para os católicos nunca poderá deixar de ser um dos principais causadores da ruptura da cristandade ocidental, apesar das tentativas de reavaliação recente que sobre sua figura tenham-se realizado. Mas diferente é o julgamento dos autores protestantes. Para luteranos e calvinistas, sua vida foi uma existência marcada por um toque divino, o encaminhamento a devolver sua pureza a uma Igreja corrompida. Para os partidários de uma visão teológica mais próxima da denominada Reforma radical, Lutero foi um personagem incapaz de levar seu pensamento teológico até suas últimas conseqüências. Longe de ser fiel à busca de uma Reforma que devolvesse à Igreja a pureza perdida, progressivamente foi adotando uma linha possibilista que concluiu em concessões cada vez mais injustificadas ao poder temporal, na criação de Igrejas nacionais pouco menos mediatizadas pela política do que a católica e numa visão teológica na qual a soteriologia encobriu totalmente os aspectos da fé cristã como a eclesiologia e a ética. No fim de tudo, fica claro que o julgamento sobre Lutero depende consideravelmente do ponto de partida do qual é considerado, embora não se possa negar sua extraordinária repercussão na história do cristianismo a partir do séc. XVI até nossos dias.

LUZ INTERIOR

Uma das doutrinas mais características dos *quakers. De acordo com ela, todo ser humano é iluminado em algum momento por Cristo, embora sem escutar a pregação verbal do Evangelho. Essa luz não é uma moral natural, nem a consciência, nem a razão, nem muito menos uma suposta mensagem comum a todas as crenças. Trata-se do próprio Filho de Deus que se encarnou para nossa salvação. Uma vez que ilumina todo ser humano, como diz o Evangelho de João 1,9, todo aquele que responde à ela pode ser salvo, embora não tenha escutado jamais a mensagem do Evangelho. Dessa maneira concilia-se o princípio de que nada pode ser salvo senão através de Cristo (At 4,9-11) com a idéia que leva a pensar que não seria justo que alguém que não pode conhecer a mensagem do Evangelho se condene.

"M"

Nome técnico que se costuma dar ao material próprio de *Mateus que não tem paralelo em *Lucas e *Marcos. Diversos autores (Streeter, Manson etc.) consideram que esse material é uma fonte escrita antes de Mateus, judeucristã e muito polêmica com escribas e fariseus. "M" enfatiza a visão de Jesus como autêntico intérprete da Lei (5,21-48), fundador da *Igreja (16,18-19) e enviado para salvar Israel (10,5-7). Seu ensinamento é a expressão real da vontade de Deus (11,28-30), que é seu Pai, de uma maneira muito distinta (6,1-8.16-18; 18,19) e, a partir da qual, os *discípulos também se convertem em *filhos de Deus (comp. com Jo 1,12).

Bibl.: BROOKS, S. H., *Matthew's Community*, Sheffield 1987; MANSON, T. W., *The Sayings of Jesus*, Londres 1957; STREETER, B. H., *The Four Gospels*, Londres 1930.

MACÁRIO DE MAGNÉSIA

Apologista e autor cristão do séc. V. Escreveu em forma de diálogo uma refutação do paganismo em cinco livros com o título de *Apocrítico*. O fato de que nela atacara com veemência o culto das imagens propiciou sua utilização por parte dos iconoclastas durante o séc. IX.

MACÁRIO, O ALEXANDRINO

Nasceu no séc. IV no Egito superior. Parece que possuiu os carismas de profecia, curas e poder sobre os demônios em grau muito grande, embora restem para nós poucas sentenças dele nos *Apotegmas*. Em torno do ano 335 foi estabelecer-se no deserto de Célia e parece que esteve à frente de uma colônia monástica no deserto de Nítria. Morreu por volta do ano de 394. Não se sabe se escreveu alguma obra.

MACÁRIO, O EGÍPCIO

Conhecido também como o Velho ou o Grande, nasceu pelo ano de 300 numa aldeia do Egito superior, retirando-se aos 30 anos para o deserto de Escete. Dotado de excelentes carismas de profecia e de curas. Sendo já ancião, foi desterrado para a ilha do Nilo pelo bispo ariano de Alexandria, Lúcio. Voltou depois ao deserto, onde morreu antes de 390. Nem Paládio nem Rufino parecem ter conhecido obras suas, mas foram-lhe atribuídas diversas sentenças, cartas, orações, homilias e tratados.

MACEDÔNIO († 362 APROX.)

Bispo de Constantinopla. Ao morrer Eusébio de Nicomédia, foi um dos pretendentes dessa sede. Apoiou os semi-arianos. Em 360 foi deposto pelo Concílio ariano de Constantinopla. Mais tarde, no séc. IV, foi considerado fundador dos pneumatómacos e dos macedonianos, mas não há provas de que assim fosse.

MAÇONARIA

*Franco-maçonaria.

MAGIA

Em sua acepção normal, a ação,

mediante diversos meios, sobre a Natureza destinada a conseguir resultados maravilhosos. O termo vem dos "magos", tribo meda que, segundo Heródoto, sobressaía por seu conhecimento de astrologia, de adivinhação e de outras artes ocultas semelhantes. Teoricamente existiram diversas classes de magia (branca, com um fim bom; negra, para realizar o mal; vermelha, para favorecer o desfrute sexual etc.). A explicação teórica do fenômeno varia consideravelmente ao longo dos séculos: neurose (Freud), projeção psicológica (Jung), ação satânica (teólogos cristãos), charlatanice (cientistas) etc. Tanto a Bíblia (Lv 19,26-32; Dt 18,10-11; Gl 5,20) como as diversas tradições cristãs mostraram sempre uma posição taxativa diante de sua prática, considerando-a radicalmente oposta ao cristianismo e ocasionalmente como canal de comunicação com espíritos malignos.

"MAGNIFICAT"

Magnificat em latim significa em português "exulta, engrandece". É a primeira palavra da tradução da Vulgata da Bíblia do hino entoado pela Virgem Maria no Evangelho de Lucas 1,46ss. Claramente divisível em duas partes (46-49 e 50-55), a primeira é dedicada por Maria para enaltecer a Deus partindo de sua própria experiência subjetiva. Deus é seu Senhor ao qual engrandece (*Magnificat*) (v. 46), seu Salvador no qual se alegra (v. 47), aquele que olhou para ela (v. 48a), aquele que a escolheu como serva (v. 48a), aquele que a levou para uma circunstância da qual derivará o fato de todas as gerações futuras a considerarem bem-aventurada (v. 48b) e o Poderoso que realizou grandes coisas nela (v. 49). Essa vivência pessoal da Virgem Maria não é algo isolado no tempo e no espaço mas que, pelo contrário, se une com um propósito salvífico e multissecular de Deus. Prova disso é que no passado manifestou sua misericórdia para com aqueles que o temiam (v. 50), humilhou os soberbos (v. 51), interveio na história política e social deslocando-a (v. 52a-53b), exaltou os humildes (v. 52a), deu de comer aos famintos (v. 53a). Mas agora no presente essa manifestação salvífica de Deus chegou a seu cume ao se recordar da promessa realizada – a vinda do Messias – a Abraão e a sua descendência (vv. 53-55).

Embora seja óbvio que o Magnificat se inspire claramente em tradições messiânicas judaicas e tenha uma influência muito especial do cântico de Ana contido em 1Sm 2,7-10, não é menos certo que há uma diferença essencial, e é a sensação da excepcionalidade e do cumprimento presente nele. Maria não é a única bendita por Deus ao longo da história, mas sim é a única bendita nesse sentido e grau; muitos poderiam ter refletido sobre as intervenções divinas, mas até então ninguém o fez com essa sensação de estar presenciando a maior intervenção da história; finalmente, muitos poderiam ter esperado a promessa feita a Abraão e a Israel, mas a Virgem Maria é a que leva a encarnação dela em seu ventre. Em todos esses sentidos, o Magnificat constitui um presente real entre o Antigo e Novo, entre a esperança messiânica e sua realização.

MAGOS

Originalmente, de acordo com os dados proporcionados por Heródoto, membros de uma tribo persa que se caracterizava pelo estudo dos fenômenos celestes. Os mencionados em

Mt 2,1ss. parecem ser personagens que poderiam ser encaixados nessa descrição. O texto não assinala, como o farão tradições populares posteriores, seus nomes, nem sua condição real, nem que foram três, dado esse último derivado, possivelmente, do número de oferendas feitas ao Menino.

MALAQUIAS DE ARMAGH

Arcebispo de Armagh, reformador da Igreja irlandesa, canonizado em 1190. A ele são atribuídas as denominadas profecias de São Malaquias, consistentes em 111 aforismos em latim atribuídos aos papas futuros, começando com Celestino II († 1144). Está demonstrado documentalmente que as mencionadas profecias são uma falsificação e que sua redação remonta ao ano de 1590.

MALAQUIAS, PROFECIAS DE
*Malaquias de Armagh.

MALCO

Nome do criado do sumo sacerdote ao qual *Pedro lhe cortou uma orelha em sua tentativa de defender Jesus (Jo 18,10). A ocasião permitiu a Jesus dar um de seus ensinamentos contra o uso da violência (Mt 26,52; comp. Jo 18,36).

MALDONADO, JOÃO (1533-1583)

"Maldonatus". Teólogo e exegeta espanhol. No ano de 1562 entrou para os *jesuítas e dois anos depois começou a ensinar no colégio dos jesuítas de Clermont em Paris. Em 1574, a Sorbonne o acusou de herege e, apesar do apoio do bispo de Paris, viu-se obrigado a abandonar a cidade. Todas as suas obras – incluindo seu notável comentário sobre os Evangelhos – foram publicadas de maneira póstuma.

MALINAS, CONVERSAÇÕES DE

Encontros realizados por teólogos *anglicanos e católicos em Malinas entre os anos de 1921 e 1925 sob a presidência do Cardeal Mercier. Todas as reuniões tiveram lugar com o consentimento da Santa Sé e do arcebispo de Cantuária. As conclusões consistiram em afirmar que o papa devia receber um primado de honra, que o corpo e o sangue de Cristo eram ingeridos na *Eucaristia, que o sacrifício eucarístico era um verdadeiro sacrifício, embora num sentido místico, que o episcopado era de direito divino e que a comunhão sob as duas espécies constituía uma questão de disciplina e não de dogma. As Conversações de Malinas constituíram um notável avanço nos relacionamentos entre católicos e anglicanos e, talvez por isso, foram vistos seus resultados com enorme suspeita. Se pela parte católica a encíclica de *Pio XI *Mortalium animos* significou uma limitação, algo muito semelhante aconteceu por parte anglicana, e as conversações não foram publicadas por Lord Halifax até 1928.

MALQUIÃO DE ANTIOQUIA

Presbítero do séc. III que demonstrou o caráter herético das teses de Paulo de Samósata.

MAMERTINA, PRISÃO

Edifício situado no centro de Roma composto de duas celas situadas uma em cima da outra. Segundo a tradição, nela esteve encarcerado o apóstolo *Pedro que converteu ao cristianismo seus carcereiros.

MANDAMENTOS
*Dez Mandamentos.

MANIQUEÍSMO
Movimento religioso de salvação fundado por Mani ou Manés, nascido no norte da Mesopotâmia pelo ano de 216 d.C. e morto em 276. Sua religiosidade era tipicamente gnóstica, insistindo em aspectos como o nascimento da alma num mundo puro e luminoso, sua queda na prisão de um corpo e do mundo material e sua possibilidade de subida ao mundo original mediante a gnose. Contudo, o maniqueísmo desfruta de elementos claramente originais. Assim o maniqueísmo leva muito a sério o pecado e insiste bastante na necessidade de ser vigilante eticamente para evitar cair e, com isso, ser castigado com a excomunhão. A gnose não é assim um meio seguro de redenção mas somente uma passagem prévia. Por isso, o mais importante para o maniqueu era a salvação da alma e a isso devia ser tudo encaminhado. Consciente da possibilidade de manipulações posteriores que o movimento podia experimentar, pôs-se uma ênfase especial em guardar uma absoluta lealdade a seus livros canônicos como única regra de fé e conduta, dos quais nenhum chegou até nós completo. Prescindindo de sua teologia combatida eficazmente, entre outros, por seu antigo correligionário *Santo Agostinho de Hipona, o certo é que o maniqueísmo teve uma enorme influência posterior na literatura oriental e, através desta, na européia. Nos últimos anos, tem-se produzido um vivo interesse pelo maniqueísmo que chegou até o extremo da criação de grupos com essa mesma teologia.

MARBURGO, COLÓQUIO DE
*Lutero, Martinho; *Zwinglio, Ulrico.

MARCELINO
(30 DE JUNHO DE 296 A 304 ?)
Papa. Durante seu pontificado, o imperador Diocleciano promulgou o primeiro edito de perseguição (25 de fevereiro de 303). Dobrando-se diante dele, Marcelino não só entregou cópias das *Escrituras para que fossem destruídas pelos pagãos mas também ofereceu incenso aos deuses. Os presbíteros *Marcelo, *Melquíades e *Silvestre – que também seriam papas – fizeram o mesmo. Nos anos seguintes, os *donatistas utilizaram esses fatos totalmente documentados em favor de suas teses. O nome de Marcelino foi omitido da lista oficial dos papas e *Dâmaso I não o incluiu entre os papas, aos quais dedicou poesias. Mais tarde, teceu-se uma lenda sobre seu martírio, mas ela parece não ter base histórica.

MARCELO I (NOVEMBRO/DEZEMBRO DE 306 A 16 DE JANEIRO DE 308)
Papa. Depois da apostasia de *Marcelino, a sede romana permaneceu vaga mais de três anos e meio. Finalmente a tolerância inicial de Maxêncio permitiu a eleição de um novo bispo. Marcelo foi acusado de ter entregue também aos pagãos cópias das Escrituras e, talvez por isso, adotou uma linha extremamente rigorista para com os apóstatas. A rebelião da comunidade contra essa postura (que em alguns casos terminou com derramamento de sangue) levou Maxêncio a intervir e, quando soube das acusações de apostasia que pesavam sobre ele, a depô-lo. Morreu pouco depois num lugar desconhecido.

MARCELO II
(9 DE ABRIL A 1º DE MAIO DE 1555)
Papa. Sua eleição, após ter conservado seu nome de batismo, despertou

muitas esperanças de que poderia governar a Igreja em momentos de especial crise. Assim começou por cortar drasticamente os gastos na administração papal e procurou evitar o nepotismo, proibindo a seus próprios familiares que vivessem em Roma. Após vinte e dois dias de ter iniciado seu pontificado morreu.

MARCELO DE ANCIRA

Bispo de Ancira, Galácia, foi um dos mais ardentes defensores da fé de Nicéia (325) contra os arianos. No ano de 336 um sínodo de Constantinopla o depôs e o condenou ao exílio. No ano de 340 assistiu ao sínodo romano convocado pelo Papa Júlio. Ele pediu-lhe que fizesse uma exposição por escrito de sua fé que por ser ortodoxa motivou a não se confirmar sua deposição. Da mesma maneira declarou-o inocente o Concílio de Sárdica (343-344) e logo foi recolocado em sua sede. Em 347 foi de novo deposto e desterrado pelo imperador Constâncio. Morreu por volta do ano 374. O Concílio de Constantinopla (381) condenou-o como herege. Escreveu um tratado *Contra Astério da Capadócia*, uma *Profissão de fé* para o Papa Júlio e parece ter sido autor de diversos volumes fundamentalmente dirigidos contra os arianos.

MARCIÃO

Nasceu em Sinope, filho de um bispo que o excomungou por causa de suas teses heréticas. Viajou a Roma no ano de 140 e ali freqüentou regularmente as reuniões dos cristãos. A comunidade romana perturbada por suas idéias, exigiu dele que prestasse conta de sua fé, fato que resultou, em 144, na excomunhão de Marcião. Diferentemente de outros gnósticos, Marcião não se limitou a criar uma escola, mas constituiu uma Igreja hierarquizada cuja liturgia era muito semelhante à romana. Em 154 sua Igreja tinha sucursais em todo o mundo conhecido, e de fato contou com seguidores até na Idade Média. Somente escreveu *Antítese*, mas a obra não chegou até nós, tampouco a carta aos dirigentes da Igreja de Roma na qual expunha sua fé. Conforme Santo Irineu, Marcião mantinha vínculos com o pensamento de Cerdão, o que o levava a vilipendiar o Deus do Antigo Testamento e a colocar sobre ele – um deus perverso e inferior – Cristo que procede do Pai. É possível que isso explique o fato de que Policarpo o chamasse de "primogênito de Satanás". Admitia somente como canônicos o Evangelho de Lucas e algumas cartas de São Paulo, embora numa versão mutilada. A. von Harnack não o considera propriamente gnóstico, e no mesmo sentido expressou C. Vidal Manzanares ao exclui-lo da enumeração dos mestres gnósticos. Por isso existem algumas diferenças importantes entre a gnose e o marcionismo. Contudo, alguns autores crêem que a amálgama de paganismo e cristianismo de Marcião seja substancialmente semelhante a dos gnósticos. Cristologicamente, para Marcião Jesus não é nem o Messias do Antigo Testamento, nem nasceu da Virgem Maria. Limitou-se a manifestar-se no ano 15 de Tibério César na sinagoga de Cafarnaum. Ao derramar seu sangue na cruz redimiu as almas que jaziam em poder do demônio. A salvação ficava limitada à alma – possível influência gnóstica – e somente tinha efeito naqueles que conheciam a doutrina de Marcião.

MARCO

Membro da escola gnóstica de Valentim. Crê-se que celebrava a Eucaristia misturando-a com ritos mágicos e que parecia ter um estranho poder de sedução sobre as mulheres.

MARCO, O ERMITÃO

Discípulo de João Crisóstomo, foi abade de um mosteiro em Ancira, Galácia, durante a primeira metade do séc. V. Tomou parte na controvérsia nestoriana e viveu, já ancião, no deserto de Judá. Morreu depois de 430. Obras: Escreveu pelo menos quarenta tratados ascéticos. São conservados nove que foram mencionados por Fócio.

MARCOS

Também João Marcos. Judeucristão, primo de Barnabé e filho de uma mulher em cuja casa reunia-se a Igreja jerosolimitana. Tradicionalmente é atribuída a ele a redação do Evangelho que tem seu nome. Participou nos inícios da Igreja antioquena e acompanhou Paulo, junto com seu primo Barnabé, em sua primeira viagem missionária. Pelo fato de se decidir a abandonar seus companheiros em Perge causou uma ruptura temporal com Paulo. Em 1Pd 5,13 aparece como companheiro do apóstolo *Pedro, o que coincide com os dados extrabíblicos (Pápias etc.) que o convertem em companheiro e intérprete do apóstolo no mundo romano. Essas circunstâncias encaixam também com a visão peculiar do segundo evangelho, redigido expressamente para os romanos, com claras reminiscências de uma testemunha ocular (Pedro?) e dotado de uma estrutura breve e simples de caráter adequado para a obra missionária. Uma tradição tardia liga Marcos ao bispado de Alexandria, mas nesse caso encontramo-nos diante de uma notícia muito menos segura que as consignadas antes.

MARCOS (18 DE JANEIRO A 7 DE OUTUBRO DE 336)

Papa. Embora seu pontificado tivesse lugar em meio ao ardor da controvérsia provocada por Ario, parece que não teve nenhuma intervenção nela. Durante seu reinado, possivelmente, iniciou-se a compilação da *Depositio episcoporum* e a *Depositio martyrum,* listas dos aniversários de morte dos bispos e mártires romanos.

MARCOS, EVANGELHO DE

1. Autoria e data. O Evangelho de Marcos – que muito possivelmente apresenta a pregação de Pedro – é um Evangelho dirigido principalmente aos gentios e, quase com toda certeza, escrito no meio pagão. Tradicionalmente, identifica-se com Roma (o que se liga à missão de Pedro) (Eusébio, HE, 2,15; 6,14-16) ou, secundariamente, com Alexandria (em harmonia com uma tradição que liga essa cidade com Marcos) (João Crisóstomo, *Hom. Matt.* 1, 3). É muito possível que o autor possa ser identificado com João *Marcos. Quanto à data de sua redação, costuma-se admitir de maneira praticamente unânime que foi escrito antes do ano 70 d.C. e pouco antes ou pouco depois da perseguição de Nero, embora alguns autores o considerem ainda mais antigo. As próprias fontes antigas manifestam essa mesma duplicidade de opiniões. Para Eusébio (HE 6, 14,5-7), Marcos teria escrito seu Evangelho entre o ano de 64 a 65. Pelo contrário, Clemente de Alexandria fixou uma data cujo término mínimo *a quo* seria o ano de 45. Mais duvidosa torna-se a afirmação de que Marcos é o primeiro Evangelho dos quatro escritos contidos no Novo Testamento. Certamente é o mais curto, mas não é menos verdade que, por exemplo, os mesmos episódios em Marcos e Mateus refletem uma maior elaboração no primeiro que no segundo.

2. *Estrutura e mensagem*. A estrutura de Marcos é muito simples. Depois de um breve prólogo (1,1-15) que dá início com a pregação de *João Batista, ele descreve o ministério galileu de Jesus (1,6-8,26) e, como consumação deste, sua paixão, morte e ressurreição (8,27-16,8).

Embora Marcos não pretenda tanto fazer teologia como narrar uma história, é inegável que em sua obra estão presentes motivos teológicos bem definidos. O primeiro deles é o anúncio do *Reino, quando faz quinze referências a ele enquanto que em contraposição às cinqüenta de Mateus e às quarenta de Lucas. Esse Reino acha-se presente e pode ser percebido quando se tem o coração puro e simples de uma criança (10,14-15). Contudo, sua manifestação total será futura (10,23-25; 14,25; 14,3-20.26-29.30-32), relacionada com o *Filho do homem, o próprio Jesus (8,38; 13,26-32; 14,62). Por isso precisamente os discípulos devem vigiar diligentemente (13,33-37). Nessa situação dupla de presente e futuro, de "já mas ainda não", reside precisamente o mistério do Reino ao qual fazem referências as *parábolas (4,3-20; 26,29.30-32). A vitória sobre os *demônios (1,21-27), a cura dos enfermos (2,1-12), o relacionamento direto com os *pecadores (2,13-17), a alimentação dos famintos (6,34-44) e, evidentemente, o chamamento dos *Doze são sinais do Reino.

O segundo aspecto central da teologia de Marcos é sua visão de Jesus. Ele é o *Messias – visto como *Servo de Isaías 42,1; 53,1ss. e 61,1ss. – e assim o reconhecem seus discípulos (8,29), é confirmado pela experiência da Transfiguração (9,2-9) e dado a entender por episódios como o da entrada em Jerusalém (11,1-11), de acordo com o padrão messiânico de Zc 9,9. Jesus, prudente quanto à utilização do título no desejo de evitar que ele seja mal-interpretado por seus ouvintes, reconhecerá também sua messianidade durante seu processo (14,61-62) e assim constará no título de sua condenação (15,6-20.26). Jesus é o Messias, mas não o guerreiro, mas sim aquele que veio para servir e dar sua vida em resgate por todos como *Filho do homem (Mc 10,45). Esse segundo título é utilizado por Jesus como referência a si mesmo, tanto para mostrar seu poder para perdoar pecados (2,10) como sua autoridade de Senhor do *sábado (2,28) e, por suposição, em relação a sua visão do Messias sofredor (8,31; 9,9.12.31; 10,33 e 45; 14,21 e 41). Embora esse seja o título preferido por Jesus para referir-se a si mesmo, o Evangelista enfatiza de modo especial o de Filho de Deus, com o qual inclusive inicia seu Evangelho (1,1). Como tal, é reconhecido pelo Pai no *batismo (1,11), conferindo-lhe um significado messiânico (comparar com o Salmo 2,7). Apesar de tudo, o título "Filho de Deus" transcende o simples messianismo. As referências em Mc (1,23-27; 3,11; 5,7; 9,7) implicam um relacionamento com Deus que supera o simplesmente humano e, de fato, isso é o que se desprende da própria afirmação de Jesus contida em 14,62, onde ao se atribuir um lugar à direita de Deus e o papel de julgador dele incorre no que seus juízes consideram uma flagrante blasfêmia (14,63-64). Certamente o relacionamento de Jesus com o Pai é radicalmente diferente de qualquer outro ser (1,11; 9,7; 12,6;

13,32; 14,36) e transcende assim a simples humanidade.

Finalmente, assim como sucede nas narrativas dos outros Evangelhos, também Marcos apresenta ao homem a necessidade de responder à chegada do Reino em Jesus. Na re alidade, somente existe uma resposta possível: a *conversão (1,16), porque o tempo já chegou. Será um tempo marcado indelevelmente pela morte expiatória do Filho do homem (10,45) e a espera da consumação do Reino anunciada na Ceia do Senhor (14,25). Agora já é possível a entrada no Reino para todo aquele que se aproxime à fé de uma criança (10,14-15). Para todo aquele que crer e for batizado há salvação, mas a condenação é o destino para quem não o faça (Mc 16,15-16). Essa decisão, obrigatoriamente presente, não é senão a antecipação atual da separação que o Filho do homem fará no fim dos tempos (13,33-37).

Bibl.: TAYLOR, V., *The Gospel of Mark*, Nova York 1966; ANDERSON, H., *The Gospel of Mark*, 1981; BEST, E., *Mark: The Gospel as Story*, Filadélfia 1983; HURTADO, L., *Mark*, Peabody 1983; HENGEL, M., *Studies in the Gospel of Mark*, Minneapolis 1985; LHRMANN, D., *Das Markusevangelium*, Tubinga 1987; GUELICH, R. A., *Mark 1-8; 26*, Waco 1989; KINGSBURY, J. D., *Conflict in Mark*, Minneapolis 1989; DELORME, J., *El Evangelio según san Marcos*, Estella; GRELOT, P., *Los Evangelios*, Estella.

MARIA DE BETÂNIA

Irmã de *Marta e de *Lázaro. Os Evangelhos mostram-na especialmente entregue ao ensinamento de Jesus (Lc 10,38-40), em contraste com sua irmã Marta. É de grande importância sua conversação com Jesus antes que ele ressuscitasse Lázaro (Jo 11,1-44), assim como a maneira em que ungiu os pés de Jesus (Jo 12,1-11). Esse último episódio não pode ser confundido, como acontece ocasionalmente, com o relatado por Lc 7,36-50.

MARIA DE CLÉOFAS

Personagem citada em Jo 19,25. O texto é obscuro e não se torna fácil saber com certeza se se fala dela como "Maria, a mulher de Cléofas" ou simplesmente como "a mulher de Cléofas". Alguns autores identificaram-na com a mãe de Tiago e José (Mt 27,55ss.; Mc 15,40) e com a "outra Maria" de Mt 27,61, à qual foi comunicada a Ressurreição de Jesus estando em companhia de Maria Madalena (Mt 28,1ss.). Todos os extremos dessa identificação não são, contudo, certos por completo.

MARIA MADALENA

Possivelmente assim denominada por proceder da região de Magdala, uma cidade pequena às margens do mar da Galiléia. Jesus libertou-a de vários *demônios (Lc 8,2-3), o que a levou a segui-lo e a servi-lo com seus bens. Possivelmente, essa referência a uma possessão demoníaca contribuísse nos séculos posteriores para identificá-la com uma prostituta e inclusive com a personagem citada em Lc 7,36-50, mas não existe base real para essa teoria. Foi testemunha da crucifixão (Mt 27,56) e do sepultamento de Jesus (Mt 27,61). Também foi personagem do anúncio da ressurreição de Jesus dado pelo *anjo (Mt 28,1ss.) e para quem, possivelmente, foi a primeira aparição de Jesus ressuscitado (Jo 20,1-18). Durante a Idade Média, surgiram muitas lendas, sem historicidade, sobre sua pessoa, como a de convertê-la em acompanhante de *Maria e de *João em Éfeso ou como companheira de *Marta e *Lázaro em sua viagem à França, sendo sepultada em Aix-en-Provence.

MARIA, MÃE DE *JOÃO MARCOS

Provavelmente, mulher afortunada em cuja casa se reunia a comunidade judeu-cristã de *Jerusalém.

MARIA, VIRGEM

Forma greco-latina do hebraico Miryam e do aramaico Maryam. Seu significado não é seguro. 1) A mãe de *Jesus de Nazaré. Mateus e Lucas apresentam-na como mãe virgem de Jesus (Mt 1,18ss.; Lc 1,26ss.), que se encontrou grávida antes de contrair matrimônio, mas quando já estava comprometida com *José. Essa circunstancia específica – a de sua maternidade messiânica – converte-a num ser cuja bem-aventurança seria cantada pelas gerações vindouras (Lc 1,48) e sobre ela é que a graça de Deus se manifestou de uma maneira absolutamente especial (Lc 1,28). A partir do séc. XVIII, em muitas ocasiões, surgiram acusações de que a narrativa do Nascimento de Jesus é uma transposição de lendas mitológicas nas quais aparecem partos virginais. O certo, contudo, é que Mateus vê o episódio como um cumprimento da profecia de Isaías 7,14, que é considerada messiânica numa multidões de fontes judaicas da época. Objetou-se também que esse evangelista violentou o sentido da palavra hebraica "almah" como se significasse virgem. Esse argumento na realidade não tem base fática real. No Antigo Testamento, a palavra "almah" aparece sete vezes sempre se referindo a uma virgem de maneira explícita ou implícita (mulher solteira de boa reputação). Exemplos disso nós temos em: Gn 24,43; Êx 2,8; Sl 68,25; Pr 30,19 ou Ct 1,3; 6,8. De fato, não deixa de ser muito revelador que a Bíblia judia dos LXX traduziu o termo hebraico pela palavra grega "partenós" (virgem). Não menos significativo é que o comentarista judeu medieval de maior prestígio, Rabbi Shlomo Yitzhaki, "Rashi" (1040-1105), ao realizar a exegese da passagem de Isaías 7,14, escrevesse: "este é o sinal: aquela que conceberá é uma moça (*naarah*), que nunca em sua vida teve relações sexuais com homem algum. Sobre ela o Espírito Santo terá poder" (*Mikra'ot Guedolot* sobre Is 7,14). Longe, portanto, de violentar o sentido do texto de Isaías e de mostrar influências pagãs e antijudaicas, a passagem de Mateus na qual se afirma que a condição virginal da mãe de Jesus apóia-se com base no texto hebraico literal de Is 7,14; na tradução realizada pelos LXX e inclusive na interpretação de exegetas judeus que não poderiam ser suspeitos como o medieval Rashi. De seu encontro com sua parente *Isabel, mãe de João Batista, procede o *"Magnificat", um lindo cântico em honra ao Deus salvador, impregnado de espiritualidade judaica. Lucas demonstra um interesse especial por essa personagem no período do natal e da infância de Jesus. Assim, indica-nos que as inúmeras circunstâncias que rodearam o nascimento de seu Filho foram guardadas em seu coração (Lc 2,19) ou que durante a apresentação do menino no Templo, Simeão vaticinou-lhe que sua alma seria transpassada como por uma espada (Lc 2,34-39). Juntamente com José e Jesus, Maria exilou-se no Egito fugindo de *Herodes, regressando depois e fixando sua residência em Nazaré (Mt 2,13-23). Quando Jesus tinha doze anos, perdeu-se no Templo de Jerusalém, sendo encontrado finalmente por sua Mãe e São José (Lc 2,41-50).

As referências a Maria durante o ministério público de Jesus são muito raras. Em primeiro lugar encontramo-nos com a intervenção nas Bodas de Caná (Jo 2,1-11), um episódio que foi utilizado muitas vezes para apoiar o poder intercessor de Maria, mas que, na realidade, manifesta nenhuma vontade de Jesus em permitir orientações em seu ministério. Depois, encontramos Maria com os *irmãos de Jesus, tentando dissuadi-lo de continuar seu ministério (o que motivou um ensinamento acerca da supremacia do relacionamento espiritual sobre o carnal) (Mc 3,31-35 e paralelos) e, finalmente, (Jo 19,25ss.) ao pé da cruz, em companhia do Discípulo amado, no meio de uma cena especialmente comovedora. Não há referências no Novo Testamento a uma aparição do Ressuscitado a sua Mãe, exceto se a consideramos incluída anonimamente na lista coletiva de 1Cor 15,1ss. (D. Flusser). Encontra-se, sim, estabelecido, que fazia parte, junto com os irmãos de Jesus, da comunidade de Jerusalém (At 1,14). Não sabemos nada mais de sua vida posterior, e o mais provável – se atentarmos para alguns restos arqueológicos do séc. I – é que fora sepultada em Jerusalém, tendo sido seu túmulo profanado nos inícios do séc. II d.C. A história de uma estada sua em Éfeso acompanhando *João, o filho de *Zebedeu, não tem base histórica. Essa falta de dados históricos sobre ela, sua família e sua vida anterior e posterior ao ministério de Jesus tentou-se suprir pela aparição de lendas piedosas que chegariam a ter uma enorme influência na arte e no pensamento posteriores – especialmente durante a Idade Média – mas cuja autenticidade histórica é pelos um tanto duvidosa.

Uma carência de veracidade semelhante a essa, embora de caráter diametralmente oposto, é a que achamos na visão de Maria que aparece em algumas fontes judaicas. Nos inícios do séc. II, pelo menos, já era acusada de adúltera e de ter tido Jesus como fruto das relações sexuais mantidas com um soldado estrangeiro chamado Pantera ou Pandera (*Tosefta Hul. lin* II, 22-3; *TJ Aboda Zara* 40d e *Sabbat* 14d). Na *Mishnah Yebanot* 4,13, encontra-se a afirmação de um rabino dos inícios do séc. II, Simeão ben Azzai, de que Jesus era "ilegítimo, nascido de uma mulher casada". Essa tradição persistiu no período amoraítico e nas lendas medievais judaicas do *Toledot Yeshu*. Pode ser que essas acusações tenham surgido durante a vida de Jesus (Jo 8,41), embora os autores judaicos contemporâneos (J. Klausner etc.) reconheçam que não há nenhuma base histórica para elas e atribuem a origem dessas afirmações à controvérsia teológica. Esses ataques judaicos tiveram presumivelmente relevância na hora de se redigir os escritos apócrifos, nos quais se afirmava a virgindade perpétua de Maria (Protoevangelho de Tiago). De fato, nesse tipo de literatura é que encontramos pela primeira vez referências às crenças como a da Assunção.

A figura de Maria não aparece mencionada somente nas fontes cristãs (no Novo Testamento ou nos apócrifos) ou judaicas. O Alcorão refere-se em repetidas ocasiões a ela como mãe de Jesus (3,33-63; 4,156 e 171; 5,17,72 e 116; 19,16-40; 21,91; 23,50; 66,12) e defende calorosamente sua concepção virginal frente a seus detratores (4,156). Opõe-se a seu culto – dentro de uma lógica própria do monoteísmo – e manifesta-se contrário a sua inclusão no seio da Trindade, detalhe este que evidencia a errônea compreensão que dessa doutrina tinha Maomé e, por sua vez, o colorido idolátrico que o profeta percebia na veneração que os cristãos que ele conhecia tributavam a Nossa Senhora.

Na literatura patrística mais antiga a Virgem Maria é mencionada raramente, a não ser no caso de *Justino que a situa no paralelo com Eva. No séc. IV começou a se estender, especialmente no Oriente, a crença na *intercessão de Maria. A partir do séc. V os Padres Orientais e Ocidentais começaram a denominá-la "sempre virgem". O fato de que o Concílio de Éfeso (431) denominara Maria "Mãe de Deus" (*Theotókos*) – título questionado por *Nestório como cristologicamente incorreto mas defendido ardorosamente por *Cirilo de Alexandria – proporcionou um enorme impulso à mariologia e converteu-se em fórmula de uso comum a partir do séc. V.

A crença na Assunção de Maria começou em círculos heréticos em torno do séc. IV, mas em fins do séc. VI começou a ser aceito no Oriente e no Ocidente, e a partir do século seguinte tornou-se amplamente acreditada. Apesar disso, sua definição como dogma de fé no seio do catolicismo somente teve lugar em 1950, por Pio XII.

Muito mais controvertida foi a crença na Imaculada Conceição. De fato, durante a Idade Média a controvérsia foi considerável, existindo teólogos de envergadura que a negavam (Tomás de Aquino) e outros que a afirmavam. Negada pelos *dominicanos – cada vez mais censurados pela Santa Sé na defesa e publicação de sua posição – e defendida pelos *franciscanos e *jesuítas, sua generalização não começou a ser relevante antes do séc. XVI e não foi definida como dogma católico até 1854.

No que se refere às devoções litúrgicas e populares (rosários, oração da Ave-Maria, Angelus, devoções do mês de maio e de outubro, santuários, peregrinações etc.) dirigidas a Maria, vieram bem mais tarde e deve-se começar a datá-las em plena Idade Média. Especialmente apoiadas pelo movimento mariológico do séc. XIX e inícios do séc. XX, depois do Concílio Vaticano II, muitas dessas devoções passaram a ocupar um lugar menos relevante na teologia católica, mas não assim na prática popular. Ver cap. VIII da *Lumen Gentium*.

A posição das *Igrejas ortodoxas é semelhante a da católica no que se refere à mariologia, embora se questione – por razões meramente de direito canônico – a forma pela qual se definiram os dogmas.

A *Reforma do séc. XVI pretendeu ser uma volta ao ensinamento do Novo Testamento. Isso implicou na negação de todos os dogmas marianos que não estejam contidos nele. Assim, afirmou-se a concepção virginal de Jesus – inclusive alguns dos reformadores continuaram crendo na virgindade perpétua de Maria – mas se negou sua intercessão, sua assunção e sua imaculada concepção. Até pode-se afirmar que os dogmas marianos constituem um dos principais obstáculos no diálogo entre as diferentes confissões cristãs. Contudo, a partir do *movimento de Oxford, a devoção por Maria incrementou-se extraordinariamente no seio da *Igreja da Inglaterra, e em alguns setores dela não há muita diferença entre as práticas católicas e as anglicanas.

Bibl.: VIDAL MANZANARES, C., "La figura de María en la literatura apócrifa judeucristiana de los dos primeros siglos" em *Ephemerides Mariologicae*, vol. 41, Madri 1991, p. 191-205; IDEM, "María en la arqueología judeu-cristiana de los tres primeros siglos" em *Ephemerides Mariologicae*, vol. 41, Madri 1991, p. 353-364; IDEM, "La influencia del judeo-cristianismo de dos los primeros siglos en la liturgia mariana" em *Ephemerides Mariologicae*, vol. 42, Madri 1992, p. 115-126; IDEM, *El judeo-cristianismo...*; IDEM, *El Primer Evangelio...*; IDEM, *The Myth of Mary*, Ca, 1994; WARNER, M., *O. c.*; BROWN, R. E. e outros, *O. c.*; KHOURY, A. T., *O. c.*; MICHAUD, J. P., *María de los Evangelios*, Estella; PERROT, C., *Los relatos de la infancia de Jesús*, Estella; ZUMSTEIN, J., *Mateo, el teólogo*, Estella; BERNABÉ, C., *Las tradiciones de María Magdalena en el cristianismo primitivo*, Estella.

MARIANISTAS

"Sociedade de Maria" de Burdeos – não deve ser confundida com os *maristas – fundada em 1817 por Guilherme José Chaminade (1761-1850) com a finalidade de combater o indiferentismo religioso. Formada por sacerdotes e leigos, seus membros dedicavam-se de maneira especial à educação, e aos três votos da vida religiosa acrescentam um quarto de estabilidade no serviço de Maria. Foi reconhecida pelo papa em 1865 e 1891, e conta com um Instituto feminino conhecido como Filhas de Maria.

MARINO I (16 DE DEZEMBRO DE 882 A 15 DE MAIO DE 884)

Papa. Confundido freqüentemente com *Martinho II, sua eleição realizou-se sem consultar o imperador Carlos III, mas em junho de 883 ele não encontrou inconveniente em confirmá-la. Não tem base a notícia que afirma que não anunciou sua eleição a *Fócio e que se excomungaram mutuamente.

MARINO II (30 DE OUTUBRO DE 942 A INÍCIOS DE MAIO DE 946)

Papa. É confundido freqüentemente com *Martinho III. Deveu sua eleição à influência de Alberico II de Spoleto, que dirigiu Roma de 932 a 945 e a ele se submeteu a ponto de ter na face anterior de suas moedas seu monograma e o de São Pedro, e no reverso o nome e o título de Alberico. Seus atos reduziram-se a medidas administrativas de pouco valor.

MÁRIO MERCATOR

Italiano, amigo de Santo Agostinho de Hipona e feroz inimigo do pelagianismo. Em 429 vivia num mosteiro latino da Trácia, onde redigiu algumas obras de controvérsia antipelagiana. Não há notícias suas posteriores ao Concílio de Éfeso (431). Obras: Foi autor de um *Comentário sobre o nome de Celéstio* e de outro contra a heresia de Pelágio e de Celéstio.

MARISTAS

Nome popular da Congregação dos Irmãos maristas. Fundada em 1817 por São Marcelino de Champagnat (1789-1840), sua finalidade era suprir a carência de educadores católicos que a política anticlerical da Revolução Francesa havia ocasionado. Os Irmãos maristas destacam entre seus princípios o apoio para com a juventude, o cristocentrismo e a devoção a Maria.

MARITAIN, JACQUES (1882-1973)

Filósofo tomista francês. Converteu-se ao catolicismo em 1906 e a partir de 1908 dedicou-se à tentativa de conciliar a filosofia de Santo *Tomás de

Aquino com a cultura contemporânea. Catedrático em Paris, Toronto e Princeton, de 1945 a 1948 foi o embaixador perante à Santa Sé. A partir de 1961 viveu com os Irmãozinhos de Jesus de Toulouse e em 1970 tornou-se membro da congregação.

MARONITAS
Comunidade cristã de origem síria que em sua maior parte reside no Líbano. Desde 1182 encontra-se em comunhão formal com a Igreja católica.

MARSÍLIO DE PÁDUA (1275-1342 APROX.)
Erudito italiano. Reitor da universidade de Pádua, desde 1313. Em 1324 concluiu o *Defensor da paz*. Ao ser conhecido dois anos depois de ser o autor, fugiu para se refugiar junto do imperador Luís da Baviera que acabara de ser excomungado. O *Defensor da paz* foi, sem dúvida, uma das obras mais importantes da Idade Média. Nela, Marsílio defendia a subordinação da Igreja ao Estado, que *Pedro nunca recebeu o Primado, que a base das prerrogativas papais procedia da *Doação de *Constantino e que a autoridade principal em assuntos eclesiásticos era o concílio geral que deveria estar formado por sacerdotes e leigos. Em 1327, o Papa João XXII condenou a obra e excomungou o autor. Depois do fracasso da política italiana de Luís da Baviera, Marsílio teve de passar o resto de sua vida em Munique. O *Defensor da paz* foi colocado no Índice em 1559, mas sua influência havia sido já extraordinária ao proporcionar argumentos ao conciliarismo, à *Reforma do séc. XVI e à democracia moderna.

MARTA
Em aramaico: dona, senhora da casa. Irmã de *Lázaro e de *Maria de Betânia. Conforme Lc 10,38ss., tratava-se de uma pessoa absorvida pela atividade doméstica, em contraste com sua irmã Maria. Jo 11,22-27 dá conta de sua *fé em Jesus por ocasião da morte de Lázaro.

MARTINHO I (5 DE JULHO DE 649 A 16 DE SETEMBRO 655)
Papa. Ardente inimigo do *monotelismo. Convocou um sínodo antimonotelita em Latrão (5 a 31 de outubro de 649), que afirmou a crença na existência de duas vontades em Cristo e condenou o monotelismo. Essa ação provocou a aversão do imperador Constante contra Martinho, que ordenou prendê-lo e transferi-lo para Constantinopla. A ordem tardou em ser executada mas, finalmente, no dia 17 de setembro de 653, Martinho, humilhado e enfermo, desembarcou em Constantinopla. Condenado à morte e ao ser publicamente flagelado, finalmente lhe foi comutada a pena pela a do desterro. No dia 16 de setembro de 655 morreu vítima dos maus-tratos, de frio e fome, perto da atual Sebastopol.

MARTINHO II
*Marino I.

MARTINHO III
*Marino II.

MARTINHO IV (22 DE FEVEREIRO DE 1281 A 28 DE MARÇO DE 1285)
Papa. O pontífice mais francês do séc. XIII, seu reinado esteve repleto de concessões a Carlos de Anjou. Assim, apoiou suas intenções de conquistar Constantinopla e para facilitá-las excomungou o imperador bizantino Miguel VIII, Paleólogo, como cismático. Esse ato, guiado unicamente pelo servilismo

político e sem nenhuma motivação, já que Miguel havia feito todo o possível para obedecer as indicações papais, teve como conseqüência direta anular em 1283 a união das igrejas decidida no segundo Concílio de Lyon (1274) pelo imperador Andrônico II Paleólogo. Além disso, a expedição contra Constantinopla frustrou-se ao produzir-se o levantamento na Sicília no decorrer do qual o papa rejeitou o oferecimento da ilha de se tornar em feudo papal, preferindo que continuasse sob o poderio francês. Morreu uns dias depois do falecimento de seu amigo Carlos de Anjou.

MARTINHO V (11 DE NOVEMBRO DE 1417 A 20 DE FEVEREIRO DE 1431)

Papa. Depois que o Concílio de Constança (1414-1418), convocado para acabar com o *Grande Cisma (1378-1417), depusera *João XXIII e *Bento XIII e recebera a abdicação de *Gregório XII, um conclave que durou apenas três dias elegeu o cardeal Oddo Colonna, que tomou o nome de Martinho V. O cisma ainda perduraria até o pontificado de *Clemente VIII, sucessor de *Bento XIII, mas já com poucos seguidores e com a maioria esmagadora da Igreja católica acatando Martinho V. A partir de 1418 começou a negociar concordatas com a Alemanha, a França, a Itália, a Espanha e a Inglaterra. Em 1420, voltou a residir em Roma – apesar de pressões para se estabelecer na Alemanha ou em Avinhão – e procurou estreitar as relações com Constantinopla, acariciando inclusive a idéia – que não pôde pôr em prática – de convocar um concílio celebrado nessa cidade. Fracassou em sua tentativa de esmagar mediante a *cruzada os seguidores de João *Huss. Mostrou-se benévolo com os judeus proibindo seu batismo forçado. Contrário a essas teses, que consideravam os concílios superiores ao papa, não pôde subtrair-se ao desejo de que houvesse uma convocação periódica dos mesmos. Em fins de 1430 teve de ceder à convocação de um em Basiléia, mas ordenou a seu legado que o dissolvesse ou o suspendesse quando o considerasse conveniente. Apenas três semanas depois morreu de uma apoplexia.

MARTINHO DE TOURS

Nascido no séc. IV, São *Martinho de Tours experimentou uma conversão ao cristianismo que o levou a abandonar a carreira militar pelo ano de 356. Depois de travar relacionamento com Santo Hilário de Poitiers, passou para a Itália, onde se defrontou com o arianismo e fundou um mosteiro em Ligugé. Eleito bispo de Tours – não sem uma viva controvérsia – dedicou-se à evangelização das zonas rurais. Parece que foi dotado de um claro carisma de curas e de libertação. Contrário à condenação e, muito mais, à execução de Prisciliano, ele mesmo comentava com amargura como seus carismas o abandonaram depois daquele episódio. Sua *Vida*, escrita por Sulpício Severo, teve uma considerável influência na hagiografia medieval e desfrutou de continuadores em Paulino de Périgues, Venâncio Fortunato e Gregório de Tours. E. C. Babut acusou a obra de falsidade, mas seu julgamento tem sido matizado convenientemente pelas opiniões em contrário de Jullian e Delehaye que contextuaram a obra em sua coleção hagiográfica.

MÁRTIR

Nos Evangelhos a palavra tem o significado original de "testemunha" (Mt 10,18, 10,32ss.; Mc 13,9; Lc 12,8ss.; Jo

15,13), por isso que, durante a Era das perseguições, viesse a ser um nome concreto daqueles que testificavam sua fé em Cristo até ao ponto de dar sua vida por ela. Nos inícios do séc. III começou-se a celebrar o aniversário da morte do mártir sobre sua sepultura. A partir do séc. IV, difundiu-se a crença em sua *mediação e suas relíquias começaram a ser valorizadas. Até 1969, era prática católica que todos os altares sagrados contivessem relíquias de mártires.

MATEUS
*Levi.

MATEUS, EVANGELHO DE
1. Autoria e data. Pápias († 130 d.C.), escreveu que o *apóstolo Mateus havia colecionado os oráculos (*logia*) de Jesus em hebraico (ou aramaico) e que depois o texto foi traduzido (Eusébio, HE 3,39,16). Santo Irineu (*Haer.* 3, 1,1) também datou o texto na época em que Pedro e Paulo estavam em Roma, o que situaria a redação nos inícios dos anos 60 do séc. I. Essas notícias – que são repetidas com matizes por outros autores cristãos dos primeiros séculos – prestam-se para diversas interpretações. Uma seria de identificar o texto de *logia* de Mateus com o Evangelho que traz seu nome (Guthrie, Zahn, Lagrange, Tasker, Maier, Wenham). De acordo com a outra, os *logia* escritos por ele seriam *Q (fontes) (Meyer, Hill, Allen, Plummer, Manson, Moule etc.). Para outros autores, a declaração de Pápias, Irineu e outros não tem base histórica (Kmmel, Marxsen). Hoje, procura abrir caminho progressivamente para a tese de que o Mateus atual em grego é o mesmo ao qual se referiu Pápias e que as referências em "hebraico" se referiam não tanto à língua da redação quanto a seu estilo.

Com respeito ao autor do Evangelho, continua sendo ainda hoje uma questão aberta. Certamente, não existem argumentos de peso para negar a identificação tradicional do autor como sendo o apóstolo e sim algumas razões que se encaixariam nele como o enfoque judaico, a crítica aos escribas e fariseus – lógica num antigo publicano (Mt 23 etc.). Contudo, é bem possível que as primeiras cópias da obra não contivessem referências ao autor. E isso obriga a recusar explicações dogmáticas. Apresenta, indubitavelmente, uma leitura judeu-cristã da vida e do ensinamento de Jesus. Quanto à data costuma-se situá-la em torno do ano 80 d.C. (algo que, indiretamente, dificultaria aceitar Mateus como o autor do Evangelho). Contudo, a base fundamental para chegar-se a essa afirmação é, como no caso de *Lucas, a pressuposição, difícil de se sustentar, de que a predição de Jesus sobre a destruição do Templo é um *vaticinium ex eventu*. Como Lucas, Mateus utilizou a fonte Q e não se pode descartar uma data anterior ao ano 70 d.C., pelas mesmas razões já aduzidas em relação a esse, exceto as relacionadas com o livro dos Atos (*Lc).

2. Estrutura e conteúdo. A estrutura de Mateus, possivelmente, talvez tenha sido a que causou mais discussões por parte dos especialistas. B. W. Bacon (1918 e 1930) assinalou que Mateus coordenou seu Evangelho na base de cinco discursos alternados com material narrativo. A ordem seria esta: 1) Discipulado (3,1-7,29); 2) Apostolado (8,1-11,1); 3) Revelação oculta (11,2-13,53); 4) Ordem eclesial (13,54-19,1a); 5) Juízo 19,1b-26,2) e Epílogo (26,3-28,20). Outros autores (Lagrange, Plummer, Zahn) encontraram no texto uma ordenação geográfica (nascimento e infância, preparação para o ministério, ministério na Galiléia e proximidades da Galiléia, Jerusalém, últimos dias). A essas teses se deveria somar as que se encontram na obra uma estrutura concêntrica (C. H. Lohr, D. Gooding etc.), biográfica-teológica (N. B. Stonehouse, J. D. Kingsbury etc.) ou cronológica.

A mensagem de Mateus apresenta notáveis coincidências com o esquema que se acha presente em outros Evangelhos, quanto a seus temas principais: Jesus, o Reino, a salvação, os discípulos. Em Mateus, Jesus aparece como o *Messias, dando a esse título um conteúdo de preexistência (2,4; 22,41-46), não isento de paralelos no judaísmo da época. Como Messias, implica o cumprimento da *Lei e dos *profetas (3,15; 5,17-48; 12,17-21; 13,35; 21,5; 16,42; 22,44; 23,39; 26,31; 27,9; 35,46) e os realiza ao agir como o *Servo de Yahveh (3,17; 8,17; 10,35; 12,17-21; 13,14-15; 21,5-42; 23,39; 26,31-38; 27,9.35.46 etc.). Também como Messias, Jesus é o Filho de Deus, o título mais importante no Evangelho (3,17; 4,3-6; 11,27; 14,33; 16,16; 17,5 etc.), num sentido sem paralelo com o de qualquer outro ser (11,27). De menor importância tornam-se os títulos de *mestre – que se encarna em seus ensinamentos (c. 5-7; 13,18) e que o próprio Jesus dele se apropria (10,24-25; 23,8; 26,18) e outros lhe atribuem (8,19; 9,11; 12,38; 17,24; 19,16; 22,16.24.36) – e de pregador (4,17-23; 9,35 etc.).

Jesus, o Messias, inaugura o Reino de Deus que, como em outros Evangelhos, está presente (6,33; 11,12; 12,28; 13,24-30.36-43; 16,19; 23,13) e à espera de uma consumação futura (4,17; 5,19; 8,12; 16,28; 25,1-13; 26,29). Precisamente porque o Reino já foi inaugurado, começa uma era de salvação diante da qual nenhum ser humano pode permanecer indiferente. Embora sofra oposição (11,12; 13,24-30; 23,13), triunfará e já agora se abre aos rejeitados e marginalizados (5,3.10; 8,11-12; 13,31-32; 19,14; 21,31.43; 22,1-14; 23,13; 24,14), já que quem não entra nesse Reino somente pode esperar uma alternativa de condenação (16,19; 21,43). Finalmente o Filho do homem consumará o Reino (13,24-30.36-43.47-50; 16,28; 25,1-13) e terá lugar o juízo de Deus (8,12; 18,3; 19,23-24; 20,1-16; 22,1-14 etc.), no qual a salvação será alcançada por aqueles que estão unidos a Jesus (10,32-33; 25,31-46).

Para aqueles – a *Igreja – que já entraram no Reino, abre-se desde esses momentos à perspectiva, à possibilidade e à obrigação de viver de acordo com os valores do Reino (4,17; 5,20; 6,33; 7,21; 13,44-45; 18,3.23; 19,12.23-24; 21,31-32; 24,14). A pregação de Jesus ficará, temporariamente pelo menos, rejeitada por Israel (Mt 21,33-46) e a Igreja, centrada na Nova Aliança inaugurada pelo derramamento sacrifical do sangue de Jesus (26,26-29), abrir-se-á aos não judeus (2,1-12; 8,5-13; 15,21-28, 28,16-20 etc.). Pagãos que, juntos com os israelitas que creram, esperam para o presente o cuidado material de Deus (6,33; 19,29), o repouso de seu espírito (11,29) e a presença amiga e contínua de Jesus (28,20) e, para o futuro, a aprovação de Deus (6,1; 10,40-42; 16,27; 20,1-16), a vida eterna (19,29) e a comunhão com o Pai e o Filho (26,27-29).

Bibl.: BONNARD, P., *O. c.*; CARSON, D. A., *Matthew*, Grand Rapids 1984; FRANCE, R. T., *Matthew*, Grand Rapids 1986; IDEM, *Matthew: Evangelist and Teacher*, Grand

Rapids 1989; DAVIES, W. D. e ALLISON, D. C. Jr., *A Critical and Exegetical Commentary on the Gospel According to Saint Matthew*, Edimburgo, 1988; LUZ, U., *Matthew 1-7*, Minneapolis 1989; VIDAL MANZANARES, C., *El Primer Evanelio*...; POITTEVIN, L. e CHARPENTIER, E., *El Evangelio*...; ZUMSTEIN, J., *Mateo, el teólogo*, Estella.

MÁXIMO DE TURIM

O primeiro bispo de Turim de que temos notícias. Faleceu entre os anos 408 e 423. Graças aos estudos de A. Mutzenbecher e, posteriormente, de M. Pellegrino, conseguiu-se estabelecer a lista autêntica de seus sermões próprios em número de 89.

MELANCHTHON, FELIPE (1497-1560)

Reformador protestante. Seu sobrenome real era Schwarzerd. Depois de estudar em Heidelberg e Tubinga, a partir de 1518 foi catedrático de grego em Wittenberg. Convencido por *Lutero aderiu à *Reforma e durante seu confinamento em Wartburg tornou-se o diretor da Reforma alemã. Participou da Dieta de *Spira (1529), e do *Colóquio de Marburgo (1529), no qual se opôs à interpretação da *Eucaristia de *Zwinglio. Em 1530 tornou-se o personagem mais relevante da Confissão de *Augsburgo. De caráter especialmente conciliador que desejava não desgarrar a cristandade ocidental, a sua foi a influência considerada mais moderada na Confissão de *Augsburgo e, em 1537, assinou os Artigos de *Smalkalda afirmando que estava disposto a aceitar o papado de uma maneira modificada. Seus últimos anos foram dedicados a organizar a Igreja da Saxônia.

MELITÃO DE SARDES

Da vida de Melitão pouco sabemos, exceto que foi bispo de Sardes durante o séc. II. Embora pareça ter redigido umas vinte obras, somente chegaram até nós, de forma fragmentada, uma apologia que pelo ano de 170 escreveu e que foi dirigida ao imperador Marco Aurélio, assim como uma *Homilia pascal*.

MELQUÍADES (2 DE JULHO DE 311 A 10 DE JANEIRO DE 314)

Papa. Durante seu governo, pela primeira vez a sede episcopal romana não somente não experimentou perseguição, mas além disso desfrutou do favor das autoridades romanas. Presbítero do Papa *Marcelino, um século depois foi acusado de apostasia pelos *donatistas, mas não parece que essa acusação fosse apresentada contra ele em vida. Mas é certo que foi ele quem excomungou *Donato, porque exigia o rebatismo dos leigos apóstatas e a reordenação dos sacerdotes *lapsos. Apesar de tudo, o veredicto papal não foi considerado o último e os seguidores de Donato apelaram como instância superior ao imperador Constantino. Quando este, finalmente, convocou um concílio que resolveria a disputa, Melquíades já havia falecido.

MELQUITAS

Cristãos da Síria e do Egito que rejeitaram o *monofisitismo e aceitaram a definição de fé do Concílio de Calcedônia (451). Atualmente, o termo aplica-se aos cristãos de rito bizantino dos patriarcados de Antioquia, *Jerusalém e Alexandria.

MENONITAS

*Anabatistas que seguem a doutrina de Meno Simonis. Sua teologia é protestante na medida em que crêem na *Trindade, na *justificação pela *fé, tendo a *Bíblia como única regra de fé e conduta etc.; mas, contam com ênfase específica, como a de serem partidários de um seguimento firme do Sermão da Montanha ou de negar-se a jurar e a servir no exército, constituindo juntamente com os *quakers e os *Irmãos uma das três igrejas históricas da paz. Praticam o *batismo dos adultos depois da conversão destes e interpretam a *Eucaristia num sentido simbólico semelhante ao de *Zwinglio. Não são raras as igrejas locais menonitas onde as *mulheres pregam ou são pastores. O número de membros dessa denominação em todo o mundo aproxima-se de um milhão.

MENRÁ

Termo hebraico que pode ser traduzido por "palavra" ou "verbo". Nos targumim foi usado como circunlocução que substituía o nome de Yahveh. É bem possível que o qualificativo de "Palavra" ou "Verbo" (em grego, "Logos") que João atribuiu em seu Evangelho ao Filho de Deus (1,1) provenha dessa concepção. Assim, é evidente que para João o Filho é Deus (Jo 1,1; 20,28) e que utilizar esse título é se fazer igual a Deus (Jo 5,18).

Bibl.: LONGENECKER, R., *O. c.*; VIDAL MANZANARES, C., *El judeo-cristianismo...*; MUÑOZ ALONSO, D., *Dios-Palabra: Menrá en los targumim del Pentateuco*, Estella 1974.

MERCEDÁRIOS

Ordem religiosa fundada por volta de 1220 por Pedro Nolasco (por isso também denominados nolascanos) com a finalidade de atender os enfermos e resgatar os cristãos cativados pelos muçulmanos. Aos três votos religiosos acrescentam um quarto de oferecer-se como refém em troca dos cativos cristãos. Em 1568, foi fundada uma ordem feminina com as mesmas características. Entre os cativos famosos resgatados por seus ofícios achou-se Miguel de Cervantes. Atualmente – por razões facilmente compreensíveis – a ordem foi perdendo importância.

MEROBAUDES

Nascido na Bética, transladou-se para Ravena onde foi poeta e orador da corte do imperador Valentiniano e de Aecio. Chegaram até nós dois panegíricos e quatro fragmentos de poemas curtos (descobertos por Niehbur), assim como um poema *Sobre Cristo* ou *Louvor de Cristo* que foi atribuído por Camers a Claudiano num primeiro momento, mas que sobretudo depois dos estudos de São Genaro, ninguém duvida mais em atribui-los à pena de Merobaudes.

MESSALIANOS

Hereges, cujo nome deriva do siríaco *mesallein* (orar), que surgiram na metade do séc. IV em Edessa e regiões vizinhas na Mesopotâmia. Condenados em 431 no Concílio de Éfeso, boa parte de suas proposições heréticas sobreviveram, pelo amparo de sua fama de ortodoxia e sob o nome de Macário, o Egípcio. Foi Dom L. Villecourt o primeiro a descobrir essa circunstância que tem sido confirmada por A. Wilmart, A. Jülicher e G. L. Marriott. H. Drries acreditou inclusive identificar Simeão, o messaliano, com o autor das *Homilias espirituais*, atribuídas a Macário.

MESSIANISMO POLONÊS

Tese que sustenta um paralelismo entre Jesus Cristo e Polônia, à qual se apresenta como nação mártir e redentora dos pecados do mundo. Esse movimento dos fins do séc. XIX e inícios do séc. XX foi promovido, entre outros, por Lutoslawski.

MESSIAS

Lit.: Ungido. Primitivamente, a pessoa consagrada com óleo para uma missão divina. O termo era aplicado, pois, ao monarca e ao sumo sacerdote. Posteriormente, o termo se referirá ao rei da casa de Davi (2Sm 22,51), que estabelecerá a justiça e o julgamento, obterá a salvação de Israel e das nações, e inclusive contará com características divinas (Is 9,5-6; 11,1-10 etc.). O fato de o Antigo Testamento apresentar esse Messias em certas ocasiões como o *Servo sofredor (Is 52,13 e 53,12) e em outras como rei triunfante levou alguns autores judeus – como a seita do Mar Morto – a crer na vinda de dois messias, um dos quais morreria pelos pecados do povo. Obviamente, foi essa a última categoria messiânica proclamada por Jesus (Mc 10,45) e seus discípulos (At 2,22ss.), transladando seu triunfo para uma segunda vinda. A idéia de um messias sofredor, que expiaria com sua morte os pecados dos outros, aparece referida em muitas fontes do judaísmo (Midrash a Rt 2,14; Sanhedrin 98b; Yoma 5a; Lukot Habberit 242a etc.), mas sua semelhança com os detalhes da morte de Jesus e o partido que desse ato tiravam os judeu-cristãos explicam que o judaísmo posterior fosse rejeitando as interpretações messiânicas tradicionais de passagens como Is 53 ou Zc 12,10. Assim, ou Isaías 53 foi reconhecido como texto messiânico, mas lhe foi tirado o conteúdo sofredor (Targum de Isaías 53), ou então foi aceito seu caráter messiânico, mas foi substituído por uma aplicação ao povo de Israel para evitar favorecer os cristãos (Rashi, Maimónides etc.). As fontes, portanto, deixam claro que o conceito messiânico do cristianismo tem sua raiz no judaísmo bíblico e do Segundo Templo. Jesus partiu da identificação do messias com o *Servo de Yahveh, fazendo eco com outras correntes exegéticas da época. Pois bem, esse servo – e nisso seguem também correntes judaicas contemporâneas – é também o *Filho do homem e o Filho de Deus, e torna-se identificado historicamente com o próprio Jesus.

Bibl.: Mowinckel, S., *He...*; Klausner, J., *The Messianic idea...*; Vidal Manzanares, C., *El judeo-cristianismo...*; Idem, *El Primer Evangelio...*; Idem, *Los esenios...*; Idem, *Los documentos...*; Kac, A., *The Messiahship...*; Idem, *The Messianic Hope*, Grand Rapids 1985; Juel, D., *O. c.*; Cullmann, O., *Christology...*; Longenecker, R., *O. c.*; Manson, T. W., *The Servant-Messiah*, Cambridge 1953; Pérez Fernández, M., *Tradiciones mesiánicas en el Targum palestinense*, Estella.

METEMPSICOSE
*Reencarnação.

METÓDIO

Não sabemos quase nada sobre Metódio, pois Eusébio não o menciona em sua *História Eclesiástica*. F. Diekamp considerou que foi provavelmente bispo de Filipos, embora boa parte de sua vida a passara na Lícia. Morreu mártir em 311 em Cálcide de Eubea. É autor de um diálogo *Sobre a Virgindade*, também conhecido como o *Banquete*, um tratado *Sobre o livre-arbítrio*, um tratado *Sobre a ressurreição*, uma série de livros *Contra Porfírio* e algumas obras de exegese. Contudo, a maior parte da obra existente encontra-se em estado fragmentado. Metódio teve uma importância singular no momento de combater as teses de Orígenes sobre a preexistência da alma, assim como sobre seu conceito espiritualista da ressurreição dos corpos.

METODISTAS

Membros das igrejas estabelecidas a partir de 1784 por John *Wesley na ruptura com a Igreja da *Inglaterra. Os metodistas consideram-se membros da Igreja universal, mas não pretendem que sua organização eclesial seja de origem divina. Praticam o batismo de crianças, embora, por pressuposto, também aceitem como membros adultos mediante um ato formal de admissão, no qual se recebe a *Eucaristia, "àqueles que confessam Jesus Cristo como Senhor e Salvador e aceitam a obrigação de servi-lo na vida e na Igreja do mundo". Insistem na necessidade da *conversão para ser salvos e, tradicionalmente, os metodistas deram uma enorme ênfase na evangelização, na beneficência e na santidade pessoal. Espalhados praticamente pelo mundo inteiro, superam os 50 milhões de pessoas.

MÉXICO, CRISTIANISMO NO

Pelo ano de 1519 chegaram ao México os primeiros missionários católicos, em sua maior parte *franciscanos. Bom número das conversões não foram voluntárias e, sob a capa do catolicismo, persistiu grande parte da essência do paganismo anterior. Desde o séc. XVI até inícios do séc. XIX, o monopólio espiritual da Igreja católica nesse país foi praticamente absoluto. A independência mexicana (1821), a separação entre Igreja e Estado, decretada por Benito Juárez e, sobretudo, a revolução mexicana de inícios do séc. XIX mudaram radicalmente essa situação. Assim, a Constituição de 1917 não somente deu um duro golpe na Igreja católica, ao impedi-la de ter bens de raízes, como além disso exigiu que todos os sacerdotes fossem mexicanos e que se mantivessem à margem da política. A colocação posta em prática desses critérios em 1926 desembocou numa guerra civil aberta, que se por um lado (os critérios) pretendia devolver à Igreja um poder sóciopolítico, por outro lado, significou o desencadeamento de uma aberta perseguição religiosa na qual aconteceram profanações das igrejas católicas e o assassinato de sacerdotes e fiéis dos quais se suspeitava que fossem hostis ao governo. Nas últimas décadas, a legislação eclesial mexicana tornou-se mais suave e permitiu inclusive um crescimento considerável não somente das ordens religiosas mas também das Igrejas *evangélicas.

MIGUEL CERULÁRIO († 1058)

Patriarca de Constantinopla desde 1043. Afetado profundamente pelo suicídio de seu irmão, converteu-se em monge em 1040. Ao fracassarem as tentativas de reconciliação entre as Igrejas orientais e Roma, os latinos depuseram uma bula de excomunhão contra os orientais no altar da igreja de Santa Sófia. A resposta de Cerulário foi excomungar os latinos (21 e 24 de junho de 1054). Dessa maneira ficava formalmente consumado o cisma, embora suas raízes e sua realidade fossem muito anteriores.

MILAGRES

Os Evangelhos contêm referências a trinta e sete milagres específicos de *Jesus, incluindo alguns fatos milagrosos nos quais se fala da cura da febre (Mt 8,14ss.; Mc 1,29-31; Lc 4,38ss.); surdo-mudez (Mt 9,32-34; Mc 7,31-37); cegueira (Mt 9,27-31; 20,29-34); enfermidades ósseas (Lc 13,10-17); fluxo de sangue (Mt 9,20-22); hidropesia (Lc 14,1-6); feridas (Lc 22,50); lepra (Mt 8,1-4; Lc 17,11-19); paralisia (8,5-13; 9,1-8, 12,9-14; Jo 4,46-54; 5,1-9) – e libertação da possessão de *demônios –; a isso deve acrescentar-se os milagres que se relacionam com fenômenos da Natureza (Mt 8,18-27; 14,13-21; 14,22-33; 15,32-39; 17,24-27; 21,18-22; Lc 5,1-11; Jo 2,1-11; 6,1-15; 21,1-14) e as ressurreições de mortos (Mt 9,18-26; Lc 7,11-17; Jo 11). Os milagres não começaram a ser questionados até o séc. XVII. A partir de então nem o panteísmo, nem o deísmo, nem o ceticismo os consideraram necessários e verdadeiros. Enquanto que o protestantismo – exceto o de tipo liberal – concede veracidade absoluta somente aos contidos na Escritura (embora não negue a possibilidade de outros posteriores), o catolicismo insiste também na realidade de sucessos milagrosos associados a lugares como Lourdes, Aparecida. Em relação aos milagres apresentados pelos Evangelhos deve-se dizer que, hoje, não se pode duvidar de que neles existe uma dose histórica e assim o reconhece a maioria dos historiadores, independentemente de sua crença religiosa (J. Klausner) ou de sua ausência (M. Smith). De fato, os milagres de Jesus são mencionados, de maneira geral, também em fontes hostis como as contidas no *Talmude. Como era de se esperar, nesse caso concreto, os milagres são atribuídos não à ação de Deus mas à prática de feitiçaria. Diferentemente de outros personagens, Jesus recusou-se a usar o poder de fazer milagres para atrair a atenção do povo (Lc 23,8) ou granjear para si adesões de maneira fácil (Mt 12,38ss.; 16,3ss.). Pelo contrário, os milagres são uma manifestação do poder de Deus (Mt 11,2-6; Lc 7,18-23) e da derrota do *Diabo (Mt 12,28). Por isso não implicam a conversão automática daqueles que os vêem (Mt 11,21). Embora surgidos da compaixão de Jesus (Mt 9,36; 14,14; 15,32; 20,34), a condição indispensável para a recepção do milagre na maioria dos casos – especialmente de curas– é a *fé do solicitante (Mt 13,58), daí que a falta dela possa provocar a ausência dos milagres (Mc 6,5). Em um dos finais do segundo Evangelho (Mc 16,16ss.), eles são associados à missão evangelizadora futura dos *discípulos de Jesus. Historicamente, os milagres tiveram um papel não decisivo mas sim relevante no culto cristão e em sua expansão. Durante a Idade Média os milagres começaram a ser associados a lugares sagrados concretos e à intercessão de Maria Virgem e dos santos. Embora esses aspectos fossem rejeitados pela *Reforma do séc. XVI, continuam fazendo parte da prática popular católica (Fátima, Lourdes, Aparecida etc.) e ortodoxa.

Bibl.: Vidal Manzanares, C., *El judeocristianismo...*; Idem, *El Primer Evangelio...*; Richardson, A., *Las narraciones evangélicas sobre milagros*, Madri 1974; ERE, VIII; Peláez del Rosal, J. *Los milagros de Jesús en los Evangelios sinópticos*, Estella.

MILÃO

Edito da Consagração formal – que, na realidade, nem foi um edito nem se decretou em Milão – do acordo feito em 313 por *Constantino e Licínio, em virtude do qual se reconheceu a personalidade jurídica das Igrejas e a liberdade religiosa delas. Embora esse episódio implicou no triunfo da Igreja sobre a perseguição – exceto no governo de *Juliano, o Apóstata – não significou, como muitas vezes é indicada, sua estatização.

MILCÍADES
Retórico nascido na Ásia Menor e contemporâneo de Taciano, pode ter sido discípulo de Justino. Faz parte dos apologistas gregos. Obras: Foram todas perdidas. Parece que escreveu uma apologia do cristianismo presumidamente dirigida a Marco Aurélio e Lúcio Vero. Foi também adversário dos êxtases dos montanistas e dos gnósticos valentinianos.

MILENARISTAS
1. Movimentos que enfatizam o ensinamento de um milênio literal a partir da descrição do Apocalipse 20. Nesse sentido o termo não tem um conteúdo negativo. Diversos Padres da Igreja foram milenaristas, embora se deva dizer que, em geral, tanto a Igreja católica como as Igrejas reformadas não crêem na literalidade do milênio e essa crença encontra-se hoje mais enraizada em Igrejas batistas e pentecostais. *2.* Num sentido mais estrito, aquelas seitas que utilizam especialmente o anúncio do fim do mundo e de um sistema de coisas posterior como elemento manipulador da mente de seus adeptos. Esse é o caso principalmente dos *Adventistas do Sétimo Dia, dos *Testemunhas-de-jeová e dos Meninos de Deus, entre outros.

MILLER, WILLIAM
Um dos fundadores da seita pseudocristã dos *Adventistas. Convencido da veracidade de sua altamente subjetiva interpretação de Daniel 8,14, estabeleceu que o tempo do fim havia começado em 1799 e fixou a data do Retorno de Cristo à terra para 1843 e, posteriormente, para 21 de março de 1844, para 18 de abril de 1844 e para o dia 22 de outubro de 1844. Apesar dos repetidos fracassos de suas profecias e de muitos de seus adeptos terem vendido seus bens para entregá-los à seita em vésperas do regresso de Cristo, essa seita não se dissolveu, sendo conhecida atualmente como *Adventistas do Sétimo Dia. A data fracassada passou a designar outro fato (a passagem de Cristo diante do tabernáculo do céu) que ao ser invisível não podia ser negado pelos infelizes adeptos. Esse sistema de cálculos passou ao que seria conhecido como seita dos *Testemunhas de Jeová que os mantiveram durante várias décadas.

MILTON, JOHN (1608-1674)
Poeta inglês. De profunda veia poética cristã, a ele se devem obras como *O Paraíso Perdido* e *O Paraíso Recuperado*. De origem protestante, teve, contudo, uma configuração individualista que se manifestou no desejo que desaparecessem as Igrejas estatais, em sua defesa da liberdade de imprensa ou do divórcio por causa da incompatibilidade de caráteres.

MINÚCIO FELIX
Advogado romano e autor do diálogo *Otávio* que é a única apologia do cristianismo escrita em latim durante o período das perseguições. Na obra manifesta-se uma notável imparcialidade em relação aos pontos de vista pagãos, embora sejam refutados com clareza e firmeza. São claras as influências de Cícero e Sêneca, assim como as citações de outros autores clássicos. Pelo contrário, a Escritura não é mencionada uma só vez pelo desejo de chegar com mais facilidade aos pagãos que não a conheciam. O *Otávio* foi escrito por volta do ano 197, data da *Apologia* de Tertuliano, e inclusive pode ser anterior a esta.

MISTICISMO

Conhecimento imediato do Absoluto conseguido nesta vida mediante uma experiência religiosa pessoal. O misticismo cristão diferencia-se do que se dá em outras crenças, primeiro, porque nega o caráter panteísta do Absoluto e afirma seu caráter pessoal e, segundo, porque em lugar de se dar a absorção do sujeito no Absoluto, permanece a clara diferenciação entre a criatura e o Criador. O julgamento que o misticismo tem merecido ao longo da história do cristianismo tem sido muito diverso e compreende desde cultivadores e teólogos – *Teresa d'Àvila e *João da Cruz, no catolicismo; *Fox e os *quakers ou *Zinzendorf, no protestantismo – a detratores – E. *Brunner ou R. *Niebuhr – que o consideraram anticristão e enraizado no neoplatonismo. A realidade histórica apresenta as duas circunstâncias. Embora existam passagens no Novo Testamento (2Cor 12; Ap 1 etc.) que, de certo modo, poderiam ser consideradas místicas, não é menos certo que alguns dos dados na história do cristianismo têm uma clara impregnação panteísta (*Eckhart), também (*João da Cruz de acordo com os estudos de Asín Palacios) ou neoplatônica.

MOÇÁRABES

Termo com o qual se denominou os cristãos espanhóis que ficaram em terras ocupadas pelos muçulmanos. Desde o séc. VI ao séc. XI, as Igrejas espanholas não estiveram submetidas à sede romana, o que lhes permitiu desenvolver uma rica liturgia totalmente diferente. Essa situação acabou por influência de *Cluny no séc. XI, embora ele enfrentasse uma forte resistência à abolição do rito moçarábico. Em 1495, *Cisneros permitiu que algumas capelas toledanas voltassem a celebrar de acordo com a liturgia moçarábe.

MODALISMO

Ensinamento heterodoxo sobre a *Trindade que negava a permanência das três pessoas e afirmava que as distinções no seio da Divindade eram meramente transitórias. Também é conhecido com o nome de *sabelianismo.

MODERNISMO

1. Movimento no seio da Igreja católica cuja finalidade era conseguir uma vinculação mais estrita entre a tradição e a filosofia, a história, a ciência e outras disciplinas. Os diferentes sustentadores dessa postura diferenciavam-se entre si e em não poucas ocasiões sustentaram opiniões teologicamente heterodoxas. Finalmente, em 1907, o modernismo foi condenado pelo decreto *Lamentabili* e pela encíclica *Pascendi* de Pio X. *2.* No seio do protestantismo, entende-se por modernismo uma versão contemporaneizada do liberalismo teológico. Nesse sentido viria a ser o contrário do *fundamentalismo.

MOISÉS

Levita, da casa de Amram (Êx 6,18-20), filho de Yocabed. Conforme o Antigo Testamento, deveria ter sido morto como consequência do decreto genocida do faraó (provavelmente Tutmosis III, embora o tenham identificado com Ramsés II) que ordenava a morte dos varões israelitas. Confiado às águas do Nilo por sua mãe, foi recolhido por uma irmã do faraó que o educou (Êx 2). Depois de matar um egípcio que maltratava alguns israelitas, teve de se exilar, vindo a viver na terra de Madiã (Êx 2,11-15). Ali, sendo pastor e tendo esposa e filhos, recebeu uma revelação de Deus que o enviava ao Egito para libertar a Israel (Êx 3). Descendo para lá, junto com seu irmão Aarão, tentou convencer o faraó (possivelmente Amenhotep II, Menreptah, segundo outros) para que deixasse o povo partir, o que ele fez somente depois de uma série de pragas e, especialmente, depois da última na qual morreu seu primogênito (Êx 5-13). A perseguição empreendida posteriormente pelo monarca egípcio acabou num desastre para seu exército no mar dos Caniços (Mar Vermelho). A caminhada de Israel pelo deserto levou-o até o Sinai, onde Moisés recebeu os *Dez Mandamentos, assim como um código de leis destinado a reger a vida do povo (Êx 20; 32-34). Conforme a interpretação do *Talmude, foi também então quando recebeu a lei oral. A falta de fé do povo – que se manifestou, por exemplo, na adoração de uma imagem em forma de bezerro de ouro enquanto Moisés estava no monte – frustraria a entrada na terra prometida, pouco depois. Moisés morreria sem entrar nela, o mesmo aconteceria com a geração libertada do Egito, exceto Josué e Caleb. A figura de Moisés é de uma enorme importância e a ele se deve atribuir a formação de um povo cuja vida estaria centralizada no futuro, com altos e baixos certamente, em torno do monoteísmo.

O judaísmo do tempo de Jesus considerava-o autor da *Torá (Mt 22,24; Mc 7,10; 10,3ss.) e Mestre de *Israel (Mt 8,4; 23,2; Jo 7,22ss.).

Jesus dá-lhe uma clara importância na medida em que lhe atribui o *messianismo (Jo 5,39-47). Lamentou que seu papel tivesse sido usurpado pelos escribas (Mt 23,2ss.) e que muitos o citassem como escusas para sua incredulidade (Jo 7,28ss.). Jesus considerou-se superior a Moisés, a cuja Lei deu uma nova interpretação (Mt 5,17-48). Essa visão – corroborada pela narrativa da Transfiguração (Mt 17,3) – aparece também no cristianismo posterior (Jo 1,17 e 45).

Bibl.: BRIGHT, J., *O. c.*; HERMANN, S., *O. c.*; BRUCE, F. F., *Israel e...*; BRUCE, F. F., *Acts...*; VIDAL MANZANARES, C., *El Hijo de Ra*, Barcelona 1992; IDEM, *El judeocristianismo...*

MOLINA, LUÍS DE (1535-1600)

Teólogo jesuíta. Depois de ter ensinado em Coimbra (1563-1567) e em Évora (1568-1583), partiu para Lisboa onde se dedicou a escrever. Em 1588 publicou sua obra *Concordia liberi arbitri cum gratiae donis* (Concórdia do livre-arbítrio com os dons da graça). De considerável importância posterior e base do denominado "molinismo", nela sustenta que o dom da graça divina não deriva de si mesmo, mas da presciência divina que sabe qual será a resposta de cada um. Esse ponto de vista – que parece apoiar-se em passagens como Rm 8,29-30 – foi aceito pelos *jesuítas e provocou uma rápida e contundente reação dos *dominicanos. Essa oposição tentou ser salva mediante o *De Auxiliis. Em 1590, Molina partiu para Cuenca, onde permaneceu até 1600, ano em que foi nomeado catedrático de teologia moral em Madri, onde faleceu. Até hoje o molinismo é objeto de ensinamento nas faculdades de teologia católica ao lado de outros sistemas teológicos.

MOLINISMO
*Molina, Luís de.

MOLINOS, MIGUEL DE (1640-1697 APROX.)

Quietista espanhol. Nascido em

Muniesa, perto de Saragoça, na Espanha, depois de doutorar-se em teologia foi enviado a Roma (1663), onde se tornou confessor de importantes personagens e amigo de bom número de prelados, como o futuro *Inocêncio XI. Em 1675, foi publicado seu *Guia espiritual*, em que expunha uma oração na qual a alma devia entregar-se e esperar a manifestação de Deus. A perfeição se conseguiria através da união interior com Deus, e, para consegui-la, as mortificações externas – inclusive a resistência à tentação – somente podiam ser consideradas como obstáculos já que o indispensável era conseguir o aniquilamento da vontade. O ataque dos *jesuítas e *dominicanos contra essa visão no começo tornou-se infrutuoso, mas em 1685 Molinos foi encarcerado. Em 1687, retratou-se mas, apesar de tudo, foi condenado à prisão perpétua. Uma vez que as cartas e os documentos particulares de Molinos nunca foram publicados, torna-se difícil ter uma idéia completa de sua psicologia. Apesar de tudo, o certo é que suas teses continuaram tendo uma considerável influência posterior em correntes como o *pietismo.

MONASTICISMO

O monacato constitui uma concepção espiritual alheia ao Novo Testamento (embora o judaísmo do Segundo Templo conheceu os monges *essênios do Qumrã) e relativamente tardia quanto a sua introdução no cristianismo. Até o séc. IV, não achamos o primeiro monge – solitário – no Egito. Mas nesse século o monacato começou a ter uma expansão que alcançou o Ocidente, Gália e Itália. Contudo, o início do monacato propriamente ocidental não tem lugar até o séc. V com São *Bento. Sua Regra converteu-se em estopim dos movimentos monacais, e desde o séc. VIII ao séc. XII os *beneditinos converteram-se nos monges ocidentais por excelência, atuando não somente como ordens religiosas em sentido estrito, mas também como conservadores da cultura e criadores da arte. De fato, o aparecimento de grupos como os *cistercienses não se deveu senão ao desejo de proporcionar nova pureza ao movimento iniciado por São Bento. No Oriente, o peso do monacato tornou-se ainda maior e demonstrou-se decisivo em questões como o culto das imagens. Com a chegada do cristianismo à *Rússia (séc. XI) iniciou-se também uma rica tradição monástica que perduraria até a revolução bolchevista de 1917. A Reforma do séc. XVI significou, em termos gerais, o fim do monacato em países onde ela triunfou, mas nos países católicos o monasticismo continuou florescendo até fins do século XVIII. Em meados do séc. XIX houve um novo reverdecer monástico que inclusive se traduziu em sua implantação na América do Norte. O triunfo do comunismo apontou um duríssimo golpe aos mosteiros do leste da Europa durante o séc. XX. Nos últimos anos, o grande desafio dessa visão tem sido o de compatibilizar uma milenária tradição com um mundo cujo ritmo de mudança torna-se cada vez mais acelerado.

MONGES BRANCOS
Cistercienses.

MONGES NEGROS
Beneditinos.

MÔNICA (331-387 APROX.)

Mãe de Santo *Agostinho de Hipona. Viúva desde os quarenta anos, Agostinho foi o mais velho de seus três filhos. Depois de rezar durante muitos anos pela conversão de Agostinho, pôde ver a realização de seu desejo. Aparece nos diálogos do santo, *De Ordine* e *De beata vita*, como interlocutora. Morreu em Óstia quando se dispunha regressar à África com Santo Agostinho.

MONOFISITISMO
*Nestório.

MONOTELISMO
*Honório.

MONTANISMO
Doutrina derivada da teologia de *Montano.

MONTANO
Dirigente e inspirador de uma corrente cismática surgida em fins do séc. II d.C. na Frígia. Parece que, pouco depois de sua conversão ao cristianismo, foi vítima de êxtases que ele interpretou como procedentes do *Espírito Santo, mas que seus adversários atribuíram à possessão diabólica. Insistindo no papel do Espírito Santo na Igreja, Montano relativizou perigosamente o papel dos bispos insistindo no papel superior dos próprios profetas. Logo, viu-se cercado de muitos seguidores que achavam mais atrativos espirituais na prática dos carismas que numa frieza eclesial, e que viam mais exata a mensagem da exigência ética de Montano aos evangelhos que as posturas mais relaxadas de seus bispos. Surgia assim um fenômeno que logo se repetiria, salvando as distâncias necessárias, com o *donatismo e com o priscilianismo. Isso pode ajudar também a entender por que o montanismo chegou a se estender em regiões tão distantes de sua origem como nas Gálias, ou então como foi aceito por pessoas do porte de *Tertuliano. Realmente, não se pode dizer que Montano mantivesse posturas heréticas, mas sua falta de tato e discernimento ao analisar suas experiências pessoais – talvez fruto de algum desarranjo emocional – e seu desprezo pelos que não compartilhavam de seu ponto de vista, ligado ao extremismo de alguns seguidores, ocasionaram a ruptura da comunhão com o corpo majoritário do cristianismo de maneira penosa e injustificada.

MOODY, DWIGHT LYMAN (1837-1899)
Evangelista norte-americano. Durante a guerra civil americana, colaborou com a YMCA na evangelização dos feridos. Em companhia de Ira David Sankey pregou nos Estados Unidos e na Inglaterra. Nos anos seguintes percorreu diversos países de língua inglesa, escreveu e compilou hinos religiosos, fundou diversas instituições destinadas aos estudos bíblicos, realizou um esforço considerável na impressão e difusão de literatura religiosa e participou no Terceiro Grande Avivamento dos *Estados Unidos. A influência das obras de Moody persiste até hoje no protestantismo norte-americano.

MÓRMONS
Seita pseudocristã de origem norte-americana que se baseia nos ensinamentos de Joseph Smith (1805-1844). Ele, definido por seus contemporâneos como "analfabeto, bebedor de uísque e irreligioso", alegou ter tido uma visão de Jesus em 1820, seguida de outra do anjo Moroni em 1823. Presuntamente, Smith teria desenterrado quatro anos depois umas placas de ouro escritas em "egípcio reformado", nas quais estaria contida uma revelação que ele

pôde decifrar graças a umas dicas que para esse fim lhe proporcionou o anjo Moroni. O livro foi publicado em 1830 e nesse mesmo ano foi erigida a Igreja dos Santos dos Últimos Dias, mais conhecidos como mórmons tirados do nome (Mórmon) do pai do anjo Moroni. Acrescentemos em relação à duvidosa origem do Livro de Mórmon que nem a arqueologia nem a história apóiam seu conteúdo ou as teses de Smith sobre o "egípcio reformado", escrito em placas de ouro. Deve-se assinalar a esse respeito que – diferentemente da *Bíblia e de outras fontes documentárias antigas – qualquer tentativa de identificar os lugares ou povos dos quais se fala no Livro de Mórmon foi totalmente inútil. Perseguidos por sua imoralidade (Smith chegou a ter quarenta e oito esposas), os adeptos passaram de Nova York para Ohio, de Ohio para o Missouri (onde aconteceu a quebra do banco mórmon *Safety de Kirtland* em 1838) e do Missouri a Illinois. Depois de ser absolvido de uma acusação de assassinato em 1842, Smith voltou à prisão sob acusações de imoralidade, falsificação, ocultações e outros delitos. Não chegaria a contemplar seu fracasso em 1890, data para a qual havia anunciado o fim do mundo, já que em 1844 foi linchado na prisão onde estava, atingindo assim a condição de mártir. Com sua morte, a seita se dividiu. Por um lado surgiu a atualmente conhecida Igreja Reorganizada de Jesus Cristo dos Santos dos Últimos Dias, dirigida pela viúva de Smith, que pretendia que o poder devia passar ao filho dos dois (um documento de punho e letra de Smith com data de 17 de janeiro de 1844 atesta que suas pretensões eram corretas). Esse setor nega algumas das doutrinas dos mórmons, como os ritos secretos, a crença em vários deuses e os matrimônios secretos. Não obstante, a maioria dos adeptos seguiu Brigham Young que em 1847 se estabeleceu no Vale do Lago Salgado, no atual estado de Utah. Young foi o criador de algumas doutrinas mórmonas que, embora hoje se ocultem, não foram nunca repudiadas de maneira oficial pela seita. Assim, ensinou que o sangue de Cristo não tem valor para perdoar alguns pecados e que eles somente podem ser lavados com o derramamento do sangue humano. Baseando-se nesse ensinamento ordenou a matança em 1857 de cento e vinte homens, mulheres e crianças em Mountain Meadows. Young enfatizou de modo considerável a necessidade de que seus adeptos masculinos fossem polígamos para poder alcançar o Paraíso (ele teve vinte e sete esposas) e ensinou que Adão era deus que havia tomado um corpo humano e tinha vindo ao Éden (no Estado do Missouri) com Eva, uma de suas esposas celestes. Esse Adão-deus gerou Jesus mediante um ato sexual carnal com a Virgem Maria. A Young deve-se também a introdução dentro da teologia mórmona de rituais que, originalmente, procediam da *maçonaria, como o batismo pelos antepassados defuntos que permite a eles se salvarem se seus descendentes mórmons recebessem o batismo em seu lugar. Além dessas doutrinas os mórmons fazem uma especial insistência em aspectos como a irmandade de *Jesus e o Diabo, falar em línguas, a inspiração divina da Constituição dos Estados Unidos, a oposição aos matrimônios inter-raciais, a inferioridade da mulher em relação ao homem etc. Os adeptos dedicam além disso dois anos completos de sua vida em propagar as doutrinas da seita. O poder político e econômico dos mórmons é considerável. Na atualidade contam com uns cinco milhões de membros.

Como se tratasse de um eco da tentação do Diabo a Eva apresentada em Gn 3,5, os mórmons baseiam toda sua esperança no fato de que "serão como deuses". De acordo com suas doutrinas, num distante planeta, vivia o Deus de nosso universo (há muitos outros) nascido da união sexual de um deus e uma deusa. Esse Deus manteve relações sexuais com outras deusas, frutos das quais, entre outros, foram Jesus e o Diabo. Quando chegou o momento de povoar a terra, Deus designou para essa tarefa Jesus, mas o Diabo se opôs. Na divisão entre os anjos que surgiu em seguida, uma terceira parte dos anjos seguiu o Diabo (converteram-se em demônios), outra seguiu Jesus (anjos da raça branca) e outra permaneceu neutra, razão pela qual Deus os castigou tornando-os negros – até há poucos anos os negros não podiam chegar ao sacerdócio mórmon. Brigham Young ensinou expressamente que a pessoa branca que se casasse com uma negra deveria ser executada imediatamente. Todos esses deuses baixaram à terra (de fato, somos nós que somente não recordamos) e sua finalidade é superar o estado terrenal até voltar a se converter em deuses e, unidos sexualmente a deusas, povoar novos mundos.

MORUS, TOMÁS (1478-1535)

Lord Chanceler da Inglaterra. De profunda formação clássica, começou a estudar leis em 1494 e em 1504 tornou-se membro do Parlamento. Nessa época, pensou em professar em alguma ordem, mas finalmente, em 1505, contraiu matrimônio. Em 1515 escreveu seu livro *Utopia* – que seria incluída no *Índice – no qual se descreve uma sociedade ideal de caráter comunista. Com a chegada ao trono do rei *Henrique VIII, a carreira de Morus experimentou um impulso meteórico que culminou em 1529 ao ser nomeado Lord Chanceler. Ao se iniciar a *Reforma, Morus passou totalmente para o lado católico e escreveu diversos tratados nos quais defendia o culto dos santos e das *imagens e o castigo dos hereges. Sua sorte começou a mudar de signo quando se opôs ao divórcio do rei, demitindo-se em 1532. Sua negativa, dois anos depois, de jurar a Ata da Sucessão, provocou seu encarceramento na Torre de Londres. No dia 1º de julho de 1535 foi acusado de alta traição por ter-se oposto à Ata da Supremacia e cinco dias depois foi decapitado. Foi canonizado em 1935 por *Pio XI.

MOVIMENTO DE OXFORD (1833-1845)

Movimento *anglicano, com sede em Oxford, cuja finalidade era restaurar os ideais da Alta Igreja do séc. XVII. Na origem encontrava-se o desejo de evitar a passagem ao seio do catolicismo de um bom número de anglicanos favoráveis às teses da Alta Igreja e também o desejo de opor-se tanto ao *liberalismo teológico como às teses *evangélicas. O movimento teve uma notável influência na *Igreja da Inglaterra, mas, em boa parte, seu final ficou marcado a partir do momento em que o mais brilhante de seus membros, J. H. Newmann, converteu-se ao catolicismo.

MOVIMENTO ECUMÊNICO

Movimento cuja finalidade é a recuperação da unidade dos crentes em Cristo independente da fé da qual procedam. Sua origem pode ser datada a partir da Conferência missionária de

Edimburgo de 1910. Inicialmente, o movimento pretendeu unir as diversas denominações protestantes num trabalho comum, especialmente de tipo evangelizador, o que ficou confirmado na Conferência cristã universal de Vida e Obra (1925) e na Primeira Conferência Mundial de Fé e ordem celebrada em Lausana em 1927. Em 1937, ambos os organismos voltaram a se unir em Edimburgo e Oxford respectivamente e se chegou ao acordo de se formar o Conselho (ou concílio) Mundial de Igrejas, cuja constituição não foi realizada, por causa da Segunda Guerra Mundial, até 1948. Paralelamente aos esforços protestantes, em 1920, tanto o patriarca ecumênico de Constantinopla – que publicou uma encíclica clamando pela cooperação entre as Igrejas cristãs – como a Conferência de Lambeth advogaram por medidas menos ambiciosas nesse sentido. Um passo de transcendência considerável surgiu quando em 1960 o arcebispo *anglicano Fisher visitou o Papa *João XXIII. No ano seguinte, estiveram presentes numa assembléia do Conselho Mundial de Igrejas representantes acreditados do Vaticano. Em 1964, o Concílio *Vaticano II promulgou um decreto de ecumenismo em virtude do qual os cristãos não católicos começaram a ser considerados como "irmãos separados". No ano seguinte, *Paulo VI e o patriarca Atenágoras anularam mutuamente as excomunhões que pesavam sobre eles. Sem dúvida, as mais beneficiadas por essa visão têm sido as denominações protestantes que, no curso do século passado, foram adotando progressivamente uma política de colaboração sem renúncia de suas identidades próprias. Contudo, deve-se ter em conta que, em alguns casos, as Igrejas protestantes apresentam teologias muito semelhantes no essencial (crença na *Trindade, na *justificação pela *fé etc.). Essa circunstância não acontece entre a Igreja católica e as confissões protestantes e, de maneira semelhante, a distância entre o catolicismo e as Igrejas orientais é a maior que a distância existente entre as confissões protestantes entre si. Nas últimas décadas aumentou-se a impressão de que o movimento ecumênico ficou paralisado em suas conquistas. Para julgar com justiça essa situação deveria levar-se em conta as peculiaridades reais de cada Igreja que são, em ocasiões, extraordinariamente distintas entre si.

MORTE
*Alma, *céu, *geena, *juízo final, *purgatório, *ressurreição.

MULHER
Jesus tratou as mulheres com uma proximidade e familiaridade que chamou a atenção inclusive de seus próprios *discípulos (Jo 4,27). São repetidos os casos em que falou em público com elas, inclusive em situações muito delicadas (Mt 26,7; Lc 7,35-50; 10,38ss.; Jo 8,3-11). Coloca-as como exemplo (Mt 13,33; 25,1-13; Lc 15,8) e elogiou sua fé (Mt 15,28). Várias mulheres foram objeto de milagres de Jesus (Mt 8,14; 9,20, 15,22; Lc 8,2; 13,11) e converteram-se em suas discípulas (Lc 8,1-3; 23,55). Mas tudo o que foi dito até aqui não levou Jesus a cair num idealismo feminista nem o impediu de considerar que elas podiam pecar exatamente como os homens (Mc 10,12). Não estão ausentes dos Evangelhos tampouco as narrativas referidas a mulheres de conduta perversa como Herodíades.

Não são estranhos os simbolismos

que Jesus emprega partindo de circunstâncias próprias da condição feminina, como o fato de ser mãe. Também os Evangelhos apresentam referências muito positivas ao papel das mulheres em episódios como a crucifixão de *Jesus (Mt 27,55; Mc 15,40; Lc 23,49; Jo 19,25), a sepultura de Jesus (Mt 27,61) e o descobrimento do túmulo vazio (Mt 28,1-8).

Paulo insistiu no fato de que em Cristo não há homem nem mulher (Gl 3,28), e em suas cartas são freqüentes as referências a mulheres que desempenharam diversos ministérios entre os quais se encontrava o diaconato (Rm 16,1ss.). Essa situação alterou-se radicalmente a partir do séc. II e, de fato, até o séc. XX não encontramos mulheres em postos de decisões de caráter eclesial, exceto entre os *quakers e nas ordens religiosas femininas. Durante o séc. XX, diversas confissões protestantes começaram a ordenar mulheres para o pastoreio, uma passagem que foi motivo de enormes controvérsias.

Bibl.: COLE, A., *O. c.*; GUTHRIE, D., *O. C.*; VIDAL MANZANARES, C., *El judeo-cristianismo...*

MUSEO DE MARSELHA
Sacerdote que por inspiração do bispo Venério e depois de Eustáquio compilou durante o séc. V um lecionário, um responsório, um sacramentário e um homiliário.

NAASENOS
Seita gnóstica descrita por *Hipólito (*Haer.* V, 6-17). Ele anota que poderia ser somente o nome hebraico dos *ofitas.

NAG HAMMADI
Vila egípcia onde, em 1947, foram encontrados manuscritos de conteúdo impregnado de *gnosticismo. Entre eles se encontravam alguns Evangelhos como o de Tomé, o de Filipe, o de Maria, o da Verdade e o dos egípcios.

Bibl.: VIDAL MANZANARES, C., *Los Evangelios gnósticos*, Barcelona 1991; IDEM, *Diccionario de Patrística*, Estella 1992.

NANTES, EDITO DE
Edito promulgado por *Henrique IV em Nantes, no dia 13 de abril de 1598, com o qual se concluíram as guerras de religião na França. De acordo com ele, os protestantes franceses (os *huguenotes) ganharam a liberdade religiosa – exceto em certas cidades – e um estipêndio estatal para o sustento de seus pastores e soldados. O Edito de Nantes foi violado várias vezes durante o séc. XVII, especialmente pelo cardeal Richelieu. No dia 18 de outubro 1685 foi abolido pelo rei Luís XIV.

NÃO-VIOLÊNCIA
Guerra.

NATAL
Data na qual se celebra o nascimento de Jesus e que corresponde ao dia 25 de dezembro. É muito provável

que a escolha desse dia pretendesse acabar com a celebração pagã do "sol invicto", substituindo-a com essa festa cristã. De fato, São *Clemente de Alexandria sugeriu que o dia 20 de maio seria uma data mais adequada e a Igreja de Jerusalém manteve o dia 6 de janeiro até o ano de 549. A Igreja armênia continua celebrando-a nessa data até os dias de hoje. A primeira menção do dia 25 de dezembro aparece no calendário filocaliano, o que indica que já era festejada em Roma por volta do ano de 336. Nas Igrejas orientais, a data não foi adotada até o séc. V.

Bibl.: ERE, III, p. 601-610; BERNAL, J. M., *Introducción al año litúrgico*, Madri 1984.

NATANAEL

Um dos primeiros *discípulos de Jesus (Jo 1,45-49), natural de Caná da Galiléia (Jo 21,2). Procura-se identificá-lo com São *Bartolomeu, um dos Doze Apóstolos.

NAZARÉ

Pequena vila da Galiléia, onde Jesus passou sua infância (Lc 1,26ss.) e inaugurou seu ministério messiânico (Lc 4,16ss.). Nela viviam *Maria e os *irmãos de Jesus (Mt 13,54-55; Mc 6,3ss.). Seus habitantes não creram, de maneira geral, em Jesus, o que os privou de receber bênçãos da parte dele (Mc 6,1-6). Os restos arqueológicos relacionados com as origens do cristianismo nessa cidade são consideráveis. Destacam-se especialmente a casa de Maria em Nazaré (descoberta em 1953, quando a Custódia da Terra Santa iniciou a tarefa de demolir a igreja da Anunciação, em Nazaré, e iniciar a construção de um novo templo), a sinagoga judeu-cristã anterior ao tem-plo bizantino, que dificilmente pode datar-se ao séc. II, a casa de José em Nazaré (no lugar da igreja de São José na mesma localidade com abundantes restos judeu-cristãos) e o denominado decreto de Nazaré.

Bibl.: VIDAL MANZANARES, C., *El judeo-cristianismo...*; BAGATTI, B., *The Church...*; BRIAND, J., *L'Église...*

NAZARÉ, DECRETO DE

Talvez seja essa uma das fontes epigráficas mais controvertidas em relação ao cristianismo primitivo. Trata-se de uma peça escrita em mármore que esteve em *Cabinet des Médailles* de Paris desde 1879. Fazia parte da coleção de Froehner, e o único dado acerca de sua origem é a nota que figura no achado manuscrito do próprio Froehner, no qual é qualificada como "Do mármore enviado de Nazaré em 1878". A primeira pessoa que mostrou interesse pela peça foi M. Rostovtzeff, uns cinqüenta anos depois que ela chegara supostamente a Paris. O mencionado historiador chamou a atenção de F. Cumont sobre a descoberta e ele procedeu a publicação em 1930. A inscrição está em grego, embora seja possível que tenha sido escrita originalmente em latim e tem como cabeçalho o seguinte: "Diátagma Kaísaros" (Decreto de César). Seu texto é traduzido do grego, como segue: "É meu desejo que os sepulcros e os túmulos que foram erigidos como memorial solene de antepassados ou filhos ou parentes permaneçam perpetuamente sem serem molestados. Fique claro que, em relação com qualquer um que os tenha destruído ou que tenha tirado de qualquer modo os corpos que ali tenham sido enterrados, com a intenção de esconder em outro lugar, cometendo assim um crime contra os enterrados, ou então tenha tirado as lousas ou outras pedras, ordeno que, contra essa pessoa, seja executada com a mesma pena em relação com os solenes memorais dos homens que a estabeleceram por respeito aos deuses. Pois, muito mais respeito deve-se dar aos que estão enterrados. Que ninguém os moleste de forma alguma. De outra maneira, é minha vontade que se condene à morte essa pessoa pelo crime de espoliar túmulos".

Para alguns autores, essa fonte seria a versão grega do edito latino de Augusto, publicado no ano 8 do procurador Copônio, por ocasião da profanação do Templo realizada por samaritanos que tinham atirado ossos em seu recinto. Essa interpretação torna-se inadmissível por diversas razões. Em primeiro lugar, a análise paleográfica da escrita da inscrição revela que ela pertence à primeira metade do séc. I d.C. Além disso, Nazaré, juntamente com o resto da Galiléia, foi situada sob o domínio imperial no ano 44 a.c. Portanto, o imperador ao qual se refere o decreto deve ser forçosamente Cláudio. Por desgraça, nem todos os detalhes relacionados com o decreto tornam-se fáceis de ser resolvidos. Assim, caberia perguntar-se se ela, que foi enviada de Nazaré a Paris, foi encontrada na mesma Nazaré e, desse modo, se se fixou em Nazaré e o que motivou que assim o fosse. Não menos difícil torna-se determinar *a ratio legis* do decreto e a explicação relativa à severidade da pena. O saque de sepulturas não era nenhuma novidade, mas esta é uma disposição emanada diretamente do imperador e que além disso pretende ser sancionada com o exercício da pena capital. Uma explicação plausível é que Cláudio já poderia conhecer o caráter expansivo do cristianismo. E se tivesse estudado um pouquinho o tema, ter-se-ia encontrado com a base de sua resolução porque repousava certamente na afirmação de que seu fundador, um justiçado judeu, agora estava vivo. Uma vez que a explicação mais simples fora que o corpo havia sido roubado pelos *discípulos para enganar o povo com a narrativa da *ressurreição de seu mestre (cf. Mt 28,13), o imperador poderia ter determinado a imposição de uma pena duríssima destinada a evitar a repetição desse crime na Palestina. A ordem – seguindo essa linha de suposição – poderia ter tomado a forma de um rescrito dirigido ao procurador da Judéia ou ao legado na Síria e, presumivelmente, teriam sido distribuídas cópias nos lugares da Palestina associados de uma maneira especial ao movimento cristão, o que implicaria Nazaré e, possivelmente, Jerusalém e Belém. Num sentido muito semelhante ao aqui exposto manifestou-se numa primeira época, A. Momigliano e, posteriormente, autores como F. F. Bruce.

Bibl.: CHARLESWORTH, M. P., *Documents Illustrating the Reigns of Claudius and Nero*, Cambridge 1939, p. 15, n. 17; VIDAL MANZANARES, C., *El judeo-cristianismo...*

NAZARENO

1. Sobrenome de Jesus, talvez derivado de sua procedência de Nazaré (Mc 1,24; Mt 2,23), embora também possa estar subjacente um jogo de palavras que o relacionem com o "nazir" ou descendente de Davi que seria *messias (Is 11,1). *2.* Sobrenome dos judeu-cristãos (At 24,5). *3.* Denominação dos cristãos no Alcorão. *4.* Uma das denominações dos cristãos no *Talmude e outras fontes judaicas.

NAZISMO

Abreviatura do nacional-socialismo. Ideologia cujas bases são a superioridade da raça ariana, o *anti-semitismo, a consideração dos judeus como primeiros inimigos do gênero humano, a oposição absoluta ao marxismo e ao liberalismo políticos, a crença num papel providencial da Alemanha na história da humanidade e a necessidade de um avanço para o leste dessa última nação em busca de seu espaço vital. Não resta dúvida de que o nazismo defendia uma ideologia neo-pagã que como tal foi denunciada, em maior ou menor medida, pelos cristãos de todo o mundo, tanto católicos (*Pio XI, o bispo von Galen etc.) como protestantes (Igreja confessante, M. *Niehmöller, D. *Bonhoeffer etc.). Deve-se atribuir ao nazismo a responsabilidade do irrompimento da Segunda Guerra Mundial (com um saldo de uns 70 milhões de mortos) e de políticas genocidas que se traduziram no extermínio de cerca de sete milhões de judeus e milhões de outras pessoas pertencentes a outras raças consideradas inferiores.

Bibl.: VIDAL MANZANARES, C., *La revisión del Holocausto*, Madri 1994; IDEM, *El Holocausto*, Madri 1995; IDEM, *Textos para la Historia del pueblo judío*, Madri 1995.

NEMÉSIO DE EMESA

Somente sabemos dele que foi um dos sucessores de Eusébio na diocese de Emesa. Foi autor, em fins do séc. IV, de um tratado *Sobre a natureza do homem*.

NERO (37-68)

Imperador romano desde 54. A ele *Paulo de Tarso apelou (At 25,11) e tudo parece indicar que ditou uma sentença favorável ao *apóstolo e que ele foi posto em liberdade por um breve período de tempo. Pelo acontecimento do incêndio de Roma no ano de 64, Nero, bom conhecedor das religiões orientais, escolheu como bode expiatório os cristãos em vista da aversão que sofriam em Roma (Tácito, *Anais* XV, 44,3). Tradicionalmente, considera-se que *Pedro e *Paulo morreram durante essa primeira perseguição contra os cristãos e é possível que assim tenha sido. Especulou-se a possibilidade de que a Besta do Ap 13 fosse Nero. Contudo, o texto parece fazer referência ao poder romano em seu conjunto como símbolo dos governos humanos adversários de Deus e do *Messias.

NESTLE, EBERHARD (1851-1913)

Erudito bíblico. Ensinou em Ulm, Tubinga e Maulbronn. Embora inicialmente seu trabalho estivesse centralizado na tradução dos LXX, progressivamente foi dedicando-se ao estudo do Novo Testamento. Em 1898, publicou-se sua primeira edição do texto grego do Novo Testamento que, na realidade, era uma fusão das edições de C. Tischendorf, e B. F. *Westcott e F. J. A. *Hort, e B. Weiss. Em 1904, o texto de Nestle substituiu o *Textus receptus* nas edições da Sociedade bíblica britânica e estrangeira. Apesar de que hoje seja o mais utilizado para a realização de traduções para as línguas vernáculas, torna-se muito discutível que seja superior ao denominado texto majoritário.

NESTORIANISMO

Teologia propugnada pelos seguidores do herege *Nestório.

NESTÓRIO

Nasceu depois do ano 381 de pais

persas em Germanícia, Síria do Eufrates. Educou-se na escola de Antioquia. Posteriormente ingressou no mosteiro de Santo Euprépio, adquirindo fama como pregador na Igreja de Antioquia, em que era sacerdote. Em 428 Teodósio II elevou-o à sede de Constantinopla. Embora perseguisse com dureza os diversos hereges, logo ele mesmo caiu sob a suspeita ao pregar a cristologia antioquena publicamente. No dia 22 de junho de 431 foi deposto pelo Concílio de Éfeso, que havia sido convocado por Teodósio por sua insistência. Nesse mesmo ano Nestório foi enviado pelo imperador a seu mosteiro de Santo Euprépio, e em 435 o desterro imperial o mandou para o Oásis, no Egito Superior. Vivia ainda no ano de 450, mas não sabemos o que aconteceu com ele depois dessa data. Nestório foi autor de muitas obras, mas, em 435, por ordem de Teodósio II foram queimados seus livros, por isso poucos chegaram até nós. Em 1905, F. Loofs recompilou e editou os restos de sua obra da qual só chegou até nós inteira o *Mercado de Heráclides de Damasco*. Não é fácil estabelecer nitidamente qual era a cristologia de Nestório. Seu *Mercado*, de fato, denota uma altura de pensamento que levou diversos autores (A. von Harnack. J. B. Bethune-Baker, I. Rucker etc.) a revalorizá-lo como teólogo. Não obstante, está fora de dúvida que ensinou que Maria não podia ser chamada de mãe de Deus (*Theotókos*), e que havia duas pessoas separadas em Cristo encarnado.

NEWMAN, JOHN HENRY (1801-1890)

Teólogo anglicano e católico. Formado na *Igreja da Inglaterra sob a influência *evangélica, em 1828 tornou-se o vigário da igreja de Santa Maria de Oxford. Durante o ano de 1832 a 1833, viajou pelo leste da Europa e em sua volta começou a fazer parte do *Movimento de Oxford, no meio do qual se tornou o principal personagem. Baseando-se principalmente nos Padres, a partir de 1833 começou a publicar uma série de trabalhos, nos quais defendia a tese de que a Igreja da Inglaterra era uma igreja de "via média" quase eqüidistante entre o catolicismo e o protestantismo. Em 1839, Newmann começou a ter dúvidas sobre essa posição, e quando em seu tratado 90 (1841) defendeu a interpretação dos trinta e nove artigos em seu sentido congruente com o Concílio de *Trento, surgiu uma violenta controvérsia. No ano seguinte, desejando esclarecer suas dúvidas espirituais, retirou-se para Littlemore onde viveu durante os anos seguintes num estado de isolamento quase total. Em 1843 pregou um sermão *"A despedida dos amigos"*, no qual se podia ler entre linhas que estava a ponto de abandonar o anglicanismo, e no dia 9 de outubro de 1845 foi recebido na Igreja católica. Depois de ser ordenado sacerdote, de 1854 a 1858 foi reitor da universidade católica de Dublin. Em 1864 publicou sua obra mais conhecida, a *Apologia pro vita sua*, em que relatava seu itinerário espiritual concluído com a conversão ao catolicismo. Não lhe agradou a declaração da infalibilidade pontifícia, mas a acatou. Quinze anos mais tarde foi feito cardeal por *Leão XIII. A influência de Newman tem sido extraordinária e se fez sentir ainda mais após sua morte que em sua vida. Sua teoria do desenvolvimento do dogma permitiu contar com uma explicação superando as diferenças de fé existentes historicamente entre os primeiros séculos do cristianismo e os posteriores. Não menor tem sido seu influxo no diálogo ecumênico entre a Igreja católica e a anglicana, e no Concílio *Vaticano II.

NICÉIA, PRIMEIRO CONCÍLIO DE
(20 DE MAIO A 19 DE JUNHO DE 325)

A razão da convocação desse concílio foi a heresia de *Ario que afirmava que Cristo havia sido criado e não era eterno, repetindo as posições pagãs favoráveis à existência de seres intermediários. Em Nicéia reuniram-se entre 260 a 318 bispos, não estando presente o de Roma, mas sim seus legados Vito e Vicente. A primeira reunião teve lugar no dia 20 de maio sob a presidência de Constantino, que se limitou a insistir na necessidade de se chegar a uma unidade doutrinal que ele apoiaria. A fórmula de "homoousios" (consubstancial), proposta por Ósio, acabou impondo-se no concílio e dela originaram-se o credo ou o símbolo de Nicéia, em que foi declarado dogmaticamente que o Filho foi engendrado e não criado, consubstancial ao Pai. Nesse concílio condenou-se além disso o cisma de Melécio, resolveu-se a questão da Páscoa e ditaram-se uns vinte cânones sobre o batismo dos hereges, dos *lapsos etc.

NICÉIA, SEGUNDO CONCÍLIO DE
(17 DE AGOSTO DE 786 A 23 DE OUTUBRO DE 787)

O sétimo concílio ecumênico convocado pela imperatriz Irene a pedidos do patriarca Tarásio de Constantinopla para resolver a controvérsia iconoclasta. O Papa *Adriano I enviou dois legados – com a condição de que o sínodo iconoclasta de Hiera (753) fosse condenado – e o mesmo o fizeram os patriarcas de Antioquia, Alexandria e *Jerusalém. Nem bem fora iniciado o concílio foi interrompido por soldados iconoclastas e não se tornou a reunir senão até o dia 24 de setembro de 787. O concílio declarou sua adesão à doutrina do culto (*proskynesis*) das *imagens, insistindo em que deviam ser adoradas com amor relativo (*sketiko pózo*) e que a adoração (*latria*) estava reservada somente a Deus. O decreto conciliar foi assinado por todos os presentes e pela imperatriz e seu filho Constantino e se procedeu a excomunhão dos iconoclastas.

NICETAS DE REMESIANA

Até os estudos de A. E. Burn e G. Morin pouco sabíamos exatamente sobre esse bispo que até foi confundido com Nicetas de Aquiléia (454-485) e com Nicésio de Tréveris (527-566). Parece que exerceu seu ministério em Remesiana e que faleceu depois de 414. Foi autor de uma *Instrução para os competentes*, dedicada aos catecúmenos, que não chegou completa até nós; escreveu também um tratado *Sobre os diversos títulos* (relativos a Cristo), um sermão *Sobre a utilidade dos hinos*, outro *Sobre as vigílias dos servos de Deus* e um *Te Deum*.

NICODEMOS

Fariseu e membro do *Sinédrio. Depois de uma entrevista secreta com Jesus (Jo 3,1), tomou a defesa contra os projetos encaminhados para acabar com ele (Jo 7,50-51). Depois que Jesus morreu, juntou-se a *José de Arimatéia para lhe dar sepultura (19,39). Relacionam-se com ele – embora sem base histórica – a *Acta Pilati* do séc. IV e o *Evangelho de Nicodemos* (séc. IX). Identificado com o Naqdemón das fontes rabínicas, sabe-se que uma de suas filhas padeceu extrema necessidade durante a guerra judaica de 66 d.C.

NICOLAÍTAS

Hereges mencionados no Apocalipse 2,6 e 2,14ss. talvez com inclinações gnósticas. Tanto *Irineu como *Clemente de Alexandria e *Tertuliano os identificaram efetivamente com o gnosticismo, e o primeiro atribuiu sua fundação a Nicolau de Antioquia (At 6,5). A seita parece ter desaparecido nos inícios do séc. III, mas na Idade Média o nome foi utilizado como mote lançado contra os sacerdotes casados por aqueles partidários do celibato clerical.

NICOLAU I (24 DE ABRIL DE 858 A 13 DE NOVEMBRO DE 867)

Papa. Foi um ardente defensor das teses de *Leão I, de *Gelásio I e de *Gregório I no sentido de afirmação da autoridade papal sobre toda a Igreja, de reduzir os sínodos a órgãos de suas decisões e de situar a Igreja como um poder superior ao civil. Em apoio de suas teses, *Nicolau I recorreu às *Falsas Decretais redigidas em 850 na França, negou-se a reconhecer a eleição de *Fócio como patriarca de Constantinopla, tentando depô-lo e excomungando-o – o que acabaria por promover um grave cisma – e excomungou o bispo de Ravena até que este jurou submeter-se a ele.

NICOLAU II (6 DE DEZEMBRO DE 1058 A 19 OU 26 DE JULHO DE 1061)

Papa. No sínodo de Latrão de 13 de abril de 1059, promulgou um decreto que regulamentava a eleição papal aos princípios reformadores de *Hildebrando, legislou contra o matrimônio e concubinato do clero e, pela primeira vez, ditou uma proibição geral de investiduras leigas. Em 1060, o bispo de Milão aceitou submeter-se à jurisdição papal. As ações do papa foram recebidas com agrado em todas as partes e em 1061 um sínodo dos bispos alemães declarou que os atos de Nicolau eram nulos e romperam a comunhão com ele. O papa faleceu antes de poder enfrentar-se com esse desafio.

NICOLAU III (25 DE NOVEMBRO DE 1277 A 22 DE AGOSTO DE 1280)

Papa. Depois da morte de *João XXI, os cardeais necessitaram de seis meses para eleger um sucessor, recaindo finalmente sua eleição no cardeal Giovanni Gaetano, da família Orsini. Ele tomou o nome de Nicolau porque havia sido cardeal de S. Nicolau em Cárcere. O principal objetivo de seu pontificado foi libertar a Itália da influência da casa de Anjou. Assim, Nicolau conseguiu ampliar os estados pontifícios até que alcançaram as fronteiras que teriam até 1860. Menos feliz foi sua política em relação a Miguel VIII, Paleólogo, ao qual quis impor para a união das igrejas condições ainda mais duras que as apresentadas por *Inocêncio V. Favorecedor dos *franciscanos e *dominicanos, promoveu vários deles a cargos diplomáticos e episcopais. Faleceu vítima de um ataque; e o poeta Dante Alighieri o colocou em seu Inferno (19,61ss.) por sua avareza e nepotismo.

NICOLAU IV (22 DE FEVEREIRO DE 1288 A 4 DE ABRIL DE 1292)

Papa. Com a morte de *Honório IV, a sede romana permaneceu vacante onze meses. Quando seis dos cardeais do conclave morreram por causa do calor e os restantes caíram enfermos, decidiu-se eleger o único *franciscano que havia em Roma, Jerônimo Masci, tornando-se assim o primeiro membro de sua ordem que chegou a ser papa.

Favorecedor da família Colonna, os problemas que essa posição ocasionou cristalizaram-se no combate dos vagabundos de rua em Roma, que o impediram de morar nessa cidade. Na disputa siciliana favoreceu a casa de Anjou contra a coroa de Aragão, mas não conseguiu seus objetivos. Enviou um missionário franciscano, Giovanni de Monte Corvino, à corte de Kublai Jan estabelecendo assim a primeira Igreja católica na China.

NICOLAU V (12 DE MAIO DE 1328 A 25 DE JULHO DE 1330)
Antipapa. Foi eleito depois da deposição de *João XXII pelo imperador Luís IV. A dificuldade de sua situação levou-o a aceitar com João XXII sua abdicação. Em troca, ele o perdoou e até sua morte, em 1333, pôde residir em um confinamento moderado na residência papal.

NICOLAU DE CUSA (1401-1464)
Cardeal e filósofo alemão. Em 1433 escreveu seu *De Concordantia Catholica*, no qual insistia num programa em favor da reforma da Igreja e do Império. Inicialmente favorável ao conciliarismo, desde 1437, foi favorável à causa papal. Desempenhou um papel relevante na efêmera união com as Igrejas ortodoxas de 1448 e em prêmio da qual o papa o fez cardeal. Apesar de tudo, em sua qualidade de historiador, rejeitou corretamente a autenticidade das *Falsas Decretais* e da *Doação de Constantino*. Autêntico precursor do Renascimento, sua filosofia tem um claro enfoque neoplatônico.

NICOLAU DE LIRA (1270-1340 APROX.)
Biblista franciscano. Um dos melhores eruditos do Antigo Testamento durante a Idade Média, conhecia o hebraico e os comentários dos exegetas judeus, especialmente Rashi. Rejeitou as interpretações alegóricas e lutou por um estudo do sentido literal do texto. Seus *Postillae perpetuae in universam S. Scripturam* foram o primeiro comentário bíblico impresso e desfrutou de uma enorme popularidade. Embora seja apontado como um precursor de Lutero (*Si Lyra non lyrasset, Lutherus non saltasset*), essa questão é discutível.

NIEBUHR, REINHOLD (1892-1971)
Teólogo norte-americano. Pastor *evangélico desde 1915 a 1928 em que foi catedrático da *Union Theological Seminary* de Nova York, onde lecionou até sua aposentadoria em 1960. Muito influenciado por K. *Barth e E. *Brunner, foi muito crítico contra o *liberalismo teológico e tentou voltar para as categorias bíblicas. Enfatizador da doutrina do pecado original, insistiu no papel profético do cristianismo na sociedade onde viveu. Sua influência continua sendo extraordinária na teologia de praticamente qualquer confissão nos *Estados Unidos.

NIEMÖLLER, MARTIN
Igreja confessante.

NIETZSCHE, FRIEDRICH WILHELM (1844-1900)
Filósofo alemão. Filho de um pastor luterano, desde 1869 a 1879 ensinou filosofia em Basiléia. Suas obras – *Humano, demasiado humano* (1878), *Assim falou Zaratustra* (1883-1891), *Mais além do Bem e do Mal* (1886), *A genealogia da moral* (1887), *O Anticristo* (1888) etc. – evidenciam uma filosofia de vida baseada no ateísmo, no

desprezo da razão em favor da vontade, no culto da força exercida sobre os considerados fracos e um feroz anti-semitismo (ao qual se opõe o culto da raça nórdica), estendido ao cristianismo e ao socialismo, os quais considerava filhos do judaísmo. Diante de seu super-homem, aquele que encarna sua filosofia, ergue-se como seu principal adversário o cristianismo, que deve ser extinto quando deixa claro em seus valores (compaixão, amor, humildade etc.) somente a baixeza dos fracos. Nos inícios de 1889 perdeu completamente a razão como conseqüência da sífilis, morrendo no ano seguinte.

NILO DE ANCIRA

Abade ou arquimandrita de um mosteiro nas proximidades de Ancira (Ancara) em fins do séc. IV e inícios do séc. V. Foi discípulo de João Crisóstomo e morreu pouco depois de 430. A biografia dele contida nas *Narrativas* é evidentemente legendária. Infelizmente, bom número das obras atribuídas a Nilo, em sua prática relacionadas com o ascetismo, deve-se a outros autores, alguns deles inclusive suspeitos de heresia.

NILO SINAÍTA

Nome com o qual também se conhece a Nilo de Ancira. *Nilo de Ancira.

NOMINALISMO

Teoria filosófica do conhecimento que nega realidade aos conceitos universais. Entre seus defensores encontram-se *Abelardo, Gabriel *Biel e Guilherme de *Occam.

NONNO DE PANÓPOLIS

Poeta pagão egípcio, nascido em Panópolis no ano de 400. Converteu-se ao cristianismo depois de ter alcançado uma grande popularidade com sua obra. Escreveu o poema grego mais extenso que se conserva, a *Dionisiaca*, em que se relata em 48 livros a viagem de Dionísio à Índia. Também é atribuída a ele uma Paráfrase do Evangelho de João em hexâmetros.

NORUEGA, CRISTIANISMO NA

Houve tentativas para o estabelecimento do cristianismo na Noruega já durante os séc. IX e X. Contudo, até os inícios do séc. XI não houve progresso significativo do cristianismo devido ao influxo de *Olavo, que recorreu inclusive às conversões à força. A *Reforma foi imposta na Noruega pelos dinamarqueses quando conquistaram o país em 1537. O luteranismo norueguês – convertido em igreja estatal – adotou assim uma forma mais radical que a sueca e, apesar de que em 1814, a Noruega tornou-se independente da Dinamarca e uniu-se à Suécia, até 1845 não se tolerou outra crença religiosa no país. Em 1905, a Noruega voltou a ser independente. Durante a Segunda Guerra Mundial, a Igreja luterana converteu-se num autêntico foco de resistência contra o nazismo. Um dos resultados dessa postura foi o fato de que um número muito elevado de judeus salvara a vida durante o Holocausto.

NOVACIANO

Possivelmente, natural da Frígia, parece que sofreu de possessão diabólica e estando sendo ajudado por vários exorcistas, recebeu o batismo diante da crença que estava a ponto de morrer (HE VI, 43). Posteriormente não receberia a confirmação, mas sim foi ordenado sacerdote. Até o ano de 250 já desfrutava de uma posição relevante dentro do clero romano. De fato, são conhecidas duas cartas entre as de São Cipriano de Cartago, na qual o clero de Roma coincide com ele em relação ao trato que se devia dar aos lapsos, embora se retraia a decisão até o momento da escolha de um novo bispo. Ambas as cartas estavam assinadas por Novaciano – que demonstra nelas ser um personagem incomum – e há a possibilidade de que concebesse a esperança de ser eleito como bispo de Roma. A eleição de Cornélio em 251 e sua indulgência para com os lapsos contribuíram para radicalizar a postura de Novaciano. Exigiu que os apóstatas fossem excomungados para sempre e provocou um cisma – razão pela qual alguns historiadores o consideram um antipapa – que, assim parecem apontá-lo as evidências, surgida mais por questões pessoais que teológicas. O cisma de Novaciano conseguiu adeptos desde a Espanha até a Síria e sua influência persistiu durante séculos, sendo seus seguidores autodenominados como "cataroi" (puros) e vendo-se excomungados por um sínodo realizado em Roma. Não sabemos mais nada da vida posterior de Novaciano, embora algumas fontes relatam que morreu mártir durante a perseguição de Valeriano. De fato, um túmulo, com o nome de Novaciano Mártir, descoberto em Roma no verão de 1932, conta com boas possibilidades de que seja seu. Escreveu um tratado *Sobre a Trindade*, três obras contra os judeus *Sobre a circuncisão*, *Sobre o sábado* e *Sobre os alimentos judeus*, uma obra *Sobre os espetáculos*, outra *Sobre as vantagens da castidade* e três cartas.

NOVA ERA

Movimento espiritual que utiliza chaves de expressão de caráter esotérico, ocultista e satanista. A Nova Era apresenta uma mensagem que constitui um profundo desafio diante da mensagem do Evangelho e que, em certas ocasiões, pretende ser o cristianismo autêntico. Diante do ensinamento bíblico da Trindade que proporciona um papel único para Cristo, a Nova Era converte-o em mais um mestre ou em um extraterrestre que veio não para salvar a humanidade, mas para ensinar-lhe algumas difusas noções de moral. Diante do ensinamento bíblico de que o homem se encontra sujeito do pecado e morrerá uma só vez devendo enfrentar-se com o julgamento de Deus (Hb 9,27-28), a Nova Era insiste em que o pecado não existe e é somente conseqüência de anteriores reencarnações. Dessa maneira, a guerra ou o aborto não são explicados como fatos maus, mas como decisões que tomaram as almas – ser abortadas, ser assassinadas – a fim de redimir seu carma. Por outro lado, a promiscuidade sexual e o uso de drogas não só não são desaconselhados, mas muitas vezes estimulados. Diante do ensinamento bíblico que insiste em que a salvação nos vem dada pela graça de Deus através da morte de Cristo na Cruz (Rm 3,19-26; Ef 1,7-8), a Nova Era propugna um novo pelagianismo defensor da idéia de que o homem pode obter a salvação só e unicamente por seus próprios meios através das práticas de diversas técnicas e da reencarnação de sua alma após sua morte. Diante do ensinamento bíblico a respeito de um Deus pessoal, distinto da Criação (Gn 1,1), o movimento da Nova Era insiste numa noção do cosmo panteísta. Em contraposição com o ensino bíblico que insiste na necessidade de orar (Mt 6,5ss.), de ler as Escrituras (Js 1,7-8) e de freqüentar a Eucaristia (At 2,46ss.), o movimento da Nova Era centraliza todo seu interesse em formas de meditação oriental, práticas espíritas etc. Diante da idéia bíblica de uma consumação da ordem cósmica relacionada com a Parusia de Cristo (At 3,19ss.), o movimento da Nova Era projeta uma fé na vinda de seres de outros planetas que salvarão seus eleitos da terra. Por tudo isso que foi dito, não é de se estranhar que o movimento da Nova Era sinta uma especial predileção pelo ocultismo e que muitos de seus ideólogos defendam claramente um regresso a formas religiosas pré-cristãs como a religião druídica, odínica ou egípcia.

NOVA IGREJA

Também conhecida como a Igreja de Nova Jerusalém. Seita baseada nos ensinamentos de Enmanuel *Swedenborg. Ele anunciou a chegada da Nova Jerusalém para o ano 1757 e parece que teve experiências de tipo espírita (conforme outros, somente sofria de uma enfermidade mental, um de cujos sintomas eram as alucinações). Notável homem de ciência (geólogo, metalúrgico etc.) que provocou a admiração de personagens da categoria de J. L. Borges, seus seguidores superam o número de cem mil seguidores em todo o mundo, principalmente localizados na Grã-Bretanha e nos Estados Unidos.

NOVA ZELÂNDIA, CRISTIANISMO NA

A primeira missão entre os maoris foi estabelecida pelos *anglicanos em 1814 e umas três décadas depois a maior parte deles se convertera ao cristianismo. A colonização da ilha foi acompanhada da chegada de missionários de diversas confissões. Em 1848, a Igreja católica estabeleceu duas dioceses e atualmente é a segunda confissão em número de maoris crentes, depois dos anglicanos e antes da Igreja Ratana.

Atualmente, 20% dos neozelandeses são presbiterianos, 15% católicos, 5% metodistas e o resto pertence a diversas confissões maioritariamente *evangélicas.

NOVO MANDAMENTO

O mandamento do amor mútuo dado por Jesus (Jo 13,34-35) que servirá como sinal para identificar seus *discípulos.

NOVO NASCIMENTO

Transformação espiritual equivalente à *conversão que deve experimentar uma pessoa para poder entrar no *Reino dos céus (Jo 3,1ss.). Longe de partir do esforço humano, sua origem está na água e no Espírito. A referência à água muito possivelmente não é uma referência ao batismo como ocasionalmente se assinala, mas à ruptura fetal, ao rompimentos de águas – como se vê em algumas fontes judias, p. ex. Pirqe Abot 3,1 – ou também é mais provável que resulte de uma reminiscência da água como vida renovada, p. ex. Is 55,1-3; Jr 2,13; 17,13; Ez 37,1-14; 47,9; Zc 14,8; passagens essas que um mestre da lei como Nicodemos devia entender (Jo 3,10).

NOVO PACTO

Pacto profetizado por Jeremias (31,31) e que Deus contraiu na base da morte sacrifical de Jesus na *cruz (Lc 22,20ss. e paralelos).

NOVO TESTAMENTO

Conjunto de escritos cristãos pertencentes à era apostólica e redigidos durante o séc. I, que são considerados pelos cristãos inspirados por Deus e dotados de um lugar no *cânon da Bíblia, assim como o *Antigo Testamento. Seu nome deriva do fato de se considerar que o novo *pacto (testamento) selado pelo *sacrifício de *expiação de *Jesus é o profetizado por Jeremias (31,27ss.). Está composto por quatro *evangelhos (Mateus, Marcos, Lucas e João), o livro dos Atos dos *Apóstolos, as cartas de São *Paulo (Romanos, 1 e 2 Coríntios, Gálatas, Efésios, Filipenses, Colossenses, 1 e 2 Tessalonicenses, 1 e 2 Timóteo, Tito, Filêmon), *Hebreus, as três epístolas católicas (Tiago, 1 e 2 Pedro, 1, 2 e 3 João, Judas) e o Apocalipse.

Bibl.: BRUCE, F. F., *The canon*...; VIDAL MANZANARES, C., *El judeo-cristianismo*...; Robison, *Redating*...

"NUNC DIMITTIS"
Palavras com as quais se inicia – e das quais toma o nome – o canto de Simeão contido em Lc 2,28-32.

NUVEM DO NÃO-SABER
Tratado místico inglês do séc. XVI. Seu caráter anônimo provocou muita especulação sobre seu possível autor, atribuindo-se a Walter Hilton, a Richard Rolle, a um anônimo monge contemplativo, a um desconhecido sacerdote secular etc. A obra – dedicada aos que se sentem chamados à contemplação – sustenta a possibilidade de conhecer a Deus mediante o intelecto, já que a "nuvem do impossível de conhecer", que se ergue entre o Criador e a criatura, somente pode ser perfurada por um "agudo dardo de amor".

OBJEÇÃO DE CONSCIÊNCIA
*Guerra.

OCCAM, GUILHERME DE (1285-1347 APROX.)
Filósofo e teólogo inglês. *Franciscano, estudou e lecionou em Oxford. Em 1323 foi acusado de herege e, mais tarde, 51 proposições de suas obras foram censuradas, embora não condenadas formalmente. Depois de apontar que o Papa *João XXII mantinha posturas heréticas em relação à disputa sobre a pobreza franciscana, viu-se obrigado a fugir para Avinhão e buscar refúgio ao lado de Luís da Baviera. Em 1328 foi excomungado e três anos depois expulso de sua ordem. Embora conste que tenha procurado reconciliar-se com o papa e que tenha vivido até 1349, nenhum desses extremos tem base histórica, sendo o certo que permaneceu até sua morte, em 1347, na corte de Luís da Baviera. A influência filosófica de Occam foi considerável, já que sua posição nominalista defrontou-se diretamente com o tomismo e o scotismo, inaugurando o que se chamou de "a via moderna". Eclesiologicamente, foi uma das bases do movimento conciliarista dos séc. XIV e XV e, através de *Biel, influenciou em *Lutero a *Reforma do séc. XVI.

OCHINO, BERNARDINO (1487-1564)
Reformador protestante italiano,

gerl dos *franciscanos, em 1534 passou para os *capuchinhos dos quais foi por duas vezes vigário geral. *Carlos V ficou tão impressionado com sua pregação que o julgou capaz de fazer chorar as pedras. Em 1541 virou luterano e, depois de fugir da Inquisição de 1545-1547 foi pastor dos protestantes italianos em Augsburgo. Em 1547 foi para a Inglaterra a convite de Tomás Crammer, onde escreveu *O primado usurpado do bispo de Roma contra o papa* e *Laberinto contra a doutrina de *Calvino acerca da *predestinação*. Em 1555, quando Maria Tudor subiu ao trono, teve de abandonar a Inglaterra e passou a ser pastor em Zurique. Nesse posto manteve-se até 1563 quando, acusado de *unitário, foi expulso de seu ministério. Depois de fugir para a Polônia, de onde também se viu obrigado a fugir, morreu na Morávia. A influência de Ochino foi considerável em seu tempo não só na medida em que pode ser considerado o pai do protestantismo italiano, mas também um de seus iniciadores na Polônia.

ODES DE SALOMÃO

Descobertas em 1905 por Rendell Harris, são um conjunto de 42 hinos – alguns deles com ressaibos gnósticos – que, escritos durante o séc. II, puderam ter inicialmente origem judaica para ser, posteriormente, interpoladas por autores cristãos. Nessas alterações podem ser destacados alguns aspectos teológicos como a descrição da Encarnação e a descida ao inferno. A ode 19 contém aquela que possivelmente seja a primeira referência ao parto sem dor da Virgem Maria.

OFITAS

Seitas gnósticas, situadas cronologicamente em torno do séc. II, que veneravam a serpente satânica do Gênesis, uma vez que consideravam que ela tinha trazido a gnose ou conhecimento ao homem. Alguns de seus aspectos sobreviveram no luciferismo, no ocultismo e no satanismo.

OLAVO (995-1030)

Patrono e rei da Noruega (1016-1029). Convertido na Inglaterra, em 1015 regressou à Noruega, da qual se tornou rei depois de derrotar Sweyn na batalha de Nesje (1016). Proclamou então o cristianismo como religião do reino. Comportamentos como esse acabaram provocando um levante pagão que, sob Canuto, o Grande, conseguiu destroná-lo em 1029. Morreu combatendo quando tentou recuperar seu trono em 1030. Contudo, o cristianismo consolidou-se no país.

OLÍMPIO

Bispo espanhol do séc. IV, citado por Santo Agostinho como "grande varão na Igreja e na glória de Cristo". Foi autor de um *Livro da fé* contra aqueles que apelam à natureza e não ao arbítrio para sua culpa.

OLIVI, PETRUS JOANNIS (1248-1298 APROX.)

*Teólogo franciscano. Manteve uma posição rigorista quanto à questão da pobreza franciscana. Quando em 1279 o Papa *Nicolau III decidiu pela pobreza em favor dos franciscanos afirmando que a renúncia aos bens em comunidade podia ser um caminho de salvação, Olivi tentou converter a decisão papal em irrevogável. Assim redigiu a primeira defesa teológica da infalibilidade papal em questões de fé e de costumes. Quando João XXII tomou uma decisão oposta à de Nicolau III, os franciscanos apelaram a sua teologia da infalibilidade papal ao que respondeu o papa condenando-a como "obra do diabo", em sua bula *Qui quorundam* (1324). Em 1326, João XXII condenou suas *Postillae super Apocalupsim*.

ONÉSIMO
Escravo em favor de quem *Paulo de Tarso escreveu a epístola a Filêmon.

OPTATO DE MILEVO
Somente sabemos dele que foi bispo de Milevo (Numídia) durante os inícios do donatismo. Apesar da quase total escassez de dados que temos desse autor, sua obra reveste-se de especial relevância porque foi a primeira obra escrita contra os donatistas numa época – anterior a Aurélio e Santo Agostinho – na qual a Igreja africana não havia ainda se defendido com eficácia diante deles (os donatistas). Sua obra *Contra a calúnia da parte donaciana* é conhecida também com o título de *Contra Parmeniano*, bispo donatista contra o qual é dirigida.

OPUS DEI
1. Antiga designação beneditina do Ofício divino que procurava expressar que a oração era a principal tarefa do monge.
2. Prelazia pessoal fundada em 1928 pelo sacerdote espanhol José Maria Escrivá de Balaguer com a finalidade de traduzir certos princípios da espiritualidade católica na vida profissional e operária. Aprovada pela Santa Sé em 1950, manifestou uma especial preocupação pela criação dos centros educativos e pela participação na vida pública (p. ex. nos governos da ditadura do general Franco na Espanha), o que lhe trouxe muitas críticas, partindo especialmente do seio de outros centros católicos. Embora seu fundador tenha sido acusado ocasionalmente de tendências semipelagianas, sua beatificação por João Paulo II parece ter dissipado qualquer dúvida sobre sua ortodoxia católica. Por outro lado, suas ênfases particulares têm enormes potencialidades num mundo em contínua transformação.

ORAÇÃO
Comunicação verbal ou simplesmente mental com Deus. Nos Evangelhos, a oração é considerada como algo espontâneo e o próprio "Pai-nosso", em Mateus 6, não parece ter sido concebido como uma fórmula. Permite – antes exige – a *intercessão de *Jesus (Jo 14,13). A postura e o tempo não parecem ter tido uma especial importância na oração e assim sabemos de orações de pé (Mc 11,25), de joelhos (Lc 22,41), prostrado em terra (Mc 14,35), contínua (Lc 18,1) e nas refeições (Mt 15,36). Tampouco Jesus marcou um lugar especial para orar, podendo fazer-se ao ar livre (Mc 1,35) ou na residência (Mt 6,6). Deve-se excluir, contudo, o exibicionismo (Mt 6,5-15) e a repetição contínua de fórmulas (Mt 6,7). Essa oração – que se torna extensiva em favor dos inimigos (Mt 5,44) – sustenta-se na fé em que Deus provê o necessário para cobrir todas as necessidades materiais (Mt 6,25-34), em que existe a certeza de ser ouvido (Mt 7,7; Mc 11,23ss.; Jo 14,13; 15,16; 16,23-26) e, especialmente, no relacionamento paterno-filial com Deus (Mt 6,6).*São João Damasceno parece ter sido o primeiro autor que distinguiu a oração verbal da oração mental, uma distinção mantida por Santo *Tomás de Aquino. A história do cristianismo encontra-se cheia de obras dedicadas à oração, com perspectivas

que vão do *quietismo ao *pietismo e ao *misticismo, e de autores entre os quais cabe assinalar, sem a intenção de ser exaustivos, a *Paulo de Tarso, *João, Apóstolo, *Clemente de Alexandria, *Orígenes, os praticantes de *hesicasmo, *Bernardo, o anônimo da *Nuvem do não-saber, *Tomás de Kempis, *Pedro de Alcântara, *Inácio de Loyola, *Teresa d'Ávila, *João da Cruz, *Afonso Maria de Ligório, G. *Fox, John *Wesley ou *Zinzendorf.

Bibl.: Driver, J. O. c.; Vidal Manzanares, C., *El judeo-cristianismo...*; Idem, *Diccionario de las tres...*

ORÁCULOS DE SEXTO

Coleção de máximas morais atribuídas ao filósofo pitagórico Sexto. Parece que um autor cristão – talvez de Alexandria – revisou-as em fins do séc. II. Devido à semelhança de algumas de suas máximas com o pensamento de Clemente de Alexandria, pensou-se na possibilidade de que ele teria sido o revisor das sentenças.

ORÁCULOS SIBILINOS

A literatura sibilina é um gênero literário nascido no paganismo no qual as sibilas – que diferente das pitonisas de Delfos não eram personagens reais – prediziam o futuro. O gênero começou a ser utilizado pelos judeus uns dois séculos antes de Cristo e dos judeus passou para os cristãos. Como aconteceria com outros aspectos espirituais, a utilização feliz desse gênero pelos cristãos motivou seu abandono por parte dos judeus. Os vv. 249-251 do livro II dos *Oráculos sibilinos*, que foram datados no séc. II (E. Suárez de la Torre) e III (A. Díez-Macho), foram considerados por alguns autores como alteração cristã e, por sua vez, como o primeiro texto no qual se faz referência à intercessão da Virgem Maria (Kurfess, E. Suárez de la Torre). A passagem em questão tem duvidoso apoio textual – como anotou o franciscano B. Bagatti – contudo, como tem anotado Vidal Manzanares C., a iconografia do texto parece mais apontar que ele é mais dirigido à nação de Israel, como intercessora – que aliás fracassa –, que em favor dos gentios, e seria portanto totalmente judeu. A passagem que se encontra em VIII, 456-472, parece sim ser uma boa alteração cristã com consideráveis influências, sobretudo do Evangelho de Lucas.

ORANGISMO

Movimento dedicado à defesa da causa do protestantismo na Irlanda e fomentado pela Associação de Orange, fundada em 1795. O termo deriva do rei Guilherme III de Orange.

ORATÓRIO

Filipe Néri.

ORDEM DO TEMPLO

Templários.

ORÊNCIO

Hoje costuma identificar-se Orêncio com o bispo de Auch, na Gascunha, que em 439 interveio como mediador entre os visigodos por um lado e Aécio e Lictório por outro. Foi autor de um *Commonitorio*, sermão em versos, no qual se apresenta uma breve confissão de fé trinitária seguida por uma exposição da moral.

ORFISMO

Termo adscrito de uma doutrina gnóstica que pretendia possuir os meios para conseguir que a alma alcançasse a bem-aventurança no além.

ORIÊNCIO
*Orêncio.

ORÍGENES

Nascido em 185 em uma família cristã de Alexandria, seu pai morreu mártir durante a perseguição de Severo (202). Quando seu patrimônio foi confiscado pela administração imperial, teve de se dedicar ao ensino para seu sustento e o de sua família. Foi-lhe confiada a escola dos catecúmenos de Alexandria, que dirigiu levando uma vida exemplar. Durante esse período foi que se deu sua famosa autocastração. Durante o período que vai de 203 a 231, em que dirigiu a escola de Alexandria, viajou a Roma, Arábia e Palestina – por ocasião do saque de Alexandria realizado por Caracalla. De passagem por Cesaréia foi ordenado sacerdote; Demétrio de Alexandria, conforme Eusébio movido pela inveja, convocou um sínodo no qual, argumentando que um castrado não podia ser ordenado sacerdote, Orígenes foi excomungado. No ano de 231, outro sínodo cassou seu sacerdócio. Após a morte de Demétrio (232), Orígenes regressou à Alexandria, mas Heracles, o novo bispo, renovou a excomunhão. Diante daquela situação, Orígenes partiu para a Cesaréia da Palestina começando uma etapa diferente de sua vida, pois o bispo dessa cidade convidou-o a fundar uma nova escola de teologia. Em 244 foi novamente para a Arábia conseguindo convencer o bispo de Bostra, Berilo, do erro de seu monarquianismo. Depois de passar por numerosas penalidades durante a perseguição de Décio, morreu em Tiro em 253. Depois de sua morte discutiu-se – com razão – o caráter heterodoxo de algumas de suas idéias. No ano de 400, Epifânio de Salamis condenou-o num sínodo realizado em Constantinopla, e o Papa Anastácio fez o mesmo numa carta pascal. O Concílio de Constantinopla (543) pronunciou 15 anátemas contra ele, decisão que foi confirmada por Vigílio, bispo de Roma, e pelos demais patriarcas. Epifânio anota que Orígenes escreveu umas seis mil obras, mas que foram perdidas em sua maior parte por causa das controvérsias relativas a seu caráter herético, somente conhecemos o título de umas oitenta. A maior parte de suas obras está relacionada com a Bíblia, sendo suas *Exaplas* a primeira tentativa de se chegar a um texto crítico do Antigo Testamento. Nelas aparecia o texto do Antigo Testamento em seis colunas – hebraico com alfabeto hebraico, hebraico com alfabeto grego, tradução grega de Áquila, tradução grega de Símaco, os LXX e a tradução de Teodocião. Nos salmos acrescentou três versões a mais formando as *Ennéaplas*. Do mesmo modo redigiu outra edição com somente quatro colunas, as *Tetráplas*. Escreveu também homilias, comentários e escólios relacionados com todos os livros do Antigo e do Novo Testamento. Escreveu igualmente diversas obras dogmáticas (*O Peri-Arjon, A Disputa com Heráclides,* tratado *Sobre a ressurreição* etc.) e obras apologéticas, sendo a mais importante a *Contra Celso*. Em relação à doutrina da Divindade, utilizou freqüentemente o termo "trindade", rejeitando o modalismo que não distinguia entre as três pessoas divinas. Insiste em que o Filho não teve princípio nem houve um tempo em que não fosse. Também deu vida ao termo "consubstancial" (*omoousios*), que tanta transcendência teria na disputa com Ario. Contudo, Orígenes supõe uma ordem hierárquica dentro da Trindade, o que explica que fosse acusado de subordinacionismo.

Embora Sozomeno (HE VII, 32) anote que Orígenes denominou mãe de Deus (*Theotókos*) a Virgem Maria, o certo é que não nos chegou nenhuma passagem sua que confirme essa afirmação. Mas é certo, não obstante, que insiste na necessidade de receber Maria como mãe para poder compreender o Evangelho (*Comm. In Ioh*, I, 1,6). Eclesiologicamente, Orígenes considera a Igreja como povo dos crentes e corpo de Cristo. Fora dessa casa, ninguém pode salvar-se, nem pode ter fé, já que os hereges não têm fé mas credulidade vã. Sacramentalmente, Orígenes quer o batismo dos infantes (*Hom. In Lev.*, VIII, 3) como meio de redimir o pecado com o qual eles nascem. Orígenes acreditava em somente uma remissão dos pecados, a batismal, embora para obter o perdão pelos pecados cometidos depois do batismo enumera outros sete meios: o martírio, a esmola, o perdão daqueles que nos ofendem, a conversão do pecador, a prática do amor e a confissão do pecado – em certas ocasiões parece referir-se a um sacerdote, em outras a um crente provecto – que deve aconselhar o pecador se for conveniente que confesse ele mesmo em público ou não. A idolatria, o adultério e a fornicação parecem sim que ficavam limitados ao perdão sacerdotal que devia vir precedido de uma excomunhão pública e prolongada. Quanto à Eucaristia, coexiste em Orígenes uma interpretação alegórica que identifica o corpo e o sangue escriturais com o ensinamento de Cristo com outra realista, mediante a qual afirma que, pela oração, o pão se converte no corpo santo. Orígenes parecia sustentar que a interpretação literal era a comum na Igreja, mas destinada às almas simples (*In Mat.*, XI, 14), enquanto que a simbólica é mais digna de Deus e é a sustentada pelos sábios (*In Ioh.*, XXXII, 24; *In Mat.*, LXXXVI). Duvidosas foram, contudo, as idéias escatológicas de Orígenes, que negavam o castigo eterno dos condenados, substituindo-o por um fogo purificador para todos que terminaria numa salvação universal – sem excluir nem Satanás nem os demônios – num processo de restauração cósmica ou *apokatástasis*. Essa tese, ao lado da preexistência das almas – um ressaibo platonista – e algumas conclusões derivadas de uma alegorização excessiva do texto bíblico, como a de atribuir um estado espiritual e sem corpo físico aos seres humanos antes da Queda, foram condenadas corretamente pela Igreja em repetidas ocasiões como vimos anteriormente.

ORIGENISMO
*Orígenes.

ORÓSIO
*Paulo Orósio.

ORSIÉSIO
Sucessor de Pacômio e Petrônio. Faleceu em torno do ano 380. Sua obra: Foi atribuído a ele um tratado intitulado *Doutrina da instituição dos monges*, que figura como apêndice na tradução de São Jerônimo da Regra de São Pacômio. Para alguns autores (Quasten etc.), a minuciosidade da obra faz que seja uma fonte inclusive mais valiosa na hora de se estudar o espírio de São Pacômio.

ORTODOXOS
*Igrejas ortodoxas.

ÓSIO
Bispo de Córdoba durante o séc. IV. Representou um papel de

suma importância no Concílio de *Nicéia.

OZANAM, ANTONIO FREDERICO (1813-1853)
Fundador da sociedade de São Vicente de Paulo, uma associação de leigos destinada ao serviço dos pobres. Partidário, ao menos até 1848, de um socialismo de caráter católico, foi também um profundo estudioso da espiritualidade franciscana da Idade Média. Suas preocupações sociais e suas simpatias para com o liberalismo converteram-no em objeto de virulentos ataques. Seus últimos dias dedicou exclusivamente à sociedade de São Vicente de Paulo e a viajar.

PACEM IN TERRIS
*Papa João XXIII.

PACIANO DE BARCELONA
Bispo de Barcelona, morto durante o reinado de Teodósio, antes de 392. Foi autor de vários opúsculos como o *Cervus* (contra as festas pagãs do ano novo) e *Contra os novacianos*.

PACIFISMO
*Guerra.

PACÔMIO
Nascido em uma família pagã, converteu-se ao cristianismo aos vinte anos de idade, educando-se na escola ascética de Palemon. Por volta do ano 320 iniciou seu primeiro cenóbio em Tabennisi, perto de Dendera, na Tebaida. Assentava dessa forma as bases do monacato comunitário que existe até os dias de hoje. Morreu em 346. A Regra de Pacômio chegou ate nós de forma fragmentária, exceto pela tradução latina de São Jerônimo, que tanta influência causou no Ocidente – e nos dois comentários. Além disso foi autor de algumas exortações aos monges e onze cartas a abades e irmãos dos mosteiros. Curiosamente duas dessas cartas acham-se escritas em chave que não foram decifradas.

PADRES ALEXANDRINOS
*Amônio, *Clemente de Alexandria, *Constituição eclesiástica dos Apóstolos, *Dionísio de Alexandria, *Hesíquio, *Orígenes, *Panteno, *Pedro de Alexandria, *Piério, Teognosto.

PADRES APOSTÓLICOS
*Clemente de Roma, *Didaqué, *Epístola de Barnabé, *Inácio de Antioquia, *Pápias de Hierápolis, *Pastor de Hermas, *Policarpo de Esmirna.

PADRES BRANCOS
Sociedade de missionários da África fundada pelo arcebispo Charles Lavigerie em Argel (1868). Formada por sacerdotes seculares e irmãos leigos que vivem em comunidade sem votos, mas comprometidos a permanecer na África durante sua vida, dedicados às missões nesse continente e submetidos a seus superiores. Ao lado de suas

atividades missionárias, que iniciadas na Argélia e Tunis, logo se estenderam pela África central e oriental, os Padres Brancos realizam um importante trabalho em prol da abolição da escravatura, da melhoria da agricultura e da exploração do continente.

PADRES CAPADÓCIOS

*Basílio Magno, *Gregório Nazianzeno e *Gregório de Nisa, *Anfilóquio de Icônio, *Astério de Amasea.

PAI

*Abba. *Deus, família, *Jesus. *Trindade.

PAIXÃO DE JESUS

*Jesus. *Servo de Yahveh.

PALÁDIO

Nasceu na Galácia em 363 ou 364. Em 388 mudou-se para o Egito, para relacionar-se com os eremitas. Incapaz de completar seu noviciado com o ermitão de Tebas, Doroteu, por causa de um problema de saúde, dirigiu-se em 390 a Nítria e depois a Célia com Macário e Evágrio. Recaindo enfermo, foi aconselhado a dirigir-se à Palestina onde o clima é mais benéfico. No ano 400 foi ordenado bispo de Elenópolis, na Bitínia. Em 405, dirigiu-se a Roma para defender a causa de João Crisóstomo, sendo por Arcádio desterrado no ano seguinte para o Egito Superior. De regresso em 412-413, foi ordenado bispo de Aspuna, na Galácia. Faleceu pouco depois do Concílio de Éfeso em 431. Foi sem dúvida o historiador monástico mais importante. Sua obra mais notável é a *Historia Lausiaca* – o nome é derivado de Lauso, camerlengo de Teodósio II, a quem foi dedicada –, mas redigiu também um *Diálogo* sobre a vida de João, possivelmente a fonte mais importante para a biografia de São João Crisóstomo, e um tratado *Sobre o povo da Índia e os brâmanes*, embora o mais possível é que somente seja sua a primeira parte dessa obra.

PALAVRA

Esse conceito tem uma importância fundamental nos Evangelhos. Jesus não cita as palavras de Deus, mas afirma "mas eu vos digo" (Mt 5,22 e 28). Essa palavra (*logos*) é a primeira causa de surpresa e estupor entre seus contemporâneos (Lc 4,36). Com ela, Jesus faz *milagres (Mt 8,8 e 16), frutos da *fé nessa palavra (Jo 4,50-53). É também verbalmente como perdoa os pecados (Mt 9,1-7) e como transmite autoridade (Mt 18,18; Jo 20,23). Diante dela os homens devem tomar uma decisão (Mt 7,24-27; 13,23), e isso faz com que se dividam (Mc 8,38). Para *João, o Evangelista, Jesus é a Palavra (Logos-Menrá) que é Deus (Jo 1,1) e que se fez carne (Jo 1,11 e 14), para revelar o Pai e salvar o homem (Jo 1,18; 3,34; 12,50; 17,8 e 14).

PAMPSIQUISMO

Doutrina que sustenta que tudo o que há no universo tem algum tipo de consciência. Essa doutrina foi repudiada de maneira expressa por Santo *Tomás de Aquino (*Summa Theologica*, I, q. 18, a.1) e tampouco encontrou opinião favorável entre outros teólogos cristãos.

PÂNFILO DE CESARÉIA

Nasceu em Berito da Fenícia. Pânfilo estudou em Alexandria sob a direção de Piério, o sucessor de Orígenes. Posteriormente, estabeleceu-se em Cesaréia da Palestina onde foi ordenado sacerdote pelo bispo Agapito. Mestre de Eusébio de Cesaréia, foi torturado e encarcerado durante a perseguição de Maximino Daia (307), sendo executado em 309 ou 310. Escreveu uma *Apologia de Orígenes* e também se destacou por seu trabalho de bibliotecário e copista.

PANTEÍSMO

A crença de que Deus e o universo são idênticos. O termo parece ter sido criado em 1705 por J. Toland, embora a idéia seja muito anterior e a encontramos presente, por exemplo, no hinduísmo e na filosofia de Spinoza. O *misticismo aproximou-se muitas vezes do panteísmo. O cristianismo, com sua ênfase na diferença entre o Criador e as criaturas, é absolutamente irreconciliável com uma visão panteísta.

PANTENO

Nasceu na Sicília, filósofo primeiramente estóico, que se converteu ao cristianismo. Depois disso, empreendeu uma viagem missionária que o levou até à Índia. Tendo chegado a Alexandria, foi o primeiro diretor conhecido dessa escola, ocupando-se dela até pouco antes do ano 200. Ignoramos, porém, se escreveu alguma obra. Contudo, H. I. Marrou atribuiu a Panteno a redação da *Epístola a Diogneto*.

PAPA

Título aplicado inicialmente a todos os bispos do Ocidente e ao bispo de Alexandria no Oriente. No Sínodo de Pavia, de 20 de setembro de 998, censurou-se a conduta do arcebispo de Milão que ainda continuava denominando-se papa, e a partir de 1073, em virtude de uma decisão do Concílio de Roma celebrado sob o pontificado de Gregório VII, foi proibida a utilização desse título para qualquer bispo que não fosse o de Roma. Hoje, o título no Ocidente está limitado ao bispo de Roma, chefe da Igreja católica, e nas Igrejas ortodoxas a todos os sacerdotes sendo equivalente ao "padre" católico.

PÁPIAS DE HIERÁPOLIS

Bispo de Hierápolis na Ásia Menor. Conforme Santo Ireneu (*Adv. Haer.* V, 33), foi amigo de Policarpo de Esmirna e chegou a ouvir a pregação de João Evangelista. Contudo, o fato de que fale de um João apóstolo e de outro discípulo não permite discernir realmente a quem escutou. Foi autor de uma *Explicação das palavras do Senhor* pelo ano de 130, embora tenham chegado até nós escassíssimos fragmentos dessa obra. Pouco sabemos da teologia desse autor, embora seja evidente que manteve uma posição em escatologia favorável ao milenarismo.

PARAÍSO

No judaísmo, o lugar de felicidade no mundo por ainda vir. Nos Evangelhos, equivale ao *céu (Lc 23,43. comp. com 2Cor 12,1-4; Ap 2,7; 22,2) e é um lugar onde entram os que têm fé em Jesus, desde o próprio momento da morte. Tanto *Paulo (2Cor 12,4) como *João (Ap 2,7) referem-se a ele. Durante o período patrístico e a Idade Média, houve uma enorme especulação acerca do Paraíso, que hoje se considera sem muito sentido, havendo uma tendência de se identificar o Paraíso com a alegria dos que se salvaram na companhia de Deus.

Bibl.: Grau, J., *Escatología...*; Vidal Manzanares, C., *El judeo-cristianismo...*

PARUSIA

Termo grego que significa "presença" ou "vinda". Nos Evangelhos, assim como no restante do Novo Testamento, é utilizado para se referir à segunda vinda de *Cristo. A idéia aparece já nos apocalipses sinópticos – nos quais se prediz a destruição de Jerusalém – (Mt 24,5; Mc 13; Lc 21), assim como nas parábolas nas quais se prevê um período intermediário entre o início da pregação de Jesus e a consumação do reino (Mt 13,24-43).

Essa doutrina tem sido explicada em certas ocasiões como uma tentativa cristã de encobrir o fracasso da cruz; o certo, contudo, é que sua origem encontra-se no judaísmo, no qual há paralelos na tese de um *messias que aparece, desaparece e é retido no céu até que seja reconhecido como tal por Israel (Midrash Rabbah Lamentações, 41; Midrash Rt 5,6 etc.). Por outro lado, a crença na Parusia foi já de enorme importância nos primeiros anos do cristianismo, como se percebe nos escritos tanto de *Paulo (1 e 2Cor e 1 e 2Ts etc.) como de judeu-cristãos (Tg, Hb etc.). A Parusia deve ser precedida pela pregação universal do *Evangelho e por uma grande tribulação sofrida pelos seguidores de *Jesus. Depois disso, Jesus regressará para vencer os inimigos de Deus e terá lugar a *ressurreição dos mortos e o *juízo final.

Bibl.: Grau, J., *Escatología...*; Rowland, C., *The Open...*; Vidal Manzanares, C., *El judeo-cristianismo*; Idem, *Diccionario de las tres...*; Ladd, G. E., *Theology of the New Testament...*; Gourgues, M., *El más allá en el Nuevo Testamento*, Estella.

PASCAL, BLAISE (1623-1662)

Teólogo e escritor francês. Dotada de uma extraordinária inteligência, apesar de não ter tido uma educação formal e ter sido ensinado somente por seu pai, entregou-se à prática de experimentos matemáticos chegando a inventar o barômetro. Sua convicção de que a razão não podia apreender os mistérios da fé colocou-o em contato com o *jansenismo. No dia 23 de novembro de 1654 aconteceu o que ele denominou sua "conversão definitiva", ao descobrir a "Deus de Abraão, Deus de Isaac, Deus de Jacó, e não o Deus dos filósofos e dos homens da ciência". A partir do ano seguinte começaria a escrever uma série de cartas (as *Cartas Provinciais*) que seriam impressas de 1656-1657, e continham ataques contra os *jesuítas assim como contra o *molinismo e o *probabilismo. A obra foi condenada pela Congregação do *Índice de 1657, mas continuou provocando controvérsias. Em 1670, oito anos depois de sua morte, começaram a ser publicados fragmentos de suas notas que formariam os famosíssimos *Pensamentos*. Autêntico clássico da literatura cristã universal, Pascal pretendia nela não convencer da veracidade do cristianismo mediante raciocínios filosóficos, mas por meio dos fatos, do cumprimento das profecias bíblicas e do chamado dirigido ao coração. Centrada na pessoa de Cristo como salvador, baseando-se em sua própria experiência de conversão e exigindo uma resposta de fé do interlocutor, a teologia de Pascal – que foi ridicularizada por *Voltaire e pela *Ilustração – iria contar com uma enorme influência nos séculos seguintes e ainda persiste na atualidade.

PÁSCOA

A primeira das três festas da peregrinação que os judeus anualmente celebravam. Começava nas vésperas do dia 15 de Nisã e durava sete dias. Comemorava – e comemora– o Êxodo ou a saída de Israel da escravidão do Egito e caracterizava-se por ritos especiais como o da proibição de consumir fermento durante toda a festa. Do mesmo modo, celebrava-se a alimentação pascal conhecida como *seder pesach*. Sobre a base de sua celebração fundamenta-se a *eucaristia cristã. Algumas das primeiras comunidades cristãs continuaram celebrando a Páscoa na data judaica, mas essa prática que não foi geral terminou no séc. IV. *Quartodecimanismo.

Bibl.: KAUFMANN, Y., *O. c.*; DEISS, L., *La Cena...*; SHEPHERD, C., *Jewish...*; BARYLKO, J., *Celebraciones...*

PASCOAL I (24 DE JANEIRO DE 817 A 11 DE FEVEREIRO DE 824)

Papa. Durante seu pontificado, o direito papal de coroar o imperador e a eleição de Roma como lugar da coroação ficaram praticamente consagrados e renovou-se a controvérsia relativa ao culto das *imagens. Numerosos monges gregos que fugiam do imperador iconoclasta *Leão V encontraram assim refúgio em Pascoal I. Consideravelmente impopular, quando se deu seu falecimento o povo de Roma impediu que fosse sepultado.

PASCOAL II (13 DE AGOSTO DE 1099 A 21 DE JANEIRO DE 1118)

Papa. Pouco depois de ser coroado chegaram notícias da tomada de Jerusalém pelos cruzados, o que o levou a organizar diversas *cruzadas. Assim, abençoou a Bohemundo I quando ele se dirigiu contra o império de Bizâncio, o que contribuiu enormemente para estremecer ainda mais as relações com as *Igrejas ortodoxas e impediu a unificação com elas. Continuou a política de *Gregório VII em relação às investiduras e conseguiu concluir com o imperador *Henrique V uma concordata em virtude da qual ele renunciou as investiduras e em troca recebeu das Igrejas alemãs todas as propriedades e direitos, com exceção dos procedentes eclesiásticos como, por exemplo, os dízimos, e foi coroado imperador pelo papa. Em 1116 viu-se obrigado a abandonar Roma por causa de uma revolta popular. Morreu pouco depois de seu regresso em 1118.

PASCOAL III (22 DE ABRIL DE 1164 A 20 DE SETEMBRO DE 1168)

Antipapa. Eleito pelo partido imperial em contraposição a *Alexandre III, os bispos da Itália e da Borgonha negaram-se a reconhecê-lo. Contudo, o apoio do imperador Frederico permitiu que em 1167 fosse coroado em Roma e, por sua vez, ele coroou o imperador. Nesse momento, Frederico começou a gostar da idéia de que tanto Alexandre III como Pascoal III abdicassem e se procedesse nova eleição papal. A propagação de uma epidemia de malária obrigou o imperador a se retirar de Roma e abandonar seus propósitos, levando Pascoal com ele. Em 1168 regressou a Roma, mas ao ficar sabendo que se estava pensando numa nova eleição papal refugiou-se em uma cidadela perto da igreja de São Pedro. Ali morreu antes que se procedesse a nova eleição.

PASTOR

Bispo ordenado em Lugo junto com Siagro em 433. Foi bispo de Palência e morreu preso em Orleans em 457. Dele sabemos que escreveu um símbolo da fé cristã no qual se condena, entre outros, os priscilianos. Hoje existe um acordo quase generalizado em identificar esse símbolo com o *Libelo*, um símbolo – uma ampliação do símbolo do primeiro Concílio de Toledo do ano 400 – que o P. Labbe publicou.

PASTOR AETERNUS
*Pio IX.

PASTOR DE HERMAS

Escrito classificado entre os denominados *Padres Apostólicos; outros autores preferem considerá-lo um apocalipse apócrifo (Quasten), o que não deixa de ser discutível. O autor era provavelmente judeu convertido ao cristianismo e de vida familiar feliz. A obra narra diversas visões experimentadas por Hermas em Roma, possivelmente na época de São Clemente, mas cuja redação final teve lugar no pontificado de Pio I. Irineu, Tertuliano – em seu período montanista – e Orígenes consideraram a obra inspirada e fazendo parte da Sagrada Escritura. No Ocidente, não obstante, não foi muito conhecida. O fragmento muratoriano fala que somente se podia ler em particular, mas Orígenes deixou-nos notícias de que também se lia em público em algumas igrejas. Sacramentalmente, o Pastor de Hermas conhece uma penitência ou perdão dos pecados além da dada no batismo, mas dá a impressão de que ela é concedida uma só vez na vida, o que provocou fortes controvérsias. Considera também do mesmo modo o batismo como indispensável para a salvação até ao ponto de afirmar que os apóstolos e mestres experimentaram uma descida *ad inferos*, com a finalidade de batizar os justos falecidos antes de Cristo. Cristologicamente, o Pastor identifica o Espírito Santo com o Filho de Deus, embora creia na Trindade que, para ele, estaria composta pelo Pai e pelo Espírito Santo ou Filho de Deus e pelo Salvador. Escatologicamente, Hermas considera a Igreja como a primeira das criaturas, já que para ela foi criado o mundo. Moralmente, permite as segundas núpcias, mas rejeita a possibilidade do divórcio, embora admita a separação da adúltera.

PATRÍCIO (390-460 APROX.)

O apóstolo dos irlandeses. Nasceu na Bretanha filho de um decurião chamado Calpôrnio, foi educado como cristão, embora não pareça que tenha vivido de maneira considerável no que se refere à piedade. Aos dezesseis anos foi capturado por piratas irlandeses e passou seis anos em Tirawley. Durante essa época voltou-se para Deus e percebeu que Ele lhe ordenava que fugisse. E assim o fez, e depois de convencer alguns marinheiros para que o levassem com eles, desembarcou nas costas da Bretanha. Quando voltou para o seio de sua família já era um homem mudado que se entregou ao estudo do cristianismo. Ele, porém, devia limitar-se ao aprendizado de uma antiga regra de fé e à leitura da *Bíblia em latim. Enviado à Irlanda como bispo, passou aí o resto de sua vida dedicando-se à obra missionária, mas também procurando a conciliação entre os chefes locais, e à educação dos filhos. A ele se deve o início do *monasticismo irlandês. No final de sua vida, escreveu uma *Confissão* na qual relatava sua vida e se defendia de seus detratores.

PATRIMÔNIO DE SÃO PEDRO, O

O conjunto de possessões territoriais vinculadas ao bispo de Roma. Embora o acúmulo de propriedades seja anterior ao séc. IV, o final das perseguições e o edito de *Constantino, que legalizou as doações em favor da Igreja romana, deram um impulso extraordinário ao crescimento do patrimônio. Assim, ele passou a incluir terras na Itália, na Sicília, na Ilíria, na Gália, na Córsega, na Sardenha e inclusive na África, o que permitiu ir aumentando o raio de influência do bispo de Roma. No ano de 753, o Papa *Estêvão II solicitou a ajuda dos francos, que aceitaram entregar ao papa territórios que haviam sido conquistados aos lombardos. Em 754 e 756, o franco Pipino acrescentou ao patrimônio de São Pedro o exarcado de Ravena, o ducado de Roma e os distritos de Veneza e Ístria. Boa parte dessas concessões procuraram legitimar-se com um documento falso denominado *Doação de Constantino* que, supostamente, refletia as doações realizadas por esse imperador ao papa.

Os territórios papais sofreram diversas variações ao longo dos séculos seguintes, mas foi a chegada da Idade Contemporânea à que contemplou o final deles. Em 1791, o papa perdeu o território pontifício situado na França e, em 1861, como conseqüência do processo de unificação italiana, somente Roma ficou sob o controle papal. Em 1870 também Roma foi ocupada pelo novo Estado italiano e o papa optou por se retirar ao Vaticano. A Lei de garantias outorgou ao papa uma pensão e declarou extraterritoriais as basílicas e os palácios de Latrão e o Vaticano e o território em torno de Castel Gandolfo. O papa negou-se a aceitar esse acordo, mas em 1929, em virtude do tratado de Latrão assinado entre *Pio XI e o ditador Benito Mussolini, consagrou-se uma situação muito semelhante configurando-se a cidade do Vaticano como um estado independente.

PATRIPASIANISMO

Forma de *sabelianismo aparecida no séc. III e defensora de que Deus Pai havia sofrido na cruz.

PATRÍSTICA

Ramo da teologia dedicada ao estudo dos escritos dos Santos Padres.

PATROLOGIA

Estudo e exposição sistemática da *Patrística.

PAULICIANOS

Seita de características maniqueístas surgida na Ásia Menor no séc. VI, cuja existência prolongou-se até o séc. XIII.

PAULINO DE NOLA

Merôpio Pôncio Anício Paulino nasceu numa família aristocrática senatorial pelo ano de 353 em Burdigala (Bordeos). Teve como mestre Ausônio. Aos vinte anos de idade dirigiu-se para Roma e em 379 foi nomeado governador de Campanha. Casado com Terasia – que certamente influenciou em sua visão espiritual da vida –, viveu na Espanha e posteriormente recebeu o batismo em Bordeos no ano de 389, foi ordenado em 394 em Barcelona. No ano seguinte vendeu suas grandes possessões e dirigiu-se à Nola para viver uma vida monástica. Entre os anos 409 a 413 foi ordenado bispo e morreu pelo ano de 431. Foi autor de um conjunto de cartas – o Epistolário – e de uma coleção de poemas. É possível que tenha escrito uma obra contra os pagãos que não chegou até nós e um panegírico do imperador Teodósio.

PAULINO DE PELLA

Nasceu em Pella (Macedônia) em fins de 376 ou inícios de 377, sendo seu avô materno Ausônio. Aos nove meses de seu nascimento, sua família mudou-se para Cartago e depois para Burdigala, onde realizou seus estudos e se casou. Tendo mantido uma postura colaboracionista com os godos, sofreu depois as represálias dos galo-romanos. Converteu-se em 421 ou 422 e passou o fim de sua vida em Marselha, morrendo pelo ano de 459. Foi autor do *Eucarístico*, um poema autobiográfico publicado em 459, destinado a dar graças a Deus pela maneira em que Ele interferira em sua vida.

PAULO
Paulo de Tarso, São.

PAULO I (29 DE MAIO DE 757 A 28 DE JUNHO DE 767)
Papa. O reinado de Paulo consistiu numa tentativa enérgica em consolidar o estado papal ameaçado pelos lombardos. A intervenção do franco Pipino, a pedido de Paulo I, permitiu a sobrevivência do Estado, mas à custa de renunciar a sua ampliação territorial.

PAULO II (30 DE AGOSTO DE 1464 A 26 DE JULHO DE 1471)
Papa. Amante de diversões e de carnavais, estabeleceu, mediante o decreto de 19 de abril de 1470, que, a partir de 1475, os anos santos deveriam ser celebrados a cada 25 anos. Em 1466 excomungou Jorge de Podebrady, rei da Boêmia, por sua simpatia com os *hussitas, e em 1470 proclamou a *cruzada contra os turcos, contudo seu esforço ficou limitado pela conclusão de uma aliança defensiva. Em seus últimos meses, Paulo II deu passos para reunir a Igreja russa na obediência com a Igreja de Roma mediante o matrimônio de Ivan III da Rússia (1462-1505) e a filha católica de Tomás Paleólogo. Um ataque que causou sua morte frustrou esse projeto.

PAULO III (3 DE OUTUBRO DE 1534 A 10 DE NOVEMBRO DE 1549)
Papa. Autêntico produto do Renascimento – teve três filhos e uma filha, e foi extraordinariamente nepotista – dedicou-se, contudo, à reforma interna da Igreja. Assim favoreceu os *jesuítas, restaurou a *Inquisição e conseguiu que se iniciasse a celebração de um Concílio ecumênico em *Trento (1545). Fracassou em sua tentativa de derrotar o protestantismo. Sua bula contra *Henrique VIII (1538) não somente não conseguiu a reconciliação com a Inglaterra, mas antes contribuiu para sua separação definitiva e algo semelhante aconteceu como conseqüência de seu apoio econômico para as guerras de religião na Alemanha.

PAULO IV (23 DE MAIOR DE 1555 A 18 DE AGOSTO DE 1559)
Papa. Considerado o primeiro pontífice da *Contra-reforma. De conduta nepotista e ambiciosa, o principal objetivo de seu pontificado foi frear o avanço do protestantismo. Apesar de tudo, sua antipatia para com a Espanha (que provocou uma reação oposta de Maria Tudor) e sua obsessão em eliminar tudo o que pudesse significar protestantismo provocou uma reação contrária e, de fato, fortaleceu a posição do protestantismo.

PAULO V (16 DE MAIO DE 1605 A 28 DE JANEIRO DE 1621)
Papa. No primeiro ano de seu pontificado viu-se amargurado pelo conflito com as autoridades de Veneza – que haviam proibido a ereção de igrejas sem sua permissão e a doação de propriedades seculares à Igreja – provocando a excomunhão do senado veneziano pelo papa e o interdito sobre a cidade. Esforçou-se por conseguir o

cumprimento das decisões do Concílio de *Trento, apoiou as missões na África e no Canadá e beatificou e canonizou um número considerável de santos. Manteve uma política neutra em relação ao conflito entre Espanha e França, potências às quais quis unir numa cruzada contra os turcos. Fracassou em seu intento de restaurar a Igreja católica na Rússia, morreu pouco depois das celebrações pela vitória católica na batalha de Montanha Branca.

PAULO VI (21 DE JUNHO DE 1963 A 6 DE AGOSTO DE 1978)
Filho de um abastado advogado, editor e fazendeiro, foi ordenado sacerdote em 1920 freqüentando depois a Universidade Gregoriana de Roma. Em 1923, serviu na nunciatura vaticana em Varsóvia e passou depois para a Secretaria de Estado, onde permaneceria durante os seguintes 30 anos. Em 1954, tornou-se arcebispo de Milão. Ao falecer *Pio XII, seu nome foi mencionado profusamente como possível sucessor. Escolhido por *João XXIII, ele o nomeou cardeal, e com a morte de João XXIII em 1963 foi eleito seu sucessor. Tendo anunciado o desejo de continuar a política de seu antecessor, abriu a segunda sessão do Concílio *Vaticano II no dia 29 de setembro de 1963. Antes da abertura da terceira sessão em 1964, tomou inclusive medidas para autorizar a presença de mulheres nessa sessão. Modificou o Decreto sobre o ecumenismo e declarou a Virgem *Maria "Mãe da Igreja", um título que alguns padres conciliares tinham negado conferir-lhe. Na quarta sessão anunciou o estabelecimento de um sínodo permanente dos bispos, e na véspera do encerramento do concílio foi lida uma declaração conjunta de Paulo VI e do patriarca Atenágoras, na qual se levantavam mutuamente as excomunhões promulgadas em 1054. Aconteceu também que depois do concílio se estabeleceu uma série de comissões pós-conciliares e isso permitiu as reformas posteriores como o uso da língua vernácula na missa, as novas orações eucarísticasetc. A partir de 1964, Paulo VI iniciou uma série de viagens ao estrangeiro marcando uma linha que depois seria continuada por *João Paulo II. As encíclicas de Paulo VI – *Mysterium Fidei*, de 3 de setembro de 1965 sobre a Eucaristia; *Humanae Vitae*, do dia 25 de julho de 1968, sobre o controle da natalidade – foram tachadas de conservadoras, embora se deva dizer que se limitavam a confirmar o pensamento dos papas anteriores.

PAULO DE SAMÓSATA
Nascido em Samósata, foi governador e ministro do tesouro de Zenóbia de Palmira. No ano de 260 foi ordenado bispo de Antioquia. Sustentador da tese de que Cristo havia sido somente um "homem comum" (HE VII, 27), entre os anos de 264 e 268 foram celebrados três sínodos em Antioquia com o fim de discutir suas opiniões cristológicas. O terceiro (268) o depôs finalmente. Curiosamente, contudo, o concílio condenou a palavra "Homoousios" (consubstancial) pelo fato de que Paulo a empregava, termo que, posteriormente, seria essencial na luta contra o arianismo.

PAULO DE TARSO
Nascido com o nome de Saulo ou Saul (10 d.C.?) em Tarso, cidadão romano e membro da tribo de Benjamim, estudou em Jerusalém com o rabino Gamaliel e pertenceu ao grupo restrito dos fariseus (Fl 3). Pelo ano 33 participou do linchamento do diácono

judeu-cristão Estêvão (At 7), marchou para a cidade de Damasco para prender os cristãos dessa cidade (At 9,1ss.), experimentou na estrada uma visão de Jesus ressuscitado que o ganhou para a nova fé (1Cor 15,7ss.). Até o ano 35 desceu à cidade de *Jerusalém, onde pôde comprovar que sua compreensão do cristianismo era igual a dos dirigentes judeu-cristãos dessa cidade (Gl 1,18ss.). De 35 a 46 esteve na Síria e na Cilícia (Gl 1). Estabelecido na comunidade cristã de Antioquia até o ano de 46, tornou a descer até Jerusalém (At 11,29-30; Gl 2,1ss.), onde ele e Barnabé receberam o beneplácito dos judeu-cristãos para se ocuparem da evangelização entre os gentios. Isso daria origem à primeira viagem missionária de Paulo (47-48), através de Chipre (Barnabé era de Chipre) e da Galácia. No ano de 48 Paulo escreve a carta aos gálatas, na qual manifesta que: 1) a salvação é pela fé sem as obras da lei e que os cristãos gentios não estão submetidos a essa lei; 2) que esse ponto de vista é compartilhado pelos judeu-cristãos da Palestina; e que 3) o próprio Pedro aceitara esse ponto de vista, embora em certa ocasião não tinha sido conseqüente consigo mesmo por razões de estratégia missionária, o que havia provocado uma discussão em Antioquia com Paulo (Gl 2,11ss.). Em torno do ano 49, assiste ao Concílio de Jerusalém, no qual se afirmou que a salvação era pela graça e não pelas obras da lei (AT 15,8-11) e que, portanto, os gentios não estavam obrigados a guardar a lei de Moisés, embora fosse conveniente que as igrejas de Antioquia, da Síria e da Cilícia adotassem certas medidas destinadas a evitar escândalos dos possíveis conversos do judaísmo (At 15,22-31). Nesse mesmo ano, Paulo iniciou uma segunda viagem missionária, dessa vez acompanhado de Silas, através da Ásia Menor até a Macedônia e Acáia (At 16-17). No ano 50, escreveu as duas cartas aos Tessalonicenses, e desde esse ano até 52, esteve em Corinto (At 18). Dirigiu-se nesse ano a Jerusalém (At 18,19-21) e em seguida iniciou sua terceira viagem missionária (Éfeso, Macedônia, Ilírico e Acaia) (At 19-20). Escreve nessa época as cartas aos Coríntios (55-56) e aos Romanos (inícios de 57). Em maio desse ano, visitou pela quarta e última vez a igreja judeu-cristã de Jerusalém, levando donativos das igrejas fundadas por ele. Foi recebido calorosamente por *Tiago, o *irmão de Jesus, que lhe pediu para acalmar os ataques que lhe eram feitos de levar os judeus à apostasia da lei, o que se propusera a pagar as despesas dos votos de alguns jovens nazireus (At 21,1-16). Paulo aceitou a possibilidade, mas em sua visita ao templo foi atacado pela multidão que o acusava de introduzir gentios (At 21,17ss.). A intervenção dos romanos e sua remoção à Cesaréia salvaram sua vida (At 22-23), embora permanecesse encarcerado até o ano de 59 (At 24). Vista sua causa pelo procurador Festo, na presença do rei Agripa, apelou a César, o que ocasionou seu envio a Roma, para onde partiu em setembro do ano 59 (At 25-26). Após uma acidentadíssima viagem (At 27,1-28,10) – inclusive com um naufrágio –, Paulo chegou a Roma em fevereiro de 60 (At 28,11ss.). Até o ano 62, esteve numa prisão domiciliar e, durante esse período, escreveu as cartas do cativeiro (Efésios, Filipenses, Colossenses e Filêmon). Posteriormente, conforme alguns autores, foi executado após escrever as cartas pastorais (1 e 2 Timóteo e Tito), supondo que elas sejam autênticas. Outra possibilidade é que fora libertado até o ano 62 por prescrição da causa e teria visitado a Espanha pelo ano 65. Detido por essa data, no ano de 64 aconteceu o incêndio de Roma, teria sido removido a Roma onde sofreu o martírio. A data das pastorais poderia ser fixada em torno de 65 ou elas poderiam ser deuteropaulinas. A figura de Paulo tem sido freqüentemente controvertida, a partir de estudos da escola de Tubinga no séc. XIX, a de Pedro e demais dirigentes judeu-cristãos, assim como a de Jesus. Paulo não teria mostrado nenhum interesse pelo Jesus histórico, teria paganizado o cristianismo, adotando a tese da divindade de Cristo e de sua morte expiatória como eco das religiões mistéricas, e negado o valor da lei. Mercê dessa postura, São Paulo seria o verdadeiro fundador do cristianismo posterior. Esse ponto de vista – muito condicionado pelo hegelianismo ao ver Pedro como tese e a Paulo como antítese, e ao catolicismo primitivo como síntese – é, historicamente falando, totalmente insustentável e sua repetição somente pode explicitar-se por um desprezo absoluto ao estudo histórico das fontes, acompanhado da assunção de apriorismos procedentes da filosofia e não da ciência histórica. São Paulo foi, em muitos aspectos, um pensador original – e brilhante – mas sua originalidade relaciona-se mais com a forma que com o fundo, com a expressão que com o conteúdo. Ambos tornam-se profundamente judaicos e nada devem às religiões mistéricas (entre outras coisas porque essas não têm peso no império antes do séc. II d.C. e porque a idéia da descida de um redentor a este mundo não está documentada nessas formas de espiritualidade antes desse mesmo séc. II d.C.). Por outro lado, São Paulo, longe de desprezar o Jesus histórico, considera-o base de sua pregação. Cita as palavras de Cristo relacionadas à Última Ceia (1Cor 11,23-26) de acordo com o que lhe haviam ensinado; insiste na humanidade de Jesus (Gl 4,4), em sua ascendência davídica como em sua filiação divina (Rm 1,3-4). A mesma idéia da culpabilidade universal do gênero humano e da obrigatoriedade da *expiação, longe de ser originalmente paulina, relaciona-se com o próprio Jesus que chamou a todos à conversão (Lc 13,1ss.) e se apresentou como o *Messias, o *Servo de Yahveh, *Filho do homem, assumiu essa mesma visão e insistiu que se entregava à morte em resgate por muitos (Mc 10,45) e que na Nova Aliança baseava em seu sangue derramado pelos homens (Mt 26,26-29 e paralelos). Certamente São Paulo afirmou a divindade do Filho (Fl 2,5ss.; Cl 2,9; Tt 2,13 etc.), mas o próprio Jesus identificou-se com *hipóstase como a Sabedoria e aplicou a si títulos cheios dos contextos de divindade como o de *Senhor, ou de *Filho de Deus. Nos Evangelhos além disso se lhe aplicam textos relacionados originalmente com Yahveh (p. ex. Pedra de tropeço) ou títulos hipostáticos como Logos (também *Menrá). A própria escatologia paulina (representada, por exemplo, nas duas cartas aos Tessalonicenses) está descrita em termos que têm claríssimos paralelos com a *apocalíptica judaica (inclusive não cristã) do período. Em seu conjunto, pode-se afirmar, com Bruce, F. F., que Paulo, embora difere em seu estilo ao ensino de Jesus, repete pelo contrário suas afirmações fundamentais.

Bibl.: BRUCE, F. F., *Paul...*; IDEM, *Acts...*; IDEM, *Paul and Jesus*, Grand Rapids 1982; DAVIES, W. D., *Paul...*; VIDAL MANZANARES, C., *El judeo-cristianismo...*; FITZMYER, J.

A., *Teologia de san Pablo*; Madri 1975; SANDERS, E. P., *Paul...*; IDEM, *Paul, the Law...*; HENGEL, M., *The Pre-Christian Paul*, Filadélfia 1991; COTHENET, E., *San Pablo en su tiempo*, Estella.

PAULO E TECLA
*Atos apócrifos.

PAULO ORÓSIO

Nasceu em Braga entre os anos 375 e 380. Diante da invasão dos godos, refugiou-se na África, onde entrega a Agostinho uma memória dos erros priscilianistas e origenistas que circulavam pela Península Ibérica. Enviado por Agostinho a Belém para consultar Jerônimo sobre o problema da origem da alma, no ano de 415 assiste em Jerusalém ao sínodo convocado pelo bispo João contra Pelágio ("girino" e "dragão abominável", em termos de Orósio). Diante do beco sem saída a que se chegou, optou por remeter a solução do problema ao Papa Inocêncio. Não podendo voltar à Espanha, que estava em poder dos bárbaros, Orósio optou por regressar a Hipona. Escreveu um *Commonitorio* sobre o erro dos priscilianistas e origenistas, um *Livro apologético* contra os pelagianos e sete livros de *Histórias contra os pagãos*.

PECADO

No judaísmo da época de Jesus – e no pensamento dele – é qualquer ofensa contra Deus, ação contrária a sua vontade ou o que infringe algum de seus mandamentos. Transgredir algum preceito da Torá é pecado e tem também conseqüências negativas sobre a pessoa, separando-a do amor de Deus (Mt 9,13; 19,17-19). Jesus enfatiza especialmente a necessidade de acabar com as raízes íntimas do pecado (Mt 5,27ss.; 6,22ss.; 15,1-20) e chama à *conversão o pecador (Lc 11,4; 15,1-32; 13,1ss.; 18,13), porque Deus perdoa todo pecado, exceto a *blasfêmia contra o Espírito Santo, isto é, a atitude de dureza do coração diante do perdão de Deus é a única conduta que impede receber esse perdão. Por amor ao pecador, Jesus acolhe-o (Mt 11,19; Lc 15,1ss.; 19,7) e se entrega expiatoriamente à morte (Mt 26,28; Lc 24,47). Aquele que recebeu esse perdão deve por sua vez saber perdoar os pecados dos outros (Mt 18,15 e 21; Lc 17,3ss.).

Bibl.: DONIN, R., *O. c.*; NEWMAN, Y., *O. c.*; VIDAL MANZANARES, C., *El Primer Evangelio...*; IDEM, *El judeo-cristianismo...*

PECADOR
*Pecado.

PECTÓRIO

Nome ao qual se refere um epitáfio cristão encontrado em sete pedaços num antigo cemitério cristão perto de Autun (França) em 1830. J. P. Pitra – assim como J. B. de Rossi – datou-o aos inícios do séc. II, enquanto que E. Le Blant e J. Wilpert o situam em fins do séc. III. Quasten inclina-se por uma data entre 350 a 400 com base na forma e no estilo das letras, embora reconheça que a fraseologia seja igual à do epitáfio de Abércio. O poema que aparece nesse epitáfio – três dísticos e cinco hexâmetros – seja em sua primeira parte de caráter doutrinal, em que denomina o batismo "fonte imortal das divinas águas", e por sua vez testemunha o costume primitivo de receber a comunhão nas mãos. Na segunda parte, Pectório pede por sua mãe e roga a seus familiares uma oração "na paz do Peixe".

PEDRO

Tradução grega da palavra aramaica *Cefas* (pedra). Discípulo de Jesus o qual se denomina também Simão (At 15,14; 2Pd 1,1). Filho de João (Jo 1,42) ou *Jonas (Mt 16,17), dedicava-se com seu irmão *André à pesca na Galiléia (Mt 4,18). Natural de Betsaida (Jo 1,44), residia com sua família em Cafarnaum (Mt 1,29ss.; Mt 8,14; Lc 4,38). Esteve unido a *João Batista (Jo 1,35-42) antes de seguir Jesus. Fez parte do grupo dos *Doze e mais especificamente dos três discípulos mais próximos do Mestre (Mt 17,1; Mc 5,37; 9,2; Lc 8,51 etc.). Convencido da messianidade de Jesus – é essa confissão que leva Jesus a se referir a sua Igreja edificada sobre a fé nele como *Messias e *Filho de Deus –, não aceitou, contudo, a revelação do *messias sofredor que aquele tinha (Mt 16,18ss.) e inclusive chegou a negar a seu mestre quando de sua prisão (Mt 26,69ss. e paralelos). Pedro não acreditou inicialmente no anúncio da ressurreição de Jesus (Lc 24,11), mas à vista do túmulo vazio (Lc 24,12; Jo 20,1-10) e uma aparição de Jesus no domingo da Ressurreição (Lc 24,34; 1Cor 15,5), assim como outras nas quais se achava presente com os outros discípulos, mudaram radicalmente sua vida. Apenas algumas semanas depois da morte de Jesus, Pedro tinha-se convertido num personagem disposto a enfrentar-se com as autoridades judaicas que, durante o tempo de Herodes Antipas, estiveram a ponto de executá-lo (At 12). Embora a comunidade judeu-cristã de *Jerusalém parece ter sido governada por todos os *apóstolos em seus primeiros tempos, não resta dúvida de que Pedro atuava como porta-voz dela (At 2,4). Foi ele, juntamente com João, quem legitimou as obras de evangelização situadas fora da Judéia (Samaria, At 8; a zona litorânea, At 9,32ss.) e ele que deu o primeiro passo de evangelização aos não judeus (At 10,11). Seus relacionamentos com São Paulo parecem ter sido bons (Gl 1,2), exceto no caso de um incidente em Antioquia no qual Pedro agiu contra suas convicções para não causar escândalo aos judeus. Durante os anos 40 e 50, a Igreja de Jerusalém esteve sob a direção de *Tiago e não de Pedro (At 12,17; 15,13; 21,18; Gl 2,9 e 12), embora ele apoiou no Concílio de Jerusalém as teses de Paulo. Temos poucos dados sobre esse período final de sua vida (quase um quarto de século). Desenvolveu com certeza um ministério missionário (1Cor 9,5). Possivelmente, durante seu ministério trabalhou em Corinto (1Cor 1,12) e, pouco depois, deve ter concluído com seu martírio (Jo 21,19). Considera-se a possibilidade de ter visitado Roma, embora não seja provável que tenha sido ele quem fundou a comunidade nessa cidade. Provável, sim, é que tenha sido martirizado durante a perseguição de Nero (*Quo vadis*). Das obras que lhe são atribuídas é, sem dúvida, sua a primeira epístola que traz seu nome. Quanto à autenticidade da segunda tem sido questionada, mas o certo é que o escrito do Novo Testamento com o que tem maiores coincidências é precisamente a primeira carta de Pedro e não deveriam ser esquecidas tampouco as lógicas diferenças que dependem não tanto da diversidade dos autores como do gênero literário (a primeira carta é uma epístola, a segunda está concebida como um testamento). Tampouco pode descartar-se que a segunda fosse devida a Pedro, mas recebera sua forma final da pena de um amanuense. Quanto aos atos de Pedro, o Apocalipse de Pedro e o Evangelho de Pedro são claramente escritos pseudo-epigráficos. Aventou-se a possibilidade de que o Evangelho de *Marcos contenha substancialmente o conteúdo da pregação de Pedro, toda vez que *João Marcos aparece em algumas fontes como intérprete.

Bibl.: THIEDE, C. P., *O. c.*, GRIFFITH THOMAS, W. H., *El Apóstol*...; BRUCE, F. F., *Acts*...; IDEM, *New Testament*...; VIDAL MANZANARES, C., *El judeo-cristianismo*...; CULLMANN, O., *Peter*, Londres 1966; BROWN, R. E. e outros, *Pedro*...; AGUIRRE, R., (ed.), *Pedro en la Iglesia primitiva*, Estella.

PEDRO CANÍSIO
Canísio, Pedro.

PEDRO CLAVER (1581-1654)
Nascido em Verdú, Espanha, entrou em 1601 na Companhia de Jesus em Maiorca. Em 1601, enquanto estudava em Maiorca sentiu o desejo de converter os pagãos na América, e nove anos depois desembarcou com essa finalidade em Cartagena, na atual Colômbia, onde começou a pregar para os escravos de origem africana. Em 1615 foi ordenado sacerdote. Durante seu ministério instruiu e batizou mais de 300.000 negros. Canonizado por *Leão XIII em 1888.

PEDRO CRISÓLOGO
Nasceu talvez em Ravena entre os anos 425 e 429. Entre os anos 448 e 449 escreveu a Eutiques convidando-o a submeter-se às decisões do Papa Leão. Faleceu entre os anos 449 e 458. Os estudos de A. Olivar permitem-nos hoje ter uma idéia bastante precisa dos escritos autênticos de Pedro Crisólogo. Eles seriam uma carta, 168 sermões da Coleção Feliciana (séc. VIII) e 15 extravagantes. O *Rolo de Ravena*, assim como outros escritos, devem ser rejeitados como seus.

PEDRO DE ALCÂNTARA (1499-1562)
Fundador dos franciscanos descalços. Natural de Alcântara, Espanha, estudou em Salamanca (1511-1515 aprox.) e vestiu o hábito franciscano em 1515. Ordenado sacerdote em 1524, foi superior em diversas casas de 1538 a 1541 Depois disso, retirou-se para uma ermida perto de Lisboa onde vieram unir-se a ele diversos irmãos com os quais estabeleceu várias comunidades. Foi de uma influência notável sobre Santa *Teresa d'Ávila, durante a reforma *carmelita, com a qual se encontrou pela primeira vez em 1558. Canonizado em 1669.

PEDRO DE ALEXANDRIA
Ordenado bispo de Alexandria pelo ano de 300, viu-se obrigado a abandonar a cidade durante a perseguição de Diocleciano. Morreu mártir em 311. Em sua ausência, o bispo de Licópolis, Melécio, apoderou-se de sua diocese e de outras quatro, cujos bispos tinham sido encarcerados durante a perseguição. Pedro o depôs num sínodo alexandrino (305-306), mas Melécio, longe de submeter-se, constituiu-se em defensor de uma postura rigorista – "igreja dos mártires" – que nem sequer Nicéia conseguiu submeter. Foi autor de vários tratados (*Sobre a divindade, Sobre a alma, Sobre a ressurreição* etc.) e de uma Carta aos alexandrinos sobre Melécio.

PEDRO DE BRUYS
(† 1140 APROX.)
Pregador medieval. Temos notícias dele por meio dos escritos de *Abelardo (*Introductio ad Theolo-*

giam, II, 4) e de *Pedro, o Venerável (*Tractatus adversus Petrobrusianos Haereticos*). Precursor de movimentos posteriores, rejeitava as orações pelos defuntos, o batismo dos infantes, a missa, os edifícios eclesiais – já que qualquer lugar é apropriado para adorar a Deus – a autoridade eclesial, o celibato eclesiástico e a veneração da cruz. Morto na fogueira, seu ensinamento foi condenado pelo segundo Concílio de Latrão de 1139.

PEDRO DE CANDIA
Alexandre V.

PEDRO GONZÁLEZ
(1190-1246 APROX.)

O verdadeiro nome do legendário São Telmo (ou Santo Elmo). Pregador *dominicano, acompanhou Fernando III em sua luta contra os mouros e depois dedicou-se a pregar nas costas espanholas. Depois de sua morte foi canonizado como patrono dos navegantes e por isso que se lhe atribui como sinal de sua proteção os fenômenos elétricos conhecidos como fogos de São Telmo.

PEDRO LOMBARDO
(1100-1160 APROX.)

Nascido em Novara, Lombardia, estudou na Itália e, posteriormente, estabeleceu-se em Paris (1134), onde lecionou na escola da catedral. Em 1159 foi nomeado bispo de Paris. Suas obras principais foram os *Sententiarum libri quatuor* (1155-58). Dedicada à *Trindade (l. I), à Criação e ao pecado (l. II), à Encarnação e às virtudes (l. III), aos sacramentos e às quatro últimas coisas (l. IV). O quarto Concílio de Latrão (1215) declarou sua ortodoxia e assim se tornou o texto básico da teologia católica durante a Idade Média. De fato, não foi superado até a *Summa Theologica* de Santo *Tomás de Aquino, embora os comentários continuassem abundantes até o século XVII.

PEDRO NOLASCO
(1189-1256 APROX.)

É muito difícil estabelecer qual foi exatamente sua trajetória histórica. Atribui-se-lhe, juntamente com *Raimundo de Peñafort, a fundação dos *mercedários dedicados ao resgate dos cativos das mãos dos muçulmanos. Atribui-se a ele também a participação na *cruzada contra os *albigenses e que foi tutor de Jaime I de Aragão, mas esses dados não são seguros. Foi canonizado em 1628 por *Urbano VIII.

PEDRO, O ERMITÃO
(1050-1115 APROX.)

Pregador da primeira *cruzada, em 1096 dirigiu um grupo de cruzados que foi destroçado pelos turcos em Civitot. Conseguiu reunir alguns dos sobreviventes e com eles se somaram as forças dirigidas por Godofredo de Bouillon. Depois de entrar em Jerusalém, voltou à Europa onde se tornou prior do mosteiro agostiniano de Neufmotier.

PEDRO, O VENERÁVEL
(1092-1156 APROX.)

Oitavo abade de *Cluny. Seu interesse em que no mosteiro se praticasse o estudo ocasionou-lhe um confronto com São *Bernardo, que era partidário de que a vida dos monges ficasse circunscrita ao trabalho manual e à oração. Em 1139 apoiou *Inocêncio II contra *Anacleto II e dez anos depois proporcionou refúgio a *Abelardo. Grande controversista, escreveu contra os muçulmanos – foi o primeiro em traduzir o Alcorão para o latim – contra *Pedro de Bruyz e contra os judeus.

PÉGUY, CHARLES DE PIERRE (1873-1914)

Escritor francês. Manifestou uma simpatia inicial pelo socialismo e pelo judeu Dreyfus (injustamente condenado e posteriormente reabilitado), abraçando em seguida uma forma de nacionalismo místico impregnado de catolicismo com ressaibos medievais. A combinação desses fatores provocou de maneira semelhante a desconfiança de católicos e de socialistas. Morreu na batalha do Marne, no dia 5 de setembro de 1914. Nos anos posteriores a sua morte influenciou consideravelmente os escritores católicos franceses.

PELAGIANISMO

Heresia do séc. IV que recebeu o nome de seu criador, o inglês Morgan Pelágio. De acordo com seus ensinamentos, o homem pode adquirir a salvação por seus próprios meios, sem necessidade da graça de Deus, com o que o sacrifício de Cristo na cruz não teria valor salvífico, mas simplesmente modelar. Suas teses foram combatidas brilhantemente por Santo Agostinho e condenadas em diversos concílios. Essa auto-salvação acha-se presente em boa parte nas ideologias ensinadas nas seitas assim como em círculos ocultistas. Possivelmente, o movimento que hoje defende um pelagianismo mais evidente seja o denominado Nova Era.

PELÁGIO

Nasceu na Bretanha em 354, possivelmente filho de funcionários romanos da região. Entre 380 e 384 chegou a Roma, sendo Papa Anastácio, e foi batizado. Discutível é se foi monge, embora V. Grossi acredite que pode ter sido monge secular e não cenobita. Desfrutou de muita simpatia entre as grandes famílias romanas. Em 410, depois do saque de Roma, refugiou-se na África e daí passou a Jerusalém. Em fins de 415 dois bispos gauleses exilados, Eros e Lázaro de Aix, acusaram Pelágio, em Dioscópolis, de defender a possibilidade de impecabilidade real do homem com base em seu livre-arbítrio e sua capacidade de obedecer os mandamentos divinos. A disputa apresentada magistralmente por Pelágio, que se afastou de Celéstio, terminou com sua absolvição. Não obstante seu libelo de defesa chegou às mãos de Santo Agostinho provocando a reação de cinco bispos africanos que suplicaram a Inocêncio I que condenasse Pelágio, o que aquele fez manifestando, não obstante, que esperava que ele mudasse de posição. Morto Inocêncio I em 417, sucedeu-lhe na sede o Papa Zózimo que convocou Pelágio e Celéstio para a Basílica de São Clemente para aquele mesmo ano. Eles adotaram uma linha de defesa brilhantíssima até ao ponto de não somente saírem absolvidos, como também de conseguirem a revogação da condenação de Celéstio de 411. Os africanos convocaram então um concílio africano, no qual se elaborou um volume que foi levado a Roma para se exigir a condenação de Pelágio e Celéstio. O Papa Zózimo respondeu no ano 418 não cedendo às pretensões dos bispos africanos. Eles recorreram então a Ravena, de onde surgiu o rescrito de condenação de 30 de abril de 418 e outro mais no final daquele mesmo ano. O Concílio de Cartago desse mesmo ano condenou várias proposições pelagianas, o que unido à posição imperial levou Zózimo a escrever sua carta Tractória de 418, na qual fazia suas as decisões de Cartago e pedia a adesão das principais sedes episcopais do Oriente e do Ocidente. Pelágio refugiou-se no Egito. Em 425, Valentiniano III editou um rescrito contra os pelagianos do sul das Gálias, e finalmente o Concílio de Éfeso excomungou as teses pelagianas. Os papas Bonifácio e Celestino adotaram a linha do Concílio de Cartago e da Tractória de Zózimo. C. P. Caspari dividiu as obras de Pelágio em certas, duvidosas e de certos autores, embora seu ponto de vista diste muito de ser universalmente aceito. Une-se a essa dificuldade o fato de que já na época de Pelágio, ele e seus seguidores negavam-se a assumir como seus alguns de seus escritos precisamente para evitar condenações canônicas. Entre suas obras certas destacam-se as *Exposiciones* das 13 epístolas de São Paulo, o *Livro sobre o endurecimento do coração do Faraó*, a *Exposição interlineal do livro de Jó*, o *Libelo da fé* etc. V. Grossi dividiu a teologia pelagiana em três períodos que seriam antes de 411, entre 411 e 418 e depois de 418 respectivamente. Na primeira fase Pelágio declara-se crente numa predestinação que provém dos merecimentos derivados da observância dos preceitos divinos com a liberdade pessoal que há na natureza humana. Deus predestina para a salvação aqueles que ele sabe que obedecerão suas leis, aqueles que conhece que suportarão sem desfalecer todos os sofrimentos que lhes possam vir por ser fiéis cristãos. Em um segundo período, Pelágio nega-se a crer num traducianismo do pecado original – com o que choca, entre outras coisas, com a prática do batismo de infantes precisamente destinado a apagar o pecado da criança – e sustenta que todo homem nasce na mesma condição que Adão – a morte não é senão algo natural – já que o pecado dele não teve con-seqüências para sua posteridade que pode pecar ou não. Se as crianças eram batizadas não era para lhes acrescentar um pecado, mas para regenerá-los. A natureza humana tem, pois, uma possibilidade natural de fazer o bem e evitar o mal – algo que forçosamente tinha de chocar com a teologia de Santo Agostinho – reduzindo a graça à lei revelada por Deus para mostrar-lhe o que deve fazer, a graça fora, pois, praticamente reduzida à liberdade, e a salvação é algo obtido pelo homem à custa de seus próprios e únicos esforços. Depois de Pelágio (após 418), as posições iriam radicar-se cada vez mais progressivamente tanto em torno da heresia do predestinacionismo (Deus predestina a alguns para a salvação e a outros para a condenação, Cristo não morreu por todos, mas somente pelos salvos, Deus não deseja a salvação para todos etc.) condenada no Concílio de Arles em 473 e recuperada por Calvino no séc. XVII em sua Instituição da religião cristã e pelo sínodo de Dort.

PELÁGIO I
(16 DE ABRIL 556 A 3 DE MARÇO 561)
Papa. Após a morte de *Vigílio, dirigiu-se para Roma como o candidato imperial ao papado. Eleito, contudo, defrontrou-se com uma clara oposição e sua ordenação teve de esperar até o dia 16 de abril de 556. Utilizando o poder concedido por *Justiniano, ocupou-se em restaurar a ordem em Roma e na Itália devastadas pela guerra.

PELÁGIO II (26 DE NOVEMBRO DE 579 A 7 DE FEVEREIRO DE 590)
Papa. Durante seu pontificado aconteceu a conversão dos visigodos da Espanha, proclamada no terceiro Concílio de Toledo (589). Manifestou-se contra o uso do título de "patriarca

ecumênico" por parte do patriarca de Constantinopla, embora esse título podia ser retroativo ao séc. V, uma vez que considerava que isso limitava o primado papal, e rompia a comunhão com Constantinopla enquanto se mantivesse. Em novembro de 589, a peste assolou Roma e Pelágio foi uma de suas vítimas.

PENINGTON, ISAAC (1616-1679)

Também Pennington. Filho do prefeito de Londres, depois de alguns anos de desorientação religiosa – nos quais se uniu, por exemplo, com os puritanos, – escutou Fox pregar e, juntamente com sua esposa, uniu-se aos quakers. Como conseqüência de sua fé, depois de 1660 viu-se encarcerado várias vezes – o que teve um terrível efeito sobre sua saúde – e suas propriedades foram confiscadas. Suas obras constituem não somente alguns dos escritos mais importantes dos quakers mas também da literatura espiritual de todos os tempos.

PENITÊNCIA
*Conversão. *Reconciliação. *Sacramento.

PENN, WILLIAN (1644-1718)

Fundador da Pensilvânia. Filho mais velho do almirante Willian Penn, o conquistador da Jamaica, em 1665 experimentou uma conversão e se uniu aos quackers. Encarcerado por essa causa três anos depois, escreveu durante sua prisão *No Cross. No Crown* (1669), um clássico da literatura espiritual que superou em muito o âmbito dos quakers. Em 1670, foi posto em liberdade e desde então começou a conceber a idéia de fundar na América uma colônia que garantisse a liberdade de consciência não somente aos quakers, mas também às outras pessoas. Em 1682 obteve as concessões régias para a que seria a East New Jersey y Pensilvânia. Apesar de contar com elas, Penn insistiu em comprar o terreno aos nativos e concluiu com eles o único tratado que seria respeitado entre o homem branco e os peles vermelhas. Na Pensilvânia, efetivamente foi garantida a liberdade de religião para qualquer fé sempre que fosse monoteísta. Em 1684 voltou para a Inglaterra. Privado em 1692 do governo da Pensilvânia, a partir do ano seguinte dedicou-se à pregação itinerante e em e 1696 escreveu *Primitive Christianity*, em que sustentava a identidade do cristianismo primitivo com o quakerismo. A figura de Penn seguiria tendo uma enorme relevância posterior não tanto como escritor cristão – apesar do valor de suas obras – como campeão da tolerância, do respeito aos seres de outras raças e do *pacifismo.

PENTECOSTAIS

Conjunto de denominações protestantes cujas ênfases fundamentais são sua concepção do batismo do Espírito Santo como experiência posterior à conversão caracterizada por falar em línguas (uma afirmação realizada pela primeira vez em 1900), e sua insistência na possibilidade de receber os dons do Espírito Santo de aspecto mais particular (falar em línguas, dom de curas etc.). Surgidos nos inícios do séc. XX no mundo anglo-saxão, sua influência teológica ultrapassou o campo do protestantismo influenciando em movimentos católicos como a Renovação Carismática desde 1967.

PENTECOSTALISMO
*Pentecostais.

PENTECOSTES

No judaísmo denomina-se essa festa *shavuot* (semanas) e é a segunda das três festas da *peregrinação. Celebra-se anualmente no dia 6 de Sivã em Israel e no dia 6 ou 7 de Sivã na diáspora. Seu nome hebreu deriva do mandato bíblico de contar sete semanas desde a segunda noite da *Páscoa até o dia seguinte do dia de descanso (Lv 23,15-16 e 21), e daí vem também seu nome não judeu de Pentecostes (cinqüenta dias em grego). A festa comemora no judaísmo, por um lado, as primícias que eram levadas ao templo (Nm 28,26; Êx 34,22; 23,16; Lv 23,17), assim como a entrega da Torá no Sinai.

No caso do cristianismo, Pentecostes tem um significado especial, já que, conforme os Atos dos Apóstolos 2,1, nessa festividade se deu a descida do *Espírito Santo sobre a comunidade de Jerusalém. Tentativas de reviver essa experiência apareceram ao longo da história do cristianismo. Assim *Donato e *Joaquim de Fiore esperavam uma era futura do Espírito; o *pentecostalismo tem a pretensão de reviver a experiência primitiva de Pentecostes (curiosamente enfatizando o falar em línguas, mas não a comunhão de bens que surgiu na base de Pentecostes). O Papa *João XXIII desejou que o Concílio *Vaticano II fosse o início de um novo Pentecostes etc.

Bibl.: BARYLKO, J., *Celebraciones...*; BRUCE, F. F., *Acts...*; VIDAL MANZANARES, C., *El judeo-cristianismo...*; SHEPHERD, C., *Jewish...*

PEREGRINAÇÃO DE EGÉRIA
*Egéria.

PERSEGUIÇÃO

Circunstância que, conforme *Jesus, está perpetuamente inerente à condição do *profeta (Mt 5,12) e do discípulo (Mc 10,30). Surge da rejeição que o mundo devota a Jesus (Jo 15,18-20). Mas longe de gerar ódio, o discípulo perseguido deve orar por seus perseguidores (Mt 5,44), sabendo além disso que existe uma bênção nessa situação (Mt 5,10) e que conta com a ajuda de Deus para enfrentá-la (Mt 10,19ss.; Lc 21,12-15). Essa mesma visão aparece reproduzida na experiência apostólica (At 8,1; 11,19; 13,50) e nas cartas de São *Paulo (Rm 8,35, 1Cor 4,12; 2Ts 1,14; 2Tm 3,11), em que se afirma que todo aquele que deseja viver piedosamente sofrerá perseguições (2Tm 3,12).

A história do cristianismo primitivo conheceu dez perseguições denominadas gerais, embora alguma seja duvidosa historicamente, e até meados do séc. III surgiram mais da hostilidade local que de uma política imperial específica. Essas dez perseguições foram:

1. Sob Nero. Iniciada quando esse imperador descarregou sobre os cristãos a responsabilidade de terem incendiado Roma (ano 64). Tudo faz pensar que nela morreram Pedro e Paulo. Também é o mais provável que essa perseguição tivesse algum efeito nas províncias, o que parece refletir o livro do Apocalipse.

2. Sob Domiciano. Hoje já não se pode sustentar que houve uma perseguição sob esse imperador – muito menos que ela seja a descrita no Apocalipse – já que a execução de Flávio Clemente e o desterro de Domitila parecem ter sido por causas políticas e não aparece claro se eram cristãos ou convertidos ao judaísmo.

3. Sob Trajano. Sua correspondência com Plínio (112) diz que houve

julgamentos contra os cristãos na Bitínia e que Trajano não simpatizava com eles, mas ordenou a Plínio que não os procurasse para julgá-los exceto se houvesse uma denúncia. Um rescrito de Adriano no qual se proibia a perseguição dos cristãos, exceto se fossem culpáveis de algum crime concreto, obriga a pensar que em alguma ocasião o fato de ser cristão havia ocasionado punições penais
4. Sob Marco Aurélio. O imperador sentia uma clara aversão para com os cristãos e apoiou uma severa perseguição em Lyon (177). É possível que a obra de *Celso pretendesse legitimar ideologicamente essa conduta imperial. Durante o reinado de Cômodo (180-192), os cristãos tiveram um período de tolerância.
5. Sob Septímio Severo. Esse imperador proibiu as conversões ao cristianismo, mas não desencadeou perseguições éticas. Depois de sua morte (211), houve um período de paz prolongado somente interrompido por Maximino.
6. Sob Maximino. No ano 235 executou uma perseguição contra os cristãos. Contudo, é possível que sua origem fosse simplesmente o desejo de atuar contrariamente ao que fora feito por seu odiado Alexandre Severo.
7. Sob Décio. O reinado de Décio implicou uma mudança radical da situação. Sua ordem de se sacrificar aos deuses imperiais (250) tinha seus precedentes, mas em seu contexto implicou um ataque direto contra o cristianismo. Muitos cristãos foram martirizados durante a perseguição e muitos se tornaram *lapsos.
8. Sob Valeriano. Em 257 foram proibidas as reuniões cristãs e aconteceu a prisão de muitos bispos. Em 258 o imperador ordenou a execução de todos os sacerdotes e leigos de importância que não apostatassem. Dois anos depois, Galeno derrogou essas medidas e devolveu suas propriedades às igrejas.
9. Sob Aureliano. Como no caso de Domiciano, não houve perseguição sob esse imperador e semelhante afirmação não passa de afirmação legendária.
10. Sob Diocleciano. Esse imperador manteve uma política de tolerância até que no ano de 303 ordenou, por influência de Galério, a destruição das igrejas e a queima das Escrituras. Um edito do ano seguinte autorizou inclusive a pena de morte contra os cristãos. Depois da abdicação de Diocleciano, continuou a perseguição, embora sua intensidade variasse conforme os diversos governantes. Em 311, Galério promulgou um edito de tolerância que obrigou no ano seguinte a Maximino, um feroz perseguidor, a seguir seu exemplo. Da mesma maneira Constantino e Licínio proclamaram a liberdade religiosa completa. A partir desse momento podem-se dar por encerradas as perseguições imperiais e devem-se considerar as ações de Licínio (322-323) e Juliano (361-363) antes como parênteses anacrônicos

PETROBRUSIANOS
*Seguidores de Pedro de Bruys.

PHILOCALIA
*Filocalia.

PICO DELLA MIRANDOLA, GIOVANNI (1463-1494)
Escritor italiano. De profundos conhecimentos, não só dominava as línguas clássicas como também o hebraico, o aramaico e o árabe. Foi um dos primeiros ocidentais não judeus

que tentou utilizar a *Cabala como via de acesso aos aspectos mais difíceis da *Bíblia. *Inocêncio VIII considerou heterodoxas algumas de suas teses, o que o levou a abandoná-las. Em seu leito de morte vestiu o hábito dos *dominicanos.

PIÉRIO
Embora pareça ter passado a maior parte de sua vida em Roma, sabemos que sucedeu a Teognosto na direção da escola de Alexandria. Nessa cidade sofreu o martírio, embora, conforme algumas fontes, não morreu em seu decurso, dirigindo-se depois a Roma onde faleceu depois do ano 309. Foi autor de um tratado *Sobre o profeta Oséias* e de uma homilia sobre esse mesmo livro do Antigo Testamento. Foram-lhe atribuídos diversos tratados *Sobre o Evangelho de Lucas e Sobre a Mãe de Deus* assim como uma *Vida de São Pânfilo*.

PIETISMO
Movimento espiritual surgido no séc. XVII no seio do *luteranismo alemão. Iniciado por P. J. *Spener, sua finalidade era a de renovar uma realidade eclesiástica que se considerava fria e carente de vitalidade. O movimento – que começou com reuniões nas casas – centrou-se na oração e no estudo da Bíblia e manteve um firme desejo de não se separar da Igreja onde tinha nascido. Quanto A. H. Francke († 1727), outro dos iniciadores da renovação pietista, atacou os teólogos de Leipzig por seu caráter academista e pouco espiritual, o resultado inicial foi que tiveram de abandonar a cidade, mas em 1694 Frederico III fundou uma universidade que se converteu no centro do pietismo. Nos anos seguintes, o pietismo iria percorrer caminhos diferentes. No caso de Zinzendorf, ele se convertia num movimento cristocêntrico, em outros se transformaria em grupos rigoristas. A influência do pietismo logo ultrapassou os limites do luteranismo e assim pôde ser apreciada em J. *Wesley e nos *metodistas e, inclusive hoje, em alguns setores do *pentecostalismo.

PILATOS, PÔNCIO
Procurador romano da Judéia desde o ano 36 a.C. até 36 d.C. As referências a ele em Tácito, Filon e Flávio Josefo são muito negativas e encaixam-se moralmente com os dados relatados pelos Evangelhos (Mt 27, Mc 15; Lc 23; Jo 18), nos quais se nos mostra que apesar de estar convencido da inocência de Jesus, dobrou-se às pretensões externas e o condenou à morte. Mateus (27,19) apresenta uma notícia relativa à esposa de Pilatos, intercedendo pela liberdade de Jesus, que a lenda posterior desenvolveu convertendo-a em sua discípula, dando-lhe o nome de Procla ou Cláudia Prócula. A lenda também desenvolveu posteriormente a figura de Pilatos e assim a Igreja copta venera-o atualmente como mártir.

Bibl.: Vidal Manzanares, C., *El judeo-cristianismo...*; Idem, *El Primer Evangelio...*; Schrer, *O. c.*; Bruce, F. F., *Israel...*

PIO I (142-155 aprox.)
O nono da lista dos bispos de Roma. Dele se afirmou que foi irmão do autor do *Pastor de Hermas. Nada sabemos de seu episcopado já que a tradição somente afirma que morreu mártir e isso bem tardiamente.

PIO II (19 DE AGOSTO DE 1458 A 15 DE AGOSTO DE 1464)

Papa. Autêntico humanista, Enéias Sílvio Piccolomini, condenou mediante a bula *Execrabilis* de 18 de janeiro de 1460 a prática de apelar ao concílio geral. Subordinou todos os seus interesses como papa à cruzada contra os turcos, mas diante das reticências dos monarcas europeus, decidiu em 1463 colocar-se à frente da cruzada. O projeto ficou frustrado por causa de sua morte.

PIO III (22 DE SETEMBRO A 18 DE OUTUBRO DE 1503)

Papa. Sobrinho de *Pio II, sua eleição surgiu da necessidade de encontrar um candidato que, pela morte de *Alexandre VI, pudesse neutralizar as ambições da família Bórgia. Sua saúde era tão precária que teve de suprimir várias cerimônias de sua coroação, dez dias após a qual faleceu.

PIO IV (25 DE DEZEMBRO DE 1559 A 9 DE DEZEMBRO DE 1565)

Papa. Extremamente nepotista, mudou a política antiimperial de seu antecessor *Paulo IV e conseguiu concluir o Concílio de Trento (1562-1563), cujos decretos começaram a serem aplicados nos dois últimos anos de seu pontificado. Publicou um novo *Índice em 1564 e reformou o Sagrado Colégio. A pedido do imperador, permitiu a comunhão sob as duas espécies aos leigos alemães, austríacos e húngaros (1564) como medida para frear o avanço protestante.

PIO V (7 DE JANEIRO DE 1566 A 1º DE MAIO DE 1572)

Papa. Opôs-se energicamente ao nepotismo de *Pio IV e depois de sua morte, foi eleito unanimemente para sua sucessão. Opôs-se à *Reforma na *Espanha e na *Itália utilizando a *Inquisição e excomungou *Isabel I da Inglaterra em 1570, o que, muito possivelmente, somente serviu para que esse país se situasse no campo da Reforma. Maior êxito obteve em sua luta contra os turcos ao conseguir a formação de uma aliança com a Espanha e Veneza que obteve a vitória de Lepanto em 1571. Canonizado em 1712.

PIO VI (15 DE FEVEREIRO DE 1775 A 29 DE AGOSTO DE 1799)

Papa. Intransigente inimigo do secularismo e do *febronianismo que condenou em 1794 na bula *Auctorem fidei*. Quando, em 1791, Luís XVI da *França sancionou a Constituição civil do clero, o papa condenou-o como cismático e herege. Naquele mesmo ano a França anexou os territórios pontifícios de Avinhão e Vêneto. Essa situação terminou em 1797 com a paz de Tolentino, sendo o papa seqüestrado pelas tropas francesas e levado através de diversas cidades até Valência onde morreu. Essa derrota diante do poder temporal significou um duríssimo golpe contra o prestígio do papado.

PIO VII (24 DE MARÇO DE 1800 A 20 DE JULHO DE 1823)

Papa. Em 1801 firmou uma concordata com Napoleão Bonaparte que permitiu a restauração do catolicismo na *França. Em 1804, dirigiu-se até Paris para coroar imperador a Napoleão, mas não obteve nenhuma concessão em troca e além disso teve de suportar a humilhação de ver como o Corso se coroava a si mesmo. Em 1808, o exército francês invadiu Roma e no ano seguinte Napoleão anexou os estados pontifícios. Pio VII respondeu com a bula de excomunhão *Quum memoranda*, e imediatamente foi detido e deportado, primeiro para Grenoble, e em seguida para Savona. Em 1811, aceitou a instituição de bispos sem seu conhecimento prévio, assim como Napoleão havia desejado no Concílio de Paris do mesmo ano. Em 1812, chegou mais longe em suas concessões que então ficaram refletidas na denominada Concordata de Fontainebleau (repudiada pelo papa dois anos depois). A derrota do imperador permitiu ao papa regressar a Roma, e o Congresso de Viena (1815) sancionou a restauração dos estados pontifícios. Os restantes anos seriam dedicados pelo papa às assinaturas de diversas concordatas e à luta contra qualquer possível surto revolucionário na Europa. A bem da verdade pode-se dizer que as décadas seguintes, marcadas pela tranqüilidade do pontificado, surgiram dessas ações.

PIO VIII (31 DE MARÇO DE 1829 A 30 DE NOVEMBRO DE 1830)

Papa. Desejoso de manter a linha seguida por *Pio VII, cujo nome tomou, condenou a deterioração da ordem social e política, as atividades das sociedades bíblicas e protestantes, as sociedades secretas e os ataques contra os dogmas católicos em sua encíclica Traditi humilitati nostrae de 24 de maio de 1829. Do mesmo modo mediante um breve, de 25 de março de 1830, condenou a *maçonaria. Desejoso da manutenção do statu quo e temeroso de uma volta da época napoleônica, manifestou-se contrário aos movimentos de emancipação da Bélgica, da Irlanda e da Polônia, e opôs-se frontalmente à aliança de católicos e liberais no primeiro desses países. Em outubro de 1829, durante seu pontificado, houve em Baltimore o primeiro concílio provincial dos bispos dos *Estados Unidos.

PIO IX (16 DE JUNHO DE 1846 A 7 DE FEVEREIRO DE 1878)

Papa. O pontificado de Pio IX foi o mais longo da história. Inaugurou-o com uma anistia aos presos políticos e exilados, mas sua negativa em aprovar a causa da unidade italiana provocou que, em novembro de 1848, se visse prisioneiro dos revolucionários no Quirinal. Fugitivo, conseguiu que no ano seguinte o exército francês o ajudasse a regressar a Roma. O processo de unificação política da Península foi privando-o de seus estados (România em 1859, Úmbria em 1860, Roma em 1870) e, finalmente, a Lei de garantias de 13 de maio de 1871 despojou-o de toda soberania temporal. Nesse contexto deve-se admirar a evolução de Pio IX que em 1854 definiu o dogma da Imaculada Conceição de *Maria Santíssima e em 1864 promulgou o *Syllabus errorum*. Finalmente, em 1871, no auge do Concílio Vaticano I, teve lugar o que provavelmente fora o ato mais importante de seu pontificado, a definição dogmática da infalibilidade papal. Certamente, dessa maneira o poder espiritual parecia compensar a perda do temporal. Contudo, esse último passo ocasionou um cisma e provocou mal-estar que se traduziu, por exemplo, no Kulturkampf na Alemanha.

PIO X (4 DE AGOSTO DE 1903 A 20 DE AGOSTO DE 1914)

Papa. Seu pontificado viu-se agitado pelos desejos de intervenção nos assuntos eclesiais levados a efeito pelos governos da França, em 1905, e de Portugal, em 1911. Delimitador dos princípios da Ação Católica (1905), condenou o modernismo católico

(1907) e a expansão dos princípios da Revolução Francesa (1910). Durante seu pontificado concluiu-se a codificação do direito canônico, promulgado por *Bento XV, em 1917. Venerado como um santo já em vida, foi canonizado em 1954.

PIO XI (6 DE FEVEREIRO DE 1922 A 10 DE FEVEREIRO DE 1939)
Papa. Defensor da Ação Católica, resolveu o problema agudo com o Estado italiano mediante o tratado de Latrão firmado em 1929 com Mussolini. Preocupado com a ameaça comunista, não deixou tampouco de alertar sobre o perigo que significava o *nazismo (Encíclica *Mit brennender Sorge*). O Magistério de Pio XI teve uma especial relevância nos pontificados posteriores em temas como a educação (Encíclica *Divini illius magistri*, de 1929), a condenação dos anticonceptivos (*Casti connubii*, de 1930) e os problemas sociais (*Quadragesimo Anno*, de 1931).

PIO XII (2 DE MARÇO DE 1939 A 9 DE OUTUBRO DE 1958)
Papa. Brilhante diplomata papal desde 1917, desenvolveu uma inteligente atividade que se concretizou nas concordatas com a Baviera (1924), a Prússia (1929), e a Alemanha nazista (1933) e que, de certo modo, favoreceria sua candidatura ao papado num período histórico que estava sendo previsto especialmente convulso. Assim sua alocução de Natal de 1939 implorou pelo funcionamento de uma paz através de cinco pontos. Possivelmente, o aspecto mais criticado de seu pontificado tenha sido o silêncio diante do Holocausto judeu, apesar das medidas que salvaram as vidas de algumas milhares de vítimas na Itália e no Vaticano. Como também foi censurado fortemente ao ter-se negado a condenar as atrocidades nazistas (para o que contava com um precedente em *Pio XI), mesmo quando invadiam países católicos como a Polônia, enquanto não temia manifestar sua repulsa diante do comunismo. Nos anos de pós-guerra mostrou-se favorável ao uso da língua vernácula na liturgia (mediante a encíclica *Mediator Dei*, de 20 de novembro de 1947), reformou a liturgia da Semana Santa, nomeou um número consideravelmente elevado de cardeais (32 em 1946 e 24 em 1953), declarou 33 canonizações, tentou estreitar as relações com as igrejas uniatas e, de maneira muito especial, declarou dogma de fé a doutrina da *Assunção da Virgem Maria (Constituição Apostólica *Munificentissimus Deus*, de 1º de novembro de 1950).

PNEUMATÔMACOS
Hereges do século IV que negavam a divindade do *Espírito Santo. Enquanto um de seus grupos aceitava a do Filho, outro mais radical ainda negava também a dele.

POBRES
O número de pobres materiais era considerável na Palestina nos tempos de Jesus, embora nem todos compartilhassem do mesmo nível de necessidades. Iam desde os empregados que ganhavam um denário por dia (Mt 20,2 e 9) aos que viviam da ajuda alheia como os escribas (Mt 10,8-10; Mc 6,8; Lc 8,1-3; 9,3; 1Cor 9,14). Na escala mais baixa de pobreza encontravam-se os mendigos e os inválidos, cujo número não foi pequeno (Mt 21,14; Jo 9,1 e 8; 8,58-59; 5,2-3). Jesus teve seguidores nesse setor da população. Ele mesmo vinha de uma família pobre, se levarmos em conta que o sacrifício

da purificação de sua *mãe é o dos pobres (Lc 2,24 e Lv 12,8), porque não tinha recursos (Mt 8,20; Lc 9,58), não carregava dinheiro (Mt 17,24-27; Mc 12,13-17; Mt 22,15-22; Lc 20,24) e vivia de ajudas (Lc 8,1-3). Apesar do que foi dito, é importante notar que nem Jesus nem seus seguidores deram valor à pobreza material em si, mas antes a uma cosmovisão que indicava sua pertença à categoria escatológica dos "anawins", os pobres espirituais ou os pobres humildes que esperavam a libertação vinda de Deus e unicamente de Deus. Certamente Jesus e seus *discípulos parecem ter desfrutado de um grande poder de atração sobre os indigentes, mas não bastava somente ser pobre para associar-se a eles e tampouco parece que essa circunstância se considerasse uma recomendação especial. A integração no número de seus seguidores dependia em primeiro lugar da *conversão, de uma decisão vital, seguida de uma mudança profunda de vida, não conectada diretamente com o status social. O círculo dos mais próximos a Jesus parece que tinha uma bolsa em comum (Jo 13,29), mas daí não se afirma que fosse uma visão paupérrima, já que suas posses não somente eram empregadas para cobrir seus gastos, mas também eram destinadas para as esmolas aos pobres. A "pobreza" preconizada por Jesus não era, portanto, algo identificável com a miséria, mas antes com uma simplicidade de vida e uma humildade de espírito, que não questionava necessariamente as posses de cada um, mas sim alimentava a solidariedade e a ajuda aos outros, e punha toda a sua fé na intervenção de Deus. Os *discípulos não eram "pobres" num sentido material, mas no de "humildes". Essa idéia enraizava-se profundamente na teologia judaica.

Assim encontramos referências nesse sentido em Isaías 61,1 (os de corações abatidos), que buscam a Deus (Sl 22,27; 69,33 etc.), cujo direito é violentado (Am 2,7), mas aos que Deus ouve (Sl 10,17) ensina o caminho (Sl 25, 9), salva (Sl 76,10) etc. Tudo isso provoca que os "anawins" louvem a Deus (Sl 22,27), alegrem-se nele (Is 29,19; Sl 34,3; 69,33), recebam seus dons (Sl 22,27; 37,11) etc. Os "anawins", pois, não são simplesmente os pobres, mas sim os pobres de Deus (Sf 2,3ss.). (Nesse sentido R. Martin-Achard, Yahveh e os anawins: ThZ 21, 1965, p. 349-357.) Na tradução dos LXX, essa interpretação aparece tão assumida que pobre é traduzido não somente como "ptojós" e "pénes", mas também por "tapeinós" (humilde) e "prays" (manso), ou seus semelhantes. De fato, o termo "anav" no Antigo Testamento tem um significado ambivalente. Enquanto que em alguns casos, somente se refere ao necessitado (Is 29,19; 61,1; Am 2,7 etc.), em outros é equivalente a "humilde" (Nm 12,3; Sl 25,9; 34,3; 37,11; 69,32 etc.). A mesma coisa pode-se dizer de "ebión" (Jr 20,13) ou de "dal" (Sf 3,12), cujo significado pode tanto ser de necessitado como de humilde em algumas passagens. Dentro desse campo de referências, os "pobres-anawins" não eram senão o coletivo que esperava a libertação de Deus porque não se podia esperá-la de nenhum outro. A eles é anunciado o Evangelho (Mt 11,5; Lc 4,18).

Essa visão típica dos Evangelhos torna a aparecer ao longo do Novo Testamento e não deixa de ser revelador que as primeiras comunidades tivessem uma especial preocupação pelos pobres num sentido global. Assim a divisão missionária entre as atividades de *Pedro e de *Paulo fazem menção explícita sobre o cuidado dos pobres (Gl 2,10). Prova de que essa visão não fora excepcional é o interesse de Paulo pela coleta em favor dos cristãos pobres de Jerusalém (2Cor 8) e a referência (v. 14) a um desejo de que se possível houvesse entre os cristãos uma igualdade econômica. De especial interesse são também as referências aos setores especialmente desprotegidos, como os órfãos e as viúvas, aos quais a Igreja devia ajudar e manter já no séc. I (1Tm 5,3-16).

A visão da pobreza foi experimentando variações no seio do cristianismo durante os séculos seguintes. E até por influência de ideais filosóficos de cínicos e estóicos, a pobreza material foi adquirindo uma importância em si mesma que se traduziu em sua transformação num dos três votos religiosos, desvinculando-se em boa parte de seu caráter de generalidade que encontramos no séc. I, por parte de sua interpretação de caráter espiritual. No caso de algumas ordens religiosas, como os *franciscanos, ou de alguns movimentos de reforma, como os *valdenses, inclusive chegou a constituir um fator de especial relevância.

Precisamente essa vinculação de maneira quase exclusiva para as ordens religiosas explica em boa parte o abandono da idéia da pobreza evangélica por parte dos reformadores como *Lutero, *Calvino e *Zwinglio. Embora na *Reforma Protestante do séc. XVI seja apreciada uma notável preocupação social pelos pobres, contudo, a crença numa visão de pobreza sustentada por parte dos cristãos ficou limitada aos *anabatistas, alguns dos quais inclusive chegaram a praticar formas comunitárias de propriedades como os *huteritas. Nos séculos seguintes, foram abundantes os exemplos de cristãos de toda confissão envolvidos na ajuda daqueles que *Dostoyevski denominou "humilhados e ofendidos". Vamos encontrá-los ao lado dos escravos (S. Pedro *Claver, *Wilberforce, *Woolman), dos encarcerados (*Fry), dos oprimidos (*Las Casas, *Ludlow), dos enfermos (S. *João de Deus), dos analfabetos (S. *José de Calasanz, *Fry, La Salle), dos mutilados de guerra (*quakers, YMCA) etc. A partir da década de cinqüenta do século XX, multiplicaram-se inclusive as chamadas instituições em prol da participação cristã na solução desses problemas e gerou-se uma tentativa de encaixar a visão teológica numa *Teologia da libertação dirigida fundamentalmente aos pobres. Com seus defeitos e acertos, com suas luzes e suas sombras, todas essas ações têm sua explicação. No fim das contas, nos sofrimentos e nas necessidades de cada pobre há um chamado que espera sua resposta no cristão. Assim é por que ele não pode esquecer a grande narrativa evangélica sobre o juízo final, na qual se narra como Jesus pedirá contas em razão de como se ajudou (ou se omitiu a ajuda) aos pequeninos que o representavam (Mt 25,31-46).

Bibl.: JENNI, E. e WESTERMANN, C., "Aebyon" e "Dal" em *Diccionario Teológico manual del Antiguo Testamento*, Madri 1978, I, e IDEM, "Nh" em *Ibidem*, II; VINE, W. E., "Poor" em *Expository Dictionary of Old and New Testament Words*, Old Tappan 1981; VIDAL MANZANARES, C., "Pobres" em *Diccionario de Jesús y los Evangelios*, Estella 1995; IDEM, *El judeo-critianismo...*; IDEM, *El Primer Evangelio...*

POBRES CLARISSAS
*Santa Clara de Assis.

POBRES DE LYON
Qualificativo imposto pelo Papa Lúcio III aos *valdenses ao formular sua condenação contra eles.

POLICARPO DE ESMIRNA
Bispo de Esmirna, tem sido muito valioso seu testemunho por ter conhecido a um João – embora seja difícil determinar se foi o apóstolo ou um outro – que foi discípulo direto de Jesus. O fato de constituir uma espécie de elo com os apóstolos e com Cristo, explica, por exemplo, que por volta do ano 155 mantivesse uma série de encontros com Aniceto, o bispo de Roma, em relação ao problema da fixação da data da Páscoa. Contudo, nesse aspecto concreto, não se chegou a uma solução já que Policarpo era partidário do uso quartodecimano – apelando para João, o discípulo de Jesus – e Aniceto era favorável de continuar a tradição de celebrá-la no domingo. Apesar de tudo, essa divergência não implicou numa diminuição de comunhão entre ambos os bispos. Uma carta da Igreja de Esmirna à Igreja de Filomélio, na Frígia, transmitiu-nos o relato de seu martírio que aconteceu não muito depois de seu regresso de Roma no ano de 156, embora H. Gregoire e P. Orgels tenham defendido, a nosso ver, sem base suficiente, o ano de 177 como data do martírio. Nesse sentido definiram-se precisamente E. Griffe, W. Telfer, P. Meinhold e H. I. Marrou. Parece que Policarpo redigiu diversas cartas dirigidas às comunidades vizinhas a sua, mas somente se conservou a dirigida aos Filipenses e a essa numa tradução para o latim. P. N. Harrison anota que, possivelmente, o documento que chegou até nós esteja formado na realidade por duas cartas, uma de 110 e outra de 130 respectivamente. Cristologicamente, Policarpo manifestou-se como firme defensor da Encarnação de Cristo utilizando uma linguagem muito semelhante à da 1ª Carta de João. Parece com isso estar combatendo as heresias de tipo gnóstico – sabemos que se defrontou com Marcião – e docetistas. Eclesiologicamente, Policarpo anotou como a Igreja de Filipos desfrutava de um governo formado por um conjunto de presbíteros.

POLÍCRATES
Bispo de Éfeso no séc. II que chefiou os *quartodecimanos. Sua insistência em manter a celebração da Páscoa numa data semelhante à judaica levou-o à ruptura com o Papa Vítor, o bispo de Roma.

POLICRÔNIO DE APAMÉIA
Irmão de Teodoro de Mopsuéstia, manifestou-se como ele contra a interpretação alegórica das Escrituras. Essas eram tratadas por ele partindo de uma perspectiva histórico-arqueológica. Morreu antes do Concílio de *Éfeso (431). Parece que se destacou como exegeta, especialmente do *Antigo Testamento, mas somente conhecemos sua obra de maneira muito fragmentada.

POLÔNIA, CRISTIANISMO NA
O primeiro contato da Polônia com o cristianismo aconteceu em fins do séc. X. Em 996 foi batizado o príncipe Mieczyslaw I, mas três quartos de século depois ainda aconteceram movimentos populares contrários ao cristianismo marcados com derramamento de sangue. Durante o século XII, a Igreja esteve submetida ao con-

trole do poder civil, mas nos inícios do século XIII deu-se uma mudança na situação que, ao lado da invasão dos tártaros, ocasionou um reflorescimento do catolicismo, impregnado de um nacionalismo polonês. Durante o século XV, a influência de *Huss chegou a ser notável, especialmente no seio da nobreza, e, como resposta, foi introduzida a *Inquisição. A Polônia não pôde fugir do período das guerras religiosas que surgiram do esforço de sufocar a *Reforma Protestante do séc. XVI. Apesar de tudo, em 1573, a Conferência de Varsóvia terminou com um compromisso de tolerância mútua entre católicos e protestantes. Essa situação viu-se logo prejudicada pela atividade extraordinária desenvolvida pelos católicos poloneses. Antes do encerramento do século XVI, a Igreja rutena rompeu sua comunhão com Constantinopla e uniu-se com Roma e a mesma coisa sucedeu com os armênios. Durante o século seguinte, a liberdade religiosa dos protestantes desapareceu e as pressões católicas sobre as autoridades foram acumulando uma série de restrições contra eles que praticamente equivaliam a uma perseguição. Embora em 1767 os protestantes tivessem voltado a recuperar a liberdade religiosa, o certo é que o confronto interconfessional somente resultou em benefício da *maçonaria que em fins do séc. XVIII era muito influente na Polônia. Quando em 1772-1773 começaram as retaliações da Polônia entre Áustria, Prússia e Rússia, a situação da Igreja católica no país viu-se consideravelmente piorada. Assim, o império austríaco colocou a Igreja católica polonesa sob o controle civil para evitar que capitalizasse núcleos de nacionalismo; e a Rússia multiplicou as restrições sobre os católicos, obrigando em 1831 às *Igrejas uniatas a romperem sua submissão a Roma. Essas situações foram preparando o terreno para que o patriotismo polonês se convertesse por definição numa forma de catolicismo, e quando em 1919 a Polônia obteve sua independência, o peso da Igreja católica no conjunto do país chegou a ser extraordinário. A ocupação germânico-soviética em 1939-1945 e a implantação depois de um regime comunista infelizmente implicaram numa repetição de padrões históricos tragicamente conhecidos: sofrimento da Igreja católica (mas também das Igrejas protestantes e ortodoxas) e aglutinamento em torno dela dos sentimentos nacionalistas e anticomunistas. A eleição como papa do polonês João Paulo II em 1978 não somente significou o início de uma libertação do regime no qual a tolerância religiosa se impunha, mas que também anunciou o princípio do fim do comunismo na Europa Central.

PÔNCIO PILATOS
*Pilatos, Pôncio.

PONTE MÍLVIA, BATALHA DE
*Constantino.

PONTÍFICE MÁXIMO
O título de *Pontifex maximus* (Sumo Pontífice, em português e outras línguas latinas; *Sommo Pontefice*, em italiano; *Souverain pontife*, em francês) correspondia originalmente na religião romana ao sumo sacerdote. O título foi aplicado pela primeira vez ao bispo de Roma num sentido de zombaria num dos escritos *montanistas (*De pudicitia* 1) de *Tertuliano. De fato, o Padre da Igreja pretendia ridicularizá-lo ao equipará-lo com um sacerdote pagão. A partir do século XV, o título foi utilizado já sem a carga pejorativa

pelo papa e, ocasionalmente, por algum bispo. Atualmente, seu uso ficou restrito ao papa.

PORFÍRIO (232-303 APROX.) Filósofo neoplatônico. Alguns indícios levam a pensar que em certa época foi cristão, mas deixara de o ser durante a *perseguição de *Décio (250). Porfírio manifestou uma clara oposição contra as superstições populares e uma amarga atitude contra os cristãos. Embora não rejeitasse de tudo a figura de Jesus – ao qual ele considerava um mestre que, lamentavelmente, não foi divino – manifestou-se especialmente duro com os *apóstolos e com os cristãos de sua época, aos quais reprovava de maneira especial não se terem juntado à política nacionalista de Décio e Aureliano. Amigo de Plotino, desde 262, até o fim de sua vida estabeleceu-se em Roma, onde ensinou com grande aceitação.

PORTUGAL, CRISTIANISMO EM
A história de Portugal como entidade política independente não se inicia até o séc. XII. Embora a influência *cisterciense fosse considerável nessa época, até o século XIII a política religiosa teve um acentuado caráter antipapal que somente desapareceu com a chegada das ordens religiosas mendicantes. Durante o *Grande Cisma, os sentimentos antiespanhóis dos portugueses os colocaram ao lado de *Urbano VI. Durante o séc. XIV, sob a influência das expedições comerciais portuguesas, começaram as missões católicas portuguesas no além-mar. Diferentemente de outras realizadas por outros países, seu resultado foi muito pequeno em vista da corrupção de seus governadores e do pouco cuidado dos eclesiásticos ao aceitar como autênticas conversões que somente eram formais. A *Reforma Protestante não teve influência em Portugal e, da mesma maneira, o problema dos "novos cristãos" (judeus convertidos não poucas vezes à força ao catolicismo) foi posterior ao espanhol. Em 1580, a coroa portuguesa ficou vinculada à espanhola, mas em 1640 iniciou-se uma guerra de independência na qual o papa se pôs ao lado da Espanha. Com esses antecedentes não é de se estranhar que durante o século XVIII o governo português seguisse uma política de caráter anticlerical que se manifestou, por exemplo, na expulsão dos *jesuítas. Em 1867 fundou-se a Igreja lusitana de Portugal que se manteve em comunhão com a *Igreja da Inglaterra até 1963. Embora em 1886, a Igreja católica concluísse uma concordata com o Estado português, em 1910 foi proibido o ensino religioso nas escolas, foram expulsas as ordens religiosas e confiscada a propriedade eclesial. Em 1911 a Igreja católica deixou de ser oficial em Portugal e dois anos depois aconteceu o mesmo nas colônias. Em 1917, o catolicismo popular recebeu um considerável impulso por causa das notícias sobre as aparições de Fátima. No ano seguinte, restabeleceram-se as relações com o Vaticano, mas a situação não ficou normalizada até 1933. Em 1940, foi assinada uma nova concordata com a Igreja católica em virtude da qual foram-lhe devolvidas todas as suas propriedades, concedeu-lhe a possibilidade de ensinar religião nas escolas estatais e foi isentada dos impostos. Sociologicamente, a maioria da população portuguesa é católica, embora existam algumas igrejas evangélicas com reduzidos membros.

POSSESSÃO
*Demônios.

POTÂMIO DE LISBOA
Bispo de Lisboa até 350. A partir de 357 militou nas fileiras arianas. Tomou parte no Concílio de Rimini (359) com os bispos arianos moderados. Nada sabemos dele depois dessa data. Obras: Chegaram até nós quatro obras suas; duas homilias (*Sobre Lázaro* e *Sobre o martírio do profeta Isaías*) e duas epístolas (*A Atanásio* e *Sobre a substância*).

PREDESTINAÇÃO
Os Evangelhos afirmam a existência de uma série de circunstâncias já determinadas – e por isso imutáveis – por Deus. Assim, o *Reino de Deus tem alguns lugares reservados para personagens concretos (Mt 20,23; 25,34; Jo 14,2ss.). Também há tempos fixados por Deus para acontecimentos concretos relacionados com a história da *salvação (Lc 2,1; 3,1ss.) e está determinado que ela deve acontecer necessariamente em virtude da morte expiatória de Jesus na *cruz (Lc 24,26). Finalmente, está estabelecido que existirá uma salvação e um *castigo eternos, correspondendo esse último ao *Diabo e a seus *demônios e aos condenados (Mt 25,41). Deve-se dizer, não obstante, que a idéia de uma salvação ou condenação individuais, em virtude de um decreto eterno de Deus, nesse sentido, encontra-se ausente nos Evangelhos. O chamado realizado a todos pode ser resistido voluntariamente, derivando-se disso desgraça para aqueles que não crêem em Jesus. Cada ser humano decide numa última instância, de maneira livre, seu destino eterno (Mc 6,3-6; 16,15-16; Jo 3,18-21). Algo semelhante encontramos no resto do Novo Testamento, no qual São *Paulo assinala que Deus deseja que *todos* se salvem (1Tm 2,4) e no qual as referências à predestinação sempre são coletivas e nunca individuais (Rm 8,28ss.; Ef 1,3ss. etc.), o que permite compreender que a predestinação recai na existência de um povo de Deus e não sobre indivíduos aos quais se destina salvar-se ou condenar-se.

A controvérsia contra *Pelágio e a ênfase relativa à maldade humana e ao papel da graça na salvação levaram Santo *Agostinho a aceitar a crença na predestinação particular, embora reconhecesse que passagens como a de 1Tm 2,4 eram difíceis de serem ocultadas nela. A influência de Santo Agostinho se revelaria extraordinária nos séculos seguintes. No séc. IX, apoiando-se nele, o monge Goscalco pendeu para a crença num decreto de salvação e num decreto de condenação. Essa teologia – semelhante àquela defendida por *Calvino no séc. XVI – foi condenada pelo sínodo de Quiercy de 849 e, em termos gerais, a teologia medieval seguiu Santo Agostinho afirmando a predestinação particular, mas moderando-a no sentido de sustentar que, embora Deus deseje a salvação de todos, em razão de sua presciência, conhece qual será a conduta futura de outros e por isso os destina à condenação. Esse foi o ponto de vista mantido por Pedro Lombardo, Boaventura e *Tomás de Aquino.

A doutrina da predestinação teve uma considerável importância em alguns setores da *Reforma Protestante do séc. XVI. *Lutero, – em oposição a *Erasmo– seguiu um ponto de vista semelhante ao de Santo *Agostinho e, uma vez que afirmou a predestinação particular, aceitou a dificuldade das passagens como 1Tm 2,4 e o fato de que havia pessoas que se afastavam da graça. Quanto a *Calvino, sustentou a existência de um duplo decreto de predestinação para a salvação e para a perdição. Contudo, os *anabatistas, preocupados em desenvolver uma teologia que tirara fundamentalmente de uma leitura simples dos Evangelhos, negaram a crença na predestinação particular. O Concílio de *Trento formulou a doutrina da predestinação pondo uma ênfase muito grande na liberdade humana e, de maneira fática, libertando-se da influência agostiniana que tanto havia pesado em Lutero e Calvino. A crença na predestinação tem sido um especial motivo de divisão no seio do protestantismo. Negada por *Fox ou John *Wesley, foi afirmada por *Whitefield ou, entre outros, pelos *puritanos.

PREEXISTÊNCIA DO FILHO
*Deus, *Filho de Deus, *Hipóstase, *Jesus, *Logos, *Menrá, *Trindade.

PRESBITERIANISMO
Forma de organização eclesial em virtude da qual a Igreja é governada por um conselho de anciãos ou presbíteros. Popularizada a partir da *Reforma do séc. XVI, seus defensores a consideraram uma forma colocada em vigor conforme o modelo eclesial que aparece no Novo Testamento, mas não pretenderam que ela fosse de direito divino. O presbiterianismo tem mantido historicamente uma teologia de caráter *calvinista, mas diferindo-a na hora de considerar os anciãos como ministros ordenados (baseando-se em 1Tm 5,17) ou como leigos (1Cor 12,28) e de concretizar nos detalhes menores sua visão eclesial.

PRESBITERIANOS
Defensores do presbiterianismo.

PRISCILIANO
Nasceu na Espanha por volta da metade do séc. IV e começou suas atividades pelo ano de 370 ou 375. Pregador de uma ascética muito rigorosa, começou sua obra no sul da Espanha, gozando de especial consideração entre as mulheres. Logo uniram-se a ele dois bispos, Instâncio e Salviano; mas se opuseram outros dois: Hidácio de Mérida e Itácio de Ossonoba (Algarve). Um concílio celebrado em Saragoça, em fins de 380, condenou as idéias de Prisciliano e de seus adeptos, mas sem tomar medidas disciplinares contra as pessoas. A resposta de Instâncio e de Salviano foi ordenar Prisciliano bispo de Ávila. Hidácio e Itácio obtiveram então do imperador Graciano um decreto de exílio contra os maniqueus, que aplicaram também contra Prisciliano e seus seguidores. Eles fugiram para a Aquitânia e posteriormente para Roma e Milão com a intenção de conseguir o apoio de Dâmaso e Ambrósio, o que não conseguiram. Não obstante, conseguiram, sim, a revogação do decreto de exílio com o que Prisciliano e Instâncio puderam regressar à Espanha. Salviano havia morrido enquanto estava na Itália. Itácio denunciou Prisciliano perante Máximo, o usurpador, e ele desejoso de granjear o apoio católico transmitiu a causa para um concílio que foi celebrado em Bordéus em 384. Instâncio viu-se despojado de seu caráter episcopal, enquanto que Prisciliano, que se negou a participar, apelava diretamente ao imperador. De nada lhe serviu, porque foi condenado à morte por imoralidade e prática de magia junto com alguns de seus seguidores, apesar das tentativas de evitar a

pena capital como fizera São Martinho de Tours. Era a primeira vez que se condenava à morte um cristão por heresia, e aquilo provocou um enorme pesar, inclusive em personagens como Santo Ambrósio que se havia negado a receber Prisciliano. Itácio foi deposto e Hidácio demitiu-se. Os seguidores de Prisciliano continuaram existindo ainda durante um tempo na Espanha e no sul das Gálias. Obras: Até fins do século XIX somente tinham chegado até nós os cânones paulinos. I. Döllinger havia proposto atribuir a Prisciliano os onze textos do manuscrito de Wirzburd, que foram editados em 1889 por G. Schepss, o que causou uma comoção científica uma vez que eram de uma estrita ortodoxia. H. Chadwick aceitou essa identificação, apenas parcialmente. Isso motivou que Ch. Babut considerara a Prisciliano ortodoxo, embora vítima de um rigorismo moral que lhe granjeou grandes antipatias. Essa postura é excessiva, pois não se pode descartar uma paixão de Prisciliano pela astrologia, assim como uma pretensão de receber inspirações divinas duvidosamente ortodoxas. Como assinalou Vidal Manzanares, a postura de Prisciliano estava mais próxima da heterodoxia. Mas é indiscutível que em sua condenação pesara, possivelmente, mais que esse aspecto o dos rancores pessoais e que com sua execução abria-se caminho a uma prática – a da execução dos hereges – que somente se revelaria portadora de amargosíssimos frutos no futuro.

PROBABILISMO

Sistema de teologia moral que considera que em caso de dúvida sobre se algo é ou não imoral é lícito seguir uma opinião provável que favoreça a liberdade, apesar de que uma opinião contrária favorável à lei seja mais provável. (*Si est opinio probabilis, licitum est eam sequi, licet opposita probabilior sit*). Embora o probabilismo conte com antecedentes no séc. XIV, sua primeira formulação deve-se atribuir à escola espanhola de Salamanca do séc. XVI. O probabilismo foi defendido por *dominicanos e *jesuítas, o que não evitou que fosse atacado como uma forma de laxismo, já que permitia que a pessoa agisse conforme um critério de liberdade, embora fosse minimamente provável que ele fosse correto. *Pascal fulminou terríveis ataques contra o probabilismo, e em 1665 e 1666 o Papa *Alexandre VII condenou algumas de suas teses. A reabilitação do probabilismo, terrivelmente combatido durante os séculos XVII e XVIII, surgiu da pena de Santo *Afonso Maria de Ligório, canonizado em 1839 e declarado Doutor da Igreja em 1871. A partir do século XIX, os *jesuítas adotaram claramente o probabilismo como ensinamento oficial e hoje ao lado do equiprobabilismo de Santo Afonso Maria de Ligório constitui o sistema moral mais generalizado dentro da Igreja católica.

PROCESSO DE JESUS
*Jesus.

PROCLO DE CONSTANTINOPLA

No ano de 426 foi ordenado bispo de Cícico, embora não pudesse tomar posse de sua sede. Permaneceu por isso em Constantinopla, pronunciando em 428 um sermão no qual atacava Nestório ao denominar Maria Santíssima "Theotókos" (mãe de Deus). Nestório respondeu-lhe com outra homilia na qual prevenia contra o uso desse título. Não participou do Concílio de Éfeso.

Ordenado patriarca de Constantinopla em 434, ordenou trazer para a cidade o corpo de João Crisóstomo. Pôs fim ao conflito relacionado com Teodoro de Mopsuéstia e introduziu o Trisagion na liturgia de Constantinopla. Morreu em 446.

PROFETA

No Antigo Testamento, o profeta era o escolhido por Deus para proclamar sua palavra em forma de exortação e, ocasionalmente, de advertência e de castigo. A mensagem profética não estava necessariamente ligada ao anúncio do futuro. Embora *Moisés fosse o maior dos profetas (Dt 34,10), o período principal de atividade profética estendeu-se desde Samuel (séc. XI a.C.) até Malaquias (séc. V a.C.). As fontes assinalam dois tipos de profetas. O primeiro (Samuel, Natã, Elias, Eliseu) não deixou obras escritas e, ocasionalmente, viveu em irmandades proféticas conhecidas como "filhos dos profetas". O segundo (Amós, Isaías, Jeremias etc.) deixou obras escritas. A ação profética estendia-se também para as mulheres, como foi o caso de Maria (Êx 15,20); Débora (Jz 4,4); e Hulda (2Rs 22,14), e para os não judeus como Balaão, Jó etc. Conforme os rabinos, a presença de Deus ou Shejináh abandonou Israel depois de morrer o último profeta (Yoma 9b), desaparecendo o dom de profecia depois da destruição do Templo (BB 12b). Nos Evangelhos Jesus é apresentado como o Profeta, não no sentido de um profeta, mas sim no sentido de "o profeta" escatológico anunciado por Moisés no Deuteronômio 18,15-16, que se levantaria no fim dos tempos e que não seria inferior àquele, mas que, pelo contrário, seria o complemento das profecias anteriores (Jo 6,14ss. e Mc 13,22 e paralelos; Mt 13,57 e paralelos; 21,11; 21,46 e paralelos; Lc 7,39; 13,33 e Jo 4,44). A eles se deveria acrescentar os textos nos quais se utiliza a expressão "Amém" (embora não as limitando somente a um caráter profético). A expectativa desse "profeta" deve ter sido muito comum na época de Jesus, tal e como se desprende das referências como a contida em Jo 1,21. A figura tem também um paralelo evidente na doutrina samaritana do "taheb" (aquele que regressa ou o restaurador), que era identificado com uma espécie de Moisés redivivo (Jo 4,19 e 25). Também encontramos uma figura semelhante na teologia dos sectários do *Qumrán e no Testamento dos *Doze patriarcas, embora apresentando já diferenças essenciais. Os Evangelhos contêm diversas predições de Jesus referentes a sua rejeição e morte, assim como à destruição de Jerusalém. Os dois tipos de predições têm sido não poucas vezes considerados como carentes de base histórica e rotulados como *vaticinia ex eventu*. Em relação com essa teoria deve-se dizer, em primeiro lugar, que Jesus afirmou implicitamente que iria morrer nas mãos de seus adversários nas narrativas como a da parábola dos lavradores homicidas (Mc 12,1-12; Mt 21,33-46; Lc 20,9-19); metáforas como o cálice, o batismo e a hora (Mc 10,38-39 paralelos; 14,35 e 41 e paralelos) ou o sermão sobre o sinal de Jonas (Mt 12,38-40; 16,1-2; Lc 11,29-32). No mesmo sentido poderia assinalar-se a autoconsciência de Jesus como o *Servo de Yahveh, que o levava a assumir sua morte como resgate por todos (Mc 10,45; Mt 26,26 e paralelos. Comparar com Isaías 53,11-12) ou a referência explícita de que seria sepultado em breve (Mt 26,6-13 e paralelos). Longe de indicar um *vaticinium ex eventu*, os anúncios realizados por Jesus sobre sua paixão e morte harmonizam-se com outras referências nem por isso menos explícitas e menos claras a esse respeito. A mesma coisa pode-se dizer em relação com a destruição do Templo. Essa aparece clara na fonte *Q, escrita antes do ano 70. Além disso, não se deve esquecer que *Marcos, escrito também antes de 70, também a menciona. Algo semelhante poderíamos dizer de *Lucas. Por outro lado, não se deve esquecer que a tese de uma destruição do Templo aparece mencionada em relação com outros personagens e sempre antes que ela tivesse acontecido. Essa postura, ainda mantida por diversos autores, torna-se contudo inadmissível à luz das fontes.

No cristianismo primitivo, o profeta era um dos carismas habituais e encontramos referências a ele tanto nas comunidades judeu-cristãs (At 11,28; 13,1; 21,10) como em São Paulo (1Cor 12,28; 14,32-37; Ef 2,20; 4,11), embora se reconheça o perigo dos falsos profetas (1Cor 14,32; 2Pd 2,1ss.) e se advirta contra ele. As referências aos profetas começam a aparecer como algo passado a partir do séc. II, embora ainda nos encontremos com notícias sobre eles nos escritos como a *Didaqué ou o *Pastor de Hermas. Embora a formulação de profecias não tenha sido estranha no cristianismo posterior, o certo é que, historicamente, tem estado mais vinculada à criação de seitas e à impostura que à veracidade.

Bibl.: VIDAL MANZANARES, C., *El Primer Evangelio...*; IDEM, *El judeu-cristianismo...*; BAYER, H. F., *Jesús Predictions of Vindication and Ressurrection*, Tubinga 1986; JEREMIAS, J., *Teología...*; PAGE, S. H. T., "The Authenticity of the Ransom Logion (Mc 10,45b)" em FRANCE, R. T. e WENHAM, D. (eds.), *Gospel Perspectives* 1, Sheffield 1980; SNODGRASS, K. R., *The Parable of the Wicked Tenants*, Tubinga 1983; DUNN, J. D. G., "Profetic I-Sayings and the Jesus Traditiion: The Importance of Testing Prophetic Utterances within Early Christianity" em *NTS*, 24, 1978, p. 175-198; HILL, D., *New testament Prophecy*, Atlanta 1979; AUNE, D. E., *Prophecy in Early Christianity*, Grand Rapids 1983; HAWTHORNE, D. E., *The Presence and the Power: The Significance of the Holy Spirit in the Life and Ministry of Jesus*, Dallas 1991.

PRÓSPERO DE AQUITÂNIA

Nasceu em Aquitânia em fins do séc. IV. Mudando-se para Marselha, manteve desde então bons relacionamentos com os mosteiros da Provença. Até 426, e em relação com a controvérsia semipelagiana, declarou-se partidário das teses agostinianas. Depois de viajar a Roma para entrevistar-se com Celestino I, consegue que ele condene as posições heréticas, embora sem o rigor que Próspero desejasse. Entre os anos de 432 e 434, publicou diversos escritos polêmicos, mudando-se depois para Roma onde serviu a Leão Magno, possivelmente ajudando-o na redação do Tomo a Flaviano. Interveio na controvérsia pascal de 455, morrendo pouco depois. Chegaram até nós algumas cartas suas, um poema, vários epigramas, oito obras de polêmica teológica e uma crônica histórica. Embora partidário de Santo Agostinho, não obstante moderou sua postura quanto à predestinação. De fato, pode-se dizer que o agostinianismo medieval foi mais de Próspero que de Agostinho (M. Cappuyns), uma vez que foi abandonando progressivamente a vontade salvífica restrita e a reprovação incondicional, afirmando a vontade universal salvífica de Deus, embora sem desprezar a gratuidade absoluta da graça. Foi desse modo que conseguiu impor o agostinianismo no Concílio de Orange, abrindo o caminho para sua recepção pela escolástica.

PROTESTANTES
Seguidores do *protestantismo.

PROTESTANTISMO
Sistema cristão de fé e prática baseado na aceitação dos princípios fundamentais da *Reforma. Apesar da considerável diferença entre os diversos grupos protestantes, há uma unidade enquanto neles existem princípios comuns que se resumem nos termos latinos *Solus Christus, Sola Scriptura* e *Sola gratia* (ou *Sola fide*). De acordo com o primeiro, o protestantismo reconhece como único Senhor, Salvador e intercessor a Cristo (At 4,11-12; Jo 14,6; 1Tm 2,5). Obviamente também significa a aceitação de dogmas históricos como a *Trindade ou a *ressurreição. Do mesmo modo implica a rejeição de mediadores na *salvação, na *intercessão de Maria Santíssima e dos *santos e no culto das *imagens. O segundo princípio defende a tese de que a *Bíblia é a única regra de fé e conduta (2Tm 3,16-17). Isso implica na rejeição dos dogmas não contidos nas Escrituras assim como na tradição não derivada direta e explicitamente da Bíblia. Finalmente, o último princípio afirma que a salvação procede somente da graça e que o homem unicamente pode recebê-la mediante a fé, de tal maneira que suas boas obras não são realizadas para obter a salvação, mas porque já foi salvo (Ef 2,8-10).

PRUDÊNCIO
Aurélio Prudêncio Clemente nasceu em 348 em Saragoça ou, menos provavelmente, em Calahorra. Exerceu a advocacia e passou depois para a administração pública e dela para a corte. Sofreu então aí uma crise de consciência que o levou a se retirar e a consagrar sua vida no exercício de louvar a Deus pela poesia. Entre os anos de 401 e 403 viajou a Roma, fato que o levou a continuar a polêmica antipagã. Não sabemos nada dele depois de 405. Foi autor de *Cathemerinon*, da *Apotheosis*, da *Hamartigenia*, da *Psycomaquia*, de dois livros *Contra Símmaco*, do *Peristefanon* e do *Ditojeon*, todos eles em verso. Escatologicamente, Prudêncio acreditava desde então no inferno, mas também se refere ao fogo purificador ou purgatório pelo qual espera salvar para obter a salvação eterna. Apesar de escrever no gênero poético, desenvolve com habilidade magistral a exposição da doutrina da Trindade e defende a fé cristã diante dos pagãos, dos hereges e dos judeus. A respeito deles, como tem estudado recentemente Vidal Manzanares, C., desenvolve toda uma teologia da História. São também interessantes suas contribuições para o campo da liturgia, assim como os dados que nos proporcionou em relação com a história de alguns mártires, geralmente espanhóis.

PTOLOMEU
Possivelmente o membro mais destacado da escola gnóstica italiana de Valentim. Até o descobrimento da biblioteca gnóstica de Nag Hammadi, sua *Carta a Flora* constituía o documento gnóstico mais importante que chegara até nós. Nessa obra realiza-se um tratado virulento contra a Lei de Moisés que somente é divina no que se refere aos Dez Mandamentos, mas que tem sua origem em Moisés e nos anciãos do povo judeu quanto ao resto.

PURGATÓRIO

De acordo com o dogma católico, é o lugar intermediário de castigo temporário, no qual os defuntos expiam os pecados veniais dos que não tiveram o arrependimento antes da morte com a finalidade de desfrutar depois a Visão beatífica. A doutrina do purgatório não aparece apresentada na *Bíblia – de fato, os textos que ocasionalmente se referem a ele (2Mc 12,39-45; 1Cor 13,11-15) não têm propriamente relação com o mesmo – tampouco no judaísmo do Segundo Templo. Afirma-se que a primeira referência a uma crença semelhante a do purgatório acha-se em *Clemente de Alexandria (*Stromateis* 7,6), quando menciona que os que não tiveram tempo no leito de morte de realizar obras de penitência em outra vida serão purificados pelo fogo. Contudo, o texto não é claro e é duvidoso que se refira a um lugar de purificação. Mais claras são as referências de Orígenes e, mais tarde, de Santo *Agostinho (*Cidade*, 21,13 e 24). A partir desse último, encontramos referências ao purgatório em Cesário de Arles, *Gregório Magno etc. *Tomás de Aquino sistematizou a doutrina do purgatório de acordo com algumas bases que se manteriam praticamente imutáveis nos séculos seguintes. A doutrina oficial católica foi definida nos Concílios de Lyon (1274) e Florença (1439), centrando-se em sua existência e na utilidade de obras piedosas e de orações oferecidas pelos defuntos que estão nele. Esses dois aspectos são igualmente aceitos pelas *Igrejas ortodoxas, mas com matizes de não pouca importância.

A crença no purgatório foi desafiada pelos *valdenses mas, sem dúvida, o grande ataque contra ela veio pela *Reforma Protestante do séc. XVI. Com a finalidade de ajudar as almas no purgatório, entre outras razões, originou-se um desenvolvimento das *indulgências e não se deve esquecer que essa questão marcou o início da rebelião de *Lutero. Em sua insistência em reconhecer a *Bíblia como única regra de fé e conduta, todos os reformadores, sem exceção, negaram a existência do purgatório, que foi confirmada, no seio da Igreja católica, pelo Concílio de *Trento. Os últimos séculos têm sido testemunhas de algumas referências novas à crença no purgatório. Assim, no seio do catolicismo, Afonso Maria de *Ligório defendeu a possibilidade de se rezar às almas do purgatório para pedir sua *intercessão, ponto esse duvidoso, mas aceito logo pela maioria dos teólogos católicos. Nas Igrejas ortodoxas, pelo contrário, surgiu uma crescente rejeição às teses de sofrimentos expiatórios depois da morte. Finalmente, embora as *Igrejas protestantes continuem rejeitando a crença no purgatório, desde o séc. XIX um setor da Igreja da Inglaterra vem defendendo a existência de um "estado intermediário" que não corresponde tanto a um processo de purificação do pecado, mas de um desenvolvimento espiritual, já que somente depois do Juízo final será a alma admitida à Visão beatífica.

Bibl.: GRAU, J., *Escatología*; GOFF, J. L., *El nacimiento del purgatorio*, Madri 1985; MITRE FERNÁNDEZ, E., *La muerte vencida*, Madri 1988.

PURITANOS

Protestantes ingleses de caráter *calvinista partidários de uma reforma da Igreja semelhante à realizada por *Calvino em Genebra. Sua insistência em rejeitar tudo que não estivesse expressamente contido na *Bíblia levou-os a rejeitar as vestes eclesiásticas, os órgãos e as cruzes, inclusive sem a imagem do crucificado. Desde 1570 rejeitaram o sistema episcopal da *Igreja da Inglaterra e advogaram pelo *presbiterianismo. Os puritanos – entre cujos expoentes artísticos se deve colocar *Milton – apoiaram o grupo parlamentarista durante a guerra civil inglesa do séc. XVII e conseguiram de maneira breve controlar o governo inglês por meio de *Cromwell, que era um dos seus. Privados desse poder a partir de 1660, sua influência continuou sendo muito considerável, já que os puritanos foram os Padres peregrinos dos *Estados Unidos e, geralmente, a divisão de poderes da Constituição norte-americana constitui uma cópia do governo eclesial puritano.

"Q"

Letra que supõe um documento utilizado por *Mateus e *Lucas para a redação de seus respectivos *Evangelhos. A mencionada obra, anterior ao ano 70 d.C., estaria formada, fundamentalmente, por ditos de Jesus e algumas narrativas de *milagres. Há um acordo muito generalizado sobre o material que comporia originalmente "Q" – a mencionada obra foi reconstruída e traduzida pela primeira vez para o castelhano em 1992, por C. Vidal Manzanares– embora surjam discrepâncias menores sobre a pertença a ele de alguns versículos isolados. Jesus é apresentado em "Q" com categorias tipicamente judias como as do *Servo, do *Filho do homem ou da *Sabedoria (uma *hipóstase de Deus), profetiza a futura destruição do Templo de Jerusalém e chama os homens à *salvação. Essa é obtida mediante a fé nele. Para aqueles que se convertem dessa maneira em *discípulos, inicia-se uma nova vida caracterizada pela direção do Espírito Santo, pela confiança suprema em Deus e pela prática de uma ética de rigor, na qual, por exemplo, não há lugar para a violência. Quando Jesus regressar em sua Parusia, eles serão recompensados, enquanto que os que o rejeitaram receberão um castigo eterno. O incondicional dessa distinção converte o chamado de Jesus em especialmente urgente e peremptório.

Bibl.: VIDAL MANZANARES, C. *El Primer Evangelio: El Documento Q,* Barcelona 1993 (com abundante bibliografia sobre o tema).

QUADRAGESIMO ANNO
Pio XI.

QUADRATO

O apologista cristão mais antigo. Os únicos dados que temos sobre ele encontram-se em Eusébio (HE IV, 3,1-2). Dirigiu uma apologia a Adriano, na qual defende os cristãos a partir das obras portentosas realizadas por Cristo, antes e depois da ressurreição, das quais havia ainda testemunhas na época da redação da obra. A apologia pode ser apresentada ao imperador entre 123-124 ou em 129, coincidindo com sua viagem à Ásia Menor.

QUAKERS

Também Sociedade dos Amigos, Igreja dos Amigos e Amigos da Verdade. Surgidos na primeira metade do séc. XVII da experiência religiosa de *Fox, os quakers defendiam a necessidade de um relacionamento pessoal com Deus que não podia ser obtido mediante práticas religiosas convencionais, mas somente depois de uma *conversão no sentido neotestamentário do termo. Imbuídos de um biblicismo radical, negaram-se a participar do exército, a pagar dízimos ou a jurar. Por sua vez demonstraram uma notável preocupação social e missionária desde os primeiros momentos. Suas reuniões – nas quais não havia nenhum tipo de clero – caracterizavam-se pela participação livre dos presentes e pela vontade de escutar o que Deus desejava mostrar em cada momento ("Cristo ensinando no meio de nós") e pela atenção à mensagem da *Luz interior. O intenso biblicismo dos quakers e sua convicção de que a Luz interior não podia contradizer o conteúdo na Bíblia evitaram que o grupo se deslizasse pela área do subjetivismo espiritual, algo que se desprende de obras como a *Apologia* de R. *Barclay. Em 1655, quando aparecem mencionados pela primeira vez numa proclamação de *Cromwell, já se haviam estendido, apesar da perseguição, pela Inglaterra, pela Irlanda e pelo continente, num processo de rápida expansão que não tem praticamente paralelo na história do cristianismo. Quando em 1689 terminou na Inglaterra a perseguição contra eles, haviam morrido na prisão como conseqüência da mesma cerca de quinhentos, e mais de 15.000 foram condenados por causa de sua fé. Dessa época procede o termo quakers (em inglês tremedores), visto que só estavam dispostos a tremer diante de Deus. No séc. XVIII a Sociedade dos Amigos sofreu um esfriamento em seu crescimento, embora sua influência em aspectos como a luta contra a escravidão continuou sendo forte. Durante o séc. XIX, os quakers viram-se muito influenciados pelo crescimento *evangélico inglês, mas também sofreram o cisma centrado em Elias *Hicks, que enfatizava a luz interior e vitalizava totalmente a Bíblia e as doutrinas cristãs como a da *expiação. Essa divisão persiste até o séc. XX em que um setor cada vez maior dos quakers foi adquirindo uma identidade muito semelhante a das Igrejas evangélicas. Os quakers são uma denominação protestante numericamente reduzida (em torno de 700 a 800 mil membros em todo o mundo), mas sua influência histórica foi extraordinária. A eles se deve a fundação do primeiro estado com tolerância universal (W. *Penn), a reforma das prisões (E. *Fry) e os inícios do que logo se denominaria a educação elementar, a luta contra a escravidão de maneira pacífica, sistemática e generalizada (J. *Woolman), e notáveis contribuições para a literatura de espiritualidade que transcenderam os limites da sociedade de amigos. Uma das três Igrejas históricas de paz – junto com os *menonitas e os *irmãos – levaram assistência humanitária na prática em todos os conflitos armados sofridos durante o séc. XX. No mesmo o Prêmio Nobel da Paz foi concedido em duas ocasiões a organizações quakers.

QUANTA CURA
*Pio IX.

QUARTODECIMANISMO

Costume primitivo seguido por algumas comunidades cristãs de celebrar a *Páscoa no dia 14 de Nisã, fosse qual fosse o dia da semana, e não no *domingo como em outras comunidades. A tradição – atribuída sem fundamento ao *apóstolo *João – foi defendida por São *Policarpo e *Melitão de Sardes. Ambos os costumes prevaleceram juntos até que o Papa *Victor tentou suprimir o quartodecimanismo e excomungou Polícrates, bispo de Éfeso. Apesar de tudo, a prática continuaria no Oriente até o séc. IV. Os seguidores do quartodecimanismo acabaram organizando-se então como uma Igreja à parte que perdurou até o séc. V.

QUIETISMO

Sistema de espiritualidade consistente em minimizar a atividade e a responsabilidade humanas deixando tudo na espera quieta da ação divina. Costuma-se denominar com esse nome o conjunto de ensinamentos de *Molinos, que condenava o esforço humano e buscava um estado de completa passividade e, sobretudo, de destruição da vontade mediante a *oração mental. Naturalmente, chegado a esse estado, o indivíduo não necessita de ações externas que, inclusive, se tornam negativas porque o distrairiam de Deus. Então a alma deixa de se preocupar inclusive por sua *salvação e se limita em repousar diante de Deus. Concebido dessa maneira, o quietismo aproximava-se muito do panteísmo e constituía uma forma do *misticismo mais próximo das místicas orientais. No dia 19 de novembro de 1687, o Papa *Inocêncio XI condenou o quietismo com a bula *Coelestis Pastor*.

QUILIASTAS
*Milenaristas.

QUINTOMONARQUISTAS

Movimento religioso dos meados do séc. XVII cujos membros pretendiam instaurar o Reino de Deus ou a "Quinta monarquia" referida pelo profeta Daniel (2,44). Embora inicialmente apoiassem Oliver *Cromwell, logo ficaram desiludidos com suas posturas mais moderadas e sublevaram-se contra ele em 1657 e 1661. Finalmente, após a decapitação de seus dirigentes, o movimento ficou dissolvido.

QUIRINO

Públio Sulpício Quirino, governador da Síria desde o ano 6 d.C. Cônsul desde o ano 12 a.C., estava a cargo da política romana no Oriente Médio (Lc 2,2). Flávio Josefo e Lucas situam sob suas ordens um recenseamento, com data no primeiro historiador pelo ano 6 ou 7 d.C., o que teria ocasionado a sublevação de Judas Galileu (At 5,37). Para aqueles que afirmam que esse é o recenseamento que coincidiu com o nascimento de Jesus (Lc 2,1-5), Lucas teria de ter errado na data (E. Schürer). Outra possibilidade – considerada por muitos como a mais plausível – é que nos achemos diante de dois recenseamentos diferentes, tendo-se realizado o mais próximo ao nascimento de Jesus entre os anos 6 e 7 a.C. (*Herodes ainda vivia), quando Quirino realizava missões relacionadas com a política romana no Oriente (W. Ramsay). Finalmente, deve-se assinalar que nos últimos anos é progressivamente crescente o número de historiadores (P. Benoit, H. Guevara, E. M. Smallwood, G. Delling, J. Ernst etc.) que afirmam que o recenseamento realizou-se nos últimos anos do reinado de Herodes e que Flávio Josefo pós-datou conscientemente a data daquele recenseamento, explicando-se o deslocamento cronológico por razões de disposição estrutural de sua obra. Sendo assim, o recenseamento de um e o de Lucas – diferentemente do de Flávio Josefo – teria situado corretamente no tempo.

Bibl.: SCHRER, E., *O. c.*; SMALLWOOD, E. M., *The Jews under Roman Rule*, Leiden 1976; GUEVARA, H., *O. c.*; VIDAL MANZANARES, C., *El Primer Evangelio*...

QUMRÁN

Nas grutas das encostas do Mar Morto, a uns 13 quilômetros ao sul de Jericó, onde foram encontrados, em fins da década dos anos quarenta do séc. XX, diversos manuscritos pertencentes a uma facção da seita dos *essênios, chefiada por um personagem de identificação duvidosa, ao qual as fontes se referem como o Mestre da Justiça, e motivada por uma disputa com as autoridades do *Templo acontecida no séc. II a.C. A seita permaneceria em Qumrán durante um período de mais de dois séculos com exceção de uns trinta anos em que o lugar esteve abandonado (de 31-37 a.C. a 4 d.C. aprox.). Esse grupo estava organizado em torno de uma hierarquia composta por sacerdotes, levitas, anciãos e os simples monges, e cujo governo efetivo estava formado por três sacerdotes e doze leigos. Havia também os cargos de *mebaqqer* (inspetor) para controlar diversas áreas da comunidade e sobretudo os diversos *mebaqquerim*, encontramos a figura do *paqid* (inspetor chefe). Os banhos rituais tinham uma enorme importância na disciplina do grupo, uma vez que apareciam ligados à idéia da pureza ritual. As sanções eram muito severas, abrangendo desde a redução da ração alimentícia à expulsão (talvez a pena de morte). A propriedade era comunitária.

Os essênios de Qumrán esperavam uma consumação dos tempos na qual os "Filhos da Luz" (os membros da seita) venceriam os "Filhos das Trevas", instaurando-se depois um sacerdócio restaurado. Acreditavam na imortalidade da *alma e na *ressurreição, na existência de *anjos e de *demônios, no *inferno, num confronto escatológico final e na vinda do (ou dos) *Messias. Quanto às pretendidas relações entre *João Batista e Jesus, por uma parte, e Qumrán, por outra, deve-se dizer que não se assentam em base sólida e que somente se podem atribuir ou ao desconhecimento das fontes ou ao desejo de sensacionalismo.

Bibl.: FITZMYER, J. A., *The Dead Sea Scrolls: Major Publications and Tools for Study*, Missoula 1977; VERMES, G. *The Dead Sea Scrolls*, Filadélfia 1981; DAVIES, P. R., *Qumram*, Guildford 1982; DELCOR, M. e GARCÍA MARTÍNEZ, F., *Literatura esenia de Qumrán*, Madri 1982; CALLAWAY, P. R., *The History of the Qumran Community*, Sheffield 1988; VIDAL MANZANARES, C., *Los esenios*...; IDEM, *Los documentos*...; IDEM, *El Primer Evangelio*...; IDEM, *El judeo-cristianismo*...; IDEM, *Jesús y los documentos del mar Muerto*; POUILLY, J., *Qumrán*, Estella.

QUO VADIS

Palavras que foram dirigidas por *Pedro, quando fugindo de Roma por causa da perseguição de Nero, encontrou-se com *Jesus na Via Ápia. A resposta do Senhor foi de que ia a Roma para que o crucificassem de novo, o que Pedro interpretou como uma referência indireta a que deveria regressar para sofrer o martírio. Essa tradição encontra-se pela primeira vez nos Atos de Pedro XXXV (*Atos apócrifos) e foi repetida por Orígenes (Comentário ao Evangelho de João 20,12) e *Ambrósio no *Sermão contra Auxêncio*. Contra o que se afirma, às vezes, não se deveria rejeitar a possibilidade de que o relato tenha alguma base histórica em vista da notícia que aparece em Jo 20,12. Uma pequena igreja romana, conhecida como *Domine Quo Vadis* e reconstruída durante o séc. XVII, comemora esse episódio.

QUODVULTDEUS

Diácono da Igreja de Cartago e amigo de Santo Agostinho de Hipona, do qual solicitou uma lista de heresias a fim de salvar seu rebanho dela. Costuma-se identificá-lo com o bispo de Cartago de mesmo nome que abandonou em 439 sua sede e que morreu em Nápoles antes de outubro de 454. Escreveu diversas obras homiléticas como o tratado *Contra os judeus, os pagãos e os arianos*; os três sermões *Sobre o símbolo* etc.; um *Liber promissionum et praedictorum*, e as duas cartas dirigidas a Agostinho de Hipona nas quais pede que lhe envie o livro *Das Heresias*.

RAHNER, KARL (1904-1984)

Teólogo alemão. *Jesuíta, foi ordenado em 1932. Professor em Innsbruck e Munique, editou o *Enchiridion Symbolorum* de Denzinger (1952), colaborou na edição de *Lexikon für Theologie und Kirche* (1957-1965) e na edição de *Sacramentum Mundi* (1968-1970). O cerne da teologia de Rahner tem sido a obra de Joseph Maréchal *Le point de départ de la métaphysique* (1923-1949), na qual se procurava conciliar a metafísica de Santo *Tomás de Aquino com a de Kant. Muito influenciado também pela filosofia existencialista de Heidegger (como aconteceu, por exemplo, com *Bultmann), Rahner concebeu a subjetividade humana funcionando dentro do horizonte do ser, mas tendo a Deus como seu último determinante. A influência de Rahner foi extraordinária sobretudo nos países de língua germânica.

RAIKES, ROBERT (1735-1811)

Filantropo inglês e fundador das escolas dominicais. Sua finalidade inicial era atender às crianças que precisavam de instrução e, assim, foi subministrando-lhes, mediante aulas que eram dadas aos domingos nas paróquias, a possibilidade de aprender a ler e a escrever e de conhecer noções elementares de outras matérias. Sua obra chocou-se com a oposição daqueles que pensavam que o descanso dominical não podia ser violado dessa maneira e daqueles que consideravam que a educação podia levar a mudanças sociais. Apesar de tudo, seu trabalho não se viu interrompido, e a partir de 1783 publicou no *Gloucester Journal*, um periódico que havia herdado de seu pai, os êxitos que ia obtendo. O progresso da educação foi pelos séculos privando essa instituição de seu caráter social e hoje, nas diferentes confissões protestantes, as escolas dominicais limitam-se a ser uma forma de catequese para diversas idades, incluindo os adultos.

RAIMUNDO DE PEÑAFORT (1185-1275)

Canonista espanhol. Estudante e docente em Barcelona e Bolonha. Em 1222 entrou para a Ordem dos *dominicanos em Barcelona, onde escreveu sua *Summa de casibus poenitentiae*, que teve uma enorme influência no desenvolvimento do sistema penitencial. Desde 1230 a 1234 realizou por encargo do Papa *Gregório IX a compilação das decretais posteriores a Graciano. Em 1238 foi eleito geral de sua Ordem e realizou uma revisão da constituição da Ordem que esteve em vigor até 1924. Personagem de considerável influência – Jaime I de Aragão foi seu penitente e *Tomás de Aquino escreveu a *Summa contra los gentiles* por sua sugestão – os últimos anos de sua vida passou-os fundando escolas para o estudo do hebraico e do árabe com a finalidade de formar missionários que evangelizassem mouros e judeus. Foi canonizado em 1601 por *Clemente VIII.

RAIMUNDO DE SEBUNDE († 1432-1436)

Filósofo espanhol. Ensinou na Universidade de Toulouse. Autor de uma *Theologia naturalis*, defendeu a tese de que a razão pode descobrir a revelação cristã partindo somente do exame da Natureza. Embora a obra fosse colocada no *Índice em 1595, gozou de enorme estima por parte de personagens como Pedro *Canísio ou Montaigne.

RANTERS

Seita da metade do séc. XVII que, apelando para uma experiência espiritual interior que eles identificavam com Cristo, relativizava extraordinariamente o papel da *Bíblia e das declarações de fé. De maneira errônea – e não isenta de má-fé – foram acusados de ranters os *quakers e os metodistas.

RECAREDO († 601)

Rei visigodo. Sucedeu a seu pai, o ariano Leovigildo, em 586. Reinando sobre a maior parte da Espanha, em 587, por influência de *Leandro de Sevilha converteu-se ao catolicismo. A ação foi ratificada dois anos depois no III Concílio de Toledo. O resto de seu reinado foi tranqüilo e em seu decorrer ordenou a construção de numerosas igrejas e mosteiros.

RECEPCIONISMO

Termo não anterior a 1867 que denomina a crença consistente em crer que o pão e o vinho da Eucaristia permanecem inalterados depois da consagração, mas que, não obstante, os que os ingerem com fé recebem juntamente com eles o corpo e o sangue de Cristo. Durante o séc. XVII, essa visão foi muito comum na *Igreja da Inglaterra, talvez por sua semelhança com a visão que *Calvino teve da Eucaristia.

RECOLETOS

Denominação referente a duas ordens religiosas diferentes, *franciscanos e agostianianos. Enquanto que os franciscanos recoletos tiveram seu início em fins do séc. XVI e em 1897 foram incorporados por Leão XIII ao resto dos franciscanos observantes, os agostinianos são um ramo dos agostinianos iniciado em Talavera, Espanha, em 1589. Em 1912 tornaram-se uma ordem independente.

RECONCILIAÇÃO

Fazer as pazes com alguém. O conceito, que se origina nas idéias do Antigo Testamento como a *expiação da festa judaica do Yom Kipur, é de capital importância para o cristianismo. No ensinamento de *Jesus, a reconciliação com o irmão antecede a qualquer dever religioso (Mt 5,24). Do mesmo modo Deus nos reconcilia com ele sobre a base da morte de Cristo na *cruz (Mc 10,45; Mt 26,26 etc.). Essa visão torna a se repetir em outros escritos do *Novo Testamento (Rm 5,10; 2Cor 5,18-20; Ef 2,16; Cl 1,20-21). Historicamente, a reconciliação com Deus foi adquirindo progressivamente um caráter sacramental que começa a se tornar evidente pelo menos desde o séc. IV e que chega a seu auge com a consideração da penitência como sacramento da reconciliação.

Bibl.: BONNARD, P., *O. c.*; DRIVER, J., *O. c.*; VIDAL MANZANARES, C., *Diccionario de las tres religiones*; IDEM, *El judeo-cristianismo*...; IDEM, *Diccionario de Jesus*...

REDENÇÃO

Nos Evangelhos, Jesus aparece como complemento da redenção contemplada nas expectativas multisseculares de *Israel (Lc 1,68; 2,38). Realiza-o não como um político (Jo 6,15), mas no estilo do Servo de *Yahveh (Is 53), isto é, dando sua vida como redenção ou resgate por todos (Mt 20, 28; Mc 10,45; Lc 24,21-27). Essa redenção será definitivamente manifestada na *Parusia (Lc 21,28). Essa visão, contida nos Evangelhos, aparece repetida no resto do *Novo Testamento. Para São Paulo, a redenção encontra-se na morte de Jesus Cristo na cruz (Rm 3,24; 1Cor 1,30; Ef 1,7; Cl 1,14) e o mesmo assinala o autor da carta aos Hebreus (Hb 9,12) ou Pedro (1Pd 1,18-19).

Durante o período patrístico, os Padres orientais insistiram mais na restauração do ser humano para a vida, enquanto que os latinos enfatizaram de maneira especial – talvez por influência do direito romano – o aspecto da *expiação dos pecados realizada pela morte de Cristo. Santo *Agostinho insistiu em conectar a redenção com o pecado original, principalmente por causa da controvérsia com *Pelágio. A partir de *Cur Deus homo* de Santo *Anselmo, a questão da redenção recebeu um novo impulso especulativo. Santo Anselmo sustentou que a infinita maldade do pecado somente podia ser redimida por alguém infinito, o Deus encarnado que é Cristo. A tese de Anselmo teve influência, mas não foi aceita de maneira geral. O próprio Santo *Tomás de Aquino sustentou que Deus podia ter realizado a redenção de muitas maneiras, mas escolheu a morte na cruz. A *Reforma do séc. XVI enfatizou o regresso teológico a São *Paulo, lido, por outra parte, do modo como Santo Agostinho interpretava. Dessa maneira, a redenção fundamentalmente tinha como efeito declarar justo a um injusto em virtude de sua *fé no sacrifício de Cristo. Tanto *Calvino como o *jansenismo limitaram a redenção exclusivamente àqueles que tinham sido objeto da *predestinação. O Novo Testamento fala que Deus deseja que todos sejam salvos (1Tm 2,4) e que a morte de Jesus tem um alcance universal (1Jo 2,2). Por isso que semelhante posição foi discutida a partir do protestantismo praticamente pela totalidade dos protestantes não calvinistas e a partir do catolicismo pelas condenações pronunciadas a esse respeito por *Inocêncio X e *Alexandre VIII. Nos últimos anos têm havido alguns progressos notáveis, p. ex. J. Driver, por recuperar o multifacetismo da redenção a partir de uma perspectiva bíblica.

Bibl.: Driver, J., *Understanding the Atonement for the Mission of the Church*, Elkhart 1986; Vidal Manzanares, C., *Diccionario de Jesús...*; Idem, *El judeo-cristianismo*.

REDENTORISTAS

Congregação missionária fundada por Santo *Afonso Maria de Ligório em Scala, Itália, no dia 9 de novembro de 1732, com a finalidade de pregar as missões populares entre os pobres. Recebeu no dia 25 de fevereiro de 1749 a aprovação do Papa *Bento XV. "Acha-se espalhada pelo mundo inteiro e conta com mais ou menos 6000 membros professos" (nota do tradutor).

REENCARNAÇÃO

Passagem da alma de um corpo para outro após a morte. Também se utilizam os termos transmigração e metempsicose. É artigo de fé em algumas religiões e foi defendida por filósofos como Pitágoras, Platão e Schopenhauer. A idéia era totalmente alheia ao *judaísmo da época de Jesus, que acreditava num só destino eterno depois da *morte. Da mesma maneira, o ensinamento de Jesus é incompatível com a crença da reencarnação (*alma, *céu, *inferno). Tentar interpretar nesse sentido a referência ao novo nascimento contida em Jo 3,1ss. constitui um autêntico deslize exegético. Torna-se totalmente incompatível com a Bíblia, na qual se ensina que os homens morrem somente uma vez e depois disso vem o juízo (Hb 9,27-28) e que todos recebem seu julgamento eterno depois da morte, e não de um continuado número de reencarnações (*Lc 16,19ss.; At 7,59). Durante a era patrística somente foi defendida por Orígenes, mas recebeu virulentos ataques de Santo Agostinho e de Enéias de Gaza. Foi condenada por diversos concílios cristãos, encontrando entre eles não só os que repudiaram o ensinamento de Orígenes mas também o de Lyon (1274) e Florença (1439).

REFORMA

Termo com o qual se designa uma série de processos religiosos iniciados por *Lutero no começo do séc. XVI, mas que logo se tornaram independentes dele e adquiriram uma personalidade própria. A rebelião de Lutero contra o papado deveu-se inicialmente à pregação das *indulgências, mas posteriormente unido a uma multiplicidade de razões, entre as quais as mais importantes eram a convicção de que o papado se havia afastado dos ensinamentos da *Bíblia e de que a Igreja se encontrava num deplorável estado moral. Ambos os aspectos, por outra parte, já haviam sido apontados por *Valla ou *Erasmo, partindo da ortodoxia católica, e por *Wycliffe e *Huss, partindo da heterodoxia. A visão de Lutero não era isolada, e isso explica o rápido aparecimento de outros focos reformadores na Alemanha, na Suíça, na França e inclusive na Espanha, onde foi sufocada rapidamente pela *Inquisição. Em 1523-1524 iniciou-se a reforma na Suíça, sob a direção de *Zwinglio, surgindo de maneira quase imediata grupos *anabatistas que a desejaram levar até suas últimas conseqüências. Nesse meio tempo na Inglaterra não abraçou a Reforma, mas o cisma provocado por *Henrique VIII e a torpe política papal que terminou com a excomunhão de *Isabel I acabaram lançando o país nessa direção.

No Império alemão, por outra parte, os esforços do imperador *Carlos V e do papado tornaram-se inoperantes para acabar com um movimento que contava com um considerável apoio popular e principesco. Apenas quinze anos depois do início do protesto luterano, a Reforma estava irreversivelmente assentada em boa parte do Império alemão e da Suíça, assim como na *Dinamarca e na *Suécia. Na quarta década do século XVI a Reforma recebeu um considerável impulso sistematizador com a publicação da "Instituição da religião cristã" (1536) de *Calvino. Essa influenciou notavelmente na formulação que a Reforma teria na *Escócia, na França e, inclusive, na Inglaterra a tal ponto que até os dias de hoje o termo "reformadas" ficou circunscrito às igrejas calvinistas. Os esforços da *Contra-reforma católica finalmente tiveram de circunscrever-se a evitar ulteriores avanços do protestantismo e a tentar recuperar algumas zonas que haviam aderido a ele. Em ambos os sentidos, pode-se dizer sinceramente que a Contra-reforma teve como saldo um indiscutível fracasso.

Embora a Reforma tenha implicado o nascimento de igrejas e sistemas teológicos distintos entre si – e cuja união fracassou como ficou demonstrada, por exemplo, na controvérsia de Marburgo mantida entre Lutero e Zwinglio – contudo, gerou a cristalização de uma série de princípios comuns a todos os reformados. Esses resumem-se nos termos latinos: *Solus Christus*, *Sola Scriptura* e *Sola gratia* (ou *Sola Fide*). De acordo com o primeiro, o protestantismo reconhece como único Senhor, Salvador e intercessor a Cristo (At 4,11-12; Jo 14,6; 1Tm 2,5). Obviamente também significa a aceitação de dogmas históricos como a *Trindade ou a *ressurreição. Do mesmo modo implica a rejeição de mediadores na *salvação, da *intercessão de Nossa Senhora e dos *santos e do culto das *imagens. O segundo princípio defende a tese de que a *Bíblia é a única regra de fé e conduta (2Tm 3,16-17). Isso implica na rejeição dos dogmas não contidos explicitamente nas Escrituras, assim como a rejeição da tradição não derivada direta e explicitamente da Bíblia. Finalmente, o último princípio afirma que a salvação procede somente da graça e que o homem somente pode obter a salvação mediante a fé, de tal maneira que suas boas obras não são realizadas para obter a salvação, mas sim porque já está salvo (Ef 2,8-10).

A Reforma Protestante não implicou somente um vazio considerável no mapa religioso e político europeu, mas também o aparecimento de uma cosmovisão globalizada. Diante de uma ênfase na pobreza como virtude, de uma consideração do trabalho como maldição e do culto da vida religiosa, o protestantismo erigiu uma visão na qual o trabalho foi considerado um meio especialmente idôneo para manifestar o cristianismo e o leigo individual converteu-se em protagonista de seu destino e de sua História. Foram assentadas assim as bases do estado moderno – oposto ao império católico e universal – e do desenvolvimento do capitalismo (que, não obstante, tenha surgido em primeiro lugar nas cidades católicas da Itália renascentista). Além disso, no caso dos *anabatistas, surgiram as primeiras formulações favoráveis à separação entre a Igreja e o Estado, à tolerância universal, à *objeção de consciência, à emancipação da mulher, à democracia moderna e, inclusive, às medidas de caráter social e comunitário. Por tudo isso, a

Reforma constituiu-se – muito mais que o Renascimento – no final da Idade Média e no início do mundo moderno. Contudo, para o catolicismo significou fundamentalmente a desagregação da cristandade, a perda de meia Europa e o fim do projeto medieval de um império universalista situado sob a égide espiritual do papa. Logicamente a Igreja católica não podia senão se considerar adversária decidida da Reforma – algo consagrado dogmaticamente no Concílio de *Trento – mas esse posicionamento trouxe consigo também o deslocamento do catolicismo no lado oposto à modernidade durante os séculos seguintes.

REGRA DE OURO
Denomina-se assim o mandamento de Jesus contido em Mt 7,12.

REINA, CASSIODORO DE (1520-1594 APROX.)
Protestante espanhol. Talvez de origem moura, estudou em Salamanca e entrou como monge no convento sevilhano de Santo Isidoro. Ao surgir a perseguição da *Inquisição contra os protestantes de Sevilha, viu-se obrigado a abandonar a cidade (1558 aprox.) e buscou refúgio em Genebra. Em 1559 aderiu à Igreja reformada de língua francesa de Frankfurt do Meno. No ano seguinte, passou para a Inglaterra onde pastoreou uma igreja protestante de refugiados espanhóis, entre os quais se encontravam seus pais. Em 1564 foi para Ambers. Nos anos seguintes percorreu boa parte da Europa dedicando-se a traduzir a *Bíblia para o espanhol. Concluída a tradução em Estrasburgo em 1567, foi impressa pela primeira vez em Basiléia (2.600 exemplares). A tradução incluía os deuterocanônicos, mas assinalando que eram apócrifos e que não faziam parte do *cânon. Em 1573, Reina dedicou um exemplar da Bíblia ao município de Frankfurt que lhe havia concedido a cidadania. Cinco anos depois, encontrava-se pastoreando uma congregação luterana em Ambers. Ao ser esta tomada pelos Térços espanhóis em 1585, Reina mudou-se para Frankfurt onde foi pastor até sua morte, nove anos depois. A influência de Reina revelou-se extraordinária nos séculos seguintes.

Sua tradução da Bíblia para o espanhol, como diria o próprio Menéndez Pelayo, nada simpatizante dos heterodoxos espanhóis, superaria as traduções católicas realizadas até fins do séc. XIX. Mas, sobretudo, é a tradução mais reimpressa – e com maior número de exemplares – em espanhol desde o séc. XVI até hoje.

REINO DE DEUS
O campo da soberania de Deus. No Antigo Testamento e na literatura do Novo Testamento, a idéia do reino aparece unida com uma intervenção de *Deus na história através de seu *Messias. Essa mesma idéia perpetuou-se no *judaísmo posterior. A crença na vinda do Reino constitui uma das doutrinas básicas do ensinamento de Jesus, que se refere a ele não poucas vezes em suas parábolas. O Reino manifestou-se já com a vinda de Jesus e fica evidenciado por seus *milagres e pelas expulsões dos *demônios (Lc 11,20; 10,8-9). Não é deste *mundo (Jo 18,36) e por isso não segue os métodos dele. A ética do Reino manifestada, por exemplo, no *Sermão da Montanha (Mt 5,7) é totalmente distinta de qualquer normativa humana e tem sido qualificada, com justiça, de inaplicável numa sociedade civil. Se se pode vivê-la, é graças ao amor de Deus e a sua apli-

cação entre pessoas que compartilham essa mesma perspectiva. Seu começo é pequeno (Mt 13,31-33), mas terá, apesar das dificuldades provocadas pelo *Diabo e por seus agentes (Mt 13,24-30 e 36-43), um final glorioso devido à Parusia de Jesus e que será posterior a um período de grande tribulação e à pregação do Evangelho em todo o mundo (Mt 24,14). Então desaparecerá o domínio do Diabo sobre o mundo e terão lugar a *ressurreição, a recompensa dos salvos e o castigo eterno dos condenados (Mt 13,1-23.24-43, Mt 25,41-46). Todos esses aspectos coincidem com teses sustentadas pelo judaísmo do Segundo Templo. Desde já todos os homens são convidados a entrar nele (Mt 13,44-46). Embora o Reino não possa ser confundido com a *Igreja – apesar de ser nela onde se deveria viver a vida do Reino – essa identificação, realizada pela primeira vez por Santo *Agostinho no séc. IV, tem sido muito generalizada posteriormente.

Bibl.: LADD, G. E., *El Evangelio del Reino*, Miami 1985; IDEM, *Theology...*; IDEM, *Crucial questions about the kingdom of God* 1952; GRAU, J., *Escatología...*; BRIGHT, J., *The kingdom...*; DODD, C. H., *The Parables...*; JEREMIAS, J., *Teología...*, v. I; PERRIN, N., *The Kingdom of God in the teaching of Jesus*, Londres 1963; VIDAL MANZANARES, C., *El Primer Evangelio...*; IDEM, *El judeo-cristianismo...*; Vários, *Evangelio y Reino de Dios*, Estella.

REIS MAGOS
*Magos.

RERUM NOVARUM
*Leão XIII.

RESGATE
*Mercedários. *Redenção.

RESSURREIÇÃO

Crença em que os seres humanos receberão uma nova vida física, com um novo corpo surgido dentre os mortos no futuro. O Antigo Testamento contém essa crença (Is 26,19; Ez 37,1-14; Dn 12,2-3), ligando-a já à idéia de um prêmio e um castigo, eternos e conscientes, para os salvos e os condenados. Durante o período do Segundo Templo, a doutrina foi-se detalhando sempre mais, constituindo um dos pontos de controvérsia entre os *saduceus, que a negavam, e o resto do judaísmo (*fariseus, *essênios, judeu-cristãos etc.). Jesus sustentou a crença na ressurreição (Mt 22,23-33 e paralelos), que significaria para os seres humanos a condenação ou a bem-aventurança eternas (Jo 5,29) e em vida realizou alguns *milagres desse tipo (Mc 5,21-24; 35-43 e paralelos; Lc 7,11-17; Jo 11,1-44), embora se torne óbvio que permeia uma grande distância entre essas ressurreições – que não evitaram a morte posterior de seus beneficiários – e aquela que terá lugar na consumação dos tempos. Conforme os Evangelhos, o próprio Jesus ressuscitou corporalmente. Longe de ser um espírito, tinha carne e ossos (Lc 24,39) e nele se podia reconhecer as marcas da *crucifixão (Jo 20,24-29). O único caso que não produziu seu reconhecimento é atribuído pelo evangelista à obscuridade espiritual dos olhos por parte das testemunhas (Lc 24,16 e 30-32). Suas aparições como ressuscitado – das quais 1Cor 15,1ss. oferece-nos um breve sumário – abrangeram centenas de pessoas, das quais duas décadas depois muitas continuavam vivas, provocando não somente a transformação de seus discípulos – atemorizados algumas horas antes (Jo 20,19) – mas também a conversão de seus *irmãos que não acreditavam nele (Jo 7,5; At 1,14) e dos adversários decididos como *Paulo. Conforme os Evangelhos, Jesus predisse sua ressurreição. Esse extremo, longe de constituir um *vaticinium ex eventu*, encaixa com a descrição do Servo de Yahveh – com o qual Jesus se identificava – que depois de ter entregue sua vida como *expiação pelo *pecado seria ressuscitado (conforme o texto do rolo de Isaías de *Qumrán ou na Bíblia dos LXX).

Bibl.: BROWN, R. E., *The Virginal Conception and Bodily Ressurrection of Jesus*, Nova York 1973; GRAU, J., *Escatología*...; LAPIDE, P., *The Ressurrection of Jesus: A Jewish Perspective*, Minneapolis 1983; Vidal Manzanares, C., *El judeo-cristianismo*...; IDEM, *El Primer Evangelio*...; IDEM, *Diccionario de las tres*...; WENHAM, J., *Easter Enigma*, Grand Rapids 1984; CHARPENTIER, E., *Cristo ha resucitado*, Estella; GOURGUES, M., *El más allá en el Nuevo Testamento*, Estella.

RETÍCIO DE AUTUN

Bispo gaulês de maior realce durante o reinado de Constantino. Foi enviado pelo imperador a Roma para assistir aos concílios de 313 e 314 relacionados com o donatismo. Obras: Foi autor de um livro *Contra Novaciano* e de um comentário ao Cântico dos Cânticos, mas nenhuma de suas obras chegou até nós.

REVELAÇÃO

Deus revelou-se de maneira definitiva – como ninguém pôde conhecê-lo antes – através do *Logos, que é Deus (Jo 1,1), e se encarnou em Jesus (Jo 1,18). Ele é o único que conhece o *Pai (Lc 10,21ss.; Mt 11,25-27), revelando-o em sua vida e em seu ensinamento, muitas vezes expresso em parábolas (Mt 13,35; Mc 4,11).

Bibl.: VIDAL MANZANARES, C., *El judeo-cristianismo*...; IDEM, *El Primer Evangelio*...

RICCI, MATEO
*China. Cristianismo na.

RIGORISMO

Termo utilizado para denominar o sistema de filosofia moral conhecido como tutiorismo. Num sentido menos estrito utiliza-se para denominar uma conduta inclinada ao ascetismo extremo.

RIPALDA, JUAN MARTÍNEZ DE (1594-1648)

Jesuíta espanhol. Um dos teólogos mais importantes de seu tempo, ensinou em Montfort, Salamanca e Madri. Sua obra mais importante foi *De Ente Supernaturali* (1634, 1645 e 1648).

ROBERTO BELARMINO (1542-1621)

Teólogo italiano. *Jesuíta desde 1560, ensinou em Lovaina (onde entrou em contato com correntes de pensamento não católicas) e em Roma. Apologista católico frente ao *protestantismo, sua obra principal foi as *Disputationes de Controversiis Christianae Fidei adversus huius temporis Haereticos* (1586-1593). Em 1592, colaborou na revisão clementina da *Vulgata. Em 1599 foi nomeado cardeal e de 1602 a 1605 foi arcebispo de Cápua. Manifestou-se favorável a *Galileu e sustentou uma posição favorável ao poder temporal do papa, mas somente num sentido indireto, o que o fez cair em desgraça perante *Sixto V. Seus últimos anos foram dedicados a redigir obras de espiritualidade. Canonizado em 1930, no ano seguinte foi declarado Doutor da Igreja.

ROLOS DO MAR MORTO
Qumrán.

ROMUALDO (950-1027 APROX.)
Fundador dos camaldulenses. Depois de entrar na abadia de Santo Apolinário em Classe, no ano de 998 foi eleito abade. Em 999, considerando que a vida não era suficientemente rigorosa, retirou-se para os pântanos próximos para levar uma vida mais austera. Nos anos seguintes, percorreu a Itália fundando comunidades, sendo a mais conhecida a de Campus Maldoli, que daria o nome à ordem.

ROSA DE LIMA (1586-1617)
A primeira santa católica nascida na América. Viveu toda sua vida em Lima, no Peru. Aos vinte anos ingressou na ordem terceira dominicana. Sua decisão de manter-se virgem, seu rigor ascético e suas profundas depressões provocaram uma reação de sua família contra essa sua forma de vida. Finalmente, as mortificações e a enfermidade acabaram provocando sua morte aos trinta anos. Canonizada em 1671 por *Clemente X, é a padroeira da América do Sul e Filipinas.

ROWNTREE, JOSEPH (1836-1925)
Filantropo *quaker. Rowntree preocupou-se em assegurar a seus trabalhadores condições de trabalho dignas, higiênicas, com salários mais elevados, horários mais reduzidos e pensões em caso de velhice e de desemprego. Criou três companhias dedicadas a assegurar o funcionamento dessas medidas e em 1904 fundou a cidade modelo de New Earswick, na qual pretendia cristalizar uma unidade sóciopolítica regida de acordo com essa visão. Esteve também especialmente ocupado na luta contra o alcoolismo, na educação de adultos e na participação na vida de York. De maneira totalmente contrária ao liberalismo imperante em sua época, Rowntree foi um autêntico precursor de boa parte das previsões contempladas pelo denominado estado do bem-estar.

RUFINO
Também conhecido como Rufino, o Sírio. Foi discípulo de São Jerônimo, cujas cartas 81 e 84 levou a Roma em 399. Travaria aí amizade com pelagianos. Nada sabemos de sua vida posterior. Escreveu um *Livro sobre a fé* e talvez um *Libelo sobre a fé*.

RUFINO DE AQUILÉIA
Tirânio Rufino nasceu em Concorida no ano 345, estudou em Roma de 359 a 368. Partiu para o Oriente na mesma época que São Jerônimo, mas permaneceu no Egito com Dídimo, o Cego, de 373 a 380. Estabelecido em Jerusalém permaneceu aí até 397, embora, progressivamente, foi afastando-se de São Jerônimo e de seu método histórico-crítico, já que se dedicava ao estudo do origenismo, o que permitiu que grande parte da obra de Orígenes tenha chegado até nós. De volta a Roma em 397, no ano de 399 encontra-se em Aquiléia, para voltar a Roma de novo em 407 por causa da invasão dos godos. Morreu em 410 na Sicília. Embora desacreditado, não de tudo, injustamente por São Jerônimo, o certo é que boa parte da obra de Orígenes e de outros autores tenha chegado até nós graças a Rufino. Também é de enorme importância sua obra para a história do monacato, embora há razões mais que fundadas para se duvidar de bom número dos acontecimentos narrados por ele. Na defesa das acusações de

origenismo que se criaram contra ele, escreveu as *Apologias*.

RUFO

Filho de Simão de Cirene (Mc 15,21). É possível que se trate do mesmo a quem São Paulo faz alusão quando faz saudações em Rm 16,13. Sendo assim, ficaria confirmada a relação entre o Evangelho de *Marcos e a *Igreja de Roma.

ROMÊNIA, CRISTIANISMO NA

A Dácia teve seu primeiro contato com o cristianismo durante o séc. IV. Sua primeira liturgia foi latina, mas na Idade Média passou a depender de Constantinopla. Durante os séculos XIV e XV, a Romênia conseguiu conservar sua identidade religiosa, inclusive diante da pressão turca. A vitória final dos turcos não significou o fim do cristianismo romeno, mas sim sua submissão aos usos gregos. Durante o séc. XIX, a Romênia passou a ser objeto de ambições da Rússia e da Áustria, mas em 1862, conseguiu converter-se num estado independente. Três anos antes, sua Igreja havia se convertido em nacional e autônoma, mas semelhante status não foi reconhecido pelo Patriarca de Constantinopla até 1885. Em 1935, a Igreja romena reconheceu como católica a *Igreja da Inglaterra. O triunfo do comunismo a partir de 1944 converteu a Igreja romena numa entidade controlada por agentes estatais. A situação somente ficou revertida em parte depois da queda do regime comunista. Juntamente com os ortodoxos, há na Romênia pequenas comunidades católicas e protestantes.

RÚSSIA, CRISTIANISMO NA

Os primeiros missionários cristãos chegaram à Rússia no séc. IX, mas até o ano de 998 – com a conversão de *Vladimir – não houve uma expansão notável dessa fé. Embora a Igreja russa tenha adquirido uma orientação semelhante a de outras *Igrejas ortodoxas, bem cedo o idioma eslavo substituiu o grego como língua litúrgica. Durante o século XI, ao se dar o cisma definitivo entre Roma e Constantinopla, a Rússia optou pela segunda. Por essa mesma data, deu-se início o *monasticismo russo. A invasão tártara do séc. XIII significou uma terrível ameaça para a Igreja russa, mas, por sua vez, permitiu-lhe penetrar mais profundamente entre as classes populares e identificar-se com a nação como tal. De fato, durante o séc. XIV houve um renascimento eclesial e monástico na Rússia, marcado, por exemplo, pela pretensão de que a sede do patriarca situada agora em Moscou se convertesse na Terceira Roma, que substituísse a primeira e a segunda (Constantinopla). Esse sentimento foi reforçado em meados do século seguinte, quando se deu a efêmera união das Igrejas orientais com Roma, união que Moscou repudiou totalmente. Durante o séc. XVI, a Rússia manteve-se à margem da *Reforma, mas parte de seus territórios na Ucrânia e na Lituânia recebeu um forte influxo católico até o ponto de que em 1596, no sínodo de Brest-Litovsk, reconheceu-se o primado do papa constituindo-se em igrejas *uniatas, e em 1606 a Polônia tentou fazer sentar-se no trono russo um czar católico. Semelhante projeto fracassou, mas teria trágicas conseqüências nos séculos seguintes, já que os russos chegariam à conclusão de que sua independência nacional derivava da derrota da Polônia e da Igreja católica. Em 1721, Pedro, o Grande, desejoso de controlar a Igreja nacional, suprimiu o patriarcado de Moscou e o substituiu pelo Santo Sínodo, cujos membros eram nomeados e destituídos pelo czar. Foi também durante esse reinado quando surgiram os primeiros assentamentos protestantes na Rússia, vinculados inicialmente a imigrantes que possuíam especiais conhecimentos técnicos e que por causa disso haviam sido convidados a se estabelecer pelo próprio czar. Durante o reinado de Catarina II, a Grande, estabeleceram-se também na Rússia diversas comunidades *anabatistas, como os *menonitas, aos quais se prometeu a isenção do serviço militar em troca de colonizar terrenos baldios. Ali permaneceriam até o séc. XX. Nem todos os imigrantes não ortodoxos integraram-se com a mesma facilidade na Rússia. Durante o séc. XVIII, a Rússia experimentou uma expansão territorial à custa da Polônia e, inicialmente, manifestou-se tolerante com os católicos. De fato, a czarina Catarina, a Grande, chegou a acolher os *jesuítas, supressos por *Bento XIV em 1773. Essa política de tolerância acabou quando os jesuítas quiseram aproveitar a tolerância imperial para dominar a política russa e pouco depois foram expulsos do país. Novamente o fator religioso ficou vinculado com o nacionalista nessa época e assim lituanos e poloneses ligaram o catolicismo com a causa de sua independência. Desse modo, quando em 1905 o czar Nicolau II decretou a liberdade religiosa, viu-se obrigado a limitá-la em relação com os católicos. A revolução democrática de fevereiro de 1917 acabou com essas limitações e, pela primeira vez em sua história, a Rússia conheceu uma liberdade religiosa total. Em 1917-1918 um sínodo de bispos, párocos e leigos reuniu-se em Moscou para reformar a Igreja russa e restaurar o patriarcado. O triunfo bolchevista de outubro de 1917 não somente acabou com a república democrática, instaurada alguns meses antes, mas que anulou qualquer possibilidade de reforma da Igreja russa e também o fim da liberdade religiosa não somente para ela mas também para protestantes, judeus ou muçulmanos. O próprio ensino de religião a qualquer pessoa com menos de 18 anos foi convertido em um delito. A constituição de 1936 decretou a liberdade de propaganda anti-religiosa, mas só a liberdade de culto religioso. A invasão alemã em 1941 obrigou Stalin a recorrer à influência social com que ainda contavam as igrejas russas, e assim se chegou a certa tolerância conseguida em troca do apoio ao esforço de guerra soviético. Em 1945, inclusive, celebrou-se um sínodo em Leningrado para eleger o novo patriarca. O fim da Segunda Guerra Mundial não significou a conclusão dessa reduzida tolerância, mas a Igreja ortodoxa viu-se obrigada a defender as posturas do estado soviético especialmente no exterior. Assim, o sínodo de Moscou de 1948 pronunciou-se contra o papa e contra o Conselho Mundial de *Igrejas. A morte de Stalin implicou uma mudança relativa nessa situação. Em 1961, a Igreja russa aderiu ao Conselho Mundial das Igrejas e no ano seguinte enviou observadores ao Concílio Ecumênico do Vaticano II. Desde 1962, a política soviética voltou a endurecer repetindo o fechamento de igrejas e seminários. Apesar de tudo, o regime soviético não pôde impedir a sobrevivência das Igrejas ortodoxas e católicas e certo crescimento das protestantes, especialmente *batistas. O desaparecimento da URSS trouxe consigo a restauração da liberdade religiosa e, inclusive, a recuperação por parte da Igreja russa de um papel social do qual não gozava desde 1917.

SÁBADO

Dia de descanso ordenado por Deus na religião judaica. Conforme a opinião de alguns, constituiria o mandamento central e mais característico do *judaísmo, referente unicamente a Deus e ao povo de Israel (Êx 31,16-17) e sem aplicação para os gentios, exceto se fossem prosélitos ou que trabalhassem para um judeu. Fora do sábado – sétimo dia – o *judaísmo conhece diversos dias de festa aos quais denomina sábados. Jesus guardou o sábado (Mc 1,21; Lc 4,16), mas o relativizou. Assim censurou duramente a visão sobre o sábado dos *escribas e fariseus (Mt 12,12; Mc 3,2-5; Lc 13,10-16; 14,1-6; Jo 5,8ss.; 9,14) e, proclamando-se Senhor do sábado, proporcionou-lhe uma interpretação diferente e subordinada ao bem-estar humano (Mc 2,27ss.). Esse ponto de vista foi um dos motivos pelos quais alguns desejaram sua morte (Jo 5,18). Os primeiros cristãos questionaram o caráter sagrado de dias concretos (Gl 4,10) e além disso deslocaram de maneira imediata o dia de reunião da comunidade para o domingo. Assim celebravam a *Eucaristia no domingo (At 20,7) e no mesmo dia realizavam as coletas para os necessitados (1Cor 16,2). Nesse ponto pôde influenciar tanto que *Pentecostes caiu num domingo como que fosse nesse dia que Jesus ressuscitou e que existia um desejo de diferenciar-se da sinagoga.

Bibl.: BACCHIOCCHI, S., *From Sabbath to Sunday*, Roma 1977; BARYLKO, J., *Celebraciones...*; NEUSNER, J., *Judaism...*; HESCHEL, A. J., *El Shabat y el hombre moderno*, Buenos Aires 1964; SIGAL, P., *The Halakah of Jesus of Nazareth according to the Gospel of Matthew*, Lanham 1986; VIDAL MANZANARES, C., *El judeo-cristianismo...*; IDEM, *Diccionario de Jesús...*

SABATISMO

Movimento surgido no seio do *protestantismo escocês e inglês que enfatizava a necessidade de santificar um dia concreto da semana – o domingo – da mesma maneira que o *Antigo Testamento ensina o que o antigo Israel fez com o *sábado. A cessação de toda atividade – inclusive as ociosas – foi declarada legalmente durante o governo dos *puritanos (1644, 1650 e 1655). Com a Restauração, manteve-se (1677) a proibição de trabalhar e viajar a cavalo ou em barco, mas não se fez menção alguma às diversões. O avivamento *evangélico trouxe um novo ressurgir dessa visão e a lei da observância do dia do Senhor (1781) ordenou o fechamento durante o domingo de qualquer lugar de entretenimento pago. Essa visão do domingo começou a declinar em fins do séc. XIX e hoje constitui algo residual.

SABELIANISMO

Forma do *modalismo sistematizado por *Sabélio.

SABÉLIO

Sistematizador do *modalismo que não distinguia na divindade as diferentes pessoas, mas que as considerava como manifestações distintas de uma única pessoa divina. Chegado a Roma em fins do pontificado de Zeferino, recebeu fortes ataques de Hipólito e, finalmente, após um período de bons relacionamentos com o Papa Calisto foi excomungado por ele. Sabélio concebia a divindade como uma mônada que se expressava em três operações, igualmente utilizava a imagem da "projeção" (o Pai havia se projetado como Filho e depois como Espírito Santo). J. N. D. Kelly expressou a enorme dificuldade que implica tentar conhecer realmente a teologia de Sabélio, toda vez que a informação que chegou até nós procede de documentos posteriores a um século de Sabélio e, em muitos casos, parece ter-se confundido aquela teologia com a de Marcelo de Ancira. Mas parece certo, não obstante, que seu uso do termo "pessoas" para referir-se ao Pai, ao Filho e ao Espírito Santo estava dotado de um conteúdo errôneo, pois implicava somente a coberta ou aparência externa de um mesmo ser.

SABEDORIA

*Hipóstase de Deus. Em Provérbios 8,22ss. aparece já este personagem como filho amado de Deus, nascido antes de todas as criaturas e artífice da criação. Essa figura alcançará no judaísmo posterior uma considerável importância (Eclo 1,9ss.; 24,3ss.). O livro da Sabedoria já a descreve como "sopro da força de Deus", "efusão pura do fulgor do Todo-poderoso" e "imagem de sua bondade" (Sb 7,7-8,16), "companheira de sua vida" (a de Deus) (8,3), "companheira de seu trono" (9,4), "enviada sob a figura do Espírito de Deus" (9,10; 7,7) e "protagonista ativo no curso da história de Israel" (7,27). Em Filon, a Sabedoria passa a ser "filha de Deus" (*Fuga* 50ss.; *Virt.* 62) e "filha de Deus e mãe primogênita de tudo" (*Quaest.* Gen. 4, 97). Em alguns textos rabínicos, será identificada com a *Torá preexistente, "filha de Deus", mediadora da criação e hipóstase. Em Q – tal e como aparece reproduzido no Evangelho de *Lucas – Jesus se apresenta como essa Sabedoria. Isso explica, embora em parte, que ele se definisse como alguém maior que Salomão (Mt 12,42).

Bibl.: VIDAL MANZANARES, C., *El Primer Evangelio...*; IDEM, *El judeo-cristianismo...*; GILBERT, M. e ALETTI, J. N., *La sabiduría y Jesucristo*, Estella; E. "Cahiers Evangile", *En las raíces de la sabiduría*, Estella.

SABINIANO (13 DE SETEMBRO DE 604 A 22 DE FEVEREIRO DE 606)

Papa. Sua eleição constituiu uma reação contra *Gregório que havia sido muito impopular nos últimos tempos de seu episcopado. Não sabemos nada de suas ações, exceto que se viu ameaçado pelas hostilidades com os lombardos.

SACERDÓCIO

No judaísmo, havia um sacerdócio vinculado a membros da tribo de Levi, descendentes de Arão e de seus filhos, autorizados para a realização da liturgia do tabernáculo e do Templo. São denominados *cohem* (singular) e *cohanim* (plural). A instituição do sacerdócio remonta à época de *Moisés (Êx 28,1ss.). Arão foi o primeiro grande ou sumo sacerdote (*cohen gadol*) (Lv 8,1ss.). Essa figura gozava de uma consideração semi-régia (Nm 35,28) e era o único que podia atravessar o véu (*parojet*) do santíssimo do templo, uma vez ao ano, no dia do *Yom kipur* (Lv 16,2ss.). Não tendo terras por herança, os sacerdotes estavam também sujeitos às leis rigorosas da pureza ritual (*tohorah*). Depois do segundo *jurbán* ou destruição do Templo, sua situação ficou logicamente alterada.

Jesus aceitou o sacerdócio judeu durante seu ministério, por exemplo, quanto às normas relativas à lepra (Mc 1,44). Contudo, sua visão do Templo como uma realidade passageira, implicitamente, leva a pensar que contemplou sua existência munida de um futuro breve. O cristianismo do Novo Testamento não contém referências a uma classe específica sacerdotal já que considera que em Cristo, único sumo sacerdote, desaparece qualquer sacerdócio (Hb 5,10) e que todos os discípulos são um "povo de reis e sacerdotes" (Ap 1,6; 6,10). Os presbíteros parecem ter sido – como seu nome indica – leigos mais idosos encarregados das questões eclesiais e os próprios bispos aparecem nas pastorais como personagens não essencialmente distintos deles, aos quais são dadas recomendações, inclusive, sobre seu matrimônio e sobre seus filhos (1Tm 3,1-7; Tt 1,5-9).

O termo "sacerdote" não foi aplicado a nenhum cristão antes dos fins do séc. II, e inclusive em Cipriano somente se denomina como tal aos bispos, considerando-se que os presbíteros podem unicamente presidir a *Eucaristia e receber a um *lapso penitente na ausência do bispo. Todavia, numa carta de *Inocêncio I de 416, insiste-se que a Eucaristia somente pode ser consagrada pelos bispos. Desde o momento, contudo, em que os presbíteros receberam autoridade para consagrar a Eucaristia, abriu-se o caminho para o desenvolvimento teológico que na Idade Média teria a figura do sacerdote. A partir do séc. XI, foi-se estendendo o costume de ordenar sacerdotes que não tiveram benefícios, e desde o séc. XIII, devido ao desenvolvimento da teologia eucarística e à obrigação da confissão (1215), seu papel recebeu um claro impulso de caráter sacerdotal que somente deixou fora de seu âmbito de ação a ordenação de outros sacerdotes e a confirmação restritas aos bispos.

Essa evolução teológica foi rejeitada pela *Reforma do séc. XVI, inclusive naquelas igrejas – como a *Igreja da Inglaterra – onde persistiu uma figura essencialmente semelhante em sua formulação a do sacerdote católico. Contudo, até o século XIX, ele não recebeu o nome de sacerdote no seio do anglicanismo. Quanto a outras Igrejas protestantes, procurou-se reconstruir um sistema comunitário em maior ou menor medida aproximado ao Novo Testamento, eliminando a existência de uma classe sacerdotal e convertendo a ordenação – quando ela se dá – num simples reconhecimento do ministério da pessoa por parte da congregação.

Bibl.: MURPHY, F., *O. c.*; SANDMEL, S., *Judaism...*; Sanders, E. P., *Judaism...*; Vidal Manzanares, C., *El judeo-cristianismo...*; IDEM, *El Primer Evangelio...*

SACRAMENTÁRIOS

Termo com o qual *Lutero denominou os teólogos – como *Zwinglio e Ecolampádio – que afirmavam que o pão e o vinho da *Eucaristia eram o corpo e o sangue de Cristo somente na forma "sacramental", isto é, simbólica ou figurada. Durante o séc. XVI utilizou-se para qualificar os que negavam a presença real de Cristo na Eucaristia.

SACRAMENTO

A primeira utilização do termo sacramento aparece em Tertuliano (*Ad Martyres*, 3), que o utiliza para definir o juramento do soldado. Possivelmente, a recepção ulterior do termo derive de sua utilização no *Novo Testamento latino como tradução da palavra grega "mysterion". Durante os primeiros séculos do cristianismo, o conteúdo da palavra tornou-se extremamente confuso. Santo *Agostinho definiu-o como "forma visível de uma graça invisível" (o que se aproxima da definição católica posterior), mas considerou como tal o Credo e o Pai-nosso. Hugo de São Victor († 1142) enumerou trinta sacramentos divididos em três categorias. Foi *Pedro Lombardo o primeiro que estabeleceu uma enumeração de sete sacramentos (batismo, crisma ou confirmação, eucaristia, penitência, unção dos enfermos, ordem e matrimônio). Essa enumeração foi aceita por Santo *Tomás de Aquino e confirmada nos Concílios de Florença (1439) e Trento (1545-1563). Da mesma maneira, embora com diferenças, existe nas *Igrejas ortodoxas.

A *Reforma do séc. XVI implicou uma ruptura frontal com a teologia sacramental da Idade Média e a afirmação de somente dois sacramentos: o Batismo e a Eucaristia. De fato, somente duas importantes denominações protestantes – os quakers e o Exército da *salvação – não fazem uso dos sacramentos. Por outro lado, a forma, o significado e o momento de administração de ambos dividiram tragicamente o *protestantismo.

SACRIFÍCIO

Oferenda de animais ou outros produtos a Deus. Jesus não condenou diretamente o sistema sacrifical judeu, mas sua crença na inauguração de um Novo Pacto ou *Nova Aliança baseada em seu próprio sacrifício (Mt 26,26 e paralelos) e suas predições sobre a destruição do Templo (Mt 24; Mc 13; Lc 21) indicam implicitamente que via aquele sacrifício sujeito ao desaparecimento num futuro próximo. O cristianismo primitivo considerou também que a morte de Jesus havia sido um sacrifício que não podia ser repetido dado seu caráter permanente e definitivo (Hb 10,12-26). A teologia eucarística medieval apontou um caráter sacrifical na *Eucaristia que, em termos gerais, foi negado pela *Reforma do séc. XVI.

Bibl.: KAUFMANN, Y., *O. c.*; RENDTORFF, G., *Studien zur Geschichte des Opfersinn Alten Israel*, 1967; Hengel, M., *The Pre-Christian Paul*, Filadélfia 1991; VIDAL MANZANARES, C., *El judeo-cristianismo...*; IDEM, *El Primer Evangelio...*

SADOLETO, CARDEAL
*Calvino.

SADUCEUS

Seita judia cujo nome, possivelmente, deriva do sumo sacerdote Sadoc (2Sm 8,17). Geralmente pertenciam à aristocracia sacerdotal e se mostraram bem-dispostos a colaborar com Roma, com a finalidade de manter a estabilidade política e social. Teologicamente, aceitavam unicamente a *Torá escrita, rejeitando a lei oral; negavam a ressurreição – na qual se opunham a Jesus (Mt 22,23-33) – e a existência de anjos e espírito (At 23,8). Desempenharam um papel muito importante na condenação e morte de Jesus (Mt 26,57-66; Mc 14,53-64; Lc 22,54 e 66-71; Jo 11,45ss.; 18,12-14.19-24). A destruição do Templo no ano 70 privou-os da base fundamental de sua influência, desaparecendo antes do fim do séc I.

Bibl.: SCHÜRER, O. c.; BRUCE, F. F., *New Testament...*; VIDAL MANZANARES, C., *El judeo-cristianismo...*; IDEM, *El Primer Evangelio...*; SALDARINI, A. J., O. c.

SALESIANOS
*João Bosco.

SALMOS

As referências – e auto-aplicação – dos Salmos ao ministério e à pessoa de Jesus constituem, possivelmente, um dos campos mais fecundos para o investigador na hora de determinar a autoconsciência dele mesmo e a idéia que tinha de sua missão. Seu *batismo (Mt 3,17) está acompanhado de uma referência ao Salmo 2,7, texto que já naquela época interpretava-se como relacionado ao *Messias como Filho de Deus. As tentações debatem-se entre a certeza da missão de Jesus e a exegese capciosa que o *Diabo faz do Salmo 91 (Mt 4,6). Em relação a seu trabalho de ensinamento, deve-se dizer que Jesus identificou o uso de parábolas com o texto do Salmo 78,2 (Mt 13,35) e que o próprio Sermão da Montanha (Mt 7,23. Comp. Lc 13,27) contém abundantes reminiscências dos Salmos, p. ex.: 6,9 (Mt 5,8); 24,4; 37,11 (Mt 5,5); 48,3 (Mt 5,35); 50,14 (Mt 5,33); 51,12 (Mt 5,8); 99,5 (Mt 5,35) etc. Não é menos habitual que a missão e a personalidade de Jesus sejam descritas por ele recorrendo às citações dos Salmos. Sua vitória – e a de seus *discípulos – sobre os demônios é relacionada com uma referência do Salmo 91,13 (Lc 10,19); suas afirmações de ser o *Senhor pre-existente que conheceu Davi surgem da auto-aplicação do Salmo 110,1 (Mt 22,44; 26,64; Mc 12,36; 14,62; 16,19; Lc 20,42-43; 22,69); sua consciência de ser a pedra angular – uma passagem de colorido messiânico na exegese da época – que será rejeitada quase em massa por Israel aparece no Salmo 118,23-26 (Mt 21,9-15,42; 23,39; Mc 11,9-10; 12,10-11; Lc 13,35; 19,38; 20,17; Jo 12,13); as aclamações relacionadas a sua entrada messiânica em Jerusalém – e a resposta aos que o censuram – vêm legitimadas pelo Salmo 8,3 (Mt 21,16) e a própria traição de Judas (Mc 14,8) recorda a citação do Salmo 41,10. A descrição da paixão de Jesus relatada nos Evangelhos tem notáveis paralelos com a do sofrimento imerecido do justo ao qual se refere o Salmo 22 (comp. Sl 22,2 com Mc 15,34; 22,9 com Mt 27,43; 22,19 com Lc 27,35 e Jo 19,24). O próprio grito lancinante de Jesus na *cruz ("Meu Deus, meu Deus, por que me abandonaste?") pode simplesmente ser o início da recitação desse mesmo Salmo. Não tão claro, embora indiretamente, fazem pensar também em descrições como as contidas nos Salmos 69,1-4; 88,1ss.; 109,25 etc. Os primeiros cristãos pensaram ver nos detalhes da morte de Jesus o cumprimento de profecias concretas. Que não inventaram essas descrições torna-se óbvio quando lemos o texto dos Salmos diretamente. Assim, por exemplo, o Salmo 22,16a faz uma referência a cães que rodeiam o justo, mas não achamos mencionado – e nada o impede – esse episódio nas narrativas da crucifixão. Em vez de partir do Salmo para descrever esta, os Evangelistas descreveram o que tinha havido lugar historicamente e estabeleceram paralelos então com o contido na Escritura. Em outros casos, a citação não é tão clara (realmente o relato dos *magos em *Mateus estaria relacionado com o Sl 72,10-15 e 18?)

e se teria de perguntar se os Evangelistas realizaram essa identificação ou se a ela procede de nossa interpretação atual nem de toda fundamentada. O que parece indiscutível é que as *Escrituras que Jesus afirmou cumprir procediam em boa parte dos Salmos e marcaram taxativamente sua autoconsciência definida em torno a conceitos como os de Messias, de Filho de Deus, Senhor, preexistência, rejeição por parte de Israel e morte, incluindo antes a traição de um de seus discípulos. O fato de que essas considerações não procedem senão do próprio Jesus revela-se como um caminho muito fecundo na hora de se tentar aprofundar em suas concepções.

Por suposição, o *Novo Testamento manteve essa mesma linha interpretativa de se ler os Salmos através de Jesus, linha que, por outro lado, se encontra presente nos Santos Padres como *Jerônimo, *Ambrósio e *Agostinho. É sabido que os Salmos tiveram uma enorme influência na liturgia cristã. Não tem sido menor a exercida sobre a vida espiritual das ordens como os *beneditinos ou teólogos como *Lutero, *Francisco Xavier ou J. H. *Newman.

Bibl.: Gourgues, M., *Los Salmos y Jesús. Jesús y los Salmos*, Estella; Vidal Manzanares, C., *Diccionario de Jesús...*

SALOMÉ

1. Uma filha de *Herodíades e sobrinha de Herodes Antipas, que agradecido por sua dança lhe entregou a cabeça de *João Batista (Mt 14,6-11). Casou-se com Filipe ou *Filipo, o tetrarca, e em seguida com Aristóbulo. *2*. Mulher pertencente ao grupo de *discípulos de Jesus, à qual foi em algum caso identificada como a esposa de *Zebedeu e *mãe dos apóstolos *Tiago e *João. Se for certa essa identificação, teria estado presente na *crucifixão de Jesus (Mt 27,56; Mc 15,40). Menos segura é a opinião que a converte em irmã de *Maria, a mãe de Jesus.

SALÔNIO DE GENEBRA

Filho de Euquério de Lyon e educado no mosteiro de Lérins, foi ordenado bispo de Genebra, por volta do ano de 439. Participou dos Concílios de Orange e Vaison de 441 e 442, assim como do Concílio de Arles de 450. Seu falecimento deve ter acontecido pouco depois. Foi-lhe atribuída uma Exposição mística dos Evangelhos de Mateus e João (C. Curti e J. A. Endress), mas J. P. Weiss é contrário a essa tese, situando o autor do escrito na Alemanha entre os séculos IX e XI.

SALVAÇÃO

Num primeiro sentido, ser tirado de um perigo, seja de uma tempestade (Mt 8,25); de uma enfermidade (Mt 9,21ss.); de uma perseguição (Lc 1,71-74) etc. Por antonomásia, o termo refere-se à salvação eterna. Em ambos os casos obtém-se a salvação mediante a *fé, sem a qual não há salvação da enfermidade (Mc 10,52; Lc 17,19; 18,42) nem tampouco vida eterna (Jo 3,16; 5,24; 20,31). Essa fé – que deve vir unida à perseverança (Mt 10,22; 24,13; Mc 13,13) – vincula a pessoa com Jesus (nome que significa: Yahveh salva), que se entregou à morte pelos homens (Mc 10,45). Ele é o Salvador (Mt 1,21; Lc 2,11). O anúncio dessa salvação constitui o núcleo da pregação evangélica (Mc 16,16). Essa visão da salvação torna-se a repetir nos demais escritos do Novo Testamento, no qual ela fica vinculada exclusivamente com Jesus (At 4,11-12) e é adquirida mediante a fé nele (Rm 1,16; 10,10; Ef 2,8-9; 2Tm 3,15 etc.). Ao longo da Idade Média, a visão sobre a salvação viu-se progressivamente ligada aos *sacramentos. A *Reforma do séc. XVI significou uma ruptura dessa postura e a vinculação da salvação à *fé em Cristo de acordo com o princípio paulino da *justificação pela fé.

Bibl.: VIDAL MANZANARES, C., *El judeocristianismo*...; IDEM, *El Primer Evangelio*...; IDEM, *Diccionario de las tres*...; LADD, G. E., *Theology*...; SANDERS, E. P., *Paul and*...; E. "Cahiers Evangile", *Liberación humana y salvación en Jesucristo*, Estella.

SALVADOR
*Salvação.

SALVIANO DE MARSELHA
Nasceu em Tréveris ou Colônia por volta do ano de 400. Casado com Paládia, decidiram ambos, depois de ter uma filha chamada Auspicíola, viver em continência e repartir seus bens entre os pobres. No fim de sete anos, retirou-se para Lérins com Honorato. Pouco tempo esteve aí, passando depois para Marselha, onde ingressou no mosteiro de São Vítor. Ali pelo ano de 429 foi ordenado sacerdote, vivendo ao menos até o ano de 469 ou 470. De suas obras, que presumivelmente foram bastante numerosas, somente chegaram até nós o *Contra a avareza ou Sobre a Igreja*, o tratado *Sobre o governo de Deus* e nove cartas.

SAMARITANOS
Descendentes dos antigos israelitas, unidos possivelmente a um elemento não hebreu (2Rs 17,29), formando um grupo de características religiosas específicas. Negavam a legitimidade do Templo de *Jerusalém e consideravam que o único válido era seu próprio templo, situado sobre o monte Garizim. Aceitavam unicamente o Pentateuco como Escritura. Sua inimizade com os judeus do período do Segundo Templo era notória, a ponto de ser zombado de samaritano constituir um insulto muito grave (Jo 8,48). Jesus pregou muitas vezes na Samaria (Jo 4) e curou – entre os dez leprosos – um samaritano (Lc 17,11). O protagonista de uma de suas parábolas mais conhecidas pertencia também a essa etnia (Lc 10,25-37).

Bibl.: VIDAL MANZANARES, C., *El judeocristianismo*...; SCHRER, O. c.; BRUCE, F. F., *New Testament*...; MONTGOMERY, A., *The Samaritans*, Filadélfia 1907; KIPPENBERG, H. G., *Garizim und Synagogue*, Berlim 1971; POLIAKOV, L., *Los samaritanos*, Madri 1992.

SANGUE
Símbolo da vida. Os *sacrifícios do Antigo Testamento exigiam em bom número de casos o derramamento de sangue (Lv 17,10-14; Dt 12,15-16), embora seu consumo – incluindo animais sem serem sangrados – constituía uma proibição aos israelitas, mas não aos gentios que viviam entre eles (Dt 12,16-24, 14,21). A expressão carne e sangue é uma referência ao ser humano em sua condição terrena (Mt 16,17). O sangue de Jesus – derramado para o gênero humano (Mt 26,28; Mc 14,24; Lc 22,20) – perdoa os *pecados.

Bibl.: MORRIS, L., *The Cross*...; VIDAL MANZANARES, C., *El judeo-cristianismo*...; IDEM, *Diccionario de las tres*.

SANHEDRIN
O Concílio aristocrático de Jerusalm. Sua designação provinha da palavra grega "synedrion" que poderia ser traduzida por "conselho" ou "con-

cílio" ou "sinédrio". A primeira notícia que temos dessa instituição – ou de outra muito semelhante – acha-se numa carta de Antíoco III (223-187 a.c.) na qual se denomina "guerusía" (senado ou conselho de anciãos). Durante o reinado de *Herodes, o Grande, se existiu, foi sob o controle férreo do monarca. No séc. I d.C., os romanos se valeram dele para controlar a vida dos judeus. Não é fácil saber com exatidão como funcionava. Flávio Josefo utiliza o termo "synedrion" para referir-se a diversas instituições tanto judias como romanas. Nos Evangelhos (Mc 14,53-55; Jo 11,45-53) parece estar formado por uma maioria de *sacerdotes – seguramente ligados aos saduceus – controlada na prática por figuras como *Caifás. João (11,45-53) anota também a presença de fariseus em seu meio (comp. com At 4,5-6 e 23). Suas competências parecem ter sido civis e religiosas. Na literatura rabínica, há referências a um Grande Sanhedrin com setenta e um membros e a um pequeno sanhedrin de vinte e três membros (M. Sanh 1,6). Conforme A. Bechler e S. B. Hoenig, houve três antes de 70 d.C.; M. Wolff pensa que houve dois. A questão está muito longe de ser estabelecida de maneira definitiva. Os Evangelhos anotam que Jesus foi julgado e condenado pelo Sanhedrin, mas não é fácil saber exatamente ao qual se refere e, por outra parte, o procedimento não deixa de ser muito irregular (durante a noite, com interrogatório direto ao acusado para achar sua autoculpa etc.). Esse último aspecto foi atribuído ao fato de que Jesus não sofreu um processo regular diante do Grande Sanhendrin, mas um parecer preliminar ou instrução diante do menor (ou um dos sanhendrins menores) de vinte e três membros; ou também o procedimento se encaixava no funcionamento do Sanhendrin da época, embora fosse diferente daquele que conhecemos através da literatura judaica posterior (Sanders).

Bibl.: HOENIG, S. B., *The Great Sanhedrin*, Filadélfia 1953; MANTEL, H., *Studies in the History of the Sanhedrin*, Cambridge 1961; ERE XI, *Schrer*; VIDAL MANZANARES, C., *El judeo-cristianismo...*; IDEM, *El Primer Evangelio...*; IDEM, *Diccionario de las tres...*; SANDMEL, S., *Judaism...*; SANDERS, E. P., *Judaism...*; CATCHPOLE, O. c.; BLINZLER, J., O. c.; SAULNIER C. e ROLLAND, B., *Palestina en tiempos de Jesús*, Estella.

SANTIAGO DE COMPOSTELA

Cidade situada a noroeste da Espanha, onde desde a Idade Média se considera que esteja situado o sepulcro do *apóstolo *Tiago. Pelo ano de 1095 a sede de Iria foi transladada para Compostela, tornando-se esta um centro de nacionalismo católico diante dos mouros e, sobretudo, de peregrinações procedentes de toda a cristandade. O Caminho de Tiago converteu-se assim não somente numa via de espiritualidade mas também de arte e cultura.

SANTIDADE
*Santo.

SANTIFICAR
*Santo.

SANTO

No Antigo Testamento, é considerado santo tudo aquilo que é consagrado ao Senhor (a terra, o *sábado, os *sacrifícios etc.) e de maneira muito especial o é Ele precisamente como contraposto a tudo o que é pecaminoso (Is 6). O povo de Israel tinha uma especial obrigação de ser santo, isto é, de ser consagrado a Deus (Dt 7,6; 14,2; 26,19 etc.). Nos Evangelhos recebem esse qualificativo os *anjos (Mc 8,38), os *profetas (Lc 1,70), o Templo (Mt 24,15) e, por antonomásia, Jesus (Mc 1,24; Lc 1,35; Jo 6,69). O chamamento para ser santos somente pode ser ouvido a partir da perspectiva que Jesus proporciona e que santifica os homens (Jo 17,17-19). Nos escritos do *Novo Testamento, a palavra santo refere-se simplesmente ao conjunto dos crentes que formam as diversas comunidades cristãs (2Cor 9,1; Fl 4,21, 1Tm 5,10; Hb 13,24 etc.). As primeiras referências a um culto dos santos – entendidos estes como cristãos já falecidos– aparecem num escrito herético: os gnósticos Atos *apócrifos dos apóstolos. Durante o séc. III, contudo, desenvolveu-se um culto dos restos ou relíquias dos mártires e São *Cipriano não tardou em afirmar seu poder de *intercessão. A primeira formulação teológica do culto dos mártires deve-se a *Orígenes. A partir do séc. IV, o culto dos santos – já totalmente identificados com cristãos falecidos dotados de poder intercessor – foi defendido por São Cirilo e São *João Crisóstomo. Embora inicialmente se encontrasse circunscrito aos mártires, logo passou para as virgens e para os ascetas. Para evitar a acusação de idolatria, desenvolveu-se também uma distinção do culto que, se no caso de Deus seria latria, no dos santos seria dulia. A partir do séc. V, foram introduzidos dípticos de mártires e confessores nas liturgias galicana, *moçarábe e celta. A conversão dos bárbaros ao longo da Idade Média contribuiu também para a extensão do culto dos santos. Esse culto foi censurado pelos movimentos de renovação como o dos *valdenses, mas o grande ataque sistemático contra ele surgiu durante a *Reforma do séc. XVI. Tanto *Zwinglio como *Calvino, os *anabatistas e a *Igreja da Inglaterra rejeitaram frontalmente a idéia de que alguém diferente de Deus pudesse receber algum tipo de culto (Lc 4,8), assim como a de uma mediação distinta da de Cristo (1Tm 2,5). A *Contra-reforma confirmou a doutrina medieval sobre o culto dos santos, e assim ficou refletida no Concílio de *Trento.

Bibl.: VIDAL MANZANARES, C., *El judeo-cristianismo...*; IDEM, *Diccionario de las tres...*

SATANÁS
*Diabo. *Demônios.

SAVONAROLA, JERÔNIMO (1452-1498)
Pregador italiano. Em 1474 entrou para a Ordem dos *dominicanos e desde 1482 tornou-se pregador na igreja de São Marcos de Florença. Prognosticou a queda de Lourenço de Medici – que, efetivamente, aconteceu – e que Carlos VIII da França era o instrumento de Deus para reformar a Igreja. De fato, aproveitou a campanha italiana dele (1494-1495) para implantar em Florença um regime teocrático. O rigor de suas posturas criou-lhe logo muitos adversários que em 1495 conseguiram que o Papa *Alexandre VI lhe ordenasse de apresentar-se em Roma. Negando-se ele em obedecer ao papa por razões de segurança, o pontífice proibiu-o de pregar, e quando o dominicano continuou fazendo (em termos especialmente virulentos) então o papa o excomungou (1497). Savonarola respondeu apelando a um concílio geral, mas uma sublevação do povo farto de seu rigorismo terminou em sua detenção, tortura e execução como herege.

SCHLEIERMACHER, FRIEDRICH DANIEL ERNST (1768-1834)

Teólogo alemão. Seus pais faziam parte dos seguidores de *Zinzendorf, mas ele achou aquele ambiente demasiado acanhado para ele e em 1787 ingressou na universidade de Halle, onde conheceu a filosofia de Kant e Aristóteles. Em 1794 foi ordenado e tornou-se pregador em Berlim, onde entrou em contato com os românticos. Influenciado por eles, definiu a religião como a "sensação e o gosto pelo infinito". Depois de desempenhar diversos postos acadêmicos, tornou-se um dos mais encarniçados opositores de Napoleão Bonaparte e, a partir da derrota deste, entregou-se a redigir sua obra mais importante (1819) *Der christliche Glaube nach den Grundsätzen der evangelischen Kirche im Zusammenhang dargestellt*. Conforme Schleiermacher, a religião é um sentimento de dependência absoluta que encontra sua expressão mais refinada no monoteísmo, sendo o cristianismo sua forma mais pura. Essa visão essencialmente sentimental do cristianismo possivelmente se derivou da mescla de *pietismo de Zinzendorf com o romanticismo e teve uma importância extraordinária nas teologias do *liberalismo e do *modernismo (e não está distante de algumas ênfases do *pentecostalismo). Sua influência ficou claramente questionada a partir do impulso em prol de uma volta à *Bíblia defendida por Barth e *Brunner.

SCHWEITZER, ALBERT (1875-1965)

Teólogo, médico e musicólogo alemão. Em 1899 tornou-se pastor e dois anos depois publicou sua *Das Messianitäts und Leidengeheimnis*, na qual sustentou que o ensinamento de *Jesus derivava-se fundamentalmente de sua convicção de que o fim do mundo estava próximo. Professor na Universidade de Estrasburgo (1902), quatro anos depois apareceu seu *Von Reimarus zu Wrede*, no qual colecionava as interpretações da figura de Jesus que foram publicadas desde o séc. XVIII. Nessa obra – na qual nega validade a todas as interpretações anteriores – sustentava que Jesus havia acreditado na iminência do fim do mundo, mas, ao entender que havia se equivocado, decidiu sofrer para salvar seu povo das tribulações que precederiam os últimos dias. Em 1911 aplicou uma interpretação muito semelhante ao *apóstolo *Paulo. Essa visão do cristianismo primitivo – insustentável em termos históricos – levou-o à conclusão de que ser cristão devia manifestar-se fundamentalmente em termos éticos, e assim, em 1913, abandonou sua carreira acadêmica para dedicar-se ao cuidado dos enfermos como missionário em Lambaréné, na África francesa. Detido na África em 1917, no ano seguinte voltou a Estrasburgo. Em 1923 resumiu sua ética como "reverência pela vida" e no ano seguinte regressou para seu trabalho médico em Lambaréné permanecendo ali até o fim de sua vida. Científico, filantropo, musicólogo, teólogo, a personalidade e os escritos de Schweitzer – prêmio Nobel da paz de 1952 – tiveram uma enorme influência sobre a teologia anglo-saxônica.

SCHWENCKFELD, KASPAR (1490-1561)

Teólogo e reformador. Admirador dos escritos de *Tauler e *Lutero, viajou a Wittenberg onde ficou desiludido pela *Reforma luterana. Questionou assim a doutrina da *justificação pela fé tal e como era ensinada por Lutero, já que considerava que poderia cair no laxismo moral; e rejeitou igualmente sua interpretação da Eucaristia. Por outro lado, Schwenckfeld defendia que a vida dos cristãos fosse como de autênticos *discípulos. Seus pontos de vista provocaram a oposição de católicos e de protestantes, o que o obrigou a fugir para o sul da Alemanha iniciando assim um longo perambular que somente terminou com sua morte. Ele combinou em sua teologia um autêntico sentido místico com uma insistência na seriedade ética. Embora atualmente exista uma igreja constituída em torno de sua teologia, sua influência não tem excedido os limites dela.

SCOTTO ERÍGENA, JOÃO (810-877 APROX.)
*João Scott Erigena

SEBASTIÃO
Mártir romano que parece ter morrido durante a perseguição de *Diocleciano. As circunstâncias relativas a sua morte tornam-se obscuras e as referências a que foi flechado e, posteriormente, morto a golpes de maça são legendárias e tardias.

SEEKERS
Lit.: investigadores. Grupo protestante inglês do séc. XVII que defendia que não havia existido uma igreja cristã verdadeira desde que ela havia sido controlada na Antigüidade pelo espírito do Anticristo. Embora esperassem que Deus restauraria a Igreja em sua pureza, não consideravam que fosse tarefa sua a contribuição para isso. Alguns seekers pagaram suas crenças com a morte e bom número deles aderiu aos *quakers.

SEGUIMENTO
*Discípulos.

SEGUIR
*Discípulos.

SEGUNDO-ADVENTISTAS
Seita pseudocristã de caráter *milenarista, derivada dos *adventistas, que se caracterizava por uma espera e uma pregação fervorosas da Segunda Vinda de Cristo da qual provém seu nome.

SEITA
1. Do latim "secare" (cortar), movimento nascido de uma cisão em outro. 2. Grupo mais reduzido que as grandes igrejas, no qual se produz um relacionamento mais estreito entre os membros (E. Troeltchs e M. Weber). Nesses dois sentidos a palavra não tem conotação pejorativa. 3. Movimento no qual se negam algumas das verdades do cristianismo aceitas por todas as confissões cristãs como a *Trindade, a imortalidade da alma, a existência do inferno, a inexistência de outra revelação geral posterior a Cristo etc. 4. Grupo em que se dão todas e cada uma das seguintes características: a) organização piramidal, b) submissão incondicional ao dirigente ou corpo governante, c) proibição da crítica interna, d) perseguição de objetivos políticos e/ou econômicos ligados aos religiosos, filosóficos ou espirituais, e) instrumentalização dos adeptos para os fins da seita e f) ausência de controle ou fiscalização do grupo por conta de outro poder religioso ou filosófico superior à autoridade dele.

Bibl.: VIDAL MANZANARES, C., *El Infierno de las sectas*, Ed. Mensajero, Bilbao 1989, p. 10ss.; IDEM, *Diccionario de sectas y ocultismo*, Estella 1991, IDEM, *Psicología de las sectas*, Madri 1990; IDEM, *El desafio de las sectas*, Madri 1995; IDEM, *La otra cara del Paraíso*, Miami 1994; IDEM, *Nuevo diccionario de sectas y ocultismo*, Estella 1998.

SEMIARIANISMO
Posição defendida por *Basílio de Ancira que se situava entre o pensamento de *Ario e a crença na *Trindade. Seu desejo de ortodoxia explica o tratamento benévolo que lhe manifestou Santo *Atanásio e sua influência nos Padres *capadócios.

SEMIPELAGIANISMO
1. Posição teológica sustentada durante os séculos IV e V que lutava pela crença de que a graça é necessária para a *salvação, mas que os primeiros passos para ela tinham de ser dados pela vontade humana. A causa real dessa tese partia de um desejo de se opor aos últimos escritos de Santo *Agostinho, em que ele defendia uma forma extrema de *predestinação que fixava um número concreto dos salvos e a impossibilidade de aqueles que crêem caíssem da graça. O semipelagianismo foi condenado no Concílio de Orange de 529. *2.* Termo criado pelos seguidores de *Bañez para qualificar as teses de *Molina.

SENHOR
Fórmula para referir-se a Yhaveh que, vários séculos antes do nascimento de Jesus, havia substituído inclusive a esse nome. Sua forma aramaica "mar" já aparecia aplicada a Deus nas partes do Antigo Testamento redigidas nessa língua (Dn 2,47; 5,23). Em ambos os casos, a Setenta (LXX) traduziu "mar" por "kyrios" (Senhor, em grego). Nos textos da Elefantina, "mar" volta a aparecer como título divino (p. 30 e 37). A. Vincent afirma inclusive que esse conteúdo conceptual já se dava no séc. IX a.C. Em escritos mais tardios "mar" continua sendo uma designação de Deus, p. ex.: Rosh ha-shanah 4a; Ber 6a; Git 88a; Sanh 38a; Eruv 75a; Sab 22a; Ket 2a; Baba Bat 134a etc.
  Jesus foi chamado "senhor" como simples forma de cortesia em algumas ocasiões. Contudo, a auto-atribuição que ele fez desse título vai mais além (Mt 7,21-23; Jo 13,13) e inclusive traz inseridas referências a sua preexistência e divindade (Mt 22,43-45; Mc 12,35-37; Lc 20,41-44 com o Sl 110,1). Assim é como foi entendido no cristianismo posterior, no qual o título "Kyrios" (Senhor) aplicado a Jesus é idêntico ao utilizado para referir-se a Deus (At 2,39; 3,22; 4,26 etc.); vai mais além de um simples título honorífico (At 4,33; 8,16; 10,36; 11,16-17; Tg 1,1 etc.); implica uma fórmula de culto próprio da divindade (At 7,59-60; Tg 2,1) – assim Santo Estêvão dirige-se a esse Senhor Jesus no momento de sua morte, o autor do Apocalipse encaminha para ele suas súplicas e Tiago lhe acrescenta o qualificativo "da glória" que, claramente, somente seria aplicável ao próprio Yahveh (Is 42,8) – e permite ver como se atribuíam sistematicamente a Jesus citações do Antigo Testamento referidas originalmente a Yahveh (At 2,20ss. com Jl 3,1-5). Finalmente, a fórmula composta "Senhor dos Senhores" (tirada do Dt 10,17, no qual se refere a Yahveh) é aplicada a Jesus mostrando uma clara identificação dele com o Deus do Antigo Testamento (Ap 17,14; 19,16). Tanto as fontes judeu-cristãs (1Pd 1,25; 2Pd 1,1; 3,10; Hb 1,10 etc.) como as cartas paulinas (Rm 5,1; 8,39; 14,4-8; 1Cor 4,5; 8,5-6; 1Ts 4 e 5; 2Ts 2,1ss. etc.) corroboram essas afirmativas.

Bibl.: BOUSSET, W., *Kyrios Christos*, Nashville 1970; FITZMYER, J. A., "New Testament Kyrios and Maranatha and Their Aramaic Background" em *To Advance the Gospel*, Nova York 1981, p. 218-235; HURTADO, L. W., *One God, One Lord: Early Christian Devotion and Ancient Jewish Monotheism*, Filadélfia 1988; WITHERINGTON III, B., "Lord" em *DJG*, p. 484-492; CULLMANN, O. c.; VIDAL MANZANARES, C., "Nombres de Dios" em *Diccionario de las tres...*; IDEM, *El judeo-cristianismo...*; IDEM, *El Primer Evangelio...*

SEPTUAGINTA (SETENTA, LXX)

Também denominada Bíblia dos Setenta (LXX), foi a tradução mais importante do *Antigo Testamento para o grego. Realizada durante o séc. III a.c. diferencia-se do Antigo Testamento hebraico na ordem e no conteúdo dos livros e também por incluir alguns que não se encontram no *cânon judaico. É duvidoso que os autores do *Novo Testamento a utilizassem (de fato, em bom numero de casos citam o Antigo Testamento diferente dos LXX). Contudo, a partir do séc. III a maioria dos Santos Padres considerou-na quase a versão oficial grega do Antigo Testamento justamente no momento do abandono que desse texto realizavam os judeus. Foi impressa pela primeira vez por *Cisneros (1514-1517).

SERAPIÃO DE ANTIOQUIA

Oitavo bispo de Antioquia. Seu episcopado desenvolveu-se durante o reinado de Septímio Severo. Eusébio conservou-nos alguns fragmentos de suas cartas relacionadas com o problema montanista e com o docetismo do Evangelho de Pedro. *Evangelhos apócrifos.

SERAPIÃO DE THMUIS

Foi superior de uma colônia de monges e, posteriormente, bispo de Thmuis no Egito inferior. Confidente de Antão, o Ermitão, manteve também relacionamentos de amizade com Santo Atanásio, que em 356 o enviou à corte de Constâncio para combater contra o partido ariano. Não obstante, seria esse imperador que o afastaria de sua sede. Deve ter morrido depois de 362. Foi autor de um tratado *Contra os maniqueus*, um *Eucologio* ou sacramentário e várias cartas.

SÉRGIO I (15 DE DEZEMBRO DE 687 A 9 DE SETEMBRO DE 701)

Papa. Ao se dar a morte de Conon, aconteceu ao mesmo tempo a eleição de *Pascoal e de Sérgio. Este contribuiu notavelmente para garantir a autoridade de Roma no Ocidente batizando o rei dos saxões ocidentais. Também resistiu às pressões do imperador bizantino Justiniano II. Introduziu o canto do *Agnus Dei* (Cordeiro de Deus) na missa.

SÉRGIO II (JANEIRO DE 844 A 27 DE JANEIRO DE 847)

Papa. Viu-se obrigado a aceitar que a eleição papal tivesse de ser confirmada pelo imperador e que a coroação do papa não pudesse ser feita sem consentimento e sem a presença de representantes imperiais. Acusado de diversas corrupções, a incursão de piratas muçulmanos que assolou Roma em agosto de 846 foi interpretada pelos romanos como um castigo divino pelos pecados papais.

SÉRGIO III (29 DE JANEIRO DE 904 A 14 DE ABRIL DE 911)

Papa. Sérgio III datou seu reinado de uma primeira eleição frustrada, que teve lugar em dezembro de 897, o que o levou a considerar a todos os seus predecessores desde *João IX como ilegítimos e a dispor que fossem ordenados novamente os bispos e os clérigos que o haviam sido durante esses reinados. Pouco mais se conhece fora de sua luta com *Fócio em relação à dupla procedência do Espírito Santo.

SÉRGIO IV (31 DE JULHO DE 1009 A 12 DE MAIO DE 1012)
Papa. Sua eleição deveu-se às pressões exercidas por João II, membro da família Crescência. Seu nome de batismo era Pedro, que mudou como mostra de respeito para com o *Apóstolo. Poucos dados restam sobre seu reinado, embora se saiba que manteve estreitas relações com Henrique II da Alemanha. Sua morte aconteceu quase que ao mesmo tempo que a de João II Crescêncio – o que provocou rumores no sentido de que ambos tenham sido assassinados – e como conseqüência disso Roma viu-se mergulhada em violentas convulsões políticas.

SÉRGIO PAULO
Procônsul romano de Chipre a quem *Paulo de Tarso e Barnabé pregaram o Evangelho (At 13,4-12).

SERMÃO DA MONTANHA
Conjunto de ensinamentos de Jesus contidos em Mt 5-7.

SERMÃO DA PLANÍCIE
Conjunto de ensinamentos de Jesus contidos em Lc 6,20-49.

SERVET, MIGUEL (1511-1553)
Médico e teólogo espanhol. De origem aragonesa (e não navarrês como erroneamente se afirma às vezes), estudou em Saragoça e Toulouse e viajou pela Itália e Alemanha. Embora inicialmente mantivesse bons relacionamentos com teólogos luteranos como *Bucero e *Melanchthon, em 1531 inclinou-se para a negação da *Trindade. Mudando-se para Paris, estudou aí medicina e de 1541 a 1553 foi médico do arcebispo de Viena. Foi durante essa época quando começou a trocar correspondência com *Calvino. E suas cartas estavam impregnadas de virulências que lhe ganharam a antipatia do reformador francês. Em 1553, foi publicada de maneira anônima sua *Christianismi restitutio,* na qual expunha de maneira sistematizada seu pensamento teológico. Este coincidia com o dos reformadores em suas críticas contra o catolicismo e com os *anabatistas em favor do batismo dos adultos, mas continuava mantendo uma postura – de certo modo original – antitrinitarismo. Perseguido pela *Inquisição católica, fugiu para Genebra possivelmente buscando apoio do partido contrário a Calvino. Essa circunstância, longe de ajudá-lo, veio a ser fatal já que Calvino converteu o processo de Servet numa via para assegurar sua autoridade em Genebra. Assim, foi preso, julgado e queimado na fogueira no dia 27 de outubro de 1553. Mais tarde, as igrejas protestantes da Suíça ergueram um monumento a Servet reconhecendo o erro que havia causado sua morte e pedindo o perdão por um ato que não podia ser justificado.

SERVO DE YAHVEH
Os cânticos contidos em Isaías 42,1-4; 49,1-7; 50,4-11; e 52,13-

53,12 referem-se a um personagem, distinto de *Israel, denominado "Ebed Yahveh" (Servo de Yahveh), cuja morte teria um significado sacrifical e expiatório, e que anunciaria a salvação não só para Israel, mas para toda a humanidade. Ele já havia sido identificado com o Messias antes do nascimento de Jesus e se havia afirmado, inclusive, que sua morte seria em favor dos ímpios. São muitas as fontes que poderiam ser apresentadas a esse respeito. Mencionemos, somente a título de exemplo, o Henoc etíope, em que o "servo" aparece identificado com a figura do "Filho do homem" (13,32-37; 14,9; 13,26 com Is 49,2), o qual é descrito em termos messiânicos tirados dos cânticos do servo; o Targum de Isaías; o Midrash das Lamentações, no qual Isaías 49,10 é citado em conexão com o texto messiânico de Isaías (11,12); o Midrash sobre Samuel, no qual Isaías (53,5) relaciona-se com os sofrimentos do Messias; o Midrash sobre Rute (2,14) ou a Pesiqta Rabbati 36; e inclusive o Talmude (Sanh. 97b; 98b). A idéia da ressurreição do Servo de Yahveh não parece tampouco se ter originado no cristianismo. No texto hebraico de Isaías 53,8 e 10, refere-nos não somente que o Servo "foi cortado da terra dos viventes", mas que também, depois de sua morte expiatória, "prolongará seus dias" e "verá a luz". A palavra "luz" acha-se ausente do texto Massorético, mas deve ter pertencido ao original; e boa prova disso é que aparece na tradução dos LXX e que está também atestada em dois manuscritos hebraicos pré-cristãos da Gruta de Qumrán (1QIs e 1QIsb). Que Jesus se viu a si mesmo como o Servo de Yahveh é inquestionável, mas além disso proporciona uma das chaves essenciais para compreender a ele e seu ensinamento. Marcos (10,45) mostra como também relacionou sua morte como tal com o título de *Filho do homem (comp. Lc 14,16-24; 22,27). Partindo dessa autoconsciência, é compreensível que rejeitasse ser um *Messias político (Lc 4,5-8; Jo 6,15), que esperasse e anunciasse sua morte (Mt 16,21ss.; Mc 14,8 e paral.; Lc 20,13ss.), que considerasse essa morte expiatória e inauguradora da *Nova Aliança (Mt 26,26 e paral.) e que, inclusive, fizesse referência a sua ressurreição e à entrada dos *gentios no *Reino (Mt 8,10-12), já que, de fato, todos esses aspectos acham-se expressos nos cânticos do Servo de Isaías.

Bibl.: Hooker, M. D., *Jesus and the Servant*, Londres 1959; Gerhardsson, B., "Sacrificial Service and Atonement in the Gospel of Matthew" em Banks, R. (ed.), *Reconciliation and Hope*, Grand Rapids 1974, p. 25-35; Cullmann, O., *The Christology of the New Testament*, Londres 1975, p. 51ss.; Juel, D., *Messianic Exegesis: Christological Interpretation of the Old Testament in Early Chistianity*, Filadélfia 1988; Bruce, F. F., *New Testament Development of Old Testament Themes*, Grand Rapids 1989, p. 83-99; Green, J. B., "The Death of Jesus, God's Servant" em Sylva D. D. (ed.), *Reimaging the Death of the Lukan Jesus*, Frankfurt del Meno 1990, p. 1-28 e 170-173; Vidal Manzanares, C., *El judeo-cristianismo...*; Idem, *El Primer Evangelio...*; Idem, *Diccionario de Jesús...*; Jeremias, J., *Theología...*; Manson, T. W., *The Servant-Messiah*, Cambridge 1953; Morris, L., *The Apostolic Preaching of the Cross*, Grand Rapids 1956, p. 9-59; France, R. T., "The Servant of the Lord in the Teaching of Jesus" em *TynB*, 19, 1968, p. 26-52; MARSHALL, I. H., "The Development of the Concept of Redemption in the New Testament" em BANKS, R. (ed.), *Reconciliation and Hope: New Testament Essays on Atonement and Eschatology presented to Morris*, L. L., Exceter 1974, p. 153-169; LEIVESTAD, R., *Jesus in His Own Perspective*, Minneapolis 1987, especialmente às p. 169ss.

SETE

1. Número que simboliza uma totalidade (Mt 18,21ss.; Mc 8,5 e 20). *2.* O número de frases pronunciadas por Jesus na cruz e as que se conhece convencionalmente como "As Sete Palavras" (Mt 27,46 e paral.; Lc 23,34; 23,43; 23,46; Jo 19,26-27; 19,28; 19,30).

SETENTA E DOIS

Grupo de *discípulos de Jesus não pertencentes aos *Doze (Lc 10,1ss.), mas que se associaram desde o princípio nas tarefas da pregação do *Evangelho, na realização de *milagres e de luta contra os *demônios. Esse último aspecto, no entanto, não devia ser sua maior causa de alegria, mas a consciência de que seus nomes estavam escritos no *céu (Lc 10,19-20).

SEVERIANO DE GÁBALA

Bispo de Gábala, Síria, foi inicialmente amigo de João Crisóstomo, mas, posteriormente, participou de maneira contrária a ele no sínodo de Encina de 403, no qual se tramou sua deposição. Paládio acusa-o de haver sido o responsável pelo exílio do patriarca transferido de Cúcuso para Ponto. Faleceu depois de 408. Perdeu-se seu comentário à epístola aos Gálatas, mas se conservam umas trinta homilias suas. Também chegaram até nós por meio das correntes bíblicas fragmentos de seus comentários às epístolas de São Paulo.

SEVERINO
(28 DE MAIO A 2 DE AGOSTO DE 640)

Papa. Viu-se obrigado a esperar vinte meses antes que a permissão imperial lhe permitisse assumir as funções papais. Pressionado para subscrever a *Eczesis* do imperador Heráclito, na qual se afirmava que Cristo tinha uma só vontade, Severino negou-se, o que provocou uma intervenção militar contra Roma. Sitiada e saqueada por tropas simpatizantes de Heráclito – que recebeu parte dos despojos – Severino sobreviveu a sua sagração pouco mais de dois meses.

SEVERO DE MENORCA

Bispo de Menorca nos inícios do séc. V. Foi autor de um comentário no qual, por ocasião do encontro das relíquias de Santo Estêvão e de sua chegada a Magona (*Mahón*), instiga os judeus da Ilha a se converterem ao cristianismo num suposto debate público que teve com Teodoro, chefe da comunidade judia. S. Vidal identificou este "conmonitorium" com o *Sobre a disputada igreja e a sinagoga*, que se encontra entre as obras de Santo Agostinho. Também lhe é atribuída uma *Epístola a toda a Igreja*, na qual se narra o confronto concluído com a conversão de 540 judeus.

SHAFTESBURY, ANTHONY ASHLEY COOPER (1801-1885)

Reformador social inglês. Militante do partido conservador, dedicou-se totalmente à causa da melhoria das condições no trabalho (a ele se deve a lei de 1847 que limitava as horas de trabalho a dez por dia), especialmente para as mulheres e crianças. Ardente *evangélico manifestou-se, contudo, favorável à emancipação dos católicos ingleses.

SHENUDA DE ATRIPE
*Shenute de Atripe.

SHENUTE DE ATRIPE
Abade (383-466) do mosteiro branco de Atripe, em Tebas, é, depois de Pacômio, o representante mais importante do cenobismo egípcio. Parece que era de um caráter facilmente irritável, mas é inegável sua capacidade de organização. Em 431 esteve em Éfeso acompanhando São Cirilo de Alexandria. Morreu aos 118 anos. É o escritor copto mais importante. Escreveu um número considerável de cartas e sermões, e se lhe atribuem também apocalipses e visões. Algumas de suas obras chegaram até nós em versões etiópicas, árabes e siríacas, mas até agora não se chegou a um discernimento claro quanto a sua autenticidade.

SIÁGRIO
Bispo espanhol de meados do séc. V. Genádio menciona entre suas obras um tratado *Sobre a fé* e sete livros *Sobre a fé e sobre a regra da fé*. Em 1893, G. Morin atribuiu-lhe as *Regras de definições* contra os heréticos.

SILAS
Companheiro de Paulo em sua missão na Macedônia e Corinto (At 15,22-40; 2Cor 1,19). Discutiu-se se é o Silvano ao qual se refere (1 e 2Ts e 1Pd 5,12).

SILVÉRIO
(8 DE JUNHO DE 536 A 11 DE NOVEMBRO DE 537, † 2 DE DEZEMBRO DE 537)
Papa. Eleito pelas pressões do rei ostrogodo Teodato que desejava contar com um papa favorável a suas posições antibizantinas. Deposto pelo general bizantino Belisário em favor do também Papa *Vigílio, partiu para Constantinopla onde obteve de *Justiniano a promessa de que seu caso seria submetido a julgamento. Vigílio, contudo, chegou a um acordo com Belisário e este deportou Silvério para a ilha de Palmária no golfo de Gaeta; ali foi-lhe arrancada à força a abdicação, morrendo pouco depois por causa das privações.

SILVESTRE I (31 DE JANEIRO DE 314 A 31 DE DEZEMBRO DE 335)
Papa. Pouco se sabe sobre seu episcopado. Embora tenha sido atribuído a ele haver batizado o imperador *Constantino Magno curando-o da lepra, a notícia é legendária. Tampouco é certo que recebesse desse imperador a denominada "Doação de Constantino". Embora não estivesse presente no Concílio de *Nicéia, enviou dois legados.

SILVESTRE II (2 DE ABRIL DE 999 A 12 DE MAIO DE 1003)
Papa. *Beneditino, antes de ser papa desfrutou da amizade do imperador Otão I e esses bons relacionamentos com o Império facilitaram consideravelmente sua eleição. De fato, optou pelo nome de Silvestre para dar a entender que desejava colaborar com o Império, uma qualidade que a lenda atribuía a *Silvestre I. Contrário ao matrimônio dos clérigos, estabeleceu arcebispos na *Polônia e na *Hungria, mantendo um entendimento total com o imperador.

SILVESTRE III (20 DE JANEIRO A 10 DE MARÇO DE 1045, † 1063)
Papa. Ao ser expulso o Papa

*Bento IX de Roma, foi eleito Silvestre como conseqüência das pressões da família romana dos Crescêncios, que desejava recuperar o poder que os Tusculanos lhes haviam arrebatado em 1012. Seu reinado foi breve porque no dia 10 de março de 1045 Bento IX o expulsou vergonhosamente de Roma. Silvestre não se viu suspenso em suas tarefas episcopais nem sequer depois de que o Sínodo de Sutri (20 de dezembro de 1046) o condenara ao confinamento e o privara da ordem. Possivelmente foi sua falta de ambição a qual o salvou das represálias de pontífices posteriores. Discute-se canonicamente se deve ser considerado papa ou antipapa.

SILVESTRE IV (18 DE NOVEMBRO DE 1105 A 12 DE ABRIL DE 1111)

Antipapa. Eleito em oposição ao Papa *Pascoal II, sua coroação teve de efetuar-se com o apoio das tropas do conde Werner de Ancona. Ao acontecer o regresso de Pascoal, desencadeou-se uma guerra entre suas forças e as de Silvestre IV, nas quais estas últimas obtiveram repetidas vezes a vitória. Somente após Silvestre ter ficado quebrado financeiramente e impossibilitado de pagar suas tropas, a derrota abateu-se sobre ele e teve que abandonar Roma. Protegido pelo conde Werner, voltou à vida pública por desejo do imperador Henrique V que em 1111 utilizou-se dele para pressionar sobre Pascoal II. Contudo, uma vez que Henrique tivesse obtido o que desejava de Pascoal II, abandonou a causa de Silvestre e obrigo-o a renunciar a qualquer pretensão sobre o trono papal e a jurar obediência ao papa. Seus últimos dias passou-os sob a proteção de Werner. Desconhecemos a data de sua morte.

SÍMACO (22 DE NOVEMBRO DE 498 A 19 DE JULHO DE 514)

Papa. Eleito com o apoio do rei godo, Teodorico, seus adversários, contudo, acusaram-no de simonia e de celebrar a *Páscoa numa data equivocada. Em 501, Teodorico convocou um sínodo em Roma para tratar dessas acusações, mas ele se declarou incompetente e insistiu em que Símaco era o papa legítimo. Iniciou-se então um período de guerra civil que banhou Roma em sangue desde essa data até 506. No ano seguinte, ao deixar Teodorico de se opor a Símaco, terminaram os confrontos. Durante seu reinado, Dionísio, o Exíguo, recompilou as denominadas *Falsificações de Símaco*, uma compilação de escritos falsos com os quais se pretendia demonstrar que o papa não podia ser julgado por homem algum.

SIMÃO
NO NOVO TESTAMENTO

1. O *apóstolo *Pedro (Mt 16,17; Jo 1,42; 21,15). *2.* O zelote, um dos *discípulos de Jesus. Não se deve cair no equívoco de identificá-lo como se fez em alguma ocasião com um *zelote (Mt 10,4; Mc 3,18; Lc 6,15). *3.* Um dos *irmãos de Jesus (Mt 13,55; Mc 6,3). *4.* Um fariseu (Lc 7,40 e 43); *5.* Um personagem de Betânia, atacado pela lepra (Mt 26,6; Mc 14,3). Ocasionalmente foi identificado com um fariseu (cf. n. 4); *6.* O Cireneu. Personagem – possivelmente gentio – o qual foi obrigado a ajudar Jesus a carregar a cruz (Mt 27,32; Mc 15,21; Lc 23,26); *7.* Simão Iscariotes, pai de *Judas Iscariotes (Jo 6,71; 13,2.26). Também foi identificado ocasionalmente com um fariseu (cf. n. 4); *8* Simão, o Mago. Nascido na Samaria, constitui o ponto de ligação entre o gnosticismo judeu pré-cristão e o gnosticismo de caráter pseudocristão. Os Atos dos Apóstolos narram em seu capítulo VIII seu encontro com Pedro e João. Esse encontro deve ter influenciado em sua doutrina, porque mais tarde, uma vez tendo passado para Roma durante o reinado de Cláudio, parece que sua teologia tinha um caráter aparentemente cristão, embora seu coração fosse totalmente gnóstico. Há possibilidade de que os relatos transmitidos sobre um encontro na capital do Império com Pedro contenham uma base histórica. Atribui-se a ele a *Grande Revelação* da qual somente chegaram até nós fragmentos, mas é discutível que a obra tenha sido realmente sua; *9*. Simão, o Curtidor. Um cristão que hospedou Pedro em Jope (At 9,43).

SIMEÃO
1. Antepassado de Jesus (Lc 3,30); *2*. Judeu que reconheceu em Jesus o *Messias (Lc 2,25ss.). Ele é relacionado com o hino *Nunc dimittis servum tuum*.

SIMEÃO, O ESTILITA (390-459 APROX.)
O primeiro dos ascetas estilitas, isto é, que viviam no alto de uma pilastra ou coluna. De origem síria, foi primeiramente monge em Eusebona, mas depois decidiu viver no alto de uma coluna cuja altura foi aumentando até chegar aos quarentas côvados. Embora permanecesse em cima dela até sua morte, teve uma considerável influência em sua época.

SIMEÃO, O MESSALIANO
Nascido na Mesopotâmia, foi um dos cinco dirigentes principais dos messalianos, citados por Teodoreto (HE IV, 10,2); H. Drries considera-o, com sólidos argumentos, como autor do *Asceticón* atribuído antes a Macário, o egípcio. A obra deve ter sido composta entre os anos 390 e 431 e sua origem messaliana é muito provável. Contudo, W. Jaeger negou essa circunstância e datou a obra, bem mais tarde, em torno do ano 534.

SIMONIS, MENO (1496-1561)
Reformador *anabatista. Sacerdote católico, no início do séc. XVI, a leitura do *Novo Testamento levou-o a duvidar da presença real de Cristo na *Eucaristia. Em 1536 abandonou formalmente o catolicismo e uniu-se aos anabatistas. Perseguido de maneira constante até sua morte vinte e cinco anos depois – o imperador *Carlos V chegou a pôr sua cabeça a prêmio – o resto de sua vida esteve dedicado em trabalhos de evangelização, ensinando e pastoreando. Autor de diversos tratados teológicos, defendeu o batismo de adultos baseado em uma confissão de fé, uma disciplina eclesial baseada em Mateus 18,15-22, a obediência radical ao *Sermão da Montanha (o que implicava a negativa em pronunciar juramentos e em servir no exército) e a separação total entre Igreja e Estado. A morte de Simonis não significou o fim das comunidades fundadas por ele, mas que elas sobrevivem até os dias de hoje nas igrejas menonitas.

SIMPLÍCIO (3 DE MARÇO DE 468 A 10 DE MARÇO DE 483)
Papa. Embora a maior parte de seus relacionamentos se dirigiu a estreitar vínculos com o Oriente, também tentou assegurar o primado romano sobre as igrejas ocidentais. Não pôde evitar os avanços dos *monofisitas no Império. E a partir de 479, inclusive, teve de assistir impotente ao desprezo

do patriarca de Constantinopla e do imperador de Bizâncio que decidiram sobre questões de fé sem sequer o informar delas.

SINAGOGA

Lugar de culto judeu. A palavra é de origem grega e designa um lugar de reunião. O termo hebraico para sinagoga é *bet ha-kneset* (casa de reunião). Aparece já no exílio babilônico depois da primeira destruição do Templo, embora alguns considerem que Jeremias 39,8 poderia ser uma referência anterior a ela. Nesses lugares de reunião, os judeus liam e estudavam a Bíblia, oravam e encontravam consolo em seu exílio. Antes do ano 70, já havia umas 400 sinagogas só em Jerusalém e umas mil na diáspora; depois desse ano a sinagoga tomou o lugar do Templo e transformou-se no centro da vida judaica. Embora arquitetonicamente a sinagoga se modificasse com o passar dos tempos, conservou, contudo, uma estrutura básica imitando uma arca sagrada (*arón hakodesh*) na parede oriental ou frente a ela (*mizraj*), em direção a Jerusalém e em frente da entrada (Ber. 30a, Tosef. a Meg. 4,22); numa *bimah* no centro ou para trás; e num *ner tamid* ou lâmpada perpétua prendida diante da arca para simbolizar a *menorah* – ou candelabro de sete braços – do Templo. A repartição das mulheres (*ezrat nashim*) também se achava separada da dos homens por uma divisão (*mejitzah*) ou construída em forma de galeria. A arca contém rolos sagrados (*Sefer Torah*) e diversos objetos religiosos. Junto a ela há assentos de honra para o rabino e fiéis importantes.

Jesus freqüentou as sinagogas e as utilizou como lugar de pregação (Mc 1,39; Lc 4,44). Na de *Nazaré começou seu ministério público (Lc 4,16-22). As sinagogas foram também cenários de suas lutas com *demônios (Lc 4,31ss.) e de seus *milagres (Mc 3,1ss.). *Tiago ainda denominou sinagoga o lugar de reunião dos primitivos cristãos (Tg 2,2), um dado que aparece confirmado pelas escavações arqueológicas efetuadas em redutos do *judeu-cristianismo em Nazaré. Quanto a *Paulo de Tarso, sabemos que as utilizou como um dos lugares para pregar o Evangelho (At 13,46; 17,1-2).

Bibl.: Peláez del Rosal, J., *La sinagoga*, Córdoba 1988; Vidal Manzanares, C., *El Primer Evangelio...*; Idem, *El judeo-cristianismo...*; Schürer, E., *O. c.*; Murphy, F., *O. c.*; Sandmel, S., *Judaism...*; Sanders, E. P., *Judaism...*

SINÉSIO DE CIRENE

Nasceu em Cirene entre os anos 370 e 375 de pais pagãos. Cursou estudos superiores em Alexandria, onde Hypatia o iniciou nos mistérios do neoplatonismo. Em 410 o clero e o povo de Tolomaida elegeram-no metropolitano de Pentápolis, embora seja discutível se estava batizado naquela época. Aceitou sob a condição de que lhe permitissem que continuasse vivendo com sua esposa e de não ter de abandonar suas idéias neoplatônicas acerca da preexistência da alma, da eternidade da criação e do conceito alegórico da ressurreição. Deve ter morrido não muito mais tarde de 413. Na realidade Sinésio foi em toda a sua vida mais neoplatônico que cristão, e boa prova disso constitui sua obra literária entre a qual se destaca seu *Discurso sobre a realeza, O louvor à calvície*, um *Tratado sobre os sonhos* – que enviou a Hypatia pedindo sua opinião – e uma série de cartas e hinos.

SINÓPTICOS

Qualificativo que se dá aos Evangelhos de *Mateus, *Marcos e *Lucas, que apresentam um desenrolar comum que presumivelmente se pode abranger com uma só olhada de conjunto (*sinopsis*).

SIRÍCIO (384-399)

Papa. Não conseguiu fazer valer sua autoridade sobre as igrejas ocidentais mais dependentes nessa época das ordens de Ambrósio de Milão. Contudo, suas sete cartas são boa prova de que não ficaram infrutuosos seus esforços de responsabilidade pelo papado. Embora, em conformidade com a tradição romana, insistiu no primado de sua diocese sobre todas as igrejas, não conseguiu impor sua autoridade nelas. Porém, situou as decisões papais no memo plano do direito sinodal.

SISÍNIO (15 DE JANEIRO A 4 DE FEVEREIRO DE 708)

Papa. Quando houve sua eleição era já de idade avançada e estava tão enfermo que nem sequer tinha forças para alimentar-se. Ordenou a reconstrução das muralhas de Roma, mas sua rápida morte impediu levar avante seu projeto.

SIXTO I (116-135 APROX.)

Papa. O sexto nas primeiras listas de bispos de Roma. Não se conhece praticamente nada de suas atividades. Consta ter morrido mártir, mas na lista de *Ireneu somente se assinala essa circunstância em relação com *Telésforo, o que obriga a pensar que o dado seja legendário.

SIXTO II (AGOSTO DE 257 A 6 DE AGOSTO DE 258)

Papa. Sua eleição permitiu reatar as relações com *Cipriano e as igrejas da África rompidas desde o reinado de *Estêvão I. Foi martirizado como conseqüência do segundo edito de Valeriano (agosto de 258).

SIXTO III (31 DE JULHO DE 432 A 19 DE AGOSTO DE 440)

Papa. Procurou favorecer a reconciliação entre João de Antioquia e *Cirilo de Alexandria. Embora durante seu episcopado melhorassem as relações com a sede de Constantinopla, manifestou-se defensor da sede de Tessalônica diante das pretensões ilíricas. Em relação com o pelagianismo, manifestou-se seguidor da política de Celestino.

SIXTO IV (9 DE AGOSTO DE 1471 A 12 DE AGOSTO DE 1484)

Papa. O fracasso de seu projeto da cruzada contra os turcos levou a voltar-se para os assuntos italianos e na promoção de sua família relegando os assuntos espirituais a um plano muito secundário. Promotor do culto da Virgem Maria, protetor dos *franciscanos e mecenas das artes, seu nepotismo acabou criando uma grave situação financeira à Santa Sé.

SIXTO V (24 DE ABRIL DE 1585 A 27 DE AGOSTO DE 1590)

Papa. Amigo de *Inácio de Loyola e de Filipe Néri, dedicou seu pontificado a impor enérgicas reformas no governo da Igreja e dos estados pontifícios. Assim, acabou com o banditismo em seus territórios e saneou a economia papal mediante a venda de ofícios eclesiásticos. Partidário de uma política de eqüilíbrio europeu, opôs-se ao espanhol Filipe II por considerá-lo demasiado poderoso. Durante seu reinado concluiu-se a cúpula de São

Pedro em Roma e realizou-se a revisão da *Vulgata impressa sob *Clemente VIII.

SMALKALDA, ARTIGOS DE (1537)

Escrito teológico redigido por *Lutero, a pedido do eleitor da Saxônia, para ser apresentado no concílio geral convocado por Paulo III em Mântua. Nele, o reformador atacava práticas como a *Eucaristia concebida como *sacrifício, o *purgatório, o *papa, a *mediação dos *santos e o monasticismo.

SMALKALDA, LIGA DE

Aliança de príncipes protestantes, tanto luteranos como zwinglianos, realizada na citada cidade em 27 de fevereiro de 1531 como medida de defesa diante da política católica de *Carlos V.

SMITH, JOSEPH

Fundador da seita dos *mórmons ou Igreja dos Santos dos Últimos Dias. Sua mãe, Lucky Mack, praticava a magia e presumia de ter visões. Seu pai, Joseph, dedicava-se à busca de tesouros e à adivinhação, ocupações nas quais seu filho costumava acompanhá-lo. Os vizinhos de Smith e de sua família os definiram como "analfabetos, bebedores de whisky, preguiçosos e irreligiosos". Supostamente, em 1820, Joseph Smith teve uma visão de Deus e de Jesus, e três anos mais tarde apareceu-lhe ao lado da cama um anjo de nome Moroni (um dos testemunhos utilizados pelos mórmons para afirmar a veracidade desse acontecimento afirmou com documentos que a visão não foi de um anjo, mas de um réptil que falava). Conforme ele, o anjo lhe falou da existência de umas placas de ouro que continham a "plenitude do Evangelho eterno". Em 1827, Smith desenterrou as placas e pôde lê-las graças a uns ganchos mágicos que acompanhavam-nas. Conforme seu parecer, as placas estavam escritas em "egípcio reformado", uma língua da qual nem os arqueólogos nem egiptólogos têm até essa data a menor idéia. A suposta tradução dessas placas foi publicada em 1830 sob o nome de Livro de Mórmon. Sustentou-se que a "revelação angélica" a Smith é, certamente, um plágio de uma novela histórica escrita por um tal Salomão Spaulding e que se intitulava Manuscript story, boa prova disso seria o fato de que o Livro de Mórmon, que teoricamente foi escrito antes de Cristo, contém várias citações literais da Versão Autorizada da Bíblia em inglês (também conhecida como do Rei Jaime) que foi publicada em 1611. Embora os membros da seita aduzam o testemunho de onze pessoas como prova da existência das placas, ocultam que três delas (Oliver Cowdery, David Whitmer e Martinho Hanes) foram denunciadas depois pelo próprio Smith, outras cinco foram familiares de Whitmer e as três restantes eram o pai e dois irmãos do próprio Smith, o que sem dúvida não constitui uma prova de mínima veracidade. Fawn Brodie demonstrou que a obra foi fruto direto da imaginação de Smith baseando-se nos escritos de diversos autores. Acusado, entre outras coisas, de assassinato e de falência bancária fraudulenta, Smith e seus adeptos viram-se obrigados a fugir de um estado para outro, o que não impediu que o profeta mórmon escrevesse outros dois livros provavelmente inspirados: Doutrinas e Pactos e a Pérola de grande valor, um dos quais, conforme declaração própria, encontrou-o no interior de uma múmia que comprou de um proprietário de um circo ambulante. Em 1844, foi encarcerado com seu irmão Hyrum acusados de imoralidade (chegou a ter quarenta e oito esposas), de falsificação, de ocultação e de outros delitos. A população, revoltada pela presença de Smith e de seus adeptos, assaltou o cárcere em que estava preso e o linchou. Smith converteu-se assim num mártir que não chegou a ver como seu anúncio do fim do mundo para 1890 fracassava estrepitosamente.

SOCIALISMO CRISTÃO

Movimento de reforma social iniciado durante o séc. XIX por diversos membros da *Igreja da Inglaterra como reação diante do *liberalismo político. Sua intenção era a reforma individual e social mediante a aplicação dos princípios do Evangelho. Em 1850, seus diversos defensores – entre os quais se destacou J. M. F. *Ludlow – criaram oficinas em cooperativa destinadas a proporcionar postos de trabalho e começaram a publicar seus *Tracts on Christian Socialism* que provocaram uma enorme oposição. Quatro anos depois, começaram a organizar aulas noturnas. O socialismo cristão fracassou em parte pela oposição das classes mais favorecidas socialmente, em parte pelos próprios operários aos quais pretendia ajudar e em parte porque a atenção pública deslocou-se para a guerra da Criméia. Contudo, sua influência indireta foi muito considerável. Em primeiro lugar, implicou que o socialismo inglês não estivesse impregnado pelo caráter anticristão que contaminou boa parte do continente. Além disso, teve uma enorme repercussão no estabelecimento concreto dos primeiros sindicatos e da legislação sobre cooperativas.

SOCINIANISMO

Sistema teológico supostamente derivado dos *Socino.

SOCINO

1. Lélio Francisco Maria Sozini (1525-1562). Nascido em Sena de linhagem católica, em 1547 abraçou o *protestantismo e ao longo dos três anos seguintes visitou os reformadores na Suíça, *França, Inglaterra e *Holanda. Em 1552 regressou à Itália onde seduziu para suas idéias seu sobrinho Fausto Paolo. Nos inícios de 1554 mudou-se para Genebra onde conheceu *Calvino. Questionado sobre sua fé na *Trindade, formulou pontos de vista ortodoxos sobre ela, mas se reservou o direito de continuar investigando a seu respeito. Morreu em Zurique. *2.* Fausto Paolo Sozzini (1539-1604). Sobrinho de Lélio, embora tenha acrescentado um "z" ao sobrenome. Em 1562, publicou um comentário ao Evangelho de *João no qual negava a divindade de Cristo. No ano seguinte, rejeitou a imortalidade da *alma. Desde 1565 a 1575, pareceu voltar ao catolicismo enquanto esteve a serviço de Isabel de Médici. Em 1578, mudou-se para a Transilvânia com a esperança de ser protegido pelo anfitrião João Sigismundo. No ano seguinte, passou para a Polônia onde se esforçou por convencer as classes altas sobre suas teses, e morreu.

SÓCRATES

Nasceu em Constantinopla pelo ano de 380. Educado por Eládio e Ammônio, exerceu mais tarde a advocacia. A pedido de Teodoro, presumivelmente um clérigo ou membro de alguma ordem religiosa, redigiu uma *História eclesiástica* em sete livros, que tinha a finalidade de ser continuação da

História eclesiástica de Eusébio, indo desde o ano 305 até 439. A obra é mais objetiva que a de seu predecessor, embora talvez sofra de menor interesse narrativo.

SÓ JESUS
Movimento norte-americano de inspiração *pentecostal. Sua teologia nega a *Trindade (mas não a divindade de Cristo), propugnando uma espécie de *patripasianismo.

SOLOVIOV, VLADIMIR (1853-1900)
Filósofo e teólogo russo. Desde 1873 manteve uma profunda amizade com *Dostoyevski em cujas idéias religiosas influiu. Professor de filosofia em Moscou desde 1875, a partir de 1881 identificou-se com os eslavófilos. A busca da unidade das igrejas acabou determinando finalmente sua conversão ao catolicismo (1896), da qual sua obra *Rússia e a Igreja universal* constitui uma clara apologia. Depois de 1917, seu pensamento influiu muito no fato de que os exilados russos se voltassem para cosmovisões cristãs.

SOTERIOLOGIA
*Salvação.

SOTERO (166-174)
Papa. Eusébio conservou-nos dados sobre a epístola que enviou a Corinto acompanhada de esmolas e na qual apresenta essa conduta como paradigma de como deve ser o comportamento entre igrejas. Fora da carta mencionada, que A. von Harnack muito discutivelmente identifica com a 2ª Epístola de Clemente, parece que Sotero escreveu uma carta contra os montanistas da qual não nos chegou nada.

SOTO, DOMINGOS DE (1494-1560)
Teólogo espanhol. *Dominicano desde 1524, ensinou em Burgos e depois de 1532 em Salamanca. Em 1545, *Carlos V escolheu-o como teólogo imperial no Concílio de *Trento. Confessor do imperador na Alemanha, em 1550 regressou a Salamanca, sucedendo dois anos depois a Melchior *Cano na cátedra de teologia.

SOUBIROUS, BERNADETE
*Bernadete, Santa.

SOZOMENO
Salamino Hermias Sozomeno nasceu em Betélia, perto de Gaza, na Palestina. Depois de viajar pela Itália, ficou morando em Constantinopla, onde exerceu a advocacia e escreveu, entre os anos de 439 e 450, sua *História Eclesiástica*. Sua *História Eclesiástica*, como sucede no caso de seu contemporâneo Sócrates, é uma tentativa de continuar a obra de Eusébio de Cesaréia. Em seus nove livros abrange desde 324 a 425, mas, embora utilize materiais não usados por Sócrates, seu nível histórico é muito inferior, já que padece da falta de método crítico no uso de fontes e acolhe numerosas lendas de discutível base histórica.

SPENER, PHILIPP JACOB (1635-1705)
Fundador do *pietismo alemão. Procedente de uma família protestante, no decurso de uma visita à Suíça orientou sua visão religiosa para a interioridade e começou a sentir-se chamado a renovar espiritualmente o luteranismo alemão. Pastor em Estrasburgo (1663) e em Frankfurt (1666), estando nessa última cidade iniciou uma série de reuniões celebradas duas vezes por

semana e cuja finalidade era renovar a piedade dos assistentes. O papel que atribuía aos leigos criou-lhe conflitos com o clero luterano e viu-se obrigado a mudar-se para diversas cidades alemãs em busca de maior tolerância. Apesar de tudo, o movimento fundado por ele – que logo recebeu o nome de "pietismo" – experimentou uma forte expansão, e em 1694 a universidade de Halle foi fundada sob seu influxo. A obra de Spener teve uma considerável influência que transcendeu o âmbito do luteranismo e que se fez notar entre outros em *Zinzendorf e *Wesley.

SPIRA, DIETA DE

Em junho de 1526, deu-se a abertura da Dieta de Spira. Apesar de que *Carlos V desejasse que ela se limitasse a confirmar o Edito da Dieta de *Worms (1521), ela determinou que cada príncipe do Império alemão podia administrar os assuntos eclesiásticos de seu estado de acordo com sua consciência. Em fins de 1528, surgiu uma nova reação católica que Carlos V aproveitou para convocar uma nova Dieta em Spira que devia começar no dia 21 de fevereiro de 1529. Em seu decurso, aprovou-se uma legislação que significou o fim da tolerância para os luteranos em território católico. No dia 19 de abril, seis príncipes e catorze cidades formularam um protesto – daí o nome de "protestantes" – contra essas medidas defendendo mediante ela a liberdade de consciência e os direitos das minorias.

SPURGEON, CHARLES HADDON (1834-1892)

Pregador *batista. Nascido em Keveldon, Inglaterra, converteu-se em pastor em 1852. A partir de 1854, o êxito de suas pregações públicas tornou-se tão extraordinário que se fez imperativo a edificação de uma igreja que pudesse abrigar os assistentes, o Tabernáculo metropolitano de Newington Causeway. De orientação teológica *calvinista, sua influência sobre os setores não *pentecostais dos evangélicos continua sendo marcada, embora nem sempre reconhecida, inclusive nos dias de hoje.

STEIN, EDITH (1891-1942)

Monja *carmelita. De origem alemã e judia, embora deixasse de crer no judaísmo durante sua infância. Estudou em Gottinga e Friburgo, simpatizando com a filosofia da escola fenomenológica. Em 1922 converteu-se ao catolicismo e doze anos depois tomou o hábito carmelitano. Em 1938 foi transferida para a Holanda para evitar que sofresse as conseqüências do nazismo, mas tendo Hitler invadido esse país, Edith foi deportada para um campo de extermínio e morreu na câmara de gás. Foi canonizada por João Paulo II.

SUÁREZ, FRANCISCO DE (1548-1617)

Teólogo espanhol. *Jesuíta, desde 1564 a 1570 estudou em Salamanca, ensinando posteriormente em Roma (1580-1585), Alcalá (1585-1593) e Coimbra (1597-1616). Suas *Disputationes Metaphysicae* combinavam a filosofia aristotélica com a de Santo *Tomás de Aquino e tiveram uma notável influência inclusive em autores protestantes. Criador do congruísmo, afirmou que Deus realiza a *salvação dos eleitos proporcionando-lhes as graças (*gratia congrua*) das quais sabe que farão bom uso em determinadas circunstâncias. Embora o congruísmo tenha enfrentado notáveis resistências, contou com sua considerável aceitação entre os teólogos católicos não tomistas. Considerado o teólogo mais importante da Companhia de Jesus, *Paulo V declarou-o *Doctor eximius et pius*.

SUBORDINACIONISMO
Ensinamento sobre a Divindade na qual, sem negar a *Trindade, se afirmava que o *Filho estava subordinado ao Pai ou o Pai ao *Espírito Santo. Defendida por *Justino e Orígenes entre outros, foi condenada pelo Concílio de Constantinopla (381) ao considerar que negava a igualdade entre as pessoas da Trindade.

SUCESSÃO APOSTÓLICA
A crença em que o ministério eclesial procede dos *apóstolos mediante uma linha contínua e sucessiva mantida pelos bispos. A primeira defesa dessa tese a encontramos em *Eusébio, que transmitiu as listas dos bispos de diversas dioceses desde os apóstolos até seus dias. O fato da continuidade apostólica tem sido muito questionado historicamente. Defendido pela Igreja católica – que considera o *papa sucessor direto do apóstolo *Pedro – e, com ressalvas, pelas *Igrejas ortodoxas, foi negada categoricamente pela *Reforma Protestante, exceto num setor da Igreja da Inglaterra e do luteranismo (p. ex. na Suécia).

SUÉCIA, CRISTIANISMO NA
Os primeiros missionários cristãos chegaram à Suécia durante o séc. IX, mas não houve uma expansão notável de suas doutrinas até o séc. XI e o país não aceitou o cristianismo até o séc. XII. Durante a Idade Média, a figura cristã mais importante com certeza foi Santa *Brígida da Suécia. A *Reforma Protestante na Suécia teve um triunfo lento. Inicialmente Gustavo Vasa manifestou sua simpatia pelos reformados porque, no curso de sua guerra de independência contra a *Dinamarca, temia a excessiva riqueza e o poder político do clero. Mais tarde, embora a Igreja sueca adotasse a teologia de *Lutero, reteve a ordem católica e nunca se denominou oficialmente luterana. Durante o reinado de João III (1569-1592) houve algumas tentativas de voltar à comunhão com Roma, mas fracassaram. Também se frustrou o propósito de Carlos IX de levar a Igreja da Suécia a adotar o *calvinismo. Durante o séc. XIX, a Igreja sueca passou primeiro por certo relaxamento teológico que foi sucedido por um impulso de caráter *evangélico que, centrado na *Bíblia, esteve a ponto de aniquilar a religião sacramental e dirigir a Suécia para uma visão mais próxima dos *puritanos ingleses que do luteranismo dos séculos anteriores. O séc. XX tem sido testemunha também de uma notável atividade no seio da Igreja sueca, que se manifestou no aparecimento de importantes teólogos como a A. Nygren ou G. Aulén, na participação no movimento ecumênico e na pesquisa bíblica. A maioria da população da Suécia é sociologicamente membro da Igreja sueca, que tem caráter semi-oficial, embora há liberdade total de religião. Têm também uma importância considerável outras denominações protestantes como a Sociedade missionária sueca, que teoricamente está unida à Igreja sueca, mas que conta com seus próprios sacramentos e pastores, a Sociedade evangélica nacional, as diversas denominações *pentecostais e o Exército da Salvação (que participa dos sacramentos da Igreja sueca). Há também um reduzido número de católicos.

SUPLÍCIO SEVERO

Nasceu pelo ano de 360 no seio de uma família aristocrática da Aquitânia. Depois da morte prematura de sua esposa, abandonou a prática de advocacia e retirou-se da vida pública, recebendo o batismo pelo ano 389. Aconselhado por São Martinho de Tours reuniu seu grupo de conhecidos com os quais compartilharia sua vida espiritual. Há indícios de que apoiou os priscilianistas e que, precisamente por isso, seus últimos dias os passou em silêncio absoluto para expiar semelhante falta, mas a notícia não é de todo segura. Morreu entre os anos 420 ou 425. Chegaram até nós dois livros de *Crônicas,* uma *Vida de São Martinho,* dois livros de *Diálogos* que completam essa vida e duas cartas.

SWEDENBORG, ENMANUEL (1688-1772)

Originalmente Swedberg. Místico e cientista sueco, filho de um pastor luterano. Perito no campo da metalurgia e da cristalografia, foi professor universitário e membro da Dieta sueca. Afeiçoado ao espiritismo, sua vida experimentou uma brusca mudança aos cinqüenta e dois anos, quando supostamente respondeu ao chamado de revelar o significado simbólico da Bíblia. Autor, entre outras obras, de *Arcana Coelestia,* afirmava ter mantido conversações com *Calvino, *Lutero, Santo *Agostinho, e São *Paulo, apesar de que advogava retirar da *Bíblia as cartas desse apóstolo e boa parte do *Antigo Testamento. Sua mensagem combina elementos do *espiritismo com outros do *gnosticismo, relativizando, além disso, algumas das doutrinas fundamentais do cristianismo ortodoxo (*Trindade, *redenção da cruz etc.). Discutiu-se muito sobre o caráter de suas visões que foram interpretadas como um fenômeno espírita (Larson), uma espécie de enfermidade mental, possivelmente esquizofrenia (J. L. Borges), ou como mostras de inspiração divina (seus adeptos). Seus seguidores estão agrupados atualmente em três grupos distintos e em sua maior parte encontram-se na Inglaterra e, depois, nos Estados Unidos e outros países com mais ou menos cem mil membros.

SYLLABUS ERRORUM

Um conjunto de oitenta teses condenadas em diversas ocasiões por *Pio IX e declaradas errôneas no dia 8 de dezembro de 1864 em virtude da Encíclica *Quanta cura.* O *Syllabus* estava dividido em dez capítulos relativos a: I. Panteísmo, naturalismo e racionalismo absoluto (1-7); II. Racionalismo moderado (8-14); III. Indiferentismo e latitudinarismo (15-18); IV. Socialismo, comunismo, sociedades secretas, sociedades bíblicas e sociedades clérico-liberais; V. Igreja e seus direitos (19-38); VI. A sociedade civil e sua relação com a Igreja (39-55); VII. Ética natural e cristã (56-64); VIII. Matrimônio cristão (65-74); IX. O poder temporal do papa (75-76); e X. O liberalismo moderno (77-80). O caráter dogmaticamente dominante do *Syllabus* provocou um dilúvio de reações, e em alguns países, como a França, proibiu-se temporariamente sua difusão. Apesar de tudo, converteu-se numa autêntica base do *ultramontanismo e foi usado bastante na Constituição dogmática *De Fide catholica* do Concílio *Vaticano I.

TABORITAS

Partidários extremistas entre os seguidores de *Huss que recebia seu nome do Monte Tabor, uma cidadezinha situada no sul de Praga. Partidários da utilização da guerra para impor o *Reino de Deus, defensores de idéias sociais de caráter radical que atraíram para si as massas populares, e mandados por Zizka, o Torto, um autêntico gênio militar, derrotaram repetidas vezes exércitos muito superiores nas denominadas guerras hussitas. Com a morte de Zizka (1424), dividiram-se em duas alas, partidários de se unir aos católicos ou aos *utraquistas. Sua derrota na batalha de Lipany (1434) significou o fim do movimento.

TACIANO, O SÍRIO

Nasceu na Síria de família pagã e foi discípulo de Justino. Desenganado do paganismo – cuja filosofia repudiava totalmente –, converteu-se perante a simplicidade e veracidade que descobria na mensagem cristã. Pelo ano 172 fundou a seita dos encratitas ou abstinentes, de doutrina gnóstica, que praticava o vegetarianismo, considerava o matrimônio como um adultério e substituía o vinho da *Eucaristia por água. Desconhecemos o destino posterior de Taciano. Somente chegaram até nos o *Diatessaron* e o *Discurso contra os gregos*. A primeira era uma concordância dos quatro evangelhos que a Igreja siríaca utilizou na liturgia até o séc. V. O descobrimento de um fragmento dessa obra em 1934 em Dura Europos, na Síria, realizado por uma equipe de arqueólogos da John Hopkins University, levantou a hipótese de uma origem grega do texto. O *Discurso* constitui uma feroz diatribe contra a cultura helenista. Embora alguns dos ataques pareçam justificados (a condenação da astrologia, da magia etc.), outros são discutíveis (o ataque contra as artes).

TÁCITO, CORNÉLIO
*Jesus nas fontes não cristãs.

TADEU
*Lebeu.

TAIZÉ, COMUNIDADE DE

Ordem monástica protestante fundada em 1940 por Roger Schutz (nasc. 1915). Esta, estabelecida em Taizé, abrigou judeus e refugiados até 1942. A ocupação alemã levou Roger a exilar-se em Genebra nessa época, mas em 1944 regressou a Taizé, e cinco anos depois os primeiros sete irmãos pronunciaram seus votos monásticos. Dedicada à tarefa de conseguir a unidade entre os cristãos, a comunidade de Taizé foi evoluindo progressivamente até à postura filocatólica que se manifestou, por exemplo, na conversão ao catolicismo de Max Thurian, um de seus membros mais importantes, pouco antes de sua morte.

TALIÃO

A lei de *Moisés contemplava a aplicação da lei de talião (Êx 21,24; Lv

24,20; Dt 19,21), o que, em seu contexto histórico, implicava um avanço na medida em que limitava as possibilidades de vingança. Durante o período do Segundo Templo, os fariseus propugnavam já a favor de uma substituição da pena corporal por uma indenização pecuniária, limitando também, consideravelmente, as causas para aplicar a pena de morte. O ensinamento de Jesus é totalmente oposto à lei de talião (Mt 5,38-48), propugnando a substituição da vingança – mesmo judicial – pelo amor e pelo perdão.

Bibl.: KAUFMANN, Y., *O. c.*; JEREMIAS, J., *Jerusalén...*; DRIVER, J., *O. c.*; BONNARD, P., *O. c.*; VIDAL MANZANARES, C., *El Primer Evangelio...*; IDEM, *Diccionario de las tres...*

TALMUDE

Lit.: Estudo. Conjunto oficial de tradição e interpretação judaicas. Está formado pela *Mishnah* (lei oral codificada por volta do ano 200 d.C.) e pela *Guemarah* (comentário à *Mishnah* recompilado entre os séculos III e IV d.C.). Na linguagem popular também é conhecido como *Guemarah* e como *Shash*, acróstico de *shishá sidrei Mishnah* (seis ordens da *Mishnah*). Há duas versões do Talmude denominadas *Talmude Eretz Israel* ou *Yerushalmi* (Talmude palestino ou de Jerusalém) e *Talmude Bavli* (Talmude babilônico). A primeira versão, concluída no séc. V d.C., cobre 39 dos 63 tratados da *Mishnah*. Em sua maior parte ocupa-se da *halajah* e denota certa pressa talvez como conseqüência do panorama político em que teve lugar sua redação. A influência helenista é nele considerável. A segunda versão, terminada aí pelo séc. VI d.C., é, ao menos, três vezes mais extensa que a primeira apesar de somente cobrir 37 tratados da *Mishanah*. Cerca de dois terços de seu conteúdo é *hagadá*. O Talmude babilônico é muito mais importante que o palestino e, de fato, as alusões ao Talmude costumam referir-se preferentemente a essa versão. Essa obra abrange discussões eruditas em relação com todas as áreas da vida e possui seus próprios métodos de raciocínio e argumentação. Assim, podem dar-se como válidas opiniões absolutamente contrapostas ou que podem harmonizar-se sobre a base de que "ambas são palavras do Deus vivo" (TJ Ber. 1.7). Muitos judeus ortodoxos o consideram divinamente inspirado. As edições impressas do *Talmude bavli* seguem a encadernação e a disposição típica da primeira edição completa, devida a Daniel Bomberg, um impressor cristão e hebraísta, aparecida em Veneza (1520-1523). O Talmude contém abundantes textos denigratórios sobre *Jesus e a Virgem *Maria, o que explica a aversão que provocou entre cristãos. O Talmude foi queimado a primeira vez em Paris em 1242. A partir desse momento, surgiu uma verdadeira onda de condenações papais contra o Talmude pronunciadas por *Inocêncio IV (1244), *João XXII (1320), *Alexandre V (1409), *Eugênio IV (1442) e *Júlio III (1553). A última queima do Talmude teve lugar na Polônia em 1757.

Bibl.: COHEN, A., *O. c.*, NEUSNER, J., *The Talmud...*; STRACK, *O. c.*; Alon, G., *O. c.*; MANNS, F., *Pour lire...*; VIDAL MANZANARES, C., *El judeo-cristianismo...*

TAULER, JOHANN (1330-1361 APROX.)

Místico alemão. *Dominicano desde 1315, recebeu considerável influência de *Eckhart e Henrique Suso. Sua popularidade – acrescentada por ter cuidado dos pobres durante a peste negra de 1348 – fez com que se lhe atribuísse uma multidão de obras. Dessas somente são autênticas alguns sermões e duas cartas. Nelas aparece um ensinamento místico, mas muito enraizado na teologia de Santo *Tomás de Aquino e dotado de um enfoque prático. De acordo com ela, o Caminho místico consiste na prática das virtudes, fundamentalmente na humildade e na aceitação da vontade de Deus seja ela qual for. A união mística com Deus é preciso ser buscada, mas fundamentalmente porque dela deriva uma transformação da alma demonstrada por seu maior amor ao próximo. A influência de Tauler foi grande nos países de língua alemã e, inclusive, ultrapassou o campo do catolicismo, já que o próprio *Lutero manifestou sua admiração pela obra desse autor.

TAYLOR, JAMES HUDSON (1832-1905)

Missionário protestante na China. Médico, em 1853 dirigiu-se à China atraído por uma vocação missionária. Em 1860 viu-se obrigado a regressar por causa de problemas de sua saúde, mas em 1865 fundou a China Island Mission e no ano seguinte estabeleceu-se na China juntamente com sua família. Adaptado muito bem aos hábitos da vida chinesa, fundou numerosas missões cristãs nesse país. Sua influência permanece até os dias de hoje.

TECLA

*Atos apócrifos.

TEILHARD DE CHARDIN, PIERRE (1881-1955)

Teólogo e cientista francês. *Jesuíta, foi ordenado em 1911. Ganhou uma notável – embora não de toda merecida – reputação como paleontólogo na China, o que lhe permitiu a publicação de um bom número de trabalhos científicos. Ao serem proibidas suas obras teológicas, elas somente puderam vir à luz de maneira póstuma. Nelas – *Le Phénomène humain* (1955), *Le Milieu divin* (1957) – Teilhard contempla o universo imerso num processo evolutivo que avança para uma maior complexidade. Essa complexidade inclui níveis superiores da consciência e num momento determinado, como antes implicou o aparecimento da vida ou da consciência humana, chegará a uma reunião de tudo em Deus. Teilhard foi muito criticado – e não sem razão – por sua fraqueza filosófica e por um otimismo que, embora indiretamente, abalava crenças cristãs como as da Queda ou do pecado original. A partir dos anos setenta, sua influência ficou consideravelmente reduzida, mas nos últimos tempos voltou a ser retomado pelos movimentos como a *Nova Era, que vêem nele um apoio para sua tese em favor do desenvolvimento de poderes paranormais no ser humano.

TEÍSMO

Termo que, elaborado em 1678 por R. Cudworth em sua obra *Intellectual System,* no início somente implicava uma oposição ao ateísmo e a afirmação da crença em Deus. Com o passar do tempo, opôs-se ao panteísmo e ao deísmo, por exemplo, de alguns autores da *Ilustração, defendendo que Deus não somente havia criado o mundo, mas que também o preserva e que, portanto, os milagres são possíveis.

TELMO

*Pedro González.

TEMPLÁRIOS

Ordem religiosa de caráter militar fundada em 1119 (conforme outras fontes em 1118 ou 1120) por Hugo de Payns e outros cavaleiros, com a finalidade de defender os peregrinos que demandavam os Santos Lugares. Depois de receber a aprovação de São Bernardo (que se completou no Concílio de Troyes), viram o aumento do número de seus cavaleiros, de suas possessões e de seu raio de ação que já não ficou somente vinculado à Palestina. Seu papel nas Cruzadas foi com freqüência medíocre e de duvidosa moralidade, mas durante o século XIII a Ordem experimentou um considerável aumento de seu poder financeiro, chegando, inclusive, a se converter em emprestadora para algumas casas reais. A corrupção que gerou essa circunstância em sua forma de vida provocou que algumas vezes (destacadamente a de Raimundo *Lúlio) pronunciaram-se em favor de sua fusão com ordens já existentes, como os *Hospitalários, a fim de ser utilizada naquilo que era sua missão primordial: a defesa dos Santos Lugares. A indiferença demonstrada pela Ordem diante da perda dos últimos territórios na Palestina, unida às pressões surgidas pela cobiça do rei francês Filipe, o Formoso, e as acusações de bruxarias que contra eles se lançavam insistentemente – e que, em alguns casos, não parece que estivessem isentos de base –, decidiram ao Papa *Clemente V (1308) a promulgar uma bula na qual se ordenava uma investigação sobre a Ordem e a reunião de um concílio para pronunciar-se sobre o tema. O concílio por sua vez manifestou-se pela supressão da Ordem. A sorte da Ordem estava lançada. Processados na França, muitos dos cavaleiros Templários afirmaram serem culpados de haver participado em cerimônias blasfemas e praticado a bruxaria. Parece que essas confissões foram obtidas sob tortura e que não refletiam a realidade total. Depois da dissolução da Ordem, foi executado em 1314 seu Mestre Jacques de Molay. Os cavaleiros sobreviventes (exceto na França, parece que não encontraram dificuldades em nenhum dos países onde estavam radicados) passaram para outras ordens religiosas nem sempre militares.

TEODORETO DE CIRO

Nascido em Antioquia no ano de 393, educando-se nos mosteiros daquela cidade. No ano de 433 foi eleito bispo de Ciro. Na controvérsia entre Cirilo de Alexandria e *Nestório, apoiou a esse último mesmo depois que ele fora condenado. De fato, assinou o Símbolo da União entre *Cirilo e as igrejas orientais, depois de se assegurar de que não exigiriam condenar Nestório. No *"Latrocínio de Éfeso" (449) foi deposto por Dióscoro e desterrado. Depois de apelar para *Leão I, conseguiu que ele declarasse nula a decisão do latrocínio e, graças ao novo imperador Marciano, pôde voltar a Ciro no ano seguinte. Presente em *Calcedônia (431), aceitou finalmente assinar uma condenação de Nestório, o que lhe trouxe sua reabilitação episcopal. O Concílio de *Constantinopla de 533 condenou seus escritos contra Cirilo. Foi autor de vários livros exegéticos (*Interpretação dos Salmos, Interpretação de Daniel, Interpretação de Isaías* etc.), polêmicos (*Repreensão dos doze anatematismos de Cirilo de Alexandria, Exposição da reta fé* etc.), históricos (*História religiosa, História eclesiástica, Sobre o Concílio de Calcedônia*) e apologéticos (*Contra *os judeus* etc.), assim como diversos sermões e cartas.

TEODORO

Foi coadjutor e auxiliar de Orsiesio. Sufocador da revolta que ameaçava arruinar a obra de Pacômio, foi também fundador de vários mosteiros. Morreu em 368. Chegaram até nós uma carta – traduzida por São Jerônimo – relativa à celebração da Páscoa nos mosteiros, e uma nota aos monges da Nítria, advertindo-os contra os arianos.

TEODORO DE MOPSUÉSTIA

Nasceu em Antioquia. Estudou retórica e literatura com Libânio e foi nesse ambiente onde conheceu São *João Crisóstomo. Antes dos vinte anos entrou para um mosteiro, que abandonaria mais tarde para se casar e se tornar advogado. A influência de João Crisóstomo levou-o a voltar a sua vida monástica, e em 383 foi ordenado sacerdote. Em 392 foi ordenado bispo de Mopsuéstia, na Cilícia. Muito admirado e estimado por seus contemporâneos, faleceu em 428. Cento e vinte e cinco anos depois foi condenado como herege. Sem dúvida, é o representante mais importante da escola de exegese da Antioquia. Compôs comentários a quase todos os livros da Bíblia (Gênesis, Salmos, Doze Profetas Menores, Dez Epístolas menores de Paulo etc.). Redigiu obras de liturgia, disciplina e teologia. A ortodoxia de Teodoro jamais foi questionada durante sua vida. Mas, pouco depois do Concílio de Éfeso de 431, Rábula de Edessa iniciou uma crítica de suas obras e em seguida Cirilo de Alexandria o acusou de nestorianismo. De fato, Bardenhewer, na atualidade, e partindo dos fragmentos do tratado *Sobre a encarnação*, reunidos por Leôncio de Bizâncio, compartilhou da tese de que, efetivamente, Teodoro foi um nestoriano "avant la lettre". Supostamente, havia ensinado que em Cristo existiam duas pessoas. Contudo, algumas homilias de Teodoro descobertas mais tarde fazem pensar que, possivelmente, a postura dele não somente não foi heterodoxa, mas que se adiantou, inclusive, às definições de Éfeso. Em relação com o pecado original, Mário Mercator acusou Teodoro de ser pai do pelagianismo, e investigadores modernos como Gross insistiram que era contrário à doutrina do pecado original. Contudo, Amann e Devreesse têm discutido e dizem que essa interpretação é errônea e somente se baseia em fontes manipuladas às quais se deve opor o conteúdo ortodoxo dos escritos de Teodoro. Com relação à Eucaristia, Teodoro rejeitou uma interpretação meramente simbólica do sacramento indicando que o pão e o vinho se mudam em corpo e sangue em virtude da ação de graças pronunciada sobre eles. Quanto à penitência, insiste na necessidade de que os pecados graves sejam confessados em particular a um sacerdote como condição prévia para a recepção da Eucaristia. A finalidade dessa confissão não é somente a aplicação de uma disciplina eclesial, mas também do conselho pastoral a fim de que o pecador corrija para a frente seu caminho.

TEÓFILO

Personagem, possivelmente de origem pagã, ao qual *Lucas dirigiu seu Evangelho (Lc 1,1ss.) e o livro dos Atos dos Apóstolos (1,1ss.) O tratamento utilizado na primeira obra parece indicar tratar-se de um funcionário imperial. O fato de que esse tratamento seja suprimido nos Atos tem sido ocasionalmente interpretado como sinal da *conversão de Teófilo.

TEÓFILO DE ALEXANDRIA

Patriarca de Alexandria (385-412), sua vida esteve marcada pela controvérsia e um cúmulo de atuações de duvidosa moralidade. Acabou formalmente com os vestígios do paganismo no Egito, valendo-se do apoio do imperador Teodósio, e aproveitando para destruir e saquear antigos templos como o Serapeum, o Mithraeum e o templo de Dionísio. Condenou o origenismo num sínodo de Alexandria de 401, embora pareça ser que em sua decisão pesou mais a conveniência tática que a preocupação teológica ou pastoral, uma vez que aproveitou – com essa escusa – para desencadear uma perseguição contra os monges ou "irmãos liberais" de Nítria (Dióscoro, Ammon, Eusébio e Eutímio). Foi ele também a alma do triste sínodo da Encina de 403 no qual foi deposto São João *Crisóstomo. Contudo, parece que gozou de certa fama em alguns campos monásticos, contando hoje com uma festa em sua honra na Igreja copta e outra na siríaca. Pouca coisa salvou-se de sua composição literária. Nela destaca-se seu *Canon pascal,* suas cartas e cartas pascais, seu tratado *Contra Orígenes* e suas homilias.

TEOLOGIA ALEXANDRINA
Padres alexandrinos.

TEOLOGIA DA CRUZ

Nome dado por *Lutero ao princípio teológico central em seu pensamento e consistente em afirmar que nosso conhecimento do ser de Deus tem de proceder do estudo de Cristo na cruz. De seu ponto de vista, a "theologia crucis" opunha-se radicalmente à "theologiae gloriae" dos escolásticos, que pretendiam conhecer a Deus a partir da Natureza.

TEOLOGIA DA LIBERTAÇÃO

Nome que recebeu um movimento de interpretação e reflexão teológicas cujo eixo principal é a libertação das classes oprimidas. A atmosfera criada pelo *Vaticano II provocou na América Latina um clima de reflexão no seio do ISAL (Igreja e sociedade na América Latina) que envolveu tantos teólogos católicos (Gustavo Gutiérrez, Segundo Galilea, Juan Luis Segundo, Lúcio Gera) como protestantes (Emílio Castro, Júlio de Santa Ana, Rubem Alves e José Míguez Bonino), e que se orientou para problemas como a fé e a pobreza, o Evangelho e a justiça social etc. Em março de 1964, no encontro de Petrópolis, o teólogo peruano Gustavo Gutiérrez apresentou a teologia como reflexão crítica sobre a práxis, uma proposta que se foi perfilando nas reuniões de junho e julho de 1965 em La Habana, em Bogotá e em Cuernavaca. Finalmente, num encontro teológico celebrado na Suíça em 1969 foram propostas as primeiras linhas "Para uma teologia da libertação". No ano seguinte, celebrou-se o primeiro congresso católico sobre a teologia da libertação em Bogotá e paralelamente, no campo protestante, aconteceu o mesmo em Buenos Aires. Em 1971, a publicação dos livros *Opresión-liberación: desafío de los cristianos* de Hugo Assmann, *Jesus Cristo Libertador* de Leonardo Boff e *Teología de la liberación,* perspectivas de Gustavo Gutiérrez significaram o início de um autêntico dilúvio de obras na linha da teologia da libertação, cuja consumação foi o projeto de uma exposição completa em 55 volumes com o título de Teologia e

Libertação redigida por mais de uma centena de teólogos católicos com participação de alguns protestantes. Contudo, a teologia da libertação não se limitou à publicação de estudos, mas também se manifestou na celebração de encontros de reflexão, no aparecimento de revistas, na fundação de centros de estudos teológicos e pastorais e na influência em documentos do magistério como os emanados da Segunda Conferência Geral do Episcopado Latino-americano em Medellín (1968), ou na terceira, celebrada em Puebla (1979). Tomando como base a reflexão não toda a *Bíblia, mas alguns de seus livros (Êxodo, os Evangelhos, os profetas e o Apocalipse) e o marxismo como instrumento de análise socioeconômico de análises, a teologia da libertação (L. e C. Boff, 1968, p. 39ss.) afirma que a pobreza é "fruto da própria organização econômica da sociedade" que exige "sua superação num sistema social alternativo. A saída para essa situação é efetivamente a revolução". O fato de utilizar o marxismo como instrumento de análise e o apelo à revolução (em alguns dos teólogos da libertação de maneira diretamente violenta e legitimando a guerrilha) provocou muitas reações contrárias à teologia da libertação que, não poucas vezes, se traduziram em repressão direta cristalizada na tortura e na morte. Contudo, a reação diante dessa teologia derivou-se não somente das camadas especialmente privilegiadas, mas também da própria hierarquia. Assim, acusou-se, não sem razão, a ela de ser duvidosamente ortodoxa em bom número de seus aspectos que iam desde a eclesiologia (que em alguns autores como Leonardo Boff tinha uma clara tendência protestante e certamente se aproximava muito mais da teologia *batista que, por exemplo, à da *Igreja da Inglaterra) à cristalologia (na qual se percebe uma clara influência de *Bultmann). No dia 6 de agosto de 1984, foi publicada a "Instrução sobre alguns aspectos da 'Teologia da Libertação'" da Congregação para a Doutrina da Fé com a assinatura do cardeal Ratzinger. O documento distinguia diversas teologias da libertação e afirmava que algumas delas "afastam-se gravemente da fé da Igreja, ainda mais, que constituem a negação prática da mesma" (VI, 9). Embora a resposta dos teólogos da libertação não se fizesse esperar, o certo é que o documento acabava de assestar um golpe a essa teologia do qual não se recuperaria nos anos seguintes. Contudo, é possível que um maior impacto no desmoronamento da influência da teologia da libertação procedesse da queda das possibilidades de uma vitória da revolução na América Latina. A derrota eleitoral dos sandinistas na Nicarágua (que tinham contado com um considerável respaldo dos liberacionistas), o final da guerrilha em El Salvador (também apoiada quando não legitimada pelos liberacionistas), o isolamento progressivo de Cuba (cujo dirigente, Fidel Castro, havia colaborado inclusive numa obra de caráter liberacionista) e o desprestígio do marxismo depois do desaparecimento do bloco soviético eliminaram os pontos de referência política da teologia da libertação e cortaram a esperança num rápido triunfo da revolução propugnada por ela. Em fins dos anos oitenta e inícios dos anos noventa, alguns dos teólogos da libertação mais importantes abandonaram, inclusive, o estado sacerdotal, manifestando seu pessimismo em relação com o futuro das próximas décadas. De maneira talvez inconsciente vinham manifestar que seu projeto havia sido truncado.

Visto o fenômeno de uma perspectiva histórica, é muito possível que a teologia da libertação constitua um a mais dos episódios passageiros e já agonizantes que caracterizaram a história teológica do século XX. Apesar de tudo, deve-se reconhecer nela o valor de haver tentado dar uma resposta teológica – por mais errônea que pudesse ter sido – a fenômenos como o subdesenvolvimento, a pobreza e a opressão, não a limitando à reflexão, mas tentando traduzi-la em realidade concreta.

TEOLOGIA DO PROCESSO

Movimento teológico contemporâneo que sustenta o caráter evolutivo – em processo – do ser humano e do mundo e afirma que o próprio Deus encontra-se também em processo de desenvolvimento em relação com o mundo. Nascido nos Estados Unidos nos anos vinte do século passado, o nome deriva das conferências de A. N. Withehead intituladas *Process and Reality*. A base dessa teologia é teísta – e inclusive aceita a visão de Deus refletida na *Bíblia – mas acentua a relação de Deus com as criaturas. De enorme influência ainda hoje, esse movimento afirma a verdade da Encarnação; indica que o pecado é um desvio do progredir criador e concebe o *céu e o *inferno como a resposta positiva ou negativa de Deus diante da ação das criaturas.

TEOLOGIA DIALÉTICA

Denominação aplicada aos princípios teológicos de K. Barth. Frente à ortodoxia eclesiástica, que mediante a vida dogmática realiza afirmações sobre Deus, e à mística, que mediante a vida negativa exclui toda afirmação sobre ele, a teologia dialética implica uma aceitação dialética de ambos os aspectos.

TERESA D'ÁVILA (1515-1582)

Também Teresa de Jesus. Mística espanhola. De origem judia, em 1535 entrou no convento carmelita da Encarnação em Ávila. A enfermidade levou-a a abandonar o Carmelo temporariamente e a sua volta, mediante um processo que durou anos, começou a se questionar sobre o estado espiritual dos conventos. Em 1555, sofreu uma experiência, enquanto rezava diante de uma imagem de Cristo flagelado, que a fez levar uma vida de perfeição. Pouco depois tiveram inícios suas experiências místicas (audições, êxtases etc.). Em 1562, com a finalidade de levar uma vida conventual fiel à regra primitiva, fundou o convento de São José em Ávila. Iniciava-se assim um dilatado – e consideravelmente controvertido – trabalho como fundadora no qual contou com o apoio de São *João da Cruz. Paralelamente, prosseguiram suas experiências espirituais cujo auge aconteceu em 1572 com o "matrimônio espiritual". Adoeceu em 1582, depois de terminar a fundação em Burgos, e morreu no dia 4 de outubro em Alba de Tormes. A figura de Santa Teresa d'Ávila teve uma importância considerável. Por um lado, levou a ser posto em prática um projeto reformador de uma vida conventual que tinha entrado num processo de aberta degeneração. Contudo, sua herança mais importante aparece de seu trabalho como escritora. Dotada de um estilo natural e claro – um dos mais claros em castelhano – suas diversas obras (*Caminho de perfeição, As moradas, Vida* etc.) continuam exercendo uma clara influência até o presente século. Foi declarada Doutora da Igreja.

TERESA DE JESUS
Teresa d'Ávila.

TERESA DE LISIEUX (1873-1897)

*Carmelita francesa. Entrou para o convento carmelita de Lisieux aos 15 anos de idade. Desejosa de ir à China, as hemorragias sofridas em 1896 obrigaram-na a desfazer seus projetos. Morreu de tuberculose no dia 30 de setembro de 1897. Sua controvertidíssima autobiografia *História de uma alma*, distribuída em versão revisada por seus superiores a todas as casas carmelitas, teve um peso extraordinário na aceleração de seu processo de canonização. Em 1923, depois de isentá-la dos cinqüenta anos de intervalo impostos pelo decreto canônico, foi beatificada e dois anos depois canonizada. Em 1926, construiu-se uma grande basílica em Lisieux para acolher os peregrinos. Em 1929, *Pio XI nomeou-a padroeira das missões e obras dirigidas à Rússia. Em 1947 foi nomeada padroeira da França juntamente com *Joana D'Arc. Foi declarada Doutora da Igreja.

TERMINISMO

A posição teológica que sustenta que Deus estabeleceu um período concreto na vida de uma pessoa ao final do qual essa perde a possibilidade de se salvar. De especial predicamento em círculos dados ao *pietismo, foi energicamente combatido pelos teólogos luteranos.

TERTULIANO

Quinto Septímio Florêncio Tertuliano nasceu em Cartago no ano de 155, cujo pai era um centurião. Advogado em Roma, converteu-se em 193, estabelecendo-se em Cartago. Jerônimo afirma que ele foi ordenado sacerdote, mas é certo que esse dado não se pode deduzir de suas obras. Pelo ano de 207 adotou uma postura favorável ao montanismo, chegando a ser chefe de um grupo extremado dentro desse movimento o qual foi denominado de tertulianistas e que chegou até ao tempo de Santo Agostinho. Morreu depois de 220. Boa parte de sua formação forense fica evidenciada na obra literária de Tertuliano, de maneira que é constante nela a utilização de um tom polêmico e apologético. Entre suas obras apologéticas e polêmicas destacam-se os dois livros *Aos pagãos*, a *Apologia* – talvez sua obra mais importante, na qual se dirigindo aos governantes provinciais suplica a liberdade religiosa para os cristãos –, *Sobre o testemunho da alma*, o tratado *Contra os judeus*, o tratado *Sobre a prescrição dos hereges*, *Contra Marcião*, *Contra Hermógenes*, *Contra os valentinianos*, *Sobre o batismo*, *Contra Práxeas* etc. Tertuliano aprofundou-se também na área da moral e da ascese (*Aos mártires*, o tratado *Sobre os espetáculos*, *Sobre a oração*, *Sobre a penitência*, *Sobre o véu das virgens*, *Sobre a coroa* – obra na qual se descreve a guerra e o serviço militar como absolutamente incompatíveis com a fé cristã –, *Sobre a fuga da perseguição*, *Sobre a idolatria* – na qual Tertuliano volta a repetir suas teses relacionadas com o fato de que um cristão não pode servir no exército – etc. É possível que a contribuição principal de Tertuliano para a teologia seja em relação com a doutrina da *Trindade. Ele foi o primeiro em aplicar o termo "Trinitas" às três pessoas e assim, em *De pud*. XXI, fala da "Trindade de uma divindade, Pai e Filho e Espírito Santo". Também expôs a idéia de que o Filho era da mesma substância que o Pai, assim como que "há uma só substância nos três que estão unidos entre si". Sua doutrina trinitária adiantou-se, pois, num século ao símbolo de Nicéia. Mariologicamente, Tertuliano nega a virgindade de *Maria durante e depois do parto, assinalando que "embora fosse virgem quando concebeu, foi mulher quando deu à luz" (*De carne Christi* XXIII). Por "irmãos de Jesus", logicamente entende os filhos de Maria segundo a carne (*De carne Christi* VII; *Adv. Marc.* IV, 19; *De monog.* VIII; *De virg.* vel VI). Contudo, para Tertuliano Maria é a segunda Eva. Eclesiologicamente, Tertuliano foi o primeiro a aplicar o título de Mãe à Igreja, "senhora mãe Igreja" (*Ad mart. I*). Essa Igreja é receptadora da fé e custódia do revelado, pois só ela possui as Escrituras que os hereges não têm direito a utilizar. Em seu período montanista, essa visão da Igreja-Instituição iria cedendo, logicamente, diante da visão de uma Igreja espiritual formada por homens espirituais. Ambas se enfrentam e são contrapostas. Sacramentalmente, as contribuições de Tertuliano ao latim cristão são realmente notáveis – embora não podemos limitá-las somente a essa área da teologia – embora ele não fosse, como demonstrou A. Kolping, o primeiro em utilizar o termo "sacramentum". Também é o primeiro autor que nos legou uma descrição da prática penitencial na Igreja primitiva. Por ele sabemos que havia um segundo perdão depois do batismo – que consistia em arrependimento e satisfação – pelo qual o pecador podia voltar ao estado de graça. Esse perdão requeria uma confissão pública do pecado e concluía com a absolvição pronunciada pelo bispo. Exceto em seu período montanista no qual restringiu o perdão aos "pecados mais leves", Tertuliano manifestou que este era aplicável a todo tipo de pecados. Não tratou com freqüência o tema da Eucaristia, mas parece claro que a considera como sacrifício (*De orat.* XIX) e, daí, afirmou a presença real (*De pud.* IX, *De idol.* VII). Como ele mesmo afirma: "O pão que Cristo tomou e deu a seus discípulos, tornou-o seu corpo dizendo: Este é o meu corpo" (*Adv. Marc.* IV, 40). Discutiu-se se a expressão "representar" em relação ao papel que o pão desempenha com respeito ao corpo de Cristo na Eucaristia não seria contraditória com o anteriormente exposto. Na realidade, cremos que não, uma vez que aqui "representar" tem o conteúdo de se fazer presente. O pão é o meio que se utilizaria, pois, para fazer presente o corpo de Cristo – não somente para simbolizá-lo – na Eucaristia. Escatologicamente, Tertuliano acreditava na existência de um inferno eterno para os condenados (*Apol.* XLVIII) e se baseia em Mt 5,25 para defender uma idéia de purgatório ou purificação da alma depois da morte (*post mortem*), que, não obstante, localiza no inferno e durante o período que vai da morte à ressurreição (*De an.* LVIII). Ainda mais, Tertuliano sustentava que desse purgatório, literalmente, somente estavam excluídos os mártires (*De resurr. carnis* XLIII). A situação das almas que se encontram nesse estado pode ser aliviada por meio de orações dos vivos como fazem as esposas que rezam por seus maridos falecidos (*De monog.* X). Finalmente, podemos afirmar que Tertuliano acreditava no milenarismo e pensava que no fim do mundo os justos ressuscitariam para reinar com Cristo em Jerusalém por um período de mil anos (*Adv. Marc.* III, 24).

TESTAMENTO, NOVO
*Novo Testamento.

TESTEMUNHAS-DE-JEOVÁ
Seita milenarista fundada em fins do séc. XIX por Ch. T. Russel. Sua

evolução histórica tem girado (como no caso dos Adventistas do Sétimo Dia, cuja teologia tem copiado em boa parte) em torno de dois pólos: a contínua mudança doutrinal e os anúncios fracassados do fim do mundo. Inicialmente a seita anunciou que a presença de Cristo tinha se realizado em 1874 (*Estudos das Escrituras* vol. 2, p. 239 e vol. 3, p. 234). Embora não tenha começado a reinar terrenamente até 1878 (*Estudos*, vol. 4, p. 621). Afirmava-se também que os seis mil anos da história humana concluíam em 1874 (*Estudos*, vol. 7, p. 301). Também se insistia que o ano de 1914 seria o do fim do mundo, devendo terminar nessa data todos os governos humanos (*Estudos*, vol. 2, p. 98-99), uma vez que nesse ano terminaria a grande batalha de Deus Todo Poderoso da qual fala o Apocalipse 16,14 (*Estudos*, vol. 2, p. 101) e se estabeleceria o *Reino de Deus na Terra (*Estudos*, vol. 3, p. 126); também em 1914 deveria desaparecer a Cristandade (*Estudos*, vol. 3, p. 153; e vol. 7, p. 58). Para fazer essa afirmação Russel não somente pretendia utilizar a *Bíblia, mas também as medidas da Grande Pirâmide (*Estudos*, vol. 3, ed. de 1903, p. 342). Diante do estrepitoso fracasso da profecia, a Wachtower anunciou que o fim do mundo aconteceria em 1918. Nesse ano, a Cristandade deveria ser aniquilada (*Estudos*, vol. 7, p. 398) e se daria a batalha de Armagedon (*Wachtower* de 1º de abril de 1915, p. 5659). Uma vez mais, Russel lançou mão para apoiar seus cálculos de la profecia da Grande Pirâmide (*Wachtower* de 1º de outubro de 1917, p. 6149), mas o resultado foi tão desastroso como na vez anterior. Russel não chegaria a contemplá-lo, pois falecera em 1916, mas o fez seu sucessor Rutherford. Ele não havia sido castigado pelos erros proféticos de seu antecessor, porque anunciou agora para 1925 o fim do mundo (*Wachtower* de 1º de abril de 1923, p. 106) e a ressurreição de heróis do Antigo Testamento como Abraão, Isaac, Jacó e um longo etc. (*Milhões que agora vivem não morrerão jamais*, p. 89-90, 97 e *Caminho ao paraíso*, p. 124). A Wachtower chegou inclusive a comprar uma casa em San Diego (Califórnia) para albergar os mencionados patriarcas. Mais tarde as autoridades da seita assinalaram que, na realidade, a finalidade da casa era proporcionar uma residência de inverno a Rutherford, mas isso não foi o que se disse então. O certo é que aquela profecia não acalmou os desejos de vaticinar de Rutherford. Novamente voltou a anunciar o fim do mundo, dessa vez coincidindo com o auge do *nazismo alemão (*Wachtower* de 15 de dezembro de 1941, p. 377). A seguinte data anunciada foi a de 1975 (*Awake* de 8 de outubro de 1968, p. 14; *Wachtower* de 15 e agosto de 1968, p. 499 etc.) e, igualmente como as anteriores, revelou-se como uma fraude absoluta. Por mais que a sociedade de Wachtower insista em que seus ensinamentos sejam tirados da Bíblia, o certo é que diversos especialistas (Lehman Strauss, F. E. Mayer, E. C. Gruss, Van Baalen, Vidal Manzanares, C. etc.) têm demonstrado que sua teologia é maioritariamente uma cópia da dos *Adventistas do Sétimo Dia. De Russel procede a negação da Trindade, da imortalidade da alma e do inferno, assim como a afirmação de que Cristo é o arcanjo São Miguel (essas três últimas doutrinas tiradas dos Adventistas); de Rutherford surgem a afirmação de que somente 144.000 irão ao céu, a denominação de "Testemunhas-de-jeová", a utilização delirante (e insustentável a partir da gramática hebraica) do nome de "Jehová" e as proibições de receber transfusão de sangue (louvadas antes na literatura dos Testemunhas-de-jeová até o ponto de dizer que somente uma pessoa que tivesse mentalidade de fariseu poderia proibi-las), assim como as proibições de celebrar aniversários, de saudar a bandeira, de celebrar o Natal, de jogar xadrez, de praticar certos esportes etc. O conjunto de fracassos proféticos e as contínuas mudanças doutrinais (aos quais as autoridades da seita denominam "novos entendimentos") têm causado a saída em grande quantidade de adeptos em diversas épocas, pessoas desenganadas que, em muitas ocasiões, optaram em formar outras seitas com os elementos que lhes pareciam mais aceitáveis daquela que acabavam de abandonar. Embora essas mudanças doutrinais introduzidas por N. Knorr, terceiro presidente das Testemunhas-de-jeová, não tenham sido consideráveis, fora sim feita sob seu mandato a elaboração de uma edição da Bíblia, "Versão do Novo Mundo", na qual foram alterados descaradamente os textos originais para fazê-los encaixar nas doutrinas da seita e cuja base é o Novo Testamento de Johannes Greber, um ex-sacerdote católico convertido ao espiritismo.

Na atualidade, a seita conta com mais ou menos dois milhões e meio de adeptos.

TETZEL, JOHANN
(1465-1519 APROX.)

Pregador de *indulgências, alemão. *Dominicano desde 1490. Em 1516, por ocasião da proclamação da indulgência para a construção da Basílica de São Pedro em Roma, foi encarregado de sua pregação em Magdeburgo e Halberstad. Seus sermões foram muito controvertidos – neles afirmava, por exemplo, que apenas tivesse caído a moeda no cofre, a alma saía do *purgatório – e influenciaram decisivamente na redação das 95 teses sobre as indulgências de Lutero (31 de outubro de 1517).

TIAGO

1. "O maior", filho de *Zebedeu e irmão do *apóstolo *João. Fez parte do grupo dos três *discípulos mais íntimos de Jesus (Mc 5,37; Mt 26,37). Pelo ano de 44 d.C., foi morto por ordem de Agripa I (At 12,2). *2.* O filho de *Alfeu, um dos *Doze apóstolos (Mt 10; Mc 3; Lc 6, At 1). *3.* "O menor", filho de outra *Maria (Mc 16,1; Mt 28,1) sobre a qual não possuímos mais informações. *4.* O justo ou o irmão do Senhor. Um dos irmãos de Jesus (Mt 13,55; Mc 6,3), convertido como conseqüência de uma aparição de Jesus após sua *ressurreição (1Cor 15,7). Desempenhava a chefia da *Igreja de Jerusalém (At 15 e 20), onde morreu *mártir por volta do ano 62. Foi o autor da epístola de Tiago, uma das epístolas católicas que figura no Novo Testamento.

Bibl.: CARROLL, K. L, "The place of James in the Early church" em *BJRL*, 44, 1961; VIDAL MANZANARES, C., *El judeo-cristianismo...*; IDEM, *El Primer Evangelio...*; BRUCE, F. F., *New Testament...*

TIAGO DE LA VORÁGINE
Lenda áurea.

TIBÉRIO

Filho adotivo e sucessor de Augusto (14-37 d.C.). Os ministérios de Jesus e *João Batista tiveram lugar durante seu governo (Lc 3,1; 20,22; 23,2; Jo 19,12).

TICÔNIO

Autor donatista cuja atividade foi desenvolvida entre os anos 370 a 390. Pelo ano 380 foi condenado por um concílio donatista já que havia exposto os aspectos frágeis de sua doutrina em relação com a eclesiologia e o batismo. Contudo, negou-se a voltar à Igreja católica que, segundo seu ponto de vista, não passava de um bando de "traidores". Santo *Agostinho tinha grande estima por ele. Foi autor de um tratado *Sobre a guerra interior* e das *Exposições das diversas causas*. Desse autor, conserva-se íntegro o *Livro das Regras*. Ticônio opôs-se radicalmente à afirmação donatista de que a eficácia do batismo dependia da dignidade moral do sacerdote que o administrava. Também defendia como característica essencial da igreja verdadeira a universalidade, desmentindo assim a tese donatista de que os seguidores desse enfoque formavam a igreja dos perfeitos, uma vez que, conforme Ticônio, também havia claramente bons e maus no donatismo.

TILLICH, PAUL (1886-1965)

Teólogo alemão. Filho de um pastor luterano, estudou em Berlim, Tubinga e Halle (1904-1908). Depois de participar como capelão militar na Primeira Guerra Mundial, ensinou em Marburgo (1924), Dresde (1925) e Frankfurt (1929). Em 1933, com a subida do *nazismo ao poder, viu-se obrigado a abandonar a Alemanha e a estabelecer-se nos Estados Unidos. Nos anos seguintes, ensinou na Union Theological Seminary de Nova York, na Harvard Divinity School e na Universidade de Chicago. Tillich é um dos teólogos que mais obras deixou escritas no século passado, sendo a mais conhecida delas sua *Teologia sistemática*. Embora originalmente Tillich tentasse estabelecer uma conexão entre a fé cristã e a cultura contemporânea, progressivamente sua teologia, cada vez mais influenciada pelo existencialismo e pela psicologia de Jung, foi perdendo seu caráter cristão. Em obras como sua citada *Teologia* é duvidoso que o conceito de Deus não somente reflita a visão cristã como inclusive a teísta.

TIMÓTEO

Colaborador de São *Paulo em sua segunda viagem missionária. A ele o *apóstolo encomendou o consolo dos Tessalonicenses (1Ts 3,2) e a edificação dos Coríntios (1Cor 4,17). Além disso, aparece unido a ele nas saudações de sete de suas epístolas. Em sua qualidade de bispo de Éfeso (1Tm 1,3), São Paulo dirigiu-lhe as duas cartas que trazem seu nome. As notícias que falam de seu martírio nessa cidade em fins do séc. I são tardias (séc. IV) e, possivelmente, legendárias.

TÍQUICO

Discípulo de São *Paulo. Natural da Ásia (At 20,4), acompanhou o *apóstolo em sua terceira viagem missionária e em seu cativeiro. Através dele foram entregues as cartas do apóstolo aos Colossenses (4,7ss.) e aos Efésios (6,21ss.). Mencionado em 2Tm 4,12 e Tt 3,12, desconhecemos sua trajetória posterior. Legendariamente é atribuído a ele conexões com diversas cidades.

TITO

Discípulo de São *Paulo (Tt 1,4). Companheiro do apóstolo (Gl 2,1), foi enviado por ele a Corinto (2Cor 8,6.16ss.23), a Creta (Tt 1,5) e à Dalmácia (2Tm 4,10). A ele dirigiu São Paulo a carta que traz seu nome.

Seu destino posterior é desconhecido, sendo os dados a seu respeito legendários.

TITO DE BOSTRA

Bispo de Bostra, falecido possivelmente durante o reinado de Valente (363-378). Foi denegrido pelo imperador Juliano diante dos habitantes de sua cidade, o que parece ter sido a intenção de dividir os cristãos. Foi autor de um tratado *Contra os maniqueus*, um comentário sobre Lucas e um *Sermão* sobre a Epifania.

TOLSTOI, LEÃO (1828-1910)

Escritor russo. De estirpe aristocrática, desde 1851 a 1855 foi oficial do exército russo e nos anos seguintes dedicou-se a viajar pela Alemanha, França, Itália, Suíça e Inglaterra. Em seu regresso, estabeleceu escolas para a educação dos meninos que viviam em suas propriedades. Autor de merecida fama mundial (*Guerra e Paz*, *Anna Karenina* etc.), a partir de 1877 abandonou seus trabalhos de romances para se dedicar a temas de caráter moral e espiritual. Renunciou a suas propriedades, começou a trabalhar manualmente e tornou-se um campeão de muitas causas nobres e idealistas. Assim, em 1895, começou a defender os *duk-hobor (contenda pela paz) em favor dos quais escreveu um de seus melhores romances, o intitulado *Ressurreição* (1899). Já nessa época, Tolstoi havia se convertido no propugnador de um cristianismo de caráter não dogmático, mas ético e baseado fundamentalmente no *Sermão da Montanha.

Ele mesmo se caracterizaria pela supressão da violência, incluída a simples cólera; a exclusão dos relacionamentos sexuais fora do matrimônio; a proibição dos juramentos; a não resistência ao mal, o que se traduz numa negativa de fomar parte do exército, das forças policiais ou da justiça, e o amor aos inimigos. Tolstoi repetia assim as ênfases defendidas por outros grupos anteriores historicamente como os *valdenses, os *menonitas e os *quakers, embora diferenciasse deles por sua negativa em aceitar dogmas e sua rejeição da divindade de Cristo. Embora em 1901 fosse excomungado pela *Igreja ortodoxa russa, sua influência ética foi extraordinária até a revolução bolchevista de 1917.

TOMÁS BECKET DE CANTUÁRIA
*Becket, Tomás.

TOMÁS DE AQUINO (1225-1274 aprox.)

Filósofo e teólogo *dominicano. Nascido em Roccasecca, filho do conde Landulfo de Aquino, no início estava destinado a ser abade do mosteiro *beneditino de Monte Cassino. Contudo, em 1240 visitou Nápoles e ali descobriu sua vocação intelectual que o levou a entrar entre os dominicanos. Essa decisão provocou uma reação contrária de sua família, mas em 1244 pôde levar adiante seus propósitos. Desde 1245 a 1248 esteve em Paris, onde *Alberto Magno o pôs em contato com a filosofia aristotélica; em Colônia de 1248 a 1252, nesse último ano regressou a Paris, onde ensinou até 1259. Regressou então à Itália ensinando em Anagni e Orvieto (1259-1265), Roma (1265-1267) e Viterbo (1267-1269). Em 1269 regressou a Paris onde permaneceu durante três anos. Em 1272 mudou-se para Nápoles para fundar uma escola dependente dos dominicanos. No seio dessa escola dedicou-se a trabalhar em sua obra mais importante, a *Summa*

Theologica, falecendo dois anos depois quando se dirigia ao Concílio de Lyon. Canonizado em 1323 por *João XXII, a influência de Santo Tomás de Aquino tornou-se extraordinária. Embora algumas de suas proposições fossem condenadas em 1277 e 1284 por diversos arcebispos e apesar de que os *franciscanos proibissem durante algum tempo a seus membros o estudo de suas obras, o certo é que o tomismo tornou-se a filosofia dominante no catolicismo, praticamente até o presente século. De fato, *Leão XIII mediante a bula *Aeterni Patris* insistiu na importância de seu conhecimento por parte dos estudantes católicos, e o Código de Direito Canônico converteu seu ensinamento em obrigatório para todos os estudantes de filosofia e teologia. Adaptador da filosofia de Aristóteles, o pensamento de Santo Tomás de Aquino permitiu, por exemplo, a formulação do dogma da transubstanciação na *Eucaristia em categorias aristotélicas, contribuiu para a fixação definitiva do número dos *sacramentos em sete ou a aplicação da razão à compreensão e à especulação teológicas. Outros aspectos de seu pensamento, contudo, foram rejeitados nos séculos seguintes como foi o caso de sua negativa em aceitar a Imaculada Conceição de *Maria. Em 1567 foi declarado Doutor da Igreja por *Pio V.

TOMÁS DE KEMPIS (1380-1471 APROX.)

Nascido em Kempen, perto de Colônia, de família pobre, estudou com os Irmãos da vida comum. Em 1399 entrou para a casa de Agnietenberg, onde viveu praticamente o resto de sua vida. Dedicado a copiar manuscritos e a escrever, seguramente se pode afirmar que foi o autor da *Imitação de Cristo,* cujo estilo é semelhante ao de outras obras suas. A mencionada obra constitui um clássico espiritual cuja influência persiste até o dia de hoje.

TOMÉ

Forma abreviada de um termo procedente do hebraico *tám* (gêmeo) equivalente ao grego *Didymos.* Foi o nome de um dos *Doze *apóstolos (Mt 10,3; Mc 3,18; Lc 6,15; Jo 11,16; 14,5; 20,24-28; 21,2).

TOMISMO

Sistema filosófico-teológico devido a Santo *Tomás de Aquino.

TOMO DE DÂMASO, O
*Dâmaso.

TOMO DE LEÃO, O
*Leão I.

TORÍBIO

Nascido na Gália, foi ordenado bispo de Astorga em meados do séc. V. Inimigo radical do priscilianismo, pediu a ajuda do Papa *Leão I para enfrentá-lo. Foi autor de uma carta de oposição ao priscilianismo dirigida a Idácio e Cepônio, bispos da Galícia, e de outras mais, relacionadas com o mesmo tema, dirigida a *Leão Magno.

TORQUEMADA, TOMÁS DE (1420-1498)

Grande inquisidor espanhol. *Dominicano desde jovem, foi confessor dos Reis católicos. Em 1482 foi nomeado inquisidor e no ano seguinte Grão Inquisidor. Seus métodos ficaram consignados em sua *Compilação das Instruções da santa Inquisição.* A Torquemada deve-se boa parte da responsabilidade pela expulsão dos judeus da Espanha em 1492, assim como um número de execuções na fogueira que deve chegar à casa de duas mil.

TRADIÇÃO

Os Evangelhos manifestam uma atitude de Jesus claramente contrária às tradições da lei oral, porque considerava que elas desvirtuavam o conteúdo das Escrituras (Mt 15,2-6; Mc 7,3ss.). Essa visão foi motivo de conflito com grupos como os escribas e fariseus. No resto do Novo Testamento, o termo tradição aplica-se, pelo contrário, ao ensinamento entregue pelos *apóstolos (1Cor 15,1ss.). Até o séc. III, ele foi o significado que encontramos nos escritos dos Santos Padres, embora não fique claro se por tradição se faz referência ao ensinamento contido na *Bíblia ou a um corpo de ensinamento diferente e complementar. Esse último sentido é, por isso, o que a palavra tradição adquire ao longo da Idade Média. Assim, certas doutrinas não teriam uma legitimação derivada de seu aparecimento na *Bíblia, mas de sua presença na tradição da Igreja. A tradição foi questionada por grupos como os *valdenses, mas foi a *Reforma do séc. XVI que atacou especialmente a ela ao insistir em que a Bíblia era a única regra de fé e conduta. De fato, o *protestantismo tentaria a partir de então, e com mais ou menos êxito, desembaraçar-se de todas aquelas crenças derivadas da tradição. O Concílio de *Trento (Sessão 4, 8; de 8 de abril de 1546) situou a Escritura e a tradição no mesmo nível de autoridade (*pari pietatis affectu ac reverentia*), uma postura confirmada pela Constituição dogmática sobre a Revelação do Concílio *Vaticano II. Embora recentemente alguns teólogos católicos tenham questionado que Trento situara em pé de igualdade a Escritura e a tradição e afirmado que toda a revelação está contida essencialmente na Bíblia, é mais que duvidoso que essa interpretação possa harmonizar-se com o dogma católico.

Bibl.: VIDAL MANZANARES, C., *El Primer Evangelio...*; IDEM, *Diccionario de las tres...*; IDEM, *El judeo-cristianismo...*; LENHARDT, P. e COLLIN, M., *La Torá oral de los fariseos*, Estella.

TRANSFIGURAÇÃO

Episódio da vida de *Jesus que teve lugar em sua última viagem a *Jerusalém (Mt 17,1-9; Mc 9,2-10; Lc 9,28-36). No início do século passado, R. Bultmann interpretou o fato como uma pré-datação da *ressurreição. Essa interpretação carece de base, embora ocasionalmente tenha sido repetida mais tarde. Hoje, tende-se a considerar o episódio como um fato histórico (Flusser, D., Bruce, F. F., Vidal Manzanares, C.) no curso do qual se havia fortalecido a determinação de Jesus.

TRANSMIGRAÇÃO DAS ALMAS
*Reencarnação.

TRANSUBSTANCIAÇÃO
*Eucaristia.

TRAPENSES
*Cistercienses.

TRENTO, CONCÍLIO DE

Décimo nono concílio ecumênico de acordo com o cômputo católico. Convocado por *Paulo III para responder ao avanço da *Reforma Protestante, inicialmente deveria ter sido celebrado em Mântua em 1537 ou em Vicenza em

1538, mas ambos os planos frustraram-se pela resistência francesa. Em 1542 o papa voltou a convocar o concílio para *Trento, mas novamente houve um atraso até 13 de dezembro de 1545. Seu caráter ecumênico ficou além disso muito reduzido na representação da hierarquia, porque somente assistiram inicialmente três legados, um cardeal, quatro arcebispos, vinte e um bispos e cinco gerais de ordens religiosas, uma representação quase ridícula se a compararmos com a de concílios como o de *Nicéia. Durante seu primeiro período (1545-1547), decidiu-se que a votação seria individual e não por nações (o que deu maioria aos bispos italianos pro-papais) e que se tratariam por sua vez as questões dogmáticas e as disciplinares. De maneira compreensível declarou (Sessão IV, 8 de abril de 1546) a validade igual da Escritura e da *Tradição como fontes de verdade religiosa (diante do princípio protestante da Bíblia como única regra de fé e conduta), o direito exclusivo da Igreja de interpretar a Bíblia (diante da tese protestante do direito individual para ler e examinar a Bíblia) e a autoridade da *Vulgata (diante da tese protestante de que a Bíblia deveria ser posta ao alcance do povo em língua vernácula). Condenou-se também a doutrina da *justificação pela *fé (Sessão VI, 13 de janeiro de 1547) e confirmou-se a teologia católica sobre os *sacramentos (Sessão VII, 3 de março de 1547), insistindo-se que seu número era sete e que estes são necessários para a salvação. A tensão política existente entre *Carlos V e o papa provocou tensões no concílio, e quando se declarou uma epidemia em Trento, ele foi transferido para Bolonha (Sessão VIII, 11 de março de 1547), embora a certo é que foi suspenso o concílio durante quatro anos. Em 1551, o Papa *Júlio III voltou a convocar o concílio em Trento e começou o segundo período (1551-1552). Nele estiveram presentes teólogos protestantes que solicitaram que se afirmasse a superioridade do concílio sobre o papa, que se libertasse os bispos do juramento de submissão ao papa e que se voltasse a discutir os assuntos já definidos. Suas pretensões foram rejeitadas e, de fato, o concílio continuou sua linha contra-reforma de maneira ainda mais acentuada. Assim, durante as sessões XIII e XIV, afirmou-se a doutrina católica sobre a *Eucaristia e a *unção contra o que afirmaram *Lutero, *Calvino e *Zwinglio. No dia 28 de abril de 1552, o concílio tornou a sofrer uma nova suspensão e a postura animosamente antiprotestante de *Paulo IV se estendeu por uma década. O terceiro e último período conciliar (1562-1563) ficou marcado por uma considerável influência dos *jesuítas e pela renúncia definitiva de uma reconciliação com os protestantes. Na Sessão XXI (de 16 de julho de 1562 confirmou-se a negativa de que os leigos pudessem participar da comunhão sob as duas espécies; na Sessão XXII insistiu-se no caráter sacrifical da missa; na XXIII e XXIV tratou-se do sacramento da ordem e do matrimônio e, finalmente, na XXV (3-4 de dezembro de 1563) confirmou-se a doutrina católica sobre o *purgatório, sobre a *intercessão dos *santos, sobre o culto das relíquias e das imagens e das *indulgências. O concílio – que terminou no dia 4 de dezembro de 1563 – foi sem dúvida o mais importante da história do catolicismo desde o século XVI até o Concílio *Vaticano II. Nele ficou consagrada a *Contra-reforma e foram estabelecidas as bases sobre as quais decorreria o catolicismo nos séculos seguintes.

TRINDADE

Ensino do Novo Testamento consistente na afirmação da existência de *Deus em três pessoas: *Pai, *Filho e *Espírito Santo. Nos Evangelhos aparecem claras fórmulas trinitárias, como a do batismo (Mt 28,19-20). Por outro lado, Jesus assumiu títulos que implicavam sua preexistência e divindade como os títulos de *Sabedoria, *Senhor, *Filho de Deus e *"Eu sou", fazendo-se igual a Deus (Jo 5,18). Nos Evangelhos indica-se também que seus *discípulos, depois da *ressurreição, demonstraram-no como Senhor e Deus (Jo 20,28) e renderam-lhe adoração (Mt 28,17; Lc 24,52).

Bibl.: KELLY, J. N. D., *Early Christian Creeds*, Londres 1950; VIDAL MANZANARES, C., *Las sectas frente a la Biblia*, Madri 1991; IDEM, *De Pentecostés...*; IDEM, *El Primer Evangelio...*

TRINITÁRIOS
*Ordem da Santíssima Trindade.

TRÓFIMO

Discípulo de São *Paulo (At 20,4.21.29). Acompanhou o *apóstolo durante parte de sua terceira viagem missionária e em sua subida à Jerusalém. Ali a acusação de que Paulo o tinha introduzido no Templo, apesar de não ser judeu, causou a prisão do apóstolo. Mencionado em 2Tm 4,20, não temos mais dados sobre o fim de sua vida.

TUNKERS
*Igreja dos irmãos.

TYNDALE, WILLIAN (1494-1536 APROX.)

Tradutor da Bíblia. Nascido em Gloucestershire, estudou em Oxford e Cambridge. No ano de 1522 decidiu traduzir a *Bíblia para a língua vernácula, mas a negativa do bispo de Londres em apoiá-lo, levou-o a emigrar para a Alemanha em 1524. Jamais regressaria à Inglaterra. Sua tradução do *Novo Testamento foi publicada finalmente em 1526, e durante a década seguinte apareceram suas versões de alguns livros do *Antigo Testamento. Teologicamente, Tyndalle pretendia basear-se unicamente na Bíblia. Defensor da doutrina da *justificação pela *fé, mantinha uma visão da Eucaristia semelhante a de *Zwinglio. Em 1535, foi preso perto de Bruxelas. No ano seguinte foi queimado na fogueira.

ULFILAS

Nascido de uma família capadócia seqüestrada numa correria dos godos, foi ordenado bispo em 341 por Eusébio de Nicomédia. Precisamente numa época em que o arianismo contava no Ocidente com poucos apoios, começou a pregar essa heresia entre os contingentes de soldados bárbaros com um êxito extraordinário. Aquela circunstância permitiu aos arianos ocidentais enfrentar as medidas de Teodósio e de outros imperadores. Em latim somente chegou até nós uma profissão de fé, mas foi de enorme importância sua tradução das Escrituras para o godo. Embora saibamos que Ulfilas era ariano, não está clara sua posição exata dentro do arianismo. O fato de assinar em 360 em Constantinopla uma fórmula semelhante a de Rimini serviu para alguns autores para considerá-lo moderado. Outros, porém, enquadram-no numa posição radical devido aos fragmentos de sua obra escrita que chegaram até nós, e inclusive não faltam os que lhe atribuem um arianismo específico.

ÚLTIMA CEIA
*Ceia, Última.

ULTRAMONTANISMO
Tendência no seio do catolicismo que lutava por uma centralização da autoridade eclesial em favor do papa e contra a das dioceses nacionais. Embora o termo já aparecesse no séc. XI, é duvidoso se então tem um significado diferente do geográfico. O conteúdo religioso aparece já presente no séc. XVII como contraposição ao *galicanismo. Ao longo dos séculos seguintes, foi ganhando uma força cada vez maior como conseqüência da perda do poder temporal do papa e do avanço do *liberalismo. Entre seus maiores êxitos estiveram o novo auge dos *jesuítas desde 1814, a criação do *Syllabus por *Pio IX (1864) e, sobretudo, a declaração dogmática do Concílio Vaticano I em favor da infalibilidade do papa (1870).

UNAM SANCTAM
*Bonifácio VIII.

UNÇÃO
Ação de derramar óleo sobre alguém. Na Bíblia, a ação relaciona-se com a consagração do monarca (1Sm 10,1; 16,13), do sumo sacerdote (Êx 30,30-31; Lv 6,15) e de algum personagem ao qual se atribuía uma ação específica (Dt 20,2). Este último podia ser inclusive um *pagão (Is 45,1). Por antonomásia, o ungido é o *Messias, já que, de fato, esse é o significado hebraico da palavra, como seu equivalente grego *Christós*, do qual procede o termo português: Cristo. Na carta de Tiago (5,14ss.) encontramos a única referência do Novo Testamento à unção com óleo destinada a curar enfermos. Um paralelo dessa prática – que se parece ter limitado aos judeu-cristãos – encontrou-se no século passado com o descobrimento arqueológico da denominada "pequena lâmina do óleo da fé". Não voltamos a encontrar referências a essa prática até *Hipólito e depois dele em *Serapião de Thmuis (365 aprox.). Em todos os casos, a prática procurava a cura do enfermo, mas não – como aconteceria depois – sua preparação para a morte. A partir do séc. V as referências à unção com óleo são mais abundantes e contêm em alguns casos uma interpretação espiritual que transcende a cura. *Pedro Lombardo foi o primeiro a denominar o rito como "extrema-unção", abrindo assim passagem à inclusão na lista dos sacramentos que já é clara em Santo *Tomás de Aquino. Para ele então a esperança de uma cura física havia ficado relegada de maneira definitiva em favor de uma interpretação ligada ao perdão dos pecados fundamentalmente. Tratava-se de uma posição que não foi modificada até o Ordo católico de 1972.

As *Igrejas ortodoxas associam a unção com a saúde do enfermo, mas não em pouco casos a administração

como preparação para a *Eucaristia, inclusive para aqueles que não sofrem doenças físicas.
A *Reforma Protestante optou pelo abandono da prática da extrema-unção. Contudo, a Igreja da Inglaterra pratica-a desde 1549 com a finalidade de não somente de cura física, mas também de perdão e fortalecimento espiritual. Em algumas outras confissões protestantes, a unção voltou a ser praticada, mas não no sentido sacramental e sim buscando fundamentalmente a cura dos enfermos em obediência a Tiago (5,14ss.).

Bibl.: KAUFMANN, Y., *O. c.*; VIDAL MANZANARES, C., *El judeo-cristianismo...*; IDEM, *El Primer Evangelio...*

UNIÃO HIPOSTÁTICA
*Hipóstase. *Trindade.

UNIDADE, ESCOLA DO CRISTIANISMO
Seita pseudocristã norte-americana inspirada, assim como a *Ciência cristã, nos ensinamentos do curandeiro Phineas Parkhurst Quimby (possibilidade de cura para todos, inexistência objetiva da enfermidade etc.) e, posteriormente, de Swami Vivekananda (crença na reencarnação etc.). Fundada por Charles e Mirtle Fillmore em 1889, recebeu seu nome atual em 1895. Depois da morte de seus fundadores (Myrtle em 1931 e Charles em 1948), o filho de ambos, Lowell, passou a ser o dirigente máximo do movimento. Conta com cerca de um milhão e meio de membros em todo o mundo.

UNITÁRIOS
*Unitaristas.

UNITARISMO
*Unitaristas.

UNITARISTAS
Nome vulgar da Associação unitária universalista, seita norte-americanna formada pela fusão em 1959 da Igreja unitária e da Igreja universalista. Sustentam doutrinas defendidas por outras seitas como a inexistência do inferno (*Adventistas do Sétimo Dia, *Testemunhas-de-jeová etc.), a negação da Trindade (*Testemunhas-de-jeová, *Igreja de Deus universal etc.) ou a tese de que todas as pessoas finalmente se salvarão (mórmons etc.).

UNIVERSALISMO
1. Visão teológica que nega a exclusividade da salvação para um só grupo nacional e que se considera aberta a pessoas de toda raça ou nação. *2.* Doutrina que afirma que o *inferno não é eterno, mas purgativo e temporal pelo que, finalmente, todos os seres se salvarão.

URBANO I (222-230)
Papa. Seu episcopado decorreu sob o reinado de Alexandre Severo (222-235) no qual não houve *perseguição. A lenda refere-se a seu martírio, mas podemos rejeitar a notícia como carente de base histórica.

URBANO II (12 DE MARÇO DE 1088 A 29 DE JULHO DE 1099)
Papa. Expressou desde o momento de sua eleição sua vontade de seguir a linha marcada por *Gregório VII. Ardoroso adversário do imperador Henrique IV, viu-se obrigado a abandonar Roma em 1090 diante de seu avanço. Finalmente, pôde derrotar o imperador quando ele foi abandonado por seu filho Conrado, o qual Urbano II coroou como rei da Itália. Em 1094 pôde regressar a Roma e pouco depois anunciou a convocação da primeira

cruzada, mas faleceu antes de receber as notícias da conquista de Jerusalém por *Godofredo de Bouillon.

URBANO III (25 DE NOVEMBRO DE 1185 A 19/20 DE OUTUBRO DE 1187)
Papa. Eleito unanimemente no mesmo dia da morte de *Lúcio III. Embora sua família fosse inimiga declarada do imperador Frederico Barba-Roxa, tentou manter com ele uma postura de conciliação. Essa posição ruiu ao negar-se coroar Henrique como co-imperador de acordo com o desejo de Frederico Barba-Roxa. A resposta imperial foi ordenar a Henrique que invadisse os estados pontifícios e que prendesse o papa e a cúria em Verona. Urbano III concebeu então a idéia de excomungar o imperador, fato que não aconteceu porque faleceu quando se dirigia a Ferrara.

URBANO IV (29 DE AGOSTO DE 1261 A 2 DE OUTUBRO DE 1264)
Papa. Desejoso de assegurar o poder temporal dos pontífices sobre a Itália, o principal objetivo de seu reinado foi desalojar da península italiana e da Sicília a dinastia alemã dos Hohenstaufen. Assim ofereceu a citada ilha ao rei da França na qualidade de feudo pontifício. Ao chegarem as notícias a Manfredo de Hohenstaufen sobre quais eram os projetos papais, dirigiu seu exército contra Toscana e os estados pontifícios. O papa refugiou-se então em Orvieto, onde aceitou mediante um tratado que a casa francesa de Anjou se convertesse em ducado da Sicília. Com as ameaças das forças alemãs contra Orvieto, o papa retirou-se para Perúgia onde morreu.

URBANO V (28 DE SETEMBRO DE 1362 A 19 DE DEZEMBRO DE 1370)
Papa. O sexto pontífice de Avinhão. Austero, continuou usando durante seu pontificado o hábito dos *beneditinos aos quais pertencia e, não tendo sido nunca cardeal, não deixou de manifestar uma clara desconfiança para com o colégio cardinalício. Em 1363 reforçou o centralismo papal ao reservar-se as nomeações de todas as sedes episcopais e patriarcais e dos abades dos mosteiros mais importantes. O principal objetivo de seu reinado foi conseguir a união com as *Igrejas ortodoxas, mas fracassou tanto nesse propósito como no de desencadear uma cruzada contra os turcos. Em 1367 abandonou Avinhão com a intenção de voltar a estabelecer a sede papal em Roma. Para ali se transladou e permaneceu até 1370. Mas nessa data a pressão dos cardeais franceses e a antipatia que lhe votava o povo de Roma, levaram-no a considerar a necessidade de regressar a Avinhão. Nessa cidade voltou a se estabelecer em setembro de 1370, falecendo em dezembro desse mesmo ano.

URBANO VI (8 DE ABRIL DE 1378 A 15 DE OUTUBRO DE 1389)
Papa. Ao anunciar que tinha o propósito de criar novos cardeais para contar com uma maioria italiana no Sagrado Colégio, os cardeais franceses proclamaram a nulidade de sua eleição e elegeram *Clemente VII em seu lugar. Dessa maneira começou o *Grande Cisma. Embora Urbano VI respondesse executando cinco cardeais por conspiração e submetendo outros seis a torturas, morreu sem poder voltar a exercer seu pontificado sobre toda a cristandade católica.

URBANO VII (15 A 27 DE SETEMBRO DE 1590)
Papa. Eleito graça à influência

espanhola para suceder a *Sixto V, dele se esperava uma política moderada que solucionasse os problemas com os quais se enfrentava o catolicismo. Contudo, na noite seguinte a sua eleição, contraiu a malária e faleceu antes de ser coroado papa.

URBANO VIII (6 DE AGOSTO DE 1623 A 29 DE JULHO DE 1644)

Papa. Desejosos de defender a ortodoxia católica, durante seu pontificado Galileu foi condenado pela segunda vez (1633) e foi declarado herético o jansenismo (1642). Contudo, optou por apoiar a França diante do Império na Guerra dos Trinta Anos. Dessa maneira evitou a aliança da França com a Suécia, mas, ao enfraquecer o Império, consagrou o triunfo do *protestantismo em boa parte da Alemanha.

URSINO (SETEMBRO DE 366 A NOVEMBRO DE 367; † 385?)

Antipapa. Foi eleito pelos partidários de Libério. A ele se opôs Dâmaso que, eleito papa, armou a turba romana e conseguiu expulsar Ursino da cidade. Este não recuperou o trono papal, mas continuou pretendendo-o até a morte por volta de 384.

URSULINAS

A mais antiga ordem feminina católica dedicada ao ensino. Foi fundada em 1535 em Bréscia por Ângela Merici como uma sociedade de virgens dedicadas ao ensino, mas residindo em suas residências particulares. Aprovada em 1544 por *Paulo III, em 1572 foram introduzidos a vida comunitária e os votos religiosos. Quarenta anos depois *Paulo V permitiu-lhes viver em clausura fechada. A partir do séc. XIX, a ordem experimentou um crescimento importante que se estendeu para outros continentes. *Ângela Merici.

UTILITARISMO

Escola ética que identifica os bem com a felicidade e sustenta que as ações boas são aquelas que proporcionam uma maior felicidade. Alguns autores defenderam a tese de que o cristianismo não é senão um utilitarismo ideal.

UTRAQUISMO

Tese sustentada pelos seguidores de *Huss favorável a que os leigos participassem do pão e do vinho na *Eucaristia como acontecia na Igreja primitiva. A situação política permitiu o triunfo dessa tese entre os católicos checos até a Dieta boêmia de 1567, em que se revogou essa concessão.

VALDENSES

Comunidade cristã de caráter radical surgida no séc. XII e cujo nome deriva de Pedro Valdo ou Valdés. Comerciante abastado, Valdo pagou o sacerdote de seu povo para que lhe traduzisse os Evangelhos em língua vernácula. A leitura deles levou-o a um processo de conversão de tal maneira que, depois de assegurar a situação econômica de sua esposa e filha, repartiu todos os seus bens entre os pobres e decidiu dedicar-se a pregar o Evangelho e a viver conforme os princípios expostos no *Sermão da Montanha.

No começo seus seguidores – aos quais se denominou valdenses – não parecem ter professado nenhum tipo de doutrina contrária ao dogma católico da época, mas antes um desejo de que pessoas comuns conhecessem os Evangelhos (para isso foram traduzidos para a língua vernácula) e vivessem de acordo com suas exigências mais radicais (pobreza, não-violência etc.). Boa prova disso é que o Papa *Alexandre III manifestou-lhes uma calorosa acolhida, concedeu-lhes autorização para professar o voto de pobreza e permitiu que pregassem em público se tivessem a permissão de seus respectivos bispos. Dada a atitude insistente dos valdenses em desobedecer esse último requisito, o Papa *Lúcio III (1184) decretou a proibição absoluta de que pregassem e, finalmente, resolveu excomungá-los. Essa medida não faria senão aprofundar a brecha entre a hierarquia e o movimento, já que os valdenses optaram finalmente em criar uma estrutura eclesial paralela que se viu submetida à perseguição da *Inquisição. Que não era, contudo, sua intenção separar-se da Igreja católica demonstra-o o fato de ainda em 1212 enviarem uma delegação a Roma com o objetivo de obter a aprovação de *Inocêncio III. O fracasso dessa missão selou definitivamente a ruptura. Até a chegada da *Reforma, os valdenses viram-se perseguidos, embora seus próprios inimigos reconhecessem a elevada moralidade deles ("não matam, não roubam, não juram etc."). Finalmente, integraram-se (não sem dificuldade) no seio do *calvinismo.

VALDÉS, ALFONSO DE
(1490-1532 APROX.)
Humanista e escritor espanhol.

Irmão de Juan de *Valdés, foi secretário do imperador *Carlos V e amigo de *Erasmo de Rotterdam. Entre sua produção destacam-se seu *Diálogo das coisas acontecidas em Roma* e seu *Diálogo de Mercúrio e Caronte*. De forte tom erasmista (de Erasmo), ataca no primeiro a intervenção papal nos assuntos temporais, intervenção que, por ser contrária à eqüidade, havia acabado com o saque de Roma em 1527. A segunda obra, que foi atribuída durante algum tempo a seu irmão, constitui uma brilhante e divertida sátira dos diversos estados (solteiros, casados, frades, bispos etc.) no momento da morte. Alfonso incentiva a idéia de que as práticas exteriores possam assegurar a salvação e defende um cristianismo baseado no Novo Testamento.

VALDÉS, JUAN DE
(1490-1541 APROX.)
Humanista e escritor espanhol. Natural de Cuenca, estudou em Alcalá. Em 1529 apareceu seu *Diálogo da religião cristã* que, sem sair da ortodoxia católica, se pronunciava contra uma religião baseada nas práticas externas e em favor de um cristianismo no estilo do Novo Testamento. A obra provocou as suspeitas da *Inquisição e, em 1531, Juan fugiu para a Itália. Ali o Papa *Clemente VII acolheu-o a partir de 1533 como camareiro, demonstrando que era muito mais tolerante que as autoridades eclesiásticas espanholas. A partir de 1534, Juan residiu em Nápoles, convertendo-se no centro de um grupo de pessoas cultas que ansiavam pela Reforma da Igreja. Valdés permaneceu, igualmente como seu irmão Alfonso – no seio da Igreja católica até sua morte. Apesar de tudo, sua teologia, exposta, por exemplo, nas *Ciento Diez consideraciones divinas*,

estava mais próxima do protestantismo, insistindo, por exemplo, na doutrina da *justificação pela *fé, não no sentido semelhante ao de *Lutero, e impregnada de um profundo sentimento ético como no caso dos *anabatistas. Sua insistência na espiritualidade interior e o conseqüente desprezo pelas formas exteriores fizeram com que sua influência tenha conseguido viver até o séc. XX e que ele tenha sido considerado o precursor de alguns grupos como os *quakers. Depois de sua morte, alguns de seus seguidores, como B. *Ochino, passaram para o protestantismo, o que foi considerado, de maneira não correta, como um dos primeiros protestantes na Espanha e na Itália.

VALDO, PEDRO
*Valdenses.

VALENTIM
De origem egípcia e contemporâneo de Basílides, é possivelmente o mestre gnóstico mais importante do séc. II. Depois de propagar sua tese em sua terra natal, chegou a Roma na época de Higino (155-160). Parece que se formaram pelo menos duas escolas de seguidores seus, uma oriental e outra italiana. Vários dos documentos descobertos durante o século passado em *Nag Hammadi são de origem valentinina.

VALENTIM
(AGOSTO A SETEMBRO DE 827)
Papa. Foi eleito unanimemente pelo clero, pela nobreza e pelo povo de Roma após a morte de *Eugênio II. Morreu aos quarenta dias depois de sua coroação.

VALERA, CIPRIANO DE
(?-P 1602)
Calvinista espanhol. Monge no convento sevilhano de Santo Isidro, abraçou as doutrinas da *Reforma depois de estudar a *Bíblia, e em 1557 viu-se forçado a fugir da *Inquisição, procurando refúgio em Genebra. No ano seguinte, foram publicados em Londres dois opúsculos seus sobre o papa e a missa, nos quais já sustentava posições calvinistas. Em 1594 foi publicado seu *Tratado para confirmar en la fe cristiana a los cautivos de Berbería*. Três anos depois realizou uma tradução para o castelhano da *Instituição* de Calvino. Revisou a versão da *Bíblia em castelhano realizada por Cassiodoro de *Reina. Impressa em Amsterdã em 1602, com o apoio de Maurício de Nassau e dos estados gerais dos Países Baixos, assim como, possivelmente, de Cristiano I de Anhalt-Bernburg e outros príncipes protestantes, a edição de Valera coloca de lado os livros considerados apócrifos pelos judeus e protestantes. A versão Reina-Valera da Bíblia é a tradução das Escrituras para o castelhano, que não somente constituiu finalmente uma magnífica versão do texto sagrado como que também tem sido a que mais vezes foi impressa no decorrer da história. Desconhecesse-se o lugar e a data exata de seu falecimento.

VALERIANO DE CALAHORRA
Bispo de Calahorra que foi identificado com o autor de uma fórmula de fé publicada em 1898 por G. Morín. Não possuímos mais dados sobre ele.

VALERIANO DE CIMIEZ
Bispo de Cenemelum, Cimiez, desde antes de 439. Participou dos Concílios de Riez (439) e de Vaison (442). Apoiou Santo Hilário no confronto com *Leão Magno. Assinou o Tomo contra Flaviano e interveio

num Concílio de Arles de 455. Morreu seguramente pouco depois. Foi autor de uma *Epístola aos monges sobre as virtudes e a ordem da doutrina apostólica*. A. M. Riberi atribuiu-lhe uma *Homilia na dedicação da Igreja*, mas isso foi criticado por B. Fischer.

VALLA, LOURENÇO (1406-1457 APROX.)

Humanista italiano. Ordenado sacerdote em 1431, residiu desde 1447 em Roma tornando-se pouco depois secretário apostólico. Cabe-lhe a honra de ter sido um dos historiadores críticos modernos. Em 1440 demonstrou que a *Doação de Constantino era um documento falso, e em 1444 realizou uma comparação crítica entre o texto do *Novo Testamento da *Vulgata e o do grego. A influência de Valla nos autores do Renascimento foi considerável e, de maneira semelhante, *Lutero manifestou seu apreço por seus escritos.

VATICANO I, CONCÍLIO

Concílio celebrado no Vaticano em 1869-1870. Considerado pela Igreja católica como o vigésimo dos ecumênicos, foi convocado por Pio IX no dia 29 de junho de 1868. Antes de sua abertura, os Padres conciliares já estavam divididos entre os ultramontanos ou partidários de um reforço da autoridade papal tão golpeada pela perda do poder temporal, fruto da unificação italiana e dos liberais (entre os quais se encontravam J. H. *Newmann e J. J. I. *Döllinger e boa parte dos bispos alemães, austríacos e norte-americanos) contrários em maior ou menor medida contra essa posição. O concílio foi iniciado no dia 2 de dezembro de 1869 e seis dias depois começaram as sessões com a presença de mais ou menos 700 bispos. O procedimento, muito lento, foi modificado em fevereiro de 1870 e foram adotadas decisões como as de votar levantando-se. Essa medida foi especialmente criticada pela minoria liberal, entendendo que assim se coagia os Padres conciliares. No dia 24 de abril foi promulgada a Constituição *Dei Filius*, na qual se condenava o panteísmo, o materialismo e o ateísmo, e se discutia sobre as esferas da fé e da razão. A discussão sobre a infalibilidade papal começou no dia 6 de março e terminou no dia 4 de julho. A minoria, em parte, opôs-se a ela por considerá-la contrária ao testemunho histórico (por exemplo, a existência de papas hereges como *Vigílio, *Honório etc.) ou se limitou a objetar que a jurisprudência papal fosse ordinária, imediata e verdadeiramente episcopal, desejando que a infalibilidade papal se ligasse com a da Igreja. No dia 13 de julho, a definição sobre a infalibilidade recebeu 451 "placet", 88 "non placet" e 62 "placet iuxta modum". Finalmente, na Quarta sessão pública do dia 18 de julho, aprovou-se a constituição *Pastor Aeternus* por 533 "placet" contra 2 "non-placet", e o restante pronunciou-se pela abstenção. O texto desagradou aos liberais, e tampouco agradou os ultramontanos mais extremistas já que limitava a infalibilidade às ocasiões nas quais o papa ensina "ex cathedra". No dia seguinte, irrompeu a guerra franco-prussiana e as tropas francesas que defendiam o papa tiveram de se retirar de Roma. Ao ser tomada a cidade pelos italianos, terminou o concílio, embora sua suspensão formal não se realizou senão no dia 20 de outubro de 1870.

As definições conciliares somente provocaram reações de oposição da Áustria e da Alemanha. No primeiro dos países, o Estado denunciou a concordata, e no segundo iniciou-se a *Kulturkampf*. Em ambos surgiu um cisma – "Os Velhos Católicos" – formado por aqueles que pretendiam manter-se na fé católica anterior ao dogma da infalibilidade papal.

VATICANO II, CONCÍLIO (1962-1965)

A iniciativa para esse concílio – o vigésimo primeiro dos ecumênicos para a Igreja católica – parece haver partido exclusivamente da parte do Papa *João XXIII que a considerou como uma inspiração direta do *Espírito Santo e a anunciou no dia 25 de janeiro de 1959. A convocação oficial realizou-se mediante a Constituição apostólica *Humanae Salutis*, de 25 de dezembro de 1961, e seu principal objetivo era renovar a vida eclesial e ao mesmo tempo responder aos desafios que os tempos contemporâneos apresentavam. No decorrer da primeira sessão (11 de outubro a 8 de dezembro de 1962), aconteceu o falecimento de João XXIII (3 de junho de 1963), mas seu sucessor *Paulo VI anunciou imediatamente a decisão de continuar a celebração do concílio. Durante a segunda sessão (29 de setembro a 4 de dezembro de 1963), manifestou-se o apoio à colegialidade dos bispos, à afirmação de que o Colégio dos bispos era de direito divino e à restituição do diaconado como ordem separada e permanente. Depois do encerramento dessa sessão, foi promulgada uma constituição sobre a liturgia e um decreto dedicado aos meios de comunicação social. Antes da abertura da terceira sessão (14 de setembro a 21 de novembro de 1964), Paulo VI realizou uma viagem à Terra Santa e encontrou-se com o patriarca Atenágoras. Nessa sessão – de especial relevância – foi promulgada a Constituição dogmática sobre a Igreja (*Lumen Gentium*), o Decreto sobre Ecumenismo e o decreto sobre as Igrejas católicas orientais. Também Paulo VI proclamou *Maria, "Mãe da Igreja". A sessão quarta e última (14 de setembro a 8 de dezembro de 1965) foi o marco em que foram promulgadas as constituições apostólicas sobre o sínodo episcopal que assessoraria o papa e sobre a Divina revelação; e os decretos sobre o Ofício pastoral, a renovação da vida religiosa, a formação sacerdotal, a educação cristã, o relacionamento da Igreja com as religiões não cristãs e o apostolado dos leigos. O papa anunciou também o início do processo de beatificação de *Pio XII e João XXIII. Finalmente, no dia 7 de dezembro promulgaram-se uma declaração sobre a liberdade religiosa, o decreto sobre o ministério e a vida dos sacerdotes, o decreto sobre a vida missionária da Igreja e a constituição pastoral sobre a Igreja no mundo moderno (*Gaudium et spes*). No dia seguinte, teve lugar o encerramento solene do concílio. Ao mesmo tempo que ele havia afirmado essencialmente a doutrina católica em questões como a revelação, a Igreja, o papel de Maria etc., contudo, também havia implicado um ar de renovação em questões de tanta relevância como o acesso dos leigos à *Bíblia, o uso da língua vernácula na liturgia, o papel da Igreja no mundo atual, os meios de comunicação etc. Da mesma maneira, também significou grande uma mudança no que se refere ao relacionamento com outras confissões cristãs, com os judeus e as demais fés. Essas e outras razões levam-nos a pensar que, sem dúvida alguma, esse Concílio foi o mais importante da história do catolicismo desde o de *Trento.

VÁSQUEZ, GABRIEL (1549-1604)

Teólogo espanhol. Às vezes é chamado de Bellomontanus por ter nascido em Belmonte. Foi um *jesuíta de extraordinária erudição, ensinou em Madri, Ocaña, Alcalá e Roma. Partidário do *molinismo, manteve uma posição de disputa com o também jesuíta *Suárez.

VELHOS CATÓLICOS
*Concílio Vaticano I.

VERBO
*Hipóstase. *Logos. *Menrá.

VIA MÉDIA
Termo com o qual se define a *Igreja da Inglaterra em relação com o *catolicismo e o *protestantismo.

VICENTE
Protomártir espanhol do séc. IV. Segundo o testemunho de Santo *Agostinho (Sermões 274-277) e de Prudêncio (Peristefanon V), foi um diácono de Saragoça martirizado durante a *perseguição de *Diocleciano. Com o passar do tempo, a lenda iria obscurecendo os detalhes históricos do personagem.

VICENTE DAS GÁLIAS
Sacerdote gaulês do séc. V. Foi autor de um *Comentário aos Salmos de Davi* que não chegou até nós.

VICENTE DE LÉRINS
Apesar de se tratar de um monge escritor dos mais famosos dos pertencentes a Lérins, sabemos pouca coisa de sua vida. Foi sacerdote no mosteiro e é possível que cuidasse de Salônio e Verano, filhos de Euquério. Morreu antes de 450 e, conforme alguns autores, antes de 435. Escreveu um *Comentário contra os hereges,* assim como *Objeções vicentianas* – que foram perdidas – e outra obra relacionada com um tratado de Santo Agostinho contra Nestório.

VICENTE DE PAULO
(1580-1660 APROX.)
Fundador dos padres lazaristas e das irmãs de caridade. Ordenado em 1600, cinco anos depois foi capturado por piratas e até 1607 sofreu o cativeiro de Tunis. Nessa data conseguiu escapar e chegou a Avinhão. Em 1609 visitou Paris onde decidiu dedicar sua vida às obras de caridade. De 1613 a 1625 somente dedicou em parte a melhorar a sorte dos encarcerados, fundando no último ano os lazaristas cuja finalidade era o desenvolvimento de missões entre o povo do campo e a formação do clero. Em 1633, fundou as irmãs da caridade, uma congregação feminina dedicada integramente ao cuidado dos pobres e enfermos. Membro do conselho da regência de Luís XIV, contribuiu consideravelmente na condenação do *jansenismo. Foi canonizado em 1737.

VICENTE FERRER
(1350-1419 APROX.)
Pregador *dominicano espanhol. Amigo de *Bento XIII, foi um ardente defensor do papado de Avinhão assim como o confessor pessoal do papa. Desde 1399 a 1409 percorreu pregando em diversas cidades da Itália, da Suíça, da Alemanha e da França. O impacto de suas pregações foi extraordinário, provocando a formação de grupos de pessoas que se flagelavam para fazer penitência por seus pecados. Partidário de acabar com o *Grande Cisma, foi objeto de críticas por haver realizado conversões forçadas de judeus e mouros, por ter estimulado a destruição de sinagogas para convertê-las em lugares de culto católico e por ter pronunciado profecias anunciando o fim do mundo

que não se cumpriram. Canonizado em 1455.

VÍTOR I (189-198)

Papa. Nascido na África, foi o primeiro papa latino e, parece indiscutível, contribuiu poderosamente para a romanização da Igreja. Conseguiu que outras igrejas celebrassem no domingo a festa da Páscoa em oposição a Blasto. Diante da oposição das igrejas da Ásia Menor de abandonar o uso histórico de celebrar a festa da Páscoa no dia 14 de Nisã, Vítor excomungou as cidades inglesas não somente da comunhão romana, mas também da universal. Essa atitude provocou uma reação contrária no meio da qual se destacou a figura de Irineu que lhe recordou a postura de respeito que, em relação com esse tema, havia prevalecido nos papas anteriores. Vítor decretou também a excomunhão de Teodoto de Bizâncio – que afirmava que Cristo somente havia sido Deus depois da ressurreição – e depôs o gnóstico Florino de suas funções sacerdotais. Foi o primeiro papa do qual sabemos que teve relacionamentos com a família imperial. É duvidoso que tenha morrido mártir, como se tem afirmado muitas vezes. Foi autor de várias epístolas sobre a controvérsia pascal.

VÍTOR II (13 DE ABRIL DE 1055 A 28 DE JULHO DE 1057)

Papa. Preocupado com a expansão normanda na Itália, apoiou-se no imperador alemão para contê-la, e por ocasião da morte do imperador, tornou-se o tutor de seu filho de cinco anos, Henrique, assegurando a pacífica sucessão do Império.

VÍTOR III (24 DE MAIO DE 1086; 9 DE MAIO A 16 DE SETEMBRO DE 1087)

Papa. Antigo abade de Monte Cassino, quatro dias depois de sua eleição viu-se obrigado a abandonar Roma por causa de uma sublevação. Regressou então para Monte Cassino onde reassumiu sua tarefa como abade. Contudo, em março de 1087 foi convencido a regressar para Roma e reassumir as funções papais. Até 1º de julho desse ano não conseguiu entrar na cidade ocupada pelas forças de *Clemente III, mas em meado desse mês viu-se novamente obrigado a se retirar para o Monte Cassino diante do avanço de Henrique IV. Nesse mosteiro permaneceu até a morte.

VÍTOR IV

1. (Meados de março a 29 de maio de 1138). Antipapa. Sucessor de *Anacleto II, seu pontificado não teve nenhuma importância e no dia 29 de maio de 1138 abdicou devido às pressões exercidas por *Bernardo de Claraval. Nada se sabe de sua vida posterior. *2.* (7 de setembro de 1159 a 20 de abril de 1164). Antipapa. Eleito graças ao apoio do imperador alemão Frederico Barba-Roxa, tudo parecia indicar que conseguiria impor-se a seu rival *Alexandre III. Não foi assim, e enquanto se encontrava viajando caiu enfermo em Lucca, morrendo pouco depois.

VITÓRIO DE AQUITÂNIA

Escritor aquitano dos meados do séc. V. Compôs um ciclo pascal que seria aceito oficialmente pelo sínodo de Orleans de 541, difundindo-se pelas Gálias até o séc. VIII, assim como um *Livro de cálculo*. B. Krusch atribui-lhe um *Prólogo da Páscoa*, mas a tese não é aceita de maneira generalizada.

VIDA ETERNA

O conceito judaico de *olam ha-*

báh seria melhor traduzido por vida futura ou mundo por vir. É esse um conceito fundamental ao pensamento bíblico e judaico igual ao da imortalidade da *alma – que não se deve entender num sentido semelhante ao helênico – depois da vida terrena. Os piedosos entre os gentios teriam também parte no mundo por vir (Tosef. Sanh. 13. 2). De enorme importância em relação à crença numa vida futura era também a idéia da *ressurreição dos mortos (Dn 12,1ss.). Jesus designa como vida eterna a união com Deus no mundo que há de vir depois do julgamento final (Mt 25,46), tendo um significado equivalente ao termo salvação. Contudo, não se trata de uma realidade somente futura, já que pode ser obtida desde agora (e de fato nos convida a isso) mediante a fé em Jesus (Jo 3,16; 3,36; 5,24; 6,40; 10,28 etc.) e graças à entrega dele à morte por todos (Mc 10,44ss.; Mt 26,26ss.). Essa tensão entre um futuro escatológico e uma realidade já presente encontra-se também no resto dos escritos do Novo Testamento. Paulo referiu-se à salvação como um fato já passado (Ef 2,8-9), embora somente será consumado no final dos tempos (Rm 8,22-25). Contudo, apesar de que a grande esperança do crente seja a ressurreição (1Cor 15), pode confiar também em que no momento de sua morte partirá para estar com Cristo (Fl 1,21-23; 2Cor 5,1ss.).

VIGÍLIO (537-555)

Papa. Nasceu de família nobre e foi diácono no pontificado de Bonifácio II, que o designou como sucessor seu em 531, embora revogasse a medida diante dos protestos que havia provocado o conhecimento dela. Núncio papal em Constantinopla, fez uma aliança com a imperatriz Teodora – que era monofisita – na qual receberia o apoio dela para a eleição papal em troca de rejeitar o Concílio de Calcedônia de 451 e de restaurar o patriarca Antimo, deposto por Agapito I. A eleição de Silvério como papa impediu que Vigílio levasse a termo seus propósitos e teve de esperar que o general bizantino Belisário depusesse o Papa Agapito I para se apossar da sede romana. Infelizmente, dependente dos caprichos de Justiniano, quando ele condenou os Três Capítulos, isto é, os defensores da cristologia das duas naturezas para satisfazer os monofisitas de seu reino, Vigílio, depois de preso e encarcerado pelo exército imperial, cedeu a suas pretensões. A reação que a fraqueza papal provocou no Ocidente foi violenta, e um sínodo africano (550) resolveu excomungá-lo. Vigílio tentou resistir a partir desse momento às pressões imperiais, e em 551 fugiu atravessando o mar Bósforo e refugiando-se em Calcedônia. Um concílio convocado em Constantinopla em 553 sob os auspícios imperiais não contribuiu para solucionar a questão. De fato, Justiniano revelou sua correspondência secreta com o Papa Vigílio o qual foi posto em prisão domiciliar. Alguns meses depois, enfermo e deprimido, o papa aceitou condenar os Três Capítulos e o imperador o deixou em liberdade permitindo que voltasse a Roma. Contudo, permaneceu um ano mais em Constantinopla obtendo de Justiniano uma Pragmática Sanção (554), que concedia privilégios à Igreja e que assegurava o domínio imperial na Itália. Morreu em Siracusa durante a viagem de regresso, e seus restos mortais, levados a Roma, por causa de sua impopularidade foram enterrados não em Pedro, mas em Marcelo.

VITORINO DE PETÁBIO

Bispo de Petábio, hoje Pettau, morreu martirizado pelo ano de 304 durante a perseguição de Diocleciano. Considerado o primeiro exegeta em língua latina, somente chegaram até nós seu *Comentário ao Apocalipse* (de caráter marcadamente milenarista), um fragmento do tratado *Sobre a criação do mundo* e um opúsculo *Contra todas as heresias*.

VITRÍCIO DE ROUEN

Nasceu em 340 na fronteira do Império. Militar por profissão, deixou o exército ao se converter – um entre muitos exemplos dos cristãos objetores de consciência dos primeiros séculos – e, ordenado sacerdote, evangelizou nérvios e morinos. Ocupou a sede de Rouen pelo ano de 385. Em 396 passou para a Inglaterra para conjurar a ameaça ariana e sabemos que em 403 encontrava-se em Roma, embora se desconheça o motivo. Morreu pelo ano de 410. Escreveu um discurso *Sobre o louvor dos santos* pronunciado em 396 por ocasião da chegada de diversas relíquias.

VIOLÊNCIA
*Guerra.

VIRGEM
*Maria.

VITALIANO (30 DE JULHO DE 657 A 27 DE JANEIRO DE 672)

Papa. Seu objetivo fundamental foi a restauração dos bons relacionamentos entre Roma e Constantinopla. Conseqüência de sua atitude conciliadora foi que o imperador bizantino Constante confirmasse mediante um rescrito os privilégios da Igreja romana e que o patriarca incluísse seu nome nos dípticos de Constantinopla. Apesar de tudo, Vitaliano não pôde evitar que Ravena continuasse sendo uma sede episcopal independente de Roma. Especialmente interessado na Igreja anglo-saxônica, apoiou Oswy, rei da Northumbria, em sua tentativa de estabelecer uma data romana para a Páscoa diferente da celebrada até então pela Igreja celta.

VITÓRIA, FRANCISCO DE (1485-1546 APROX.)

Teólogo espanhol. *Dominicano, ensinou em Paris, Valladolide, Salamanca. Ao substituir a *Summa Theologica* de Santo *Tomás de Aquino pelas *Sentenças* de *Pedro Lombardo, inaugurou uma nova escola da qual fariam parte Domingos *Soto, Melchior *Cano e outros, e que converteria Salamanca na universidade mais importante do séc. XVI no estudo da Escolástica. Seu novo método de interpretação baseava-se fundamentalmente na *Bíblia e nos Santos Padres. Crítico em relação à atuação dos espanhóis na América, reformulou a doutrina da guerra justa exposta por Santo *Agostinho e Santo Tomás de Aquino e, mediante suas *Relectiones,* fundou o direito internacional.

VLADIMIR (956-1015)

Criado como pagão, apoiou o imperador bizantino Basílio II no julgamento de uma sublevação e em 987 casou-se com Ana, irmã de Basílio. A partir desse momento manifestou suas simpatias pelo cristianismo e empreendeu uma política de conversões forçadas entre os russos e os rutenos. Semelhante conduta estendeu o cristianismo na Rússia, mas por sua vez provocou a revolta de seus filhos contra ele. Morreu no decurso de uma expedição contra um deles.

VOLTAIRE (1694-1778)
Pseudônimo de François-Marie Arouet. Escritor francês. Educado pelos *jesuítas, manifestou desde muito cedo uma oposição radical ao catolicismo que derivou para toda a forma de cristianismo com exceção dos *quakers. Zombou assim de *Pascal, escreveu uma obra zombando de Joana d'Arc nos termos mais grosseiros e deixou páginas de um repugnante anti-semitismo nas quais acusa os judeus de canabalismo. Apesar de tudo, Voltaire não somente foi um advogado da tolerância – o que manifestou na defesa do *huguenote Jean Calas – mas que também fustigou com autêntica ferocidade o ateísmo. Deísta convicto, não somente professava a crença na existência de Deus, mas também na imortalidade da alma. Especulou-se muito com a possibilidade de que regressara ao catolicismo em seu leito de morte, mas esse episódio não está suficientemente documentado.

VOLUNTARISMO
Postura eclesial que advoga a independência da Igreja em relação com o Estado afirmando que o caráter oficial de uma confissão é injusto e que as dotações estatais entregues a uma Igreja têm um péssimo efeito espiritual sobre ela.

VULGATA
A tradução da *Bíblia realizada por São *Jerônimo. Foi iniciada em 382 a pedido do Papa *Dâmaso com uma revisão dos *Evangelhos partindo de um texto grego muito semelhante ao Código Sinaítico. Não é bem claro que o resto do *Novo Testamento fosse submetido a uma revisão contrastada com o texto grego. Ao iniciar a do Antigo Testamento a partir da *Septuaginta (dos Setenta), chegou à conclusão de que essa tarefa somente podia realizar-se utilizando o hebraico e realizando uma tradução nova. A ela dedicou os seguintes quinze anos. Assim São Jerônimo traduziu todo o Antigo Testamento judaico, menos os Salmos e os livros deuterocanônicos (não estão no cânon judaico) de Judite e Tobias. A isso somou uma tradução ou traduções antigas dos deuterocanônicos restantes, uma revisão realizada por ele dos Evangelhos e uma revisão do resto do Novo Testamento cujo autor desconhecemos, embora as primeiras citações que conhecemos encontram-se em escritos do herege *Pelágio. Até o séc. VI, os diversos livros traduzidos, revisados e recopiados por São Jerônimo foram unidos numa só obra, a Vulgata, cujo primeiro manuscrito conjunto conhecido é o Código Amiatino. Assim, a Vulgata não somente se prestava a alterações textuais como além disso contava com um valor muito variável como tradução. A *Reforma Protestante do séc. XVI, em vista de seu fomento de traduções em língua vernácula, não teve nenhum problema em rejeitá-la. Contudo, o Concílio de *Trento declarou-a como o único texto autêntico em latim da Bíblia e como a versão católica oficial das Escrituras. Em 1590, sob os auspícios de *Sixto V, publicou-se uma edição sua, cujo texto foi declarado inalterável. Contudo, em 1592 foi corrigida em uns três mil lugares sob o pontificado de *Clemente VIII, embora se continuasse editando sob o nome de Sixto V para respeitar a suposta inalterabilidade do texto. Felizmente, depois do Concílio *Vaticano II aconteceu no mundo católico o que aconteceu no protestantismo durante o séc. XVI, e é que a Vulgata tem sido substituída por traduções da *Bíblia realizadas a partir das línguas originais e relegada a se tornar objeto de estudo dos especialistas.

WESLEY, CHARLES (1707-1788)

Irmão de John *Wesley, ordenado em 1735 como clérigo da *Igreja da Inglaterra, a partir de 1738 foi influenciado pelos *Irmãos Moravos, convertendo-se no dia 21 de maio desse mesmo ano. Desde então até 1756 dedicou-se a pregar, mas, diferentemente de seu irmão, permaneceu fiel à Igreja da Inglaterra e não aprovou que seu irmão realizasse ordenações fora dela. Possivelmente sua maior contribuição proveio do fato de ser extraordinário autor de hinos religiosos que ainda são interpretados ordinariamente pelos fiéis de diversas denominações protestantes.

WESLEY, JOHN (1703-1791)

Fundador dos *metodistas. Durante sua estada em Oxford, reuniu em torno de si um grupo de amigos que se comprometeram a estudar a Bíblia, a orar e a manter uma conduta apropriada para cristãos. Eles sofreram zombarias com nomes como o "Clube Santo", as "traças bíblicas" e os "metodistas". Em 1735, partiu como missionário, em companhia de seu irmão para a Geórgia. Fracassado em sua missão, viu-se obrigado a regressar à Inglaterra dois anos depois. Muito influenciado pelos *Irmãos moravos, chegou à conclusão de que precisava da fé que pode salvar, e em 1738 experimentou uma conversão enquanto lia o prefácio ao *Comentário à carta aos Romanos* de *Lutero. A partir desse momento, dedicou-se de maneira extraordinariamente intensa (chegou a pregar até em oito lugares diferentes às vezes no mesmo dia e a percorrer uma média anual de 8.000 milhas no lombo de uma montaria) à evangelização. Por não contar com permissão para pregar nas igrejas, desde 1739 começou uma prática que se tornaria comum no protestantismo anglo-saxão: a pregação ao ar livre. O enorme crescimento da obra, apesar da crescente oposição que despertou, levou-o a ordenar pastores leigos para que colaborassem com ele. Em 1747 começou a pregar no estrangeiro, e em 1760 contribuiu decisivamente para o início do Primeiro Grande Avivamento nos *Estados Unidos. Escritor incansável (suas obras de tema teológico estão impressas em cerca de uns vinte grossos volumes), iniciou também importantes reformas sociais entre as classes menos favorecidas. Em sua morte, os metodistas superavam os 70.000 membros na Inglaterra e os 50.000 no estrangeiro. O pensamento de Wesley – que rejeitava frontalmente a crença calvinista na *predestinação e enfatizava a importância da santidade pessoal – teve uma enorme importância no protestantismo posterior e, muito especialmente, nas *Igrejas de santidade.

WESTCOTT, BROOKE FOSS
*Hort, F. J. A.

WHITTE, E. G.

Personagem central na história da seita milenarista dos *Adventistas do Sétimo Dia, a quem seus adeptos consideram "Segunda João Batista", profetisa e autora de escritos tão inspirados por Deus como a própria Bíblia. Walter Rea definiu-a, contudo, como "ladra, uma ladra que continuou sendo até o fim de sua vida, ajudada e animada por outros" (*La mentira blanca*, Saragoça 1989), referindo-se com isso as pouco claras finanças da seita e ao fato demonstrado de que boa parte das profecias de Ellen Whitte não foram plágios, muitas vezes literais, de obras anteriores. O pediatra e professor da Universidade de Connecticut, Dr. Delbert Hodder, apontou a tese de que as visões da profetisa nasciam de uma enfermidade mental que ela sofria desde a infância em conseqüência de uma queda. Para outros, contudo, suas revelações provinham de seu relacionamento com experiências análogas na área do espiritismo ou do satanismo. Ellen White demonstrou um especial talento para os negócios (escreveu uma multidão de páginas nas quais ordenava a seus adeptos não somente entregar quantidades fixas de seus lucros à seita, mas legar a ela seus bens ao morrer) e para a elaboração de doutrinas que criaram uma identidade na seita totalmente diferente de qualquer outro grupo (implantação de uma dieta alimentícia pseudolevítica, obrigação para os ministros religiosos de ser vegetarianos, consideração do domingo como a marca da Besta do Apocalipse, afirmação de que Cristo era a encarnação do arcanjo Miguel etc.). Em algumas áreas doutrinais, limitou-se a seguir os padrões já anteriores da seita (negação do inferno e da imortalidade da alma, insistência na aproximação do fim do mundo, identificação da Igreja católica com a Grande Prostituta do Apocalipse e das protestantes com as filhas da Prostituta etc.). Boa parte dessas teses passou posteriormente para outras seitas, especialmente para os *Testemunhas-de-jeová. As autoridades da seita voltaram a afirmar, de maneira expressa, na década passada, o caráter inspirado por Deus das obras de Ellen G. White. Nos últimos anos, a seita tem sido sacudida por numerosos cismas e cisões.

WHITE, JOSÉ MARIA BLANCO
Blanco White.

WHITEFIELD, GEORGE (1714-1770)
Pregador *evangélico. Acompanhou os *Wesley à Geórgia, onde fundou um orfanato. Extraordinário pregador ao ar livre – superior inclusive a John *Wesley – sua teologia tinha uma enorme influência do *calvinismo, o que lhe criou tensões com a *Igreja da Inglaterra. Seu papel no Primeiro Grande Avivamento dos Estados Unidos foi extraordinário, embora não tivesse o talento organizador dos Wesley tampouco sua influência posterior.

WILBERFORCE, WILLIAM (1759-1833)
Abolicionista inglês, em 1784 converteu-se por influência de sua leitura do Novo Testamento, identificando-se com os *evangélicos. Inicialmente havia desejado ser ordenado, mas foi dissuadido dessa idéia por John Newton, e dedicou-se em servir a causa do cristianismo como membro do Parlamento. Em 1787, fundou uma sociedade para a reforma dos costumes e começou a interessar-se pela causa dos escravos que levou até ao Parlamento. Ajudou também na formação de diversas organizações missionárias. Finalmente em 1807 conseguiu que seu

projeto de lei para a abolição do tráfego de escravos fosse aprovado. Lutou também pela igualdade civil dos católicos em 1813. Abandonou o Parlamento por problemas de saúde em 1825. Em 1833, pouco depois de sua morte, o Parlamento aprovou uma lei pela qual se declarou abolida a escravidão.

WILLIAMS, ROGER (1604-1683 APROX.)

Ordenado na Igreja da Inglaterra em 1630, partiu para a América em busca de liberdade religiosa. Em 1635, entrou por causa disso em conflito com as autoridades e decidiu ir-se embora e viver com os índios – dos quais se tornou um grande amigo – fundando um núcleo ao qual denominou Providência (1636). Três anos depois estabeleceu nesse lugar a primeira Igreja *batista das colônias. Em 1643, o rei autorizou a colonização no lugar e, quando três anos depois os quakers chegaram à América, Williams concedeu-lhes plena liberdade religiosa, embora discordasse profundamente de sua teologia.

WOOLMAN, JOHN (1720-1772)

Pregador abolicionista *quaker. Nascido em Northampton, Nova Jersey, Estados Unidos, dedicou sua vida a defender a emancipação dos escravos negros e, graças a sua influência, os *quakers foram a primeira confissão religiosa que proibiu a seus membros ter escravos. Em 1772 viajou à Inglaterra para defender essa mesma causa. Seus escritos – especialmente o *Diário* (1774) – constituem clássicos não somente da literatura quaker, mas do cristianismo em geral.

WORMS, DIETA DE (1521)

Dieta imperial (27 de janeiro a 25 de maio de 1521) no decurso da qual *Lutero defendeu sua teologia diante do imperador *Carlos V no dia 18 de abril. Incapaz de convencer o imperador, Lutero resumiu sua posição em algumas palavras que se tornariam célebres: "Aqui estou. Não posso fazer outra coisa. Deus me ajude. Amém". Ao anunciar Carlos V, no dia 25 de abril, que tomaria duras medidas contra Lutero, ele abandonou a cidade no dia seguinte. No dia 25 de maio o Edito de Worms condenou formalmente os ensinamentos de Lutero.

WORMS, DISPUTA DE (1540-1541)

Conferência celebrada com a finalidade de reunir os católicos e os protestantes da Alemanha representados por onze pessoas de cada lado, mas tendo como porta-voz João *Eck e Felipe *Melanchthon respectivamente. Em janeiro de 1541 chegou-se a um acordo sobre o pecado original, mas no dia 18 desse mesmo mês a Disputa foi suspensa à espera das decisões que a Dieta de Ratisbona pudesse tomar.

WULFILA

*Ulfilas.

WYCLIFFE, JOHN (1330-1384 APROX.)

Filósofo e teólogo inglês. Professor universitário, seu progressivo desencanto do estamento eclesial levou-o de maneira crescente a entregar-se à leitura e ao ensinamento da *Bíblia. Foi assim que chegou a contrapor à Igreja visível e "material" (carente de autoridade espiritual), outra invisível e eterna, formada pelos verdadeiros cristãos. Sua crença em que o clero poderia ser privado de seus benefícios se fosse indigno foi condenada pelo

Papa *Gregório XI. Defensor de que a Bíblia era a única regra de fé, negou que a vida religiosa e que a transubstanciação tivessem algum fundamento nela e apelou para a autoridade civil para que empreendesse a reforma da Igreja. Condenado por seus colegas de Oxford em 1381, no ano seguinte o arcebispo de Courtenay confirmou a condenação. Wycliffe viu-se obrigado a se retirar, mas continuou escrevendo. Sua morte, dois anos depois, não acabou com sua influência. Ela continuou através dos *lolhardos, manifestou-se nos ensinamentos de *Huss e, de certo modo, semeou as sementes da Reforma na Inglaterra no séc. XVI.

WYCLIFFITAS
Lolhardos.

YMCA
Sigla da Young Men's Christian Association (Associação cristã de homens jovens) fundada em 1844 em Londres por George Williams. Protestante, embora de caráter leigo e interdenominacional, nos últimos anos pendeu para a interconfessionalidade. Seu objetivo era a conversão dos jovens ao cristianismo, a ocupação deles para servir a seus semelhantes e a realização de atividades que pudessem criar o bom estado de espírito e do corpo. Durante as duas guerras mundiais a YMCA desenvolveu um excelente trabalho em favor dos prisioneiros de guerra e dos refugiados. Seus membros em todo o mundo alcançaram um número de quatro milhões.

YWCA
Sigla de Young Women's Christian Association (Associação cristã de mulheres jovens). Movimento semelhante ao YMCA, mas em versão feminina. Foi fundada em 1855 de maneira simultânea por Miss Roberts no sul da Inglaterra e por Lady Kinnaird em Londres. Em 1877, os dois grupos se fundiram.

ZACARIAS
1. Profeta assassinado no Templo (Mt 23,35; Lc 11,51). *2.* Sacerdote da classe de Abias, esposo de *Isabel, pai de *João Batista (Lc 1,5-67).

ZACARIAS (3 DE DEZEMBRO DE 741 A 15 DE MARÇO DE 752)
Papa de origem grega. Hábil diplomata, conseguiu que o rei lombardo Liutprando lhe fizesse entrega de algu-

mas cidades que haviam estado sob o domínio papal. Suas relações com os francos foram excelentes e assim legitimou a derrocada do último merovíngio em favor de Pipino. Em relação com o culto das *imagens manifestou-se radicalmente oposto às teses iconoclastas do imperador bizantino Constantino.

ZAQUEU

Chefe dos arrecadadores de impostos de Jericó (Lc 19,1-9) que, depois de conhecer Jesus, experimentou uma *conversão.

ZEBEDEU

Pescador do Mar da Galiléia, casado com *Salomé, pai dos apóstolos *João e *Tiago (Mt 4,21).

ZEFERINO (198-217)

Papa. Segundo o testemunho de Hipólito de Roma, definiu-se contra Sabélio. Segundo Harnack, sua declaração "Conheço somente a um Deus, Jesus Cristo, e fora dele não há outro que fora engendrado e que pudesse sofrer" é a "definição dogmática mais antiga de um bispo de Roma que conhecemos em seu texto", embora o historiador alemão a interpretasse tachando o papa de modalista.

ZELOTES

Grupo político judeu cujos antecedentes ficaram unidos com a rebelião de Judas, o Galileu (6 a.C.). Num sentido estrito, os zelotes surgiram no ano 66 d.C., por ocasião da rebelião contra Roma. Depois da queda de *Jerusalém no ano 70, alguns continuaram resistindo em Massada até o ano 73 (suicidaram-se coletivamente antes de se render ao invasor) e outros fugiram para o Egito com a finalidade de estender a revolta. Ali foram derrotados, capturados e torturados até a morte. Tentou-se conectar Jesus (Brandon), ou ao menos alguns de seus seguidores como *Simão ou *Judas Iscariotes (Cullmann), com o movimento zelote. Essa possibilidade é inaceitável não somente porque carece de base, segundo a informação que as diversas fontes – inclusive as hostis do Talmude – dão-nos sobre Jesus, seu ensinamento sobre a *violência e seus *discípulos, mas porque o movimento zelote não existia na vida de Jesus.

Bibl.: HENGEL, M., *The Zealots*...; YADIN, Y., *Masada*, Barcelona 1969, BRANDON, S. G. F., *Jesus and the Zealots*, Manchester 1967; Guevara, H., *O. c.*; VIDAL MANZANARES, C., *De Pentecostés*...; IDEM, *El Primer Evangelio*...; COMBY, J. e LÉMONON, J. P., *Roma frente a Jerusalén*, Estella.

ZENÃO DE VERONA

O oitavo bispo que ocupou a sede de Verona. Embora se lhe tenha atribuído origem africana, devido a influências que se detectam no de Tertuliano e Lactâncio, a questão está muito longe de estar estabelecida com um mínimo grau de certeza. Faleceu pouco antes de 380. São atribuídas 92 homilias.

ZINZENDORF, NIKOLAUS LUDWIG GRAF VON (1700-1760)

Pietista alemão. Funcionário do governo da Saxônia, por volta de 1721 começou a organizar reuniões religiosas em sua casa e desde o ano seguinte aí recebeu membros dos irmãos checos. Em 1727, abandonou totalmente seu trabalho estatal para dedicar-se completamente ao pastoreio de sua comunidade denominada Herrnhut. Pouco depois foi acusado de heterodoxia pelos luteranos, mas em 1734 o escrutínio de suas doutrinas revelou sua inocência. Esta experiência, não obstante, pôde contribuir para que

Zinzendorf abandonasse a Saxônia. Inicialmente, Zinzendorf não era partidário de romper a unidade eclesial e acreditou que a renovação poderia vir da aparição no seio da Igreja (*Ecclesia*) de pequenas comunidades (*ecclesiolae*) que viveram de uma maneira mais intensa a fé e a irradiaram a seu redor. Finalmente, as circunstâncias o obrigaram a renunciar a essa posição, embora tenha seguido mantendo estreitas relações com o luteranismo.em 1737, recebeu ordenação episcopal dos *Irmãos moravos e nos anos seguintes estabeleceu diversas comunidades na Europa e na América. Em 1755, regressou à Saxônia, onde faleceu. Zinzerdorf era contrário tanto ao racionalismo do *Iluminismo como à frieza do luteranismo de sua época. Frente a ambos, pregava uma "religião do coração" baseada numa relação pessoal com Jesus, o salvador. Essa reação, bastante compreensível por outro lado, era susceptível de cair num exagerado emocionalismo e, efetivamente, isso aconteceu em não poucas ocasiões. A influência de Zinzerdorf foi considerável em *Schleiermacher e no luteranismo posterior, mas também em movimentos contemporâneos como os pentecostais.

ZÓZIMO (18 de março de 417 a 26 de dezembro de 418)

Papa. Tem sido criticado seu papel na controvérsia com as igrejas das Gálias que tentou concluir concedendo à sede de Arles um primado real sobre as sete províncias gaulesas. Não resta dúvida de que essa política não favoreceu o primado romano, mas também se deveria examinar se não evitou desnecessárias tensões com as igrejas daquelas regiões. Em 417 reintegrou a comunhão eclesiástica Celéstio e Pelágio, comunicando sua decisão aos bispos africanos em duas cartas. A reação vivíssima dos africanos levou-o a retirar sua decisão, embora deixando presente o princípio formal da irrevogabilidade das decisões tomadas pela sede romana. O sínodo de Cartago e a atitude antipelagiana do imperador levaram-no a publicar a carta *Tractoria*, na qual se condenava Pelágio e Celéstio, mas que causou a divisão da própria Igreja romana. Contra a tradição africana, aceitou a apelação de Apiário de Sicca, limitando-se o primado africano a indicar que estudaria a causa em outro sínodo.

ZWINGLIO, ULRICO (1484-1531)

Reformador suíço. Ordenado sacerdote em 1506 e desde essa data até 1516 desempenhou funções paroquiais em Glarus. Admirador de *Erasmo, nessa época ensinou grego e hebraico, estudou os Santos Padres e aprendeu de memória as cartas de São *Paulo. Em 1516 mudou-se para Einsiedeln, onde concebeu uma profunda aversão aos abusos cometidos nas peregrinações a esse lugar. Em dezembro de 1518 foi eleito pregador de Zurique. Durante o ano de 1519, e de maneira independente da influência de *Lutero, começou a atacar a doutrina do *purgatório, a *intercessão dos santos e o monacato. Apesar de tudo, a ruptura com Roma não pode ser datada antes de 1522, quando defendeu publicamente a necessidade de que os cristãos se libertassem do papa e de seus bispos. *Faber tentou solucionar a situação criada por Zwinglio, mas ele, numa controvérsia pública celebrada diante de mais de 600 pessoas, defendeu com êxito 67 teses entre as quais se encontravam a que o Evangelho não era a única base da verdade e que se devia rejeitar a autoridade papal, a missa como sacrifício, a *intercessão dos santos e o celibato do clero. A partir desse momento, o conselho da cidade encomendou a Zwinglio a direção da Reforma em Zurique. Em 1523, foram retiradas as *imagens e as pinturas das igrejas, e foram tomadas medidas para suprimir a missa. No ano seguinte, Zwinglio contraiu matrimônio e começou a apresentar sua visão peculiar da *Eucaristia de caráter simbólico. O que até então havia sido um processo ascendente do avanço da Reforma sofreria diversos reveses nos anos seguintes. Em primeiro lugar, surgiu o choque com os *anabatistas. Embora Zwinglio compartilhasse inicialmente de suas posições, considerava inoportuno defendê-las por razões políticas. Finalmente, em 1527 achou oportuno que se condenasse à morte os mesmos. Dois anos depois, no colóquio de *Marburgo sua visão sobre a Eucaristia se contrapôs a de Lutero sem chegar a um acordo e deixando em evidência a tendência à fragmentação da Reforma. Naquele mesmo ano, pôde-se evitar que o avanço da Reforma na Suíça terminasse numa guerra civil. Em 1531, contudo, houve um ataque católico contra Zurique. Zwinglio, como capelão de uma pequena força militar, saiu a seu encontro em Cappel. Nessa batalha morreu no dia 11 de outubro de 1531. Como no caso de Lutero, a figura de Zwinglio tem sido objeto de enorme controvérsia, especialmente a partir do ângulo protestante. Assim, foi acusado de não ter levado a *Reforma até suas últimas conseqüências e de tê-la manchado com a perseguição e morte dos anabatistas. Apesar de tudo, sua visão da Eucaristia é atualmente muito generalizada entre as diversas denominações *evangélicas.

BIBLIOGRAFIA

1. CRISTIANISMO PRIMITIVO

A. FONTES

a. Clássicas

Suetônio: Rolfe, J. C., *Suetonius*, 2 vols. (latim com tradução inglesa), Cambridge e Londres 1989.
Tácito: Moore, C. H., e Jackson, J., *Tacitus: Histories and Annals*, 4 vols. (latim com tradução inglesa), Cambridge e Londres 1989.

b. Talmúdicas

Herford, R. T., *Christianity in Talmud and Midrash* (hebraico e arameu), Londres 1905.

c. Flavio Josefo

Thackeray, H. St. J., Marcus, R., Allen Wikgren e Feldman, L. H., *Josephus*, 10 vols. (grego com tradução inglesa), Cambridge e Londres 1989.

d. Patrísticas

Migne, J. P., *Patrologia Graeca*, 162 vols., Paris 1857-1886.
Migne, J. P., *Patrologia Latina*, Paris 1844-1864.

B. OBRAS GERAIS

Agnew, F. H., "On the Origin of the term Apostolos" em *CBQ*, 38, 1976, p. 49-53.
–, "The origin of the NT Apostle-Concept", em *JBL*, 105, 1986, p. 75-96.
Agua, A., Del, *El método midrásico y la exégesis del Nuevo Testamento*, Valência 1985.
Aune, D. E., *Prophecy in Early Christianity*, Grand Rapids 1983.
Baeck, L., "The Faith of St. Paul" em *Judaism and Christianity*, Filadélfia 1960, p. 139-168.
Bagatti, B., "Resti cristiani in Palestina anteriori a Costantino?", em *Rivista di Archeologia cristiana*, XXVI, 1950, p. 117-131.
–, "Scoperta di un cimitero giudeo-cristiano al 'Dominus Flevit'", em *LA*, III, 1953, p. 149-184; e J. T. Milik, *Gli Scavi del "Dominus Flevit"* I. La necropoli del periodo romano, Jerusalém 1958.
–, *L'Église de la Circoncision*, Jerusalém 1964.
–, *Gli scavi di Nazareth*, I. Dalle origini al secolo XII, Jerusalém 1967.
–, *Antichi villaggi cristiani di Galilea*, Jerusalém 1971.
–, "Nuove Scorpete alla Tomba della Vergine a Getsemani" em *LA*, XXII, 1972, p. 236-290.
–, "L'apertura della Tomba della Vergine a Getsemani" em *LA*, XXIII, 1973, p. 318-32 1.
Barbaglio, G., *Pablo de Tarso y los origenes cristianos*, Salamanca 1989.
Barclay, W., *The Revelation of St. John*, Filadélfia, 2 vols., 1976.
Baron, D., *The Servant of Jehovah*, Londres 1922.
Barr, J., "Which language did Jesus speak?" em *BJRL*, 53, 1970-1971, p. 9ss.

Barrett, C. K., *The Epistle to the Romans*, Londres 1957.
–, *The Pastoral Epistles*, Oxford 1963.
–, *The First Epistle to the Corinthians*, Londres 1968.
–, *Luke the Historian in Recent Study*, Filadélfia 1970.
–, *The Second Epistle to the Corinthians*, Londres 1973.
–, *The Gospel according to St. John*, Filadélfia 1978.
–, *Freedom and Obligation*, Londres 1985.
–, *The New Testament Background*, Nova York 1989.
Barth, G., *El bautismo en el tiempo del cristianismo primitivo*, Salamanca 1986.
Barth, K., *Carta a los Romanos*, Madrid 1998.
–, *The Epistle to the Philipians*, Londres 1962.
Barth, M., *Rediscovering the Lord's Supper*, Atlanta 1988.
Bauckham, R. J., *2 Peter and Jude*, Waco 1983.
Bauer, W., *Rechtgläubigkeit und Ketzerei im ältesten Christentum*, Tubinga 1934.
–, *Orthodoxy and Heresy in Earliest Christianity*, Filadélfia 1971.
–, *New Testament Apocrypha*, I, Filadélfia 1963.
Baur, F. C., "Die Christuspartei in der Korinthischen Gemeinde, der Gegensatz des petrinischen und paulinischen Christenthums in der ältesten Kirche, der Apostel Paulus in Rom" em *Tübinger Zeitschrift für Theologie*, 4, 1831, p. 61-206.
–, *Paulus, der Apostel Jesu Christi*, Tubinga 1846.
–, *Paul: His life and Works*, 2 vols., Londres 1875.

Beasley-Murray, G. R., *Jesus and the Kingdom of God*, Grand Rapids 1986. John, Waco 1987.
Bikerman, E., "Sur la version vieux-russe de Flavius Josèphe" em *Melanges Franz Cumont*, Bruxelas 1936, p. 53-84.
Bornkamm, G., *Pablo de Tarso*, Salamanca 1978.
Bousset, W., *Kyrios Christos*, Nashville 1970.
Bowker, J. W., "Speeches in Acts: A Study in Proem and Yelammedenu Form" em *New Testament Studies*, 14, 1967-1968, p. 96-111.
–, *The Targums and the Rabbinic literature*, Cambridge 1969.
Briand, J., *L'Église judéo-chrétienne de Nazareth*, Jerusalém 1981.
Brown, R. E., *La comunidad del discípulo amado*, Salamanca 1996.
–, *Evangelio y epístolas de san Juan*, Santander 1979.
–, *El nacimiento del Mesías*, Madrid 1982.
Bruce, F. F., *The Epistle to the Ephesians*, Glasgow 1961.
–, *The Epistles of John*, Londres 1970.
–, *1 and 2 Corinthians*, Londres 1971.
–, *¿Son fidedignos los documentos del Nuevo Testamento?*, Miami 1972.
–, *New Testament History*, Nova York 1980.
–, *1 and 2 Thessalonians*, Waco 1982.
–, *Paul and Jesus*, Grand Rapids 1982.
–, *The Epistle of Paul to the Galatians*, Exeter 1982.
–, *The Gospel of John*, Grand Rapids 1983.
–, *The Epistles to the Colossians, to

Philemon and the Ephesians, Grand Rapids 1984.
—, *Philipians*, Basingstoke 1984.
—, *The Epistle of Paul to the Romans*, Londres 1985.
—, *La Epístola a los Hebreos*, Grand Rapids 1987.
—, *The Acts of the Apostles*, Leicester 1988.
—, "Eschatology in Acts" em W. H. Gloer (ed.), *Eschatology and the New Testament*, Peabody 1988.
—, *New Testament Development of Old Testament Themes*, Grand Rapids 1989.
—, *Paul: Apostle of the Heart Set Free*, Grand Rapids 1990.
Brüne, B., "Zeugnis des Josephus über Christus" em *Th St Kr*, 92, 1919, p. 139-147.
Bultmann, R., "Neuste Paulusforschung" em *TR*, 6, 1934, p. 229-246.
—, *Kerygma and Myth*, Londres 1953.
—, "Jesus and Paul" em *Existence and Faith*, Londres 1964, p. 217-239.
—, *The Gospel of John*, Filadélfia 1971.
—, *Teología del Nuevo Testamento*, Salamanca 1981.
Caragounis, C. C., *The Son of Man*, Tubinga 1986.
Carrington, P; *The Early Christian Church*, I, Cambridge 1957.
Casey, M., *Son of Man*. Londres 1979.
Clermont-Ganneau, C., "Discovery of a Tablet from Herod's Temple" em *Palestine Exploration Quarterly*, 3, 1871, p. 132-133.
—, "Epigraphes hébraiques et grecques sur des ossuaires juifs inédits" em *Revue Archéologique*, 3 serie, 1883, I, p. 257-268.
Clogg, F. B., *An Introduction to the New Testament*, Londres 1940.
Congar, Y., *El Espíritu Santo*, Barcelona 1983.
Conzelmann, H., "Jesus Christus" em *RGG*, III, 1959, cols. 619-653.
—, *Die Apostelgeschichte*, Tubinga 1963.
—, *1 Corinthians*, Filadélfia 1979.
Cranfield, B., *The Epistle to the Romans*, 2 vols., Edimburgo 1975-1979.
Creed, J. M., "The Slavonic Version of Josephus History of the Jewish War" em *The Harvard Theological Review*, XXV, 1932, p. 318-319.
Cullmann, O., *Le probleme littéraire et historique du roman pseudo-clémentin*, Paris 1930.
—, *The Earliest Christian Confessions*, Londres 1949.
—, *Baptism in the New Testament*, Londres 1950.
—, *El Estado en el Nuevo Testamento*, Madrid 1966.
—, *El Nuevo Testamento*, Madrid 1971.
—, *Jesús y los revolucionarios de su tiempo*, Madrid 1971.
—, *Del Evangelio a la formación de la teología cristiana*, Salamanca 1972.
—, *Cristología del Nuevo Testamento*, Salamanca 1998.
Cumont, F., "Un rescrit impérial sur la violation de sépulture" em *Revue Historique*, 163, 1930, p. 241ss.
Dale, J. W., *Baptizo: an Inquiry into the Meaning of the Word as Determined by the Usage of Jewish and Patristic Writers*, Filadélfia 1991.
Daley, B. E., *The Hope of the Early Church: A Handbook of Patristic Eschatology*, Cambridge 1991.
Dalman, G., *Die Thalmudischen Texte* (über Jesus), Leipzig 1900.

–, *The Words of Jesus*, Edimburgo 1902.
–, *Die Worte Jesu*, Leipzig 1898 e 1930.
Daniélou, J., *La théologie du judéo-christianisme*, Paris 1958.
Davies, W. D., *Paul and Rabbinic Judaism*, Londres 1948.
Deiss, L., *La Cena del Señor,* Bilbao 1989.
Derenbourg, J., *Essai sur l'histoire et la géographie de la Palestine*, Paris 1867.
Dibelius, M., *A Fresh Approach to the New Testament and Early Christian Literature*, Londres 1936, e Kümmel, W. G., *Paul*, Londres 1953.
–, *Studies in the Acts of the Apostles*, Londres 1956, e Conzelmann, H., *The Pastoral Epistles*, Filadélfia 1972.
Díez Macho, A., *La lengua hablada por Jesucristo*, Madrid 1976.
–, *Jesucristo "único"*, Madrid 1976.
Dix, G., *Jew and Greek: A Study in the Primitive Church*, Londres 1953.
Dockery, D. S., "Baptism" em *DJG.*
Dodd, C. H., *The Epistle of Paul to the Romans*, Londres 1932.
–, "The Fall of Jerusalem and the Abomination of Desolation" em *JRS,* 37, 1947, p. 47-54.
–, *Tradición histórica en el cuarto Evangelio*, Madrid 1977.
Edersheim, A., *Profecía e Historia en relación con el Mesías*, Tarrasa 1986.
–, *La vida y los tiempos de Jesús el Mesías*, Tarrasa 1988.
Elliot-Binns, L. E., *Galilean Christianity*, Londres 1956.
Ellis, E. E. e Grässer, E. (eds.), *Jesus und Paulus*, Gotinga 1975.
–, "The Authorship of the Pastorals" em *Evangelical Quarterly*, 32, 1960, p. 151-161.
Feldman, L. H., *Josephus*, IX, Cambridge e Londres 1965.
–, *Studies in Judaica: Scholarship on Philo and Josephus (1937-1962)*, Nova York 1963.
–, *Josephus and Modern Scholarship*, Berlim-Nova York 1984.
Fernández Uriel, P., "El incendio de Roma del año 64: Una nueva revisión crítica", em Espacio, Tiempo y Forma, II, *Historia Antigua*, t. 3, Madrid 1990, p. 61-84, e Vidal Manzanares, C., "Anavim, apocalípticos y helenistas: Una introducción a la composición social de las comunidades judeocristianas de los años 30 a 70 del s. I. d. de C." em *Homenaje a J. M. Blázquez*, Madrid, v. IV, no prelo.
Fisher, E. J. (ed.), *The Jewish Roots of Christian Liturgy*, Nova York 1990.
Flusser, D., *Jesús en sus palabras y su tiempo*, Madrid 1975.
–, "El Hijo del Hombre" em A. Toynbee (ed.), *El crisol del cristianismo*, Madrid 1988.
Foakes-Jackson, F. J., *The Acts of the Apostles,* Londres 1931.
Geldenhuys, N., *The Gospel of Luke*, Londres 1977.
Gerhardsson, B., *Memory and Manuscript: Oral Traditions and Written Transmission in the Rabbinic Judaism and Early Christianity*, Uppsala 1961.
Gnuse, R., *Comunidad y propiedad en la tradición bíblica,* Estella 1987.
González-Faus, J., *Clamor del reino: estudio sobre los milagros de Jesús,* Salamanca 1982.
Goppelt, L., *Christentum und Ju-*

dentum im ersten und zweiten Jahrhundert, Gütersloh 1950.
—, Typos: The Typological Interpretation of the Old Testament in the New, Grand Rapids 1982.
Grau, J., Escatología, Barcelona 1977.
Guevara, H., Ambiente político del pueblo judío en tiempos de Jesús, Madrid 1985.
Guthrie, D., New Testament Introduction, Londres 1965.
Harnack, A., Von, Chronologie der altchristlichen Litteratur bis Eusebius, Leipzig 1893-1897.
—, Lukas der Arzt, Leipzig 1906.
—, "Die Apostelgeschichte" em Beiträge zur Einleitung in das Neue Testament, III, Leipzig 1908.
—, Date of Acts and the Synoptic Gospels, Londres 1911.
Hegermann, H., Jesaja 53 in Hexapla, Targum und Peschitta, Gütersloh 1954.
Hengel, M., Propiedad y riqueza en el cristianismo primitivo, Bilbao 1983.
—, El Hijo de Dios, Salamanca 1978.
—, Acts and the History of Earliest Christianity, Londres 1979.
—, The Charismatic Leader and His Followers, Edimburgo 1981.
—, Between Jesus and Paul, Londres 1983.
—, The "Hellenization" of Judaea in the First Century after Christ, Londres e Filadélfia 1989.
—, The Zealots, Edimburgo 1989.
—, Judaism and Hellenism, Minneapolis 1991.
Herford, R. T., Christianity in Talmud and Midrash, Londres 1905.
Héring, J., The Second Epistle of Saint Paul to the Corinthians, Londres 1968.
Hobart, W. K., The Medical Language of Saint Luke, Dublin 1882.

Hoennicke, G., Das Judenchristentum im ersten um zweiten Jahrhundert, Berlim 1908.
Jeremias, J., The Servant of God, Londres 1957.
—, La Última Cena, Madrid 1980.
—, Teología del Nuevo Testamento, I, Salamanca 1980.
—, Abba y el mensaje central del Nuevo Testamento, Salamanca 1983.
—, Jerusalén en tiempos de Jesús, Madrid 1985.
Jocz, J., The Jewish People and Jesus Christ: The Relationship between Church and Synagogue, Grand Rapids, 1ª ed. 1949, 3ª ed. 1979.
Juel, D., Messianic Exegesis: Christological Interpretation of the Old Testament in Early Christianity, Fiiadélfia 1988.
Jüngel, E., Paulus und Jesus, Tubinga 1962.
Juster, J., Les juifs dans l'Empire romain, Paris 1914.
Käsemann, E., Commentary on Romans, Grand Rapids 1980.
Kautsky, K., Orígenes y fundamentos del cristianismo primitivo, Salamanca 1974.
Kee, H. C., Miracle in the Early Christian World, New Haven 1983.
—, Medicina, milagro y magia en tiempos del Nuevo Testamento, Arganda del Rey 1992.
Kim, S., The Son of Man as the Son of God, Grand Rapids 1983.
Klausner, J., From Jesus to Paul, Londres 1944.
—, The Messianic Idea in Israel, Londres 1956.
—, Jesús de Nazaret, Buenos Aires 1971.
Köster. H., Introducción al Nuevo Testamento, Salamanca 1988.
Kyrtatas, D. J., The Social Structure of

the Early Christian Communities, Londres 1987.
Labriolle, P., *La Réaction païenne*, Paris 1948 (2ª ed.).
Ladd, G. E., *El Evangelio del Reino*, Miami 1974.
—, *Crucial Questions about the Kingdom*, Grand Rapids 1974.
—, *Presence of the Future*, Grand Rapids 1974.
—, *The Resurrection of Jesus*, Grand Rapids 1975.
—, *El Apocalipsis de Juan*, Miami 1978.
Lake, K., *The Earlier Epistles of St. Paul*, Londres 1919.
—, *The Beginnings of Christianity*, Londres 1933, e S. Lake, *An introduction to the New Testament*, Londres 1938.
Lapide, P., *The Resurrection of Jesus: A Jewish Perspective*, Minneapolis 1983.
—, "I Accept the Resurrection of Easter Sunday" em A. W. Kac (ed.), *The Messiahship of Jesus*, Grand Rapids 1986.
Levey, S. H., *The Messiah: An Aramaic Interpretation*, Nova York 1974.
Liempt, L., Van, "De testimonio flaviano" em *Mnemosyne*, 55, 1927, p. 109-116.
Lohse, E., *Colossians and Philemon*, Filadélfia 1971.
—, *Introducción al Nuevo Testamento*, Madrid 1975.
Longenecker, R. N., *Paul, Apostle of Liberty*, Nova York 1964.
—, *The Christology of Early Jewish Christianity*, Grand Rapids 1970.
Maccoby, H., *Judaism in the First Century*, Londres 1989.
Malherbe, A. J., *Social Aspects of Early Christianity*, Filadélfia 1983.
Manns, F., *Essais sur le Judéo-Christianisme*, Jerusalém 1977.
—, *Bibliographie du Judeo-Christianisme*, Jerusalém 1979.
—, *Pour lire la Mishna*, Jerusalém 1984.
—, *La prière d'Israël à l'heure de Jésus*, Jerusalém 1986.
—, *John and Jamnia: how the Break occured between Jews and Christians* c. 80-100, A. D., Jerusalém 1988.
Manson, T. W., *The Servant-Messiah. A Study of public ministry of Jesus*, Manchester 1953.
—, *Studies in the Gospel and Epistles*, Manchester 1962.
Marshall, I. H., *Luke: Historian and Theologian*, Exeter 1970.
—, *The Acts of the Apostles*, Leicester 1980.
—, *Last Supper and Lord's Supper*, Grand Rapids 1980.
—, *1 and 2 Thessalonians*, Londres 1983.
—, "Son of Man" em *DJG*.
Marx, K. e Engels, F., *Sobre la religión*, Salamanca 1979.
Meeks, W. A. (ed.), *The Writings of St. Paul*, Nova York 1972.
—, *Los primeros cristianos urbanos*, Salamanca 1988.
Meier, J. P., *Un judío marginal*, 3 tomos, Estella 1999.
Merx, A., *Der Messias oder Ta'eb der Samaritaner*, Tubinga 1909.
Morris, L., *The Apostolic Preaching of the Cross*, Grand Rapids 1956.
—, *The First and Second Epistles to Thessalonians*, Londres 1959.
—, *The First Epistle to the Corinthians*, Grand Rapids 1979.
Mowinckel, S., *El que ha de venir: mesianismo y mesías*, Madrid 1975.
Muñoz León, D., *Dios-Palabra: Memra en los Targumim del Pentateuco*, Valência 1974.

Murphy, F. J., *The Religious World of Jesus*, Nashville 1991.
Murphy O'Connor, J. e Charlesworth, J. H., *Paul and the Dead Sea Scrolls*, Nova York 1990.
Nash, R., *Christianity and the Hellenistic World*, Grand Rapids 1984.
Pelletier, A., "L'originalité du témoignage de Flavius Josèphe sur Jésus" em *RSR*, 52, 1964, p. 177-203.
Perelmutther, H. G., *Siblings: Rabbinic Judaisrn and Early Christianity at Their Beginnings*, Mahwah 1989.
Pérez Fernández, M., *Tradiciones mesiánicas en el Targum palestinense*, Valência-Jerusalém 1981.
–, *La lengua de los sabios*, I, Valência e Estella 1992.
Perrin, N., *The New Testament*, Nova York 1974.
Piccirillo, M. e Prodomo, A., *New Discoveries at the Tomb of Virgin Mary in Gethsemane*, Jerusalém 1975.
–, *Antichi villaggi cristiani di Samaria*, Jerusalém 1979.
–, *Antichi villaggi cristiani di Giudea e Neghev*, Jerusalém 1983.
Pritz, R. A., *Nazarene Jewish Christianity*, Jerusalém e Leiden 1988.
Ramsay, W. M., *A Historical Commentary on St. Paul's Epistles to the Galatians*, Londres 1899.
–, *St. Paul the Traveller and the Roman Citizen*, Londres 1920.
Richards, G. C., "The Composition of Josephus Antiquities" em *CBQ*, 33, 1939, p. 36-40.
Richardson, A., *Las narraciones evangélicas sobre los milagros*, Madrid 1974.
Ridderbos, H. N., *Paul: An Outline of his Theology*, Grand Rapids 1975.
Riesenfeld, H., *The Gospel Traditions and Its Beginnings*, Londres 1957.
Robinson, J. A. T., *Redating the New Testament*, Filadélfia 1976.
–, *The Priority of John*, Londres 1985.
Robinson, J. M. e Koester, H. (eds.), *Trajectories through Early Christianity*, Filadélfia 1964.
Rowland, C., *The Open Heaven*, Londres 1985.
–, *Christian Origins*, Londres 1989.
Sabourin, L., *The Divine Miracles Discussed and Defended*, Roma 1977.
Sanders, E. P., *Paul and Palestinian Judaism*, Minneapolis 1977.
–, *Jesus and Judaism*, Filadélfia 1985.
–, *Paul, the Law and the Jewish People*, Filadélfia 1989.
Sandmel, S., *The Genius of Paul: A Study in History*, Nova York 1970.
Schoeps, H. J., *El judeocristianismo*, Alcoy 1970.
–, *Aus frühchristlicher Zeit*, Tubinga 1950.
–, *Paul: The Theology of the Apostle in the Light of Jewish Religious History*, Londres 1961.
Schürer, E., *The History of the Jewish people in the Age of Jesus Christ*, Edimburgo 1987.
–, "Josephus" em *Realenzyclopädie für die protestantische Theologie and Kirche*, IX, 1901, p. 377-386.
Sherwin-White, A. N., *Roman Society and Roman Law in the New Testament*, Oxford 1963.
Simon, M., *Verus Israel: Études sur les relations entre Chrétiens et Juifs dans l'empire romain*, Paris 1964.

Smallwood, E. M., *The Jews under Roman Rule*, Leiden 1976.
Sordi, M., *Los cristianos y el imperio romano*, Madrid 1988.
Testa, E., *Il Simbolismo dei Giudeo-Cristiani*, Jerusalém 1962.
–, "Scoperta del Primitivo Rito della Estrema Unzione in una Laminella del I secolo" em *La Terra Santa*, 39, 1963, p. 70-74.
–, "Le 'Grotte dei Misteri' giudeocristiane" em *LA*, XIV, 1964, p. 65-144.
–, *L'huile de la Foi. L'Onction des malades sur une lamelle du Ier siècle*, Jerusalém 1967.
–, "Ancora sulla laminella giudeocristiana" em *Biblica*, 49, 1968, p. 249-253.
–, *Nazaret Giudeo-Cristiana*, Jerusalém 1969, p. 79-110.
–, *I Graffiti della Casa di San Pietro*, Jerusalém 1972.
Thackeray, H. St. J., *Josephus the Man and the Historian*, Nova York 1967.
–, *Josephus*, III, Londres 1979.
Theissen, G., *The Miracle Stories of the Early Christian Tradition*, Filadélfia 1983.
–, *Estudios de sociología del cristianismo primitivo*, Salamanca 1985.
Thiede, C. P., *Simon Peter*, Grand Rapids 1988.
Toynbee, A. (ed.), *El crisol del cristianismo*, Madrid 1988.
Vidal Manzanares, C., "La figura de María en la literatura apócrifa judeo-cristiana de los dos primeros siglos" em *Ephemerides Mariologicae*, 41, 1991, p. 191-205.
–, "María en la arqueología judeo-cristiana de los tres primeros siglos" em *Ibidem*, 41, 1991, p. 353-364.
–, "La influencia del judeo-cristianismo en la liturgia mariana" em *Ibidem*, 42, 1992, p. 115-126.
–, *Los Evangelios gnósticos*, Barcelona 1991.
–, *Diionário de Patrística*, Editora Santuário, Aparecida 1995.
–, *El Primer Evangelio: el Documento Q*, Barcelona 1993.
–, *Los documentos del mar Muerto*, Madrid 1993.
–, *Los esenios y los rollos del mar Muerto*, Barcelona 1993.
–, *El judeo-cristianismo en la Palestina del s. I: de Pentecostés a Jamnia*, Madrid 1994.
–, *Dicionário de Jesus e dos Evangelhos*, Editora Santuário, Aparecida 1997, e Fernández Uriel, P., "Anavim, apocalípticos y helenistas: Una introducción a la composición social de las comunidades judeo-cristianas de los años 30 a 70 del s. I. d.C." em *Homenaje a J. M. Blázquez*, Madrid, v. IV, no prelo.
Wenham, D. e Blomberg, C. (eds.), *The Miracles of Jesus*, Sheffield 1986 (ed.), *The Jesus Tradition Outside tire Gospels*, Sheffield 1985.
Wilken, R. L., *The Christians as the Romans Saw Them*, New Haven e Londres 1984.
Willis, W. (ed.), *The Kingdom of God in 20th Century Interpretation*, Peabody 1987.
Yoder, J. H. *The Politics of Jesus*, Grand Rapids 1979.
Young, B. H., *Jesus and His Jewish Parables*, Nova York 1989.
Zahn, T., *Introduction to the New Testament*, Edimburgo 1909.
Zulueta, F., De, "Violation of Sepulture in Palestine at the Beginning of the Christian Era" em *JRS*, 22, 1932, p. 184ss.

II. Período patrístico

A. Obras gerais

Altaner, B., *Patrología*, 5 ed., Madrid 1962.
Bosio, G., *Iniziazione a I Padri*, vol. I, Turim 1963.
Dibelius, M., *A Fresh Approach to the New Testament and Early Christian Literature*, Nova York 1936.
Goodspeed, E. J., *A History of Early Christian Literature*, Chicago 1942.
Harnack, A., *Geschichte der altchristlichen Literatur bis auf Eusebius*, 3 vol., 2ª ed. Leipzig 1958.
Leigh Bennet, E., *Handbook of the Early Christian Fathers*, Londres 1920.
Quasten, J., *Patrología*, 3 vol., Madrid 1968, 1973 e 1981.
Vidal Manzanares, C., *Dicionário de Patrística*, Editora Santuário, Aparecida 1995.

a. Obras de patrística grega

Bardy, G., *Littérature grecque chrétienne*, 2ª ed., Paris 1935.
Battifol, P., *La littérature grecque*, 3ª ed., Paris 1901.
Campbell, J. M., *The Greek Fathers*, Londres-Nova York 1929.
Pellegrino, M., *Letteratura greca cristiana*, Roma 1956.
Von Campenhausen, H., *Los Padres de la Iglesia, I- Padres Griegos*, Madrid 1974.

b. Obras de patrística latina

Bardy, G., *Littérature latine chrétienne*, 3ª ed., Paris 1943.
Campenhausen, H., Von, *Lateinische Kirchenvätter*, Stuttgart 1960.
Cuevas, E. e Domínguez del Val, U., *Patrología española. Apéndice a la patrología de B. Altaner*, 5ª ed., Madrid 1962.
Monceaux, P., *Histoire de la littérature latine chrétienne*, Paris 1924.
Pellegrino, M., *Letteratura latina cristiana*, Roma 1957.
Rose, H. J., *A Handbook of Latin Literature from the Earliest Times to 430*, Londres 1936.
Swete, H. B., *Patristic Study*, Londres 1902.

c. Obras de patrística oriental

Akinian, N., *Untersuchungen zur Geschichte der armenischen Literatur*, Viena 1938.
Bardy, G., *Les premiers temps du christianisme de langue copte en Egipte*, Mémorial Lagrange p. 203-216, Paris 1940.
Baumstark A., *Die christlichen Literaturen des Orients*, Leipzig 1911-1914, 2 vol.
Cerulli, E., *Storia della letteratura etiopica*, Milão 1956.
Chabot, J. B., *Littérature syriaque*, Paris 1935.
Graf, G., *Geschichte der christlichen arabischen Literatur*, Roma 1944-1953, 5 vol.
Harden, J. M., *An Introduction to Ethiopic Christian Literature*, Londres 1926.
Karst, J., *Littérature géorgienne chrétienne*, Paris 1934.
O'Leary, *Littérature copte*, DAL n. 9, 1930, p. 1599-1635.
Ortiz de Urbina, I., *Patrologia Syriaca*, Roma 1958.
Vidal Manzanares, C., *Los evangelios gnósticos*, Barcelona 1991.

d. Edições de textos patrísticos

Graffin, R., *Patrologia syriaca*, Paris, 1894-1926.
Graffin, R. e Nau, E., *Patrologia orientalis*, Paris 1907ss.
Migne, J. P., *Patrologiae cursus completus, series latina*, Paris 1844-1855. 221 vol. Para o rápido uso dos índices há uma *Elucidatio* em 235 tábulas *Patrologiae Latinae*, Rotterdam 1952.
–, *Patrologiae cursus completus, series graeca*, Paris 1857-1866, 161 vols.

B. Obras específicas

a. Padres apostólicos

Deblavy, J., *Les idées eschatologiques de S. Paul et des Pères apostoliques*, Alencon 1924.
Casamassa, A., *I padri apostolici, Studio introduttivo*, Roma 1938.
Chopin, L., *La Trinité chez les Pères apostoliques*, Paris 1925.
Lawson, J., *A Theological and Historical Introduction to the Apostolic Fathers*, Nova York 1961.
Robinson, J. A., *Barnabas, Hermas and the Didache*, Londres 1920.
Ruiz Bueno, D., *Los Padres apostólicos*, Madrid 1950.
Underhill, E., *The Mystic Way*, Londres 1914.

b. Literatura apócrifa do Novo Testamento

Bonsirven, J., *La Bibbia apocrifa*, Milão 1962.
González Blanco, E., *Los evangelios apócrifos*, Madrid 1934, 3 vol.
James, M. R., *The Apocryphal New Testament*, Oxford 1950.
Proctor, W. C., *The value of the Apocrypha* 1926.
Santos Otero, A., *Los evangelios apócrifos*, Madrid 1988.
Snell, B. J., *The value of the Apocrypha*, Londres 1905.
Vidal Manzanares, C., *Los evangelios gnósticos*, Ed. Martínez Roca, Barcelona 1991.
–, La figura de María en la literatura apócrifa judeo-cristiana de los dos primeros siglos, *Ephemerides Mariologicae*, Madrid, vol. XLI, 1991, Fasc. III, p. 191-205.

c. Poesia cristã

Bate, H. N., *The Jewish Sibylline Oracles*, Londres 1918.
Bolisani, E., *L'innologia cristiana antica*. Pádua 1964.
Cataudella, Q., *Antología cristiana*, Milão 1969.
Corsaro, F., *Sedulio poeta*, Catânia 1956.
Courcelle, P., *Histoire littéraire des grandes invasions germaniques*, Paris 1964.
Cunningham, M. P., "Forty years of Prudentius Studies", em *Aufstieg und Niedergang des römischen Welts*, Berlim, III.
Harris, J. R. e Mingana, A., *The Odes and Psalms of Salomon*, 2 vol. Manchester 1916-1920.
Hoppenbrouwers, H., *Commodien, poète chrétien*, Nimega 1964.
Labourt, J. e Battifol, P., *Les Odes de Salomon*, Paris 1911.
Marucchi, O., *Il pontificato di papa Damaso e la storia della sua famiglia secondo le recenti scoperte archeologiche*, Roma 1905.
Mearns, J., *The Canticles of the Christian church*, Cambridge 1914.
Peebles, B. M., *The poet Prudencius*, Nova York 1951.

Rizza, G., *Paolino di Nola*, Catânia 1947.
Spitzmuller, H., *Poésie latine chrétienne du Moyen Age*. III-IV, Paris 1971.
Vidal Manzanares, C., "Prudencio: los judíos en la obra de un padre hispano" em *En torno a Sefarad: encuentro internacional de historiadores*, Toledo, 16-19 dez. 1991.

d. Os mártires

Bernard Ruffin, C., *The days of the martyrs*, Huntington 1985.
Campenhausen, H. v., *Die Idee des Martyriums in der alten Kirche*, Gotinga 1936.
Friend, W. H. C., *Martyrdom and Persecution in the Early Church*, Londres 1965.
García Villada, Z., *Rosas de martirio*, Madrid 1925.
Hanozin, P., *La geste de martyrs*, Paris 1935.
Luis Ruiz, B., *Actas selectas de mártires*, 2 vol., Madrid 1943-1944.
Rome, E., *Premiers témoins du Christ*, Paris 1966.
Ruiz Bueno, D., *Actas de los mártires*, Madrid 1951.

e. Os apologistas

Chadwick, H., *Early Christian Thought and the Classical tradition. Studies in Justin, Clement and Origen*, Londres 1966.
Donaldson, J., *The Apologists*, Londres, 1866.
Giordani, I., *La prima polemica cristiana*, Turim 1930.
Laguier, J., *La méthode apologétique des Pères dans les trois premiers siècles*, Paris 1905.
Little, V. A. S., *The Christology of the Apologists*, Londres 1934.
Ruiz Bueno. D., *Padres apologistas griegos del s. II*, Madrid 1979.
Shotwell, W. A., *The Biblical Exegesis of Justin Martyr*, Londres 1965.

f. Os hereges

Blackman, E. C., *Marcion and his influence*, Londres 1948.
Burkitt, F. C., *The Religion of the Manichees*, Cambridge 1925.
Camelot, P. T., *Éfeso y Calcedonia*, Vitoria 1971.
Evans, P. W., *Some lessons from Marcion*, Birmingham 1950.
Frend, W. C. H., *The Donatist Church*, Oxford 1971.
Grant, R. M., *Gnosticism and Early Christianity*, Nova York 1959.
–, *Gnosticism*, Nova York 1961.
–, *La Gnose et les origines chrétiennes*, Paris 1964.
Gigli, G., *L'ortodossia, l'arianesimo e la politica di Constanzo II*, Roma 1950.
Handler, G., *Wulfila und Ambrosius*, Sttutgart 1961.
Kelly, J. N. D., *The Athanasian Creed*, Londres 1964.
Labriolle, P., De, *La crise montaniste*, Paris 1913.
Puech, H., *Maniqueísmo*, Madrid 1957.
Quispel, G., *Gnosis und Weltreligion*, Zurique 1951.
Rougier, L., *La critique biblique dans l'antiquité: Marcion et Fauste de Milève*, Paris 1958.
Scipioni, L. I., *Nestorio e il concilio di Efeso*, Milão 1974.
Thompson, E. A., *The visigoths in the time of Ulfila*, Oxford 1966.
Vidal Manzanares, C., *Los evangelios*

gnósticos, Ed. Martínez Roca, Barcelona 1991.
Wermelinger, O., *Rom und Pelagius*, Sttutgart 1975.
Widengren, G., *Mesopotamian Elements in Manichaeism*, Upsala 1946.

g. *Os Padres alexandrinos*

Brezzi, P., *La gnosi cristiana di Alessandria e le antiche scuole cristiane*, 1950.
Crouzel, H., *Orígenes. Un teólogo controvertido*, Madrid 1998.
Chadwick, H., *Early Christian Thought and the Classical tradition. Studies in Justin, Clement and Origen*, Londres 1966.
Daniélou, J., *Origène*, Paris 1948.
Faye, E., De, *Clément d'Alexandrie*, Paris 1906.
Hasler, V. E., *Gesetz und Evangelium in der alten Kirche bis Origines*, Zurique 1953.
Jaeger, W., *Cristianismo primitivo y paideia griega*, Madrid 1995.
Patrick, J., *Clemente of Alexandria*, Edimburgo 1914.
Pugliesi, M., *L'apologetica greca e Clemente Alessandrino*, Catânia 1947.
Weber, K. O., *Origenes der Neuplatoniker*, Munique 1962.

h. *Os Padres latinos e romanos*

Anderson, J. O., *Novatian*, Copenhague 1901.
Bunsen, C. C. J., *Hippolytus and his Age*, Londres, 1852, 4 vols.
Döllinger, J., *Hippolytus und Kallistus*, Regensburg 1853.
Domingo, S., De, *El Octavio de Minucio Félix*, Madrid 1946.
Handler, G., *Wulfila und Ambrosius*, Sttutgart 1961.

Jourjon, M., *Ambroise de Milan*, Paris 1956.
Kelly, J. N. D., *Jerome*, Londres 1975.
Marucchi, O., *Il pontificato di papa Damaso e la storia della sua famiglia secondo le recenti scoperte archeologiche*, Roma 1905.
Mierow, C. C., *St. Jerome, the Sage of Bethlehem*, Milwaukee 1959.
Mohrmann, C., *Le latin des chrétiens*, 2 vols., Roma 1958-61.
Paredi, A., *Sant'Ambrosio e la sua eta*, Milão 1960.
Pernoud, R. e M., *S. Jérôme*, Paris 1961.
Pietri, C., *Roma christiana*, Roma 1976.
Scalfati, I., *S. Leone il Grande e le invasioni dei Goti, Unni e Vandali*, Roma 1944.
Sotto-Cornola, F., *L'anno liturgico nei sermoni di Pietro Crisologo*, Cesena 1973.
Taylor, J., *The Papacy and the Eastern Churches from Damasus to Innocent I* (366-471), Cambridge 1972.
Testard, M., *S. Jérôme, l'Apôtre savant et pauvre du patriciat romain*, Paris 1969.
–, *La Tradición Apostólica de Hipólito de Roma*, Salamanca 1986.
Vives, J., *San Dámaso, papa español y los mártires*, Barcelona 1943.

i. *Os Padres africanos*

Andres, S. T., *Die Versuchung des Synesios*, Munique 1971.
Bardy, G., *L'Afrique chrétienne*, Paris 1930.
Benson, E. W., *Cyprian. His life, his Times, his Work*, Londres, 1897.
Brown, P., *Agustín de Hipona*, Madrid 1969.

Calloni Cerretti, G., *Tertulliano. Vita, opere, pensiero*, Módena 1957.
Cecchelli, C., *África cristiana: África romana*, Roma 1936.
Fabbrini, F., *Paolo Orosio*, Roma 1979.
Franco Fernández, R., *El final del reino de Cristo en Tertuliano*, Granada 1955.
Gauche, W. J., *Didymus the Blind*, Washington 1934.
Hardy, E. R., *Christian Egypt: Church and people*, Nova York 1952.
Kelly, J. N. D., *The Athanasian Creed*, Londres 1964.
Lecrercq, H., *L'Afrique chrétienne*, 2 vol., Paris 1904.
Meer, E., Van der, *S. Agustín*, Barcelona 1965.
Mesnasge, J., *L'Afrique chrëtienne*, Paris 1912.
Muir, W., *Cyprian. His life and teachings*, Londres 1898.
Nos de Muro, L., *San Agustín de Hipona*, Madrid 1989.
Ortiz de Urbina, L., *Nicea y Constantinopla*, Vitoria 1969.
Prado, G., *El Apologético de Tertuliano*, Madrid 1943.
Sellers, R. V., *Two Ancient Christologies. A Study in the Christological Thought of the Schools of Alexandria and Antioch*, Londres 1940.
Trapé, A., *S. Agostino: l'uomo, il pastore, il mistico*, Fossano 1976.

j. *Os Padres orientais*

Bernardi, J., *La prédication des Pères Cappadociens. Le prédicateur et son auditoire*, Paris 1968.
Clarke, W. K. L., *St. Basil the Great. A Study in Monasticism*, Cambridge 1913.
Gallay, P., *Grégoire de Nazianze*, Paris 1959.
Lake, K., *Eusebius. The Ecclesiastical History*. 2 vols., Londres 1926-1932.
Lootens, M., *De H. Basilius de Groote en het monnikenwezen*, Lovaina 1946.
Murphy, M. G., *Saint Basil and Monasticism*, Washington 1930.
Neill, S., *Chrysostom and His Message*, Nova York 1963.
Schläpfer, L., *Das Leben des heiligen Johannes Chrysostomus*, Düsseldorf 1966.
Zandonella, C., *Giovanni Crisostomo*, Turim 1965.

k. *O monacato*

Brémond, J., *Les Pères du désert*, 2 vols., Paris 1927.
Bousset, W., *Apophtegmata*, Tubinga 1923.
Budge, E. A. W., *The Wit and Wisdom of the Christian Fathers of Egypt of the Apophtegmata Patrum by 'Anân îshô of Bêth 'Abhê*, Oxford 1934.
Clarke, W. K. L., *St. Basil the Great. A Study in Monasticism*, Cambridge 1913.
Colombás, G. M., "La espiritualidad del monacato antiguo" em *Historia de la espiritualidad I*, Barcelona 1969.
Chaine, M., *Le text original des Apophtegmes des Pères*, Beirut 1912.
Chitty, D. J., *El desierto, una ciudad!*, Bilbao 1991.
Giamberardini, G., *S. Antonio Abate. Astro del Deserto*, El Cairo 1957.
Knowles, D., *El monacato cristiano*, Madrid 1969.
Lootens, M., *De H. Basilius de Groote en het monnikenwezen*, Lovaina 1946.

Murphy, M. G., *Saint Basil and Monasticism*, Washington 1930.
Peña, I., *La desconcertante vida de los monjes sirios*, Salamanca 1985.
Pérez de Urbel, J., *Los monjes españoles de la Edad Media*, vol. I, Madrid 1933.
Vidal Manzanares, C., *La alternativa monacal*, Madrid 1991 (audiovisual - San Pablo Films).
Waddell, M., *The Desert Fathers*, Nova York 1936.
White, H. G., e Hauser, W., *The Monasteries of the Wadi n'Natrun*, 3 vols., Nova York 1926-1933.

l. Os Padres hispanos

Ayuso Marazuela, T., *La "Vetus latina hispana"*, Madrid 1953-1962.
Cirac Estopiñán, S., *Los nuevos argumentos sobre la patria de Prudencio*, Saragoça 1951.
Clercq, V. C., De, *Ossius of Cordoba*, Washington 1954.
Chadwick, H., *Prisciliano de Ávila*, Madrid 1978.
Cunningham, M. P., "Forty years of Prudentius Studies", em *Aufstieg und Niedergang des römischen Welts*, Berlim, III.
Garcia Goldáraz, C., *El códice Lucense*, Roma 1954.
González, S., *La penitencia en la primitiva iglesia española*, Salamanca 1950.
López Caneda, S., *Prisciliano. Su pensamiento y su problema histórico*, Santiago de Compostela 1966.
Pascual Torró, J., *Antropología de Aurelio Prudencio*, Roma 1976.
Peebles, B. M., *The poet Prudencius*, Nova York 1951.
Pérez de Urbel, J., *Los monjes españoles de la Edad Media*, vol. I, Madrid 1933.

Ramos Loscertales, J., *Prisciliano, "Gesta rerum"*, Salamanca 1952.
Seguí Vidal, G., *La carta-encíclica del obispo Severo*, Roma - Palma de Mallorica 1937.
Simonetti, M., *Gregorio di Elvira. La fede*, Torino 1975.
Vidal Manzanares, C., "Prudencio: los judíos en la obra de un padre hispano" em *En torno a Sefarad: encuentro internacional de historiadores*, Toledo 16-19 dez. 1991.
–, *Prisciliano*, no prelo.
Vives, J., *San Dámaso, papa español y los mártires*, Barcelona 1943.
Winden, J. C., Van, *Calcidius on matter, His doctrine and sources*, Leiden 1959.

III. Idade Média

A. Fontes

Anselmo, *Obras completas*, Madrid 1952.
Cilveti A. L. (ed.), *La literatura mística española (I): La Edad Media*, Madrid 1983.
Eckhart, M., *Tratados y sermones*, Barcelona 1983.
Elredo de Rieval, *Camino con Cristo*, Azul 1986.
–, *Volver a Dios*, Azul 1987.
Francisco de Asís, *Florecillas*, México 1968.
Francisco y Clara de Asís, *Escritos*, València 1981.
Hildegarda de Bingen, *An Anthology*, Londres 1990.
–, *An den Fenstern des Glaubens*, Augsburgo 1991.
–, *La nube dei no-saber y el libro de*

la orientación particular, Madrid 1981.
Santiago de la Vorágine, *La leyenda dorada*, Madrid 1989, 3ª ed.
Tomás de Aquino, *Obras catequéticas*, Pamplona 1995.
–, *Summa Theologica*, Madrid 1951ss.
Tomás de Kempis, *Imitación de Cristo*, Barcelona 1979.

B. Estudos

Berliere, U., *La ascesis benedictina: desde los orígenes hasta el final del siglo XII*, Burgos 1988.
Binns, L. E., *The Decline and Fall of the Medieval Papacy*, Nova York 1995.
Buey, F., Del, *Francisco, el pobre que repartía amor*, Madrid 1980.
Capua, R., De, *Vida de santa Catalina de Siena*, Buenos Aires 1947.
Cohn, N., *Los demonios familiares de Europa*, Madrid 1980.
Comba, E., *Historia de los valdenses*, Tarrasa 1987.
Chamberlin, E. R., *Los malos Papas*, Barcelona 1976.
Chesterton, G. K., *Santo Tomás de Aquino*, Madrid 1973, 10ª ed.
Englebert, O., *St. Francis of Assisi*, Ann Arbor 1979.
Evdokimov, P., *Ortodoxia*, Barcelona 1968.
Fossier, R., *La infancia de Europa*, 2 vols., Barcelona 1984.
García-Villoslada, R., *Historia de la iglesia católica (II): Edad Media (800-1303)*, Madrid 1988, 5ª ed.
Gobry, I., *San Francisco de Asís y el espíritu franciscano*, Madrid 1959; *Sant Francesc d'Assís i l'esperit franciscá*, Montserrat 1975.
Hallier, A., *Un educador monástico: Elredo de Rieval*, Burgos 1982.

Knowles, D., *El monacato cristiano*, Madrid 1969.
Lambert, M. D., *La herejía medieval: movimientos populares de los bogomilos a los husitas*, Madrid 1986.
Lekai, L. J., *Los cistercienses*, Barcelona 1987.
Goff, J., Le, *El nacimiento del Purgatorio*, Madrid 1989.
Lojendio, L. M., De, *San Benito, ayer y hoy*, Zamora 1985.
Macek, J., *La revolución husita*, Madrid 1975.
Mitre, E., *La muerte vencida*, Madrid 1988.
Mitre, E. e Granada, C., *Las grandes herejías de la Europa cristiana (380-1520)*, Madrid 1983.
Pardo Bazán, E., *San Francisco de Asís*, 2 vols., Madrid 1903.
Paul, J., *La iglesia y la cultura en Occidente (s. IX-XII): La santificación del orden temporal y espiritual*, Barcelona 1988.
–, *La iglesia y la cultura en Occidente (s. IX-XII): El despertar evangélico y las mentalidades religiosas*, Barcelona 1988.
Pérez de Urbel, J., *Los monjes españoles en la Edad Media*, Madrid, 2 vols. 1934.
Rapp, E., *La iglesia y la vida religiosa en Occidente a fines de la Edad Media*, Barcelona 1973.
Rousselot, X., *San Alberto, Santo Tomás y San Buenaventura*, Buenos Aires 1950.
Schnürer, G., *La iglesia y la civilización occidental en la Edad Media*, Madrid 1955.
Southern, R. W., *Western Society and the Church in the Middle Ages*, Middlesex 1970.
Vauchez, A., *La espiritualidad del Occidente medieval*, Madrid 1985.

Vidal Manzanares, C., *Textos para la historia del pueblo judío*, Madrid 1995.
–, *El Talmud*, Madrid 1997.
Vogüé, A., De, *La regla de san Benito*, Zamora 1985.

IV. HUMANISMO, REFORMA E CONTRA-REFORMA

A. FONTES

Bullinger, E., *La Segunda confesión helvética*, Barcelona 1978.
Calvino, J., *Institución de la religión cristiana*, Rijswijk 1981, 2 vols.
–, *Tratados breves: La Santa Cena, Carta al cardenal Sadoleto*, Buenos Aires 1959.
–, *Respuesta al cardenal Sadoleto*, Rijswijk 1964.
–, *Antología*, Barcelona 1971.
–, *Breve instrucción cristiana*, Barcelona s.f.
Cánones de Dort, Barcelona 1971.
Catecismo de Heidelberg, Rijswick 1982, 3ª ed.
Catecismos de la iglesia reformada, Buenos Aires 1962.
Concilium Tridentinum, Friburgo 1901ss, 18 vols.
Confesión de Augsburgo, Fiiadélfia 1980.
Confesiones de fe de la iglesia (reformada), Madrid 1983.
Eimeric, N. e Peña, F., *El manual de los inquisidores*, Barcelona 1983.
Erasmo, *Obras escogidas*, Madrid 1964.
–, *Elogio de la locura*, Madrid 1983.
–, *El enquiridion o manual del caballero cristiano y la paráclesis o exhortación al estudio de las letras divinas*, Madrid 1971.
Foxe, J., *Book of Martyrs*, Grand Rapids 1995, 18ª ed.

Fray Luis de León, *Obras completas castellanas*, Madrid 1969, 3ª ed.
Hutter, J., *Brotherly Faithfulness: Epistles from a Time of Persecution*, Rifton 1979, 2ª ed.
Jiménez Monteserín, M. (ed.), *Introducción a la inquisición española: Documentos básicos para el estudio del Santo Oficio*, Madrid 1980.
Juan de la Cruz, *Obras completas*, Madrid 1966.
Loyola, I., De, *Obras completas*, Madrid 1952.
Lutero, M., *Obras*, Salamanca 1977.
–, *Antología*, Barcelona 1968.
Melanchthon F., *La justificación por la fe*, Buenos Aires 1952, 2ª ed.
Moro, T., *Diálogo de la fortaleza contra la tribulación*, Madrid 1988.
–, *Un hombre solo: cartas desde la torre*, Madrid 1988.
Neri, F., *Doctrina espiritual*, Madrid 1988.
Pio II, *Así fui papa*, Barcelona 1980.
Ponce de la Fuente, C. e Jerónimo, E., *Gracián de la Madre de Dios, Beatus Vir*, Madrid 1977.
Prefacios de biblias castellanas del s. XVI, Buenos Aires 1951.
Rideman, P., *Confession of Faith*, Rifton 1974, 2ª ed.
Servet, M., *Restitución del cristianismo*, Madrid 1980.
–, *Treinta cartas a Calvino. Sesenta signos del anticristo. Apología de Melanchthon*, Madrid 1981.
Simons, M., *Su vida y escritos*, Scottdale 1979.
–, *Complete Writings*, Scottdale 1984.
Teresa de Jesus, *Obras completas*, Madrid 1982, 7ª ed.
Valdés, A., De, *Dialogo de Mercurio y Carón*, Madrid 1971.
–, *Diálogo de las cosas ocurridas en Roma*, Madrid 1969.

Valdés, J., De, *Consideraciones y pensamientos*, Madrid, s. f.
–, *Comentario a los Salmos*, Tarrasa 1987.
–, *El Evangelio según san Mateo*, Tarrasa 1986.
–, *Diálogo de doctrina cristiana*, Madrid 1929.
Villalón, C., De, *Viaje de Turquía*, Madrid 1965, 4ª ed.
–, *El crótalon*, Madrid 1973, 3ª ed.
Yoder, J. H. (ed.), *Textos escogidos de la Reforma radical*, Buenos Aires 1976.

B. Humanismo e Erasmismo

Abellán, J. L., *El erasmismo español*, Madrid 1982.
Bainton, R. H., *Erasmus of Christendom*, Londres 1969.
–, *Servet, el hereje perseguido*, Madrid 1973.
–, *Miguel Servet. Su vida y su obra*, Madrid 1970.
Bataillion, M., *Erasmo y el erasmismo*, Barcelona 1977.
Febvre, L., *Erasmo, la Contrarreforma y el espíritu moderno*, Barcelona 1985.
Huizinga, J., *Erasmo*, Barcelona 1986, 2 vols.
Márquez, A., *Los alumbrados*, Madrid 1980 2ª ed.
Nieto, J. C., *Juan de Valdés y los orígenes de la Reforma en España e Italia*, México 1979.
Vázquez de Prada, A., *Sir Tomás Moro*, Madrid 1983.
Zweig, S., *Erasmo*, Barcelona 1951, 3ª ed.

C. Reforma

Atkinson, J., *Lutero y el nacimiento del protestantismo*, Madrid 1971.

Bieler, A., *El humanismo social de Calvino*, Buenos Aires 1973.
Burgos, J. A., *El luteranismo en Castilla durante el s. XVI*, El Escorial 1983.
Cohn, N., *En pos del milenio*, Madrid 1985, 3ª ed.
Delumeau, J., *La Reforma*, Barcelona 1973.
Estep, W. R., *Revolucionarios del siglo XVI: historia de los anabautistas*, El Paso 1975.
Fernández Campos, G., *Reforma y contrarreforma en Andalucía*, Sevilla 1986.
Fernández y Fernández, E., *Las biblias castellanas del exilio*, Miami 1976.
Fliedner, E., *Martín Lutero*, Tarrasa 1980.
García-Villoslada, R., *Martín Lutero*, 2 vols., Madrid 1976, 2ª ed.
–, *Raíces históricas del luteranismo*, Madrid 1976, 2ª ed.
Gómez-Heras, J. M. G., *Teología protestante, sistema e historia*, Madrid 1977.
González, J. L., *Luces bajo el almud*, Miami 1977.
Greiner, A., *Lutero*, Madrid 1985.
Larriba, J., *Eclesiología y antropología en Calvino*, Madrid 1975.
Leonard, E., *Historia general del protestantismo*, v. I, Madrid 1967.
Lilje, H., *Lutero*, Barcelona 1989.
Menéndez Pelayo, M., *Historia de los heterodoxos españoles*, 2 vols., Madrid 1987.
Merle d'Aubigné, J. H., *History of the Reformation of the Sixteenth Century*, Grand Rapids.
Montanelli, I. e Gervaso, R., *L'Età della Riforma*, Milão 1973. 33ª ed.
Neill, S., *El anglicanismo*, Barcelona 1966.
Nieto, J. C., *Juan de Valdés y los orígenes de la Reforma en España e Italia*, México 1979.

Oberman, H. A., *Lutero, un hombre entre Dios y el diablo*, Madrid 1992.
Olivier, D., *El proceso Lutero*, Buenos Aires 1973.
Stern, L., Mury, G. e Bensing, M., *Introducción a la historia social de la Reforma*, Madrid 1976.
Tawney, R. H., *Religion and the Rise of Capitalism*, Middlesex 1966.
Trevor-Roper. H. R., *Religión, Reforma y cambio social*, Barcelona 1985.
Van Halsema, T. B., *Así Jue Calvino*, Grand Rapids 1977.
VV.AA., *Juan Calvino, profeta contemporáneo*, Grand Rapids 1973.
Williams, G. H., *La reforma radical*, México 1983.

D. Contra-reforma

Bangert, W. V., *Historia de la Compañía de Jesús*, Santander 1981.
Bennassar, B., *La inquisición española: poder político y control social*, Barcelona 1984.
Brenan, G., *San Juan de la Cruz*, Barcelona 1983, 3ª ed.
Caro Baroja, J., *Las formas complejas de la vida religiosa (s. XVI y XVII)*, Madrid 1985.
Castro, A., *Teresa la santa y otros ensayos*, Madrid 1982.
Cruset, J., *San Juan de Dios, una aventura iluminada*, Barcelona 1958.
Gómez-Moreno, M., *San Juan de Dios, el hombre que supo amar*, Madrid 1950.
Kamen, H., *La Inquisición española*, Barcelona 1979.
Leonard, E., *Historia general del protestantismo*, v. II, Madrid 1967.
Livet, G., *Las guerras de religión*, Barcelona 1971.
Lutz, H., *Reforma y Contrarreforma*, Madrid 1982.
Llorente, J. A., *Historia crítica de la Inquisición en España*, Madrid 1981, 2ª ed, 4 vols.
Martina, G., *La iglesia de Lutero a nuestros días: Época de la Reforma*, Madrid 1974.
Méchoulan, H., *El honor de Dios*, Barcelona 1981.
Montanelli, I. e Gervaso, R., *L'Età della Controriforma*, Milão 1973, 33ª ed.
–, *L'Età delle Guerre di Religione*, Milão 1973, 23ª ed.
Pellé-Douël, Y., *San Juan de la Cruz y la noche mística*, Madrid 1963.
Recondo, J. M., *San Francisco Javier*, Madrid 1983, 2ª ed.
Ribadeneyra, P., De, *Vida de Ignacio de Loyola*, Madrid 1967, 3ª ed.
Richter, F., *Martín Lutero e Ignacio de Loyola*, Madrid 1956.
Stierli, J., *Los jesuitas*, Bilbao 1968.
Guy e Jean Testas, *La Inquisición*, Barcelona 1970.
Valbuena Prat, A., *Estudios de literatura religiosa española*, Madrid 1964.
Woodrow, A., *Los jesuitas*, Buenos Aires 1984.

V. Idade Moderna

A. Fontes

Barclay, R., *Apology*, Newberg 1991, 4ª ed.
Bunyan, J., *El peregrino*, Tarrasa 1990.
Fox, G., *Journal*, Richmond 1976.
Molinos, M., De, *Guía espiritual*, Madrid 1977.
Penn, W., *No Cross, no Crown*, York 1981.
Voltaire, *Cartas inglesas*, Madrid 1975.
–, *Diccionario filosófico*, Madrid 1995.
Woolman, J., *The Journal and Major Essays*, Richmond 1989.

B. Estudos

Barbour, H., *The Quakers in Puritan England*, New Haven 1985.
Cragg, G. R., *The Church and the Age of Reason (1648-1789)*, Middlesex 1966, 2ª ed.
Brayshaw, A. N., *The Quakers*, York 1982.
Etten, H., De, *George Fox et les Quakers*, Paris 1956.
Evdokimov, P., *Ortodoxia*, Barcelona 1968.
Fraser, A., *Cromwell, the Lord protector*, Nova York 1973.
Gwyn, D., *Apocalypse of the Word*, Richmond 1986.
Hill, C., *El mundo transtornado*, Madrid 1983.
Ingle. H. L., *First among Friends: George Fox & the Creation of Quakerism*, Oxford 1994.
Jones, R., *Spiritual Reformers in the XVI and XVII centuries*, Gloucester 1971.
Kolakowski, L., *Cristianos sin iglesia: la conciencia religiosa y el vínculo confesional en el s. XVII*, Madrid 1982.
Leonard, E., *Historia general del protestantismo*, v. III, Madrid 1967.
Manuel, F. E. e E. P., *El pensamiento utópico en el mundo occidental (II). El auge de la utopía: la utopía cristiana (s. XVII-XIX)*, Madrid 1984, 2ª ed.
Martina, G., *La iglesia de Lutero a nuestros días: La Epoca del Absolutismo*, Madrid 1974.
Menéndez Pelayo, M., *Historia de los heterodoxos españoles*. 2 vols., Madrid 1987.
Punshon, J., *Portrait in Grey, a short History of the Quakers*, Londres 1984.
Trueblood, D. E., *The People Called Quakers*, Richmond 1993, 4ª ed.

Vedder, E. C., *Breve historia de los bautistas hasta 1900*, El Paso 1977, 4ª ed.

VI. Idade Contemporânea

A. Fontes

Alfonso María de Ligorio, *Obras ascéticas*, Madrid 1952.
Assmann, H., *Teología desde la praxis de la liberación*, Salamanca 1973.
Blanco White, J., *Cartas de España*, Madrid 1983, 3ª ed.
Boff, L., *Teología desde el lugar del pobre*, Santander 1986.
–, *Eclesiogénesis*, Santander 1984.
Boff, L. e Boff, C., *Cómo hacer teología de la liberación*, Madrid 1986.
Bonhoeffer, D., *Resistencia y sumisión*, Esplugues 1971, 2ª ed.
–, *Vida en comunidad*, Buenos Aires 1966.
–, *Redimidos para lo humano*, Salamanca 1979.
–, *El precio de la gracia*, Salamanca 1968.
Brion, E., (ed.), *Una extraña felicidad: cartas del P. Damián leproso (1885-1889)*, Madrid 1990.
Encíclicas del mundo moderno, Barcelona 1969.
Encíclicas políticas y sociales de los romanos pontífices, Buenos Aires 1961.
Foucauld, C., De, *Escritos espirituales*, Barcelona 1979.
Galilea, S., *Teología de la liberación*, Santiago 1977.
Gutiérrez, G., *Teologia de la liberación*, Salamanca 1977.
Luciani, A. (João Paulo I), *Ilustrísimos señores*, Madrid 1978, 4ª ed.
Míguez Bonino, J., *Doing Theology*

in a Revolutionary Situation, Filadélfia 1975.
Newman, J. H., *Apología "pro vita sua"*, Madrid 1977.
Roger de Itália, Hermano, *Las fuentes de Taizé*, Barcelona 1988.
Schweitzer, A., *De mi vida y mi pensamiento*, Barcelona 1966.
Segundo, J. L., *Liberación de la Teología*, Buenos Aires 1975.
Sobrino, J., *Cristología desde América Latina*, México 1976.
–, *Teología de la liberación: respuesta al cardenal Ratzinger*, Madrid 1985.
Vaticano II, documentos completos, Bilbao 1980.

B. Estudos

Blazynski, J., *Juan Pablo II*, México 1980.
Bosc, J., Carrez, M. e Dumas, A., *Teólogos protestantes contemporáneos*, Salamanca 1968.
Bujak, A. e Malinski, M., *Juan Pablo II*, Barcelona 1982, 3ª ed.
Coad, R., *A History of the Brethren Movement*, Exeter 1976.
Dayton, D. W., *Theological Roots of Pentecostalism*, Peabody 1987.
Dessain, C. S., *Vida y pensamiento del cardenal Newman*, Madrid 1990.
Evdokimov, P., *Ortodoxia*, Barcelona 1968.
García de Cortazar, F., e Lorenzo de Espinosa, J. M., *Los pliegues de la tiara: los papas y la iglesia del siglo XX*, Madrid 1991.
Gariboldi, G. A., *Pio XII, Hitler y Mussolini*, Barcelona 1988.
Gerbod, P., *Europa cultural y religiosa de 1815 a nuestros dias*, Barcelona 1982.
González-Balado, J. L., *El desafío de Taizé*, Madrid 1981, 3ª ed.
Haltermann, U., *A. Janssen: el camino de un creyente*, Estella 1986.
Hasler, A. B., *Cómo llegó el papa a ser infalible*, Barcelona 1980.
Klassen, A. J., *A Bonhoeffer Legacy*, Grand Rapids 1981.
Leonard, E., *Historia general del protestantismo*, v. IV, Madrid 1967.
Martin, D., *Tongues of Fire. The Explosion of Protestantism in Latin America*, Oxford 1990.
Martina, G., *La iglesia de Lutero a nuestros días: La Epoca del liberalismo*, Madrid 1974.
–, *La iglesia de Lutero a nuestros días: La Epoca del totalitarismo*, Madrid 1974.
Menéndez Pelayo, M., *Historia de los heterodoxos españoles*. 2 vols., Madrid 1987.
Pezzella, S., *Qué ha dicho verdaderamente Juan XXIII*, Madrid 1973.
Rhodes, A., *El Vaticano en la Era de los dictadores*, Barcelona 1985.
Schultz, H. J. (ed.), *Tendencias de la teología en el s. XX*, Madrid 1970.
Trevor, M., *John Henry Newman: Crónica de un amor a la verdad*, Salamanca 1989.
Vidal Manzanares, C., *El infierno de las sectas*, Bilbao 1989.
–, *Psicología de las sectas*, Madrid 1991.
–, *Las sectas frente a la Biblia*, Madrid 1992.
–, *Diccionario de sectas y ocultismo*, Estella 1992.
–, *La otra cara del Paraíso*, Miami 1994.
–, *El desafío de las sectas*, Madrid 1996.
–, *Nuevo diccionario de sectas y ocultismo*, Estella 1998.
Vidler, A. R., *The Church in an Age of Revolution*, Middlesex 1961.
Vought, D. G., *Protestants in Modern Spain*, South Pasadena 1973.

ÍNDICE GERAL

A

A Assembléia dos Santos, 153
A Atanásio, 358
A Demetriano, 95
A Donato, 95
A Monarquia, 117
A Orosio contra priscilianistas e origenistas, 20
A.M.D.G., 9
A.P.U.C., 9
Aarão, 305, 381
Abade, 14, 136, 320, 396
ABBA, 9, 165, 195, 232, 234, 330
Abdias, 34, 84
ABELARDO, PEDRO, 9, 161, 171, 247, 320, 342, 343
ABELIANOS, 10
ABELITAS, 10
ABELONIANOS, 10
ABÉRCIO, INSCRIÇÃO DE, 10, 140, 341
ABGAR, 10, 12, 51, 133
ABGARO, 10, 51, 133
Abod. Zarah, 166
ABRAÃO, 10, 26, 29, 60, 163, 194, 219, 284, 332, 417
Abu Bakr, 238
ABUNA, 10
ACACIANOS, 10
ACÁCIO DE BERÉIA, 11
ACÁCIO DE CESARÉIA, 11, 58
AÇÃO CATÓLICA, 11, 254
AÇÃO FRANCESA, 11
ACARIE, MADAME, 11
ACEITANTES, 11
ACEMETAS, 12
Acta Pilati, 317
Acta Sanctorum, 73
Ad cathedram Petri, 243

ADAM, KARL, 12
ADAMÂNCIO, 12
ADAMITAS, 12
ADDAI, 12
ADELFIANOS, 12
ADEMARO DE MONTEIL, 12
ADER, 12
ADIAFORISMO, 12
Admoestação a um filho espiritual, 59
ADOCIONISMO, 13
ÁDON, MARTIROLÓGIO DE, 13
ADORAÇÃO, 13, 46
ADRIANO DE UTRECHT, 15, 99
ADRIANO I, 14, 58, 62, 66, 139, 149, 237, 317, 348, 365
ADRIANO II, 14
ADRIANO III, 14
ADRIANO IV, 14, 15, 24
ADRIANO V, 15
ADRIANO VI, 15, 80, 99, 216, 253
ADRIÃO, O AFRICANO, 14
ADVENTISMO, 15
ADVENTISTAS DO SÉTIMO DIA, 15, 16, 84, 94, 145, 203, 239, 304, 417, 426, 438
ADVENTISTAS, 15, 44, 159, 160, 390
AÉCIO, 16, 33, 152, 326
AETERNI PATRIS, 16
Afonso de Borja, 81
AFONSO MARIA DE LIGÓRIO, 16, 272, 326, 360, 364, 372
Afonso, 16, 81, 272, 326, 360, 363, 372
AFRAATES, 17
ÁFRICA, CRISTIANISMO NA, 17
AGAPEMONE, IGREJA DE, 18
AGAPEMÔNITOS, 18
AGAPITO DE CESARÉIA, 18
AGAPITO, 18, 183, 330, 435

AGATÃO (678-681), 18, 106
Ageu, 34, 84, 146, 225
AGLAOFÃO, 18
Agnani, 68, 75
Agnus Dei, 392
AGOSTINHO DE HIPONA, 18, 22, 29, 32, 38, 90, 100, 105, 122, 123, 132, 188, 224, 225, 271, 286, 294, 307, 369
AGOSTINHO HIBÉRNICO, 22
ÁGRAFA, 22
AGRÉCIO DE SENS, 22
AGRESTIO, 22
Agripa II, 191
AGRIPA, 22, 191, 235, 338, 418
ÁGUA, 22, 305, 322, 340, 407
Alarico II, 104
ALBÂNIA, CRISTIANISMO NA, 22
Alberico II, 67, 150, 241, 294
Alberico III, 67
ALBERTO MAGNO, 23, 120, 130, 420
ALBIANO, 23
ALBIGENSES, 23
Alcorão, 72, 292, 315, 344
Alemanha, 23, 30, 35, 45, 52, 57, 70, 74, 75, 76, 78, 83, 86, 91, 99, 100, 107, 114, 159, 163, 164, 183, 188, 190, 203, 211, 212, 214, 227, 258, 263, 270, 278, 280, 296, 315, 336, 352, 372, 385, 390, 393, 403, 419, 420, 424, 428, 432, 433, 440
ALEXANDRE DE ALEXANDRIA, 25, 44, 277
ALEXANDRE DE JERUSALÉM, 25
ALEXANDRE I, 23
ALEXANDRE II, 24
ALEXANDRE III, 24, 266, 333, 429, 434
ALEXANDRE IV, 24, 99
Alexandre Severo, 348, 426
ALEXANDRE V, 24, 70, 182, 242, 343, 408
ALEXANDRE VI, 24, 350, 388

ALEXANDRE VII, 24, 360
ALEXANDRE VIII, 24, 371
ALEXANDRE, MÁRTIR, 23
Alexandria, 17, 24, 25, 30, 37, 38, 43, 44, 49, 58, 59, 84, 88, 97, 99, 103, 118, 120, 121, 123, 125, 127, 132, 137, 138, 139, 143, 146, 147, 154, 155, 156, 167, 181, 186, 201, 204, 210, 220, 235, 245, 248, 258, 266, 277, 283, 288, 293, 299, 313, 317, 318, 326, 327, 329, 330, 331, 342, 349, 364, 396, 399, 400, 410, 411, 412
ALEXANDRIA, ESCOLA DE, 25
ALFEU, 25, 40, 104, 418
Aliança Universal, 202
ALIANÇA, NOVA, 25
Alípio, 19
Allen, 297
Allgemeine Zeitung, 223
ALMA, 19, 25, 180, 186, 203, 286, 302
Alocução a um discípulo, 169
ALOGOI, 26
Alsácia, 78
ALTERAÇÕES NOS APÓCRIFOS, 26
ALUMBRADOS, 26
Amadeu VIII de Sabóia, 57
Amasea, 47, 330
AMBROSIASTER, 27
AMBRÓSIO DE MILÃO, 27, 400
Ambrósio, 19, 27, 28, 29, 37, 113, 146, 167, 359, 360, 368, 385, 400
Amém, 361
Amenhotep II, 306
América Latina, 146, 412, 413
AMERICANISMO, 29
AMMON, 29, 412
AMMONAS, 29
AMÔNIO DE ALEXANDRIA, 29
Amônio Saccas, 30
Amor, 18, 203
Amós, 34, 84, 352, 361
Amsterdã, 54, 61, 430
An den christlichen Adel deutscher Nation, 281

Ana Bolena, 190, 219
ANABATISTAS, 30, 61, 188, 197, 299
Anacleto II, 210, 343, 434
ANACLETO, 31, 71, 100, 210
Anagni, 75, 420
Anais da Reforma, 143
ANÁS, 31, 80, 157
ANASTÁCIO, 31, 66, 327
ANDRÉ, 32, 40, 51, 159, 220, 251, 341
Andreas Bodenstein, 86
Andrônico II, Paleólogo, 296
Anépsios, 216
ANFILÓQUIO DE ICÔNIO, 32, 330
ÂNGELA MERICI, 32, 425
ANGLICANISMO, 32
ANGLOCATOLICISMO, 32
ANGLO-ISRAELISMO, 32
Aniceto, 86, 136, 189, 355
ANJO, 32, 91, 121, 177, 193, 290, 308, 401
Anna Karenina, 420
ANOMEUS, 33, 246
ANSELMO, 9, 33, 122, 143, 161, 171, 371
ANTÃO DO EGITO OU ANTÃO, O ERMITÃO, 175
Anticristo, 37, 79, 92, 117, 124, 193, 214, 238, 319, 390
Antigo Regime, 175
ANTIGO TESTAMENTO, 19, 25, 26, 34, 35, 37, 46, 73, 84, 96, 103, 108, 110, 116, 118, 119, 120, 121, 128, 140, 145, 160, 165, 167, 187, 194, 254, 257, 263, 274, 275, 380, 386, 387, 391, 392, 406, 417, 424, 437
Antigüidades judaicas, 234
Antimo, 18, 435
ANTINOMIANISMO, 34
ANTÍOCO DE TOLEMAIDA, 34
Antíoco III, 387
Antíoco IV, Epífanes, 117
ANTÍOCO, 34, 117, 387

Antioquia, 11, 12, 13, 16, 25, 28, 32, 40, 43, 47, 49, 97, 126, 127, 132, 153, 154, 155, 185, 186, 201, 204, 207, 210, 224, 225, 226, 245, 256, 277, 285, 299, 316, 317, 318, 329, 337, 338, 341, 392, 400, 410, 411
ANTIPAPA, 24, 34, 57, 68, 69, 71, 75, 101, 116, 144, 152, 179, 182, 193, 241, 242, 319, 321, 397, 428, 434
ANTIPAS, 35, 46, 191, 243, 341, 385
Antirético, 156
ANTI-SEMITISMO, 36, 118, 196
Antonino Pio, 58
Antonino, 55, 58
ANTÔNIO DE PÁDUA OU DE LISBOA, 36
ANUNCIAÇÃO, 36, 238, 314
Aos mártires, 415
Aos pagãos, 415
Aosta, 33
APELES, 37, 159
APIÃO, 37
Apiário de Sicca, 443
Apocalipse da Virgem, 38
Apocalipse de Estêvão, 37
Apocalipse de João, 37, 171
Apocalipse de Paulo, 37
Apocalipse de Pedro, 37, 103, 139, 153, 171, 341
Apocalipse de Tomás, 37
Apocalipse, 16, 37, 38, 39, 78, 82, 84, 103, 104, 117, 129, 130, 133, 139, 142, 153, 165, 171, 251, 252, 275, 304, 318, 323, 334, 341, 347, 391, 396, 413, 417, 435, 439
APOCALIPSES APÓCRIFOS, 37
APOCALÍPTICA, 38
APOCATÁSTASIS, 38
APÓCRIFO, 38
Apocrítico, 283
APOLINÁRIO DE HIERÁPOLIS, 39, 40
APOLINÁRIO DE LAODICÉIA, 39, 40

APOLINARISTAS, 39
Apologia ao imperador Constâncio, 49
Apologia contra Juliano, 97
Apologia contra os arianos, 49
Apologia da sua fuga, 49
Apologia de Orígenes, 331
Apologia pro apocalypsi et evangelio Ioannis apostoli et evangelistae, 26
Apologia pro vita sua, 316
Apologia, 49, 97, 127, 138, 152, 259, 304, 365, 366
Apologista, 39, 43, 64, 259, 365
APOLOGISTAS GREGOS, 39
APOLÔNIO, 40, 48
APOLOS, 40, 238
APÔNIO, 40
Apostolado da Oração, 99
Apostolado, 41, 99, 297
APÓSTOLO DOS GENTIOS, 40
APÓSTOLOS, 37, 40, 79, 84, 96, 106, 108, 111, 124, 139, 149, 158, 168, 189, 230, 242, 256, 271, 313, 328, 341, 357, 405
APOTEGMAS DOS PADRES, 42
Apotegmas, 29, 42, 283
Apotheosis, 363
Apúlia, 73
AQUARIANOS, 42
ÁQUILA, 40, 42, 327
Aquiléia, 28, 113, 165, 317, 377
AQUILES DE ESPOLETO, 42
AQUINO, TOMÁS DE, 42
Aquitânia, 104, 156, 359, 362, 406, 434
ARAMEU, 42
Arcana Coelestia, 406
Arcebispo de Cambrai, 164
Arcebispo de Cantuária, 33
Arcebispo, 33, 63, 70, 136, 164, 222, 270, 285
ARGENTINA, CRISTIANISMO NA, 42
ARIO, 25, 43, 46, 47, 48, 49, 50, 58, 106, 152, 154, 277, 288, 317, 327, 391
ARISTÃO DE PELA, 40, 43, 156

ARISTIÃO, 44
ARISTIDES DE ATENAS, 40, 44
ARISTÓBULO, 44, 385
Aristóteles, 23, 112, 130, 143, 389, 421
ARLES, SÍNODO DE, 44
Armada espanhola, 220
Armênia, 54, 57, 127, 133, 143, 389, 421
ARMINIANISMO, 44
ARMÍNIO, 44
ARMÔNIO, 44
ARMSTRONG, HERBERT, 44
ARNÓBIO DE SICCA, 45, 221
ARNÓBIO, 45, 271
ARNÓBIO, O JOVEM, 45,
ARNOLDO DE BRÉSCIA, 15, 45, 266
ARNOLDO JANSSEN, 45
Arnulfo, 75
ARQUELAU, 46, 189, 191, 227
Arquimandrita, 56
ARREPENDIMENTO, 46
ARSINOO, 46
Arte, 51, 74
ARTEMÃO, 46
ARTEMAS, 46
Artigos de Fé anglicana, 218
Artigos de Smalkalda, 279
ASCENSÃO DE ISAÍAS, 47, 268
ASCENSÃO DE PAULO, 47
ASCENSÃO, 47, 123, 139, 268
Asceticon, 398
ASCLEPÍADES, 47
ASKETIKON, 47
ASSEMBLÉIA DE DEUS, 47
Assembléia de Irmãos, 218
Assim falou Zaratustra, 319
Assíria, 228
Associação cristã de homens jovens, 441
Associação cristã de mulheres jovens, 441
Associação de Orange, 326
Associação unitária universalista, 426
ASSUNÇÃO DA VIRGEM, 48

Assunção de Moisés, 38
ASSUNCIONISTAS, 48
ASTÉRIO DE AMASÉIA, 47
ASTÉRIO, O SOFISTA, 47
ASTROLOGIA, 47
Ata da sucessão, 310
ATA DE SUPREMACIA, 48
ATA DE TOLERÂNCIA, 48
ATANÁSIO, 25, 33, 39, 47, 49, 50, 58, 59, 98, 122, 153, 154, 155, 181, 257, 217, 277, 358, 391, 392
ATAR E DESATAR, 50
Atas contra o maniqueu Fortunato, 20
ATAS DA UNIFORMIDADE, 48
Atas de São Justino, 48
ATAS DOS MÁRTIRES, 48, 72
Atas proconsulares, 48
ATENÁGORAS DE ATENAS, 51, 311, 337, 432
ÁTILA, 51, 267, 279
ATOS APÓCRIFOS, 51
Atos de Arquelau, 189
ATOS DE PAULO E TECLA, 52
Atos de Pedro, 51, 341, 368
ATOS DE SÃO PEDRO, 52
Atos de Tadeu, 10, 51, 133
Atos dos Apóstolos, 30, 149, 273, 323, 347, 398, 411
Atos Vercellenses, 51
AUFKLÄRUNG, 52
AUGSBURGO, CONFISSÃO DE, 52
AUGSBURGO, ÍNTERIM DE, 52
AUGSBURGO, PAZ DE, 52
Augustinus, 223
Augusto, 92, 314, 418
Aureliano, 186, 348, 357
Aurélio de Cartago, 134
Aurélio, 39, 51, 62, 87, 134, 138, 299, 304, 325, 348
AUSÔNIO, 52, 335
Auspicíola, 386
Autoconsciência, 227
Autorized Version, 222
Auxêncio, 27, 28, 155, 165, 191, 369

Ave-Maria, 293
AVINHÃO, 14, 24, 52, 68, 69, 76, 88, 101, 171, 179, 184, 211, 296, 323, 350, 427, 433
AVITO, 22, 53
Avivamento, 135, 148, 176, 182, 308, 380, 438, 439

B

BACH, JOHANN SEBASTIAN, 53
Bagatti, B., 81, 313
BAIO, MIGUEL, 53
BAKER, GEORGE, 53
Balaão, 361
BÁÑEZ, DOMINGO, 53
BAQUIÁRIO, 54
Bar Kojba, 221, 226, 249
BARBA-ROXA, 15, 24, 54, 151, 192, 427, 434
Barcelona, 9, 22, 36, 69, 71, 74, 82, 86, 147, 167, 180, 181, 207, 233, 237, 306, 312, 329, 335, 370, 442
BARDESANO, 44, 54, 55, 181
BARJONAS, 55
BARMEN, DECLARAÇÃO DE, 55
BARNABÉ, 52, 55, 94, 139, 140, 159, 288, 329, 338, 393
BARÔNIO, CÉSAR, 55
BARRABÁS, 55, 230
BARRUEL, PADRE, 55
BARSUMAS, 56
BARTH, KARL, 56, 74, 79, 110, 122, 160, 161, 163, 259, 261, 263, 319, 389, 414
BARTOLOMEU DE PISA, 56
BARTOLOMEU DOS MÁRTIRES, 56
BARTOLOMEU, 40, 51, 56, 57, 88, 159, 265, 313
BARTOLOMEU, MATANÇA DO DIA DE SÃO, 56
BARTOLOMITAS, 57
BARTON, ELIZABETH, 57

Baruc, 34, 84, 225
BASILÉIA, CONFISSÕES E CONCÍLIO DE, 57
BASÍLICO, 57
BASÍLIDES, 58, 159, 171, 181, 430
BASÍLIO DE ANCIRA, 58, 391
BASÍLIO DE SELÊUCIA, 59
BASÍLIO MAGNO, 39, 59, 84, 116, 152, 168, 185, 330
Basílio, 32, 39, 58-60, 84, 116, 146, 152, 168, 170, 185, 186, 330, 391, 436
BATIFFOL, PIERRE, 60
BATISMO, 21, 60
BATISTAS ALEMÃES, 62
BATISTAS PARTICULARES, 62
BATISTAS, 61
BAUER, BRUNO, 62
BAUR, FERDINAND CHRISTIAN, 62
Baviera, 83, 129, 206, 295, 323, 352
BECKET, TOMÁS, 62, 420
Beckwith, R., 34, 84
BEDA, 63
BEGARDOS, 63
BEGUINAS, 63
Bekennende Kirche, 201
BELARMINO, ROBERTO, 64
Belém, 225, 227, 314, 340
BELENITAS, 64
Belisário, 396, 435
BEM-AVENTURANÇAS, 64, 111, 242
BÊNÇÃO, 64
BENEDICTUS, 64
BENEDITINOS, 64, 99, 171, 307
BENGEL, JOHANNES ALBRECHT, 65
Benjamin, 140, 337
BENTO DE NÚRSIA, SÃO, 8, 65, 70
BENTO I, 65, 67, 100, 396
BENTO II, 65
BENTO III, 66
BENTO IV, 66, 67
BENTO V, 66, 268
BENTO VI, 66, 75
BENTO VII, 66, 67, 75, 241
BENTO VIII, 67, 190
BENTO IX, 67, 68, 100
BENTO X, 68
BENTO XI, 68, 397
BENTO XII, 68
BENTO XIII, 69, 70, 76, 81, 179, 182, 184, 211, 242, 243, 279, 296, 433
BENTO XIV, 17, 69, 174, 379
BENTO XV, 70, 208, 352, 372
BENTO XVI, 70
Berbería, 430
BERDYAEV, NICOLÁS, 71
Beréia, 10, 155, 271
Berengário de Friuli, 66
Berengário, 66, 151
BERNA, TESE DE, 71
BERNADETE, 71, 403
BERNARDINO DE SENA, 71
Bernardino Telésio, 83
BERNARDINOS, 71
BERNARDO DE CLARAVAL, 9, 45, 71, 100, 114, 136, 171, 192, 434
BÉRULLE, PEDRO DE, 71
Best, E., 128, 290
Besta do Apocalipse, 439
Betsaida, 40, 341
BEZA, TEODORO, 72
Bíblia do rei Jaime, 222
Bíblia dos LXX, 199, 291, 376, 392
Bíblia dos Setenta, 199, 392
Bíblia Sacra Latina, 87
BÍBLIA, 16, 19, 25, 34, 42, 47, 51, 56, 63, 64, 71, 72, 85, 87, 93, 94, 104, 117, 120, 122, 126, 128, 133, 134, 142, 143, 144, 145, 159, 160, 167, 192, 199, 200, 202, 206, 208, 215, 216, 222, 224, 225, 257, 261, 262, 272, 279, 280, 281, 282, 284, 300, 319, 322, 327, 334, 349, 363, 364, 366, 370, 372, 373, 374, 376, 389, 392, 399, 401, 405, 406, 411, 413, 414, 417, 418, 422, 423, 424, 425, 430, 432, 436, 437, 438, 439, 440, 441

BIBLIANDER, THEODOR, 72
BIEL, GABRIEL, 72
Bingen, 192
Birt, 100
Bispo, 10, 11, 12, 14, 16, 18, 22, 23, 25, 29, 31, 33, 34, 39, 42, 47, 58, 59, 81, 98, 100, 118, 127, 145, 149, 154, 155, 156, 163, 164, 169, 173, 179, 207, 240, 267, 269, 272, 277, 283, 287, 299, 317, 324, 325, 328, 329, 331, 333, 337, 342, 343, 355, 358, 360, 376, 385, 392, 395, 396, 410, 420, 421, 424, 430, 435, 442, 444
Bitínia, 238, 245, 265, 330, 348
Bizâncio, 66, 67, 86, 132, 149, 151, 170, 183, 239, 259, 268, 333, 399, 411, 434
BLANCO WHITE, JOSÉ MARÍA, 72
BLANDINA, 72
BLASTO, 72, 437
Blinzler, J., 55, 387
BOANERGES, 73, 251
Boaventura, 122, 358
BOEHME, JAKOB, 73
Boeto, 167
BOGOMILES, 73
Bogotá, 412
BOHEMUNDO I, 73, 333
BOLANDISTAS, 73
BOLONHA, CONCORDATA DE, 73
BOM PASTOR, 73, 74
Bom Samaritano, 264
BONHOEFFER, DIETRICH, 74
Bonifácio de Toscana, 68
BONIFÁCIO I, 42, 74, 90
BONIFÁCIO II, 66, 74, 240, 435
BONIFÁCIO III, 74
BONIFÁCIO IV, 75
BONIFÁCIO IX, 69, 76, 182
BONIFÁCIO V, 75
BONIFÁCIO VI, 75
BONIFÁCIO VII, 75, 241
BONIFÁCIO VIII, 68, 75, 101, 117, 212, 426
Bonifácio, bispo de Cartago, 87
Bonnard, P., 64, 74, 178, 200, 217, 224, 298, 371, 408
Bonoso, 28
BOOTH, WILLIAM, 76
BORBORITAS, 76
BÓRGIA, FRANCISCO, 76
Boriso, 168
Bornkmann, G., 109
BORROMEU, CARLOS, 76
BOSANQUET, BERNARD, 76
BOSCO, JOÃO, 76
Botiquín, 138
Bourges, 82, 270
Bovon, 276
Braga, 53, 56, 120, 279, 340
BRANHAM, WILLIAM, 77
BRASIL, CRISTIANISMO NO, 77
Bréscia, 15, 45, 165, 178, 266, 428
Breve, 82, 131
Brewer, 96, 104
Bright, J., 24, 306, 375
BRÍGIDA DA SUÉCIA, 77, 405
BROMLEY, T., 77
BROTHERS, RICHARD, 77
BROWNE, ROBERT, 77
BROWNISTAS, 77
Bruce, 34, 41, 84, 131, 146, 151, 158, 163, 167, 191, 195, 200, 221, 227, 228, 229, 230, 231, 232, 234, 236, 251, 252, 306, 314, 323, 339, 342, 347, 349, 384, 386, 394, 418, 422, 446
BRUNNER, EMIL, 77
BRUNO, 62, 78, 87
BRUNO, GIORDANO, 78
BRUYS, PEDRO DE, 78
BRYANITAS, 78
BUCERO, MARTIN, 78
BUCHANITAS, 78
Buchenwald, 74
BUCHMANN, T., 78
Bula de Ouro, 212
Bula, 212
BULGAKOV, SÉRGIO, 78

Bulgária, 14, 170, 204
BULLINGER, JOHANN HEINRICH, 79
BULTMANN, RUDOLF, 79, 110, 111, 120, 160, 224, 227, 229, 231, 251, 252, 369, 413, 422, 447
BUNYAN, JOHN, 79
Burdigala, 52, 335
BUSCADORES, OS, 79
BUTZER, M., 80

C

CABALA, 80, 119, 260
CABASILAS, NICOLAU, 80
Cabinet des Médailles, 313
Cafarnaum, 248, 287, 341
Cagliostro, 174
CAIETANO, TOMÁS DE VIO, 80, 280
CAIFÁS, 31, 80, 387
CAINITAS, 80
Calábria, 78, 183
Calcedônia, 20, 56, 98, 106, 123, 152, 156, 178, 179, 186, 197, 226, 245, 266, 267, 299, 410, 435
Calígula, 234
CALISTO, 81, 193, 381
CALISTO I, 80
CALISTO II, 81, 91, 99, 171, 196, 266
CALISTO III, 81, 239, 266
Calpôrnio, 334
CALVÁRIO, 81, 180, 246
CALVINISMO, 81
CALVINO, JOÃO, 82
Camaldoli, 82
CAMALDULENSES, 82
Cambridge, 9, 78, 133, 140, 237, 424
Cameron, 100
CAMILO DE LELLIS, 82
CAMISARDOS, 83
CAMPANELLA, TOMÁS, 83
CAMPBELL, ALEXANDER, 83
Campus Maldoli, 377
Caná da Galiléia, 56, 313

CÂNDIDO, 83
CANDOMBLÉ, 83
CANÍSIO, PEDRO, 83, 342
CANO, MELCHIOR, 83
Cânon, 20, 34, 84, 374
CÂNON DAS ESCRITURAS, 84, 214
Cânon de Muratori, 248
CÂNON ECLESIÁSTICO, 25, 84, 103
CÂNONES DE HIPÓLITO, 84
CÂNONES ECLESIÁSTICOS DOS SANTOS APÓSTOLOS, 84
Canonizada, 32, 179, 220, 377
Canonizado, 33, 63, 71, 115, 149, 168, 217, 220, 244, 310, 342, 376
Canossa, 73, 184
Cantão, 93
Cântico dos cânticos, 34, 40, 49
Cântico espiritual, 246
Canto do Servo em Isaías 53, 229
Canto sobre as mortes dos bois, 137
Cantuária, 14, 33, 62, 63, 122, 247, 285
Canuto, o grande, 126, 324
Capadócia, 32, 49, 59, 103, 169, 186, 254
CAPADÓCIOS, PADRES, 84
CAPITÃO, WOLFANG, 84
Capítulos de Celestino, 90
Cappel, 444
CAPUCHINHOS, 85
Caracalla, 54, 327
CARAÍTAS, 85
Cardeal, 80, 85, 91, 278, 285
CAREY, WILLIAM, 85
Cariot, 256
CARLOS BORROMEU, 76, 85
Carlos de Anjou, 101, 295
Carlos I Roberto, 68, 75
Carlos I, 113, 144, 222, 253
Carlos II, 92, 222
CARLOS V, 15, 52, 80, 86, 88, 101, 141, 144, 190, 197, 258, 265, 324, 373, 398, 401, 403, 404, 423, 429, 440

Carlos VI, 69, 211, 212
Carlos XI, 102
CARLOS MAGNO, 19, 85
Carlos Mão, 85
Carlos Martel 183
CARLOSTÁDIO, 86
CARLSTADT, ANDRÉAS, 86, 261
CARMELITAS DA SANTA FACE, 86
Carmelitas reformadas, 11
Carmelitas, 11, 144
Carmelo de Amiens, 11
Carmelo, 11, 246
Carpinteiro, 159
CARPÓCRATES, 86, 137, 181
Carta a Flora, 363
Carta aos alexandrinos, 342
Cartago, 19, 61, 74, 87, 89, 92, 94, 95, 131, 132, 169, 321, 335, 344, 345, 369, 415
CARTAGO, CONCÍLIOS DE, 87
Cartas de Jano, 129
Cartas de Quirino, 129
Cartas provinciais, 332
CARTESIANISMO, 87
CARTUXOS, 87
Casa imperial alemã, 67
Casiciaco, 19
CASSIANO, JOÃO, 87
CASSIODORO, SENADOR, FLÁVIO MAGNO AURÉLIO, 87, 144, 374
CASTELLO, SEBASTIÁN, 87
CASTIGO, 88
CATARINA DA SUÉCIA, 77, 88
CATARINA DE ALEXANDRIA, 88
Catarina de Bora, 281
CATARINA DE MÉDICIS, 88
CATARINA DE SENA, 88, 130
Catarina II, 31, 102, 379
CÁTAROS, 88
Catchpole, D. R., 55
Catecismo maior, 83
Catecismo, 54, 83
Cathemerinon, 363

CATIVEIRO BABILÔNICO, 53, 88, 101, 182, 281
CATOLICISMO ROMANO, 89, 201
CATOLICISMO, 89, 197
Católicos, 202
CAVALEIROS DE MALTA, 89
CAVALEIROS DE RODES, 89
CAVALEIROS HOSPITALARES, 89
CAVALEIROS TEMPLÁRIOS, 89
Ceciliano, 131
CECÍLIO, 89, 94
CEFAS, 89, 341
Ceia de Cipriano, 96
Ceia do Senhor, 96, 151, 204, 290
CEIA, ÚLTIMA, 89, 339
CELESTINO I, 90, 91, 362
CELESTINO II, 91, 92, 196, 285
CELESTINO III, 91
CELESTINO IV, 91
CELESTINO V, 91
CELESTINO, 90, 91, 97, 345, 400, 443
CELÉSTIO, 91, 135, 294, 344
Célia, 156, 282, 330
CELSO, 92, 327
Cem capítulos a respeito da perfeição espiritual, 123
CENTÃO, 92
Centúrias de Magdeburgo, 56, 92, 157, 162
CERDÃO, 92, 287
CERINTO, 92, 159
CERULÁRIO, 92, 268, 302
Cesaréia, 10, 11, 12, 18, 58, 152, 154, 156, 164, 169, 179, 186, 217, 226, 237, 264, 272, 327
Cesaréia de Capadócia, 59, 169, 186
Cesaréia de Palestina, 186, 327, 330
Cesarini, 255
Cesário de Arles, 108, 364
CÉU, 92
Chama de amor viva, 246
Champangne, 71, 239, 246, 254

CHANTAL, JOANA, 92
Charpenter, E., 224
CHATEAUBRIAND, FRANÇOIS RENÉ, 93
Chanceler, 310
CHILE, CRISTIANISMO NO, 93
China Island Mission, 409
CHINA, CRISTIANISMO NA, 93, 376
CHIPRE, CRISTIANISMO EM, 94
Chrestus, 238
Christianismi restitutio, 393
Christus, 111, 236, 237, 238
Cibeles, 10
Cícico, 58, 152, 360
Cidade de Deus, 19, 105
Cidade Eterna, 67
CIÊNCIA CRISTÃ, 94, 134, 203, 426
Ciência e saúde como chave das Escrituras, 134
Cipriano, 48, 61, 87, 89, 94, 95, 96, 108, 119, 144, 149, 162, 169, 265, 321, 382, 388, 400, 430
CIPRIANO DE CARTAGO, 89, 94, 169, 321
CIPRIANO GALO, 96
CIRCUNCÉLIOS, 96
CIRCUNCISÃO, 96
Cirene, 58, 96, 378
CIRENEU, 96, 397
Cirilo, 14, 25, 90, 97, 98, 122, 132, 146, 156, 179, 388, 410
CIRILO DE ALEXANDRIA, 97, 127, 156, 293, 396, 400, 410, 411
CIRILO DE JERUSALÉM, 98, 179
Cisma, 19, 22, 34, 69, 72, 76, 88, 97, 101, 177, 179, 182, 184, 198, 209, 211, 242, 296, 357
Cisma do Ocidente, 34, 69, 76, 101
CISNEROS, FRANCISCO JIMENEZ DE, 98
CISTERCIENSES, 99, 170, 215, 307, 422

Citeaux, 71, 99
Civitot, 343
CLARA, 99
Clarissas, 99
Claudia Prócula, 349
CLAUDIANO, 99, 272, 300
Claver, 342, 354
Clemente, 334
CLEMENTE DE ALEXANDRIA, 25, 37, 38, 84, 103, 120, 121, 137, 167, 248, 288, 313, 318, 326, 329, 364
Clemente de Roma, 34, 329
CLEMENTE I, 100, 273
CLEMENTE II, 67
CLEMENTE III, 101, 434
CLEMENTE IV, 101
CLEMENTE V, 92, 242, 410
CLEMENTE VI, 101
CLEMENTE VII, 69, 76, 88, 182, 427, 428
CLEMENTE VIII, 81, 117, 182, 296, 370, 401, 437
CLEMENTE IX, 102
CLEMENTE X, 102, 377
CLEMENTE XI, 102
CLEMENTE XII, 102, 174
CLEMENTE XIII, 102
CLEMENTE XIV, 102, 131, 227
CLÉOFAS, 103, 263
Cleópatra, 168
Clérigo, 136
CLERMONT, CONCÍLIO DE, 103
Cleto, 31
CLODOVEU (CLÓVIS), 103
CLOPÁS, 103
CLUNY, 9, 104, 143, 150, 171, 179, 241, 242, 268, 305, 343
Codex Theodosianus, 181
Código de Beza, 72
Código de Direito canônico, 421
Cohen, 26, 33, 128, 257, 381, 408
Coimbra, 306, 404
Coleção de objeções e soluções, 192
Coleção Feliciana, 342
Colégio de Roma, 173

Colégio Romano, 64
Colônia, 23, 29, 42, 83, 86, 134, 183, 386
COLÓQUIO DE MARBURGO, 104
Colossenses, 50, 84, 129, 137, 140, 181, 257, 323, 338, 419
Columbano, 142
Coma, 33
Comby, J., 80, 442
Comentário à carta aos Romanos, 438
Comentários aos salmos, 45
Comentário de Isaías, 153
Comentário sobre os salmos, 49, 153
Comentário sobre o nome de Celestio, 294
Commonitorio sobre o erro dos priscilianistas e origenistas, 340
COMODIANO, 184
Cômodo, 40, 51, 348
Companhia das Índias, 85
COMPANHIA DE JESUS, 102, 104, 173, 207, 342
Compilação das Instruções da Santa Inquisição, 421
Cômputo pascal, 193
Comunidade, 18, 57, 107, 215, 223, 252, 407
COMUNIDADE DE TAIZÉ, 104, 407
Comunidade Internacional de Cristo, 223
Concepção, 135, 275, 292, 346
Concepção virginal, 135, 238, 293
Concílio, 104, 410, 432, 433
Concílio de Calcedônia, 410
Concordantia Catholica, 319
Concordata, 73, 145, 172, 351
Concordata de Fontainebleau, 351
Concordia liberi arbitrii cum gratiae donis, 306
Conferência cristã universal de Vida e Obra, 311
Conferência de Lambeth, 311
Conferência de Varsóvia, 356

Conferência missionária de Edimburgo, 311
Confissão de Augsburgo, 52, 134, 258, 279
Confissão de fé, 11, 52, 152
Confissão de Fé cristã, 72
Confissão Hafnica, 126
Confissões, 18, 19, 57, 77
Confraria da Santíssima Trindade, 168
Congregação, 48, 57, 71, 168, 175, 185, 208, 263, 294, 332, 372
Congregação da Inquisição, 213
Congregação do Índice, 208
Congregação para a Doutrina da fé, 413
Congregação religiosa, 48
CONGREGACIONALISMO, 104
Congresso de Mesina sobre o gnosticismo, 180
Congresso de Viena, 351
Conhecimento, 320
Conlaciones, 245
Conón, 217
Conrado III, 114
Conrado IV, 211
Consagração, 303
Conselho mundial de igrejas, 62, 243, 311, 379
CONSÊNCIO, 105
Consensus Tigurinus, 79
Consolador, 250
Constâncio, 49, 58, 98, 192, 257, 271, 277, 287, 392
Constâncio II, 257
Constante, 131, 295, 436
CONSTANTINO MAGNO, 43, 49, 126, 131, 132, 153, 154, 177, 226, 244, 260, 265, 271, 295, 299, 303, 317, 319, 334, 335, 348, 356, 376, 431, 442
CONSTANTINOPLA, PRIMEIRO CONCÍLIO DE, 11, 12, 14, 18, 22, 31, 32, 39, 43, 50, 56, 58, 59, 65, 66, 67, 97, 101, 105, 106, 114, 116, 127, 132, 138, 146, 152, 154,

156, 164, 168, 169, 170, 178, 179, 183, 185, 186, 192, 195, 196, 197, 204, 226, 240, 242, 245, 259, 266, 267, 283, 287, 295, 296, 302, 311, 316, 317, 318, 327, 346 ,356, 360, 361, 377, 378, 396, 400-403, 405, 410, 425, 435
Constituição, 84, 106, 107, 124, 145, 184, 201, 215, 309, 329, 350, 365, 379, 406, 422, 431, 432
CONSTITUIÇÃO CIVIL DO CLERO, 106, 350
CONSTITUIÇÃO DA IGREJA EGÍPCIA, 106
Constituição dos Estados Unidos, 309
CONSTITUIÇÃO ECLESIÁSTICA DOS APÓSTOLOS, 84, 106, 329
Constituições Apostólicas, 124
Constituições de Clarendon, 63
Contra a avareza, 386
Contra a calúnia da parte donaciana, 325
Contra a heresia de Artemón, 47
Contra adversarios legis et prophetarum, 32
Contra Arianos, 163
Contra as nações, 45
Contra Asterio da Capadócia, 287
Contra Auxêncio, 192
Contra Celso, 92, 327
Contra Crescônio, 108
Contra Eunômio, 59
Contra Hermógenes, 415
Contra Hierócles, 153
Contra Marcelo, 58, 153
Contra Marcião, 415
Contra Novaciano, 376
Contra os gregos, 39, 220
Contra os hereges, 185
Contra os judaizantes, 25, 84
Contra os judeus, 20, 245, 321, 344, 369
Contra os maniqueus, 125, 359, 392
Contra os novacianos, 329

Contra os valentinianos, 415
Contra pagãos e judeus, 245
Contra Parmeniano, 325
Contra Porfírio, 153, 301
Contra Práxeas, 415
Contra Símmaco, 363
CONTRA-REFORMA, 61, 83, 85, 99, 106, 107, 130, 164, 172, 173, 184, 207, 336, 373, 388, 423
CONVERSÃO, 107, 290
Conzelmann, H., 109, 237
Copérnico, 177
Copônio, 314
Coptos, 108
Cordeiro, 89, 107, 108
CORDEIRO DE DEUS, 107, 108
Cordeiro pascal, 108
Coríntios, 13, 37, 40, 41, 61, 84, 89, 100, 108, 114, 119, 130, 140, 146, 150, 181, 199, 238, 248, 292, 305, 323, 338, 339, 341, 347, 352, 354, 360, 362, 364, 371, 375, 380, 388, 392, 396, 419, 422, 435
CORNÉLIO, 95, 96, 108, 256, 321
Coroa de Aragão, 196
Corpo, 125, 199
Corpo de Cristo, 125, 151, 199
COSME E DAMIÃO, 108, 116
Cöthen, 53
Courtenay, 441
Credo, 11, 105, 185, 257, 317
Credo de Nicéia, 11
CREDO DOS APÓSTOLOS, 108
Crescêncios, 67, 75, 242, 397
CRESCÔNIO, 108
Cresto, 237
Criação, 45, 164, 180, 258, 321, 343
Criadores do Novo Pensamento, 94
CRISÓSTOMO, JOÃO, 108
Cristãos bíblicos, 78
Cristianismo, 77, 93, 142, 143, 168, 171, 302, 320, 322, 355, 357, 376
Cristina da Suécia, 187
CRISTO, 12, 14, 16, 18, 20, 28, 37, 39, 42, 44, 46, 47, 50, 56, 72, 81, 82, 87, 89, 92, 94-100, 103, 104,

106, 108, 119, 120, 123, 128, 138, 129, 146, 150, 155, 159-162, 170, 176, 180, 185, 192, 196, 199, 202, 204, 207, 218, 219, 223, 236-238, 242, 251, 254, 256, 258, 265, 285, 295, 309, 310, 312, 316, 317, 321, 322, 324, 328, 332, 337, 339, 344, 355, 362, 364, 366, 370, 382, 386, 390, 395, 398, 402, 403, 412, 414, 416, 420, 439
Cristo de Montfavet, 202
CRISTOLOGIA, 109
Crítica da razão prática, 261
Crítica da razão pura, 122
CRÍTICA DA REDAÇÃO, 109
CRÍTICA DAS FORMAS, 110
CRÍTICA DAS TRADIÇÕES, 111
CRÍTICA LITERÁRIA, 112
CRÍTICA RETÓRICA, 112
CRÍTICA TEXTUAL, 113
CROMÁCIO DE AQUILÉIA, 113
CROMWELL, OLIVER, 113
Crônica, 193, 225, 254, 362
Crônicas maiores, 220
Cronicon Pascal, 39
CRUZ, 27, 69, 113, 144, 246, 279, 305, 320, 322, 326, 414
CRUZADAS, 91, 114, 130, 205, 209, 226, 410
Cuernavaca, 412
Cullman, O., 14, 109, 137, 234, 256, 267, 273, 301, 342, 392, 394
Culto, 87
Cur Deus Homo, 33
CURA DARS, O, 115, 244
Cúria, 67, 68, 211
Custódia da Terra Santa, 313

D

Dâmaso, 27, 39, 115, 116, 224, 277, 286, 359, 428, 437
DÂMASO I, 115, 286
DÂMASO II, 116
Damião, 13, 48, 116
DAMIÃO, PADRE, 116

DANIEL, 13, 16, 34, 38, 116, 117, 118, 121, 167, 177, 225, 230, 257, 375, 391, 410, 350
Daniel 7,13, 117, 167, 230
Daniel 8,14, 16, 304
DANIEL ESTILITA, 117
Danker, F., 276
DANTE ALIGHIERI, 117
DARBY, JOHN NELSON, 117
Das Evangelium nach Lukas, 276
Das Heresias, 369
Das Messianitäts und Leidengeheimnis, 389
Das Wesen des Christentums, 189
Davies, P. R., 147, 299
De Arte Metrica ad Cuthbertum Levitam, 63
DE AUXILIIS, 117
De Captivitate Babylonica Ecclesiae, 281
De Entre Supernaturali, 376
DE FOUCAULD, CHARLES EUGÈNE, 118
DE GROOT, H., 118
De Haereticis, 87
DE MAISTRE, JOSEPH, 118
De Natura Rerum, 63
De Paradiso, 37
De transitu Beatae Virginis Mariae, 48
De veritate Religionis Christianae, 187
De vita contemplativa, 147
Débora, 361
DECÁLOGO, 118
Decet Romanum Pontificem, 269
DÉCIO, 87, 94, 118, 127, 162, 265, 327, 348, 357
Decreto de Educação religiosa de 1882, 172
DECRETO GELASIANO, 9, 25, 29, 58, 127, 253, 320, 397
Decreto sobre ecumenismo, 433
Defesa de Orígenes, 125
Defensor da paz, 295
Dei Filius, 122

478 / Índice Geral

Delcor, M., 38, 147, 368
Delehaye, 27, 296
DELITZSCH, FRANZ JULIUS, 118
DEMÉTRIO, 118, 327
Demétrio de Alexandria, 327
DEMÔNIOS, 119, 120, 289, 303, 358
Demonstração da pregação apostólica, 214
Demonstração evangélica, 153
DENIFLE, HEINRICH SEUSE, 120
DENNEY, JAMES, 120
Deodato, 19
Depositio episcoporum, 288
Depositio martyrum, 288
Descartes, 87, 206
DESMITOLOGIZAÇÃO, 120
Destino, 220
Destrucción de las Indias, 266
DEUS, 9, 10, 12, 14, 16, 18, 20, 21, 22, 25, 28, 32-35, 39, 42, 44-46, 50, 53, 54, 56, 60, 61, 64, 72, 73, 78, 83, 84, 95, 103, 107, 119, 120, 122, 125, 128, 131, 136, 137, 139, 145, 147, 160, 161, 163, 164, 166, 168, 177, 186, 188, 194, 200, 202, 212, 213, 215, 216, 219, 221, 232, 234, 238, 242, 246, 256, 258, 261, 266, 276, 280, 283, 284, 287, 291, 298, 303, 306, 310, 316, 322-325, 330, 340, 345, 347, 353, 358, 359, 361, 362, 363, 366, 371, 374, 376, 380, 383
Deuteronômio, 13, 35, 36, 47, 84, 123, 145, 155, 187, 284, 361, 386, 392, 408
DEVOTIO MODERNA, 122
Devreesse, 411
DEZ ARTIGOS, OS, 123
DEZ MANDAMENTOS, OS, 123
Dezesseis revelações do amor, 257
DIABO, 33, 73, 119, 120, 123, 187, 233, 277, 303, 309, 310, 358, 375, 384, 388

Diácono, 337
DIÁDOCO DE FÓTICE, 123
Diálogo sobre a vida de São João, 330
Diálogo com o judeu Trifão, 259
Dialogo dei due massimi sistemi del mondo, 177
Diálogo entre Jasão e Papisco, 156
DIÁLOGO SOBRE A FÉ ORTODOXA, 123
Diálogos em Casiciaco, 19
Diáspora, 248
DIATESSARON, 124
Diatriba sobre o livre-arbítrio, 141
DIBELIUS, MARTINHO, 124
DIDAQUÉ, 106, 124, 125, 130, 194, 214, 260, 329, 362
DIDASCÁLIA DOS APÓSTOLOS, 124
Diderot, 137
DÍDIMO, 125, 377
Dídimo, o Cego, 377
Didymos, 421
Dieta boêmia, 428
Dieta de Augsburgo, 86
Dieta de Odense, 126
Dieta de Ratisbona, 440
Dieta de Spira, 281, 404
Dieta sueca, 406
DIGGERS, 125
DILLMANN, CHRISTIAN FRIEDRICH AUGUST, 126
DINAMARCA, CRISTIANIMO NA, 126
DIOCLECIANO, 108, 126, 152, 177, 201, 254, 265, 286, 342, 348, 390, 433, 435
DIODORO DE TARSO, 126, 127
DIOGNETO, 40, 127, 138, 331
Dion Cássio, 100
Dionisiaca, 320
DIONÍSIO, 9, 25, 29, 58, 127, 253, 320, 397
DIONÍSIO DE ALEXANDRIA, 58, 127
DIONÍSIO DE CORINTO, 127

Índice Geral / **479**

DIONÍSIO, O AREOPAGITA, 127, 253
Dionísio, o Exíguo, 397
Dionísio, o Grande, 127
Dióscoro, 59, 113, 194
Disciplina, 112, 113, 194
Discípulo, 29, 44, 54, 57, 62, 118, 128, 214, 231, 248, 267, 288, 292, 341, 419, 424
DISCÍPULO AMADO, 128, 231, 248, 267
DISCÍPULOS, 83, 128, 390
DISCÍPULOS DE CRISTO, 83, 128
Discurso aos gregos sobre o Hades, 10, 26
Discurso sobre a realeza, 399
Discurso contra os gregos, 407
Discurso verdadeiro contra os cristãos, 92
Discussão entre Jasão e Papisco sobre Cristo, 43
Disputa de Leipzig, 281
Disputationes de Controversiis Christianae Fidei adversus huuis temporis Haereticos, 64
Disputationes Metaphysicae, 404
Ditojeon, 363
Diuturnum illud, 270
Dives in misericordia, 253
Divina Comédia, 117
Divindade, 121, 234, 256, 339
DIVÓRCIO, 128
DOCETISMO, 129
Documento Q, 9, 166, 232, 365
Dodd, C. H., 229, 249, 375
DÖLLINGER, JOHANN JOSEPH IGNAZ VON, 129
Dom Bosco, 244
DOMICIANO, TITO FLÁVIO, 129
Dominicana, ordem, 80
Dominicana, ordem terceira, 88, 377
Dominicano, 68, 69, 78, 120, 134, 278, 388, 403, 408, 418, 420, 433
DOMINICANOS, 130
DOMINGO, 53, 130

DOMINUS AC REDEMPTOR, 131
Domitila, 347
DONATISMO, 96, 131
DONATIVO DE CONSTANTINO, 105, 132, 295, 317, 319, 335, 396
Donativo de Quiercy, 149
Donato, 95, 131, 132, 299, 347
DOROTEU DE ANTIOQUIA, 132
DOSITEANOS, 132
DOSITEU, 132
DOSTOIEVSKY, FIODOR MIKHAILOVITCH, 132
Doutor da Igreja, 33, 36, 63, 173, 220, 246, 247, 360, 377
Doutrina da instituição dos monges, 328
Doutrina de Addeu, 133
Doutrinas e Pactos, 401
Doze anátemas contra Nestório, 97
Doze apóstolos, 313
Doze artigos da guerra dos camponeses, 197
Doze profetas menores, 34
Dreyfus, 344
Driver, J., 64, 161, 224, 228, 258, 326, 371, 372, 408
Duas Hierarquias, 127
Du pape, 118
DUJOBOROS, 133
Dunkards, 203
Dunkerley, R., 22, 233, 238
Dunkers, 203
DUNS SCOT, JOHN, 120, 133
DÜRER, ALBERTO, 133

E

EBEDJESUS, 133
Eberli Bolt, 30
Ebião, 46
EBIONITAS, 133
ECCE HOMO, 134
Ecclesia, 48, 198, 218, 443, 444
ECK, JOÃO, 71, 440

ECKHART, MESTRE, 120, 134, 305, 409
Eckius, 134
Eclesiastes, 34, 49, 84, 186
Eclesiástica, 24, 49, 84, 87, 92, 102, 106, 124, 129, 131, 153, 168, 192, 193, 240, 254, 255, 272, 279, 301, 329, 349, 402, 403, 410, 414, 443
Eclesiástico, 25, 34, 55, 84, 103, 106, 129, 189, 212, 225, 343
Ecolampádio, 382
Eczesis, 395
EDDY, MARY BAKER, 94, 134
Edersheim, A., 226, 233
Edésio de Tiro, 200
Edessa, 10, 12, 51, 54, 56, 114, 135, 258, 300, 411
EDITO DE MILÃO, 126, 134
EDITO DE NANTES, 134, 190, 198, 312
Edito de Restituição, 164
Edito de Tolerância, 131, 177, 348
Edito de Worms, 404, 440
EDUARDO VI, 48, 134, 202, 263
Eduardo VII, 76
EDWARDS, JONATHAN, 135, 148
Efésios, 84, 181, 247, 323, 338, 419
ÉFESO, CONCÍLIO DE, 135
EFRÉM SÍRIO, 135
EGEDE, HANS, 135
EGÉRIA, 137, 150, 347
EGITO, CRISTIANISMO NO, 136
Einsiedeln, 443
El judeo-cristianismo, 9, 14, 26, 33, 36, 38, 42, 56, 61, 62, 64, 74, 90, 109, 114, 120, 122, 128, 131, 142, 146, 151, 155, 160, 161, 167, 177, 188, 191, 195, 200, 213, 218, 221, 226, 233, 238, 244, 251, 252, 256, 257, 258, 276, 294, 300, 301, 303, 306, 312, 313, 314, 323, 326, 331, 332, 339, 340, 342, 347, 354, 368, 371, 372, 375, 376, 380, 381, 382, 383, 384, 386, 387, 388, 392, 394, 399, 408, 418, 422, 426
Elefantina, 391

Eleitor da Saxônia, 281
Eleitos, 175, 404
Eleusio de Cícico, 58
ELEUTÉRIO, 136, 189, 214
El-Guibor, 121
Elias, 361
ELIPANDO, 136, 164
Eliseu, 361
ELKASAÍTAS, 136
Ellis, E., E., 276
El-Loed, 255
Elogio à loucura, 140
ELREDO DE RIEVAL, 136
Elvira, 131, 143, 185, 265
Emancipação dos judeus, 36
Emaús, 103, 258
EMBURY, PHILIP, 136
EMERSON, RALPH WALDO, 136
Emília, 27
EMMANUEL, 136, 260
EMMERICK, ANA CATARINA, 136
Encaixes, 258
ENCARNAÇÃO, 17, 20, 33, 39, 49, 53, 71, 73, 97, 133, 137, 156, 180, 194, 245, 343, 355, 411, 414
Enchiridion Symbolorum, 369
Encíclica, 16, 285, 305, 351, 352, 406
Enciclopédia, 137, 206
ENCICLOPEDISTAS, 137
Encômio de Eunômio, 168
ENCRATITAS, 32, 137
ENDELÉQUIO, 137
Enéias de Gaza, 372
ENÉIAS SÍLVIO PICCOLOMINI, 137, 350
Engenas, 203
Ennéaplas, 327
Enquiridion, 19
Entmythologisierung, 120
EPAFRODITO, 137
Epicteto, 50
EPÍFANES, 117, 137
Epifania, 61, 420
EPIFÂNIO DE SALAMIS, 137, 327

EPIGRAMA DE PAULINO, 138
Epístola 119 a Agostinho de Hipona, 105
EPÍSTOLA A DIOGNETO, 40, 127, 138, 331
Epístola a Euquério de Lugdunum, 192
Epístola a Januário, 54
Epístola a Marcelino, 49
Epístola ao bispo Sálvio, 152
Epístola ao cardeal Sadoleto, 82
Epístola aos bispos e presbíteros da terceira província, 270
Epístola aos católicos, 20
EPÍSTOLA DE BARNABÉ, 139, 329
Epístola de Inácio aos Efésios, 247
EPÍSTOLA DOS APÓSTOLOS, 92, 139
Epístola encíclica, 179
Epístola jâmbica a Seleuco, 32
Epístola sobre condenar a herança, 156
Epístolas apócrifas de Paulo, 140
EPÍSTOLAS APÓCRIFAS, 39, 139
EPÍSTOLAS CATÓLICAS, 140
EPÍSTOLAS DO CÁRCERE, 140
EPÍSTOLAS PASTORAIS, AS, 140
EPÍSTOLAS UNIVERSAIS, 140
Epistula Apostolorum, 273
EPITÁFIO DE ABÉRCIO, 140
EPITÁFIO DE PECTÓRIO, 140
Era Apostólica, 214
ERASMO DE ROTTERDAM, DESIDÉRIO, 140
Ermitão, 29, 33, 288, 343, 392
Eros, 344
ESCATOLOGIA, 35, 124, 139, 141, 150, 168, 218, 219, 258, 331, 339
Escitópolis, 155
ESCÓCIA, CRISTIANISMO NA, 142
ESCOLA ALEXANDRINA, 143
Escola Unida do Cristianismo, 94
ESCOLÁSTICA, 14, 61, 143, 280, 363, 436

Escolástica luterana, 280
Escólios sobre a encarnação do unigênito, 97
ESCRITURA, 13, 20, 22, 34, 43, 60, 72, 81, 97, 120, 143, 154, 178, 304, 334, 384, 386, 422, 423
Escrituras, 25, 34, 42, 84, 97, 98, 119, 134, 138, 153, 155, 157, 163, 176, 180, 185, 213, 214, 225, 277, 286, 321, 348, 355, 363, 385, 416, 417, 422, 425, 430, 437
Esdras, 26, 34, 38, 84, 165, 167, 225
ESPALATINO, JORGE, 143
ESPANHA, CRISTIANISMO NA, 143
Espanhola, 265
Espelho da caridade, 136
Espelhos de monjes e monjas, 157
ESPES, 145
ESPIRITISMO, 145, 200
Espírito, 26, 39, 79, 87, 123, 127, 133, 142, 146, 173, 206, 207, 216, 238, 281, 298, 322, 347, 353, 375, 383, 390, 441
Espírito de Deus, 145, 194, 381
ESPÍRITO SANTO, 18, 29, 32, 43, 46, 47, 50, 51, 59, 60, 98, 103, 125, 130, 145, 157, 166, 167, 169, 170, 186, 199, 205, 211, 219, 250, 254, 255, 265, 276, 291, 308, 334, 340, 346, 347, 352, 365, 381, 393, 405, 415, 424, 432
ESPIRITUAIS, 146
ESPIRITUALISMO CRISTÃO, 146
Espoleto, 14, 42, 66, 145, 149
ESSÊNIOS, 147
Estados pontifícios, 69, 209, 241, 270
ESTADOS UNIDOS DA AMÉRICA, CRISTIANISMO NOS, 147
ESTANISLAU, 149
Ester, 34, 84, 225
ESTÊVÃO, 14, 37, 53, 61, 66, 95, 96, 149, 169, 274, 338, 391, 395
ESTÊVÃO I, 61, 149, 198, 400
ESTÊVÃO (II), 149

Estêvão II, 149, 335
ESTÊVÃO II (III), 149
ESTÊVÃO III (IV), 149
ESTÊVÃO IV (V), 149
ESTÊVÃO V (VI), 149
ESTÊVÃO VI (VII), 150
ESTÊVÃO VII (VIII), 150
ESTÊVÃO VIII (IX), 150
ESTÊVÃO IX (X), 150
Estilicão, 28, 99
Estrasburgo, 12, 82, 84, 162, 257, 374, 389, 403
Estrita Observância Templária, 175
ESTUNDISTAS, 150
Étaples, 162
ETÉRIA, 135, 150
ETERNIDADE, 150
Ética, 59, 406
Etnarca, 191
EUCARISTIA, 10, 17, 21, 42, 50, 58, 60, 64, 71, 78, 81, 82, 84, 86, 96, 98, 103, 123, 124, 140, 150, 151, 161, 169, 170, 186, 193, 197, 207, 214, 246, 259, 260, 266, 280, 281, 282, 285, 299, 300, 302, 321, 328, 333, 337, 370, 380, 382, 383, 390, 398, 401, 407, 411, 416, 421, 422, 423, 424, 426, 428, 444
Eucologio, 392
EUGÊNIO I, 151
EUGÊNIO II, 151, 430
EUGÊNIO III, 14, 45, 71, 151, 192
EUGÊNIO IV, 57, 151, 182
Eulálio, 42, 74
EUNOMIANOS, 33, 152
Eunômio, 59, 152, 168, 185
EUNÔMIO DE CÍZICO, 152
EUQUÉRIO DE LYON, 152, 385
EUQUITAS, 152
EUSEBIANOS, 152
Eusébio, 10, 12, 30, 31, 32, 37, 39, 44, 47, 55, 57, 72, 100, 105, 127, 132, 189, 201, 247, 248, 288, 301, 327, 365, 392, 403, 412
EUSÉBIO DE CESARÉIA, 10, 12, 18, 59, 152, 164, 217, 237, 331, 403

EUSÉBIO DE EMESA, 127, 154
EUSÉBIO DE NICOMÉDIA, 43, 152, 153, 154, 283, 424
EUSÉBIO DE VERCELLI, 154
"EU SOU", 155
EUSTÁCIO DE ANTIOQUIA, 155
Eustácio de Sebaste, 58
Eustóquio de Tours, 270
EUTÉRIO DE TIANA, 156
Eutímio, 412
EUTIQUES, 59, 156, 266, 267, 342
EUTRÓPIO, 156, 245
EUZOIO DE CESARÉIA, 156
Eva, 76, 125, 159, 194, 202, 214, 259, 262, 293, 309, 310, 416
EVÁGRIO GALO, 156, 168, 330
EVÁGRIO PÔNTICO, 156
Evangelho árabe da infância de Jesus, 159
Evangelho da graça, 55
Evangelho de Eva, 76
Evangelho de Filipe, 159
Evangelho de Judas Iscariote, 80
Evangelho de Marcos, 288
Evangelho de Nicodemos, 157, 317
Evangelho de Pedro, 342, 392
Evangelho dos Hebreus, 158
Evangelho social, 148
EVANGELHOS, 10, 13, 22, 33, 38, 41, 46, 51, 62, 84, 110, 111, 112, 119, 121, 128, 141, 146, 153, 157, 158, 159, 160, 168, 171, 173, 177, 178, 199, 213, 216, 217, 221, 227, 228, 234, 244, 248, 252, 255, 256, 259, 260, 290, 296, 298, 302, 303, 308, 312, 323, 325, 330, 331, 339, 349, 353, 358, 359, 361, 375, 376, 384, 385, 387, 392, 407, 413, 422, 424, 428, 429, 437
EVANGELHOS APÓCRIFOS, 38, 51, 158, 168, 392
EVANGELHOS GNÓSTICOS, 22, 157, 159, 312
Evangelhos sinópticos, 157, 275
EVANGÉLICOS, 150, 159, 201
Evangelistas, 213, 384

Índice Geral / 483

Exaplas, 42, 327
Exegética, 58
Exercícios espirituais, 207
Exército de Salvação, 76, 383, 405
EXISTENCIALISMO, 160
Êxodo, 13, 34, 84, 89, 108, 120, 123, 155, 165, 194, 199, 206, 250, 291, 305, 332, 361, 408, 413
EXORCISMO, 160
Exortação ao martírio dirigida a Fortunato, 95
Exortação aos adolescentes, 59
Exortação aos helenos, 103
EXPIAÇÃO, 160
Explicação das palavras do Senhor, 331
Explicação do símbolo aos iniciantes, 29
Exposição ao Cântico dos Cânticos, 40
Exposição da fé, 29, 50
Exposição da reta fé, 410
Exposição do símbolo, 179
Exposição interlineal do livro de Jó, 345
Exposição mística dos evangelhos de Mateus e João, 385
Exposições das diversas causas, 419
Exsurge Domine de 15 de junho de 1520, 281
Ezequiel, 26, 34, 73, 84, 274, 322, 375

F

FABER, JACOBO, 162
FABIANO, 94, 162
FALSAS DECRETAIS, 162, 164, 220, 318, 319
Falsificações de Símaco, 397
Família do Amor, 203
FAREL, GUILHERME, 162
Fariseu, 317
FAUSTINO, 162
Fausto, 19, 20, 163, 402

FAUSTO DE MILEVI, 163
Fausto, o Maniqueu, 20
Fausto Paolo, 402
FÉ, 72, 79, 163, 218, 263, 310
Fé cristã, 72
FEBADIO DE AGEN, 163
FEBRONIANISMO, 163
FÉLIX, 115, 164
Félix II, 115
Félix V, 152, 182
FÉNELON, FRANÇOIS, DE SALIGNAC DE LA MOTHE, 164
Fernando de Aragão, 144, 220
Fernando I de Nápoles, 52, 83, 99, 211, 216
FERNANDO II, 164
Fernando III, 343
Fernando VII, 213, 269
Ferrara, 57, 152, 169, 427
Festo, 235, 338
FEUERBACH, LUDWIG ANDREAS, 164
FILADELFIANOS, 164
FILADELFOS, 165
Filantropo, 369, 377
FILASTRO DA BRÉSCIA, 165
FILÊMON, 84, 140, 165, 323, 325, 338
Filhas de Maria, 294
Filho, 10, 15, 16, 25, 43, 44, 46, 47, 50, 58, 60, 62, 73, 78, 85, 88, 99, 107, 109, 117, 121, 122, 125, 137, 140, 146, 147, 152, 154, 157, 164, 165, 166, 167, 172, 191, 199, 214, 219, 227, 228, 230, 232, 246, 250, 254, 255, 262, 264, 271, 275, 282, 289, 291, 298, 317, 327, 337, 341, 346, 352, 359, 368, 378, 381, 385, 401, 405, 415, 418, 424
FILHO DE DAVI, 165
FILHO DE DEUS, 25, 109, 121, 122, 165, 166, 227, 232, 250, 275, 282, 289, 298, 300, 301, 334, 339, 341, 359, 384, 385, 424
FILHO DO HOMEM, 166
FILIOQUE, 146, 167, 205, 211

484 / Índice Geral

FILIPE, 51, 159, 167, 175, 221, 242, 264, 312, 386, 410
Filipe de Anjou, 102
Filipe de Hesse, 282
FILIPE DE SIDO, 167
FILIPE, EVANGELHO DE, 159, 167
Filipe II Augusto, 91
Filipe II, 84, 92, 114, 144, 167, 196, 211, 400
Filipe III, 178, 183
Filipe IV, 68, 75, 76, 254
FILIPE NÉRI, 55, 71, 167, 185, 328, 400
FILIPE, O PRESBÍTERO, 168
Filipenses, 100, 137, 140, 323, 338, 356
FILIPISTAS, 168
Filipo, 167, 386
FILOCALIA, 12, 59, 168, 348, 480
Filomena, 37
FILON, 25, 147, 155, 168, 194, 349, 381
Filósofo, 9, 23, 40, 70, 73, 78, 83, 92, 133, 135, 164, 222, 224, 247, 260, 261, 272, 279, 294, 319, 323, 357, 370, 403, 420, 440
Filosofumena, 193
FILOSTÓRGIO, 168
Filoteu Bryennios, 124
Fim do mundo, 44
FIM DOS TEMPOS, 168
FINLÂNDIA, CRISTIANISMO NA, 168
FIRMICO MATERNO, JÚLIO, 169
FIRMILIANO, 169
First Great Awakening, 148
FISHER, JOÃO, 169
Fitzmyer, J. A., 147, 213, 339, 368, 392
Flaviano, 156, 236, 266, 267, 362, 430
FLAVÍNIO DINÂMIO, 169
Flávio Clemente, 100, 103, 347
Flávio Josefo, 10, 26, 147, 217, 234, 235, 236, 255, 273, 349, 367, 368
Flávios, 100
FLORENÇA, CONCÍLIO DE, 169
Florino, 181, 434
Flossenbürg, 74
Flusser, D., 9, 109, 110, 130, 131, 158, 167, 217, 218, 227, 228, 229, 230, 232, 233, 234, 275, 292, 422
Focas, 74, 75, 183
FÓCIO, 14, 169, 170, 240, 254, 288, 294, 318, 393
Fontaines, 71
Fontebuono, 82
FORMOSO, 66, 150, 170, 171, 240, 268
Fórmula da Concórdia, 13
Fórmulas da inteligência espiritual, 152
Fourier, 278
FOX, GEORGE, 170
FRAÇÃO DO PÃO, 170
FRADES BRANCOS, 170
FRADES NEGROS, 130, 171
Frades pregadores, 130
FRAGMENTO MURATORIANO, 37, 46, 140, 171, 334
FRANÇA, CRISTIANISMO NA, 171
Franciscanos, 68
FRANCISCO DE ASSIS, 8, 36, 99, 172, 188, 244
FRANCISCO DE BORJA, 76, 173, 227, 246
FRANCISCO DE SALES, 17, 72, 173, 179, 239
FRANCISCO DE VITÓRIA, 84, 173, 436
FRANCISCO XAVIER, 173, 185, 207, 223, 226, 385
FRANCK, SEBASTIAN, 174
Francke, 13, 349
FRANCO-MAÇONARIA, 174, 175, 269
Frangipani, 179, 196
Frankfurt, 136, 164, 374, 394, 403, 419

Frascati, 67
Frederico I Barba-Roxa, 15, 24, 54, 151, 192, 427, 434
Frederico II, 91, 102, 174, 184, 211, 212
Frederico II da Prússia, 102, 174
Frederico III da Saxônia, 143, 280, 349
FRIEDRICH, JOHANNES, 176
Frígia, 10, 48, 192, 308, 320, 355
FRITH, JOHN, 176
Frumêncio, 200
FRY, ELISABETH, 176
Fulberto, 9
FUNDAMENTALISMO, 176

G

GABRIEL, 36, 139, 177
Gálatas, 84, 114, 130, 161, 163, 216, 248, 252, 280, 284, 312, 323, 338, 339, 341, 354, 380, 395, 419
GALÉRIO, 177, 348
Gálias, 27, 46, 90, 135, 137, 154, 156, 163, 171, 244, 265, 267, 308, 345, 360, 434, 443
GALICANISMO, 177
Galícia, 54, 135, 421
Galieno, 127
Galiléia, 40, 56, 109, 191, 228, 248, 252, 255, 290, 298, 313, 314, 341, 442
GALILEU GALILEI, 64, 177, 376, 428
Galo, 96, 156, 278
Gamaliel, 337
García Martínez, F., 147, 368
Gascunha, 326
Gaspar de Coligny, 57
GAUDÊNCIO DE BRÉSCIA, 178
Gaza, 372, 403
GEENA, 26, 178, 210
GELÁSIO I, 118, 178, 254, 318
GELÁSIO II, 179

GELÁSIO DE CESARÉIA, 179
GEMMA GALGANI, 179
GENÁDIO DE CONSTANTINOPLA, 179
Genebra, 44, 72, 82, 162, 173, 364, 374, 385, 393, 402, 407, 430
Gênesis, 10, 34, 37, 49, 64, 83, 84, 119, 121, 145, 155, 163, 193, 260, 291, 310, 321, 324, 411
Genétlio, 87
Gênova, 57, 70, 75, 222, 254
Gentiles, 370
George, A., 36, 64, 158, 277
GEÓRGIA, CRISTIANISMO NA, 179
Geral dos jesuítas, 173
Geraldo, 197
Gerhardsson, B., 41, 110, 111, 394
GERSON, JEAN LE CHARLIER DE, 179
Gervásio, 28
Ghandi, 262
Giovanni di Monte Corvino, 319
Gloria, 195
Glórias de Maria, 17
Gloucestershire, 424
GNOSE, 179
Gnose de CARF, 180
Gnóstica, 180
GNOSTICISMO, 42, 55, 80, 83, 134, 135, 159, 180
Gnóstico, 132
Godescalco, 21
GODOFREDO DE BOUILLON, 114, 150, 181, 343
Godofredo de Casteglione, 91
Goff, J. L., 364
Gordon, 81
Görlitz, 73
Goscalco, 358
Graciano, 28, 29, 52, 67, 359, 370
Graetz, 238
GRAHAM, BILLY, 181
GRANDE AVIVAMENTO, 182
Grande Cisma do Ocidente, 34, 69, 101

GRANDE CISMA, 24, 34, 69, 88, 101, 144, 177, 179, 182, 184, 198, 209, 211, 242, 296, 427, 433
GRANDE COMISSÃO, 182
Grande Inquisidor espanhol, 421
Grande Loja da França, 174
Grande Loja de Londres, 174
GRANDE MANDAMENTO, 182
Grande Meretriz, 16
Grande Oriente da França, 175
Grande Perseguição, 126
Grande Pirâmide, 417
Grande Prostituta do Apocalipse, 439
GRANDE SANHEDRIN, 182, 386
Grão-Mestre do Grande Oriente, 175
Grato, 31, 87
Grau, J., 26, 142, 178, 257, 331, 332, 364, 375, 376
GRÉCIA, CRISTIANISMO NA, 182
GREGÓRIO I, 65, 74, 75, 183, 318
GREGÓRIO II, 162, 183
GREGÓRIO III, 183
GREGÓRIO IV, 183
GREGÓRIO V, 183, 241
GREGÓRIO VI, 67, 183
GREGÓRIO VII, 104, 183, 188, 190, 192, 331, 333, 426
GREGÓRIO VIII, 101, 179, 184
GREGÓRIO IX, 88, 91, 99, 173, 184, 212, 220, 370
GREGÓRIO X, 184
GREGÓRIO XI, 69, 182, 184, 441
GREGÓRIO XII, 69, 182, 184, 242, 243, 296
GREGÓRIO XIII, 168, 184
GREGÓRIO XIV, 184
GREGÓRIO XV, 168, 185
GREGÓRIO XVI, 185
GREGÓRIO XVII, 86
Gregório da Capadócia, 49
GREGÓRIO DE ELVIRA, 185
GREGÓRIO DE NISSA, 38, 59, 84, 185, 191, 330
Gregório de Tours, 195, 296
Gregório de Túsculo, 68
Gregório, Magno ou o Grande, 65, 267, 364
GREGÓRIO NAZIANZENO, 84, 156, 168, 186, 330
GREGÓRIO PALAMAS, 186
GREGÓRIO TAUMATURGO, 186
Grenoble, 351
GROCIO, HUGO, 187
Groenlândia, 135
Guemarah, 408
GUERRA, 44, 52, 53, 57, 68, 70, 74, 102, 105, 106, 126, 144, 147, 148, 164, 171, 172, 187, 188, 197, 198, 202, 204, 212, 224, 226, 234, 235, 260, 262, 274, 311, 312, 315, 320, 323, 329, 379, 419, 420, 428, 436
GUERRA DAS INVESTIDURAS, 188
Guerra de Secessão, 148, 204, 262
Guerra dos Cem Anos, 68, 171, 212, 428
Guerra dos Trinta Anos, 52, 57, 106, 126, 164, 212, 428
Guerra e Paz, 420
GUETO, 188
Guevara, H., 55, 256, 367, 368, 442
Guia de pecadores, 279
Guia espiritual, 307
Guido III, 149
Guigues de Châtel, 87
Guilherme I de Sicília, 15
Guilherme III de Orange, 221, 222, 326
Guilherme Blount, 140
Guilherme de Nogaret, 68, 76
GUILHERME DE OCCAM, 188, 323
Guilherme de Tracy, 63
Guilherme José Chaminade, 294
Guilherme, o Conquistador, 24
Guilherme, o Piedoso, 104
Gulgulta, 81
GUSTAVO ADOLFO II, 188
Gustavo Vasa, 405

H

Habacuc, 34, 84, 163
Hacéldama, 256
Hades, 10, 26, 210
Hagenau, 78
Hamartigenia, 363
Harmonia entre Moisés e Jesus, 29
Harmônio, 181
HARNACK, ADOLFO, 189
Haroldo, 126
Harvard Divinity School, 419
Hattin, 184
Hegel, 62, 73, 78, 122, 164, 261
HEGEMÔNIO, 189
HEGESIPO, 189, 216, 217
Heidelberg, 224, 299
Helm, 100
Heloísa, 9
Hengel, M., 14, 41, 121, 122, 128, 167, 195, 227, 228, 229, 231, 232, 234, 290, 340, 383, 442
Henoc etíope, 165, 167, 394
Henoticon, 178
HENRIQUE II, 24, 62, 67, 190, 258, 393
HENRIQUE IV DA ALEMANHA, 190
HENRIQUE IV DA FRANÇA, 101, 171, 184, 190, 211
HENRIQUE VI, 91, 210
HENRIQUE VIII DA INGLATERRA, 48, 101, 123, 190, 202, 215, 219, 269
Henrique de Bergen, 140
Henrique de Lausana, 71, 190
Henrique, filho de Francisco I da França, 88
Henrique, filho de Frederico, 278
HENRIQUIANOS, 190
Heracleon, 181
Heracles, 327
Heráclito, 75, 395
Herege, 46
Heresia, 13, 129, 344
HERMAS, 139, 153, 171, 191, 214, 329, 334, 349, 362

Hermias, 40, 403
HERODES, 191
Herodes Agripa I, 22, 191
Herodes Antipas, 35, 46, 191, 243, 385
Herodes, o Grande, 46, 168, 191, 387
Herodes Filipe (ou Filipo) I, 167
Herodes Filipe (ou Filipo) II, 168
Herodíades, 168, 245, 311, 385
Herrnhut, 442
HESICASMO, 186, 191
HESÍQUIO DE JERUSALÉM, 191
HICKS, ELIAS, 192, 366
HICKSITAS, 192
Hidácio, 359, 360
Hidácio de Mérida, 359
Hierarquia, 182
Hierópolis, 10, 54
Hillel, 128
Hilário, 27, 171, 192, 267, 279, 296, 430
HILÁRIO DE ARLES, 192, 267, 279
HILÁRIO DE POITIERS, 171, 192, 296
HILDEBRANDO, 68, 150, 183, 192, 268, 318
HILDEGARDA, 192
HIPÓLITO DE ROMA, 26, 47, 171, 193, 442
Hipona, 10, 18, 19, 22, 29, 32, 38, 90, 100, 105, 122, 123, 132, 188, 224, 225, 271, 286, 294, 307, 340, 369
HIPÓSTASE, 193, 213, 221, 275, 339, 365, 381, 426, 433
História árabe de José, o Carpinteiro, 159
História cristã, 164
História de uma alma, 415
História dos arianos, 49
História dos reis godos, vândalos e suevos, 220
Historia Ecclesiastica Gentis Anglorum, 63
História Eclesiástica, 10, 87, 129, 153, 168, 179, 192, 402, 403, 410

488 / Índice Geral

História Lausaica, 330
Histórias contra os pagãos, 340
Hoare, E., 81, 226
Hobart, 273
HODGE, CHARLES, 195
Hodgson, P. C., 62
Hohenstaufen, 101, 115, 427
HOLANDA, CRISTIANISMO NA, 195
HOLOCAUSTO, 36, 126, 196, 320, 352
Homilia, 123, 217, 245, 299, 431
Homilia sobre as estátuas, 245
Homilias de Orígenes sobre os profetas, 225
Homilias espirituais atribuídas a Macário, 300
Homoousios, 317
Honorato, 152, 192, 196, 279, 386
HONORATO DE ARLES, 196
Honorato de Lérins, 192
Honório, 24, 28, 99, 106, 132, 196, 209, 210, 240, 308, 318, 390
HONÓRIO I, 196
HONÓRIO II, 24, 196, 210
HONÓRIO III, 196, 390
HONÓRIO IV, 196, 318
HORMISDAS, 196
HORT, FENTON JOHN ANTHONY, 197
Hortêncio, 19
Hospital de São João de Jerusalém, 197
HOSPITALÁRIOS, 89, 197, 218, 410
HUBMAIER, BALTASAR, 197
Hugo de Morville, 63
Hugo de Payns, 410
HUGUENOTES, 198
Hulda, 361
Humani Generis, 160
Humanum genus, 269
HUNGRIA, CRISTIANISMO NA, 198
Hustingdon, 113
HUSS, JOÃO, 198

HUTERITAS, 198
Hypatia, 97, 399
Hypotyposeis, 103
Hyrum, 402

I

Ibéria, 179
Ibn Abi Jakub, 55
Icônio, 32, 330
Idácio, 421
Idade Média, 12, 14, 33, 38, 61, 64, 65, 71, 77, 85, 87, 88, 104, 107, 108, 114, 120, 122, 126, 129, 133, 135, 142, 144, 146, 151, 160, 162, 163, 164, 188, 195, 196, 204, 209, 232, 234, 239, 253, 287, 292, 293, 303, 318, 319, 329, 331, 374, 378, 382, 383, 386, 387, 388, 405, 422
Idioma semítico, 42
Iduméia, 46
Idumeu, 12
IGREJA, 9, 10, 16, 17, 18, 19, 20, 21, 22, 23, 27, 28, 29, 30, 31, 32, 34, 36, 37, 39, 41, 42, 43, 44, 45, 48, 50, 51, 52, 53, 55, 59, 60, 61, 62, 66, 70, 72, 73, 74, 76, 77, 78, 79, 82, 83, 85, 86, 87, 88, 89, 92, 93, 94, 95, 96, 99, 100, 101, 102, 103, 104, 105, 106, 108, 109, 110, 111, 114, 115, 116, 117, 118, 123, 125, 126, 129, 131, 132, 134, 136, 138, 139, 142, 143, 144, 145, 148, 149, 153, 154, 159, 160, 163, 164, 168, 169, 171, 172, 173, 174, 175, 176, 177, 179, 180, 182, 183, 186, 189, 195, 198, 199, 200, 201, 202, 203, 204, 205, 206, 207, 208, 209, 210, 212, 213, 214, 215, 216, 218, 219, 220, 221, 226, 227, 246, 247, 256, 261, 263, 264, 265, 266, 267, 270, 274, 277, 278, 281, 282, 283, 285, 287, 293, 295, 296, 298, 299, 302, 303, 304, 305, 309, 310, 311, 313, 315, 316, 318, 319, 320, 322, 324,

325, 328, 331, 334, 336, 337, 338, 341, 349, 354, 355, 356, 357, 359, 360, 364, 365, 366, 367, 369, 370, 372, 374, 378, 379, 382, 386, 388, 390, 395, 398, 400, 401, 402, 405, 406, 407, 412, 413, 416, 419, 420, 422, 423, 424, 426, 428, 429, 431, 432, 433, 434, 436, 437, 438, 439, 440, 441, 443, 444
IGREJA ABISSÍNIA, 10, 200, 204
Igreja albanesa, 23
IGREJA ANGLICANA, 85, 123, 135, 159, 200, 202, 215, 218
IGREJA CATÓLICA, 9, 10, 15, 16, 20, 30, 34, 36, 41, 50, 71, 77, 82, 86, 88, 93, 94, 95, 102, 104, 123, 129, 144, 145, 149, 159, 160, 163, 172, 174, 177, 193, 198, 200, 201, 202, 209, 213, 215, 218, 219, 226, 247, 263, 266, 270, 295, 296, 302, 304, 305, 311, 316, 319, 331, 337, 356, 357, 360, 364, 374, 378, 419, 429, 431, 432, 439
IGREJA CATÓLICA APOSTÓLICA, 200, 219
IGREJA CATÓLICA EVANGÉLICA, 200
IGREJA CATÓLICA LIBERAL, 200
IGREJA CATÓLICA ROMANA, 201
IGREJA CONFESSANTE, 55, 201, 315, 319
IGREJA CONSTITUCIONAL, 201
IGREJA COPTA, 108, 118, 136, 201, 349, 412
IGREJA CRISTÃ CATÓLICA E APOSTÓLICA, 201
IGREJA CRISTÃ UNIVERSAL, 202
IGREJA DA INGLATERRA, 32, 41, 169, 200, 202, 204, 208, 219, 263, 278, 293, 302, 310, 316, 357, 364, 365, 370, 378, 382, 388, 402, 405, 413, 426, 433, 438, 439, 440

IGREJA DA NOVA JERUSALÉM, 202
IGREJA DA UNIFICAÇÃO, 202
IGREJA DE ARMAGEDON, 202
Igreja de Cartago, 369
IGREJA DE CRISTO CIENTÍFICA, 203
IGREJA DE CRISTO DOS SANTOS DOS ÚLTIMOS DIAS, 203
Igreja de Lyon, 23
IGREJA DE SIÃO, 203
IGREJA DO DEUS UNIVERSAL, 32, 44, 203
IGREJA DO ENTENDIMENTO BÍBLICO, 203
IGREJA DO NAZARENO, 203
IGREJA DOS IRMÃOS, 31, 203, 215, 424
IGREJA EPISCOPAL, 143, 204
IGREJA ETÍOPE, 200, 204
IGREJA EVANGÉLICA, 204
Igreja gnóstica de Doinel, 180
Igreja jerosolimitana, 288
IGREJA LIVRE DA ESCÓCIA, 204
Igreja Patriarcal Gnóstica, 180
Igreja primitiva, 416, 428
Igreja Reorganizada de Jesus Cristo dos Santos dos Últimos Dias, 309
Igreja siríaca, 407
Igrejas calvinistas, 52
IGREJAS DE CRISTO, 204
IGREJAS DA SANTIDADE, 204
Igrejas evangélicas, 302, 366
IGREJAS METODISTAS, 204
IGREJAS ORTODOXAS, 204, 293, 328
IGREJAS REFORMADAS, 205
IGREJAS RUTÊNIAS, 205
IGREJAS UNIATAS, 205, 206
Ilíria, 31, 43, 58, 90, 113, 210, 334
ILUMINADOS, 206
ILUMINISMO OU ILUSTRAÇÃO, 35, 52, 144, 172, 206, 332, 409, 443
IMACULADA CONCEIÇÃO DA

490 / Índice Geral

VIRGEM MARIA, 71, 293, 351, 421
IMAGENS, 206
IMITAÇÃO DE CRISTO, 122, 207, 421
IMORTALIDADE, 207
Império carolíngio, 149
In eminenti apostolatus specula, 174
INÁCIO DE ANTIOQUIA, 207, 329
INÁCIO DE LOYOLA, 144, 173, 179, 185, 207, 226, 326, 400
INDEPENDENTES, 207
Index Expurgatorius, 208, 209
ÍNDIA, CRISTIANISMO NA, 208
ÍNDICE DOS LIVROS PROIBIDOS, 208
Indiferentismo, 406
INDULGÊNCIAS, 209
Indulgentiarum, 209
INFALIBILIDADE, 209
INFERNO, 88, 207, 210, 318
Inglaterra, 18, 24, 32, 37, 41, 47, 48, 57, 62, 63, 65, 75, 76, 78, 79, 83, 91, 101, 102, 107, 113, 114, 133, 134, 140, 144, 169, 183, 190, 196, 200, 202, 204, 208, 210, 219, 220, 221, 222, 227, 242, 254, 263, 269, 278, 293, 296, 302, 308, 310, 316, 324, 336, 346, 350, 357, 364, 365, 366, 370, 372, 373, 374, 378, 382, 388, 402, 404, 405, 406, 413, 420, 424, 426, 433, 435, 438, 439, 440, 441
Inmortale Dei, 270
Innsbruck, 258, 369
INOCÊNCIO I, 74, 92, 94, 210, 245, 344, 382
INOCÊNCIO II, 71, 87, 91, 210, 343
INOCÊNCIO III, 23, 173, 210, 429
INOCÊNCIO IV, 149, 211, 213, 408
INOCÊNCIO V, 211, 318
INOCÊNCIO VI, 211
INOCÊNCIO VII, 211
INOCÊNCIO VIII, 211, 349
INOCÊNCIO IX, 211

INOCÊNCIO X, 57, 211, 371
INOCÊNCIO XI, 57, 212, 266, 307, 367
INOCÊNCIO XII, 212
INOCÊNCIO XIII, 212
Inocenzo, 258
INQUISIÇÃO, 27, 35, 78, 82, 88, 106, 130, 144, 173, 177, 208, 211, 212, 213, 246, 278, 324, 336, 350, 356, 372, 374, 393, 429, 430
INSPIRAÇÃO, 213
Instâncio, 359
Instituciones divinas, 265
Instituição da religião cristã, 81, 345
Instituição de Calvino, 430
Instruções catequéticas, 98
Instruções para Salônio, 152
Intellectual System, 409
INTERCESSÃO, 213
ÍNTERIM DE AUGSBURGO, 213
ÍNTERIM DE LEIPZIG, 13, 214
Interpretação de Daniel, 410
Interpretação de Isaías, 410
Introdução geral elementar, 153
Introductio ad Theologiam, 342
Investiduras, 188, 221, 266
IRINEU, 29, 31, 58, 87, 100, 120, 136, 181, 193, 214, 247, 272, 287, 297, 318, 331, 334, 400, 434
IRLANDA, CRISTIANISMO NA, 214
IRMANDADE SACERDOTAL DE SÃO PIO X, 215
Irmão, 215, 267, 273, 355, 429, 438
IRMÃO LOURENÇO, 215, 273
IRMÃOS, 30, 72, 105, 107, 117, 188, 195, 197, 215, 216, 218, 225, 244, 294, 421, 442, 443
Irmãos abertos, 218
IRMÃOS BOÊMIOS, 215
IRMÃOS DA VIDA COMUM, 72, 216, 421
IRMÃOS DARBYSTAS, 216
IRMÃOS DE JESUS, 216
IRMÃOS DE NOSSO PAI JESUS, 218

IRMÃOS DE PLYMOUTH, 105, 216, 218
Irmãos fechados, 218
IRMÃOS HOSPITALEIROS, 218
Irmãos livres, 218
IRMÃOS MORÁVIOS, 107, 216, 218, 438, 443, 444
Irmãos suíços, 30
Irmãos tchecos, 225
IRMÃS BRANCAS, 219
Irmãs de Nossa Senhora de Nevers, 71
Irrisio de Hermias, 40
IRVING, EDWARD, 219
IRVINGIANISTAS, 200, 219
Isa, 238
ISAAC, 29, 73, 116, 219, 332, 346, 417
ISABEL, 54, 98, 99, 144, 211, 219, 441
ISABEL I, 48, 79, 202, 215, 219, 263, 350, 372
ISABEL DA HUNGRIA, 220
ISABEL DE CASTELA, 220
Isabel de Médici, 402
Isaías, 13, 26, 34, 38, 47, 84, 108, 109, 120, 136, 145, 146, 153, 155, 160, 165, 167, 187, 229, 232, 245, 275, 277, 289, 291, 301, 314, 322, 353, 358, 361, 371, 375, 387, 391, 394, 410, 425
ISAL, 412
Isauria, 59
ISIDORO DE PELÚSIO, 220
ISIDORO DE SEVILHA, 143, 162, 181, 185, 220, 221
ISIDORO MERCATOR, 220
Iskander Bey, 22
Islamismo, 17, 73, 129, 144, 238, 279
ISLÂNDIA, CRISTIANISMO NA, 221
ISRAEL, 32, 34, 35, 40, 96, 112, 120, 165, 182, 187, 194, 199, 203, 213, 221, 226, 228, 234, 238, 275, 276, 283, 284, 298, 301, 306, 326, 332, 347, 361, 371, 380, 381, 383, 384, 385, 387, 394, 408

Itácio de Ossonoba, 359
Itália, 16, 36, 45, 57, 65, 67, 70, 73, 75, 78, 88, 91, 101, 103, 104, 116, 122, 132, 140, 183, 188, 196, 211, 239, 241, 244, 254, 267, 269, 277, 296, 307, 318, 333, 334, 343, 345, 350, 352, 359, 372, 373, 377, 393, 402, 403, 420, 426, 427, 429, 430, 433, 434, 436
Itinerário ou Peregrinação aos santos lugares, 135
Ituréia, 168
IVO DE CHARTRES, 221

J

Jacob, 200
JACOBITAS, 221
Jacques de Molay, 55, 410
JAIME I, 102, 222
JAIME II, 221, 222
Jaime de Aragão, 196, 343
JAIME DE LA VORÁGINE, 222, 270
JAMES, WILLIAM, 222
Jamil Sean Savoy, 223
JAMILIANOS, 223
JÂMNIA, 9, 26, 34, 223
JANSEN, CORNÉLIO OTTO, 223
Jansênio, 21
JANSENISMO, 223
Januário, 54
JANUS, 223
JAPÃO, CRISTIANISMO NO, 223
Jarkov, 133
JASPERS, KARL, 224
JEJUM, 224
Jeremias, 9, 22, 34, 35, 84, 150, 225, 226, 230, 233, 274, 322, 353, 361, 399
Jeremias, J., 9, 22
Jericó, 368, 442
JERÔNIMO, 27, 30, 38, 40, 45, 89, 125, 138, 146, 154, 156, 164, 168, 217, 224, 225, 255, 260, 318, 328, 329, 340, 377, 385, 411, 415, 437

492 / Índice Geral

Jerônimo da Mãe de Deus, 27
JERÔNIMO DE PRAGA, 225
JERUSALÉM, 25, 38, 43, 53, 77, 81, 89, 98, 109, 112, 114, 115, 118, 124, 132, 138, 139, 156, 161, 178, 179, 181, 191, 192, 197, 202, 204, 207, 216, 225, 226, 228, 229, 234, 247, 248, 251, 252, 256, 258, 274, 275, 289, 291, 292, 298, 299, 313, 314, 317, 322, 332, 333, 337, 338, 340, 341, 343, 344, 347, 354, 361, 365, 377, 384, 386, 399, 408, 416, 418, 422, 424, 427, 442
JESUÍTAS, 9, 24, 31, 73, 85, 93, 104, 129, 130, 131, 144, 164, 173, 177, 184, 200, 207, 226, 258, 263, 269, 285, 293, 306, 307, 332, 336, 357, 360, 379, 423, 425, 437
JESUS, 9, 10, 11, 13, 17, 22, 26, 29, 31, 32, 33, 35, 37, 38, 40, 41, 46, 47, 50, 54, 55, 58, 60, 64, 71, 73, 74, 80, 81, 84, 89, 92, 96, 97, 102, 103, 104, 107, 108, 109, 110, 111, 112, 113, 114, 116, 117, 119, 121, 123, 125, 128, 129, 130, 132, 133, 134, 136, 137, 139, 140, 141, 146, 147, 150, 153, 155, 157, 158, 159, 160, 161, 163, 165, 166, 167, 173, 177, 180, 181, 182, 187, 189, 191, 193, 194, 199, 202, 213, 216, 217, 218, 223, 224, 226, 227, 228, 229, 230, 231, 232, 233, 234, 235, 236, 237, 238, 244, 248, 249, 250, 251, 252, 253, 255, 256, 257, 258, 259, 260, 262, 264, 266, 267, 270, 272, 274, 275, 276, 280, 283, 285, 287, 289, 290, 291, 292, 293, 295, 297, 298, 300, 301, 302, 303, 306, 308, 309, 310, 311, 312, 313, 314, 317, 322, 323, 325, 330, 331, 332, 338, 339, 340, 341, 342, 347, 349, 352, 353, 354, 355, 357, 358, 359, 360, 361, 362, 365, 367, 368, 371, 372, 374, 375, 376, 380, 381, 383, 384, 385, 386, 387, 388, 389, 391, 392, 393, 394, 395, 397, 398, 399, 401, 403, 405, 407, 408, 412, 414, 416, 418, 422, 424, 435, 442, 443, 444
Jesus como mediador, 213
Jesus Cristo, 12, 109, 202, 300, 302, 309, 371, 412, 442
Jesus Cristo libertador, 412
Jesus, filho de Ananias, 274
JESUS, NAS FONTES NÃO CRISTÃS, 234
Jews for Jesus, 234
JEZRAEL, JAMES JERSHOM, 238
JEZRAELITAS, 239
Jó, 34, 84, 119, 146, 164, 165, 345, 361
JOANA, 81, 92, 134, 171, 173, 239, 254, 415, 437
JOANA D'ARC, 81, 171, 239, 415, 437
JOANA FRANCISCA DE CHANTAL, 92, 173, 239
Joana Seymour, 134
JOÃO, 11, 13, 16, 22, 26, 27, 31, 33, 34, 35, 36, 37, 40, 47, 50, 51, 53, 55, 56, 60, 66, 67, 68, 69, 70, 71, 73, 75, 76, 80, 81, 82, 83, 84, 87, 89, 90, 97, 98, 102, 104, 107, 108, 113, 115, 119, 121, 127, 128, 129, 130, 134, 138, 139, 140, 141, 142, 144, 146, 153, 157, 163, 164, 165, 166, 169, 171, 175, 177, 178, 181, 182, 184, 187, 191, 194, 197, 198, 209, 210, 213, 216, 217, 219, 224, 225, 226, 227, 228, 229, 231, 232, 234, 237, 239, 240, 241, 242, 243, 244, 245, 246, 247, 248, 249, 250, 251, 252, 253, 255, 256, 257, 259, 261, 264, 267, 268, 271, 272, 275, 278, 279, 282, 283, 285, 288, 289, 290, 291, 292, 295, 296, 300, 303, 305, 306, 311, 312, 313, 317, 318, 319, 320, 322, 323, 324, 325, 326, 329, 330, 331, 337, 340, 341, 342, 347, 349, 352, 353, 354, 355, 356, 358, 361, 363, 367, 368, 369, 371, 372, 373, 374, 375, 376, 380, 383,

384, 385, 386, 387, 388, 390, 391,
393, 394, 395, 397, 398, 400, 402,
404, 405, 408, 411, 412, 414, 418,
421, 424, 432, 435, 439, 440, 441,
442
JOÃO I, 239, 240
JOÃO II, 67, 240, 271, 393
João II Crescêncio, 67, 393
JOÃO III, 240, 405
JOÃO IV, 240
JOÃO V, 240
JOÃO VI, 240
JOÃO VII, 240
JOÃO VIII, 240
JOÃO IX, 66, 240, 393
JOÃO X, 240
JOÃO XI, 241
JOÃO XII, 241, 268
JOÃO XIII, 241
JOÃO XIV, 75, 241
JOÃO XV, 241
JOÃO XVI, 241
JOÃO XVII, 242
JOÃO XVIII, 242
JOÃO XIX, 67, 242
JOÃO XX, 242
JOÃO XXI, 134, 242, 318
JOÃO XXII, 242, 243, 295, 319, 323, 324, 325, 408, 421
JOÃO XXIII, 36, 182, 198, 243, 252, 296, 311, 329, 337, 347, 432
João Bar Caldún, 157
JOÃO BATISTA, 60, 83, 177, 191, 219, 224, 227, 232, 237, 243, 275, 289, 291, 341, 368, 385, 418, 439, 441
JOÃO BATISTA DE LA SALLE, 244
JOÃO BATISTA MARIA VIANNEY, 115, 244
JOÃO BOSCO, 76, 244, 384
JOÃO CAPISTRANO, 244
JOÃO CASSIANO, 87, 157, 244
João Clímaco, 157
JOÃO CRISÓSTOMO, 10, 16, 34, 35, 97, 108, 113, 127, 138, 164, 178, 210, 217, 225, 245, 288, 320, 330, 361, 388, 395, 411, 412
JOÃO DA CRUZ, 27, 69, 144, 246, 279, 305, 326, 414
JOÃO D'ÁVILA, 246, 278
JOÃO DAMASCENO, 247
João de Antioquia, 97, 400
JOÃO DE DEUS, 197, 247, 354
JOÃO DE SALISBURY, 247
JOÃO, EVANGELHO DE, 247
João Graciano, 67
JOÃO MARCOS, 251, 288, 291, 342
João Mincio, 68
JOÃO NEPOMUCENO, 251
JOÃO, O APÓSTOLO, 251
JOÃO, O EVANGELISTA, 251, 330
JOÃO, O TEÓLOGO, 252
JOÃO PAULO I, 252, 253
JOÃO PAULO II, 175, 178, 253, 264, 325, 337, 356, 404
JOÃO SCOTT ERÍGENA, 253
João Sobieski, 102
João van Bolland, 73
JOAQUIM, 44, 253, 347
JOAQUIM DE FIORE, 44, 254, 347
JOC, 254
Joel, 34, 84, 392
John Hopkins University, 407
JOINVILLE, JEAN DE, 254
Jokmah, 121
Jonas, 34, 55, 84, 341, 361
JONES, RUFUS MATTHEW, 254
Jope, 223, 398
Jorge, 39, 49, 77, 143, 154, 254, 336
Jorge da Capadócia, 39, 49
JORGE HAMARTOLOS, 254
JORGE SINGELO, 254
JOSÉ, 22, 29, 46, 72, 80, 86, 104, 116, 134, 158, 159, 166, 175, 213, 216, 217, 218, 231, 254, 255, 290, 291, 292, 294, 313, 317, 325, 354, 412, 414, 439
José Antônio Primo de Rivera, 86

José II da Áustria, 255
JOSÉ DE ARIMATÉIA, 231, 255, 317
JOSÉ DE CALASANZ, 255, 354
JOSEFINISMO, 255
JOSEFO, FLÁVIO, 255
Josué, 34, 84, 306, 321
Judá, 221, 256, 288
JUDAS, 40, 41, 80, 84, 140, 153, 159, 171, 214, 216, 217, 238, 255, 264, 270, 323, 367, 384, 397, 442
Judas Galileu, 367
Judas Iscariotes, 40, 80, 159, 255, 397, 442
Judéia, 46, 191, 237, 249, 264, 314, 341
JUDEU, 40, 256, 398
JUDEU-CRISTIANISMO, 189, 256
Judite, 34, 84, 225, 437
JUDSON, ADONIRAM, 257
Juiz da humanidade, 232
Juízes, 34, 84, 121, 146, 187, 193, 361
Juízo, 73, 257, 297, 364
JUÍZO FINAL, 257
JULIANA DE NORWICH, 257
JULIANO, O APÓSTATA, 164, 257, 303
JÚLIO I, 49, 257
JÚLIO II, 257, 266, 269
JÚLIO III, 200, 258, 408, 423
JÚLIO AFRICANO, 216, 258
Jullian, 296
JURAMENTO, 258
Jurbán, 382
JUSTIÇA, 86, 259, 368
JUSTIFICAÇÃO, 259
JUSTINIANO I, 240, 259, 345, 396
Justino I, 196, 239
Justino II, 65
JUSTINO, MÁRTIR, 259
Justo, 418
JUVENCO, 260
Juventude para Cristo, 181, 182

K

KABBALA, 260
Kafar-Gamala, 53
KAGAWA, TOYOHIKO, 260
KANT, EMMANUEL, 260
KARLSTAD, 261
Kelber, W., 110
Kempen, 421
KEPLER, JOÃO, 261
Ketubim, 34
KIERKEGAARD, SOREN AABYE, 261
King James Bible, 222
KING, MARTIN LUTHER, 262
KKK, 262, 263
Klausner, J., 109, 114, 158, 188, 217, 227, 228, 233, 237, 292, 301, 303
Kleopas, 103
KLOPSTOK, FRIEDRICH GOTTLIEB, 262
KNOX, JOHN, 263
Köpfel, 84
KU KLUX KLAN, 148, 262, 263
Kublai Jan, 319
KULTURKAMPF, 45, 263, 270, 351, 432
KÜNG, HANS, 263
KUYPER, ABRAHAM, 264
Kyrios, 391

L

"L", 264
Laborem exercens, 253
LACTÂNCIO, 45, 47, 265, 442
Lacunza, 219
Ladd, G. E., 332, 375, 386
Ladislau, 211
Lamberto de Espoleto, 14, 66
Lamberto le Bégue, 63
LAMENTABILI, 265
Lamentações, 34, 332, 394
Laodicéia, 39, 131
LAPSOS, 265

LAS CASAS, BARTOLOMEU DE, 265
Latourelle, R., 111
Latrão, 23, 24, 81, 91, 120, 149, 151, 253, 266, 269, 295, 318, 335, 343, 352
LATRÃO, CONCÍLIO DE, 266
LATROCÍNIO, 266
Lauingen, 23
Lauso, 330
LAXISMO, 266
LÁZARO, 10, 264, 266, 290, 295, 344, 358
LEANDRO, 267, 370
LEÃO I MAGNO, 51, 59, 156, 267, 270, 271, 318, 362, 410, 421, 430
LEÃO II, 247, 267
LEÃO III, 86, 268
LEÃO IV, 66, 239, 268
LEÃO V, 268, 333
LEÃO VI, 170, 268
LEÃO VII, 268
LEÃO VIII, 268
LEÃO IX, 268
LEÃO X, 73, 190, 269, 280, 281
LEÃO XI, 269
LEÃO XII, 269
LEÃO XIII, 16, 29, 46, 63, 82, 208, 247, 269, 316, 342, 370, 375, 421
LEÃO DE BOURGES, 270
LEBEU, 40, 41, 270, 407
LEFEBVRE, MARCEL, 270
LEFEBVRISMO, 215, 270
Lefèvre d'Étaples, 162
Lei, 28, 34, 44, 96, 108, 111, 123, 131, 133, 150, 156, 216, 231, 234, 235, 241, 255, 256, 257, 258, 262, 276, 278, 283, 298, 306, 322, 335, 338, 339, 345, 351, 360, 363, 380, 383, 395, 407, 408, 422, 440
Lei de direitos civis, 262
Lei de Moisés, 216, 256, 258, 338, 363, 407
Lei de Sociedades industriais, 278
Leipzig, 13, 53, 134, 214, 281, 349
LENDA ÁUREA, 222, 270, 418

Leonor de Castro, 173
Leovigildo, 370
Lépée, M., 54
LEPÓRIO, 270
Lérins, 152, 192, 196, 279, 385, 386, 433
Leukios Carinos, 32, 51
LEVELLERS, 125, 271
LEVI, 25, 40, 221, 256, 271, 297, 381
Levítico, 34, 47, 60, 84, 145, 158, 160, 190, 258, 284, 347, 353, 381, 386, 407, 425
Lewis, C. S., 233
Lexikon für Theologie und Kirche, 369
Leyden, 44
Libânios, 32, 411
Libelo da fé, 345
Libelo de defesa, 344
Libelo sobre a fé, 54, 377
Liber promissionum et praedictorum, 369
LIBERALISMO, 271
LIBÉRIO, 115, 116, 209, 271, 277, 428
Líbia, 43, 96, 127
Libro de las consolaciones de la vida humana, 69
Licaônia, 32
LICÊNCIO, 271
Licínio, 303, 348
Lictório, 326
Liége, 63
Liga de pastores, 201
Liga Nacional Anti-guerra, 260
Liga protestante de Esmalcalda, 86
Lightfoot, J. B., 41
LIGÓRIO, AFONSO DE, 272
Ligugé, 296
Ligúria, 27
Lindsay, R. L., 276
LINO, 51, 100, 272
Lisieux, 415
Liutprando, 183, 441
LIVINGSTONE, DAVID, 272

Livro à Gregória, 45
Livro contra Constâncio, 192
Livro da contemplação, 279
Livro da fé contra aqueles que apelam à natureza e não ao arbítrio para sua culpa, 324
Livro da oração e meditação, 279
Livro das diversas heresias, 165
Livro das Regras, 419
Livro de Henoc, 26, 38, 119
Livro de homilias, 134
Livro de Mórmon, 309, 401
Livro sobre a fé, 377, 396
Livro sobre o endurecimento do coração do Faraón, 345
Livros a Constâncio, 192
LIVROS DEUTEROCANÔNICOS, 272
LLULL, RAIMON, 272
LOCKE, JOHN, 272
LOGOS, 26, 39, 43, 48, 50, 51, 103, 120, 139, 155, 194, 250, 259, 272, 300, 330, 339, 359, 376, 433
Loja P-2, 175
LOLHARDOS, 272, 441
Lord Halifax, 285
Los textos evangélicos de la Pasión, 80, 90, 161
Lotário, 14, 183, 268
LOUDUN, 272, 273
Lourdes, 71, 172, 303
Lourenço de Medici, 388
LOURENÇO, IRMÃO, 273
Lourenço Valla, 132
Louvaina, 53, 64, 376
Louvor, 300
Louvor de Cristo, 300
Louvores de Constantino, 153
Love Israel, 203
LUCAS, 10, 13, 22, 25, 26, 31, 33, 35, 36, 38, 40, 42, 46, 47, 55, 64, 81, 84, 89, 90, 96, 97, 103, 107, 108, 109, 112, 114, 117, 119, 121, 128, 130, 141, 142, 146, 150, 151, 157, 160, 163, 165, 166, 168, 177, 178, 182, 187, 189, 191, 194, 199, 217, 219, 224, 226, 227, 228, 230, 231, 232, 233, 237, 248, 249, 255, 256, 257, 259, 264, 266, 267, 270, 271, 273, 274, 275, 276, 277, 283, 284, 287, 289, 290, 291, 292, 295, 296, 297, 302, 303, 311, 312, 313, 322, 323, 325, 326, 330, 331, 332, 339, 340, 341, 347, 349, 352, 353, 358, 361, 362, 365, 367, 368, 371, 372, 374, 375, 376, 380, 381, 383, 384, 385, 386, 388, 391, 393, 394, 395, 397, 398, 399, 400, 411, 418, 420, 421, 422, 424, 441, 442
LUCAS, EVANGELHO DE, 273
Luciano, 13, 25, 43, 47, 132, 154, 277
LUCIANO DE ANTIOQUIA, 13, 25, 47, 154, 277
LÚCIFER, 155, 277
LÚCIFER DE CAGLIARI, 155, 277, 278
LUCIFERINOS, 277
Lucila, 131
Lúcio, 37, 265, 278, 283, 304, 355, 412, 427, 429
LÚCIO I, 278
LÚCIO II, 278
LÚCIO III, 278, 355, 427, 429
Lúcio Gera, 412
LUDLOW, JOHN MALCOLM FORBES, 278
Luís II, 66
Luís VII, 91, 114
Luís XIV, 24, 83, 102, 164, 172, 212, 312, 433
LUÍS DE GRANADA, 278
Luís, o Germânico, 240
Luís Gonzaga, 69, 227
LÚLIO, RAIMUNDO, 279
LUNA, PAPA, 279
LUPO DE TROYES, 279
LUTERANISMO, 279
LUTERO, MARTINHO, 280, 286
Lutoslawski, 301
LUZ INTERIOR, 54, 282, 366
Lyon, 15, 23, 136, 152, 171, 205, 211, 214, 296, 348, 355, 364, 372, 385, 421

Índice Geral / **497**

M

"M", 283
Macabeus, 34, 84, 225
Macário, 131, 169, 283, 300, 330, 398
Macário de Corinto, 169
MACÁRIO DE MAGNÉSIA, 283
MACÁRIO, O ALEXANDRINO, 283
MACÁRIO, O EGÍPCIO, 283, 300
MACEDÔNIO, 105, 283
MAÇONARIA, 283
Macrina, 59
Madaura, 19
Madiã, 305
Mãe de Deus, 22, 25, 50, 97, 293
MAGIA, 283
"**MAGNIFICAT**", 284
Magona, 395
MAGOS, 284, 375
Maimónides, 301
Mais além do bem e do mal, 319
MALAQUIAS, 34, 84, 124, 225, 284, 361
MALAQUIAS DE ARMAGH, 285
MALAQUIAS, PROFECIAS DE, 285
MALCO, 285
MALDONADO, JOÃO, 285
MALINAS, CONVERSAÇÕES DE, 285
MALQUIÃO DE ANTIOQUIA, 285
MAMERTINA, PRISÃO, 285
MANDAMENTOS, 286
Manés, 286
Manfredo de Hohenstaufen, 427
Mani, 286
Manifestações, 37
MANIQUEÍSMO, 286
Maniqueu, 19
Manson, 228, 232, 237, 283, 297, 301, 394
Mântua, 267, 401, 422

Manual de Disciplina, 194
Manuscript story, 401
Maomé, 238, 293
Mar Morto, 60, 134, 147, 181, 244, 301
MARBURGO, COLÓQUIO DE, 286
Marcelina, 86
MARCELINO, 49, 286, 294, 299
Marcelo, 47, 58, 153, 286, 436
MARCELO I, 286
MARCELO II, 286
MARCELO DE ANCIRA, 47, 154, 287, 381
MARCIÃO, 37, 57, 92, 171, 287, 355, 415
MARCO, 39, 51, 62, 138, 181, 287
Marco Aurélio, 39, 51, 62, 138, 139, 299, 304, 348
MARCO, O ERMITÃO, 288
MARCOS, 9, 12, 16, 22, 24, 26, 32-34, 38, 40, 46, 47, 51, 52, 55, 60, 73, 84, 88, 90, 108-110, 114, 117, 119, 121, 128, 141, 142, 146, 150, 156, 160, 161, 167-169, 178, 182, 188, 201, 217, 224, 228-230, 232, 248, 251, 255, 256, 259, 271, 274, 283, 288-292, 296, 301-303, 306, 311, 312, 314, 323, 325, 330, 332, 342, 347, 349, 352, 353, 358, 361, 362, 371, 375, 376, 378, 380, 382-387, 391, 394, 395, 397, 399, 400, 418, 421, 422, 435,
MARCOS, EVANGELHO DE, 288
Maria da Encarnação, 11
MARIA DE BETÂNIA, 290
MARIA DE CLÉOFAS, 290
Maria de Guisa, 263
MARIA MADALENA, 290
MARIA, MÃE DE JOÃO MARCOS, 291
MARIA, VIRGEM, 10, 12, 14, 22, 29, 36, 37, 40, 50, 88, 96, 97, 116, 125, 135, 138, 146, 152, 158, 160,

186, 189, 204, 206, 213, 217, 246, 253, 255, 259, 264, 267, 279, 284, 287, 291, 292, 303, 309, 316, 324, 328, 351, 352, 363, 385, 400, 408, 416, 421, 432, 436
Maria Tudor, 48, 78, 219, 263, 324, 336
Mariana II, 168
MARIANISTAS, 294
MARINO I, 14, 294, 295
MARINO II, 294
MÁRIO MERCATOR, 294, 295
MARISTAS, 294
MARITAIN, JACQUES, 294
MARONITAS, 295
Marósia, 150, 241, 268
Marselha, 69, 245, 271, 312, 336, 362, 386
Marshall, I. H., 112, 228, 232, 395
MARSÍLIO DE PÁDUA, 295
MARTA, 264, 267, 290, 295
Martinho, 57, 77, 78, 81, 151, 156, 279, 280, 286, 294, 295
MARTINHO I, 151, 295
MARTINO II, 294
MARTINO III, 294
MARTINHO IV, 295
MARTINHO V, 57, 81, 182, 234, 296
MARTINHO DE TOURS, 156, 171, 296
MÁRTIR, 176 ,259, 296, 390
Mártires de Palestina, 153
Martírio, 209
Martírio de São Paulo, 51
Martírio de São Pedro, 51
Martírio do Santo apóstolo Pedro, 51
Maryam, 291
Massada, 442
Massa de Carrera, 71
Mateo de Bassi de Urbino, 85
Mater et Magistra, 243
MATEUS, 10, 13, 22, 25, 26, 32-34, 38, 40, 46, 47, 50, 51, 53, 55, 56, 60, 63, 64, 74, 84, 89, 90, 95, 97, 107-109, 113, 116, 117, 119, 121, 123, 128, 134, 136, 141, 142, 146, 150, 156-158, 160, 163, 165, 166, 168, 173, 178, 191, 192, 197, 199, 213, 216, 217, 224, 227-230, 232, 233, 244-246, 248, 255-259, 261, 267, 271, 283, 285, 289-291, 296-298, 302, 303, 306, 311, 312, 314, 321, 323, 325, 330, 332, 339, 340, 341, 346, 348, 349, 352-354, 358, 361, 365, 371, 374, 375, 376, 380, 381, 383-386, 388, 390, 391, 393-397, 398, 400, 408, 416, 418, 421, 422, 424, 435, 440, 442
MATEUS, EVANGELHO DE, 297
Mateus 16,18: 95, 116, 128, 197, 199, 283
Mateus 28,18-20: 199
Matilda, 91
Matrimônio, 383
Maurício de Nassau, 430
Maxêncio, 177, 286
Maximes spirituelles, 215
Maximila, 40
Maximiliano I, 15
Maximino, 47, 158, 193, 277, 307, 348
Maximino Daia, 158, 277, 307
Máximo, 28, 50, 128, 359
Máximo, o Confessor, 128
MÁXIMO DE TURIM, 299
Majorino, 131
Mazarino, 100
MELANCHTHON, FELIPE, 299
Melécio, 25, 59, 116, 245, 277, 317, 342
Melécio, o Confessor, 245
MELITÃO DE SARDES, 40, 299
MELQUÍADES, 286, 299
MELQUITAS, 299
Meninos de Deus, 103, 304
MENONITAS, 299
Menorca, 53, 395
Menreptah, 306
Mensurio, 131
MENRÁ, 300
MERCEDÁRIOS, 343

Mercier, 143, 285
MEROBAUDES, 300
Merôpio Pôncio Anício Paulino, 335
MESSALIANOS, 12, 152, 300
Messianic Jews, 234
MESSIANISMO POLONÊS, 300
MESSIAS, 10, 36, 107-109, 120, 121, 128, 136, 141, 147, 164, 202, 219, 227, 228, 230, 232-236, 238, 256, 262, 272, 275, 289, 298, 301, 368, 374, 384, 394, 425
Metáfrase do Eclesiastes, 186
METEMPSICOSE, 301
Mestre, 134, 250, 298, 368
Mestre de Justiça, 368
METÓDIO, 14, 17, 300
METODISTAS, 202, 302
MÉXICO, CRISTIANISMO NO, 302
Michelangelo, 101, 258
Midrash, 166, 301, 332, 394
Midrash de Lamentações, 394
Midrash sobre Rut, 394
Midrash sobre Samuel, 394
Mieczyslaw I, 355
Migniano, 91
MIGUEL CERULÁRIO, 92, 268, 302
Miguel III, 169
Miguel VIII, Paleólogo, 101, 295, 318
MILAGRES, 100, 302
Milagres de Cristo, 100
MILÃO, 19, 27, 28, 49, 85, 126, 134, 155, 271, 277, 303, 319, 331, 337
Milão, Edito de, 126
MILCÍADES, 131, 171, 304
MILENARISTAS, 304, 367
MILLER, WILLIAM, 304
MILTON, JOHN, 304
Ming, 93
MINÚCIO FELIX, 304
Miquéias, 34, 84, 146
Mirabeau, 175
Miryam, 291
Missa, 53

Missão, 53, 76, 93
Missionário, 85, 135, 257, 265, 270, 272, 409
Missionários do Verbo Divino, 45
MISTICISMO, 305
Místico, 246, 254, 406, 408
Mithraeum, 412
MOÇÁRABES, 305
MODALISMO, 305
MODERNISMO, 305
Moeurs et entretiens du F. Laurent, 215
MOISÉS, 26, 28, 38, 120, 123, 194, 216, 250, 256, 258, 305, 306, 338, 361, 363, 381, 407
MOLINA, LUÍS DE, 306
MOLINISMO, 306
MOLINOS, MIGUEL DE, 306
Moloc, 178
MONASTICISMO, 307
Monge, 14, 23, 34, 54, 87, 156, 190, 254, 270, 430
MONGES BRANCOS, 307
MONGES NEGROS, 307
MÔNICA, 19, 307
MONOFISITISMO, 308
MONOTELISMO, 308
Montaigne, 370
MONTANISMO, 308
MONTANO, 40, 308
Monte Cassino, 70, 150, 171, 420, 434
Monte Pulciano, 64
Monte Tabor, 407
Montesquieu, 174
MOODY, DWIGHT LYMAN, 308
Morals and dogma, 175
MÓRMONS, 203, 308
Moroni, 308, 401
MORUS, TOMÁS, 310
Mosteiro, 104
Mountain Meadows, 308
Movimento da Missão pela Paz, 53
MOVIMENTO DE OXFORD, 310, 316
Movimento do Reino de Deus, 260

MOVIMENTO ECUMÊNICO, 310
MORTE, 311
Mozart, 174
Muilenburg, J., 112
MULHER, 219, 291, 311, 385
Mundo, 15, 44, 202, 218, 239, 304, 309, 402, 416, 417, 439
MUSEO DE MARSELHA, 312

N

NAASENOS, 312
Nabucodonosor, 225, 275
NAG HAMMADI, 159, 181, 312, 363
Naum, 34, 84
NANTES, EDITO DE, 134, 190, 312
Naqdemón, 317
NÃO-VIOLÊNCIA, 312
Natã, 361
NATAL, 28, 61, 312, 418
NATANAEL, 40, 56, 313
Natureza, 78, 122, 284, 303, 370, 412
Navin, 34
NAZARÉ, 118, 137, 216, 227, 255, 291, 312, 313, 398
NAZARÉ, DECRETO DE, 313
NAZARENO, 203, 314
NAZISMO, 315
Neemias, 42, 84, 146
NEMÉSIO DE EMESA, 315
Neocesaréia, 59, 186
NERO, 237, 274, 288, 315
NESTLE, EBERHARD, 315
NESTORIANISMO, 315
NESTÓRIO, 90, 97, 98, 127, 135, 155, 156, 246, 293, 308, 315, 316, 360, 410, 433
Neufmotier, 343, 378
New Earswick, 377
NEWMAN, JOHN HENRY, 316
Newman, Y., 64, 129, 340
Newton, 73, 206, 439
NICÉIA, PRIMEIRO CONCÍLIO DE, 317

NICÉIA, SEGUNDO CONCÍLIO DE, 317
Nicésio de Tréveris, 317
Nicetas de Aquiléia, 317
NICETAS DE REMESIANA, 317
NICODEMOS, 157, 158, 168, 317, 322
Nicodemos, o Hagiorita, 168
NICOLAÍTAS, 318
NICOLAU I, 14, 169, 253, 318
NICOLAU II, 68, 318, 380
NICOLAU III, 318, 324
NICOLAU IV, 75, 91, 318
NICOLAU V, 182, 244, 319
Nicolau Cóscia, 69
NICOLAU DE CUSA, 122, 132, 179, 319
NICOLAU DE LIRA, 319
Nicolau Herman, 215
Nicolau Maria Lercari, 69
Nicópolis, 136
NIEBUHR, REINHOLD, 319
NIEMÖLLER, MARTIN, 319
NIETZSCHE, FRIEDRICH WILHELM, 319
NILO DE ANCIRA, 23, 320
NILO SINAÍTA, 320
Nina, 179
Nisã, 332, 367, 434
Nisibis, 56
No Cross, No Crown, 346
Nogaret, 68, 76
Nomes divinos, 127
NOMINALISMO, 320
NONNO DE PANÓPOLIS, 320
Northampton, 440
NORUEGA, CRISTIANISMO NA, 320
Nottingham, 76
NOVACIANO, 95, 96, 278, 320, 321
Novato, 95
Noyon, 82
NOVA ERA, 180, 276, 321, 344, 409
NOVA IGREJA, 322
Nova Jersey, 54, 346
NOVA ZELÂNDIA, CRISTIANISMO NA, 322

Novo Israel, 199, 221
NOVO MANDAMENTO, 322
NOVO NASCIMENTO, 22, 322
NOVO PACTO, 25, 89, 150, 276, 322, 323, 383
NOVO TESTAMENTO, 13, 22, 26, 30, 32, 34, 38, 51, 61, 62, 65, 64, 65, 72, 79, 82, 84, 85, 92, 97, 100, 108, 110, 118, 119, 121, 124, 125, 137, 140, 141, 142, 147, 157, 160, 161, 162, 171, 181, 188, 189, 197, 199, 208, 216, 218, 219, 236, 243, 252, 254, 256, 272, 281, 288, 292, 305, 307, 315, 322, 327, 332, 341, 353, 358, 371, 374, 382-385, 388, 392, 398, 416, 418, 422, 424, 425, 429, 431, 435, 437, 439
Novo Testamento de Johannes Greber, 418
Números, 34, 84, 146, 160, 347
Numídia, 18, 131, 325
"**NUNC DIMITTIS**", 322
Núncio papal, 70, 435
NUVEM DO NÃO-SABER, 323, 326

O

OBJEÇÃO DE CONSCIÊNCIA, 323
Observância estrita, 99
OCCAM, GUILHERME DE, 323
OCHINO, BERNARDINO, 323
ODES DE SALOMÃO, 17, 324
OFITAS, 324
OLAVO, 320, 324
Olaus Magni, 168
OLÍMPIO, 324
OLIVI, PETRUS JOANNIS, 324
ONÉSIMO, 325
Onomásticon, 153
OPTATO DE MILEVO, 325
OPUS DEI, 325
ORAÇÃO, 20, 45, 48, 49, 325

Oração sobre a encarnação do Verbo, 49
Oração sobre a Trindade, 20
Oração contra os gentios, 49
Oração matutina, 52
Orações contra os arianos, 49
ORÁCULOS DE SEXTO, 326
ORÁCULOS SIBILINOS, 326
ORANGISMO, 326
ORATÓRIO, 326
Orchard, J. B., 277
Ordem, 64, 82, 86, 87, 175, 220, 297, 300, 326, 407, 410, 424
ORDEM DO TEMPLO, 326
Ordem eclesial, 297
Ordem Real da Franco-maçonaria, 175
Ordenado sacerdote, 12, 94, 118, 164, 224, 244, 247, 316, 320, 386, 411
Ordo católico, 425
ORÊNCIO, 326
Orestes, 97
ORFISMO, 326
ORIÊNCIO, 327
ORÍGENES, 12, 13, 25, 28, 30, 37, 38, 42, 83, 92, 100, 119, 120, 124, 125, 137, 138, 141, 153, 154, 159, 161, 167, 186, 192, 224, 258, 301, 326-331, 334, 364, 368, 372, 377, 388, 405, 412
ORIGENISMO, 328
Orleans, 72, 82, 212, 333, 434
ORÓSIO, 20, 53, 104, 237, 328, 340
ORSIÉSIO, 328
ORTODOXOS, 328
Orvieto, 420, 427
Oséias, 84, 155, 165, 349
ÓSIO, 317, 328
Óstia, 19, 308
Otávio, 304
Otão I, 66, 67, 75, 241, 396
Otão II, 66, 67, 75, 241
Otão III, 183, 241
Oxford, 9, 18, 42, 111, 133, 140, 191, 202, 254, 293, 310, 323, 424, 438, 441
OZANAM, ANTONIO FREDERICO, 329

P

PACEM IN TERRIS, 243, 329
PACIANO DE BARCELONA, 329
PACIFISMO, 329
PACÔMIO, 225, 328, 329, 396, 411
Pacto, 25, 89, 96, 150, 219, 276, 322, 323, 383
Pacto sinaítico, 89
PADRES ALEXANDRINOS, 329
PADRES APOSTÓLICOS, 139, 329, 334
PADRES BRANCOS, 18, 219, 329
PADRES CAPADÓCIOS, 330
Padres do Sagrado Coração de Jesus e Maria, 116
Padres peregrinos, 147, 365
Pádua, 25, 36, 44, 295
Pagão, 45
PAI, 13, 16, 21, 25, 43, 47, 50, 53, 58, 60, 63, 95, 103, 121, 125, 139, 146, 152, 154, 157, 161, 166, 199, 213, 218, 219, 233, 246, 251, 254, 265, 271, 275, 276, 283, 287, 289, 298, 317, 330, 334, 335, 376, 381, 405, 415, 424
Pai-nosso, 95, 325
PAIXÃO DE JESUS, 330
Paixão do mártir São Maurício e de seus companheiros, 152
Paládia, 386
PALÁDIO, 157, 165, 214, 283, 330, 395
PALAVRA, 9, 32, 45, 56, 83, 110, 159, 177, 199, 300, 330
Palavra de Deus, 45, 56, 159
Palemon, 329
Palestina, 37, 59, 114, 124, 137, 153, 186, 221, 225, 244, 249, 254, 277, 314, 327, 330, 338, 352, 393, 410
Pallet, 9
Palmar de Troya, 86
Palmária, 396
PAMPSIQUISMO, 330
Panárion, 138
Pandectas da Sagrada Escritura, 34
Pandera, 292
Panegírico de Orígenes, 186
Panfília, 155, 164
Pânfilo, 18, 152, 330
PÂNFILO DE CESARÉIA, 330
PANTEÍSMO, 331, 367
PANTENO, 25, 103, 139, 329, 331
Pantera, 292
PAPA, 14, 15, 21, 25, 43, 47, 50, 53, 58, 60, 63, 95, 103, 121, 125, 139, 146, 152, 154, 157, 161, 166, 199, 213, 218, 219, 233, 246, 251, 254, 265, 271, 275, 276, 283, 287, 289, 298, 317, 330, 334, 335, 376, 381, 405, 415, 424
PÁPIAS DE HIERÁPOLIS, 329, 331
Papisco, 43, 156
Paráclito, 9
Paráfrase do Evangelho de João, 320
PARAÍSO, 16, 46, 203, 304, 309, 331, 391, 417
Paris, 9, 23, 40, 45, 62, 64, 48, 70, 72, 78, 82, 130, 133, 141, 162, 187, 190, 192, 198, 207, 215, 218, 221, 242, 247, 263, 285, 295, 313, 314, 343, 350, 390, 393, 408
Parmeniano, 131, 325
PARUSIA, 33, 38, 124, 141, 322, 331, 365, 371, 375
PASCAL, BLAISE, 332
Pascásio Radberto, 151
PÁSCOA, 39, 42, 55, 61, 89, 95, 104, 108, 140, 153, 225, 229, 234, 317, 332, 347, 355, 367, 397, 411, 434, 436
Pascoal, 179, 333, 397
PASCOAL I, 179, 333, 397
PASCOAL II, 179, 333, 397
PASCOAL III, 333
PASTOR, 74, 79, 85, 139, 153, 171, 191, 214, 243, 262, 264, 319, 329, 334, 335, 349, 362
PASTOR AETERNUS, 334
PASTOR DE HERMAS, 139, 153, 171, 191, 214, 329, 334, 349, 362

Patrás na Acáia, 32
Patriarca, 10, 154, 156, 266, 346, 361
PATRÍCIO, 214, 334
PATRIMÔNIO DE SÃO PEDRO, O, 334
PATRIPASIANISMO, 335
PATRÍSTICA, 47, 159, 161, 181, 293, 335
Patroclo de Arlés, 74
PATROLOGIA, 104, 335
Paul, A., 34, 84
Paul, the Convert, 122
PAULICIANOS, 335
Paulino, 53, 59, 92, 138, 156, 171, 224, 271, 296, 335
Paulino de Milão, 92
PAULINO DE NOLA, 53, 156, 171, 271, 335
PAULINO DE PELLA, 335
Paulino de Périgue, 296
PAULO, 10, 12, 19, 24, 27, 34, 35, 37, 40-42, 46, 47, 51, 52, 62, 94, 100, 118, 127, 129, 133, 137, 139, 140, 141, 143, 153, 155, 162, 163, 171, 182, 198, 214, 217, 231, 248, 252, 256, 264, 273, 274, 280, 287, 288, 297, 311, 312, 315, 325, 326, 331, 332, 336, 338, 339, 341, 345, 347, 353, 354, 358, 362, 371, 376, 378, 389, 393, 395, 396, 399, 406, 411, 419, 422, 424, 428, 432, 435, 443
PAULO I, 133, 188, 336
PAULO II, 336
PAULO III, 207, 213, 226, 336, 401, 422, 428
PAULO IV, 141, 208, 336, 350, 423
PAULO V, 336, 405, 428
PAULO VI, 86, 252, 337, 432
PAULO DE SAMÓSATA, 13, 25, 46, 155, 285, 337
PAULO DE TARSO, 34, 42, 137, 140, 182, 231, 315, 325, 326, 336, 393, 399
PAULO E TECLA, 340
PAULO ORÓSIO, 328, 340

Pavia, 28, 67, 331
PECADO, 340
PECADOR, 254, 340
PECTÓRIO, 140, 340, 341
Pedagogo, 103
PEDRO, 9, 10, 21, 25, 37, 40, 42, 51, 59, 67, 74, 84, 89, 95, 96, 100, 103, 109, 116, 139, 140, 149, 153, 158, 171, 173, 191, 210, 214, 231, 248, 249, 251, 256, 258, 267, 272, 274, 280, 285, 288, 294, 295, 297, 315, 323, 333-335, 338, 339, 341, 342, 347, 348, 353, 368, 371, 392, 397, 398, 401, 405, 418
PEDRO CANÍSIO, 342
Pedro Chelcicky, 215
PEDRO CLAVER, 342
PEDRO CRISÓLOGO, 342
Pedro de Acarie, 10
PEDRO DE ALCÂNTARA, 326, 342
PEDRO DE ALEXANDRIA, 329, 342
PEDRO DE BRUYS, 78, 342, 343, 348, 436
PEDRO DE CANDIA, 343
Pedro de Luna, 69
Pedro de Sebaste, 59
PEDRO GONZÁLEZ, 343
PEDRO LOMBARDO, 343, 358, 383, 425
Pedro Morrone, 91
PEDRO NOLASCO, 300, 343
PEDRO, O ERMITÃO, 343
Pedro, o Grande, 378
PEDRO, O VENERÁVEL, 9, 343, 344
PÉGUY, CHARLES DE PIERRE, 344
PELAGIANISMO, 344
PELÁGIO, 20, 61, 92, 210, 225, 280, 294, 340, 344, 345, 358, 371, 437
PELÁGIO I, 345, 346
PELÁGIO II, 345
Pellegrino, 100, 299
PENINGTON, ISAAC, 346

Península Ibérica, 340
PENITÊNCIA, 346
PENN, WILLIAN, 346
Pensamentos, 332
Pensilvânia, 54, 148, 346
Pentápolis, 29, 58, 183, 399
PENTECOSTAIS, 346
PENTECOSTALISMO, 346
PENTECOSTES, 9, 61, 130, 226, 243, 248, 347, 380
Peñíscola, 69
Peréia, 191, 228, 275
Peregrinação, 135
PEREGRINAÇÃO DE EGÉRIA, 347
Perge, 288
Peri-Arjon, 327
Peristefanon, 363
Perpiñan, 69
Perrin, N., 110, 112, 375
PERSEGUIÇÃO, 126, 347
Pérsia, 56
Peshitta, 42, 72
Pesiqta Rabbati, 394
Petiliano, 108, 132
PETROBRUSIANOS, 343, 348
Petrônio, 328
Petrópolis, 412
PHILOCALIA, 348
PICO DELLA MIRANDOLA, GIONANNI, 348
PIERIO, 25, 329, 330, 349
PIETISMO, 349
PILATOS, PÔNCIO, 349, 356
Pinieniola, 279
PIO I, 85, 334, 349
PIO II, 137, 205, 350
PIO III, 350
PIO IV, 85, 350
PIO V, 208, 220, 350, 421
PIO VI, 350
PIO VII, 201, 222, 227, 350, 351
PIO VIII, 351
PIO IX, 279, 334, 351, 366, 406, 425, 431
PIO X, 11, 270, 305, 351

PIO XI, 11, 82, 169, 285, 310, 315, 335, 352, 365, 415
PIO XII, 11, 17, 36, 48, 243, 293, 337, 432, 460, 464
Pipino III, 85
Pispir, 29
Pisto, 49
Pitágoras, 372
Platão, 25, 39, 45, 372
Plínio, 147, 238, 347
Plínio, o Jovem, 238
Plotino, 357
Plummer, 297
Plutarco, 273
PNEUMATÔMACOS, 352
POBRES, 352, 353
POBRES CLARISSAS, 355
POBRES DE LYON, 355
POLICARPO DE ESMIRNA, 207, 329, 331, 355
POLÍCRATES, 355, 367
POLICRÔNIO DE APAMÉIA, 355
POLÔNIA, CRISTIANISMO NA, 355
PÔNCIO PILATOS, 356
PONTE MÍLVIA, BATALHA DE, 356
PONTÍFICE MÁXIMO, 356
Ponto, 245, 395
Por que os ídolos não são deuses?, 95
Porciúncula, 99, 173
PORFÍRIO, 39, 153, 168, 301, 357
PORTUGAL, CRISTIANISMO EM, 357
POSSESSÃO, 358
Postillae perpetuae in universam S. Scripturam, 319
POTÂMIO DE LISBOA, 358
Praga, 83, 198, 216, 225, 251, 407
Pregador, 76, 77, 163, 219, 243, 342, 343, 359, 388, 404, 418, 433, 439, 440
PREDESTINAÇÃO, 358
PREEXISTÊNCIA DO FILHO, 359

Índice Geral / **505**

PRESBITERIANISMO, 359
PRESBITERIANOS, 359
Presbítero, 72, 132, 149, 164, 285
Primeira Cruzada, 12
Primeira Guerra Mundial, 70, 172, 419
Primeiro Credo de Sírmio, 271
Primeiro Grande Avivamento, 148, 438, 439
Primitive Christianity, 346
Princípios de dialética, 20
Prisca, 40, 91
Priscila, 40
PRISCILIANO, 28, 54, 116, 212, 296, 359, 360
PROBABILISMO, 360
PROCESSO DE JESUS, 360
Process and Reality, 414
Procla, 349
PROCLO DE CONSTANTINOPLA, 360
Próculo, 271
Procurador, 314
PROFETA, 347, 360, 361
Professor, 56, 64, 254, 263, 369, 389, 403, 440
Profissão de fé para o papa Julio, 287
PRÓSPERO DE AQUITÂNIA, 362
Protásio, 28
Protério de Alexandria, 123
Protestante, 373, 441
PROTESTANTES, 363, 364
PROTESTANTISMO, 363
Proto-evangelho de Tiago, 72, 158
Protéptico, 103
Provença, 66, 197, 241, 362
Provérbios, 34, 64, 84, 121, 194, 291, 381
Providência, 276
PRUDÊNCIO, 363, 433
Pseudoclementinas, 100
Psycomaquia, 363
PTOLOMEU, 177, 363
PURGATÓRIO, 15, 160, 169, 364
PURITANOS, 364

Q

"Q", 365
QUADRAGESIMO ANNO, 365
QUADRATO, 365
QUAKERS, 366
QUANTA CURA, 366
Quaresma, 58
Quarto livro de Esdras, 26, 38
QUARTODECIMANISMO, 333, 366, 367
Quasten, 37, 124, 125, 139, 154, 156, 158, 207, 246, 259, 328, 334, 340
Quatro artigos galicanos, 177
Quia vir reprobus, 242
QUIETISMO, 366
QUILIASTAS, 366
Quinto Septímio Florêncio Tertuliano, 415
QUINTOMONARQUISTAS, 367
Quirinal, 351
QUIRINO, 95, 129, 367
QUMRÁN, 60, 147, 232, 307, 361, 368, 376, 377, 394
QUO VADIS, 341, 368, 369
Quod apostolici muneris, 269
QUODVULTDEUS, 369

R

Rábula de Edessa, 411
Racionalismo, 406
Rafael, 101, 258
RAHNER, KARL, 369
RAIKES, ROBERT, 369
RAIMUNDO DE PEÑAFORT, 279, 343, 370
Raimundo de Provença, 197
RAIMUNDO DE SEBUNDE, 370
Raimundo de Tolosa, 12, 181
Ramazaim, 255
Ramsés II, 305
RANTERS, 370
Rashi, 291, 301, 319
Ratisbona, 23, 78, 136, 440

Ratzinger, Joseph, 70
Rauschen, 100
Ravena, 42, 65, 117, 240, 241, 300, 318, 335, 342, 344, 436
Rea, W., 16
RECAREDO, 370
RECEPCIONISMO, 370
RECOLETOS, 370
RECONCILIAÇÃO, 160, 346, 371
Redemptor hominis, 253
REDENÇÃO, 94, 176, 371, 375
REDENTORISTAS, 17, 372
REENCARNAÇÃO, 271, 301, 321, 372, 422, 426
REFORMA, 15, 29, 30, 35, 56, 61, 65, 66, 85, 89, 92, 99, 101, 102, 106, 107, 114, 122, 123, 126, 129, 131, 133, 141, 142, 143, 144, 161, 162, 163, 188, 190, 195, 197, 198, 200, 202, 205, 206, 209, 213, 215, 219, 221, 258, 263, 266, 269, 272, 281, 282, 293, 295, 299, 303, 307, 310, 320, 323, 342, 350, 354, 356, 357, 358, 359, 363, 364, 371, 372, 373, 374, 378, 382, 383, 386, 388, 389, 402, 405, 422, 426, 429, 430, 437, 441, 443, 444
Reforma radical, 61, 282
Refutação de Marcelo, 47
Refutação de Porfírio, 168
Refutação e apologia, 127
Reggio, 78
Regimini militants Ecclesiae, 207
Regla benedictina, 65, 70
REGRA DE OURO, 374
Regra de São Pacômio, 328
Regras de definições contra os heréticos, 396
Rei, 10, 104, 134, 141, 188, 190, 222, 275, 370, 401
Rei Jaime, 141, 221, 222, 401,
Reicke, B., 264, 274
REINA, CASSIODORO DE, 374
Reino, 10, 38, 46, 83, 101, 119, 141, 151, 191, 196, 199, 202, 220, 225, 228, 232, 233, 256, 259, 260, 276, 289, 290, 298, 322, 324, 332, 358, 367, 374, 394, 407, 417
REINO DE DEUS, 10, 46, 141, 260, 298, 358, 367, 374, 407, 417
Reino messiânico, 38
Reis católicos, 102, 144, 211
REIS MAGOS, 375
Reitzenstein, 180
Remoção do prepúcio, 96
Renovação carismática, 346
Rentis, 255
Repreensão dos doze anatematismos, 410
RERUM NOVARUM, 270, 375
RESGATE, 375
Restauração, 83, 113, 177, 271, 380
RESSURREIÇÃO, 157, 158, 176, 215, 216, 251, 290, 375, 420
RETÍCIO DE AUTUN, 376
Retórico, 47, 304
Retorno, 304
Retratações, 19
Reumann, J., 213
REVELAÇÃO, 55, 265, 297, 376, 398, 422
Revolução Francesa, 36, 63, 65, 99, 118, 164, 172, 175, 201, 294, 352
Revolução russa, 70
Ricardo Coração de Leão, 91
Ricardo de Inglaterra, 114
Ricardo, o Bretão, 63
Ricart, D., 54
RICCI, MATEO, 376
Riesenfeld, H., 41
RIGORISMO, 376
Rimini, 50, 58, 163, 185, 192, 271, 358, 425
RIPALDA, JOÃO MARTÍNEZ DE, 376
Risenfeld, 112
Rito Escocês de Ramsay, 174
Ritual romano, 64
Robbins, V., 112
ROBERTO BELARMINO, 64, 376
Roberto de Molesme, 99

Roberto Guiscardo, 73, 184
Robertson, A. T., 41, 90
Robinson, J. A. T., 110, 111, 124, 158, 251, 277
Roccasecca, 420
Rodes, 70
Rodolfo II, 31, 261
Rodon, 37
Rogério II, 91, 210, 278
Rolland, B., 80, 191, 387
Rolo de Ravena, 342
ROLOS DO MAR MORTO, 377
Roma, 14, 15, 19, 22, 23, 26, 27, 31, 34, 37, 40, 42, 44, 45, 47, 49, 54, 59, 64, 65, 66, 67, 68, 69, 70, 74, 75, 76, 77, 78, 80, 86, 88, 90, 92, 94, 95, 96, 97, 98, 99, 100, 101, 105, 106, 107, 115, 116, 131, 132, 135, 136, 137, 142, 143, 144, 151, 154, 162, 163, 168, 169, 170, 171, 173, 176, 178, 182, 183, 184, 187, 188, 189, 193, 198, 200, 201, 202, 205, 206, 207, 208, 210, 211, 212, 214, 215, 224, 234, 237, 238, 240, 241, 243, 255, 257, 259, 263, 267, 268, 270, 271, 274, 277, 278, 280, 281, 285, 287, 288, 294, 296, 297, 302, 307, 313, 315, 317, 318, 319, 321, 324, 327, 329, 330, 331, 333, 334, 335, 336, 338, 339, 341, 344, 345, 346, 347, 349, 350, 351, 355, 356, 357, 359, 362, 363, 368, 376, 377, 378, 381, 383, 388, 392, 393, 395, 397, 398, 400, 401, 404, 405, 415, 418, 420, 426, 427, 429, 430, 431, 433, 434, 435, 436, 442, 443
Roma frente a Jerusalém, 80, 442
Romênia, 351
Romanos, 10, 34, 35, 44, 56, 84, 143, 146, 152, 161, 163, 188, 199, 217, 230, 245, 280, 306, 312, 321, 323, 338, 339, 347, 358, 371, 378, 386, 392, 435, 438
ROMÊNIA, CRISTIANISMO NA, 378
ROMUALDO, 82, 377

ROSA DE LIMA, 130, 377
Rosário, 293
Roscelino, 9
ROWNTREE, JOSEPH, 377
Royal Society, 174
RUFINO, 50, 108, 124, 125, 225, 283, 377
RUFINO DE AQUILÉIA, 377
RUFO, 14, 378
RÚSSIA, CRISTIANISMO NA, 378
Rute, 34, 84, 301, 332, 394

S

SÁBADO, 380
SABATISMO, 380
SABEDORIA, 34, 79, 84, 157, 171, 194, 225, 250, 275, 339, 365, 381, 424
SABELIANISMO, 29, 380
SABÉLIO, 80, 105, 380, 442
SABINIANO, 381
SACERDÓCIO, 381
Sacerdote, 53, 174, 263, 312, 398, 433, 441
Sacramental, 178
Sacramental Gelasiano, 178
SACRAMENTÁRIOS, 382
SACRAMENTO, 134, 346, 382
Sacramentum Mundi, 369
SACRIFÍCIO, 383
Sacro Império Romano, 86
Sadoc, 383
SADOLETO, CARDEAL, 383
SADUCEUS, 383
Safety de Kirtland, 309
Saladino, 114
Salamanca, 9, 14, 22, 54, 84, 98, 110, 114, 122, 207, 213, 234, 246, 251, 252, 342, 360, 374, 376, 403, 404, 436
Salém, 225
SALESIANOS, 384
SALMOS, 26, 34, 45, 47, 49, 58, 73,

84, 120, 145, 146, 153, 155, 162, 165, 166, 192, 245, 291, 327, 353, 384, 385, 391, 410, 411, 433, 437
SALOMÉ, 40, 168, 385, 442
SALÔNIO DE GENEBRA, 385
SALVAÇÃO, 51, 76, 385, 391, 403, 404, 405
SALVADOR, 39, 88, 141, 284, 334, 363, 373, 385, 386, 413, 443, 444
SALVIANO DE MARSELHA, 386
Samaria, 46, 228, 248, 264, 341, 386, 397
SAMARITANOS, 386
Samósata, 13, 25, 46, 155, 277, 285, 337
Samuel, 34, 38, 84, 145, 146, 165, 166, 187, 221, 225, 284, 301, 361, 383, 394, 425
SANGUE, 386
SANHEDRIN, 80, 182, 234, 301, 386, 387, 391, 394, 435
Santa Águeda dos Godos, 17
Santa Sé, 24, 68, 70, 101, 102, 116, 168, 177, 240, 241, 278, 285, 293, 295, 325, 400
SANTIAGO DE COMPOSTELA, 144, 387
SANTIDADE, 387
SANTIFICAR, 387
SANTO, 9, 13, 17, 18, 20, 29, 32, 37, 43, 46, 47, 50, 51, 53, 57, 59, 60, 81, 98, 103, 105, 125, 130, 145, 146, 147, 152, 157, 166, 167, 169, 170, 177, 181, 186, 192, 199, 205, 208, 211, 219, 245, 247, 250, 251, 254, 255, 265, 269, 271, 272, 276, 279, 280, 286, 287, 291, 294, 296, 297, 308, 316, 324, 325, 328, 330, 331, 334, 340, 343, 344, 345, 346, 347, 352, 358, 360, 362, 364, 365, 369, 371, 372, 374, 375, 377, 378, 381, 383, 387, 388, 391, 392, 393, 395, 404, 405, 409, 415, 419, 421, 424, 425, 430, 432, 433, 436, 438
Santo Ofício, 9, 177, 208, 255, 265, 269

Santo Sínodo, 378
Santos lugares, 114, 225, 254, 410
São Felipe Néri, 55, 71, 168, 326, 400
São Jerônimo, 168
São João, 98, 197
São Lourenço, 115
Saragoça, 8, 143, 307, 359, 363, 393, 433, 439
SATANÁS, 73, 88, 119, 122, 138, 141, 159, 161, 201, 202, 251, 256, 262, 287, 328, 388
Saturnino de Arlés, 192
Saulnier, C., 80, 191
Saverdun, 68
SAVONAROLA, JERÔNIMO, 388
Scala, 17, 372
Schelling, 73
SCHLEIERMACHER, FRIEDRICH DANIEL ERNST, 389
Schneider, E., 62
Schopenhauer, 372
Schrer, E., 55, 349
Schürer, E., 237, 384, 399
Schürmann, H., 111, 112, 114, 229, 232
Schwarzed, 299
SCHWEITZER, ALBERT, 389
SCHWENCKFELD, KASPAR, 389
Scivias, 192
SCOTTO ERÍGENA, JOÃO, 390
SEBASTIÃO, 87, 390
Secundiano de Singidunum, 165
SEEKERS, 390
Sefer ha-Bahir, 80
Segal, A., 121
SEGUIMENTO, 390
SEGUIR, 390
Segunda cruzada, 71, 114, 151
Segunda Epístola de Clemente, 403
Segunda Guerra Mundial, 53, 74, 172, 198, 224, 260, 311, 315, 320, 379
Segunda Vinda de Cristo, 15, 47, 119, 124, 160, 176, 238, 251, 332, 390
SEGUNDO-ADVENTISTAS, 390
Segundo Concílio de Lyon, 15, 296

Segundo Concílio de Nicéia, 47, 317
Segundo Grande Avivamento, 148
Segundo Messias, 202
Segundo Templo, 26, 119, 128, 141, 147, 178, 187, 274, 301, 307, 364, 375, 386, 408
Selêucia, 50, 58, 186, 192
SEITA, 10, 12, 73, 76, 78, 80, 84, 132, 133, 137, 147, 152, 200, 201, 202, 203, 262, 308, 312, 322, 335, 370, 383, 390, 416, 426
Seita judia, 147, 383
Seita pseudocristã, 84, 202, 203, 262, 308, 390, 426
SEMIARIANISMO, 391
SEMIPELAGIANISMO, 391
Sena, 68, 71, 88, 130, 402
SENHOR, 13, 25, 44, 50, 61, 80, 95, 96, 107, 121, 128, 130, 141, 151, 204, 251, 274, 275, 284, 289, 290, 302, 331, 339, 363, 368, 373, 380, 384, 385, 387, 391, 392, 418, 424
Sententiarum libri quator, 343
Septímio Severo, 103, 258, 348, 392
SEPTUAGINTA (SETENTA, LXX), 32, 41, 117, 155, 199, 232, 291, 315, 327, 353, 376, 391, 392, 394, 437
Serapeum, 412
Serapião, 45, 50, 392, 425
SERAPIÃO DE ANTIOQUIA, 392
SERAPIÃO DE THMUIS, 392, 425
SÉRGIO I, 392
SÉRGIO II, 14, 392
SÉRGIO III, 241, 268, 393
SÉRGIO IV, 67, 393
SÉRGIO PAULO, 393
Sermão, 22, 30, 31, 34, 50, 64, 170, 192, 203, 215, 232, 300, 317, 369, 374, 384, 393, 398, 420, 429
Sermão contra Auxêncio, 369
SERMÃO DA MONTANHA, 30, 31, 64, 170, 203, 215, 232, 300, 374, 384, 393, 398, 420, 429
SERMÃO DA PLANÍCIE, 64, 393
Sermão maior sobre a fé, 50

SERVET, MIGUEL, 282
Sérvia, 204
Servo, 108, 109, 160, 161, 165, 166, 167, 228, 229, 232, 233, 238, 275, 298, 301, 330, 339, 365, 371, 376, 394
SERVO DE YAHVEH, 166, 228, 229, 232, 233, 275, 298, 301, 330, 339, 371, 376, 394
Servo de YHVH, 108, 109
SETE, 395
SETENTA E DOIS, 395
SEVERIANO DE GÁBALA, 395
SEVERINO, 395
SEVERO DE MENORCA, 395
Severo Endeléquio, 137
Sexta-feira Santa, 243
SHAFTESBURY, ANTHONY ASHLEY COOPER, 395
Shammai, 128
Shash, 408
Shejináh, 361
SHENUDA DE ATRIPE, 396
SHENUTE DE ATRIPE, 396
SIÁGRIO, 396
Sicca, 45, 443
Sicília, 15, 18, 24, 69, 75, 91, 92, 101, 169, 183, 196, 210, 278, 296, 331, 334, 377, 427
Side, 32, 155
SILAS, 338, 396
Silogismos, 37
Silvano, 126, 396
SILVÉRIO, 396, 435
SILVESTRE I, 162, 396
SILVESTRE II, 396
SILVESTRE III, 67, 396
SILVESTRE IV, 397
SÍMACO, 397
Simão, 40, 51, 58, 92, 132, 156, 216, 341, 378, 397, 442
Simão de Cirene, 58, 378
SIMÃO NO NOVO TESTAMENTO, 397
Simão, o Mago, 92, 132, 397
Símbolo atanasiano, 50

Símbolo da União, 410
SIMEÃO, 117, 168, 291, 300, 323, 398
Simeão ben Azzai, 292
Simeão de Tessalônica, 168
SIMEÃO, O ESTILITA, 117, 398
SIMEÃO, O MESSALIANO, 300, 398
SIMONIS, MENO, 30, 299, 398
SIMPLÍCIO, 398
SINAGOGA, 399
Sinai, 89, 120, 194, 204, 306, 347
SINÉSIO DE CIRENE, 399
Sínodo, 11, 32, 34, 43, 44, 49, 50, 56, 58, 67, 71, 97, 127, 138, 149, 152, 153, 163, 171, 182, 183, 185, 195, 241, 243, 245, 266, 267, 268, 271, 287, 317, 318, 331, 345, 358, 378, 379, 395, 397, 412, 434, 436, 443
Sínodo da Hierarquia, 182
Sínodo de Dort, 44, 195, 345
Sinope, 287
SINÓPTICOS, 40, 90, 228, 229, 264, 274, 275, 400
Sintagma, 193
Siquém, 259
Síria, 55, 59, 84, 103, 108, 124, 127, 207, 247, 277, 299, 314, 316, 321, 338, 367, 395, 407
SIRÍCIO, 31, 224, 400
SISÍNIO, 400
Sistema dos Cavaleiros Benfeitores da Cidade Santa, 175
Sitz im Leben, 109
Sivã, 347
SIXTO I, 400
SIXTO II, 400
SIXTO III, 400
SIXTO IV, 130, 400
SIXTO V, 64, 141, 376, 400, 428, 437
Smalkalda, 279, 282, 299, 401
SMALKALDA, ARTIGOS DE, 401
SMALKALDA, LIGA DE, 401
Smallwood, E. M., 367
Smith, J., 228

SMITH, JOSEPH, 401
SÓ JESUS, 403
Soberania, 44
Soberania de Deus, 44
Sobre a adivinhação dos demônios, 19
Sobre a alma, 25, 342
Sobre a ave Fenix, 265
Sobre a circuncisão, 321
Sobre a cólera de Deus, 265
Sobre a continência, 19
Sobre a coroa, 415
Sobre a data da Páscoa, 95
Sobre a divindade, 342
Sobre a Encarnação contra Apolinário, 50
Sobre a fé, 19, 29, 277, 377, 396
Sobre a fé e a regra da fé, 396
Sobre a fuga da perseguição, 415
Sobre a graça de Cristo, 19
Sobre a guerra interior, 419
Sobre a idolatria, 415
Sobre a Igreja, 386
Sobre a imortalidade da alma, 19
Sobre a incompreensível natureza de Deus, 245
Sobre a justiça, 137
Sobre a Mãe de Deus, 349
Sobre a monarquia, 214
Sobre a mortalidade, 95
Sobre a morte dos perseguidores, 265
Sobre a não-existência do Destino, 220
Sobre a natureza, 19, 127, 315
Sobre a natureza do homem, 315
Sobre a natureza e a graça, 20
Sobre a obra de Deus, 265
Sobre a obra e as esmolas, 95
Sobre a ogdoada, 214
Sobre a oração, 95, 157, 415
Sobre a oração do Senhor, 95
Sobre a ordem, 19
Sobre a paciência, 95
Sobre a Páscoa, 153
Sobre a passibilidade e impassibilidade de Deus, 186

Sobre a penitência, 415
Sobre a pitonisa de Endor, 155
Sobre a predestinação dos santos, 20
Sobre a preocupação do mundo, 152
Sobre a prescrição dos hereges, 415
Sobre a religião, 19
Sobre a ressurreição, 301, 327, 342
Sobre a ressurreição dos mártires, 51
Sobre a reta fé, 96
Sobre a semelhança da carne do pecado, 156
Sobre a substância, 358
Sobre a teologia eclesiástica, 153
Sobre a terceira ordem do culto, 281
Sobre a Trindade, 19, 125, 155, 162, 192, 321
Sobre a unidade da Igreja, 20, 95
Sobre a utilidade de crer, 19
Sobre a utilidade dos hinos, 317
Sobre a verdade, 38, 156
Sobre a verdadeira circuncisão, 156
Sobre a vida de Santo Honorato de Lérins, 192
Sobre a vida feliz, 19
Sobre a vida monástica, 245
Sobre a virgindade, 49, 58
Sobre Abraão, 28
Sobre as doze gemas, 132
Sobre as promessas, 127
Sobre as vantagens da castidade, 321
Sobre as vestes das virgens, 95
Sobre as vigílias dos servos de Deus, 317
Sobre as virgens, 29
Sobre as viúvas, 29
Sobre Caim e Abel, 28
Sobre diversas questões a Simpliciano, 19
Sobre Eutrópio, 245
Sobre Isaac e a alma, 28
Sobre Jacó e a vida feliz, 29
Sobre José, 29
Sobre Lázaro, 358
Sobre Noé, 28, 29
Sobre o batismo, 415
Sobre o bem conjugal, 19
Sobre o bem da paciência, 95
Sobre o ciúme e a inveja, 95
Sobre o conhecimento, 214
Sobre o erro das religiões profanas, 169
Sobre o Espírito Santo, 29, 59, 125
Sobre o Evangelho de Lucas, 349
Sobre o governo de Deus, 386
Sobre o homem perfeito, 156
Sobre o livre-arbítrio, 19, 301
Sobre o louvor do deserto, 152
Sobre o martírio do profetas Isaías, 358
Sobre o mestre, 19
Sobre o povo da Índia e os brâmanes, 330
Sobre o profeta Oséias, 349
Sobre o rebatismo, 95
Sobre o sábado, 321
Sobre o sacerdócio, 245, 246
Sobre o salvador, 100
Sobre o símbolo, 108, 369
Sobre o símbolo dos apóstolos, 108
Sobre o testemunho da alma, 415
Sobre o véu das virgens, 415
Sobre os alimentos judeus, 321
Sobre os atos de Pelágio, 20
Sobre os costumes da Igreja católica, 20
Sobre os diversos títulos, 317
Sobre os dogmas, 125
Sobre os espetáculos, 321, 415
Sobre os institutos dos cenobitas, 245
Sobre os lapsos, 95
Sobre os maus pensamentos, 157
Sobre os mistérios, 29
Sobre os ofícios dos ministros, 29
Sobre os pesos e as medidas, 138
Sobre os sacramentos, 29
Sobre os sínodos, 192
Sobre os sonhos, 400
Sobre ver a Deus, 19
Socialismo, 402, 406
SOCIALISMO CRISTÃO, 402
Sociedade batista missionária, 62, 85

512 / Índice Geral

Sociedade das Missões africanas, 18
Sociedade das nações, 70
Sociedade das Servas do Espírito Santo, 46
Sociedade dos amigos, 54
Sociedade evangélica nacional, 405
Sociedade missionária sueca, 405
Sociedades bíblicas, 351
SOCINIANISMO, 402
SOCINO, 402
SÓCRATES, 402
Sofonias, 34, 84, 353
Solilóquios, 19
SOLOVIOV, VLADIMIR, 403
Sommo Pontefice, 356
SOTERIOLOGIA, 403
SOTERO, 403
SOTO, DOMINGOS DE, 403
SOUBIROUS, BERNADETE, 403
Souverain pontife, 356
SOZOMENO, 403
SPENER, PHILIPP JACOB, 403
Spinoza, 331
SPIRA, DIETA DE, 404
SPURGEON, CHARLES HADDON, 404
Stapulensis, 162
STEIN, EDITH, 404
Stockbridge, 135
Strauss, 89, 231, 417
Streeter, 264, 283
Stridon, 224
Stromata, 103
Stromateis, 364
SUÁREZ, FRANCISCO DE, 404
Subida ao Monte Carmelo, 246
SUBORDINACIONISMO, 405
SUCESSÃO APOSTÓLICA, 405
SUÉCIA, CRISTIANISMO NA, 405
Suetônio, 237
Sugestões, 156, 157
Suíça, 30, 56, 78, 86, 159, 203, 224, 263, 372, 373, 393, 402, 403, 412, 420, 433, 444
Suidgério de Bamberg, 67

SULPÍCIO SEVERO, 296, 406
Summa contra los gentiles, 370
Summa de casibus poenitentiae, 370
Summa Theologica, 330, 343, 421
Sumo sacerdote, 138, 252
Sun Yatsen, 93
Super-homem, 320
Súplica em favor dos cristãos, 51
Suso, 120, 409
Sven I, 126
Swami Vivekananda, 426
SWEDENBORG, ENMANUEL, 406
Sweyn, 324
SYLLABUS ERRORUM, 406
Syntagmation, 47
Systematic Theology, 195

T

Tabernáculo, 304, 381, 404
Tabernáculo metropolitano de Newington Causeway, 404
TABORITAS, 407
TACIANO, O SÍRIO, 12, 40, 407
TÁCITO, CORNÉLIO, 407
TADEU, 10, 12, 40, 41, 51, 133, 159, 256, 270, 407
Tagaste, 18, 271
TAIZÉ, COMUNIDADE DE, 407
Talásio, 279
TALIÃO, 407
TALMUDE, 22, 26, 35, 55, 85, 119, 121, 131, 166, 227, 228, 234, 257, 303, 306, 314, 394, 408, 442
Talmude Bavli, 408
Talmude Eretz Israel, 408
Talmude palestino, 408
Tanzânia, 219
Tapices, 103
Taré, 10
Targum de Isaías, 301, 394
Tarso, 34, 42, 126, 127, 137, 182, 231, 245, 315, 325, 326, 336, 337, 393, 399

TAULER, JOHANN, 408
TAYLOR, JAMES HUDSON, 409
Te Deum, 317
Tebaida, 49, 152, 155, 277, 329
TECLA, 51, 340, 409
TEILHARD DE CHARDIN, PIERRE, 409
TEÍSMO, 409
Telésforo, 400
TELMO, 343, 409
TEMPLÁRIOS, 55, 71, 88, 89, 101, 174, 196, 326, 410
Templo, 26, 109, 119, 128, 134, 141, 147, 160, 161, 174, 175, 178, 187, 191, 199, 225, 226, 229, 230, 249, 255, 257, 274, 275, 276, 291, 292, 297, 301, 307, 314, 326, 361, 362, 364, 365, 368, 375, 381, 382, 383, 386, 388, 399, 408, 424, 441
Templo dos eleitos Cohen, 175
Teodato, 396
TEODORETO DE CIRO, 106, 410
Teodorico, 87, 178, 239, 397
TEODORO, 72, 97, 106, 127, 146, 154, 181, 355, 361, 395, 402, 411
Teodoro, abade de Tabinnisi, 181
TEODORO DE MOPSUÉSTIA, 97, 106, 127, 146, 355, 361, 411
Teodósio, 28, 32, 90, 97, 106, 152, 156, 162, 186, 266, 316, 329, 330, 335, 412, 424
Teofania, 153
Teofilacto, 67, 150
TEÓFILO, 31, 40, 73, 138, 156, 225, 245, 276, 411
TEÓFILO DE ALEXANDRIA, 31, 138, 156, 245, 412
Teófilo para Autolyco, 40
Teognosto, 329, 349
Teologia, 9, 17, 56, 62, 77, 103, 127, 132, 142, 154, 167, 168, 195, 234, 253, 315, 340, 354, 362, 375, 394, 412, 413, 414, 419
TEOLOGIA ALEXANDRINA, 412
TEOLOGIA DA CRUZ, 412
TEOLOGIA DA LIBERTAÇÃO, 253, 354, 412, 413, 414
TEOLOGIA DIALÉTICA, 132, 414
TEOLOGIA DO PROCESSO, 414
Teologia e Libertação, 412, 413
Teologia mística, 127
Teologia moral, 17
Teologia sistemática, 419
Teólogo, 9, 11, 12, 16, 23, 44, 53, 54, 56, 62, 72, 74, 77, 78, 79, 82, 83, 87, 120, 133, 134, 137, 179, 186, 187, 189, 195, 198, 247, 252, 285, 306, 316, 319, 323, 324, 332, 369, 376, 389, 393, 403, 404, 409, 419, 420, 432, 436, 440
Terceira Cruzada, 101, 114
Terceira Roma, 378
Terceiro Concílio de Toledo, 143
Terceiro Grande Avivamento, 148, 176, 308
TERESA D'ÁVILA, 27, 144, 173, 185, 246, 279, 305, 326, 342, 414
TERESA DE JESUS, 10, 54, 414
TERESA DE LISIEUX, 415
TERMINISMO, 415
TERTULIANO, 80, 95, 108, 119, 181, 217, 304, 308, 318, 334, 356, 383, 415, 416, 442, 444
Tessalonicenses, 22, 84, 141, 275, 323, 332, 338, 339, 347, 392, 396, 419
Téspio, 156
Testa, E., 81
Testamento dos Doze Patriarcas, 38
TESTAMENTO, NOVO, 416
TESTEMUNHAS-DE-JEOVÁ, 145, 159, 160, 203, 239, 304, 416, 417, 418, 426, 439
Tetáplas, 327
Tetrarca, 168, 191
TETZEL, JOHANN, 418
Texto massorético, 394
Textos para a História do povo judeu, 315
Textus receptus, 315

The Old Testament Canon of the New Testament Church, 34, 84
Theologia naturalis, 370
Theotókos, 25, 97, 98, 125, 135, 186, 246, 293, 316, 328, 360
Thmuis, 392, 425
TIAGO, 25, 40, 41, 62, 72, 73, 84, 104, 119, 130, 140, 143, 153, 157, 158, 171, 191, 214, 216, 217, 231, 235, 236, 248, 251, 270, 274, 275, 290, 292, 323, 332, 338, 341, 385, 387, 391, 399, 418, 425, 426, 442
TIAGO DE LA VORÁGINE, 418
TIBÉRIO, 418
TICÔNIO, 419
TILLICH, PAUL, 419
Timeu de Platão, 45
Tolemaida, 34
TIMÓTEO, 52, 59, 82, 84, 140, 181, 272, 323, 338, 419
TÍQUICO, 419
Tirawley, 334
TITO DE BOSTRA, 420
Tito Flávio Clemente, 100, 103
Tito Flávio, 100, 103, 129
TITO, 84, 100, 103, 129, 140, 181, 226, 275, 323, 338, 419, 420
Título messiânico, 165
Tobias, 34, 84, 225, 437
Tobit, 34
Todo-poderoso, 381
Toledo, 98, 136, 143, 164, 246, 267, 278, 333, 346, 370
Toledot Ieshu, 234
Toledot Yeshú, 292
Tolemaida, 34
Tolentino, 350
Tolerância, 172
Tolomaida, 399
TOLSTOI, LEÃO, 420
TOMÁS BECKET DE CANTUÁRIA, 247, 278, 420
TOMÁS DE AQUINO, 16, 23, 33, 42, 120, 122, 130, 133, 143, 161, 206, 293, 325, 330, 343, 358, 364, 369, 370, 371, 383, 404, 409, 420, 421, 425, 436

TOMÁS DE KEMPIS, 122, 207, 216, 326, 421
TOMÁS, 16, 17, 23, 24, 33, 37, 42, 62, 63, 80, 83, 120, 122, 130, 133, 140, 143, 161, 176, 206, 207, 216, 247, 278, 293, 294, 310, 324, 325, 326, 330, 336, 343, 358, 364, 369, 370, 371, 383, 404, 409, 420, 421, 425, 436
TOMÉ, 420
TOMISMO, 420
Tomista, 54
Tomo a Flaviano, 156, 267, 362, 430
TOMO DE DÁMASO, O, 421
TOMO DE LEÃO, O, 421
Torá, 34, 120, 194, 256, 306, 340, 347, 381, 383, 422
TORÍBIO, 421
TORQUEMADA, TOMÁS DE, 421
Torre de Londres, 310
Traconítide, 168
Tractatus adversus Petrobrusianos Haereticos, 343
Tractória, 344, 345, 445
Tracts on Christian Socialism, 402
Tradição apostólica, 108, 193, 214
TRADIÇÃO, 20, 89, 108, 110, 159, 160, 270, 422, 423
Trajano, 100, 207, 237, 238, 347, 348
Transcaucásia, 133
TRANSFIGURAÇÃO, 111, 191, 229, 232, 289, 306, 422
Transilvânia, 198, 402
TRANSMIGRAÇÃO DAS ALMAS, 422
TRANSUBSTANCIAÇÃO, 422
TRAPENSES, 422
Tratados sobre o Cântico dos Cânticos, 185
TRENTO, CONCÍLIO DE, 52, 53, 56, 61, 84, 85, 89, 106, 117, 144, 151, 169, 177, 184, 207, 209, 223, 258, 263, 269, 316, 336, 337, 350, 359, 364, 374, 383, 388, 403, 422, 423, 432, 437

Três Denominações de Dissidentes, 62
Três livros de Sentenças, 220
Tréveris, 27, 49, 164, 270, 317, 386
TRINDADE, 9, 13, 19, 20, 48, 50, 51, 58, 61, 77, 97, 103, 105, 109, 121, 125, 137, 139, 143, 146, 155, 159, 162, 166, 168, 186, 192, 194, 195, 203, 238, 240, 280, 293, 299, 305, 311, 321, 327, 330, 334, 343, 359, 363, 373, 390, 391, 393, 402, 403, 405, 406, 413, 417, 424, 426, 428
TRINITÁRIOS, 424
Trinta e nove artigos, 48
Trisagion, 361
TRÓFIMO, 424
Troyes, 9, 71, 279, 410
Tubinga, 12, 56, 62, 72, 74, 112, 261, 290, 299, 315, 339, 362, 419
TUNKERS, 62, 203, 424
Turmerlebnis, 280
Tusculanos, 67, 393
Tutmosis III, 305
Tyburn, 113
TYNDALE, WILLIAN, 424

U

ULFILAS, 424, 425
Ulster, 215
ÚLTIMA CEIA, 89, 90, 108, 109, 150, 161, 248, 250, 339, 425
ULTRAMONTANISMO, 425
Uma harmonia dos quatro Evangelhos, 41, 90
Uma nova Idade Média, 71
UNAM SANCTAM, 425
UNÇÃO, 425
UNIÃO HIPOSTÁTICA, 426
UNIDADE, ESCOLA DO CRISTIANISMO, 426
Unigenitus, 12
Union Theological Seminary, 319, 419
UNITÁRIOS, 426

UNITARISMO, 426
UNITARISTAS, 426
Unitas Fratrum, 215
UNIVERSALISMO, 426
Universidade de Tubinga, 261
Universidade Gregoriana de Roma, 263, 337
URBANO I, 193, 426
URBANO II, 12, 78, 104, 171, 426
URBANO III, 427
URBANO IV, 88, 101, 427
URBANO V, 427
URBANO VI, 88, 182, 357, 427
URBANO VII, 427
URBANO VIII, 343, 428
Urgell, 164
URSINO, 115, 116, 428
URSS, 379
URSULINAS, 428
UTILITARISMO, 428
UTRAQUISMO, 428
Utrech, 15, 99
Uzala, 53

V

VALDENSES, 354, 355, 364, 388, 420, 422, 428, 429, 430
VALDÉS, ALFONSO DE, 429
VALDÉS, JUAN DE, 429
VALDO, PEDRO, 430
Vale do Lago Salgado, 309
Valente, 11, 49, 98, 127, 179, 420
Valentiano III, 267, 345
VALENTIM, 46, 54, 86, 159, 171, 181, 287, 363, 430
Valentiniano II, 28
Valentiniano, 28, 52, 83, 179, 277, 300, 304, 415, 474
VALERA, CIPRIANO DE, 430
VALERIANO DE CALAHORRA, 430
VALERIANO DE CIMIEZ, 430
Valério Grato, 31
Valla, 132, 372, 431
VALLA, LOURENÇO, 431

VÁSQUEZ, GABRIEL, 432
VATICANO I, CONCÍLIO, 431
VATICANO II, CONCÍLIO, 432
Vaticano, 11, 36, 55, 77, 89, 120, 122, 143, 145, 163, 172, 176, 177, 185, 209, 210, 212, 243, 253, 263, 270, 293, 311, 317, 335, 337, 347, 351, 352, 357, 379, 406, 412, 422, 423, 425, 431, 432, 433, 437
VELHOS CATÓLICOS, 433
Venâncio Fortunato, 296
Vêneto, 350
VERBO, 46, 49, 50, 71, 103, 121, 135, 300, 433
Vermes, G., 10, 73, 147, 167, 368
Versos pascais, 52
Versos sobre São Nabor, 20
Versos, 20
Versus rhopalici, 52
Vespasiano, 129
Vézelay, 72
Via Ápia, 368
VIA MÉDIA, 316, 433
Viana, 56
Vicent, J. J., 128
VICENTE DAS GÁLIAS, 433
VICENTE DE LÉRINS, 433
VICENTE DE PAULO, 433, 329
VICENTE FERRER, 35, 142, 433
VICENTE, 317, 433
Vicenza, 422
Victor Amadeu II, 69
VICTOR I, 434
VICTOR II, 434
VICTOR III, 434
VICTOR IV, 434
Victório de Le Mans, 270
Vida de Antão, 49
Vida de Calvino, 72
Vida de Constantino, 153
Vida de São Martinho, 406
Vida de São Pânfilo, 349
Vida dos Doze Césares, 237
VIDA ETERNA, 92, 263, 424
Viena, 13, 46, 48, 63, 83, 136, 279, 351, 393

VIGÍLIO, 74, 106, 209, 259, 327, 345, 396, 431, 435
Villibrordo, 195
Vinda do messias em glória e majestade, 282
VIOLÊNCIA, 436
Virgem Maria, 38, 48, 125, 147, 160, 206, 279, 284, 287, 293, 309, 324, 326, 328, 337, 353, 400, 408, 436
VIRGEM, 38, 48, 125, 147, 160, 206, 279, 284, 287, 293, 309, 324, 326, 328, 337, 353, 400, 408, 436
Virgindade, 301
Visão beatí.ca, 364
Visionário, 77
VITALIANO, 14, 436
Vito, 317
VITÓRIA, FRANCISCO DE, 173, 436
VITORINO DE PETÁBIO, 436
VITÓRIO DE AQUITÂNIA, 434
VITRÍCIO DE ROUEN, 436
VLADIMIR, 378, 403, 436
Vollmer, 100
VOLTAIRE, 35, 332, 437
VOLUNTARISMO, 437
Von der Freiheit eines Christenmenschen, 281
Von Harnack, A., 207
Von Reimarus zu Wrede, 389
Vouillé, 104
VULGATA, 64, 162, 284, 376, 401, 423, 431, 437

W

Warner, M., 213, 294
Wartburg, 281, 299
Weimar, 53
Wenceslau IV, 251
Wenham, J., 111, 158, 277, 297
Wermenlinger, 210
WESLEY, CHARLES, 438
WESLEY, JOHN, 438
WESTCOTT, BROOKE FOSS, 438

Whalen, W. J., 54
WHITE, JOSÉ MARIA BLANCO, 439
WHITEFIELD, GEORGE, 439
Whitmer, 401
WHITTE, E. G., 438
WILBERFORCE, WILLIAM, 439
WILLIAMS, ROGER, 440
Wittenberg, 86, 280, 281, 299, 389
WOOLMAN, JOHN, 440
WORMS, DIETA DE, 440
WORMS, DISPUTA DE, 440
WULFILA, 440
WYCLIFFE, JOHN, 440
WYCLIFFITAS, 441

Y

YHVH, 108, 109
YMCA, 308, 354, 441
Yocabed, 305
Yom Kipur, 160, 371
Young Men's Christian Association, 441
Young Women's Christian Association, 441
Young, B. H., 277
Young, B., 277
YWCA, 441

Z

ZACARIAS, 34, 38, 64, 84, 219, 225, 229, 275, 441
ZAQUEU, 442
Zar, 158, 234
ZEBEDEU, 73, 247, 248, 249, 251, 252, 292, 385, 418, 442
ZEFERINO, 442
ZELOTES, 442
Zelus domus Dei, 212
ZENÃO DE VERONA, 442
ZINZENDORF, NIKOLAUS LUDWIG GRAF VON, 442
Zizka, o Torto, 407
Zocer, 216
ZÓZIMO, 74, 92, 344, 345
Zumsteinn, J., 36, 74, 128, 294, 299
Zurique, 72, 79, 276, 324, 402, 443, 444
ZWINGLIO, ULRICO, 197, 282, 286, 299, 300, 354, 372, 373, 382, 388, 423, 424, 443, 444